北京市法学会
市级法学研究课题
成果汇编

2016—2017

北京市法学会　主编

中国政法大学出版社

2018·北京

图书在版编目（ＣＩＰ）数据

北京市法学会市级法学研究课题成果汇编.2016-2017/北京市法学会主编
北京：中国政法大学出版社，2018.11
ISBN 978-7-5620-8669-7

Ⅰ.①北…　Ⅱ.①北…　Ⅲ.①法学－文集　Ⅳ.①D90-53

中国版本图书馆CIP数据核字(2018)第256352号

出 版 者	中国政法大学出版社
地　　址	北京市海淀区西土城路 25 号
邮寄地址	北京 100088 信箱 8034 分箱　邮编 100088
网　　址	http://www.cuplpress.com (网络实名：中国政法大学出版社)
电　　话	010-58908524(编辑部) 58908334(邮购部)
承　　印	固安华明印业有限公司
开　　本	720mm×960mm　　　1/16
印　　张	33.25
字　　数	630 千字
版　　次	2018 年 11 月第 1 版
印　　次	2018 年 11 月第 1 次印刷
定　　价	99.00 元

前　言

　　北京市法学会组织实施的法学研究课题，是经中共北京市委政法委批准设立的市级法学科研项目，由市财政提供必要的经费支持。主要分为重点课题、一般课题和青年课题，研究期限为一年。市法学会在广泛征集选题建议的基础上，围绕当年首都中心工作、首都法治建设、首都政法工作中的重点、难点、热点问题确定课题指南并报市委政法委批准，通过招标和委托方式确定课题主持人。课题组按照课题计划完成研究任务，向市法学会提交研究成果。市法学会邀请知名专家对课题成果进行评审，通过评审验收的予以结项。

　　本书汇编了 2016 年 – 2017 年度市级法学研究课题结项成果共 36 篇，包括重点课题 9 篇，一般课题 17 篇，青年课题 10 篇。鉴于篇幅限制，青年课题主要为核心成果摘要。上述成果涉及立法、执法、司法、法治社会建设等各个领域，旨在为首都法治实践提供法学理论支持，为领导决策提供参考依据，为从事法学研究的各界人士搭建交流平台，为法治建设发挥积极作用。

　　课题成果具有三个鲜明特征：一是政治性。始终坚持正确的政治方向，在开展课题研究中，以马克思主义法学为指导，吸收人类文明优秀成果，紧密结合首都法治建设实际，走中国特色社会主义法治道路。二是实践性。选题来源于法治实践，以问题为导向，研究首都法治建设中面临的问题，破解难题，提出对策建议，服务首都法治实践。三是前瞻性。通过研究具体问题，解剖麻雀，提炼出共性问题，阐明法理，为首都法治建设的长远发展提供法学理论支持。市法学会在今后的课题研究中，以习近平新时代中国特色社会主义思想为指导，深入贯彻十九大精神，认真践行以人民为中心的理念，牢固树立"四个意识"，为法治中国首善之区建设发挥更大的作用。

　　借此机会，对课题主持人和课题组成员的辛勤劳动表示衷心的感谢！对支持、帮助课题组的研究组织、相关单位表示衷心的感谢！对关心支持市法学会工作的各有关部门和人员表示衷心的感谢!

　　由于时间、精力、能力等方面的限制,本书的编写难免会出现问题,请读者批评指正。

北京市法学会

2018 年 8 月

Contents

第三编　青年课题

第一篇

重点课题

非首都功能疏解法律问题研究

鲁 为[*]

导论

2005 年国务院批准《北京城市总体规划（2004 年－2020 年）》，将北京城市发展的目标定位于：国家首都——政治中心、国际交往中心；世界城市——世界级服务中心、世界级大都市区的核心城市；文化名城——文化、教育、科技创新中心、世界历史文化名城；宜居城市——充分的就业机会、舒适的居住环境，创建以人为本、可持续发展的首善之区[1]。2014 年 2 月 16 日，习近平同志在北京考察工作时指出，要明确城市战略定位，坚持和强化北京作为"全国政治中心、文化中心、国际交往中心、科技创新中心"的首都核心功能，标志着以建设"四个中心"为核心的首都功能正式确立，与"四个中心"不相符的其他城市功能则可称之为"非首都功能"。2015 年 2 月 10 日，中央财经领导小组第九次会议正式提出"疏解非首都功能"战略，并与"京津冀协同发展"战略相辅相成。同年 4 月 30 日，中央政治局审议《京津冀协同发展规划纲要》强调要坚持协同发展、重点突破、深化改革、有序推进；要严控增量、疏解存量、疏堵结合调控北京市人口规模；要在京津冀交通一体化、生态环境保护、产业升级转移等重点领域率先取得突破；要大力促进创新驱动发展，增强资源能源保障能力，统筹社会事业发展，扩大对内、对外开放。2017 年 2 月 23 日至 24 日，习近平同志在视察北京城市规划建设时指出，疏解北京非首都功能是北京城市规划建设的"牛鼻子"[2]。疏解非首都功能与党中央提出的"供给侧结构性改革"战略一脉相承，核心要义就是要把疏解与提升有机结合，在疏解过程中促提升、谋发展。党的十九大报告明确指出："以疏解北京非首都功能为'牛鼻子'推动京津冀协同发展，高起点规划、高标准建设雄安新区。"这是党中央在中国特色社会主义进入新时

* 课题主持人：鲁为，北京市委政法委副书记。立项编号：BLS（2016）A001。结项等级：优秀。

[1] 参见北京市规划委员会：《北京城市总体规划（2004 年－2020 年）》，载 http://www.fjghw.gov.cn.

[2] 王晓易：《习近平考察北京提出两项重要任务》，载北青网，http://sports.163.com/17/0225/01/CE37QA0500051CAQ.html.

代作出的重大决策部署，也是在新的历史起点上深入推进京津冀协同发展的动员令。

疏解非首都功能是一项庞大的系统工程，它提出了"疏解非首都功能"、"北京可持续发展"及"京津冀协同发展、生态资源环境保护"等三个方面、三个层次的关系问题。疏解非首都功能是重中之重，但是疏解工作不是终极目的，也不是单一推进的，而应紧紧围绕以疏解非首都功能为重点的京津冀协同发展战略发力，通过"调结构、转方式、促提升"的方式腾笼换鸟，提升城市发展质量，改善人居环境，缓解人口资源环境的突出矛盾，三者之间在经济、社会、文化发展体系中是平衡协调、相辅相成、稳步推进的共生关系。疏解非首都功能问题不仅涉及北京、京津冀区域、国家首都等几个层次的微观及中观问题，而且涉及全国一盘棋的经济建设、政治建设、文化建设、社会建设、生态文明建设的"五位一体"总体布局问题。研究疏解非首都功能问题，必须深入贯彻习近平新时代中国特色主义思想，统筹推进"五位一体"总体布局，协调推进"四个全面"战略布局，以建设"四个中心"首都城市战略定位、落实《京津冀协同发展规划纲要》为总体目标，坚持稳中求进工作总基调，适应和把握引领经济发展新常态，坚持以质量和效益为中心，以推进供给侧结构性改革为主线，加快功能疏解，转方式、治环境、补短板、促协同，全面做好稳增长、促改革、调结构、惠民生、防风险各项工作，促进首都经济平稳健康发展和社会和谐稳定，这是研究非首都功能疏解问题的根本遵循。

一、非首都功能疏解的理论与现实基础

（一）首都功能的内涵和外延

功能是一种事物作用于其他事物的能力，即系统作用于环境的能力。在系统与环境的相互关系中，"功能"同"结构"相对，是指有特定结构的事物或系统在内部和外部的联系、关系中表现出的特性和能力[1]。城市功能是城市存在的本质特征，是指一个城市在某个地域范围内进行政治、经济、文化等往来活动中所具有的多种功能组成的城市功能体系，主要包括生产功能、服务功能、管理功能、协调功能、集散功能和创新功能等。在城市功能关系结构中，主导功能与一般功能之间的关系最为重要。城市的主导功能是在城市诸功能中处于突出地位和起主导作用的功能，是城市与城市之间加以区分的主要标志，决定了该城市发展的方向与性质。主导功能是一个城市的优势所在，是决定一个城市整体功能的主要因素，而非主导功能则是围绕主导功能发挥作用。城市的一般功能是所有城市都应具有的基础性和保障性功能，是城市运行的前提，例如生产、流通、分配、

---

[1] 孙志刚：《城市功能论》，经济管理出版社 1998 年版，第 23 - 26 页。

社会、行政等。纵观世界城市的发展，一个城市发展的平衡性和可持续性关键看该城市功能体系的合理程度，合理程度并不取决于其主导功能占据绝对的比重，而是要有突出的主导功能，利于城市聚合各项资源进行有效的运作，以获得最大的经济效益和最佳的社会效果。

首都功能是指作为一个国家的首都所承担的保障中央国家机关开展政务工作和国际交往事务，提供安全、有序、高效的城市运行条件，以及与其需求相适应的工作、生活及服务设施的功能。在外延上，除具备一般的城市功能之外，首都通常还承担服务于全国的政治文化、国际交往、科技创新、金融商务与经济管理、交通物流、信息服务、医疗服务、旅游服务等功能。北京是首都也是城市，城市经济功能不属于首都核心功能，但属于城市核心功能。因此，北京应优先满足首都功能发展要求，并兼顾非首都功能的城市经济功能。"首都配套功能"是指为首都功能提供支撑、服务、辅助的经济、社会和行政等职能，虽属非首都功能，但却是首都功能所必需的，因受环境变化和经济转型等因素的影响，这部分功能也需要调整和升级改造。

（二）首都北京的现实功能与发展瓶颈

习近平同志在北京考察时指出，北京的优势在于地位高、体量大、实力强、变化快、素质好，但不断发展的北京又面临令人揪心的很多问题，包括人口过多、交通拥堵、房价高涨，也包括十分严重的生态环境问题，比如蓝天难见、繁星无影、河水断流、地下水超采、地面沉降等。从一定意义上说，北京已经患上了相当程度的"城市病"，必须下决心动手治理，不把难题都留给后人。有学者认为，北京的城市功能相当于纽约（经济中心）、华盛顿（政治中心）、波士顿（教育中心）、洛杉矶（娱乐中心）、旧金山（硅谷，高科技产业）等几个城市的功能总和。

城市的结构决定了城市的功能，疏解非首都功能的本质就是调整城市结构，具体表现为空间结构、人口结构、产业结构、社会结构、生态结构。一是空间结构。面对城市化浪潮，我们对特大城市发展规律认识不足，特别是在我国城市化推动人口集聚一般性规律和首都特殊性规律作用下，对首都城市发展的特点、问题、应对等方面的理论研究不多，城市规划对城市科学发展的引导作用不充分，导致北京的"单中心"格局始终无法打破。二是人口结构。随着北京市人口规模，特别是流动人口规模的高速增长，北京正面临着人口无序增长的发展难题。首都的虹吸效应非常强，站在京津冀的视角看北京，河北籍人口流入北京意愿强、总量大、比重高且呈逐年上升趋势，北京一直面临人口总量持续递增、区域外劳动力持续大批涌入、区域内大量剩余劳动力需要转移的三重压力。三是产业结构。产业是人口的载体，产业规模结构决定人口规模结构。目前北京的部分产业与首都功能的定位已不相符，且面临较为严峻的资源环境约束，一些占地规模大、能耗较高、污染严重且附加值较低的产业仍占据相当的比例。以北京市南四环到南六环之间的区域为例，现有制造业 4 万余家，从业人员 102 万，制造业从业规模占到全市的 20%。从产业类型上看，北京 49% 的化工企业、46% 的纺织服装企业、58% 的造纸工人、55% 的废弃资源利用从业者都集聚在这里，其中家具、服装等制造业甚至发展成为具有区域辐射和影响力的重要产业集群。四是社会结构，即社会公共服务结构，包含医疗、教育、培训和部分行政性、事务性服务机构。北京作为首都，其中心城区过多聚集了中央、地方行政办事机构以及高校院所、医院和央企，其行政功能及公共服务功能过于密集，不仅占用了大量的空间用地，也导致中心城区与周边区公共服务资源分布的不均衡。五是生态结构。生态空间被过多挤占，生态服务功能弱化，资源环境承载超限，人口、资源、环境之间的矛盾愈加凸显。1989 年、1999 年、2009 年北京城区绿色空间比例分别为 41.57%、35.73% 和 26.89%，从统计数据中可以看出北京城区的绿色空间正在逐年递减，由于城市绿化隔离带被建设用地大量侵占，绿色空间镶嵌结构遭到破坏。

从城市宏观管理层面分析，仍缺乏有力的城市综合管理统筹决策机构以及系统的城市管理标准和考核标准。城市管理是需要高度协同化的系统工程。当前北京全市性、长效性的顶层统筹明显不够，缺乏点位规划、建设时序等方面的统一。一方面，城市规划管理、建设等部门分散在首都规划建设委员会、首都城市环境建设委员会、首都绿化委员会等机构，但这些决策协调机构仍然只是负责城市管理的一个环节、领域或区域的协调，全市层面的城市管理还缺乏有效的统筹协调机构。相比城市总体规划而言，城市管理领域较为滞后，没有设定城市管理方面的长远目标，关系城市发展全局的重大问题、重大决策统筹效率较低，综合管理思路尚未形成，导致现阶段的城市管理存在一定的盲目性、随意性。另一方面，城市管理部门之间因权责不明晰出现推诿扯皮现象，城市问题"无人管或多人都可管"。十多个部门均有部分城市管理的职能，而这些部门都分别负责城市管理的某一个领域或者某一个环节的工作，在政府职能分工方案中并没有明确城市管理工作全权由一家负责，在某些事项上因管理需要而进行临时接管、临时代管等现象较为明显，日积月累不利于发挥牵头部门主责作用，形成责权利明晰的城市管理组织体系。北京长期以来的城市诟病，很多都是综合性的，涉及多个部门，很大程度是因为分工过细、职责交叉、各自为政、推诿扯皮所造成的。统筹协调逐渐成为管理的难题，出现了部门牵头难、部门不愿牵头的情况，各部门遇到问题不积极面对、协商解决，却互相推卸责任，导致城市管理问题积重难返。

从城市微观管理层面分析，行业部门各自为政，从根源上导致城市在规划、管理、维护等多个环节出现"行业掣肘"现象。这主要表现在：综合执法与专业执法边界模糊。如城管执法部门虽然拥有广泛的行政处罚权，但由于相对集中执法权的范围和标准缺乏明确界定，实践中对于如何划分综合执法机构与职能部门的职责，并未经过严格论证，随意性较大，导致各职能部门执法权责边界不清。有的职能部门将不想行使或难以行使的剩余权力，当作包袱甩给城管执法部门，城管执法部门在费心费力的同时，却没有相应的专业执法手段；抑或执法职权划转整合不彻底，致使执法边界不明晰、职能交叉重合、争议问题多，极大影响了城管综合执法部门职责明晰化、法定化目标的实现。

从非首都功能的疏解路径分析，大体可以通过政府和市场两种手段来实现。这既需要厘清政府和市场的边界，又需要政府加以引导，让市场在资源配置中发挥决定性作用。政府引导和市场机制如何更好地结合，让市场主体自己去衡量利弊，激发市场自发的疏解动力，需进一步加大调研力度。从现实效果来看，通过行政手段推动行业疏解的优点是见效快、力度大，但是存在疏解成本高、法律风险大、不易形成可推广的经验做法等诸多问题。其深层次的原因在于疏解过程中利益主体多元、利益关系复杂、利益阶层固化，我们的政府行政力量还不适应市场的资源配置作用、利益格局的重构、产权主体的更迭。疏解非首都功能是一个战略性措施，疏解任务巨大，一些层面上的问题以及各省市的利益关系单靠北京的力量无法解决，需要顶层设计、通盘考虑。

（三）城市功能定位及功能疏解比较研究

城市基于其功能而产生，基于其功能的完善而发展，基于其功能的调整而转型。因此，城市功能定位既是城市发展的基础，也决定了城市发展的方向。北京自 1949 年来经历了消费性城市向生产性城市、生产性城市向服务性城市、服务性城市向国际性城市三次调整，不断升级的结构调整，逐渐清晰的发展方向使北京经济总量快速增长，经济结构不断优化，人民生活水平不断提高。在推进京津冀协同发展战略的新形势下，北京将进行第四次结构调整和功能重组，必须要考虑津冀地区未来发展走向的客观要求。

西方城市功能演进的历史轨迹表明，与产业结构高级化演进相对应，现代城市功能转型以服务化功能、信息化功能、国际化功能、创新功能和区域型功能为重要取向，呈现明显的后工业化特征[1]。城市功能疏解即在此理论框架下，区域特大型城市在面对全球性经济结构大调整、技术与制度创新、国内制度转型等大背景下，为解决其功能过度集聚导致的一般性"城市病"问题，以城市产业结构化为基础，突破原有质能规定性"锁定"（Lockin），而实现城市功能的"能

---

[1] 连玉明主编：《面向未来的京津冀世界级城市群》，当代中国出版社 2016 年版，第 56 页。

性""能级""能位"升级的过程〔1〕。纵观世界范围的首都，城市功能疏解的主要手段有"产业定向布局""新城或卫星城配建""交通快线延展"等几类，从而有效解决首都都市圈中核心城市发展过程中由于人口和功能高度集聚带来的生态环境持续恶劣、劳动就业和社会保障不足以及公共服务滞后等限制核心城市发展的问题。主要国际经验有：

1. 以生态环境有效解决为重点的疏解经验

世界城市在发展过程中都经历了人口激增、产业集聚的过程，人口、产业过于密集势必影响首都的宜居水平。许多国际性、特大型城市在疏解人口和产业方面，已经从控制城市规模转向关注城市空间布局，即不再单纯以控制城市规模为目标，而是从城市规划、建设和社会治理等方面进行综合调整。一是以"新城或卫星城配建"为主要手段的疏解经验。以东京为例，东京在战后重建经验上，肯定了东京发展成为巨大都市圈的必然趋势，从而提出东京的城市发展政策不应是消极被动地控制城市规模，而是通过疏解过度集中和膨胀的城市功能，促进副中心地区的发展来提高东京城市的整体活力，并开始关注城市空间布局。1956年，日本通过《首都圈整备法》，明确了以东京为中心，半径100公里的首都圈地域范围，并在其后的发展中，促使首都和周边各核心城市根据自身基础和特色，承担不同职能，共同发挥整体集聚优势。伦敦疏解伦敦中心区工业、降低人口密度时，则通过兴建卫星城，由政府出资建造一批厂房、商店、学校、住宅和公园，并通过给予新城镇的企业较低的税率，给予新迁居居民一定的补贴等方式，从而吸引大城市的企业和居民自愿迁居。可以看到，在以"新城或卫星城配建"为主要手段的疏解经验中，一开始均是依靠政府力量为新城建设提供支持，这种支持既包括基础设施和配套建设等公共服务方面的支持，也包括在制度和政策上的倾斜和鼓励。这样的发展路径，既解决了城市发展必然带来的对生态环境的破坏这一难题，也解决了城市发展所必须依托的一定的人口规模和产业布局。二是以"城市空间多层次利用"为主要手段的疏解经验。采取多层面举措，充分开发和利用城市地下空间，实现地下空间开发形式的多元化、网络化、深层化和多层化，从而实现首都功能的综合、有序开发与利用也成为世界范围内首都的选择。从世界范围来看，首都地下浅层部分已基本利用完毕，深层地下空间资源的开发可用已成为未来城市现代化建设的主要课题。东京地下开发，即要深入到地下100米，并将各空间层面进行分行，以人及为其服务的功能区为中心，人、车分流，市政管线、污水和垃圾的处理分置于不同层次，各种地下交通也分层设置，以减少相互干扰，确保地下空间利用的充分性和完整性。

---

〔1〕 连玉明主编：《面向未来的京津冀世界级城市群》，当代中国出版社2016年版，第57页。

2. 以公共服务平衡发展为重点的疏解经验

一是以"产业定向布局"为主要手段的疏解经验。首都功能定位基本以金融服务或商贸业为其主要产业，并将制造业、现代农业等产业等逐步向首都周边城市迁出，既确保首都产业的集中和现代化，也确保周边城市对首都资源的持续供应和补给。但这种定位不可避免地带来对首都城市功能分区的强化，从而造成城市功能单一。以东京为例，东京的金融贸易功能高度集中在三个市中心区，中心区金融、商务功能集聚，常住人口从东京向周边地区迁移，导致区域居住功能和就业功能严重失衡。昼夜人口极度不均衡，一方面造成城市中心区空洞化，社会治安恶化，城市活力下降；另一方面，造成通勤时间延长、人口增加，使得东京成为有名的"通勤地域"。而这种城市功能的单一化，也使得相应的公共服务配套设施发展极具不平衡，一方面，如医疗卫生、教育、基础设施、文化体育艺术的发展因需求不足而缺乏发展动力；另一方面，劳动就业、公共交通等其他公共服务却因负载过量而负担过重。为了解决这些问题，1991年，东京制定《东京都住宅总计划》，专门设定了"都市中心区居住恢复地区"，要求在这些地区建造一批集商业、商务和住宅为一体的大楼。再以纽约的华尔街金融区和中城商业区为例，前者在非工作时间"空洞化"，成为"鬼城"、"死城"，而后者则发挥了办公功能（以洛克菲勒中心为主要区域的商业区）和商业发展与城市生活（大型百货公司和名品店等集聚区）相结合，将城市综合功能发挥到极致。东京和纽约的例子，是经济圈中首都或核心城市功能分区过分强化，从而导致城市功能单一的典型，但同时也是核心城市"自我反省"之后，以行政手段为主导，扩展原单一功能区域的公共服务功能，从而自单一功能重回适度集聚功能的典型。二是以"交通快线延展"为主要手段的疏解经验。世界城市都经历了私人汽车高速发展导致交通拥堵、转而大力发展公共交通的过程。而非首都功能疏解的前提，即是首都范围内公共交通的发展以及首都和周边城市之间的城际交通网络的建立和健全。从世界范围来看，首都城市的公共交通系统呈现出如下特点：公共交通系统以轨道交通为核心。东京、伦敦、纽约轨道交通承担城市交通客运量的比例分别为86%、35%、54%；轨道交通密集，东京市中心的轨道交通网密度高达约1010米每平方公里，伦敦市的轨道交通网密度为740米每平方公里；轨道交通覆盖都市圈，在都市圈都可以乘坐轨道交通当日往返中心城区通勤；轨道交通与其他交通方式一体化换乘，伦敦地铁与轻轨线开往英国各地的42个火车站和长途汽车站连接、换乘。除公共交通系统之外，其他国家的首都在建设慢行交通系统，调节私人汽车使用频率方面也有值得借鉴的举措。例如，阿姆斯特丹所有公共道路上均设有自行车道，在没有交通指示灯的道路上，自行车优先通行；再如美国高速路设置"carpool"专用道，供两人以上共乘一车的机动车行使，以此鼓励拼车出行，减少道路拥堵造成的压力。

从京津冀地区的发展现状来看，文化中心、国际交往中心是北京必须保留的功能，而这两个中心的调整升级，必须依托强有力的公共服务功能，因此，在推进协同发展战略的过程中，提升天津、河北地区的公共服务职能，必须警惕上述核心城市功能单一化产生的问题，注重公共服务的均等化、平衡化发展。

（四）首都都市圈中首都功能定位

通过对首都都市圈中首都特征的分析和对国际化首都在非首都功能疏解方面经验的总结和介绍，可以对与北京具有可比性的国际性、特大型首都功能做如下定位：以生产性服务业为产业定位方向，构建多层次的城市功能区和空间布局，并具有健全的区域生态环境协同保护经验的核心城市。具体到北京，课题组认为，可对其在京津冀经济圈中作为首都的功能定位进行如下概括：

1. 明确北京作为京津冀经济圈核心城市的产业定位为生产性服务业

北京具有特殊的地缘优势，要发挥其带动和辐射作用，通过其强大的集聚功能有效带动城镇化发展。北京以发展生产性服务业（如金融服务业、信息通讯业、运输业）为主；周边城市则是附属功能定位，以发展第一、第二产业为主，需要根据各地专业化水平实现资源的最大化利用。例如，对于企业而言，控制中心、研发中心应该在首都集聚，而相应的制造部门应分散在外围城市，如福田汽车，其研发中心在北京，其制造部门逐步向河北地区扩散，实现京津冀都市圈内城市间的优势互补和产业结构优化。

2. 构建明确、有层次的产业分工体系

从上述国际经验看，首都经济圈的核心城市和周边外围城市之间的产业分工体系是比较明确的，前者发展服务业，后者则以制造业等第三产业之外的产业为主。对于京津冀地区，也应该借鉴这种分工体系模式，即北京重点发展第三产业，尤其要发展高新产业、高端服务业；天津可借地缘优势发展临港重工业；河北则定位于原材料重化工、农业等产业。

3. 完善交通基础设施、推动产业空间布局

要实现首都经济圈重点逐步向中小城市转移的功能定位，需要有完善的交通网络为基础，从而提高核心城市之外的吸引力，使人口和资源向外围流动，促进产业分工的实现。2014 年京津冀地区启动了三地公交卡的互联互通，未来需要加快城际交通的互联互通，尤其是航空、铁路和高铁的一体化体系，不断降低首都经济圈各城市之间区域市场的运输成本和贸易成本，为产业结构布局的调整打好基础。

4. 推动构建区域产业平台、打破行政壁垒

实现首都经济圈一体化需要消除制度性障碍，建立多地互融互通关系。例如

大气污染问题，京津冀地区已经实现了交通路网的全监测，共同应对大气污染，但仍有很多机制性建设可以深挖。另外，还需要合理的区域规划政策，针对各地为政、限制政府间合作的问题，可以考虑在目前存在的政府间合作框架基础上，建立城市群协调机构或独立的区域治理委员会，将区域协调权力赋予该机构。

二、非首都功能疏解相关司法纠纷

（一）民商事领域的纠纷化解与预防

由于有序疏解非首都功能要求在人口疏解领域积极采取"完成人口调控目标""加强以房管人""加快城中村综合整治和棚户区改造"等措施，这些措施通常涉及人群广、人口多、利益冲突大；在产业调整领域积极开展"严格控制增量""加快高消耗、低产出的一般性产业调整退出""推进国有企事业单位和集体经济业态调整升级""引导部分有形市场和物流仓储基地疏解退出""推动部分教育、医疗、培训机构等服务功能疏解"等工作，涉及新增产业进入、低效产业退出或迁出、若干有形市场撤市、教育和医疗资源向周边区县及津冀地区的辐射，这些工作的推进对民事主体及市场主体的利益格局均产生深刻影响，其会自发地进行行为调整和风险预防，而且还可能因这种利益格局调整产生冲突和纠纷，例如可能因为如下原因产生各种类型的纠纷。

1. 人口疏解问题

（1）人口规模控制。目前人口疏解的主要方式采用整治违法开墙打洞，整治群租及地下室租赁，整治违法建房占地，棚户区改造，关闭及外迁低端有形市场及低端产业企业等方式，但是相关工程项目容易引发房屋租赁、安置补偿纠纷，关停有形市场及企业关、停、并、转容易引发商铺租赁、劳动争议等各类纠纷。此类案件因涉及实际承租人切身利益，容易引发被腾退人极端行为，影响京津冀协同发展战略的执行效率和效果。

（2）行政手段影响。基于行政命令的整体市场搬迁、退市、清退等行为，将对商铺所有权和商铺承租关系产生影响，如政府前期未进行合理的补偿，可能存在违反物权法的问题。市场商铺出租方可能因缺乏正当理由解除租约而需要对承租方承担违约责任，但其往往会认为解约系行政命令的结果，其不应当承担违约责任或相关赔偿、补偿的责任，导致承租方直接找政府解决问题。

（3）强制性清退。短时间内强制清退高能耗、低端业态的落后企业，可能导致大量没有到期的劳动合同提前解除，如果用人单位没有依法依规处理好补偿金、赔偿金、社会保险等问题，可能引发劳动者集体维权。在非首都功能疏解工作全面实施后，此类案件不断增多，外迁企业一旦败诉，资金压力将增大并影响经营发展，也会反向弱化对企业职工权益的保障。

（4）工商登记及户籍牵制。法院对外迁企业工商登记信息变更引发的诉讼案件管辖问题。有些企业虽然迁往津冀，但是工商登记未变更，依然注册在北京市区，或者公司总部、管理部门驻留北京市区，根据管辖规则，相关诉讼仍然要由北京法院处理，案件审理中承办法官需要异地调查、送达，潜在争议处理压力较大，纠纷处理成本较高。相关企业关停后，由于户籍是本地人或者就业习惯等问题，不能直接带来人口疏解的效果，可能引发部分本市户籍人口被裁员后的失业问题，并形成其他社会问题。

（5）执行问题。执行中的房屋安置问题如未妥善处理，容易形成信访甚至影响社会稳定的恶性事件。腾退房屋、土地后，如果被执行人自己不积极解决安置问题，临时安置的后遗症也会使案件执行效果落空。

2. 工作对策

（1）提前介入，充分预估。关停市场、企业前，相关职能部门应联合市场、企业对小商户、员工的户籍、工作情况等问题进行全面摸排，充分预估人员分流可能引发的问题，提前制订预案。对注册地仍在本地的外迁企业，工商部门应提前汇总名录，并协调外迁目标区域的相关职能部门为其办理工商登记信息变更提供协助。企业外迁后，相关职能部门要与津冀地区相关职能部门充分协调社会保险的缴纳和接续等问题，确保劳动者合法权益得到有效保障。市政府应通过加大财政专项投入等方式，做好被腾退企业、人员征用补偿、安抚工作，稳定相关人员的思想和情绪。

（2）固定机制，保持信息畅通。政府职能部门要及时向相关法院通报关停、外迁区域重点企业、区域重点项目拆迁等重要信息，确保相关矛盾纠纷进入诉讼程序后妥善处理。研究成立涉京津冀协同发展法治协调机构，就人口疏解与产业转移升级实施过程中涉及的法律问题统一意见，形成定期通报、专人联络、重大项目及时沟通等机制，确保协同发展战略在法治轨道内全面有序推进。

（3）提前预判，提升司法保障。相关法院应加强涉京津冀协同发展案件的立案形势判断，确保依法及时立案。总结可能集中出现的诉讼类型，如有形市场关停撤市可能引发的租赁、劳务、拆迁等大规模诉讼，提前制定应对措施。制定涉京津冀协同发展案件立案工作规范，统一立案标准，确保符合受理条件的案件及时立案，应审慎受理的案件得到及时疏解。

（4）加强监督，提升司法透明度。主动接受涉京津冀协同发展案件的外部监督；主动邀请人大代表、政协委员、特邀监督员旁听庭审、参与执行，认真听取意见和建议，提高司法保障工作水平。对社会影响较大、涉及利益群体较多的案件，依托司法公开"三大平台"，将案件审理过程置于当事人、社会公众及舆论媒体的监督之下，加强社会各界对法院工作的理解与支持。

（5）合理引导，严格舆情监控。构建京津冀协同发展政策法律宣传平台。

充分挖掘报纸、电视等传统媒体与微博、微信等自媒体宣传平台特点，准确定位舆论宣传点，把握舆论导向。深入对协同发展战略的积极意义、正面价值的宣传报道，正确引导舆论导向，掌控舆论主方向，防止负面舆论对群众的误导，引发轻信谣言、盲目恐慌。

（二）行政法领域的纠纷化解与预防

在非首都功能疏解过程中，政府必须采用市场与行政两种方式开展工作，坚持两手用力，既注重运用市场机制，发挥市场在配置资源中的决定性作用，用经济杠杆推动疏解；同时，也加大行政管理力度，对违法建设等多年积累的城市病疾顽症开展清理，并合理运用行政许可和行政强制手段，有效疏解外来人口和非首都功能。但政府在运用行政手段时，如何兼顾效率和公平，如何既有效地化解纠纷，又能预防相关的法律风险，需要重点的研究和探讨。课题组认为，政府在运用行政手段疏解非首都功能过程中，主要会运用三方面的行政职权：一是加强拆除违法建设，大力疏解人口；二是严格控制相关行政许可，通过注销和撤销与首都功能不符的许可类项目，疏解非首都功能；三是对于不符合首都功能的相关市场和产业，直接采取强制关停、强制搬迁等行政强制手段，切实实现将非首都功能疏解出首都。

1. 行政纠纷问题

（1）拆违。行政机关职能划分不明确，容易导致权力行使混乱，产生相关行政诉讼。行政机关一旦败诉即面临行政赔偿问题，且相关判例容易被潜在诉讼群众效仿，影响区域疏解人口战略的实施和社会稳定。尤其在大量的拆违过程中，行政机关责任划分不明确，导致行政部门未依法行使职权。在这种情况下，法院难以回避行政违法或行政瑕疵问题。

（2）撤销行政许可。违法行政许可行为撤销制度实质上是一种纠错机制，即纠正行政机关违法或不当作出的行政许可行为。这种纠错的必要性既是依法行政原则的内在要求，也是维护相对人合法权益的客观需要。从严格依法行政的角度看，对于所有违法或者不当的行政行为，都应当通过撤销的方式予以纠正。疏解非首都功能代表的是一种国家利益和公共利益，在实践中，当存在法定的可以撤销行政行为的情形时，行政机关必须要斟酌撤销行政行为可能给公共利益或国家利益、相对人或者其他关系人带来的影响才能决定。

（3）行政强制过程中的程序违法行政强制作为政府在疏解非首都功能过程中的一种有效手段，具有最直接、效果最明显的特点，但是对于相对人权益的侵害也相对最大。疏解非首都功能作为一项长期的任务，个别行政机关在执行中有时会出现急功近利，设法突破法定程序，实现部门不正确的政绩观。因此，在疏解非首都功能的背景下，加强对行政机关实施行政强制权的程序性规制尤为重要。

2. 工作对策

（1）政府在撤销行政许可过程中的法律风险及预防，主要涉及以下情形：一是行政许可撤销的法定情形与后果。首先，根据《行政许可法》第69条的规定，撤销行政许可的法定事由分为两类，一类是可归责于行政机关的原因，另一类是可归责于被许可人的原因。其次，行政许可的撤销方式有依职权撤销和依申请撤销两种。再次，行政许可撤销的羁束程度有"可以撤销"和"应当撤销"之别。当出现可归责于行政机关的撤销事由时，行政许可"可以撤销"；当出现可归责于被许可人的撤销事由时，行政许可"应当撤销"。最后，行政许可撤销后有应当予以赔偿与不予赔偿的差异。二是构建行政许可撤销的正当程序约束。基于行政许可是建立在行政相对人与政府之间的信赖利益保护原则基础上，因此，在实现非首都功能疏解的过程中，要注重平衡公共利益和行政许可相对人的个人利益，应当运用正当程序约束行政许可的撤销权，政府应当在法定的幅度和范围内行使撤销权，避免用行政手段来代替法律程序。

（2）完善行政强制的救济制度。在疏解非首都功能过程中，政府采用行政强制手段进行腾退和关停不符合首都功能的企业或者产业是在所难免的，而行政强制作为一种对相对人权益侵害最为直接的行政行为，应该建立有效的救济制度，既规范政府合理行使强制权，也最大限度地保护相对人的合法权益。

（三）刑法领域的纠纷化解与预防

非首都功能疏解过程中，可能出现破坏市场经济秩序犯罪、财产犯罪、社会管理秩序犯罪及相关职务犯罪问题。

1. 常见犯罪问题

（1）贪腐问题。对人口规模进行控制时，受贿罪、行贿罪等职务犯罪的发生容易导致执法队伍不稳定，影响政府管理公信力，引来民愤民怨，从而影响政府在执行京津冀协同发展战略中的其他举措。

（2）渎职问题。渎职类容易导致部分执法人员消极怠工，对应当查处清退的企业人员没有及时查处清退，或是选择性执法，导致法令执行不畅，大量违章违法建筑屡禁不止或拆而复建，影响协同发展战略的有效执行。

（3）对抗依法行政。涉事群众一般会要求执法者对执法行为提供法律依据，认为非首都功能疏解工作并非法律确立的国家任务，仅仅是一项国家政策，进而质疑执法行为的合法性；或认为执法者执法无据、侵犯其权益而对抗、煽动对抗、闹访、攻击政府，如果执法部门或执法者不能提出相应法律规定，将会面临较大的舆论压力。相关人员还可能以执法人员主体资格不适格、执法程序不严格规范、执法不公、执法态度蛮横不理性等为由滋事、起哄、闹访，为自己反对、阻碍执法寻求借口或理由。在执法者确实存在执法不当之处的情况下，法院审理过程必须依法考量该情节，执法部门或执法人员将处于较为被动的状态。

（4）势力渗透。涉事群众或有关事件、案例可能会被反对势力或别有用心人员拉拢、利用和炒作，尤其是通过互联网将其中的个别事件或案例作为导火索或引爆点，制造负面舆情，蛊惑、动摇民心，将普通事件政治化、网络化，以实现其政治目的或反社会意图。如未做好舆论预警监控以及公众或相关群众的安抚工作，极有可能使敌对势力得逞而出现不易控制的社会事件。

2. 工作对策

（1）违法建设治理过程中非法经营罪的预防和化解。应明确：对违法建设行为追究犯罪责任，并没有违反"罪刑法定"原则。违法建设按照用途可分为自住用房、办公用房、生产用房、出租用房、出售用房。从这个分类看，并非所有的违法建设行为都是经营行为，只有以营利为目的，将违法建设用于出售直接获取利益才能认定为经营行为。其他将违法建设作为自住用房、办公用房和生产用房等，尽管有的可间接产生经济利益，但不是对违法建筑物本身的交易行为直接带来利益，故不宜认定为经营行为。并非所有违反国家规定的经营行为都是刑法中的"非法经营行为"，只有在某类经营行为由国家规定设立特定的许可制度和市场准入制度时，此类行为才属于刑法所禁止并惩罚的"非法经营行为"。

（2）疏解非首都功能过程中渎职犯罪的化解与预防。疏解非首都功能涉及土地、规划、建设、环保、工商、城管等多个部门的多个执法环节，责任划分情况较为复杂，渎职行为表现在多个方面。从犯罪性质看，玩忽职守类案件比例最高。普遍表现为不严格依照法律法规及自身的工作职责履行义务；不认真审查申报单位虚假文件资料；对较为熟悉的单位或涉及自身利益单位的相关审批，不认真履行职责，马虎行事。从犯罪情节看，主要表现为国家机关工作人员违反决策程序，盲目决策，未批先建，违规审批。一些领导干部超越权限、违反规定、插手干预行政审批。一些国家机关工作人员或严重不负责任，或在疏解过程中接受利益相关人的贿赂，违规审批、监察不力等。行政执法人员徇私情、私利，伪造材料，隐瞒情况，弄虚作假，对依法应当移交司法机关追究刑事责任的刑事案件，不移交司法机关处理。国家机关工作人员徇私舞弊，违反法律法规，滥用职权。关于危害结果的认定。疏解非首都功能过程中的渎职犯罪的危害后果是多方面的，其中，经济损失包括国家土地出让金、城市建设配套费和税收的流失等。政府公信力的损失，主要是对党和政府的社会形象、社会权威、社会诚信等造成不良影响；社会秩序损害导致群众上访，造成社会不稳定，严重影响正常的社会管理秩序，拖延疏解进程。

三、产业升级转移重点法律问题

（一）引导产业升级转移的经济法问题

1. 法律问题

（1）一般制造和污染企业退出程序中的法律风险。对一个已经成立的企业实施关闭，从法理上需要充分的依据，并履行一定的退出程序，所以对于多数企业而言，关停意味着退出，后续潜在的债务安排、人员安置及市场风险均较大，需要在进一步研究预判的前提下，为被关闭企业提供更加诚信、安全、快速的企业变更或清算退出程序，防止恶意逃债、员工群体上访等不稳定因素。这既符合现有法律、司法解释的规定，又便于操作，且实现产业疏解的目标。一是可能引起债权人无法查找或联系上企业，出现企业非法退出，拖欠甚至躲避债务、不履行清算程序等现象，扰乱正常市场交易秩序。二是因企业工作地点发生变更，劳动者与用人单位需要重新进行协商，可能引发解除劳动合同或者终止劳动关系的情况。三是在一些国有企业的外迁过程中，部分临近退休的职工无法随迁离京，出于企业社会责任，一般会保留与上述人员的劳动关系，然而工资如何异地发放、社保如何在京缴纳需要相关部门制定专门政策。

（2）疏解非首都功能过程中产业资源的低效外流和重复建设风险。目前，北京向津冀地区的资本流出集中于商务服务业、制造业和科技服务业，朝阳、海淀、西城三区是最主要的产业疏解地；而在承接方面，本市其他具有一定产业基础的郊区，可能存在优于津冀的条件，如果得到产业资本或技术的支持，将更加有利于形成聚集效应。如果内部资源配置得不到合理优化，可能出现本市的发展新区到津冀争夺产业资源等产业回流现象。

（3）产业升级转移过程中执法尺度不统一的法律风险。关停一般制造和污染企业的相关工作由市级单位指导各区开展，北京市制定统一的指导性意见和目录。

2. 工作对策

（1）完善企业工商登记联网机制、维护和谐稳定的劳动关系。一是健全企业工商登记联网机制。尽快完善京津冀三地工商登记联网，督促企业按照法律规定办理工商变更、注销登记，便于企业变更信息和企业利害关系人查询。二是依法处理外迁企业与员工劳动关系的存续问题。在京企业外迁之前，充分做好与员工的沟通，了解员工随企业外迁的意愿。对于确实无法继续保持劳动关系的员工，依法给予充分的经济补偿金。三是妥善处理留京职工的安置问题。对于保留劳动关系但确实无法随迁的临近退休职工，可研究设立专项安置基金，确保在京人员的工资发放和社保缴纳，探索建立京津冀三地互联互通的社保缴纳体系。

（2）强化疏解非首都功能产业转移的统筹规划。北京在输出产业的决策过程中，应加强统筹协调，首先满足北京市内部不同区之间的产业优化布局，其次再统一疏解，避免打破原有的规模经济效应，重演"底特律"式的失败教训。在产业对接的过程中，弱化行政强制色彩的对接，真正发挥市场主体的主导作用，给企业更多选择权。

（3）提高执法尺度的统一性，建立完善的执法机制，维护被疏解市场主体的合法权益。在疏解非首都功能过程中，相关市场主体面临被关闭或转移的风险，从依法疏解的角度，需要明确相应的操作标准、统一具体执法尺度。建议如下：一是自上而下细化企业需强制关停、疏解的具体标准，确保执法工作于法有据；二是健全被疏解对象的意见反馈和行政复议机制，行政机关需认真审查意见内容并予以答复，强化依法行政的程序保障，防止出现执法尺度的偏差，营造公平、公正、公开的执法形象。

（二）产业升级转移过程中规范市场秩序商事法律问题

1. 商法问题

（1）技术转让和合作过程中的合同履行问题。疏解非首都功能过程中产业升级可能涉及对内和对外两大方面的技术合作，对内技术合作是指由北京企业向津冀企业转让与当地重点发展产业对接的一般性技术合作，对外技术合作是指北京企业从国外引进具有国际领先水平的科学技术合作。

（2）产业升级转移发展过程中企业融资法律问题。北京在疏解非首都功能过程中要实现产业的功能聚集效应，必须走升级发展的道路，同时向津冀地区有目的地进行疏解。资金的保障力度决定着产业升级转移绩效的高低，金融支持与产业升级转移具有明显的交互关系。近年来，首都积极适应经济发展新常态，自觉加快转变发展模式，有序疏解非首都功能，建设"高精尖"经济结构，首都经济保持了健康快速发展的势头，为京津冀协同发展奠定了良好的基础。与此相应的，北京拥有丰富的金融资源，企业融资成本较津冀地区低，为企业转型升级提供了良好的资金保证。然而作为产业外输承接地的津冀地区，其金融发展程度明显不及北京，尤其是河北，在产业升级转移过程中对资金的需求量巨大，而企业的融资能力却最低，是产业升级转移的难点之一。

2. 工作对策

（1）规范合同文本、强化政府监督，最大限度降低技术转让合同违约风险。建议高度重视技术转让合同的持续履行问题，除了在实践中尽可能拓展融资渠道、保证资金供应，也需要在签订合同的过程中侧重强化合同在履行步骤方面的设定，明确约定违约责任。相关主管部门在合同备案以外，可提供不同技术转让或合作形式的合同范本，完善合同履行和违约责任设定的内容，对市场主体形成引导和约束作用。

（2）充分运用商业经营，灵活设计合作模式，确保技术受让的利益最大化。技术出资入股加销售利润提成模式，即外方的先进技术以部分价值核定资本金入股（低于该技术的全部价值），同时根据相应技术运用所带来的销售利润计算外方提成，营造巨大的市场吸引力，使得技术运用、市场反馈与技术转让方资金收益成正相关，激发技术转让方的盈利动力，进一步促进技术合作和核心技术受让；借助我方企业业已形成的产业品牌口碑和销售规模，以品牌作为无形资产入股，受让外方部分技术成果或合作进行研发，在合作过程中不断深化，逐渐接触并获取核心技术。

（3）缓解津冀地区产业承接企业融资难、推进区域金融发展均衡化进程的法律建议。建议如下：一是营造促进统一的政策条件，三地政府可签署类似于长三角地区的一系列推动金融协同发展的合作备忘录，协调京冀地区的竞争关系，同时改变河北地区金融政策洼地的局面，研究制定推动河北金融发展的配套政策措施，以便河北企业在产业承接与项目合作过程中，及时满足资金需求，逐步实现由政府补贴为主向成立产业基金等市场化方式融资为主的转变。二是建立有效的利益协调与共享机制，从现有发展进程来看，依靠市场自行调节的区域金融合作发展滞后，政府有必要发挥引导职能，加强区域间的利益协调，努力促进金融资源跨区域配置，为产业升级转移提供保证。三是完善法治环境，强化对金融风险的防范。成立三地金融管理部门共同参与的跨区域综合监管部门，加强金融风险的信息沟通；提高对市场主体的信用评估和市场行为的风险防控能力；加强对判决结果的跨区域联动执行机制，降低企业躲避债务的概率，健全市场诚信机制，为优化企业融资环境提供司法保证。

（三）产业升级转移的知识产权法问题

1. 法律问题

（1）产业升级转移法律意识的问题。在经营者层面，一是对知识产权认识不足，仍有部分企业没有意识到知识产权的经济价值能够带来巨大的经济利益，未充分认识知识产权在核心科技领域的作用以及对企业可持续发展的经济和战略意义；二是风险意识不强，在创建自主品牌、创新商业模式的过程中，容易引发商标侵权、不正当竞争的纠纷。在政府层面，政府各部门在引导产业升级和结构调整时往往多以政策为先导，不重视依靠知识产权法、不正当竞争法等相关法律来规范产业发展，政策的随意性、不确定性往往超过法律。

（2）国内产业转型和升级过程中，企业之间同质性引发不正当竞争等各类知识产权法律问题。在商标权方面，企业法律意识淡薄、缺少品牌意识，为追求短期效益，不惜采用攀附、模仿他人商标等非法手段开拓市场，陷入商标侵权的泥沼。也有一些企业由于商标品牌和法律意识不足，商标保护措施缺失。在商业秘密方面，企业在产业升级与调整的推进中，需要不断进行技术创新，这往往需要高额的投入，甚至短期内投入与产出不成正比。有些企业为了获取核心技术，不惜高价挖掘技术人员，在利益的驱使下，企业核心技术人员恶意跳槽、带走核心技术等商业秘密，引发侵犯商业秘密纠纷。

（3）企业在产业升级"走出去"的过程中面临挑战。一是与国外企业签署合作合同的法律问题，企业收购海外企业，对海外企业相关技术成果和知识产权因不具备完整性而引发知识产权的权属纠纷；在合同中未明确约定权利瑕疵担保责任和违约责任，产生分歧；在引进国外顶尖科学家和创新团队过程中忽视有关竞业禁止和发明专利的排他性授权，引进项目存在合法性问题。二是国外企业利用权利"合法外衣"限制竞争，形成产业垄断，阻碍我国高新科技企业发展的法律问题。

2. 工作对策

（1）切实增强企业知识产权保护意识和能力，以知识产权保护战略促进产业升级转移。

（2）出台创新科技的鼓励政策，提高产学研之间相互转化的能力，实现区域产业发展互补互促，建立优势产业集群。

（3）增强知识产权司法保护对产业升级转移的支撑效应，为疏解非首都功能提供必要的司法保障。

四、京津冀协同发展法律问题

（一）跨区域环境治理途径

1. 确立环境行政公益诉讼

理论上将环境公益诉讼界定为：自然人、法人、政府组织、非政府非营利组织和其他组织认为其环境权即环境公益权受到侵犯时向法院提起的诉讼。因而，环境行政公益诉讼与环境民事公益诉讼共同居于"一体两翼"的地位，不可偏废其一。同时，建议在《行政诉讼法》中合理拓展我国行政诉讼的范围，突破传统行政诉讼的受案范围，扩大原告范围，以法律的形式予以确认环境公益行政诉讼。

2. 加强京津冀地区司法联动和合作

跨区域环境问题还需跨区域的联动解决。近期，北京高院在充分调研和与津冀法院会商的基础上，探索建立京津冀三地法院跨域立案服务一体化机制，跨域立案即案件协作法院和案件管辖法院依托信息平台，完成当事人材料提交、审核、受理工作，方便当事人立案。目前，北京法院全辖区及京津冀三地的 7 家试点法院已实现跨域立案服务。今后，还需在案件裁判标准和执行协作等方面加强跨区域合作。

（二）社会保障制度对策分析

1. 在法律法规和制度层面，应当适时制定适应京津冀协同发展和疏解非首都功能需要的社会保险体制

（1）统一管理主体。应该将京津冀三地社会保险的管理主体统一起来，使得社会保险工作的衔接、社会保险政策的制定和实施、相关信息的互通在同一个体系内完成。

（2）统一管理协调机制。仅统一京津冀三地各自的管理主体不足以实现三地社会保险管理工作的统一，还需要有超脱于三地利益之上，对三地之间的管理制度和利益冲突进行顶层设计和协调的上级机构，实现决策权和行政管理权的统一。当前三地之间可能有相关管理部门的联席会议制度，如果能在此基础上更进一步，由权威更高的京津冀协同发展领导小组来领导和协调三地之间的社会保险统一管理，就能取得更好的效果。

（3）统一手续转移。三地的社会保险部门应该在统一管理的框架之内，强化专门针对三地之间社会保险转移的工作职能。例如：确定三地所有养老、医疗等社保系统间的共同原则以及相对应的标准；明确三地之间跨省管理社会保险的详细框架；互通互联三地关于社会保险的各种信息，打通省际政府部门之间的壁垒，审核、结算、数据收集、服务信息自由传递和及时共享；明确三地间流动人口跨省享受社保的权利以及限制等。

2. 在实际问题方面，最重要的是如何解决因为地区发展不平衡和统筹层级不统一而带来的社会保险缴费、待遇等差异问题

这可能需要通过三地之间进行产业转移、经济结构调整来逐步实现，但这是一个长期的过程。从短期来看，可能需要由中央政府和京津冀三地政府通过多种方式进行融资，从而对京津冀三地之间有差别的社会保险基金进行补足，缩小或者是消除三地之间的社保基金差距。如果真能实现这一点，那么配置以统一的管理制度，京津冀三地之间的社保不平衡问题有望解决。或者，中央政府新近设立的雄安新区可能也是解决劳动就业和社会保险问题的一个新契机。让没有历史包袱的雄安新区成为吸纳产业、就业、人口的平台，也是解决各种问题的好方法。

（三）解决京津冀公共服务问题的对策

1. 规范财政转移支付

转移支付是指政府之间为解决财政不平衡而通过一定的形式和途径转移财政资金，用以补充公共物品和公共服务的提供。可以从以下两个层面入手：一是制定一部以转移支付行为为调整对象的基础性法律，以消除转移支付中的任意性，也能为各级政府客观判断自己的财政能力提供稳定预期，平抑其寻求预算外资金的冲动。中央政府和有立法权的地方应通过法规的方式将转移支付行为的各个要

素、环节具体化。无论是法律还是法规，都要体现转移支付信息公开的规定，以接受社会监督。二是加强横向转移支付的规范性。相对来说，我国政府间的纵向转移支付开展较多，横向转移支付还不普遍，规范性也更弱。要实现京津冀三地之间财政的平衡与公共服务的均等化，需要将对口扶贫、区域经济协调等零散的横向转移支付制度化、体系化、规范化。

2. 引入社会资金提供公共服务，推行 PPP 模式

政府和社会资本合作模式（Public – Private Partnership，PPP）是在引入社会资本与政府合作，共同提供公共服务的过程中逐渐被政府和市场所推崇的。PPP 模式目前主要是依托政府采购制度和招标投标制度，目前没有专门的立法，这影响了政府依法推进 PPP 项目的规范性，也会影响社会资本参与 PPP 项目的积极性以及 PPP 项目运行的稳定性。需要整合现有关于 PPP 模式的法律规范和政策文件，制定统一的有关 PPP 模式的法律制度。目前，PPP 条例正在制定之中。

五、总结与展望

从习近平总书记两次视察北京工作，到在中央政治局常委会审议《北京城市总体规划（2016 年 – 2030 年）》时发表的重要讲话，"建设一个什么样的首都，怎样建设首都"的历史使命由宏大走向细微、由设想走向论证，成为北京城市总体规划和未来建设的动态"路线图"。习近平总书记指出：疏解北京非首都功能是北京城市规划建设的"牛鼻子"。要放眼长远、从长计议，稳扎稳打推进。北京的发展要着眼于可持续，在转变动力、创新模式、提升水平上下功夫，发挥科技和人才优势，努力打造发展新高地。要以资源环境承载力为硬约束，确定人口总量上限，划定生态红线和城市开发边界。对大气污染、交通拥堵等突出问题，要系统分析、综合施策。北京历史文化是中华文明源远流长的伟大见证，更加要精心保护好，凸显北京历史文化的整体价值，强化"首都风范、古都风韵、时代风貌"的城市特色。本课题围绕非首都功能疏解法律适用问题进行了全方位研究论证，构建了法治保障领域的研究模型。随着京津冀协同发展的逐渐深入，在进一步研究过程中应秉持和强化以下内容：

（一）建立科学、开放、包容的法治指引体系

在法的诸多作用中，指引作用是指法律作为一种行为规范，为人们提供某种行为模式，指引人们可以这样行为、必须这样行为或不得这样行为，从而对行为者本人的行为产生的影响。较之法的预测、教育、评价、强制作用，指引作用既是人们选择行为方式的法理动因，也影响甚至决定着法律实施的效果。本课题在研究过程中，将为"疏解整治促提升"专项行动提供法治服务保障作为阶段性研究的成果载体，市委政法委印发《发挥政法职能作用　为"疏解整治促提升"专项行动提供法治服务保障的意见》，并与法院系统、检察院系统、公安系统、

司法行政机关实施方案细则形成"1＋4"系列政策性文件，是深入发挥法治指引作用的重要探索。在后续研究中，将结合非首都功能疏解及京津冀协同发展的更多领域，将经济社会发展的行为引导与法律关系引导更加有机地结合起来，积极发挥现代科技对法治建设的保障和提升功能，利用大数据、人工智能手段将法治保护融入非首都功能疏解的工作细节，推动法治指引研究持续满足京津冀协同发展的新阶段新要求。

（二）统筹完善雄安新区建设法治问题研究

设立雄安新区，是以习近平同志为核心的党中央深入推进京津冀协同发展作出的一项重大决策部署。雄安新区规划范围涉及河北省雄县、容城、安新三县及周边部分区域，地处北京、天津、保定腹地，区位优势明显，资源环境承载能力较强，发展空间充裕，具备高起点高标准开发建设的基本条件。规划建设雄安新区，对于集中疏解北京非首都功能，探索人口经济密集地区优化开发新模式，调整优化京津冀城市布局和空间结构，培育创新驱动发展新引擎，具有重大现实意义和深远历史意义。规划建设雄安新区是一个系统工程，应当牢固树立和贯彻落实新发展理念，探索将法治思维和法治方式融入规划建设全局，增强新区发展的法治软实力。

（三）总结提升首都城市全面发展和可持续发展

北京市第十二次党代会进一步明确了首都改革发展的重点任务，即首都功能实现新提升，城市发展形成新骨架，经济发展汇聚新动能，生态环境取得新改善，人民生活实现新提高，文明和谐展示新风貌，党的建设开创新局面。加强民主法治建设，营造一流的法治环境，是为首都改革发展提供坚强政治保障，创造重要的法治软环境，是首都的核心竞争力所在。当前，疏解非首都功能与雄安新区建设在发展思维上形成了"疏旧布新"的关系，要从全面协调可持续发展的高度，深入研究经济社会发展的各个领域、各个方面、各个环节，从社会主义现代化建设全局的高度，准确分析城市发展中存在的旧矛盾和新问题，不断增强辩证思维和系统思维能力，正确认识首都城市功能输出和雄安新区功能引入的关系，正确处理当前发展与长远发展、局部利益与全局利益、发展的平衡与不平衡、政府与市场经济主体等一系列关系，在城市规划、建设思维、方式方法等诸多方面避免走"先发展、后治理"的老路，寓法治于建设、寓治理于规则，探索"边思考、边发展、边治理"的城市建设路径，将坚持首善标准融入首都城市功能布局和法律关系调整的治理体系。

（本文课题组成员：葛玲、陈昶屹、黄志勇、张敏、王多、杨海超、张璇、廖钰，北京市海淀区人民法院；王启亮，中共北京市委政法委。）

京津冀交通一体化法律问题研究

张长青* 郑 翔**

第一章 京津冀区域交通法律制度概况

一、京津冀区域交通现状和存在的问题

（一）京津冀区域交通一体化发展现状

2015 年 7 月 13 日，北京市交通委公布了京津冀协同发展交通一体化北京推进方案，京津冀交通一体化发展规划逐渐浮出水面。2015 年 12 月 8 日，国家发展改革委和交通运输部联合发布了《京津冀协同发展交通一体化规划》（以下简称《规划》）。至此，京津冀交通一体化建设已经形成了基本目标，即扎实推进京津冀地区交通的网络化布局、智能化管理和一体化服务，到 2020 年基本形成多节点、网格状的区域交通网络。《规划》强调，把交通一体化作为先行领域，实现规划同图、建设同步、运输衔接、管理协同。加强国务院有关部委和三省市联动，在京津冀协同发展领导小组领导下，统筹协调解决交通运输领域的重大问题。在 2016 年 7 月 5 日北京市交通委颁布的《北京市"十三五"时期交通发展建设规划》中也明确了为促进京津冀交通一体化北京市交通工作的重点任务。

（二）京津冀交通一体化的发展中存在的主要问题

1. 交通基础设施结构不均衡

2. 城际交通发展滞后

3. 运输方式间衔接不畅

---

* 课题主持人：张长青，北京交通大学教授/博导。立项编号：BLS（2016）A002。结项等级：合格。
** 郑翔，女，湖南长沙人，产业经济学博士，北京交通大学法学院副教授，硕士生导师。主要研究方向为经济法、交通运输法、房地产法。主要著作《北京市治理交通拥堵法律问题研究》、《交通事故损害赔偿法律问题研究》、《中国房地产开发用地政府管制研究》、《铁路法研究》（合著），并曾在学术期刊发表学术论文三十多篇。参与主持国家社科基金项目、部级科研项目多项。参与的课题获得中国铁道学会二等奖（2011），中国铁道学会三等奖（2014）。

二、北京市现有交通法律制度

为更好地分析北京市现行有效的交通法律法规存在的问题，本章按照道路交通主体、交通工具管理、道路管理、交通管理四个方面将现有法律法规分类比较。基本思路如下图。

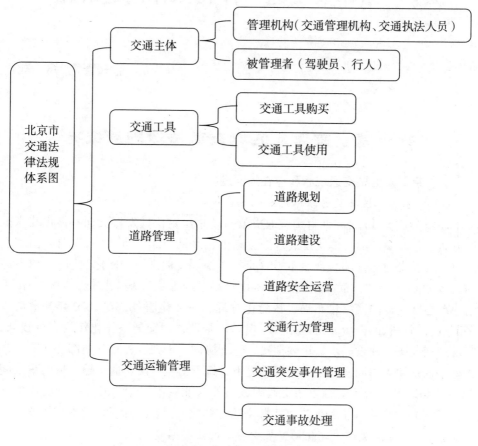

北京市现行交通法律法规体系图

从北京市现有交通法律法规来看，其主要体系框架已经基本形成。但是，需要关注的是，北京作为首都，除了大城市共有的交通问题以外，在交通管理方面有许多独有的问题需要解决，比如交通拥堵、特勤、科技管理等，在实现京津冀交通一体化的过程中，要注意相关法律制度对北京地方立法的影响。

三、京津冀区域交通一体化主要立法情况

京津冀包括了三个省级行政单位，它们之间在交通机构职能设置、道路交通规则等方面存在着诸多差异，这给京津冀交通一体化战略的实施带来了障碍。

（一）关于京津冀区域交通协同立法

2015 年 12 月 8 日，国家发展改革委和交通运输部联合发布了《规划》，至此，京津冀交通一体化建设已经形成了基本目标[1]。三地人大常委会于 2015 年 5 月联合发布的《关于加强京津冀人大协同立法的若干意见》（以下简称《若干意见》），提出要加强京津冀区域协同立法机制建设，统一协调各地现有的交通法律法规，推动区域交通法治建设。为了在具体协同方式上实现新的突破，2017 年 3 月三地人大常委会一致通过了《京津冀人大立法项目协同办法》，把交通领域作为 2017 年三地立法协同的重点项目，这标志着京津冀人大协同立法由实质性起步进入突破性进展阶段。通过构建三地人大协同立法机制，进行民主协商，协调统一京津冀交通一体化中的交通法规，有利于建立京津冀交通一体化法律体制。

（二）关于京津冀地区交通一体化规划

区域一体化的发展离不开科学合理的规划，自从 2015 年 4 月 30 日国务院发布《京津冀协同发展规划纲要》（以下简称《纲要》）以来，交通一体化便作为了京津冀协同发展的突破口。在《纲要》发布之后，国家发展改革委和交通运输部联合发布了《规划》，明确了京津冀交通一体化战略的基本目标。到目前为止，京津冀交通一体化相关的规划文件有 2014 年获批的《北京交通发展纲要》、《天津市省级公路网规划》以及 2016 年获批的《河北省推进京津冀协同发展交通一体化规划》、《京津冀城际铁路网规划》。上述这些出台的规划文件对于今后京津冀交通一体化的发展将会发挥重要的指导意义，同时随着交通一体化建设的推进，更多的交通规划也会相继出台。

（三）关于京津冀地区交通运输规则

区域间统一协调的交通运输规则能够提高跨区域交通运输效率，同时也有利于区域间的交通管理。目前京津冀正在着力统一各项交通运输规则和标准，2015 年三地就共同协商、组织制定发布了《电子不停车收费系统路侧单元应用技术规范》《高速路公路服务区服务规范》等多项京津冀交通区域标准。[2]

第二章　京津冀交通一体化的立法需求

一、跨行政区域交通一体化需要立法突破行政壁垒

京津冀交通一体化建设涉及两市一省的行政区划范围，京津两地作为直辖市

---

[1] 《京津冀协同发展交通一体化规划》中确定的发展目标为：到 2020 年基本形成多节点、网格状的区域交通网络；到 2030 年形成"安全、便捷、高效、绿色、经济"的一体化综合交通运输体系。

[2] 尹克强、郭东：《京津冀首批区域协同地方标准发布》，载《河北日报》2015 年 6 月 2 日，第 1 版。

与河北省同处于省一级行政单位，而河北省则有 11 个地级市以及一百多个县[1]。京津冀范围内既有不相隶属的，也有属于一个行政区划内的；既有平等的横向关系，也有斜交的横向关系；既有同级政府间的，也有非同级政府间的，呈现出一种错综复杂的多边多极的网络状态。并且我国长期以来实行的是以行政区域为单元的地方发展方式，因此在这一基础之上形成了牢牢依附于行政区域的地方发展格局。各地方政府出于维护地方利益的目的制定了各不相同的规章和政策，这就会导致三地政府在交通一体化过程中，为了谋求地方利益最大化，利用地方行政管辖权的优势地位设置行政壁垒。

统筹区域间的各项标准，为地方政府间协同合作提供了依据。京津冀交通一体化改革发展中，已经有了一些协同立法的指导意见和相关规范标准，但是在政府职权划分、政府如何协同管理方面没有明确的规定，这会导致在《规划》的具体实施过程中缺乏统筹性的、有约束力的协调方式，阻碍一体化的进程。

二、京津冀交通一体化交通管理协调机制需求

（一）交通管理协调机构需要立法明确其地位与职能

若要推进京津冀交通一体化实施，三地势必要设立新的机构或者重新编制现有的机构，来对各地区的交通进行协调管理。因此，不仅区域间需要设立协调机构，各区域内也需要对现有的行政机构作出相应的调整。目前情况来看，各地交通行政部门设置不尽相同。实践中，三个地区的交通部门的机构组织形态不同、职能权限划分各异。而交通一体化目标的实现需要的是各部门职能划分明确，区域间部门协调统一。应建立京津冀交通部门的横向协作模式，这种模式是以合作为基础，为了共同完成某项目标而专门建立的区域协作模式。该模式能突破传统的区域行政区划，避免了区域内部各自为政的缺陷，是从区域交通一体化要求的目标出发，通过行政资源、经济资源的协同，依靠各地政府对区域利益形成的共识，建立一个可以超越和协调各个内部区域的机构或组织，实行区域联合监管，并最终为京津冀交通一体化提供组织保障。

（二）建立京津冀区域间交通协调机构

在京津冀交通一体化进程中，领导小组负责的协调工作集中于宏观层面，在具体操作中，通常很难发挥作用。由于京津冀三地定位不同，在京津冀交通一体化发展中仍然是以北京市的需要作为第一要务，天津与河北被放到了次要地位。在这种地位不对等的情况之下，天津市与河北省往往处于被动或从属地位，北京市的一些决策可以甚少考虑或不考虑天津市与河北省的利益，这就导致区域间交

---

[1] 陈秀山、李逸飞：《推进京津冀一体化的几大主要障碍》，载人民论坛网，http：//theory. rmlt. com. cn/2015/1126/409765. shtml，2015 年 11 月 26 日。

通部门合作自主性与积极性不足。[1] 另外，由于各方利益不同，不可避免地存在认知差异。[2]

（三）形成京津冀地区交通协同服务机制

京津冀区域内交通运输服务一体化合作程度不够，合作机制尚未建立，跨区域运输市场、管理、服务分割的问题较为突出。区域各交通管理部门之间至今还没有一个信息共享机制和合作平台，各种信息难以及时整合、有效发布，无法满足旅客出行的联程联运需求。尤其是公共交通一卡通建设因为地区间补贴及结算方式不同，还未能惠及区域内的部分地区。在交通中转与交通运输方式衔接问题方面，京津冀区域中心城市交通与铁路、公路不能够有效连接，各种交通场站相距较远，公共交通班次时刻设置不合理等现象不同程度存在，导致了各种交通运输方式难以充分发挥自身功能，难以共同形成联动优势，大量时间被浪费在交通中转上，影响了人流物流运输的效率。距离旅客运输"零距离换乘"、货物换装"无缝隙衔接"的交通运输一体化仍有较大差距。[3]

三、京津冀交通一体化规划协调需求

（一）形成京津冀跨区域交通规划协同机制

京津冀已经分别制定了相应规划来加快形成多中心、网格状、全覆盖的铁路和公路路网格局。但是不同地方出具的规划时间不一致、考虑因素重点不同、在具体规划设计方面也存在差异，对规划实施的具体步骤缺乏统一考虑，三地签署的交通合作框架协议有方向，但无具体项目、时间节点、责任人和推进机制[4]。《规划》颁布以后，三省市都面临着规划的调整、规划实施进程节点协调统一问题，因此需要在立法中对规划编制及实施等方面的相关问题给予明确规定。有必要建立一个统一的交通规划部门负责京津冀交通发展规划事宜，全面掌握京津冀各地交通发展现状，合理谋划、科学布局，编制出完备的区域交通规划。

（二）协调京津冀跨区域规划实施

规划如何有效地实施是我国区域规划最重要的环节，也是最为容易忽视的环节。京津冀各项交通规划已经到了具体实施的阶段，但是还没有法律法规来保障交通规划的实施，因此在规划实施的具体环节和责任承担方面无法可依，容易出现规划落实部门之间推卸责任的情况。所以有必要以法律来监督京津冀地区交通

---

〔1〕 李国平、陈红霞：《协调发展与区域治理：京津冀地区的实践》，北京大学出版社 2012 年版，第 67 页。

〔2〕 路炳阳：《京张高铁博弈无果 北京区段暂停施工》，载 http：//companies. caixin. com/2015 – 09 – 22/100854538. html，2015 年 9 月 22 日。

〔3〕 杨文义：《京津冀交通一体化对策研究》，河北大学 2015 年硕士学位论文。

〔4〕 方向禹、张涛、张舵：《京津冀交通一体化需破障 "框架协议" 难以落实》，载《经济与社会发展研究》2014 年第 6 期，第 8 – 10 页。

规划的实施。

四、交通一体化建设需要立法进行财政协同

京津冀交通一体化建设需要大量的建设资金。京津冀交通一体化建设是一项跨区域的经济战略，需要政府间的协同合作来实施，在资金需求上则需要政府的共同投资，然而摆在眼前的难题是京津冀经济发展存在差异。经济水平相对较差的河北在交通一体化建设中承担的任务较重，河北的资金投入可能会占总量的四五成。河北省内的交通设施建设仍然会由河北省财政进行投资，但是河北省财政收入居于京津两地之下，其承担的任务与财力极不平衡，这就要求各地政府在承担投资份额上通过合理的方式来确定投资比例。

财政投资回报问题也成为京津冀交通一体化建设中需要关注的重点。京津冀交通一体化建设是一种地方政府间的经济合作，同时还会有私人资本的参与，所以不仅要明确政府部门和私人部门的利益分配问题，还要明确京津冀政府间的利益分配。由于长期以来存在的行政区域划分，会使得交通一体化运营中的利益分配难以确定。如何在交通一体化过程中合理地分配京津冀政府利益，确保政府在提供公共服务的同时获得回报，成为了政府间协同合作能否顺利进行的关键问题。

五、京津冀交通一体化交通设施标准和交通规则协同需求

（一）统一京津冀地区交通设施标准

第一，在交通设施建设方面，交通设施互联互通不够畅通，京津冀交界地区还存在"无路""断头路"现象，致使京津冀交通一体化呈现割裂局面。交通一体化，除了公路外，还有铁路、港口、机场以及运输服务。在京津冀地区，有四个大的机场、四个港口，这些机场和港口分别隶属于不同的行政区划和公司经营。要形成有序和谐的跨区域的综合运输体系需要相关制度保障。此外，交通道路建设标准上也存在区别，在公路标准上京津多为六（八）车道，而河北多为四（六）车道。

第二，在客流运输方面，京津冀交通工具衔接不够，不能及时缓解交通压力，区域间还存在交通换乘繁琐、距离长、衔接不上的现象。

第三，在物流运输方面，由于地域分割还存在物流不通畅等问题。

（二）需要形成统一的交通管理规则

京津冀交通一体化需要区域内各地区之间统一道路交通管理规则，然而在实践中，京津冀三地在机动车限行尾号、限行时间、驾驶员积分制度等道路交通管理规则上还存在较大差异，阻碍着交通一体化的进程。统一协调的区域间道路交通管理规则作为交通一体化的基本保障，如果相同的机动车、相同的驾驶员在京津冀不同的地方要分别遵守不同的法律规定，对于区域交通运输来说，会极大地降低运输效率。[1] 如果任由这样的壁垒存在，势必会影响地区之间的联通程度，交通一体化也就无法实现。

第三章　发达国家和地区区域交通一体化立法经验借鉴

一、美国区域交通一体化立法概况

（一）美国大都市区域综合交通法律制度

自 20 世纪初期以来，美国大都市区域发展规模迅速扩大，为解决大都市区域发展中面临的各种交通问题，在多方面的探索之后，实践证明了进行大都市区域规划能够有效地解决区域性交通问题。[2] 在这个发展模式之下，由大都市区域规划组织来负责协调本区域内的交通规划以及道路运输、交通服务等工作，很大程度上保证了交通规划的科学合理性，因而大都市区域规划组织不断发展壮大。

（二）美国区域财政协同法律制度

美国的各地方政府都享有很大的自治空间和独立空间，但他们依然重视相互间的合作，并且形成了由各地方政府组成，或者建立在地方政府合作基础上的都市区发展模式。作为典型的联邦制国家，美国除了联邦的宪法和法律外，各州都有广泛的权利，拥有自己的宪法和法律，因此避免不了地产生州之间法律冲突的现象。但美国政府在协调区域经济合作、社会发展方面依然卓有成效。这得益于其政府的区域性合作及其中存在并有效运行的法律协调机制。

二、欧盟区域交通一体化立法情况

（一）伦敦都市圈交通一体化立法

伦敦都市圈地区以伦敦作为核心城市，还包含了周边的几个大城市，每天都有大量的人流从外围涌入城市核心区工作生活。为了解决城市拥堵问题，伦敦地区的发展策略兼顾轨道交通和高速公路，形成了依靠轨道交通、高速公路和航空为主，水运交通为辅，具备密集的高速公路网、高速铁路网和机场群的综合交通体系。[3] 各交通线路互相交织，构成了高效的区域交通网络。

（二）欧盟区域财政协同法律制度

欧盟是目前世界上一体化程度最高的区域经济合作组织，但依然避免不了经

---

〔1〕　桑志刚：《论道路交通管理法规冲突》，复旦大学 2008 年硕士学位论文，第 8 - 15 页。

〔2〕　龚果：《国内外典型城市群发展中的政府协调机制评述》，载《湖南工业大学学报（社会科学版）》2009 年第 3 期，第 18 页。

〔3〕　周爵：《城市集群发展机理及发展对策研究》，华中科技大学 2008 年硕士学位论文，第 34 - 37 页。

济发展不均衡的现象，希腊、葡萄牙以及中东欧的 GDP 要远低于欧盟国家的平均水平。欧盟为了解决区域经济发展不平衡，缩小财政差距，提高区域竞争能力，实现区域的协同发展，采取了财政协同的制度设计。欧盟采取的这些财政协同手段超出了各国财政独立治理的范围，将一部分财政治理的权力进行上移，从而通过财政手段来对整个欧盟经济进行宏观的干预，保障整个欧盟地区经济的平稳运行。也正是这些财政协同手段，共同成就了欧元在世界货币中的重要地位。

（三）德国区域财政协同法律制度

德国作为联邦制国家，实行的是三级政府相对独立的财政体制，政府间的财政法律关系包括联邦政府、州政府和地方政府相互之间的关系。为了保持各州的财政收支平衡，德国采取的是共享税与专享税共存，以共享税为主的税收分配模式，同时采用横纵两项转移支付制度来平衡国家的财政能力布局。在财政法律体系上，德国与我国状况相同，不存在独立的财政基本法。其调整财政关系依据的法律是《德意志联邦共和国基本法》（以下简称《基本法》），《基本法》对政府公共开支、财政预算和管理、财政补贴、税收立法权、税收分配等方面的职责与权限进行了规范。以《基本法》为基础，德国先后颁布了《促进经济稳定和增长法》《税收通则》《财政平衡法》《财政预算法》等多部法律，共同组成了德国的财政法律体系[1]。

三、东京都地区交通一体化的法律制度

东京都地区交通一体化的成功主要得益于制定了科学完备的交通规划，东京都市圈城市规划大概每十年修订一次，经过几十年的不断探索，制定了以轨道交通为主，综合运用其他交通方式的整体规划。城市交通网络合理分布于地面、地下、空中，纵横交错、并行不悖，可以提供高效快捷出行方式让市民自由搭配，在解决短途通勤交通问题的同时还解决了中长距离交通运输问题。[2] 在交通网络中各种交通运输方式紧密衔接，换乘方便快捷，高速公路与地铁相互连接，公交站点与地铁站互为呼应，站与站之间距离较短，人们能够在市郊铁路与中心城区交通间进行方便地换乘，为人们出行提供多样化的选择。

四、典型国家区域交通一体化立法经验借鉴

（一）统一交通管理协调机制

区域间交通一体化的顺利发展需要确立统一的交通协调机构，通过建立跨越行政界限的交通合作组织，能够进行充分的沟通，提高协调管理区域交通事务的

---

〔1〕 许闲：《德国权力制衡模式下的政府间财政关系》，载《经济社会体制比较》2011 年第 5 期，第28 - 37 页。

〔2〕 欧阳卿：《国内外区域交通一体化对珠三角交通一体化的借鉴与启示》，载《城市建设理论研究（电子版）》2012 年第 31 期。

能力，建立共同遵守的交通管理体制。完备的管理机制是保证跨区域交通系统运转有序的前提条件，纵观国外区域交通管理的经验，绝大多数国家都采取中央政府和地方政府两级管理体制。[1] 中央政府主要从宏观方面制定国家交通发展战略，各地方政府中的交通管理机构分别从交通规划、基础设施建设、道路管理、公共交通管理等四个具体方面指导本地交通发展。在区域内部建立交通管理协调机制，明确各地方交通部门自身职责，能够更加方便快捷地在跨地区的部门之间进行沟通协商，保证交通管理的统一性，使交通管理措施更加高效。

（二）编制科学的交通发展规划

实践表明，制定统一的、科学的规划是区域交通一体化发展的必由之路，京津冀交通一体化规划应从整体优化的全局观出发，实现区域内交通运输结构、交通设施、道路出行情况等资源的整合利用及合理配置，强化规划的前瞻性，有效发挥规划的引导作用。因此交通规划还需定期根据实际需求进行修编，对不利于交通一体化实施的条文重新修订，更有针对性地指导区域交通一体化建设。京津冀交通一体化规划可以借鉴 3C 原则，保证交通规划的持续性、综合性、合作性，通过沟通和协商，使各地出台的交通规划之间能够有效地衔接起来。京津冀交通规划必须突破行政区划的限制，处理好区域内交通规划制定机构与其他行政机构之间的关系[2]，从而确保交通一体化得到各部门的支持和配合。

（三）建立区域交通一体化的财政协调机制

京津冀交通一体化财政协同立法所面临的问题一方面是针对交通一体化涉及的财政问题进行协同立法，另一方面是要协调各方利益，保持行动一致，进而完成京津冀交通一体化的目标，财政协同立法需要通过相应的制度或机制来实现，所以美国在区域合作中所设立的协调机制具有借鉴意义。京津冀交通一体化财政协同立法问题不仅涉及法律体系的构建，还涉及保障法律实施的制度构建。美国的区域委员会或联合会可以为如何保障法律的有效实施提供思路，通过设立京津冀交通一体化相应的财政协同机构，可以促进交通一体化财政活动依法有序进行，及时协调解决交通财政协同过程中遇到的问题。同样，对于不能上升到法律层面的活动，可以学习美国的"契约理念"，比如在具体的京津冀合作的交通建设项目上，可以借鉴其政府间契约或协定的形式，将各自合作的内容和目标，以及与财政投资收益相关的参与合作的政府各自的权利和义务，以契约的形式固定下来，有利于约束各方政府的行为。

---

〔1〕 胡子祥、吴文化：《城市交通管理机制及其发展》，载《综合运输》2001 年第 7 期，第 20 – 23 页。

〔2〕 程楠、荣朝和、盛来芳：《美国交通规划体制中的大都市区规划组织》，载《中国城市规划》2011 年第 5 期，第 85 – 89 页。

第四章　京津冀交通一体化协同立法问题研究

一、京津冀交通一体化协同立法的必要性

（一）京津冀区域协同立法的本质要求

京津冀交通一体化的建设目的是为京津冀区域经济与社会发展奠定基础，通过交通的一体化发展带动区域经济与社会的协同发展。京津冀交通一体化最重要的是打破三地的行政分割和壁垒，需要三地在基础设施的规划、建设以及运营等方面加强协同。京津冀交通在跨区域政策、市场、管理、信息一体化方面还存在很多问题，致使交通运输效率低、效益差，企业运输成本较高，交通基础设施的效益也没有得到充分发挥。

（二）交通一体化协同立法符合市场需求和区域共同利益

京津冀协同战略内容不仅涉及产业布局，还涉及环境保护、资源分配和基础设施建设等内容。推进京津冀协同发展和区域交通一体化是建设具有国际竞争力的大城市群、带动北方腹地经济增长的现实要求，是促进我国区域发展创新的客观需要，对于推进国家现代化建设进程具有重要意义[1]。对交通的改善，将改变交通沿线城市产业链的布局，改变资源分配，促进沿线产业带的形成，优化沿线城市产业结构。方便、快捷、大容量、低成本的互联互通交通运输网络不仅能为人们提供方便快捷的出行方式，也能推进城市间基础设施建设和资源均衡布局，带来人才、资金、物流、技术的一体化，为京津冀区域协同发展不断提速。因此，可以看出交通一体化的协调发展以及交通一体化协同立法既符合市场需求，也是区域共同利益所在。京津冀立法部门需要积极回应市场需求，把握区域间交通一体化的利益共同点，促进交通一体化统一市场的形成，修订或者废止阻碍市场开放的政策和规则，减少进入市场的障碍，改变不同区域运输当事人的不平等地位，促进交通运输人员、资本、物资、技术等资源的自由流动。

（三）京津冀交通一体化改革需要法治保障

党的十八届三中全会对在新的历史起点上全面深化改革提出了一系列新思想、新论断、新举措，明确了改革的指导思想、目标任务和重大原则，特别强调要使市场在资源配置中起决定性作用和更好发挥政府作用，加快完善现代市场体系，加快转变政府职能。党的十八届四中全会要求，立法和改革决策要相衔接，重大改革应当于法有据，立法也要主动适应改革和经济社会发展需要，实践证明

---

〔1〕　孙英利、杨传堂：《加快推进区域交通一体化进程 为京津冀协同发展提供支撑》，载《中国交通报》2014 年 5 月 14 日。

行之有效的，要及时上升为法律。京津冀交通一体化的发展实际上涉及三地政府多方面的改革以及区域制度的建构，因此需要进行立法以确保相关改革具有明确的法律依据。

二、京津冀交通一体化协同立法的机制设想

（一）强化人大立法的主导作用和政府立法的基础作用

发挥人大及其常委会在立法中的主导作用，加强人大对立法工作的组织协调，是科学立法、民主立法的必然要求[1]。人大的主导作用应当体现在法律法规的立项、起草、审议、修改、表决等各个环节。充分发挥人大立法的主导作用，有利于更好地促进全面深化改革促进发展稳定，实现广大居民的共同利益和福祉。人大和政府由于职责的不同，在立法上政府了解的情况要多于人大，交通一体化改革过程中需要立什么法，政府最有发言权，并且政府（行政）部门有权力高度集中、责任明确（行政首长负责制）、信息灵通和人力资源丰富、富于机动性和灵活性等优势。而且地方政府及其部门是具体行政行为的实施者，也是地方性法规的执行者。在协同立法中，理顺人大和政府在地方立法中的关系，有利于行政壁垒的破除，有利于交通一体化改革的顺利推进。

（二）完善区域协同立法机制

由于京津冀区域的特殊地位，交通一体化往往和国家整体战略部署相关，而不仅仅是一个区域问题，所以交通一体化协同立法也不仅仅是地方立法工作，而应该采用中央与地方结合的路径和方式。从中央立法角度，主要是在三地容易得到认同而又超越三地地方立法范围或超越三地立法权限，单纯由三地合作难以实现和完成，需要上升到国家层面的立法项目。如果无需上升到国家法律层面，则由三地合作来进行立法。区域协同立法机制设计包括立法准备阶段、立法确定阶段、立法完善阶段的协调机制和协同区域立法程序的相关机制。

第五章　京津冀交通一体化规划法律问题

一、京津冀地区现有交通规划存在的问题

（一）区域交通规划理念滞后

京津冀交通一体化的建设直接的目的是为了缓解北京作为首都日渐增长的交通压力，带动京津冀世界型都市群的建设。京津冀交通一体化目标的提出，体现了国家对于交通规划和交通建设理念的转变，也是对当前交通规划理念的重构。

1. 交通规划理念难以满足交通一体化发展战略的需求

---

[1] 熊菁华：《人民代表大会制度下的首都立法新格局》，载《人大研究》2015年第8期，第36页。

2. 交通规划理念中忽略了人的需求

3. 交通规划理念忽视了交通的可持续发展

4. 交通规划理念缺乏互联互通综合运输的考量

（二）缺乏有效统一交通规划协同组织

京津冀三地虽在地缘上紧紧相连，但三者之间尤其是河北与北京、天津之间的经济发展、道路状况、交通基础设施建设上等都存在着较大的差异。因此，要实现区域间交通规划的协同需要突破现有的交通管理行政壁垒，形成有效的交通规划协同组织。

（三）交通规划协同程序不够健全

完善的交通规划协同程序应该包括事前、事中和事后的协同机制。

1. 交通规划协同事前缺乏交通需求的调研整合机制

2. 交通规划协同在制定过程中缺乏区域协调的机制

3. 交通规划协同缺乏事后的评估机制

（四）缺乏区域性交通规划监督机制

作为京津冀交通一体化顶层设计的重要部分，京津冀交通的规划协同需要统一的监督机制。目前来看，无论是在规划的制定过程中还是在规划的具体实行中，都缺乏统一而有效的监督机制。

二、完善京津冀一体化中交通规划协同法律制度的措施

（一）明确区域交通规划协同的基本原则

交通规划要与城市规划、人口、土地、环境等规划相衔接，实现交通规划与其他各种经济社会发展规划在总体要求上一致，在空间配置上一致，在时序安排上一致，提高交通规划的科学性和可操作性。

1. 促进人口和资源的合理流动原则

京津冀交通规划协同的基本原则应当与京津冀交通一体化的基本原则相一致。人与资源是地区发展的两大基础性要素，而交通建设以交通量的通达为目标，以促进经济发展为根本目标。京津冀交通建设要想取得协同发展，根本性的就是要实现地区间和地区内部人口和资源的合理流动，交通规划也应以此方向进行规划与建设。京津冀交通协同规划的过程中应充分认识到交通对地区协同发展的重要作用，充分发挥交通建设的能动性，通过合理的交通规划与布局，促进人口和资源的合理流动，从而促进地区发展与和谐。

2. 交通可持续发展原则

交通规划是对交通系统的设计和安排组织，交通规划应通过优化交通结构、实现合理利用有限的空间资源和环境资源、协调交通供需关系等方式，引导交通建设对整个经济系统的长远发展产生积极的影响，实现交通、经济、环境与资源

和谐共存、协调发展。

3. 交通以人为本的原则

京津冀交通规划过程中应以人为本，最大限度地考虑到人民群众的利益。在传统的城市交通规划中，人们更注重机动车交通。但是如果从"以人为本"的观点出发，规划中不应该只体现汽车使用者的舒适和方便，也要给予行人交通和自行车交通充分的重视。规划应为地区人口的步行、自行车出行留出足够的通道。有关部门在交通规划和交通建设的过程中要时常听取人民群众的意见，使得交通建设能最大限度地满足人们自我发展和社会发展的需要。

4. 促进互联互通的综合运输体系的形成

《规划》提出要构建"四纵四横一环"综合运输通道，以形成快速、便捷、高效、安全、大容量、低成本的互联互通综合交通网络。交通规划要想促进交通运输系统协调发展，不同运输方式既要有衔接，还要保障服务上门，解决交通"最后一公里"问题，提高综合交通枢纽一体化服务效率和水平。从客运角度，强调从出门到目的地整个运输过程中的方便快捷。从货运角度，就是要保障货运的高效和低耗，同时形成必要的互联互通的绿色通道。

（二）建立统一的区域交通规划组织

1. 建立综合性的交通规划机构

交通规划法律体系在我国众多法律体系中还未明确其地位，同时还缺乏足以支撑一个让区域交通规划完善运作的协调机制，因此有必要建立区域交通规划协调机制，为区域交通规划制定搭建合作的平台。统一的区域交通规划组织不应单单囊括交通部门，规划组织内部还要充分吸收资源、环保、土地等部门的专业人才，只有这样才能使得交通规划更具合理性。

2. 建立分层级的区域性交通规划机构

统一的区域规划组织除了要在中央做好交通规划的布局和设计之外，也应该在下级设立相应的规划分支部门。为了确保中央规划的顺利进行，中央规划部门应当在地方派出相应的分支机构，在坚持整体规划的前提下，因地制宜带领制定适合地方现状的地方交通规划。而对于此时的中央和地方规划部门的关系来讲，各规划部门之间应当保持紧密联系，注重规划各个环节的协同。

3. 明确交通规划主体的权利和义务

京津冀交通规划主体即上面所提到的统一的交通规划组织，京津冀交通规划组织的权力主要有三方面，即交通规划的制定、交通规划的监督和对社会意见的接收和决定。而就义务来讲，京津冀交通规划组织作为区域交通规划组织，最主要的义务是要在规划制定的同时加快构建区域协调机制，即通过机制的构建推动规划的顺利实行。

（三）完善区域交通规划的程序

1. 建立交通规划制定前交通需求调研整合机制

规划制定之前应在三地之间进行充分的协商探讨，使得区域交通需求得到充分表达。三地交通规划部门要建立协作机制，深入研究区域规划中需要协调的内容，开展同步调研整合工作，将区域间的交通需求进行分析加以协调。而且应该主动向公众公开规划中可以公开的事项，同时建立起接收公众意见的专业机构，有关机构还可以主动向公众个体、社会团体、专业人才寻求建议，对于规划中与公众切身相关争议较大的问题可以以召开听证会的方式听取公众意见。

2. 建立规划区域制定协同的程序

在规划制定过程中建立规划起草论证环节，由三地交通规划部门对交通规划制定和运行过程中的相关问题进行论述与证明，其目的在于更好地完成交通规划的编制工作。区域规划起草论证的主要目的在于解决区域交通规划起草的必要性、可行性以及合理性问题，为交通规划的起草工作以及内容的确定提供科学的决策参考或依据。要建立交通规划同步审核制度。交通规划同步审核制度主要是考虑到区域交通规划的合作属性，专门针对区域交通规划制定程序所设计的一项协调机制。通过同步审核就可以避免出现规划制定时点不同、规划冲突和矛盾的问题。

3. 建立健全交通规划评估机制

为了提高交通规划评估的效率和专业性，京津冀地区应根据实践状况，制定相关地方法律法规以及交通规划文件，对交通规划评估中应考虑的因素予以列举和明确。在交通规划中要厘清交通建设与土地资源之间的关系，规划制定过程中要考虑土地的占用和分配，减少矛盾和冲突的产生，对土地资源进行合理的使用，并制定相关的土地征收征用补偿政策。此外，环境影响评价制度也应在交通规划评估中占据相应的位置。交通规划中要对环境评估制度予以充分的考虑，最大限度减少对环境的负面影响。

（四）建立健全区域交通规划实施的监督机制

1. 建立完善交通规划部门内部监督机制

京津冀交通一体化作为我国战略性的发展决定，其中的协同交通规划往往涉及我国战略性的安排与部署，更涉及许多专业性的问题，因此对交通规划的实行监督不应过度依赖社会和其他非专业性机构的监督，而应充分发挥交通规划制定部门对规划的认知优势，给予交通规划制定部门以相应的监督权力。规划制定部门应当在内部建立起相应的监督机构，对包括规划项目的招标投标乃至实际建设阶段予以充分的重视，时常派人进行考察，确保规划的实行符合规划制定的初衷。

2. 建立规划相关部门综合监督机制

在交通规划的实行中，常常涉及土地、资金、环境保护等问题，为了促进交通规划得以落实，相关土地、预算、环保等部门也应对交通规划的实行情况予以监督，对自己认为不适当不合法的情形逐级上报，最终由统一的交通规划制定部门予以调查确定实行行为是否合理合法。

3. 充分发挥社会监督的作用

相关部门在交通规划实行的过程中应当充分听取人民群众的意见，对于不符合法律规定的情形及时予以改正，对于不得已损害人民群众利益的行为应当耐心解释，积极赔偿。

第六章　京津冀交通一体化财政协同法律问题

一、京津冀交通一体化财政协同的法律依据和现状概况

（一）京津冀交通一体化财政协同的法律依据

1. 我国国家层面财政法相关法律规定

2. 京津冀财政相关法律规定

（二）京津冀交通财政收支现状

1. 交通财政收支规模差距大

2. 纵向交通财政转移支付数量失衡

3. 地区财力不同导致交通服务水平差异明显

（三）京津冀交通一体化财政协同的主要障碍

1. 缺乏区域财政协同法律依据

京津冀交通一体化作为先行部分，目前还没有对财政协同部分进行具体的立法活动。没有具体的法律规范的出台，就没有实行交通一体化财政协同的规范保障，既不利于交通财政活动的高效合法进行，也难以推动京津冀交通一体化的进行。

2. 缺乏区域财政协同的组织体系

京津冀交通一体化财政协同还缺乏针对交通一体化进行财政协同的组织体系。

3. 缺乏利益协调补偿机制与协同激励机制

作为京津冀协调发展的先行领域——京津冀交通一体化也受到了政府利益竞争的制约，在基础建设投资和收益分配机制上都存在着政府间的博弈，互联互通的交通一体化建设让北京、天津以及河北各地的交通财政不得不产生交叉，如何既保障本地交通网络的发展建设，又能最快地获取最多的收益，难免成为各方政府都在考虑的问题。

4. 转移支付的相关法律规定不完善

京津冀区域协同发展的目标之一就是逐渐缩小地区经济差异，财政转移支付在区域协同的各个领域都将发挥重要作用。但目前我国财政转移支付法律规定尚不完善，这也为交通一体化财政协同立法带来了阻力。

二、完善京津冀交通一体化财政协同立法的建议

（一）制定京津冀交通一体化财政协同法律规范

1. 制定《京津冀交通一体化协同立法条例》

在制定京津冀交通一体化财政协同立法依据时，应当由三地人大常委会在《宪法》和《立法法》设定的权力框架之内协同制定地方性法规——《京津冀交通一体化协同立法条例》，作为协同立法的法律依据。

2. 明确京津冀交通一体化财政协同立法程序

首先，是立法规划的编制。立法规划的编制包括立法规划的提议、协调、审议过程中，三地人大的立法机关都应当贯彻协同、对等原则，确保三地立法规划编制过程的公平性，保障三地的平等参与权，从而避免因政治地位不对等或经济体量不均衡造成的立法规划异化。

其次，是财政协同立法项目的起草。京津冀区域协同立法的起草可以有以下不同的形式：①由京津冀三地人大法制工作部门各自负责组织起草，然后将各自起草的地方性法规文本通过一定的方式进行内容上的协调，形成区域内统一的立法草案文本。②由京津冀三地人大常委会协商，确定由某一地的人大常委会负责重点项目的立法草案文本的起草工作，该地在起草时积极与其他两地沟通协商，听取意见。③由京津冀三地人大常委会抽调法制工作部门的人员成立协同立法工作小组，就重点立法项目开展起草工作。

最后，是通过的法律规范的备案。三地协同立法形成的法律规范应当采取互相交叉备案的方式进行备案，这样有利于三地现行法律规范的梳理，协同立法的有序进行。由京津冀三地省级人大及其常委会制定的地方性法规，由三地人大常委会各自相互备案。河北省享有地方立法权的较大的市如石家庄、唐山和邯郸等，它们制定的地方性法规可通过河北省人大常委会向北京和天津两地的人大常委会备案。

3. 明确京津冀交通一体化财政协同立法内容

在《京津冀交通一体化协同立法条例》中针对财政协同立法内容作出规定时，应当明确，对既有的地方制定的规范性文件进行修改和清理是为了使三地交通财政活动能够协同，但交通一体化财政协同并不是要求三地在交通一体化进程中对涉及的每一项财政活动都进行协同，而是应当对涉及交通一体化推进的关键财政活动进行协同，因此，在对法律规范的内容进行协同时，应首先从关键领域

着手。应包含以下方面的内容：一是对既有法律规范的修改和清理。二是及时填补立法的空白。

（二）建立交通一体化财政协同机制及管理机构

1. 签订《京津冀交通一体化财政协同协议》

应选择建立配套的京津冀交通一体化财政协同机制。建立京津冀交通一体化财政协同机制，首先应当由三地政府达成合意，再通过法律对合作事项进行规范，首先由三地政府就交通一体化财政协同的意向签订《京津冀交通一体化财政协同框架协议》，形成正式的具有法律约束力的协议，这也是京津冀区域合作中三地政府对合作意向多采用的形式，而后再根据《京津冀交通一体化财政协同框架协议》与《京津冀交通一体化协同立法条例》，对现有法律规范进行协同，对缺乏法律规范的财政协同相关制度进行立法，从而保障京津冀交通一体化财政协同顺利进行。

2. 现有联席会议加入财政协同职能

京津冀交通一体化联席会议制度主要是针对交通建设规划编制、交通运输相关技术标准、交通执法合作等方面进行沟通与协商，并没有对交通一体化相关的财政问题，如税收、财政预算、基础设施建设投资与收益、利益补偿机制等进行沟通与协商。但财政收支问题是三地政府在京津冀交通互联互通中涉及的重要领域，因此，在现有的联席会议制度中应加入财政协同的职能。在现有联席会议中加入财政协同职能后，应由京津冀三地的交通部门、财政部门、市政府法制办共同组织联席会议，必要的时候应由交通运输部或财政部进行牵头。

3. 设立交通一体化财政协同常设机构

建立交通一体化财政协同常设机构，应当对其组织体系和职能权限进行明确。在机构设置上，考虑到三地的政治地位不同，如果选择在京津冀中某地现有的政府机构设置下成立一个常设机构，难免会出现违反平等参与、共同协商的情况出现，应当选择由京津冀三地共同成立一个独立的常设机构，如京津冀交通一体化财政协同办公室或者京津冀交通一体化财政协同委员会。在人员组成上，应由三地分别从交通部门、财政部门选派人员，必要的时候可以由交通运输部或财政部领导工作。

（三）完善交通一体化财政转移支付制度

1. 完善转移支付制度相关法律规范

立法部门应完善转移支付相关立法，制定《转移支付法》。京津冀三地立法机构还应结合自身的现实情况，在转移支付法律规定的范围内，通过出台地方法规或规章的形式，对交通一体化涉及的转移支付制度作出更具体的规范。尤其是交通一体化建设中涉及的重要制度，如横向转移支付制度，以及区域性机构的职责权限作出具体的规范。使转移支付法律规范可操作性更强。

2. 建立京津冀交通一体化横向转移支付制度

建立京津冀交通一体化横向转移支付制度，对缓解交通一体化建设财政压力具有重要作用。建立横向转移支付制度可以通过两种方式，一种是提供横向转移支付的地方政府在编制财政预算时，直接预留出一项财政支出作为横向转移支付资金；另一种是可以通过协调税收的比例来间接达到横向转移支付的目的。

3. 设立京津冀交通一体化财政基金

京津冀三地可以通过设立"京津冀交通一体化财政基金"，以共同财政基金的运作形式为京津冀区域中地方政府共同出资，用以应对京津冀交通一体化建设需要。

（四）建立交通一体化合理的投资与收益分配制度

1. 形成按投资比例结合协商的收益分配机制

在涉及京津冀三地政府共同进行投资的基础设施建设项目中，投资与利益分配应遵循"谁受益多谁投资多"的基本原则，按照投资比例来进行收益。但是，交通基础设施建设所带来的收益并不仅仅体现在其本身的收益中，随着交通设施的建立，其周边沿线的经济发展也会从其他方面为地方政府带来财政收益，这里的"受益多"并不能仅指基础设施上的"收益多"，还应综合对区域经济发展的作用来看，因此，在投资中还应当结合协商的机制，对初期投资建设时，如果投资较少的一方在未来综合受益更多，可以考虑进行协商，通过其他领域的优惠政策对投资多的一方进行弥补，以此来达到利益的平衡。

2. 建立规范化的交通服务结算体系

京津冀交通一体化离不开便捷的交通服务结算体系，三地需统一建立结算中心。

（五）运用投资公私合作（PPP）制度

运用PPP这一融资模式在交通轨道建设中能够极大地推进建设步伐，在京津冀交通一体化建设进程中采取新型的PPP融资渠道将发挥其优势作用，有助于加快一体化进程。一是私营资本的参与能够弥补政府财政的不足；二是私营部门的加入促使政府更新观念，带来更新的技术和管理经验；三是政府的风险大大降低。

1. 京津冀交通一体化采用PPP融资可能会出现的法律问题分析

（1）跨行政区域政府行政壁垒问题。

（2）财政共同投资主体确认问题。

（3）合理确定风险分担机制问题。

2. 京津冀交通一体化采用 PPP 融资模式的问题对策建议

（1）完善政府间协同管理机制。

（2）合理确定政府投资和回报。

（3）建立有效的风险识别及分担机制。

（4）协同京津冀对 PPP 项目的税收和财政补贴措施。

（六）建立财政协同激励与约束机制

1. 建立京津冀政府财政协同激励与约束机制

京津冀各地方政府地位平等，不存在领导与被领导的关系，因此他们之间的关系比较自由，为了达到交通一体化财政协同这种区域合作，就需要相应的激励与约束机制来协调彼此的行为，来达到区域合作的目的。激励机制是支持、鼓励合作对象去推进合作行为、实现合作所期望目标的机制；约束机制是限制、反对合作对象去做合作所不期望目标的机制。[1] 激励与约束机制互相配合，缺一不可。

2. 建立交通一体化项目财政协同后评估制度

建立交通一体化项目财政协同后评估制度；建立和完善交通一体化项目财政协同问责制，从根本上落实财政协同项目的责任，并在法律上保证交通项目财政协同后评估结果的使用机制，将后评价结果作为追究责任的重要依据。

第七章　京津冀交通一体化交通管理协同法律问题

一、京津冀交通一体化管理机制存在的问题

（一）交通管理机构不协调

京津冀地区交通管理体制政出多门，在职能设置上存在重复管理的现状，无法进行高效的管理。区域内交通管理部门机构设置不同，也导致了各地交通行政部门对不同交通运输方式的管理上比较混乱。

（二）京津冀交通一体化协调机制不够完善

在区域统筹协调方面，京津冀区域事务的协商均采用"一事一议"的形式，尚未形成常态化、制度化、可持续的议事和决策机制。

（三）交通管理规则不统一

交通一体化有序推进的重点在于对交通运输的跨区管理。京津冀三地在车辆管理（限行限购）政策、机动车注册登记、交通设施技术标准、交通工具燃油及排放标准、油品标准及监管、老旧车辆提前报废及黄标车限行、多种运输方式

---

[1] 石佑启：《论区域府际合作的激励约束机制》，载《广西大学学报（哲学社会科学版）》2014 年第 6 期，第 77 - 78 页。

互联互通等方面存在诸多不统一，在很大程度上为交通政策的总体设计以及交通运输的跨区管理带来了难度。

二、完善京津冀交通一体化管理协同制度

（一）完善京津冀交通一体化管理协调机制

协调区域交通管理对建立运行有序的区域交通网络具有重要作用，同时也能够提高区域内运输效率。当前京津冀区域内各地交通管理机构的职能设置存在差异，致使在区域交通一体化中各地的交通管理部门功能不能有效对接，降低了管理效率。此外，由于各地实行不同的管理体制，无法对区域内道路交通进行协同管理，影响着交通一体化的进程。应明确京津冀地区交通管理协调机构的法律地位，并统一区域内交通服务标准，全方面促进京津冀交通一体化。

（二）建立京津冀交通管理协调机构

建立跨行政地区的交通协调管理机构能够为区域内各地方政府和不同的交通管理部门提供一个沟通协商的平台，通过相互交流妥善地处理各种问题。京津冀三地通过明确区域交通管理协调机构的法律地位，并对其职能与责任作出详细的规定，能够激发京津冀交通一体化的建设动力。京津冀交通管理协调机构，应当在综合考虑各城市利益的基础之上，通过地区间加强交流，协调区域内各城市交通管理部门，统筹安排各城市间交通基础设施建设，确保京津冀交通一体化建设的顺利开展。

（三）协同京津冀交通设施标准

京津冀地区交通部门之间应进行综合协调来整合各地的交通设施，对于不同标准的交通设施应通过协同立法尽快出台新的法规进行统一，改变以往各地交通管理部门各自规划、分别建设的交通发展方式。通过协调交通设施建设，促进交通运输方式有效衔接，进而提高跨省市车辆通行的便利性，加快空铁、港铁联运能力建设，加强客运枢纽"零距离"换乘和货运枢纽"无缝化"换装，降低换乘难度，提高运输效率。

（四）统一区域内交通规则

区域内交通法规的协同应贯穿于立法准备阶段、立法确定阶段、立法完善阶段。具体而言，在立法准备阶段，可以通过区域立法规划、区域立法起草论证等方式协同拟定法律文本；在立法确定阶段，可以采取区域立法联席会议、联合听证会商定正式文本；在立法完善阶段，可以采取立法交叉备案制度保证各地交通法律的统一性。

1. 注重交通设施的互联互通

2. 统一车辆管理政策

3. 统一技术标准

4. 统一公共交通运营管理规则

5. 建立跨区域的交通费用支付方式

6. 畅通物流体系打破地区壁垒

（五）建立交通信息统一公开平台

1. 公开交通信息查询平台

2. 完善交通信息公开平台

3. 公开违法信息统一查询平台

结 论

京津冀交通一体化不仅是京津冀协同发展战略目标的重要组成部分，同时也对我国区域经济协同发展意义重大。应根据京津冀交通一体化立法需求，协调统一区域间交通立法，通过对交通一体化协调机构、财政体制、交通规划、交通设施、交通规则等方面进行规制，消除交通一体化发展障碍。建议有关部门进行法律清理，审查部门规章、地方性法规、政策规范的可行性和效力，破除妨碍交通一体化工作的规章壁垒，将能够统一的尽量予以统一，从而实现法的科学化和系统化。

（本文课题组成员：陈力铭，北京交通大学法学院副教授；朱本欣，北京交通大学法学院副教授；周琼，北京交通大学法学院讲师；许庆彤，北京交通大学法学院讲师；李津京，北京交通大学经管学院副教授；陈佩虹，北京交通大学经管学院副教授；张春雨，北京交通大学法学院讲师。）

互联网金融风险防范的法律问题

邢会强*

以 2015 年 12 月 "e 租宝事件" 的爆发为标志，刚刚兴起不久的中国互联网金融行业就迎来了 "风险专项整治"。2016 年是中国互联网金融的整顿之年，2017 年是中国互联网金融的风险防范之年。在这样的背景下，我们对风险的认识，我们对风险防范的理念和路径，直接影响了我国互联网金融行业的未来。

一、互联网金融风险的分类

（一）按互联网金融形态而进行的风险分类

由于互联网金融的典型形态主要分为互联网货币（比特币、虚拟货币等）、第三方支付、P2P 网络借贷、互联网众筹、互联网理财、网络银行、互联网证券、互联网保险等，因此，互联网金融的风险可以分为互联网货币的风险、第三方支付的风险、P2P 网络借贷的风险、互联网众筹的风险、互联网理财的风险、网络银行的风险、互联网证券的风险、互联网保险的风险等。

（二）按主体而进行的风险分类

由于互联网金融的参与者或利益方主要分为四种：投资者、融资者、互联网金融平台运营者、政府（政府是作为社会公众利益的代表和以规制者的身份出现的）。因此，互联网金融的风险可以按照这四类主体分为投资者的风险、融资者的风险、互联网金融平台运营者的风险和政府的风险。而政府的风险主要是系统性风险。

（三）按风险内容而进行的风险分类

按照风险的内容，互联网金融的风险主要分为：

（1）合规风险、合法性风险、非法交易风险等，尤其是违反有关法律规定

---

* 课题主持人：邢会强，中央财经大学教授、博士生导师，法学博士；中央财经大学法学院学术委员会委员，金融服务法教研室主任，中国金融服务法治网主编，《金融服务法评论》执行主编。兼任中国证券法学研究会副会长兼秘书长，北京市金融服务法研究会副会长兼秘书长，北京市法学会常务理事，中国经济法学研究会常务理事兼副秘书长，中国财税法学研究会理事，中国法学期刊研究会理事。立项编号：BLS（2016）A003。结项等级：优秀。

涉嫌非法集资的风险；

（2）合法权益被侵犯的风险，包括财产权、隐私权、知情权和求偿权受到侵害或得不到保障和实现的风险等。

（3）信息安全风险。

（4）高成本风险。

（5）流动性、转让变现困难风险。

（6）信用风险；等等。

（四）按照风险的来源

按照风险的来源，互联网金融风险可以分为基于金融而产生的风险与基于互联网技术而产生的风险。基于金融而产生的风险是互联网金融与传统金融共有的风险，如非法集资、非法交易（如洗钱等）、信用风险、流动性风险等。互联网金融的这些风险其实是传统的金融风险在互联网金融领域的延续，是披着互联网金融外衣的传统金融风险。基于互联网技术而产生的风险则是互联网金融特有的，或互联网金融与传统金融相比风险更大，如信息安全风险等。当然，有的风险难以辨析其主要是基于金融而产生还是基于互联网技术而产生，抑或二者均有之。如股权众筹转让变现困难风险，如果没有股权众筹的出现，肯定不会有此类风险。但股权众筹出现后，由于目前法律的限制，不能公开发行，也不能公开转让，只能以"私募"的方式进行，投资者转让变现就出现了困难，甚至难以变现。这是传统金融（私募投资）所固有的风险，但却是在互联网金融的条件下加剧的。再如非法集资，它一直都存在，打击不尽，生生不息。在互联网金融的条件下，互联网技术便利了非法集资，使非法集资更迅速、更便捷、更容易跑路，互联网金融也因此背负了坏名声。

上述分类的意义在于，技术的风险或许可以通过技术手段的升级予以防范，但金融的风险则主要依靠法律来防范。但这一分类的意义有限，因为无论是何种风险，大都可以通过一定的法律制度安排予以防范，即使技术安排也可以转换为法律制度之下的技术安排。因此，本研究没有采用这一分类方法，但在分析风险的成因时，却可以以此分类进行详细分析。

二、互联网金融的主要风险

1. 涉嫌非法集资风险

P2P、众筹、互联网理财、互联网保险等互联网金融形式，如果投资者超过200人，在当前穿透式监管的背景下，均有可能涉嫌非法集资相关罪名，包括非法吸引公众存款罪，变相吸收公众存款罪，非法发行股票、债券罪，集资诈骗罪，非法经营罪等。

2. 交易欺诈风险

鉴于网络的虚拟性，互联网金融参与者的资信状况在我国目前还难以完全认证，这容易产生欺诈和欠款不还的违约纠纷。因此，互联网金融有助推非法交易的风险，这些非法交易包括通过虚假交易诱惑其他投资者跟进投资，通过互联网金融进行洗钱犯罪，或者利用先进的互联网证券技术（如高频交易软件、HOMS系统等）进行操纵市场、抢先交易、内幕交易等证券欺诈活动。

3. P2P 网贷平台的合规风险

由于银监会等部委于 2016 年 8 月 24 日颁布的《网络借贷信息中介业务管理暂行办法》对 P2P 网贷平台的定位是"信息中介"，且规定了相应的融资限额，这与现存的大多数 P2P 网贷平台的定位与做法不一致，导致这些 P2P 网贷平台存在着合规风险，而合规需要一个过程。

4. 互联网金融平台的信息安全风险以及投资者隐私权受侵害的风险

在互联网经济条件下，个人信息的获取对于诸多商家至关重要。谁掌握了客户的信息，谁就能进行精准的营销。在互联网金融业务发展的过程中，互联网金融平台收集和积累了大量的个人信息，在利益的驱使下，这些信息很可能被盗取，盗取者可能是公司的员工，也可能是外部的黑客。这些个人信息和隐私也可能被非法使用、披露或泄露。

5. 投资者陷入庞氏骗局的风险

不少 P2P、众筹、互联网理财、互联网保险等互联网金融形式，其实就是庞氏骗局，其所承诺的高收益其实都是来自于后续投资者的投资而不是以前投资所产生的利润。这些庞氏骗局以互联网金融的形式包装自己，凭借着国家支持"互联网＋"的东风，以高收益为诱惑，吸引投资者加入。

6. 投资者知情权得不到保障的风险

在不少 P2P、众筹、互联网理财、互联网保险、第三方支付等互联网金融领域，信息披露均不到位，致使投资者或客户的知情权得不到保障。因知情权得不到保障，投资陷入欺诈，或不得不负担一些隐性费用。

7. 投资者的投资变现困难风险

由于缺乏合法、有效的二级市场，投资者的很多互联网金融投资都面临着退出难的问题。这在以有限公司、有限合伙为形式的所谓"私募股权众筹"领域，风险更为突出。投资者出现亏损，也知道亏损，融资方的信息披露并无不当，但由于缺乏二级市场，只能眼睁睁看着继续亏损、损失。

8. 融资者陷入高利贷的风险

由于我国的融资渠道不畅，不少中小企业被迫转让 P2P 网络借贷或众筹融资，但融资者因不了解合同签订程序或者利率的计算而陷入阴阳合同、高利贷陷阱等情形并不鲜见。此外，还有 P2P 网络借贷平台和众筹融资平台也会收取各种费用，这些费用与融资者支付的利息相加，也会使得综合真实利率超过正常水平。

9. 互联网证券助涨助跌导致股市异常波动风险

在互联网证券技术条件下，由于投资者数量增加，杠杆增加，交易速度变快，会给股市带来放大效应。2015 年 6 – 7 月间的股灾之前的过快上涨就与HOMS 系统引来了诸多民间配资有关。此外，高频交易技术也会给股市带来系统性风险。2010 年美国的"闪崩"即是例证。

10. 防范互联网金融风险的措施失当的风险

任何金融活动都有风险，都需要防范。但是，防范风险本身是有成本的，有时，防范风险的成本可能会大于风险本身带来的损失，在此意义上，防范风险反而成了不理性的行为。由于我们对风险的"未知"（unknowns），包括"我们知道我们不知道"［即"已知的未知"（known unknowns）］和"我们不知道我们不知道"［即"未知的未知"（unknown unknowns）］，防范风险的措施有可能失当的风险，导致防范成本过高，阻碍了互联网金融的发展，错失了发展良机。这种因防范风险成本过大导致金融落后在历史上并不鲜见。早在 1720 年左右，在英国出现了"南海泡沫事件"，在法国出现了"密西西比泡沫事件"。泡沫发生后，两国都制定了相应的法律对股票市场严格监管，都一度在很长的历史时期内阻碍了股票市场的发展，英国在一百年后即 1825 年才废止了该法（即《泡沫法》），法国则更晚，直到 20 世纪 80 年代才开始放松对资本市场的管制，这就导致了法国金融体系的落后。再如，2015 年 6 – 7 月份的股灾，就是因为对风险的评估失当，鲁莽清理场外配资所引致，使我国股市错失了一次发展良机，市值损失惨重。

三、互联网金融风险防范的主要法律建议

1. 健全相关法律法规，消除法律不确定性，明晰法律界限

通过修改《证券法》，扩大"证券"的涵义和《证券法》的调整范围，扩大非法发行证券的范围，将非法集资纳入《证券法》的调整和证监会的监管之下。

通过修改《证券法》，引入小额发行豁免、私募发行豁免机制，肯定股权众筹的合法性。制定《股权众筹监督管理办法》，为股权众筹的发展提供法律保障和法律指引。

通过修改《证券法》，完善证券欺诈的构成要件、证明责任和法律责任，为打击欺诈交易提供完善的法律依据。

我国亟待制定一部《公平债务催收法》，禁止不公平、不文明、不规范、不合法的债务催收行为，促进文明债务催收和理性。该部法律的主要内容应该包括以下三项：通过详细列举＋定义的方法，明确规定各类禁止的债务违法催收行

为；明确主管机关为公安机关；明确违法催收的法律责任，包括民事责任、行政责任和刑事责任。

2. 科学立法，分类监管，建立互联网证券的二级市场

承认 P2P 网络借贷信用中介的合法性，区分信息中介和信用中介，并进行分类监管。

将 P2P 网络借贷、股权众筹、网络理财等定位于"证券"，对证券要建立相应的二级市场，便利投资者转让退出，让证券流动起来，在流动中实现对资产或信用的定价，在流动中实现对发行人的市场监督。

尽管投资者有时是非理性的，二级市场的出现可能会便利证券的暴炒和暴跌，反而实现不了通过二级市场对证券进行定价的初衷，但这不是废除二级市场的理由，就像我国股市不能因投资者的非理性行为而轻易关闭一样。二级市场的流动性尤其是流动性泛滥可能加大风险，这是次贷危机的教训，但却构不成关闭二级市场以及不建立二级市场的理由。

3. 完善互联网金融的市场准入制度，把好入口关

市场准入是金融风险防范的第一道关口。不能因为"简权放政"而放弃了金融的市场准入。在金融领域，由于其特殊的利益结构和风险特征，天生就是一个被管制的市场。"法无禁止便自由"与"负面清单"的竞争法则与市场准入法则在金融领域是不完全适用的。应该根据具体互联网金融的形态，建立、健全相应的市场准入制度。对于互联网金融平台，应实施行政许可。为实施该行政许可，建议制定《互联网金融监督管理》条例。

4. 加强信息披露制度建设，让投资者知情决策

通过立法规定互联网金融信息披露的基本原则、方式和基本内容。互联网金融协会要尽快分类别发布统一的信息披露准则、格式指引和模板，引导互联网金融平台和发行人遵照。加强信息披露和风险揭示，打击互联网金融平台设置隐性费用的行为。规范互联网金融广告行为，禁止各类众筹平台、网络借贷平台、众筹发行人在经营宣传中以"高回报、低风险"等虚假宣传口号吸纳公众参与。

5. 加强信用体系建设，建立社会诚信的长效机制

加强信用体系建设，建立统一的政府数据开放标准，由政府出面建立融合政府数据、金融数据、商业数据于一体的混合信用体系，加快社会信用立法，规范信用信息采集、使用和公布的行为。

在社会信用体系不完善的情况下，互联网金融的融资者及其高管、实际控制人等应到地方金融办和公安部门联合设立的办事机构处去登记，这些人要将其详细信息予以备案，并声称其披露给政府部门和投资者的信息是真实、准确、完整的，不存在欺诈融资、集资诈骗的目的，如果债务到期还不上款，愿意依法承担

相应的责任，包括记入信用数据库和承担刑事责任（如有集资诈骗）。互联网金融的融资者只有完成了这一备案，并拿到了地方金融办和公安机关的这一备案证明，方可在网络平台上进行融资。

6. 加强个人信息安全保护立法，切实保障投资者的隐私权

尽快出台《个人信息安全保护法》，相关法律要承认投资者的隐私权，让雇主为雇员的泄露公民隐私和信息的行为承担连带赔偿责任。

7. 理顺监管体制，加大执法与惩处力度，打击交易欺诈

完善现代金融监管框架，合并"三会"（银监会、证监会和保监会），实现统一监管。理顺中央与地方在金融监管方面权力划分，既然地方政府承担了金融风险化解的职责，就应该赋予地方政府以金融市场准入和监管的权力。加强监管机构、地方政府、行业协会与交易所之间的协调机制，建立信息共享机制，避免信息孤岛，不能让市场主体向各部门重复报送信息，将大数据运用于执法之中，各部门分工协作查处和惩处交易欺诈。建立奖励举报制。明确庞氏骗局的主管查处机关为证券监管部门，防止投资者举报无门，惩处主管查处机关的不作为。

8. 加强投资者教育，提高投资者识别欺诈的能力

全方位加强投资者教育，多渠道进行投资者教育，通过典型案例教育投资者识别欺诈风险。

9. 建立多元化纠纷解决机制，切实保护投资者合法权益

建立、健全调解、调处、仲裁等非官方纠纷解决方式与渠道，尤其是建立、健全在线投诉处理机制，以及行业性（在线）纠纷调解、调处、仲裁机制。设置系统性问题主管，识别本企业或本行业普遍存在的问题，并反馈给业务部门，完善产品流程与合同内容。通过纠纷处理来防范纠纷、减少纠纷。

10. 加强系统性风险的识别，科学合理防范风险

加强对系统性风险的识别和评估。"坚决守住系统性风险的底线"并不意味着可以牺牲金融的长期发展换来短期的金融安全，应该在金融安全与稳定、金融创新与效率，金融消费者保护与金融公平之间求得巧妙的平衡。吸取法国密西西比泡沫和我国 2015 年股灾的教训，正确认识金融安全价值的位阶，以及金融安全与金融效率、金融公平之间的关系。

对熔断机制要有正确态度，不可一谈熔断就色变。涨跌停板制度是防范个股或个别投资者风险的，全市场熔断机制则是防范系统性风险的。证券监管防范的主要是系统性风险，个别风险应由市场承担。因此，从长远看，应实施全市场熔断机制，废除个股涨停板制度。新的全市场熔断机制的熔断阈值一定要适当拉开，不能相距太近，以免引发"磁吸效应"。此外，熔断后停止交易的时间不能太长，以免出现流动性困境和市场恐慌。废止我国的涨跌停板制度后，如果非要

警示个股风险，则可以借鉴"美国版"涨跌停板制度，仅仅暂停交易很短一段时间，此后，股价涨跌再无限制。

借鉴传统金融安全网，研究建立、健全互联网金融安全网。目前可以仿照存款保险制度引入信用保险制度，由网络借贷平台和贷款人共同向第三方保险公司投保信用保险。当出现借款人的信用违约时，由第三方保险机构承担相应的损失，对投资者进行赔付。

四、互联网金融风险防范的理念与路径

（一）互联网金融风险防范的传统理念与路径及其问题

互联网金融风险防范的传统理念是将"坚决守住系统性风险的底线"以及传统思维中"安全第一"的理念异化为"安全惟一"的理念，追求绝对安全。传统风险防范理念的典型心态是"不求无功，但求无过"。也就是说，防范风险本身也是有风险的。传统风险防范理念只关注其要防范的"原生风险"，而忽略了防范风险所可能带来的"次生风险"，有可能顾此失彼，得不偿失。因此，将"安全第一"的理念异化为"安全惟一"，追求绝对安全，"不求无功，但求无过"的传统理念不是一种正确对待风险的态度。在我国的互联网金融风险排查和专项整治中，要提防这种理念。

互联网金融风险防范的传统路径是一种简单粗暴的控制路径，它主要包括以下两种路径：控制涉众型路径和控制进程型路径。前者是力图将风险控制在较小的人际范围内，后者往往试图人为控制事物的发展进程。

通过控制涉众型路径来防范风险的做法无论是在国内还是国外都比较常见。根据我国《刑法》、《证券法》等法律，吸收200人以上的人的存款或投资的融资行为，如果未经金融监管部门批准或核准，则为非法集资。在美国，如果向500人以上的人发行证券，除非得到依法豁免，否则就应该到美国证监会进行注册。也就是说，在我国，200人以下的集资行为是合法的；在美国，500人以下的证券发行集资行为是合法的。这就是通过对提供资金的人数的限制来控制融资行为的涉众性，从而将风险控制在一定的人群范围内。这种传统的风险防范路径，好处是简单易懂，弊端是容易被规避。因此，我国的监管部门又提出了"穿透式监管"的理念来防止法律规避，要击破法律组织形态来合并计算最终提供资金的人数。这一路径与互联网金融的开放性相冲突，使互联网金融平台和融资者无法通过"长尾理论"来完成融资。

通过控制进程型路径来防范风险的做法在国内外更常见。当某一新型业态出现时，政府和社会各界往往对其过于乐观并寄予厚望，缺乏对风险的必要研判和预防，疏于制度建设。但当该行业一旦出现一较大个案时，往往会来一场"监管风暴"，按下整个行业的"暂停键"，给整个行业"体检"甚至"吃药打针"，甚

至人人喊打，将这个行业污名化。例如，早在 1720 年左右，在英国出现了"南海泡沫事件"，在法国出现了"密西西比泡沫事件"。泡沫发生后，两国都制定了相应的法律对股票市场实行严格管制，都一度在很长的历史时期内阻碍了股票市场的正常发展。在我国，因"327 国债事件"而导致国债期货被叫停也是适例。本来，政府作为外在于市场的力量，运用"有形之手"针对市场失灵，对市场予以干预是正常的，但是，控制进程型路径往往矫枉过正，它不是"点刹车"而是"急刹车"，不注重日常监管，出了事就搞"监管风暴""运动式执法"，极有可能损害行业的发展。在互联网金融领域，目前对 P2P 网贷的监管和整治，与传统路径较为接近，也是需要我们提防的。

（二）互联网金融风险防范的新理念与新路径

1. 在发展中防范风险的新理念

安全价值具有相对性，它仅具有首要地位，而不具有终极地位。近代自然法学家在构筑其国家理论时，也将安全置于首要的地位。例如，霍布斯在构建其法律体系时，将安全价值作为法的第一位价值。[1] 霍布斯认为，人类为了摆脱战争的悲惨状态，希望安全保障能够终身保持，才缔结社会契约组成国家，赋予国家以人格，并将自己的权利授予国家，大家都把自己的意志服从于国家的意志，把自己的判断服从于国家的判断。这个国家就是"利维坦"。[2] 这一观念在西方影响深远。德国近代著名的自由主义政治家威廉·冯·洪堡主张限制国家的作用，建立"最小政府"，他认为国家的唯一目的或作用在于保障公民自由、保护公民安全，政府只充当"守夜人"的角色。他说："国家的唯一目的就在于保障安全，亦即捍卫合法自由的确定性。"[3] 他还说："没有安全，人就既不能培养他的各种力量，也不能享受这些力量所创造的果实，因为没有安全就没有自由。"[4] 可见，安全是自由的基础。

安全价值具有基础地位，而不具有最高地位。在马斯洛提出了人的五个层次的需要理论中，生理需要居于第一个层次，安全需要居于第二个层次。生理需要包括呼吸、饮食、睡眠等，安全需要包括人身安全、健康保障、财产所有、工作保障、家庭安全等。第三至第五个层次分别为情感和归属的需要、尊重的需要、自我实现的需要。前三个层次的需要属于低一级的需要，最后两个层次的需要为

---

〔1〕 参见何勤华主编：《西方法律思想史》，复旦大学出版社 2007 年版，第 80 页。

〔2〕 参见［英］霍布斯：《利维坦》，黎思复、黎廷弼译，商务印书馆 1985 年版（2014 年 7 月重印），第 130－132 页。

〔3〕 ［德］威廉·冯·洪堡：《论国家的作用》，林荣远、冯兴元译，中国社会科学出版社 1998 年版，第 5 页。

〔4〕 ［德］威廉·冯·洪堡：《论国家的作用》，林荣远、冯兴元译，中国社会科学出版社 1998 年版，第 60 页。

高级需要。在马斯洛的理论中，各层次的需要相互依赖和重叠，高层次的需要发展后，低层次的需要仍然存在，但对行为的影响力大为降低。

机遇与风险并存，不承担风险就会丧失机遇。只要发展就会有风险，不发展是最大的风险。我们对风险的正确态度应该是，既要防范风险，又要抓住发展机会。经济学的基本原理是，风险、安全与收益呈现出一定的线性关系，风险越高则收益就有可能高，收益高的风险一定也高，安全性一定较低；安全性高的，风险低，但收益也低。"如果没有冒险家就不可能有繁荣的经济。"[1] 人类不只追求安全，还追求效率（高收益）。如果船员的最高目标是确保船只安全，那么他最优的策略就是永远将船舶停留在港口内。但是，如果这样，船员也就失业了。这说明，安全仅仅是基础性价值，不是人类所欲求的最高价值。

大家都知道，行进中的自行车不会倒。[2] 把自行车骑起来，在运动中前进，在前进中发展，能通过发展解决发展过程中的问题。国家、社会、企业、家庭等社会组织也是如此。发展能掩盖冲突与矛盾，发展也能消除冲突与矛盾。只要往前发展，大家都受益，风险也就在发展中被防范掉了，即使出现小的风险，其所带来的损失也就被受益者所吸收了。这就是在发展中防范风险的新理念。

互联网金融也是如此。如果互联网金融继续向前发展，能给老百姓、投资者带来实实在在的利益，至于其所导致的一点点损失也就被消化掉了。但是，以发展吸收损失的风险防范路径的前提是发展所带来的利益增量大于损失，如果发展小而损失大，风险还是防范不了，这就像自行车骑得太慢照样会倒一样。因此，通过互联网金融发展来防范互联网金融的风险还最终取决于互联网金融本身。

总而言之，安全不是人类的唯一价值，除此之外，还有自由、平等、公正等价值目标。具体到金融法，金融法主要追求的是效率、安全与公平等价值。金融法需要在这三种价值之间求得平衡，这就是金融法中的"三足定理"[3] 因此，风险防范也应该是寓于"三足定理"之中的，而不应该是只偏重于一隅而忽略

---

〔1〕 ［英］迪伦·埃文斯：《风险思维——如何应对不确定的未来》，石晓燕译，中信出版社2014年版，第232页。

〔2〕 行进中的自行车为什么不倒？即自行车的控制问题、自行车的稳定性问题，一百多年来吸引了许多著名的力学家、物理学家乃至数学家参加，累计发表的有名的论文，包括用英、德、法、俄、意大利等各种语言的论文，在百篇以上，其中还有博士、硕士和学士的毕业论文，特别是1897年法国科学院，还为之设立过一次悬赏。令人惊异的是，迄今这个问题很难说已经最后解决了，人们还在继续研究。2011年，5位学者还在《科学》杂志上发表论文［即Kooijman DG, Meijaard JP, Papadopoulos JM, et al., "A Bicycle can be Self–stable without Gyroscopic or Caster", *Science*, 2011, 332 (6027).］探讨这一问题。参见武际可：《自行车的学问》，载《力学与实践》2015年第1期。

〔3〕 参见邢会强：《金融危机治乱循环与金融法的改进路径——金融法中"三足定理"的提出》，载《法学评论》2010年第5期；冯果：《金融法的"三足定理"及中国金融法制的变革》，载《法学》2011年第9期。

其他价值目标的。"坚决守住系统性风险的底线"并不意味着可以牺牲金融的长期发展换来短期的金融安全,而应该在金融安全与稳定、金融创新与效率、金融消费者保护与金融公平之间求得巧妙的平衡。吸取法国密西西比泡沫和我国2015年股灾的教训,我们应该正确认识金融安全价值的位阶,以及金融安全与金融效率、金融公平之间的关系。

2. 发展路径与控制路径相结合的新路径

传统路径要进行变革。新的发展路径是将风险防范寓于立法与执法之中,打破传统固化思维,借鉴境外先进经验,事先对事物的特性与风险作出研判,科学立法,人性执法,在发展中解决风险与消化损失。具体言之,新路径将发展与风险控制有机结合起来,它不再是简单粗暴的控制路径,而是一种更为柔性的复合路径,它是将"控制规模 + 放开涉众性 + 控制投资额度 + 信息信用"相结合的路径,即通过规模控制放开涉众性,便于发挥互联网"长尾理论"的优势,通过投资者适当性与适当性投资相结合的原则控制投资者的投资额度和投资风险,将信息披露的形式监管与实质监管相结合,同时以信用体系与大数据来防范风险的路径。

(1)控制规模,放开涉众性。在美国证券法上,有小额发行(Small Offering)豁免机制。小额发行豁免是指因融资规模较小,而免于向证券监督管理部门注册的发行。2012年美国《JOBS法案》第四章将小额发行的金额上限提高至5000万美元。我国的《网络借贷信息中介机构业务活动管理暂行办法》也分别规定了同一自然人、法人或组织在同一网络借贷信息中介机构平台和不同网络借贷信息中介机构平台上的借款余额上限。[1] 这都是通过控制融资规模来防范风险的路径。不过,我国的 P2P 网贷因《证券法》的限制,某笔融资的投资者仍不可超过 200 人,这与互联网金融小额、分散、普惠的特征不相契合,应学习美国的经验,既然限制了融资额度,就不要再限制投资者的人数,即要放开涉众性。

(2)控制投资额度。控制投资额度是要求投资者要"适度投资",应该控制风险,"不要将所有鸡蛋放在同一个篮子里",不要将所有收入都用于互联网金融的投资。"有风险并不可怕,不知道风险才可怕。"[2] 如果意识到风险,人们就会想方设法控制它,通过小额投资控制投资的亏损面就是投资者的一项有效的

---

[1] 即同一自然人在同一网络借贷信息中介机构平台的借款余额上限不超过人民币 20 万元;同一法人或其他组织在同一网络借贷信息中介机构平台的借款余额上限不超过人民币 100 万元;同一自然人在不同网络借贷信息中介机构平台借款总余额不超过人民币 100 万元;同一法人或其他组织在不同网络借贷信息中介机构平台借款总余额不超过人民币 500 万元。

[2] 黄震、邓建鹏:《互联网金融法律与风险控制》,机械工业出版社 2014 年版,第 3 页。

风险控制措施。"在众筹模式下，当公众投资者投资的额度被严格控制在一定限额以下时，其面临的风险也就受到了严格控制。"[1] 美国《JOBS 法案》的一大特色是对投资者的投资数额进行限制：如果投资者年收入或其净资产少于 10 万美元，则至多可投资 2000 美元或者年收入的 5%（以孰高者为准）；但如果投资者的年收入或净资产达到或超过 10 万美元，则限额为该年收入或净资产的10%。但如果要突破这一限制，则众筹就需要向 SEC 进行注册了——这时，众筹也就演变成了 IPO（首次公开发行），不再是我们通常所理解的、免于注册的"众筹"了。尽管有限制，无论如何，权益类众筹对年收入低于 10 万美元的 80% 的美国人来讲，对于作为"屌丝"的"网民"来讲，则是开放的。[2] 综合借鉴国外的经验，我国应综合考虑投资者的收入水平、资产净值、投资经验、风险承受能力等因素，设定一定的众筹投资参与门槛：对于部分收入水平或资产净值高、投资经验丰富、风险承受能力强的投资者，其参与众筹投资可以没有比例限制；但对于一般的"网民"来讲，其参与众筹投资则应设定一定比例或额度的限制，除非"众筹"变成了经过证监会注册或核准的 IPO。[3]

（3）信息信用控制。信息信用控制又分为两种路径——信息路径和信用路径。信息披露是解决信息不对称，克服市场失灵最基本的方法。互联网金融具有平等、开放、共享等特点，在缓解信息不对称、提高交易效率、优化资源配置等方面不断展现出有别于传统金融的表现，其根源即在于信息的流动更加便捷，实现了点对点的沟通。因此，互联网金融的监管也必须以信息披露为前提，这是防止欺诈和庞氏骗局最基础的手段。

仅有信息披露的形式监管还不够，还应该有相应的实质监管。有一个比喻说得很有道理：互联网上最大的欺骗就是"我已阅读并同意这些条款和条件"。"不要将炸药给孩子玩，即便炸药上带有警告标志。"[4] 行为经济学的研究表明，金融监管中难免要带有一定的家长主义（paternalism）色彩以保护金融消费者。父爱主义有刚柔之分。柔性父爱主义会"推动"消费者作出正确的决策，例如不时发布的各种风险提示；而刚性父爱主义则明确禁止金融消费者作出一定的选择，诸如禁止金融消费者购买某类金融资产。我国互联网金融监管应以柔性父爱主义为主，刚性父爱主义为辅，进行相应的"助推"式监管。

---

〔1〕 彭冰：《股权众筹的法律构建》，载《财经法学》2015 年第 3 期，第 11 页。

〔2〕 Tom McGinn, Equity – based Crowdfunding: Will the US Overtake the UK, http：//ncfacanada. org/equity – based – crowdfunding – will – the – us – overtake – the – uk/, Feb 26, 2014.

〔3〕 当然，也有人建议我国证券市场引入投资者适当性和适当性投资原则，提高投资者进入证券市场的门槛，以及限制投资者投资的比例。

〔4〕 ［美］纳西姆·尼古拉斯·塔勒布：《黑天鹅——如何应对不可预知的未来》（升级版），万丹、刘宁译，中信出版社 2011 年版，第 366 页。

健全的社会信用体系也是防范风险的有效途径。如果失信的成本比较高，人们就不会轻易违约和欺骗。通过社会信用体系，记载违约和欺诈信息，违约或欺诈方将丧失未来很多的交易机会。这种压力将迫使人们诚信从事交易行为，从而能有效保护交易相对方的交易安全，惩恶扬善，防范交易风险。在互联网金融领域也是如此。如果有健全的社会信用体系，互联网金融欺诈就会大大减少。

在互联网时代，利用大数据进行风险评级和风险管理是互联网金融的发展趋势。用大数据进行互联网金融风险管理主要体现在大数据征信和大数据反欺诈两方面。[1] 罗伯特·席勒在《新金融秩序——如何应对不确定金融风险》中认为大数据是新金融秩序的根基，全社会都可以广泛利用电子化存储的信息，对原本不可投保的许多风险进行管理和削减。罗伯特·席勒提出的大数据信息库是全球风险信息数据库，合理利用这个数据库，可以使我们更好地管理越来越多的风险，监控风险走向。[2] 大数据技术是征信技术的核心，而区块链技术则因其不可篡改性及分布式存储结构而可以有效解决征信信息的可靠性和安全性。以大数据和区块链技术可以使信息与信用路径能更好地服务于互联网金融风险的防范。

（三）互联网金融风险防范的新理念与新路径之法律转化

1. 积极立法，健全互联网金融法律框架

我国互联网金融行业发展的最大障碍是上位法障碍，尤其是与《证券法》有关规定的障碍。我国应通过修改《证券法》，扩大"证券"的涵义和《证券法》的调整范围，将实质是"证券"的金融产品（包括互联网金融产品）纳入《证券法》的调整和证监会的监管之下。此外，还应该通过修改《证券法》，引入小额发行豁免、私募发行豁免机制，肯定股权众筹的合法性；在控制融资额度的前提下，允许 P2P 网贷的投资者突破 200 人限制。与此同时，由证监会尽快出台《股权众筹监督管理办法》，为股权众筹的发展提供法律保障和法律指引。

2. 分门别类，健全互联网金融的市场准入制度

金融法上的市场准入制度，是指金融监管部门根据不同的金融机构种类，分别采取行政许可、登记备案或不予干预的政策措施，准许其进入市场进行经营活动。市场准入是金融风险防范的第一道关口。不能因为"简权放政"而放弃了金融的市场准入。

在金融领域，由于其特殊的利益结构和风险特征，天生就是一个被管制的市场。"法无禁止便自由"与"负面清单"的竞争法则与市场准入法则在金融领域是不完全适用的。国家对某一类金融机构究竟是采取禁止进入、特许、行政许

---

〔1〕 参见杨东、文诚公：《互联网金融风险与安全治理》，机械工业出版社 2016 年版，第 229 - 230 页。

〔2〕 参见［美］罗伯特·席勒：《新金融秩序——如何应对不确定金融风险》，束宇译，中信出版社 2014 年版，第 192 - 203 页。

可，还是登记备案，抑或是不予干预，则取决于该类金融机构的负外部性即系统风险的大小。

我国目前对于比特币实施禁止准入制，即不允许比特币在我国市场上流通。这主要是担心比特币的流通会损害我国人民币的货币主权。网络银行因其具有吸收公众存款的功能涉及公众利益，系统性风险较高，应采取特许制。大部分互联网金融众筹平台以及互联网公募理财平台，由于其具有类似于交易所的职能，关涉到众多投资者的利益和公众利益，也应采取特许制。当然，其准入难度应低于网络银行。[1] 第三方支付因掌控广大客户大量的沉淀资金而具有相对程度的系统性风险，因此，对于第三方支付的市场准入，也不是一般的行政许可，而应采取特许制。[2] 对于系统性风险一般的互联网金融形式，应采取普通行政许可制。具体到互联网金融领域，不符合豁免条件的互联网金融公开发行项目应采取普通行政许可制。这类项目，可能存在欺诈发行风险，涉及公众利益，有一定的系统性风险，但基于投资者自主决策、自我承担风险、市场为项目定价的原则，不宜采取特许制，因为一旦采取特许制将会导致价格虚高，价格机制扭曲，又不能放任自流，而应采取普通行政许可制，要审查其条件，一旦符合条件即准予公开发行。对于外部性与系统性风险程度较小的互联网金融形式，为了便于政府部门掌握信息，监控风险，防止其引发区域性风险甚至系统性风险，有必要采取登记备案形式的监管。这类互联网金融形式主要是符合豁免条件的众筹项目。此类项目，因金额较小，涉及每一个投资者得到金额也较小，风险可由投资者自我吸收，不至于酿成系统性风险，因此，不应采取行政许可制。但是，政府应掌握相关信息，以便进行信息监管，防止欺诈投资者。这些项目，一般不会酿成系统性风险，但发行人可能采取欺诈手段，通过拆分项目而变相公募，因此，还是有引发区域性风险甚至系统性风险的可能的。对此，政府有关监管机构不得不查。第三方交易软件的市场准入，因其科技含量较高，它们不碰触资金，也不具有监管职能，不同于互联网金融平台等具有的交易所性质，但其基于一定的涉众性，可能潜藏着操纵市场、内幕交易等违法行为，也有可能引发区域性风险甚至系统性风险，因此，可以考虑采取备案式监管。此外，网络放贷、网络私募融资、网络私募保险等，采取的市场准入方式应该是"任意准入制"，政府部门对于主体或

---

〔1〕 当前，证监会对于互联网公募理财平台的市场准入，仍然采取与公募基金一样的严格准入方式，而没有顾及互联网低门槛、小额、普惠的特点，是不能适应互联网金融的特点的，因此，应适当放开准入，给互联网公募理财平台一定数量的牌照，虽不至于符合条件即予以许可，但还是应当发放一定数量的牌照。

〔2〕 基于此，我们对银监会出台的《网络借贷信息中介机构业务活动管理暂行办法》中规定的对于网络借贷平台的备案制管理不予赞同。而事实上，由于现实操作中对于网络借贷平台的备案设置了许多苛刻的条件，这种备案已经异化为变相的许可或特许，是向许可或特许的回归。

业务的准入不予干预，任何个人和组织均可进入市场进行经营活动。

总之，我国应该根据具体互联网金融的形态，建立、健全相应的市场准入制度。如实施该行政许可，建议制定《互联网金融监督管理》条例为该行政许可提供合法性依据。

3. 回归本质，建立与完善证券二级市场

承认 P2P 网络借贷信用中介的合法性，区分信息中介和信用中介，并进行分类监管。《证券法》扩张"证券"的定义后，P2P 网络借贷、股权众筹、网络理财等均属于"证券"。对"证券"要建立相应的二级市场，以便利投资者转让，让证券流动起来，既方便投资者中途退出，又能使投资者在证券的流动中实现对资产或信用的定价，实现对发行人的市场监督。

4. 边发展边建设，完善信息披露制度，加强信用体系建设

完善互联网金融信息披露制度，通过立法规定互联网金融信息披露的基本原则、方式和基本内容。互联网金融协会要尽快分类别发布统一的信息披露准则、格式指引和模板，引导互联网金融平台和发行人遵照。加强信息披露和风险揭示，打击互联网金融平台设置隐性费用的行为。规范互联网金融广告行为，禁止各类众筹平台、网络借贷平台、众筹发行人在经营宣传中以"高回报、低风险"等虚假宣传口号吸纳公众参与。

加强信用体系建设，建立统一的政府数据开放标准，由政府出面建立融合政府数据、金融数据、商业数据于一体的混合信用体系，加快社会信用立法，规范信用信息采集、使用和公布的行为，加强个人信息安全保护，切实保障公民的隐私权，完善法律责任，让雇主为雇员的非法泄露公民隐私的行为承担连带赔偿责任。

5. 在发展中不忘风险，织牢互联网金融的安全网

金融安全网包括金融监管当局的审慎监管制度、中央银行的最后贷款人制度和金融机构保险制度。由于互联网金融在我国还是新生事物，金融安全网还不适用于不是银行、保险公司、证券公司之外的互联网金融平台和机构——对互联网金融的审慎监管还未建立，存款保险和最后贷款人制度没有延伸到互联网金融领域。在此，笔者建议：借鉴传统金融安全网，研究建立、健全互联网金融安全网。目前可以仿照存款保险制度引入信用保险制度，由网络借贷平台和贷款人共同向第三方保险公司投保信用保险。当出现借款人的信用违约时，由第三方保险机构承担相应的损失，对投资者进行赔付。至于审慎监管和最后贷款人制度因问题较为复杂，值得再行研究。

（本文课题组成员：黄震，中央财经大学法学院教授；李致敏，北京市金融

工作局处长；缪因知，中央财经大学法学院副教授；周伦军，最高人民法院民二庭审判长；董新义，中央财经大学法学院副教授；杜晶，中央财经大学法学院副教授；徐凤，北京第二外国语学院副教授；夏中宝，中国证监会稽查局主任科员。）

北京市法治政府建设的问题与对策研究

郑振远[*]

一、中国与西方法治的梳理

当代西方的法治观念认为，法治最重要的原则是应该为公民的自由及权利提供庇护。西方法治精神原则的基础及核心是对于宪法和法律的推崇，其主要特点就是法律面前人人平等。总结来说，西方关于法治思想的理论成果有：全民守法、民主法治、法治优于人治、三权分立与权力制约。我国当代关于法治的成果和西方也有相通之处。关于全民守法，十八大提出了"科学立法、严格执法、公正司法、全民守法"十六字方针，这也是我国社会主义法治建设的衡量标准；关于民主法治，在我国推进法治政府理念和民主政治建设的基本保障和核心内容道路上，民主法治是最主要的任务；关于法治与人治，中国封建统治的第一大特征就是人治，在人治的体系下造就了人治文化、人治传统。习近平在谈论这个问题时就强调，没有人可以凌驾于法律之上；关于权力制约，习近平在十八届四中全会中提出各级政府部门一定要依法履行职责，任何组织和个人要在宪法和法律的范围内行使行为，不能有超越法律的行为存在。

我国历代领导人的法治思想包括毛泽东法治思想、邓小平法治思想、江泽民法治思想、胡锦涛法治思想和习近平法治思想。

第一，毛泽东法治思想。宪法思想是毛泽东法治思想的核心内容，注重宪法建设，主张依宪治国。依宪立国，实现有法可依和民主权利与人民民主专政相统一。民主与法治相辅相成，社会主义民主是社会主义法制建设的基础和前提，而社会主义法治是社会主义民主的体现和保障。依法对敌人实行专政，就是在人民内部实施民主，而对敌对势力和犯罪分子实行专政。民主权利的相对性与民主集中制原则，首先，民主权利和国家管理需要之间的关系是相互制约的；其次，对人民使用民主的方法，也并不意味着要排除对人民中犯了罪的人执行法律制裁，

＊ 课题主持人：郑振远，男，北京政法职业学院党委书记，高级政工师。立项编号：BLS（2016）A005。结项等级：合格。

但这种制裁不属于专政，而是法治。坚持民主立法，走群众路线。在制定新中国第一部宪法时毛泽东就指出两个基本原则：民主原则和社会主义原则。

第二，邓小平法治思想。在正确处理民主与法制的关系上，邓小平清楚而准确地表述了社会主义民主与社会主义法制的关系：社会主义的民主是社会主义法制的基础，社会主义法制是社会主义民主的根本保障；没有社会主义的法制，民主就缺乏了保障；没有社会主义的民主，社会主义的法制也就失去了其自身存在的意义。经济建设与法制建设同步发展，邓小平提出既要重视经济建设也要重视法制建设。法制对于经济建设具有特殊的作用：一方面，法律保障经济建设的正确方向；另一方面，法制为经济建设营造安定团结的政治局面。正确对待党的领导和法制的关系，首先，我国的法制建设必须在中国共产党的领导下进行；其次，法律范围内的事应由国家和政府管理，而不应由党来管；最后，党要保证司法部门依法独立办案。邓小平在《解放思想，实事求是，团结一致向前看》中首次完整地提出了"有法可依，有法必依，执法必严，违法必究"十六字方针，这是邓小平法治思想的核心。

第三，江泽民法治思想。江泽民明确提出了依法治国、建设社会主义法治国家的治国方略。加强社会主义法制建设，依法治国是邓小平建设有中国特色社会主义理论的重要组成部分，是我们党和政府管理国家和社会事务的重要方针。依法治国，就是广大人民群众在党的领导下，依照宪法和法律规定，通过各种途径和形式管理国家事务，管理经济文化事业，管理社会事务，保证国家各项工作都依法进行，逐渐实现社会主义民主的制度化、法律化，使这种制度和法律不因领导人的改变而改变，不因领导人看法和注意力的改变而改变。依法治国，是党领导人民治理国家的基本方略。依法治国思想的主要内容包括加强和改善党的领导是依法治国的根本保证；加强立法工作、建立和完善适应社会主义市场经济的法律体系是依法治国的前提；加强执法和司法是依法治国的关键；依法治国和以德治国相结合。

第四，胡锦涛法治思想。胡锦涛提出了社会主义法治理念，基本内涵可以概括为依法治国、执法为民、公平正义、服务大局、党的领导五个方面。社会主义法治理念的主要内容包括公平正义是社会主义法治理念的基本价值取向、尊重和保障人权是社会主义法治理念的基本原则、法律权威是社会主义法治的根本要求、监督制约是社会主义法治的内在机制、自由平等是社会主义法治的理想和尺度。

第五，习近平法治思想。在法治道路建设方面，习近平关于法治道路的思想，清楚地表达了四个方面的含义。一是法治道路，二是中国道路，三是社会主义道路，四是传承发展道路。依宪治国、依宪执政，把宪法置于权威地位；法治实施，法治建设方针，系统推进法治建设布局路径；法治权威，用法治权威造就法治环境；法治思维和法治方式，领导干部要有法治思维和依法办事能力；司法公正，第一次提出了让人民群众在每一个司法案件中都能感受到司法公平正义；党的领导与依法治国的关系，社会主义法治必须坚持党的领导，党的领导必须依靠社会主义法治。

二、国家法治进程

权大于法到依法办事。中国共产党是中国各项事业的领导力量，因而，梳理中国法治建设的进程首先需要观察的就是执政党政策的转变。一是认真总结"文革"的历史教训，二是平反冤假错案，三是尽快结束社会的动荡。1979 年出现了第一次立法高峰，之后经历了重建司法机关和司法系统、法学教育重新起步以及强调并重视民主等几个阶段。

依法办事到依法治国。法制一般是指法律制度，而法治则是一种贯彻法律至上、严格依法办事的治国原则和方式；法制在价值取向上是中性的，而法治的价值取向极为明白，包括民主、自由、平等、人权等。法治的内容应该包括两个方面：一方面，要有良好的法律，也就是说依法治国所依据的法律必须是良法；另一方面，这种良好的法律要有至高无上的权威，要得到普遍的服从和遵守。法律体系基本形成，一是有了制度创新的意义；二是不再单纯地满足国内的需要，还需符合国际法和国际惯例；三是突出保护人权。行政执法不断强化，司法愈来愈成为社会关注的热点，法学教育高歌猛进，个体的价值日益受到重视。

依法治国到全面深化依法治国。中国的法治建设取得了明显的成就，但与法治国家的要求还存在着不小的差距：法治意义上的对公权力的制约尚未实现。十八大以来，特别是以十八届四中全会为标志，进入全面推进依法治国、建设中国特色社会主义法治体系的新阶段。在中国共产党领导下，坚持中国特色社会主义制度，贯彻中国特色社会主义法治理论，形成完备的法律规范体系、高效的法治实施体系、严密的法治监督体系、有力的法治保障体系，形成完善的党内法规体系，坚持依法治国、依法执政、依法行政共同推进，坚持法治国家、法治政府、法治社会一体建设，实现科学立法、严格执法、公正司法、全民守法，促进国家治理体系和治理能力现代化。

三、政府角色定位

政府不是一个公共权力机关，而是国家实现其职能的载体，有具体的组织机构，具有为维护一定的公共利益而约束公民个人或法人行为并强制人们服从的能力。政府权力所到之处也是个人权利与自由所止之处，或者说，政府能够为个人权利与自由的行为设立边界。从这个意义上说，政府权力越大，个人权利自由行使与实现的空间就越小。

作为各级行政机关的政府，它具有以下七个特点：一是从行为目标看，政府行为一般以社会公共利益为服务目标；二是从行为领域看，政府行为主要发生在公共领域；三是从行为方式看，政府行为一般以国家强制力为后盾；四是从组织体系看，政府机构具有整体性；五是从它与立法机关的关系来看，西方国家政府在地位上要低于议会，并必须对议会负责；六是从政府行使权力的性质来说，具有执行性；七是从政府权力与其他国家机关的权力关系看，政府具有相对独立性。

地方政府呈现以下三个特点：一是执行性；二是相对独立性；三是区域性。从央、地关系来看，地方政府是中央政府与上级政府的代言人与执行者、地方利益的代言人和国家及地方法律、法规的执行者；从政府与社会关系来看，地方政府是地方公共秩序的维护者和地方公共产品与公共服务的提供者。从政府与市场关系来看，地方政府与市场的关系的处理时，必须坚持能够由市场自主调节解决的问题，就绝不通过行政手段干预；必须由政府解决的问题，就必须尽忠竭力。对于地方政府来说，处理政府与市场关系，必须坚持"法无授权不可为，法不禁止即自由"。

四、法治政府的建设历程

法治政府是 2004 年国务院《全面推进依法行政实施纲要》首次提出的新概念。依法行政就是使政府行为受到国家强制力和社会公信力所保障的法律规则的制约；就是使政府既有行使权力的责任，又有遵守法律的义务；就是为行政权力的运行体现公民权利的含义；就是为行政权力制定法律边界。法治政府的特征主要有职能科学、权责法定、执法严明、公开公正、廉洁高效、守法诚信。

通过三十多年来，尤其是近 15 年来坚持不懈的法治政府建设，我国依法治国已经迈出了重要步伐。在法治政府建设过程中，行政组织、行政行为、行政监督、行政救济等方面的法律制度都在初步建立的基础上趋向完善，政务信息公开查询、重要事项公示与通报、重大决策的听证等辅助性制度也开始建立并收到良效。在依法行政的观念普及、公民权益的及时救济等方面都充分彰显出我国法治政府建设所带来的巨大进步。

北京市法治政府建设就是建立权责统一、权威高效的依法行政体制，加快建设职能科学、权责法定、执法严明、公开公正、廉洁高效、守法诚信的法治政府。

北京市法治政府的历程。1984 年，市委作出《关于加强首都社会主义民主法制建设的决定》；1987 年，市委提出进行依法治市的试点工作；1991 年，市委制定了《北京市依法治市工作纲要》；1997 年，市八次党代会要求加快依法治市步伐；1999 年，市委制定了《北京市依法治市工作规划（1999 年－2002 年)》；2002 年，市九次党代会又明确提出了加快建设现代化法治城市的奋斗目标；

2003 年－2007 年市委出台了《北京市依法治市工作规划（2003 年－2007 年）》；2004 年北京市人民政府出台了《北京市人民政府关于全面推进依法行政的实施意见》；2007 年 9 月，北京市在全国率先设立行政复议委员会；2008 年，北京市政府修订工作规则；2008 年建成市政府信息公开大厅和首都之窗"政府信息公开专栏"等平台；2009 年，北京市政府在全国率先成立立法工作专家委员会；2010 年北京市政府出台了《北京市关于进一步加强和改善行政执法工作的意见》；2013 年北京市人民政府办公厅颁布了《北京市人民政府办公厅关于本市行政审批制度改革有关事项的通知》；2014 年北京市委出台了《中共北京市委关于贯彻落实党的十八届四中全会精神全面推进法治建设的意见》；2016 年出台了《关于全面推进政务公开工作的实施意见》。

北京市法治政府建设成就。行政体制方面，积极转变政府职能，注重理顺体制、简政便民，提高行政效率和服务水平。行政决策方面，着力完善程序规则，注重专家论证、公众参与，提高科学化民主化水平。政府立法方面，坚持问题引导立法，注重突出重点、统筹兼顾，提高针对性和实效性。行政执法方面，改革体制优化机制，注重转变理念、改进方式，提高执法的规范性。行政监督方面，多种方式协同运用，注重内外结合、权力制约，提高监督的有效性。

五、现阶段北京市法治政府建设面临的困境

行政控制凌驾于法律、制度和规范之上。中华人民共和国成立以后，新政权肩负着巨大的社会重任，中国共产党没有摒弃改革时期的政党动员模式，把政治动员作为一种行之有效的办法运用于社会主义建设当中，以期完成国家目标的实现。"权大于法"的状况在我国还是显而易见的，一些领导干部权力意识很强并习惯当"官老爷"，用人治的思维处理问题，认为自己位高权重出了事也没人敢举报追究，出现这种现状的根本原因还是受我国的传统法治文化的影响。我国的传统政治、文化中人治的色彩非常浓厚，我国的法治传统大多还是"为政在人"的儒家思想占多数，长此以往，"官本位"的法治思想也就占了上风。我国每年在维稳上的经费投入在逐年上涨，维稳成本表现在公共安全的支出。高成本的维稳只能维系暂时的稳定，难保长治久安。如果不改变现有的状况，高成本维稳可能会导致"越维越乱"，将会给国家和社会带来沉重的负担。

城市发展加速，利益诉求多元，对推进地方政府法治化提出了新挑战。北京作为一个拥有两千多万人口的特大型城市，而且正处于转型发展的攻坚时期，各项工作任务纷繁复杂、千头万绪，面临着各方面的挑战，这些问题直接关系到北京市未来改革、发展和稳定的大局。对于长期处于一元化背景下且强势主导社会发展的各级地方政府来说，价值多元化、利益多元化和公民维权意识的增强，对其治理社会能力来说，无疑是一大挑战。在价值多元的背景下，整个社会发生了两个方面的变化：一方面，老百姓公民意识觉醒了，维权热情高涨，有表达的欲望，参与的热情，监督的想法还有知情的权利。这对政府是一个挑战。另一方面，社会价值多元化，容易导致社会心理失衡。

执法层面问题重重。北京执法水平仍存在不足，执法权层级配置不明确，实体法关于部门职权的规定很多情况下存在职责不清的问题，行政整体性难以体现，部门之间执法力量配置不合理，有的部门在执法中大量雇佣协助执法人员，形成临时工执法乱象。执法人员"法定职责必须为"意识不强，执法不作为、拖延履职、执法不力等现象较为普遍存在，法律得不到有效实施。具体体现在：①运动式执法、突击执法比较突出，执法缺乏常态化。②执法中的事实行为缺乏规范。③执法检查随意性较大。④执法过程中因为执法人员的不文明举止，暴力执法，不尊重执法对象，容易引发双方矛盾、冲突，甚至酿成伤人、杀人等恶性事件。⑤行政执法证据规则不完善，证据的收集不规范。执法裁量权行使缺乏明确的规则指引，具体表现为：①选择性执法。②执法标准不统一。③行政决定说明理由等制度实施不理想。④裁量权规范存在较大问题。⑤裁量权规范机制较为单一。行政执法效能不高，执法信息化建设有待进一步加强，执法信息共享缺乏制度保障，行政许可、申请最低生活保障、公租房保障等依申请行政决定在申请处理环节还没有实现机关之间的共同处理，流程过长。执法机关内部流程有待进一步优化，提高效率。执法程序繁简分流不足，简易程序的适用范围过窄。执法中实行过于严格的文书主义。

社会腐败对中国法治建设产生的巨大冲击。反腐败形势依然严峻，中国共产党近些年逐渐意识到反腐的重要性，这表明中国的最高层没有被学界和社会上各种对既得利益集团的认识所迷惑，而是抓住了问题的关键。当前藏匿于我国社会各个角落的贪污腐败状况已严重侵蚀党、国家、社会，已经成为了我国改革、发展、平稳的最大危害，随着市场经济的发展伴随着人们欲望的无限泛滥导致腐败问题愈演愈烈，现阶段已然成为我国法治建设的头号强敌，不仅会腐蚀社会资本还会破坏法律权威在人民心中的地位。

政府信息公开程度低，科学民主决策落实不力。公开意识淡化，公开制度不健全。缺乏党性意识、服务意识、公仆意识，甚至存在贪污腐败现象。与此相伴的是很多乡镇政府公开制度不健全，没有一套完整的公开制度，没有实现从领导机构到公开内容、公开时限、公开程序的制度化和法制化。公开内容选择性强，避实就虚、避重就轻。全面如实地进行政务公开，是搞好政务公开的关键环节，公开内容一旦不真实，公开就失去其意义，甚至产生负面影响。公开方式单一，应用网络等现代媒体公开较少。政府信息公开工作人员中没有懂网络知识的专门人才，政务公开也只是限于公开栏公开。造成官员信息公开缺失的主要原因是制度的不完善，目前乡镇政府官员个人信息公开从法律到制度都没有明确规定，自然也就没有进行。

政府运作"财权"与"事权"界限不清。如何构建地方税体系、让财力事权匹配，推进预算透明，健全地方政府债务管理，保障民生支出，支持稳增长，都需要改革加以破解。事权划分不清，导致有些事没人管，有些事多头管，行政效率低下。最佳的运作机制是事权与财权大致相匹配，有多少钱办多少事。无论哪级政府，"事大财小"还是"事小财大"，都会造成效率的损失。其中存在的问题有：一是中央政府与地方政府的权力与责任划分方面的权责不一致问题。二是地方政府自身的角色定位不准，存在"错位"、"越位"和"不到位"的现象。

六、制约北京市法治政府建设的原因分析

科学立法体制仍有欠缺，良法供给不足。传统的法律是对实践经验的总结的立法思维仍然影响巨大，不能够及时制定出引导未来发展走向的前瞻性法律。这种立法模式下制定的法律不仅不具有前瞻性，而且严重破坏了法律的稳定性、权威性。另外，立法的技术仍有待提高。采取折中或调和的办法统一来规定，或者采用原则性的政策宣言、模棱两可的词语来进行笼统的规定，使得法律所要求的严谨性大打折扣。立法精细化程度不够，质量关口不严。现在有些法律执行不好，效果不理想，其中一个原因就是有的法律过于原则，需要层层配套。当配套的法规不能准确把握立法精神时，就会出现法律效力不断递减的现象。法律实用主义也加剧了社会行为失范。在集权文化和体制的传统惯性之下，法律体系建设很容易演变成一种"政绩工程"（尤其在地方法治建设中），使得本应成为引导和管控社会行为的公平性、权威性规范的法律，"异化"为权力扩张的有效工具和合法性证明（如各地强制性的拆迁条例等），而间断性的、运动化的"专项整治"行动则使执法司法带有较浓的工具化、震慑性色彩。

司法体制的不健全。司法未能实现真正完全独立，首先，上下级法院之间审判管理权的行政化；其次，院庭长审判管理权的行政化；再次，法官职务的行政化；最后，法院内外部人财物管理外部化。司法公开尚不到位，首先，司法公开平台有待规范。中国司法公开平台建设存在三种模式，即集中、局部集中和分散。三种模式并存导致信息重复上传、平台建设维护成本高、公众无所适从等弊端。其次，旁听程序尚需优化。在互联网背景下，中国虚拟空间上的司法公开热闹异常，从官网到微平台，从手机短信到APP，不断创新公开的渠道和形式，方便当事人或公众借助现代通信工具获取司法信息，然而，在线下，北京法院的大门反而虚掩甚至紧闭，与线上形成较大的反差。由于多年来政法化的司法机制构建，加之司法腐败现象的蔓延，导致一些案件当事人对司法机关缺乏信任，而"舆情公案"的不当演绎和怨恨传递，又严重弱化了司法公信力。

人治影响根深蒂固，法治观念尚未全面确立。传统人治思想余毒尚未清除。在中国古代和近代历史上，规则呈现着浓重的工具主义色彩：规则是任制定者操纵的工具，是约束别人、达到自己目的的手段。古语有云，"法者，治之具也"，这种规则的工具主义理念，可以追溯到我国数千年的人治历史。行政工作人员法治意识淡薄。一些政府工作人员权为民所用的理念尚未树立，依法行政的意识和能力不强。法治理念政治化导致法治共识缺位。人民权益要靠法律保障，法律权威要靠人民维护。只有人民内心拥护法律，全社会信仰法律，法律才能发挥作用，法律权威才能真正树立，法治社会建设才能真正得以推进。

政府角色定位不够科学。长期的计划经济体制和集权的政治模式导致权力过于集中。尽管计划经济的体制和高度集权的政治模式对当时我国的经济发展做出了贡献，但不得不说其产生出了许多诟病。政府在资源配置方面存在盲目性，并缺乏效率，容易出现供求不均衡的情况，经济发展状况不好，增速也较为缓慢，公民的生活质量得不到好转，与此同时，政府也承载了更多的负担。政府机构权责不清。政府职权的规定过于概括且分散，不够明确，不够细，加上政府机构庞大、层级众多、办事环节复杂导致北京政府行政效率低下和市场反应不灵活。越位与缺位的双重制约。首先，政府管理中仍然存在越位现象，仍然存在政府插手不该管的事项。其次，政府管理中仍然存在错位现象。最后，地方政府管理中缺位现象仍然存在。许多该由政府履行的职能没有履行或履行不好。长期以来，由于地方政府在履行职能方面的越位、错位，让一些地方政府管了许多不该管的事情，分散了政府的精力、人力、物力和财力，使政府在本应该管好的事情方面出现了缺位。

经济至上掩盖以人为本。片面追求经济增长，不科学行政。我们要依法行政、建设法治政府，就必须要坚持科学行政，让政府行政行为符合"以人为本"的法治理念的要求，遵循自然规律和人类社会发展规律，使政府行为具有科学性，避免个人武断行政、盲目行政。但现实中，在一些地方政府不讲科学的行政，比比皆是。片面追求经济增长，不依法行政。为了追求所谓的速度，搞"先上车后买票""先租后批"，违法违规使用土地。这不仅变相鼓励了未批先建的违法行为，更是对那些遵纪守法企业的严重不公。

一元主导下的动能不足。行政主导模式无法充分整合法治政府建设中的其他制度性要素，使得"法治政府"沦为行政权自我实现的狭隘目标。对行政权独自作为的"情有独钟"不但导致我国法治政府建设的重任过多系于行政一身，而且还使得本应综合推进的事业很大程度上沦为行政权单纯的"自我革命"。法治政府的核心价值在于民主政府、有限政府、透明政府以及责任政府等，这集中体现为对于传统行政权的严格限制。而行政主导模式将这种限制的过程异化为行政权自己的觉悟提升和自我革命，未免失于理性。行政型法治政府建设的次生问题。首先，法治政府建设应当是各环节统一推进的过程，这包含两个含义，一是每个构成性要素都应当被重视，二是每个要素所在环节的实现进度应当相近，否则短板效应就会延滞整体法治目标的实现。其次，出于习惯性逻辑，行政权在法治政府建设的过程中"大包大揽"，以至于司法监督、民主监督的建设也逐渐演变为一场以行政权为主导的变革。最后，虽然在行政权"一枝独秀"的情况下尚取得了法治政府建设领域的长足进步，主要是出于我国曾经的计划经济和全能型政府体制与当代法治意识之间的巨大差距产生的暂时的边际效益递增的表象，随着这种差距的缩小以及改革层面逐渐深化，行政型模式的固有缺陷必将严重阻滞法治政府建设的进一步深化。自主与外部监督的双重乏力。当前，对地方政府的监督存在"体制内"和"体制外"双重软化的问题。从体制内视角看，一方面，各级地方权力机关对同级地方政府的监督缺乏力量；另一方面，作为司法监督机关，法院和检察院对同级地方政府的监督具有较大的被动色彩，很难完全独立发挥审查监督作用。从体制外的视角看，一方面，以社会公众为主体的社会监督往往体现为一种事后监督；另一方面，新闻传媒由于受政府相关部门如新闻出版广电局管辖，并不能真正做到客观独立的报道监督。

七、北京市法治政府建设目标

建设廉价高效政府。建设廉洁而高效的政府是世界各国政府建设与改革的重要目标，是法治政府建设的重要价值取向。廉洁高效政府特征：一是精兵简政；二是低成本、高效率；三是廉洁且廉价。

建设有限政府。有限政府是法治政府的内在要求。有限政府与法治政府建设的内在要求是一致的，有限政府建设是法治的限制和约束政府权力的具体落实。有限政府首先体现的是政府权力有限，政府手中的权力是人民让渡与授予的，人民让渡与授予政府的目的，是要通过政府对公共秩序的维护、公共产品与公共服务的提供等措施来更好地保障公民权利与自由。有限政府的三大特征：法律优先——北京政府行为的宪政约束。法律优先具有以下两个基本要求：一是宪法和法律优于行政性法规、地方性法规、地方性行政法规及规章。二是在法律或上位法尚未规定，其他法律作了规定时，一旦法律或上位法有了规定，其他法律法规的规定必须服从法律。法律保留——北京政府的行政立法禁区。法律保留目的是要更加严格地限制地方政府的行政立法权的使用，是积极意义的依法行政原则，它要求地方政府的行政立法只有在取得法律授权的情况下才能实施相应的行政立法行为，也就是说地方政府的行政立法行为必须具有法律依据。职能有限——北京政府不是万能的。对行政执法权进行法律制约是非常必要的，是实现法治政府之有限政府目标所不可缺少的。职权法定与越权无效就是为了从具体的法律机制上控制地方政府行政执法权、实现有限政府建设目标，保障与维护公民权利与自由的有效途径。

建成服务型政府。界定中国的服务型政府的内涵，必须同时考虑上面三个方面的因素：即服务型政府并不意味着政府的统治及管理职能因此就被服务职能所取代；在当前及今后相当长一段时间内，中国政府在经济社会发展中的主导地位不会被动摇，但是，经济社会发展中的公民及社会的作用将逐步增强；必须看到中国特色社会主义及现代化建设是在西方国家已经实现现代化并向后工业化社会或知识经济社会（或后现代社会）转型的背景下进行的。因此，政府角色的准确地位对于正确把握具有中国特色的服务型政府内涵至关重要。

八、北京市法治政府建设动力系统

北京市法治政府建设过程中已建立一套相对完备的动力系统，包括内推、外促和内外合力等三大部分，三者相互配合，共同促进北京市法治政府建设。

内推：执政党、政府及关键少数的主动推进。党坚强领导下的主动构建，党的领导是中国社会主义法治的一个突出特点。中国特色社会主义法治道路的核心要义是，坚持党的领导，坚持中国特色社会主义制度，贯彻中国特色社会主义法治理论。这彰显了我们党的道路自信、理论自信、制度自信和文化自信，指明了全面推进依法治国的正确方向，从根本上划清了我国社会主义法治与西方"宪政"的本质区别。依法治国是在党的领导下，为保障人民当家做主进行的伟大探索。因此，全面推进依法治国，坚持党的领导是根本和关键。首先，全面推进依法治国是一项宏大的法治建设系统工程，必须在党的统一领导下，统筹自由平等、民主法治、公平正义、安全秩序、尊严幸福等各种基本价值，统筹立法、执法、司法、守法、护法等各个环节，统筹依法治国、依法治军、依法治权、依法维权、依法执政、依法行政、依法办事等各个方面，统筹国内法与国际法、中央法与地方法、实体法与程序法、公法与私法、制定法律与实施法律等各种法律形态，统筹中央与地方、地方与地方、政府与社会、国家与个人、国内与国际、法治与改革、稳定与发展、公平与效率、民主与集中等各种关系，积极稳妥、有序高效地全面实施。其次，切实加强组织领导，是加快建设法治政府的关键。健全推进依法行政的领导体制机制，使依法行政真正成为一项硬要求和硬约束。加强对政府工作人员的法制教育培训，不断提高其依法行政的能力和水平。最后，中国特色社会主义法治道路，由若干个部分组成，它们之间的关系是：党的领导是社会主义法治道路的本质特征；中国特色社会主义制度是社会主义法治道路最根本的制度基础；中国特色社会主义法治理论是社会主义法治道路的理论指导、学理支撑和行动指南。政府自觉下的主动推进，政府的自觉建立在政府对自我角色以及言论自由的正确认知基础上。政府是民众的朋友还是敌人，取决于政府能否

"自觉"地定位自己、警醒自己，能否"自觉"地宽容自由，懂得反省与自理。法治是世界公认的最好的治理模式。从历史层面来看，中国必须采取政府推动型的法治模式。从中国的现实层面来看，我们也有能力采取政府推动型的法治模式。应该说，政府推动型的法治模式是我们历史和现实的选择。关键少数的主动作为，抓住领导干部这个"关键少数"，就牵住了全面依法治国的"牛鼻子"。领导干部是党的骨干力量，是中国特色社会主义事业的中流砥柱。具体要在四个方面凝神聚力：深入开展普法教育、依法正确行使权力、自省自励防患未然、求真务实真抓实干。

外促：民主底下的群众推促。北京市法治政府建设，不能离开北京市全体民众的参与，失去了群众的推动，就会导致对法律和法治的形式与内容、程序与实质之间关系的简单化、片面化、凝固化理解。法律除去它所承载的具体经济、政治、文化内容之后，所剩下的只是一些空洞的、没有内容的形式，或空洞的、不体现任何实质的程序，完全看不到法律形式本身从来都有其特定的、但具有普遍性的内容。法治程序本身正是某种具有普遍性实质的贯彻，而这些特定的、具有普遍性的内容和实质正是相应的公民权利与责任本身。坚守公民的普遍权利与责任，是各种法律形式特有的普遍内容，在每个环节上体现当事人权利与责任的"程序"本身就是法治的实质。简而言之，法律的形式是有内容的形式，法治的程序是有实质的程序。那些只承认法律的形式正义或程序正义、认为法治不能体现实质正义的说法是将公民的普遍权利与责任本身当作非实质性的、空洞的、虚无缥缈的东西。

合力：善引与觉醒合力推进北京市政府法治化。中国的法治政府建设，实际上是在党和政府充分归纳总结人民需求的基础上全民共建型的政府，它的建设必然离不开执政者与人民沟通一致基础上的合力推进。执政者特定历史责任下的科学引领，一个国家究竟采取何种法治发展模式，不是人们的主观愿望可以任意选择的，归根结底是由一个国家的历史和现实来决定的。中国选择政府推进型的法治发展模式也是由中国自身的历史和现实决定的。政府推动型的法治模式是我们历史和现实的选择。权利意识、公平意识、维权意识觉醒下的积极推动，首先，政府推动型法治由政府来主导，靠国家强制力来保证，其目标就是在一个较短的时间内人为地甚至强制地完成社会制度和社会法治的变迁过程。其次，政府是推动法治化的主要力量，并且为了推动法治更快更好地发展，在这个过程中它要求进一步扩大自身的权力。从执政者自身和外部群众来讲，执政者优良顶层设计下的科学指导与群众公民意识的觉醒、监督作用的发挥、主动守法意识的增强是北京市法治政府建设不可缺少的力量。

九、北京市法治政府建设路径

树立干群法治思维，撑起无形法治信仰。培育和养成法治思维应该坚持以下路径：法治教育常态化，一是明确法治教育的根本目的；二是法治教育应采用多元的教育方法；三是应建立以教育对象为核心的教育模式。法治实践公开化，一是法治实践过程公开；二是法治实践结果公开；三是法治实践效果公开。法治宣传通俗化，一是法治宣传的渠道多元化；二是法治宣传的形式应该活泼多样；三是法治宣传的主体多元化；四是法治宣传的内容通俗化。司法人才精英化，一是建立规范的精英化司法人才培养模式；二是建立严格的精英化司法人才遴选机制；三是采用专业化的精英化司法人才考评机制。

坚持科学立法，全面提高立法质量。开门立法，拓宽公民参与立法的渠道。在地方立法中应当牢固树立民本思维，强化服务意识，立法内容要侧重于服务而非管理，切实做到开门立法。法律是民意的要求和体现，开门立法，进行民意调研，欢迎、邀请公众就立什么法、如何立法踊跃话事，广泛听取、参考公众意见、建议，杜绝闭门造车、脱离实际。首先，进一步完善配套制度；其次，要建立立法机关，及时向社会公布立法计划、立法草案、立法目的的机制；最后，要广泛宣传发动，以市民视角审视公众参与立法的可能性与可行性，提供政府信息、立法资料检索等方面的支持，避免社会公众对开门立法无从说起。

完善地方立法选项机制。一是，要保证北京立法项目来源的多样化；二是，北京立法应紧紧围绕本地区经济与社会发展目标，及时跟踪关注改革的部署和进程，找准改革可能提出的立法需求，做到立法主动与改革决策相衔接、相配套；三是，建立科学的论证机制；四是，建立多元的立法起草机制，改变地方立法的起草由政府职能部门专司的做法；五是，完善人大立法审议程序；六是，完善地方立法评估制度，提高其科学化程度和规范化水平；七是，还要完善地方立法审查制度，保障法制的统一性。

打破地方壁垒，实现京津冀协同立法。首先，构建与京津冀协同发展相互适应、相互支撑、相互促进的协同立法机制；其次，启动京津冀人大协同立法机制，主要是要解决以下三个问题：一是把交通一体化、生态环保、产业升级转移等问题作为协同立法的重点，加强联合攻关；二是加强立法沟通协商，实现立法成果共享，降低立法成本，提高立法质量与效率；三是贯彻优势互补、互利共赢、区域一体原则，整合立法资源，弥补立法人才短缺的不足，最大限度地发挥协同推进优势。

严格依法行政，以"法"推动政府履职。依法深入推进行政审批改革。一是用法治理念引领北京市政府行政审批改革，法治理念已经成为党和政府治国理政的基本思维方式。二是公开行政审批权力清单，定期清理行政审批事项。三是在部门内相对集中行政审批权。四是推广公安行政审批标准化。五是完善行政审批信息化管理。六是引入第三方评估机制。

依法加强行政监督。一是突出人大的统一协调作用。二是突出检察机关的重点监督作用。三是突出发挥行政执法部门的整体合力。四是突出发挥社会监督的广角效应。

依法推进政务公开，打造阳光政府。首先，政务公开的推进首先需要转变观念，特别是需要转变作为"关键少数"的领导干部的观念。其次，强化政务公开立法保障。再次，关于政务公开的组织保障，北京应完善政务公开，以四项基本原则为理论基础建设主管和指导机构。最后，强化政务公开的监督。

严格司法，切实树立司法公信力。完善司法体制，一是推进法官员额制。二是改革审判委员会制度。三是完善院庭长审判管理和监督制度。四是建立专业法官会议制度。加快推进司法标准化，强调司法标准化，不是要求法官按照同一标准作出裁判，而是围绕司法流程、司法裁量、司法行为、司法权责、司法公开、诉讼服务等领域和环节给予明确、规范、可操作的标准和指引，进一步规范法官司法行为和自由裁量权，实现各个环节工作有标准、运行有机制、责任有分工、奖惩有依据、管理有平台。

加大司法公开力度。首先，破除司法公开工具主义；其次，对于实行全国集中公开的司法信息，则不必重复上传至本院网站或区域集中公开平台，只需要建立相应的链接即可；再次，应确立法院网站的公开本位；最后，规范旁听制度，降低旁听门槛。

将法治政府建设软任务分解成硬指标。制定北京市法治政府建设科学路线图，制定这一战略规划的必要性在于：一方面，通过战略规划可以使社会稳定有序地向法治转型。另一方面，通过战略规划也有助于推进社会主义民主政治的不断完善。制定切实可行的法治政府建设评价考核办法。一是发挥评价导向功能。二是发挥评价激励功能。三是发挥评价监督功能。四是推进评价主体多元性，凸显第三方评价的功能。五是加强北京市法治政府绩效评价的法制化建设。

打通北京市法治政府建设最后一公里。增强农民法治意识，本质上，农民对法律是怀疑和疏远的，信访不信法、信权不信法、信人不信法，对法律没有认同感与亲和感，权利意识极为淡薄，更不用说积极利用法律去解决问题了。加强农村法治建设就是要从增强农民法治意识入手。一是整合普法资源，明确普法责任主体。二是突出普法重点，着重提升法律意识。提升农村干部依法治理能力，基层干部首先要认真学法用法。要强化法治理念，通过法治具体实践促进法治思维形成。基层干部在依法管理服务中，务必遵循法治原则、法治原理、法治精神，不断提高运用法治思维和法治方式开展工作、解决问题的能力。在基层干部考核中，应注重对法治意识、运用法治方式解决问题的指标的考量。完善农村法律服务体系，逐步完善农村法律服务体系，最大限度地满足农民群众的需求。要重点加强司法所、法律服务所、人民调解组织建设，广泛推行"一乡镇一法庭"，健全法律援助制度机制，推进法律援助进村、法律顾问进村，有效实施法律援助、司法救助，降低群众用法成本，让法律的服务功能、保障功能得到充分发挥。更加注重司法力量下沉，完善农民权利救济体系。司法是维护社会公平正义的最后一道防线。提高司法透明度，让司法在阳光下运行，增强农民对法律公平正义的感悟。

十、北京市法治政府建设的特色

"互联网＋法治政府"，是指在新时代利用最新的互联网技术，将法治政府建设和互联网结合起来，扩大了法治政府建设的内涵，有助于政府职能的转变，形成新的治理方式，更大限度地利用各领域的资源，加入现代化的要素，使国家的治理方式得以升级，使法治政府建设更加贴近社会现实，符合时代要求。"互联网＋法治政府"是一种全新的思维；"互联网＋法治政府"是一种全新的模式；"互联网＋法治政府"是一个全新的平台；"互联网＋法治政府"使政府更加诚信；"互联网＋法治政府"使政府更加阳光。

京津冀雄一体化。京津冀的协同一体化发展，需要有良好的法治环境予以支持。经济发展过程中出现的问题和矛盾，要依靠良好的法治体系来解决，法治环境是经济发展必不可少的条件，有助于维持正常的市场秩序。北京市法治政府在京津冀协同发展的过程中要充分发挥其法治的作用，牵头天津市政府、河北省政府、保定市政府、雄县政府、新安县政府、容成县政府等共同探索区域立法问题。例如，为了保证北京非首都功能向雄安新区的顺利疏散和转移，可以制定《首都圈法》；为了缩小京、津、冀三者的发展差距、实现协同一体化发展，可以制定《区域发展促进法》；为了整个大区域的环境保护，可以制定《区域大气污染防治条例》等。

法治政府与福利政府。法治政府建设能够促进福利政府的建设，在提高国家法治水平的同时，也能提高人们的社会福利水平，使人们能够享受到经济发展的成果，"法治"和"福利"是政府给予人民的最好的回报。北京市法治政府的建设过程中，不能忽视福利政府的建设。作为我国的首都，北京市法治政府建设和福利政府建设应该齐头并进，不管是法治还是福利，都是为了使人民的生活水平得到提高，目标和落脚点都是人民。北京市政府应该为全国各地政府起到模范和带头作用，努力建设好法治政府、诚信政府、阳光政府和福利政府，政府不再是权力的象征，如今政府是围着人民转，建设好人民的政府是政府工作人员光荣的使命和不可推卸的责任。

（本文课题组成员：肖金明，山东大学教授；马荣辉，北京政法职业学院讲师；刘昂，北京政法职业学院副教授；王建勋，中共中央政法委员会纪委办公室副主任；杨鹏，北京政法职业学院副教授；张华，北京政法职业学院副教授；章向平，北京政法职业学院副教授；肖长利，北京政法职业学院纪检（监察审计）处处长；孟德花，北京政法职业学院教授；杨玉泉，北京政法职业学院教授；孙午生，北京政法职业学院副教授；颜九红，北京政法职业学院教授。）

北京市跨行政区划法院管辖问题研究

孙 力*

司法是维护社会公平正义的最后一道防线。长期以来，我国司法不公、司法公信力不高的问题较为突出，其中，社会关注度高、重大的案件受到地方保护和行政干预现象比较严重，诉讼"主客场"问题亟待解决。为提升司法公信力，破解地方保护、行政干预造成的诉讼"主客场"现象，中央把探索设立跨行政区划人民法院、审理跨地区案件作为司法改革的重点内容。随着全国首批跨行政区划法院在上海、北京先期设立，跨行政区划法院已经成为全面深化法院改革的前沿阵地。由于跨行政区划法院在我国属于新生事物，缺乏既有经验可循，尤其是其案件管辖制度，是跨行政区划法院赖以存在的前提和基础，在跨行政区划法院制度中居于核心地位。因此，有必要加强对跨行政区划法院设置及其案件管辖制度的深入研究，合理确定跨行政区划法院案件管辖范围，从而构建普通案件在行政区划法院审理、特殊案件在跨行政区划法院审理的诉讼格局。

一、跨行政区划法院的界定

（一）跨区划设置法院的主要学术观点

为从体制上破除地方因素对法院依法独立公正行使审判权的干扰，学界与实务界自人民法院"一五"改革纲要开始，便纷纷建言献策，对跨行政区划设置法院进行了有益的理论探索与比较法考察。[1] 在关于跨行政区划设置法院的各种方案中，使法院与行政区划完全脱钩，重新构造单一的或复合的司法体系之观点居于主流地位。在跨区划设置法院的具体构想上，倾向于司法区划与行政区划之间发生根本性位移，以"错位"的方式完成司法区划的调整，从而构建与行政区划彻底分离的司法管辖制度。例如，有的学者主张按照全国各地经济、地

---

* 课题主持人：孙力，北京市第四中级人民法院院长、高级法官。立项编号：BLS（2016）A005。结项等级：合格。

〔1〕 参见王利明：《司法改革研究》，法律出版社 2001 年版，第 179－183 页。

理、人文等客观因素，通过重新划分司法区的方式设置高级法院和中级法院[1]；有的学者主张，重新设置司法区划，让一个基层法院管辖几个县级行政区域，一个高级法院管辖几个省级行政区域[2]；还有的学者主张，可以借鉴美国跨州设置联邦上诉法院的经验，把我国分为若干大司法管辖区，并各设一个巡回法院，然后再把各省、自治区、直辖市不按行政区划分为若干司法管辖区，各设一个上诉法院，最后在每个县各设一个初审法院，从而彻底摆脱行政区划对司法管辖区的影响[3]。

（二）跨区划设置法院顶层设计精神解读

探索建立与行政区划适当分离的司法管辖制度，设立跨行政区划人民法院，这一有关司法体制改革的顶层设计来源于中共中央《关于全面深化改革若干重大问题的决定》和《关于全面推进依法治国若干重大问题的决定》。正确理解改革顶层设计思路，是准确把握跨区划法院制度设计的关键所在。文件精神中所体现出的设立跨区划法院的改革思路与主流学术观点并不一致，而是另辟蹊径，在立足现实国情、降低改革成本等前提因素下，探索建立一种能使司法区划与行政区划适当分离而非彻底分离的司法管辖制度。其原因在于：一是我国现有地方法院绝大多数设置与行政区划相对应，这样的司法体制具有便于明确管辖、方便诉讼，也容易获得地方党政部门大力支持的优势，从我国的诉讼传统考察，行政区划法院系统仍然有存在的必要；二是易受地方因素干扰的案件数量仅占据案件总量的一部分而非全部，司法实践表明，多数案件在行政区划法院可以得到公正审理；三是确保人民法院依法独立公正行使审判权，排除地方因素干扰的改革措施不仅仅是跨区划设置法院一项，还包括法院人财物省级统管，领导干部干预司法活动的责任追究制度等多项配套措施。相关制度建立完善后，行政区划法院依法独立公正审理案件更有保障；四是在全国范围内重新划分司法管辖区，使法院与行政区划完全脱钩，需要巨大的改革成本。而设立跨区划法院的改革是在改造我国现有铁路运输法院基础上进行的，铁路运输法院本身具有跨区划管辖案件的特点，能够实现资源整合，降低改革成本。可见，改革思路的着眼点在于案件管辖的筛选与跨区划法院的设置并举，而非单纯通过重置司法管辖区实现全部案件的跨区划管辖。这就要求司法区划调整措施应当具有适度性，而不是对现有司法区划进行彻底性改变。

〔1〕 参见章武生、吴泽勇：《司法独立与法院组织机构的调整（上）》，载《中国法学》2000年第2期，第68-69页。
〔2〕 参见赵贵龙：《设立大司法区：司法体制改革的重点工程》，载《人民司法》2003年第6期，第1页。
〔3〕 参见关毅：《法院设置与结构改革研究》，载《法律适用》2003年第8期，第13-14页。

（三）跨区划法院的基本定位

跨区划法院的设立既不同于我国既有的海事法院、知识产权法院等专门法院，也不是传统意义上与行政区划相对应的地方普通法院，而是一种特殊法院，其特殊性体现在：一是跨行政区划设置。即法院这一司法单位没有对应的行政区划单位，而我国传统意义上的地方高级、中级、基层法院则通常与省级、地级、县级行政区划单位相对应；二是跨区划管辖特殊类型案件。我国传统司法管辖制度是按照一定标准划分上下级法院，以及同级法院在各自辖区内受理第一审案件的分工和权限。而跨区划法院的管辖制度则以案件符合易受地方因素影响、跨行政区划、重大等特殊类型标准为基础构建。需要注意的是，我国直辖市普通中级法院和湖北省汉江中级法院、河南省济源中级法院、海南省第一、第二中级法院等中级法院，以及广东省中山市第一人民法院、东莞市第一人民法院、海南省三亚市城郊人民法院等基层法院，虽然不存在对应的地级或县级行政区划单位，但由于不符合跨行政区划管辖特殊类型案件的特征，因此不属于跨区划法院。

二、跨区划法院改革实践中存在的主要问题

一方面，随着改革的不断深化推进，跨区划改革试点法院存在的各种问题与困境不断显现，有细心的观察者发现，跨区划试点法院履职以来取得的种种成效，更多地来自于审判权运行机制改革，而并不为跨区划法院所独享。这也就意味着，设置跨区划法院本身的制度功能发挥是有限的。但另一方面，从跨区划试点法院收案不断攀升，甚至常有全国各地的当事人前来咨询立案的现状考察，设置跨区划法院改革又确是广大民众所殷殷期待的。因此，发现并突破跨区划法院发展的瓶颈性障碍，使此一项关涉体制变革的改革措施真正落地生根，发挥应有的功效，回应社会种种质疑与期待，是目前当下所迫切需要解决的关键性问题。

（一）立法及制度障碍

目前，我国跨行政区划法院仅在直辖市中院范围内进行试点，并未涉及省、自治区及基层范畴，主要原因在于现行立法的障碍。根据现行《人民法院组织法》的有关规定，基层人民法院包括县、自治县、市、市辖区人民法院；中级人民法院包括在省、自治区内按地区设立的中级人民法院，在直辖市内设立的中级人民法院，省、自治区辖市的中级人民法院，自治州中级人民法院；高级人民法院包括省、自治区、直辖市高级人民法院。这就意味着，在现行法律框架下，设立跨省、自治区、直辖区市的人民法院或在省、自治区内设立跨区划法院缺乏立法依据。因此，目前只能优先考虑将直辖市内铁路运输中级法院改造为跨行政区划中级法院。

（二）直辖市中院作为跨行政区划法院试点存在局限性

首先，按照现行司法体制的架构，直辖市普通中院已经在一定程度上实现了市内跨区县管辖案件，跨区划中级法院仅在跨区县集中统一管辖特殊案件方面具有优势，典型性不强、示范意义不足，难以复制推广；其次，在省、自治区内设立跨区划中级法院具有重大意义，能够避免地区中院或省、自治区辖市中院与行政体制高度重合而导致的诉讼主客场现象。但随着地方法院人财物省级统管改革的推进，来自地市、区县一级的地方干预将逐步减少，跨省域案件和涉及省级利益案件的司法公正更加需要制度性保障；最后，设立跨省、自治区、直辖区市的人民法院能够彻底解决省际干预的问题，并可与最高法院巡回法庭相衔接，从而构建起完整的跨区划法院管辖制度。但目前，试点法院受制于现行法律与管理体制，难以实现跨省域管辖。即便试点法院通过全国人大常委会授权或最高法院指定管辖的方式审理跨省案件，地方高级法院仍作为其上诉法院，且与最高法院巡回法庭难以对接，依旧无法避免跨省案件省内审的困境。

（三）案件管辖标准有待于进一步完善

案件管辖的合理设置是跨区划法院保持旺盛生命力的核心要素，从试点法院案件管辖实践考察，目前还存在一些问题：一是管辖标准不明确。中央和最高法院的文件中，对跨区划法院管辖的案件类型作出概括性规定，在实践中，尚存在一些理解和认识上的误区。比如，对跨区划因素强调过多，而忽视案件本身具有的重大、易受地方干扰等因素，从而将一些本应纳入跨区划法院管辖的案件排除在外；二是确立管辖范围之初考虑因素过多。除法定因素外，还涉及了方方面面的因素，这对于保障现有审判秩序的稳定性、持续性、衔接性固然具有重要意义，但其中有的考虑，从长远看，可能会阻碍跨区划法院案件管辖的合理定位；三是目前已经确定的案件管辖类型中，有的并不符合跨区划法院的职能定位，需进一步整合。

三、跨区划试点法院职能作用的强化

理想中跨行政区划法院体系的构建与管辖制度的完善无疑需要顶层设计、修法乃至修宪、甚或现行司法体制调整等一系列先决条件的跟进，是一项庞大的系统性工程，短期之内无法实现。然而，改革之路却不应因此而止步不前或有所延缓，我们毋宁需要保持一种立足当下、面向未来的务实进取态度，理性对待跨区划法院改革试点进程中遭遇的种种困境，充分发挥主观能动性与创造力，用足用好现有制度，在有限与有为的空间内，攻坚克难，补齐短板，强化跨区划试点法院职能作用的发挥。细心考察不难发现，国家的京津冀协同发展战略、最高人民法院开展的行政案件集中管辖试点改革，以及以往对于行政案件异地管辖、指定管辖、提级管辖的有益探索，包括历史形成的铁路法院跨区域管辖的特点，都在现有体制、立法、制度的框架下为跨区划法院改革试点职能作用的进一步拓展提供了现实的可利用资源，为跨区划试点法院真正实现跨区划管辖特殊案件，创造典型意义、体现示范价值，推广成熟经验提供了坚实的保障。

（一）以建立京津冀地区区域纠纷解决中心为依托，强化跨区划试点法院职能作用

京津冀协同发展是我国的重大国家战略，有利于统一规划产业布局、生态结构，建立一体化市场，平衡地区间经济发展、疏解北京非首都功能。区域一体化建设无疑需要统一高效的司法保障，为此，最高人民法院制定《关于为京津冀协同发展提供司法服务和保障的意见》，建立京津冀法院联席会议制度，提出推动建立区域性纠纷解决中心，探索将北京第四中级人民法院的案件管辖范围拓展到天津、河北，由北京第四中级人民法院管辖跨京津冀行政区划特定范围、特定类型的重大民商事案件的工作部署。设立京津冀地区纠纷解决中心应立足于解决京津冀协同发展中的重大特殊案件，为三地协同发展提供优质司法保障。一方面，结合京津冀协同发展战略，将特定范围、特定类型重大民商事案件集中至北京四中院管辖审理，赋予跨区法院对于特殊重大民商事案件的区域纠纷解决功能；另一方面，结合北京作为国际交往中心的定位，将京津冀地区涉外商事案件集中至北京四中院管辖，发挥首都法院优势，树立良好对外形象。具体而言，京津冀地区区域纠纷解决中心具体案件管辖类型主要包括：重大的跨区域买卖合同案件、重大涉国家金融机构金融借款合同案件、重大保险案件、重大涉外商事案件、重大环境资源、食品药品安全及消费者公益诉讼案件、纳入国家计划调整企业的破产案件、其他与京津冀地区协同发展密切相关的重大、疑难、复杂案件和新型案件。除上述案件通过指定管辖或特殊授权方式由四中院管辖审理外，根据区域纠纷解决中心的通常规则，赋予当事人选择管辖权，即当事人在民商事活动中可以约定将京津冀地区跨区域的其他纠纷提交至北京四中院管辖。

（二）集中管辖国务院部门涉诉行政案件，发挥跨区划法院维护国家法制统一的作用

部委行政案件往往涉及国家某一行政管理领域政策调整或职能更新，具有比普通行政案件更强的政策性，更具有明显的中央事权属性，符合重大特殊案件标准，应当由跨区划法院管辖。由于国家部委机关住所地均在北京，按照行政诉讼被告所在地的管辖原则，国务院部门涉诉行政案件由跨区划法院北京四中院管辖具有法律依据和现实基础，不存在制度障碍。在当前涉国务院部门行政案件分散管辖的模式下，不同法院之间由于缺乏足够的沟通交流机会和机制，容易在审理思路、裁判标准等方面产生差异，裁判尺度的不统一又会导致涉诉国务院部门无所适从，进而带来行政执法标准以及政策的混乱，影响国家法制统一。因此，为从制度机制层面避免裁判标准与尺度不统一，维系国家政策的有效、统一实施，应当尽快实现涉国务院部门案件集中管辖。此外，新行政诉讼法确立的行政复议

案件双被告制度使不少国务院部门成为行政复议案件的双被告之一，不仅需要在北京应诉，还需要到其他省、自治区、直辖市的相关法院应诉，压力很大。实现涉国务院部门案件的集中管辖，有利于进一步落实方便当事人诉讼的原则，有利于国务院部门进一步加强执法应诉工作。因此，可以考虑原由北京第一、第二、第三中院管辖的以国务院部门为被告的一审行政案件集中由北京四中院管辖；原经北京相关基层人民法院作出一审行政裁判后上诉至北京第一、第二、第三中院的以国务院部门为共同被告的二审行政案件集中由北京四中院管辖。

（三）跨区划集中管辖特定类型专业案件，充分发挥铁路法院跨区划管辖案件的资源优势

在我国既有的专门法院体系内，铁路法院的司法管辖区是以各铁路局运营范围来划分的，与行政区划相分离，具有跨区划管辖案件的特征，这也是中央以改造现有铁路运输法院为基础设立跨行政区划法院改革思路的动因。实现跨区划法院改革试点在跨区划管辖案件方面的局部突破，可以充分利用这一资源优势。2018年7月，经最高人民法院批准，上海市高级人民法院决定由上海铁路运输法院集中管辖市内部分区域行政案件，上诉于上海市第三中级人民法院。为部分行政案件在跨区划试点法院集中管辖创造了有益的经验。北京四中院是在改造北京铁路运输中级法院基础上形成的京津冀地区唯一一家跨区划改革试点法院，传统上，北京铁路运输中级法院又管辖北京、天津、石家庄三家铁路运输基层法院的上诉案件，与京津冀地区协同发展战略正相契合，将某种专业性较强的特定类型案件以省、直辖市高院指定管辖的方式交由该地区铁路运输基层法院审理，上诉于北京四中院，并不存在现行制度上的障碍，不仅可以实现跨区划试点法院跨省域管辖的突破，而且能够弥补北京四中院审级设置尚不完善的缺憾。目前，经天津市高级人民法院指定，天津市的环境保护行政案件已由天津铁路法院集中管辖，可以尝试将该部分二审案件纳入北京四中院管辖范围，并逐步形成由北京四中院管辖京津冀三地环境保护行政二审案件的诉讼格局。

四、跨区划法院组织体系与管辖制度的完善

（一）立法完善

改革必须在法治的轨道上进行，重大改革事项必须做到于法有据，司法体制改革亦不例外。设立跨行政区划法院是司法体制改革的破冰之举，必须坚持立法先行，相关法律的滞后不应成为改革前行的障碍。建议立法机关抓紧修改《人民法院组织法》，引领和保障改革稳步推进。一是在总则部分增设"根据实际需要，国家设立跨行政区划人民法院，审理特殊案件"条款，使跨区划法院与按照行政区划设立的普通法院，以及知识产权法院、海事法院等专门法院共同构成行使国家审判权的三大法院体系；二是在原法有关法院的种类条款中增加一项——

"跨行政区划人民法院"，明确跨行政区划法院的法律地位；三是参照专门法院的组织、职权由全国人大常委会另行规定的方式，明确"跨行政区划人民法院的组织和职权由全国人大常委会另行规定"，以形成独立的跨行政区划人民法院组织规范；四是在法院院长和法官产生的条款中增加"跨行政区划法院院长由产生该法院的人大选举，副院长、庭长、副庭长、审判员由产生该法院的人大常委会任免"等内容，进一步明确跨行政区划法院人员选举、任免问题。

（二）体系构建

1. 设置

为降低改革成本，与地方法院人财物省级统管改革相协调，设置跨区划法院一是数量应当有限，规模不宜过大，辖区有必要跨越省域；二是管辖的特殊案件具备易受地方干预、跨区划、重大等多重因素，符合诉讼法规定的中级法院一审管辖标准；三是受案数量不宜过多，通过省级统管、管辖调整或审级监督可以实现公正审理的普通案件应排除于跨区划法院管辖范围之外。综合上述要素，在全国范围内，根据地理位置，交通状况、人口、辖区面积、特殊案件数量等因素，跨区划法院可以考虑设置两级：跨区划中级法院和跨区划高级法院。

为优化审判资源，设立跨区划中级法院的改革应首先在改造铁路运输法院的基础上进行，但如果从资源整合上，整体改制成本过高，也可以考虑利用与行政区划不存在对应关系的普通法院资源。值得注意的是，无论是改革的纲领性文件，还是学者的研究论证，都将最高法院的巡回法庭与跨区划法院相提并论，二者的受案范围存在高度的同构性。而在改革试点的实践中，恰恰没有将二者联系在一起共同谋划，协同推进，从而导致了当前改革中最高法院巡回法庭功能异化，跨区划法院改革难于突破的局面。从改革的发展看，为充分利用司法资源，可以考虑将最高法院的巡回法庭改建为跨省设立的跨区划高级法院，或将跨区划中级法院直接对接最高法院巡回法庭，实行"飞跃上诉"，以解决目前跨省域案件无法摆脱地方高院二审，最高巡回法庭案件不足、功能不畅等问题。此外，跨区划设立的高级法院可以发挥多种功能，兼顾知识产权法院、海事法院上诉案件的审理职能，与专门法院层级体系的未来发展、完善相互协调。

2. 组织

根据跨区划法院的性质，配合省级统管的改革方向，建议将跨行政区划中级法院、高级法院划归中央统一管理，由全国人民代表大会产生，其院长应由全国人大选举产生，副院长、庭长、副庭长、审判员应由全国人大常委会任免，经费由中央财政统一保障。

3. 步骤

（1）探索阶段。从我国首批跨行政区划法院在京沪两地设立之日起至2017

年，积极探索、深入调研跨区划法院设置及管辖经验，尤其注重案件管辖方面的系统研究，力争归纳、整理出一套适于跨区划法院管辖的特殊案件类型以及明确、具体的案由，为跨区划法院的发展奠定基础。同时，以服务京津冀协同发展、长三角区域一体化建设国家战略为基本定位，积极争取通过全国人大授常委会授权或最高法院指定管辖的形式，在跨省域管辖重大特殊案件方面有所突破，由北京四中院和上海三中院分别集中审理京津冀地区、长三角地区跨区划重大特殊案件。这为跨区划法院利用原有铁路法院跨区划管辖优势管辖特殊案件创造了有益经验，从而真正实现设置跨区划法院的目的。

（2）推广阶段。2017年后，伴随着《人民法院组织法》的修改完善，可以较大规模推进设立跨区划法院的改革进程，初步形成跨区划中级法院在全国设置的整体方案并逐步扩大试点范围。同时，科学、明确地确定跨区划法院案件管辖范围，确保跨区划中级法院分布合理、管辖科学、体系完整，职能作用充分发挥。

（3）完善阶段。配合省级以下地方法院人财物统一管理改革的基本完成，推动跨省设立高级法院，与最高法院巡回法庭有效对接，积极争取跨区划法院人员、经费中央统管，从而形成较为完善的跨区划法院层级体系。

	普通法院	跨区划法院	专门法院
最高（第一级）	最高人民法院		
高级（第二级）	省、自治区、直辖市高级人民法院	跨行政区划高级法院（兼专门法院上诉审职能）	
中级（第三级）	在省、自治区内按地区设立的中级人民法院、省、自治区辖市中级人民法院、直辖市中级人民法院、自治州中级人民法院	跨行政区划中级法院	海事法院、知识产权法院等
基层（第四级）	县人民法院、市人民法院、市辖区人民法院、自治县人民法院		

（三）管辖制度完善

1. 管辖原则

第一，排除地方干扰原则。管辖案件的确定要符合设立跨区划法院的目的，即从制度上防止行政干预和地方保护，确保法院依法独立行使审判权，保证国家法制统一。

第二，案件重大特殊原则。跨区划法院管辖的案件要具有一定的特殊性。这种特殊性主要体现在诉讼主体特殊、涉案领域特殊、案件重大、影响广泛、适用特殊程序等方面。

第三，案件管辖范围机动性原则。跨区划法院管辖的案件范围要有一定的机动性，符合科学发展的规律，为根据特殊案件类型动态发展变化适时调整管辖留有余地。

第四，管辖选择权原则。对跨区划法院管辖的案件，当事人出于诉讼便利、信赖等考虑，有权选择向行政区划法院或跨区划法院起诉，但应当遵守专属管辖与级别管辖的规定。

第五，法检管辖范围一致性原则。跨区划法院与检察院案件管辖范围必须始终确保协调一致，不能因案件量等现实因素随意扩大案件管辖范围。

2. 管辖标准

（1）易受地方干扰。易受地方干扰是确定跨区划法院案件管辖范围或者说是判断识别特殊案件的首要标准，同时也是其他标准中的应有之义，以行政案件最为典型。案件本身是否具有跨区划因素，不应作为行政案件是否应由跨区划法院管辖的识别标准。如果案件同在行政区划法院审理，原告与被诉行政机关位于同一区域的案件并不比跨区域的案件少受干预，因此，以跨区划、跨地区界定跨区划法院管辖行政案件的范围并不科学。在三大诉讼之中，行政诉讼由于被告一方恒定为行政机关，法院的人财物又受制于地方，如果受诉法院的司法管辖区与作为被告行政机关的管辖区域位于同一行政区划内，则极易受到地方行政干预，影响司法公正和司法公信。因此，几乎所有行政案件都有受到行政干预的可能，尽管并不必然受到行政干预。我国为治疗长期以来行政诉讼"立案难、审理难、胜诉难、执行难"的顽疾，先后进行了提级管辖、异地管辖、指定管辖、集中管辖等多种管辖制度改革的试验[1]，其目的都在于克服地方行政干预，公正审理行政案件。随着行政案件管辖制度改革以及地方法院人财物省级统管改革的渐次推进，部分普通行政案件能够在行政区划法院得到公正审理。而对于事关确保中央政令畅通、维护国家法制统一、建立统一市场规则，保障重大民生利益等重大行政案件，如以国务院部门、省级人民政府、县级以上地方人民政府为被告的行政一审案件，原本依法就应由中级法院管辖，又具备重大、易受地方干扰等特

---

〔1〕　参见叶赞平：《行政诉讼管辖制度改革研究》，法律出版社 2014 年版。该书立足于司法实践，对我国行政诉讼经历的提级管辖、异地管辖、集中管辖等改革探索及各自利弊得失进行了深入系统的分析论证。

征，无疑属于特殊案件，应纳入跨区划法院管辖。

（2）跨地区重大利益之争。由于涉案双方当事人不在同一行政区划，与一方当事人位于同一区划的受诉法院往往易受当地地方保护主义的影响，不利于平等保护外地当事人合法权益，造成诉讼主客场现象，具有跨区划因素的重大民商事案件即其适例。强调其重大因素是由于越是重大利益之争，受诉的行政区划法院越易受到地方势力关注和插手干涉。有学者认为，民事审判中的地方保护主义是影响司法公正的最大因素[1]。尤其是诉讼一方当事人属于地方政府扶持或与之有关联的国有企业、垄断产业、集体组织等情形下，在行政区划内具有行政、经济等方面的影响力，按照民事诉讼的一般地域管辖原则，其往往利用诉讼主场优势等地缘性因素通过本地法院对外地企业实体利益与程序利益产生影响。当地法院对本地当事人的天然偏向性使得诉讼结果不自觉地向本地当事人倾斜。不仅在我国会有此现象，其他国家也有此现象，以美国为例，实证显示，由被告选择审判地而其审判地未被更改的案件中，原告的胜诉率为58%，在被告成功将审判地移送的案件中，原告的胜诉率仅为29%。[2] 这种地缘性偏见除导致实体上对外地当事人的不公外，还可能导致对其程序利益的侵害，如程序的拖延、程序申请事项的拒绝等，以及诉讼成本支出方面的不平等。因此，分离一方当事人与本地法院之间存在的特殊地缘关系，由跨行政区划法院审理类似案件，是维持法院中立地位的不二之选。

（3）涉及重大民生利益，具有公益性质。涉及重大民生利益，具有公益性质的案件为社会所广泛关注，本身也多具有跨区域、易受地方影响等因素，如包括公益诉讼在内的重大环境资源保护案件、重大食品药品安全案件、重大消费者权益保护案件等。以环境资源保护案件为例，生态环境具有整体性和区域性的内在特征，环境介质具有跨区划流动的特点，污染环境、破坏生态的行为也往往带有跨区域因素，相应地要求进行整体性司法保护，跨区划法院的设置与环境资源案件的审判特点正相契合。而重大食品药品安全、重大消费者权益保护等案件，侵权行为常带有弥散性，受害者众多，遍布各地，而涉诉一方又可能是大企业，有行业垄断地位，或者长期从事某种特许经营，能够制定规则、格式合同等，甚至影响当地政府，进而干扰行政区划法院公正审判。因此，符合这一标准的案件，适宜纳入跨区划法院管辖范围。

（4）适于统一指定管辖。梳理跨行政区划法院案件管辖标准，不应忽视适于统一指定管辖的情形。例如，对于存在管辖权冲突或管辖权异议，且不易识

---

[1] 李浩：《论改进管辖制度与克服地方保护主义》，载《法学家》1996 年第 5 期。
[2] 孙邦清：《民事诉讼管辖制度研究》，中国政法大学出版社 2008 年版，第 128 页。

别、确定管辖权的案件，可能因地方因素导致争夺管辖权的情形发生。因此，有必要启动指定管辖程序，统一指定于不存在管辖权争议的跨区划法院管辖。再如，对于地方党委、政府组成人员、人大代表、政协委员以及省部级以上领导干部等特殊主体职务犯罪和渎职犯罪的案件，司法实践中通常由上级法院指定异地审理，但指定的随意性较大，侦查、起诉、审判三个阶段的指定管辖经常难以形成有效衔接，造成司法效率低下。将此类案件统一指定于跨区划法院审理，既能消除地方干预，也能提高诉讼效率。

管辖标准	案件类型
易受地方干扰	以国务院部门、省级人民政府、县级以上地方人民政府为被告的行政案件、司法工作人员职务犯罪和渎职犯罪案件、重大责任事故类刑事案件等
跨地区重大利益之争	大标的跨区域买卖合同案件、重大涉国家金融机构金融借款合同案件、重大保险案件等
涉及重大民生利益、具有公益性质	重大环境资源保护案件、重大食品药品安全案件、重大消费者权益保护案件、纳入国家计划调整企业的破产案件、公益诉讼案件等
适于统一指定管辖	地方党委、政府组成人员、人大代表、政协委员以及省部级以上领导干部等特殊主体职务犯罪和渎职犯罪的案件等

结语

跨区划法院设置与管辖制度的建构，是一项庞大复杂的系统工程，不仅涉及跨行政区划法院的组织体系、职能定位、管辖范围、运行机制，而且事关中央与地方司法权的重构，如何结合我国国情积极稳妥推进跨行政区划法院改革，任重而道远。

（本文课题组成员：融鹏，北京市第四中级人民法院高级法官；程琥，北京市第四中级人民法院高级法官；马军，北京市第四中级人民法院一级法官；王靖，北京市第四中级人民法院二级法官；陈良刚，北京市第四中级人民法院一级法官；霍振宇，北京市第四中级人民法院三级法官；杨晋东，北京市第四中级人民法院四级法官；黄天闻，北京市第四中级人民法院法官助理。）

附件1：关于跨行政区划人民法院的立法建议稿

为建立与行政区划适当分离的司法管辖制度，构建普通案件在行政区划法院审理、特殊案件在跨行政区划法院审理的诉讼格局，明确跨行政区划人民法院的组织、职权、地位和管辖原则，保障审判权依法独立公正行使，排除地方干扰，维护司法公正，特作如下规定：

第一条　根据实际需要，国家可以跨地区设立中级人民法院，也可以跨省、自治区、直辖市设立高级人民法院，审理特殊案件。

各跨行政区划法院管辖区域的划分，由最高人民法院规定。

第二条　跨行政区划人民法院管辖对国务院部门或县级以上地方人民政府所作行政行为提起诉讼的案件和海关处理案件、跨地区重大民商事案件、跨地区重大环境资源保护案件、重大食品药品安全案件、重大消费者权益保护案件、跨行政区划人民检察院提起公诉的案件和公益诉讼案件、高级人民法院指定管辖的其他特殊案件。

第三条　根据诉讼法级别管辖的规定，跨行政区划中级人民法院管辖上述第二条规定的第一审特殊案件。

第四条　根据诉讼法级别管辖的规定，跨行政区划高级人民法院管辖上述第二条规定的第一审特殊案件和对跨行政区划中级人民法院判决、裁定不服，提起上诉、抗诉的案件。

第五条　跨行政区划人民法院审判工作受最高人民法院监督，跨行政区划人民法院接受人民检察院法律监督。

第六条　跨行政区划人民法院院长由全国人民代表大会选举，副院长、审判委员会委员、庭长、副庭长、审判员由全国人民代表大会常务委员会任免。

第七条　跨行政区划人民法院对全国人民代表大会常务委员会负责并报告工作。

第八条　跨行政区划人民法院经费由中央财政统一保障。

第九条　跨行政区划人民法院机构设置应当精简，实行审判组织专业化、扁平化管理，设行政、民事、刑事等审判庭及其他司法行政机构，人员采取分类管理，落实法官员额制，实行法官审判责任制。

附件2：关于设立跨行政区划人民法院的建议方案

为贯彻落实《中共中央关于全面推进依法治国若干重大问题的决定》中关于"探索设立跨行政区划人民法院"的改革部署，现就全国范围内设立跨行政区划人民法院提出如下建议方案：

一、设置区域、级别

在全国范围内，跨区划法院可以考虑设置两级：跨区划中级法院和跨区划高级法院。根据地理位置，交通状况、人口、辖区面积、特殊案件数量等因素，跨区划中级法院以铁路运输中级法院为依托进行资源整合与改造，全国范围内设置15－20个。在华北、东北、华东、中南、华南、西南、西北等区域各设置1个跨区划高级法院，考虑到特殊案件的分布情况和密集程度，跨省高院的设置也不一定要与我国传统意义上的大行政区相对应。

二、审级

按照诉讼法级别管辖规定，原由普通中级法院管辖的一审重大特殊案件交由跨区划中级法院集中管辖审理，二审上诉至跨区划高级法院，再审至最高法院；原由省、自治区、直辖市高级法院管辖的一审特别重大特殊案件可由跨区划高级法院集中管辖审理，二审上诉至最高法院；全国范围内重大复杂或在全国有重大影响的一审特殊案件由最高法院巡回法庭或最高法院本部管辖审理。在审级问题上，还可以考虑给予案件当事人适当的管辖选择权，尊重当事人意思自治，如对于在跨区划中级法院审理的一审重大特殊案件，当事人有权选择上诉至省内高级法院或跨区划高级法院。

三、组织

根据跨区划法院的性质，配合省级统管的改革方向，跨区划法院未来不宜仍由省级人大及其常委会产生，建议将跨行政区划中级法院、高级法院划归中央统一管理，由全国人民代表大会产生，其院长应由全国人大选举产生，副院长、庭长、副庭长、审判员应由全国人大常委会任免，经费由中央财政统一保障。

四、机构设置

跨行政区划法院机构设置应当精简，实行审判组织专业化、扁平化管理，设行政、民事、刑事等审判庭及其他司法行政机构，人员采取分类管理，落实法官员额制，实行法官审判责任制。为确保跨行政区划法院能够依法履职，机构规格应当与其职能相对应，跨行政区划中级法院规格应当定位略高于直辖市中院，跨行政区划高级法院规格应当定位略高于省高院。

五、实施步骤

（一）探索阶段

从我国首批跨行政区划法院在京沪两地设立之日起至2017年，积极探索、深入调研跨区划法院设置及管辖经验，尤其注重案件管辖方面的系统研究，力争归纳、整理出一套适于跨区划法院管辖的特殊案件的案件类型以及明确、具体的案由，为跨区划法院的发展奠定基础。同时，以服务京津冀协同发展、长三角区域一体化建设国家战略为基本定位，积极争取通过全国人大授常委会授权或最高法院指定管辖的形式，在跨省域管辖重大特殊案件方面有所突破，由北京四中院和上海三中院分别集中审理京津冀地区、长三角地区跨区划重大特殊案件。为跨区划法院利用原有铁路法院跨区划管辖优势管辖特殊案件创造有益经验，从而真正实现设置跨区划法院的目的。

（二）推广阶段

2017 年后，伴随着《人民法院组织法》的修改完善及《最高法院关于设立跨行政区划法院改革指导意见》的形成，设置跨区划法院的立法障碍消除，可以较大规模推进设立跨区划法院的改革进程。充分利用原铁路运输中级法院系统跨区划设置的司法资源，加以必要的整合改造，初步形成跨区划中级法院在全国设置的整体方案并逐步扩大试点范围。同时，科学、明确地确定跨区划法院案件管辖范围，确保跨区划中级法院分布合理、管辖科学、体系完整，职能作用充分发挥。

（三）完善阶段

配合省级以下地方法院人财物统一管理改革的基本完成，推动跨省设立跨区划高级法院，与最高法院及其巡回法庭有效对接，积极争取跨区划法院人员、经费中央统管，从而形成较为完善的跨区划法院层级体系。

附件 3：特殊案件案由

一、行政案件

（一）对国务院部门所作行政行为提起诉讼的案件；

（二）对省、自治区、直辖市人民政府所作行政行为提起诉讼的案件；

（三）对地市级人民政府所作行政行为提起诉讼的案件；

（四）对县级人民政府所作行政行为提起诉讼的案件；

（五）海关处理的案件；

（六）其他重大特殊行政案件。

二、民商事案件

（一）大标的跨区域买卖合同案件

分期付款买卖合同纠纷、凭样品买卖合同纠纷、试用买卖合同纠纷、互易纠纷、国际货物买卖合同纠纷、网络购物合同纠纷、电视购物合同纠纷；

（二）重大涉国家金融机构金融借款合同案件

金融借款合同纠纷、金融不良债权转让合同纠纷、金融不良债权追偿纠纷；

（三）重大保险案件

财产保险合同纠纷、人身保险合同纠纷、再保险合同纠纷、保险经纪合同纠纷、保险代理合同纠纷、进出口信用保险合同纠纷、保险费纠纷；

（四）重大环境资源保护案件

大气污染责任纠纷、水污染责任纠纷、噪声污染责任纠纷、放射性污染责任纠纷、土壤污染责任纠纷、电子废物污染责任纠纷、固体废物污染责任纠纷、环境公益诉讼纠纷；

（五）重大食品药品安全案件

产品责任纠纷、医疗损害责任纠纷、重大食品安全事故、特别重大食品安全事故、重大药品安全突发事件、特别重大药品安全突发事件中的受害人所提起的民事诉讼案件、消费者公益诉讼案件；

（六）纳入国家计划调整企业的破产案件

申请破产清算纠纷、申请破产重整纠纷、申请破产和解纠纷；

（七）其他重大特殊民商事案件。

三、刑事案件

（一）司法工作人员职务犯罪和渎职犯罪案件

司法工作人员实施《刑法》第八章、第九章所规定的犯罪，且被告人为副局级以上领导干部，或被告人应当被判处无期徒刑以上刑罚的案件。具体包含以下案由：贪污、挪用公款、受贿、单位受贿、利用影响力受贿、行贿、对单位行贿、介绍贿赂、单位行贿、巨额财产来源不明、隐瞒境外存款、私分国有资产、私分罚没财产、滥用职权、玩忽职守、故意泄露国家秘密、过失泄露国家秘密、徇私枉法、民事、行政枉法裁判、执行判决、裁定失职、执行判决、裁定滥用职权、私放在押人员、失职致使在押人员脱逃、徇私舞弊减刑、假释、暂予监外执行、徇私舞弊不移交刑事案件；

（二）特殊主体的重大职务犯罪案件

地方党委、政府组成人员、人大代表、政协委员等特殊主体实施《刑法》第八章所规定的犯罪，且被告人为副局级以上领导干部，或被告人应当被判处无期徒刑以上刑罚的案件。具体包含以下案由：贪污、挪用公款、受贿、单位受贿、利用影响力受贿、行贿、对单位行贿、介绍贿赂、单位行贿、巨额财产来源不明、隐瞒境外存款、私分国有资产、私分罚没财产；

（三）因存在特殊情形，认为有必要在跨行政区划人民法院审理的部分省部级以上领导干部职务犯罪案件。案由同（二）；

（四）跨地区的重大环境资源保护和跨地区的重大食品药品安全刑事案件

被告人所实施的重大危害环境资源和重大食品药品安全的犯罪行为具有跨地区性或其危害结果具有跨地区性，依法应当由中级人民法院管辖的案件。具体包含以下案由：污染环境、非法处置进口的固体废物、擅自进口固体废物等；生产、销售假药、生产、销售劣药、生产、销售不符合安全标准的食品、生产、销售有毒、有害食品等；

（五）海关缉私机关侦办的走私类刑事案件

走私武器、弹药、走私核材料、走私假币、走私文物、走私贵重金属、走私珍贵动物、珍贵动物制品、走私国家禁止进出口的货物、物品、走私淫秽物品、走私废物、走私普通货物、物品等；

（六）其他重大特殊刑事案件。

人民检察院法律监督法研究

甄 贞[*]

《宪法》第134条规定，中华人民共和国人民检察院是国家的法律监督机关。法律监督是中国特色社会主义司法制度、检察制度的最核心最显著特征。近年来，检察机关紧紧围绕法治建设重点，依法履行法律监督职能，切实维护国家法制统一，特别是在监督纠正人民群众反映强烈的执法司法不严格、不规范、不公正突出问题方面成效较为显著。但同时也应该看到，与中央的要求和宪法法律对检察机关的职能定位相比，检察机关的法律监督作用还没有充分有效发挥出来，需要进一步完善检察监督制度。目前，有关检察监督的相关规定散见于《宪法》《检察院组织法》《刑事诉讼法》《民事诉讼法》《行政诉讼法》等法典中，部分检察职权缺漏，职权行使程序不清，配套机制匮乏，不但有碍于全社会对检察监督形成完整的认知，也大大影响了检察职能作用的正常发挥。全国31个省级人大常委会出台了关于加强法律监督或诉讼监督的决议或决定，不同程度地推动了检察监督的开展，也拓展了民众对检察监督的社会认知，积累了较为成熟的经验，从国家层面加强检察监督立法有其必要性。

一、检察监督工作的宏观形势

法律规范的制定对于调整法律关系主体间权利义务关系，约束各方主体的行为规范意义重大。然而立法活动并非空穴来风，兴趣使然，需要立足于法律规范所调整的实践要求来把握立法时机、立法主体、立法形式等内容。须知，任何立法活动均是对最大多数人利益意志的规范成文表达，表达也是需要高昂成本的，表达不准或者表达时机不对，均可能难以收到应有功效，不仅违背了多数人的利益意志，甚至因法律难以有效贯彻执行而有损法治尊严。考察检察监督工作的宏观形势对于推进人民检察院法律监督法具有基础性作用。

（一）中央加强对司法权的监督制约

党的十七大以来，中央确立了完善制约和监督机制、建设公正高效权威的社

---

* 课题主持人：甄贞，北京市人民检察院副检察长。立项编号：BLS（2016）A006。结项等级：合格。

会主义司法制度的司法工作目标。强调要以满足人民的司法需求为根本出发点，从人民不满意的问题入手，以加强权力制约和监督为重点，优化司法职权配置，进一步规范司法行为，完善对司法权行使的监督机制，加强对诉讼活动的法律监督，切实解决执法不严司法不公问题。党中央始终重视发挥检察机关的监督职能以及检察权的监督属性，十八大以来对完善检察机关行使监督权的法律制度指明了方向。党的十八大提出了要确保决策权、执行权、监督权既相互制约又相互协调，确保国家机关按照法定权限和程序行使权力，提出了要加强法律监督。十八届三中全会重申了要加强和规范对司法活动的法律监督，完善行政执法与刑事司法衔接机制，法律监督向监督行政执法领域延伸。十八届四中全会提出要完善检察机关行使监督权的法律制度，提出对涉及公民人身、财产权益的行政强制措施进行检察监督，对履行职责中发现的行政机关违法行使职权或不行使职权的行为予以督促纠正，探索由检察机关提起公益诉讼，检察机关的法律监督拓展到国家治理和治理能力现代化上。十八届五中全会进一步强调要加强对权力的司法监督。十八届六中全会提出党委要支持和保证司法机关对国家机关及公职人员依法进行监督。在国家治理体系的一系列决策部署中，每次都有检察机关的任务，强化法律监督是党在执政和治理国家的政治活动中对检察机关提出的要求和希望。国家监察体制改革是事关全局的重大政治体制改革，是国家监察制度的顶层设计，在深化国家监察体制改革的同时，需要统筹考虑检察机关的职能定位和转型发展问题，检察机关需要进一步明确定位、深耕，监督主业需要法律制度的配套和完善。

（二）人民群众要求公正司法的呼声高涨

当前，伴随着经济社会快速发展和经济结构深刻变革，人民群众物质生活水平不断提高的同时，自身权利意识也不断觉醒，对社会公正的需求日益强烈。然而，经济社会的不均衡发展，也带来深层次矛盾的逐渐显现。在利益格局重大调整中，社会生活中的利益纠纷更多地表现为法律实践中的诉讼案件，大量的社会矛盾涌入司法领域。相应地，人民群众对通过司法实现社会正义的期盼愈加强烈，对现实中存在的某些执法不严、司法不公现象提出尖锐批评。人大及其常委会对司法工作的监督是代表国家和人民进行的具有法律效力的监督，因此，反映群众呼声，将民意纳入司法监督的谋划之中，就有了地方人大常委会出台决议、决定，促进检察机关牢固树立"监督就是恪守法定职责、不监督就是违法不作为"的司法理念，监督、支持和保障其他执法司法机关依法公正履职，共同推进社会主义法治建设。人民当家做主体现在人大工作中，就是要坚持群众路线，及时将群众要求纳入程序的轨道、法制的轨道，启动立法加强人民检察院法律监督具有民意基础。强化检察机关的法律监督工作是发掘制度内的监督机制的有益尝试，既符合以权力制约权力使监督常态化的理论设计，也满足广大人民群众的殷切期待。

（三）对地方人大推动检察监督工作正面回应的迫切需要

《各级人民代表大会常务委员会监督法》于 2007 年 1 月 1 日施行后，地方人大以往"注重被监督单位自身工作的改进"的司法监督方式不再存在。在不搞个案监督的前提下，人大监督要将司法监督与党加强对司法权监督制约的意志、与人民群众通过公正司法维护社会公平正义的要求、与司法体制内部制约机制结合起来，简而言之，就是充分发挥我国社会主义司法制度的内在优势，以促进制度完善为目标，在国家法律、法规和现有司法制度的框架内，有效发挥司法机关的相互制约作用，特别是强化人民检察院的法律监督职能，继续加强并不断深化检察监督工作，进一步规范执法行为，维护社会公平正义，切实保障人民群众的合法权益。[1] 近年来，省级人大常委会通过出台决议或决定推动人民检察院法律监督或诉讼监督工作，已经成为一个现象。地方人大这种改进司法监督的思路是一种新探索，具有制度创新意义，其成效也有目共睹。但是，对于法律监督或诉讼监督这样的基本法律制度设计，依靠地方人大出台决议或决定，是否能从根本上解决法律体系和司法实践中存在的问题，值得思考。对于这些关乎地方人大推动检察监督工作的认知和评价，关乎检察监督工作将来发展的问题，全国人大有必要积极、正面予以回应，借鉴地方人大的成功经验，全国人大在立法层面上有所反应是当然之选，其中启动相关立法程序就是一个相对较优的选择。

（四）检察工作要求协调均衡可持续发展

检察机关的法律监督是复合性职权，具体职权类型丰富多样，检察工作在业务布局上主要分为监督、审查和追诉三部分。检察监督一直处于薄弱环节，这与传统"重打击轻保护，重配合轻监督"的理念有关。在三大诉讼法历次修改中，都侧重完善审查和追诉等诉讼程序，较为忽略监督程序。各项检察工作齐头并进、均衡发展是强化法律监督当然之需，毕竟三足鼎立，一足不稳，就会动摇整个工作基础，进而影响检察发展。一定程度上，片面发展司法办案也给部分人士否定检察监督和法律监督，试图构造纯公诉定位的检察机关提供了借口。虽然经过近年来检察理论研究的推进，澄清了一些错误认知，但这些成果没有经过法律的确认，难以迅速在全社会形成共识。同时，也无法从根本上解决监督程序不够完善、监督机制不够健全、措施不够有力的问题。仅仅依托各地的制度创新和自主协调，势必造成做法不统一、程序不规范、发展不协调的局面，对于一个统一

---

〔1〕 北京市人大常委会研究室编：《北京市人大常委会贯彻实施监督法研讨会论文集》，2009 年 2 月，第 23 – 24 页。另参见甄贞主编：《人大监督与诉讼监督》，法律出版社 2010 年版，第 21 – 27 页。

的主权国家而言，不但妨碍经济社会生活的有序流转，也难免有法制混乱之嫌，损害整个司法的形象。适时启动关于加强检察监督的立法，无论对于完善检察制度、强化法律监督，还是对于统一被监督机关思想、优化外部监督环境，可谓既是稳定剂，也是助推器，不可或缺。

（五）司法体制改革成果需要法治化作为保障

根据中央部署，以司法人员分类管理、完善司法责任制、健全职业保障、推动人财物省级统管等四项基础性改革为核心的司法体制改革已经在全国全面铺开。从北京检察改革的实践看，以落实司法责任制为目标，坚持整体协同推进改革，将优化机构和办案组织设置、定岗定编、员额遴选、厘清权责、人财物统管的工作统筹实施、同步推进，使各项改革任务彼此咬合、相互配套、落到实处。尤其是针对司法办案与诉讼监督职能混同、界限不清、一手硬、一手软，监督职能弱化、监督履职不充分的问题，探索诉讼职能与监督职能适当分离，通过职能调整、更名、组建等多种方式，在内设机构只减不增的前提下，建立了侦查监督、刑事审判监督、刑事执行监督、民事检察、行政检察等内设监督机构体系，凸显了检察监督实效。但是与此同时，也面临着与现行法律相冲突的窘境，需要及时修订《检察院组织法》《刑事诉讼法》《检察官法》等相关法律，而从推动检察监督制度逐步成熟定型的角度出发，也有必要制定专门的人民检察院法律监督法。

二、检察监督法立法的迫切性

检察监督的目的在于保障公权力运行的合法高效，但检察机关开展法律监督活动本身应该有基本的法律遵循。在开展检察监督工作中，如何高效审查违法行使职权行为并采取适当方式予以纠正，已经成为维护执法公信力的重要方式。特别是在新的历史时期下，法治化和公信力已然成为检察工作的两个主基调[1]。如何以法治化的方式发挥法律监督、维护社会公平正义的职能，是落实检察工作主基调的关键性内容。但由于检察监督的必要渠道不畅通、检察监督的后果规定的不明确，检察机关难以充分发挥法律监督、维护社会公平正义的职能[2]。从立法上理顺检察监督内涵、监督方式、监督范围等问题，回应检察机关开展法律监督活动的规范性需要具有迫切性。

（一）开展检察监督的完整法律体系尚未形成

散见的相关规定没有从整体上把握检察监督的程序设计，最能体现检察监督特色的对违法行为提出"纠正意见"的规范，大多是散落在各诉讼程序中，同

〔1〕 敬大力：《检察实践论》，中国检察出版社 2015 年版，第 369 页。
〔2〕 甄贞：《法律监督专门化立法之必要性考察》，载《人民检察》2011 年第 9 期。

各自上下文形成普通的承接关系，没有突出检察监督条文之间的内在联系和整体合力。除抗诉职能之外，基本上都没有规定相应的配套程序。即便是对于抗诉，在刑事二审、各种再审庭审程序中检察机关的地位和职责也不十分明确，这一点在民事抗诉案件的庭审程序中表现得尤为明显。有些案件无法通过抗诉方式实施监督，最高人民法院对"民事审判活动"作狭义理解，将民事执行活动排除在检察院监督范围之外，并通过多个批复，将执行裁定、民事调解等排除在检察机关抗诉程序之外。民事抗诉、行政抗诉案件的抗诉意见在判决书中还缺乏必要的回应，检察监督无处着力。检察机关履行法律监督职责必须谨守"监督法定"的原则，检察监督的内容、方式、程序、后果都由法律来规定，检察机关必须依法监督而不能擅自行动。由于法律对一些监督权限规定得过于笼统，具体条文量少、内容宽泛，检察监督范围不明确，程序不健全，制度结构不完整，缺乏实践操作性，未能完全满足检察机关开展法律监督活动的需要。

（二）开展检察监督的必要渠道不完全畅通

现行法律对检察机关的知情渠道和监督手段规定得不具体，及时发现违法情况比较困难，即使发现也缺乏必要手段、调查措施进行调查核实。比如一些公安机关通过以罚代刑消化在立案阶段的案件，除了当事人的举报、申诉、信访，检察机关没有顺畅的知情渠道，无法进行有效监督。对侦查活动的监督主要是审查案卷材料，但案件整个侦查过程远非书面材料所能全部反映，一些侦查程序违法往往是当事人提出控告才能了解。尽管检察机关可以根据需要参与重大案件的讨论和其他侦查活动，但如何参与、以何种方式参与、二者关系如何协调均缺少明确规定，介入侦查更多表现为配合、协助，侦查监督可能有名无实。检察机关对强制措施和强制性侦查措施的监督除审查逮捕外，其他均无具体规定，而对于逮捕，公安机关仍可变更适用取保候审、监视居住等强制措施。对程序性违法行为监督方式匮乏，使诉讼监督难以有效开展。对人民法院适用简易程序审理公诉案件、刑事二审不开庭审理改变原审认定事实、自行提起再审刑事案件均缺乏必要的监督渠道。虽然两高会签了相关文件，但实践中一些法院对于民事抗诉案件不提交审判委员会研究使得检察长列席受限。检察监督在立法层面被实际上虚置化，也是其在实践中难以发挥作用的直接原因。

（三）检察监督的法律后果规定不完备

完整的法律规范在逻辑结构上需要具有假定（条件）、行为模式和法律后果三个要素。现行涉及检察监督的法律规范，并未完全遵循这一逻辑结构，许多规则只有行为模式的规定，而没有法律后果的规定，使检察监督难以成为完整规范的诉讼活动。如《刑事诉讼法》第265条规定，人民检察院对执行机关执行刑罚的活动是否合法实行监督。如果发现有违法的情况，应当通知执行机关纠正。该规范中具有"如果发现有违法的情况"的假定条件，有"应当通知执行机关纠正"这一行为模式，但没有关于不遵守或违背这一行为模式的法律后果，如果出现怠于履行的情况，其法律后果不明确。检察监督的效力主要是体现在启动纠错程序，由被监督者自行决定是否纠错以及纠错的方式，检察机关不能越俎代庖，没有义务和责任作为后盾，检察监督极容易成为无效果、无意义的行为，在一定程度上也影响了检察监督活动的效力。由此也造成一些执法司法人员主动接受监督的意识还不强，对监督意见不够重视，不愿配合检察机关构建监督平台和机制，畅通监督渠道。由于法制基础薄弱，推动具体工作要多结合地方实际，发挥地方能动性，依托党政机关及人大常委会协调，这显然与法治的要求有很大的距离。要破解困扰检察监督发展的瓶颈和结构性问题，有必要从统一立法入手，通盘考虑，体系化地整合检察机关的法律监督，将相关各方的责任、义务和权力纳入到一部法律之中，统一认识，优化外部环境，为这项工作的科学发展奠定坚实的法制基础。

（四）修改《人民检察院组织法》无法满足检察监督立法体系化的要求

《人民检察院组织法》自 1979 年通过以来，仅在 1983 年、1986 年经过两次小幅修订。检察机关恢复重建三十年来的快速发展表明，现行组织法的不少规定已经不能适应法制发展和检察工作的需要，现实与法制的矛盾日益突出，修改工作亟须排入日程。但是，《人民检察院组织法》在定位和功能上与独立的加强人民检察院法律监督的立法相去甚远。域外也有类似的检察院组织法，主要规定检察机关的定位、设置、内部组织、对外工作联系等（如奥地利、俄罗斯、前东德），关于其职权的内容只是简略一提。从体系化的立场出发，将来修改《人民检察院组织法》时，第二章"人民检察院行使职权的程序"也不可能在具体内容上作大的扩充，以满足前述立法和实践中的需要，应将有关"行使职权的程序"纳入单独的检察院法律监督立法之中，并让后者成为明晰检察监督定位、规范检察监督职权、细化检察监督工作程序的专门法。这样，《人民检察院组织法》就侧重于规范检察机关的设置、机构、工作关系等；《检察官法》主要规范检察官的身份、入职、工作原则、奖惩、保障等。各法典之间的关系也就完全理顺了。

三、检察监督的地方立法经验

检察监督的地方立法是一个推动检察机关开展法律监督活动的现象。据了解，全国 31 个省、市、自治区人大常委会均出台了关于加强诉讼监督或法律监督的决议或决定。这些地方立法文件不同程度地推动了检察监督工作的开展，也开辟了民众对检察监督的社会认知。透过略显喧嚣的表象，宜需深刻反思，比如：何以有关检察监督的地方立法会成为一个现象？检察监督地方立法对于检察监督的正当性何在？地方立法的意义及贡献何在？为什么任由大致相同的地方立法此起彼伏而不能有一个全国性的统一立法？

（一）检察监督地方立法的概况

检察监督的地方立法始于 1999 年 9 月 22 日，即吉林省人大常委会《关于加强检察机关法律监督工作切实维护司法公正的决议》，后于 2001 年 7 月 27 日，河南省人大常委会出台了《关于进一步加强检察机关法律监督的决定》。但是，检察监督地方立法的高潮却始于 2008 年 9 月 25 日，即北京市人大常委会《关于加强人民检察院对诉讼活动的法律监督工作的决议》，此后几年间各省级人大常委会均出台了类似决议和决定。地方立法文件所采取的基本立法框架是：从检察机关方面而言，明确检察监督（主要是诉讼监督）重点、监督渠道、监督方式和监督机制；就被监督机关而言，明确相应的责任和义务，加强检察机关的自身建设（加强对检察权的制约和加强检察人员能力建设）、政府（媒体甚至公民）的支持和参与、人大监督。从工作层面上说，相关决议和决定不但引起外界的广泛关注，也使检察监督工作整体薄弱的局面有了较大转变，不但整合了检察机关内部监督资源，改进了司法机关之间分工、配合、制约的关系，还使人大监督和检察机关的法律监督形成良性互动，促进了检察监督和人大司法监督的共同发展。从制度层面上看，这些地方立法文件比较系统地归纳和概括了散见于法律法规中有关诉讼监督的规定，吸收和确认了司法改革的相关成果，是检察监督体系化的有益尝试，也为检察监督的全国性立法积累了经验、提供了素材。[1]

关于检察监督的地方立法在名称上各省有所区别，如有的为"决议"，有的为"决定"。根据《宪法》第 67 条、第 71 条、第 99 条和第 104 条，作出"决议"属于各级人大及其常委会的职权，而"决定"和"命令"多是国务院和地方人民政府的职权。从语义上看，"决定"和"命令"并列，一般针对具体的行政事项，而决议似乎多指经会议通过并要求贯彻的事项，"决定"一定是具体的。[2] 从宪法文本上看，人大及其常委会仅在法定的例外情形中才可使用"决定"，以全国人大常委会为例，如决定驻外全权代表的任免、决定授予国家的勋章和荣誉称号、决定特赦、决定战争状态的宣布、决定全国总动员或者局部动员、决定进入紧急状态、决定某些人事任免（《宪法》第 67 条）。这些决定多具有认定、同意、批准的性质，而不确立某种规则。[3] 根据《地方各级人民代表大会和地方各级人民政府组织法》（2004 年）的规定，县级以上的地方各级人民

---

〔1〕 参见谢鹏程：《加强和改进法律监督工作立法的三种模式》，载《检察日报》2010 年 11 月 8 日，第 3 版。

〔2〕 而行政机关对抽象的一般事项可使用"规定"、"办法"或"条例"。

〔3〕 例外的是《全国人大常委会关于加强社会治安综合治理的决定》（1991 年 3 月 2 日）。

代表大会有权讨论、决定本行政区域内的政治、经济、教育、科学、文化、卫生、环境和资源保护、民政、民族等工作的重大事项；决定本行政区域内的民政工作的实施计划（第 8 条）。这里的决定是讨论之后的表决，更具体地说，是对政府提交的重大事项进行表决。但在规则层面上应为决议，如地方各级人民代表大会要在本行政区域内，保证宪法、法律、行政法规和上级人民代表大会及其常务委员会决议的遵守和执行（第 8 条、第 9 条）。可见，决议是与宪法、法律、行政法规性质相类似的确立规则的规范性文件。《各级人民代表大会常务委员会监督法》第 14 条规定，[1] 地方人大常委会在听取和审议专项工作报告之后作出决议，这不仅确立了地方人大常委会作出决议的法律依据，也对"决议"这种规范形式进行了确认。如果地方人大试图发布具有规则性质的文件，似以"决议"为佳，至少它是有确切法律依据的立法形式。具体到检察监督上，它不是一项具体的工作，而是法律监督的一个领域内的工作，横跨刑事诉讼、民事诉讼和行政诉讼，直接牵涉公安机关、人民法院、司法行政机关，间接关联着行政执法机关、人民政府。可以说，它不是一个点的工作，而是一个面的工作；不是具体执行某项工作，而是确立诉讼监督的重点、方式、机制等规则。它的效果不是源自"决定"的权威（即一经认定或确认就立即产生效果），而是取决于相关机关的贯彻落实与执行。从这个意义说，检察监督的地方性立法，均应使用"决议"的形式。与此相关联的一个问题是，决议具有何种效力？《宪法》第 67 条第 8 项规定，全国人大常委会有权"撤销省、自治区、直辖市国家权力机关制定的同宪法、法律和行政法规相抵触的地方性法规和决议"。从文义来看，决议似乎不属于地方性法规，但二者并列，至少说明了决议绝不只是一个具有内部效力的文件，而具有一定的对世效力。从实践来看，有些决议被视为现行有效的法律。[2] 从已经出台的有关检察监督的地方立法文件的内容来看，基本上是"对现行国家法律中有关诉讼监督方面内容的有机整合"[3]，虽然没有使用立法中常见的条、款、项的格式，但这些内容多属于对宪法、相关诉讼法有关诉讼监督条文的重述。基于国家权力的从属关系，决议至少对地方的执法司法机关具有约束力。决议即便不属于地方性法规，[4] 也应被认为是一个有法律效力的规范性文件。

---

[1] 听取和审议专项工作报告系人大常委会监督的重要方式，常委会认为必要时，可以对专项工作报告作出决议。

[2] 参见韩大元：《地方人大监督权与人民检察院法律监督权的合理界限——兼评北京市人大常委会〈决议〉》，载《国家检察官学院学报》2009 年第 3 期，第 32 页。

[3] 北京市人大常委会内务司法办公室：《加强人民检察院对诉讼活动法律监督之新探索》，载《国家检察官学院学报》2009 年第 6 期，第 18 页。

[4] 韩大元教授认为决议属于地方性法规，参见韩大元：《地方人大监督权与人民检察院法律监督权的合理界限——兼评北京市人大常委会〈决议〉》，载《国家检察官学院学报》2009 年第 3 期，第 32 页。

关于检察监督的地方立法在名称上还有一个重大区别,有的在标题上使用了"法律监督",有的使用了"对诉讼活动的法律监督(诉讼监督)"。诉讼监督还是法律监督,形式上看似是局部与整体的关系,但实质上反映出地方立法者对二者关系的理解。仅仅针对诉讼监督作出决议或决定,是否过于偏狭和具体,能够贯彻和体现法律监督的宪法定位吗?要回答这个问题必须回归文本,看两类文件在监督范围上有何差异。有关"法律监督"的文件在监督范围上除了规定诉讼监督的内容外还强调了两项工作。其一,对行政执法的监督,主要是不移交涉嫌刑事犯罪案件,以罚代刑、对基层公安派出所执法的监督。这项工作在"诉讼监督"的文件中一般被纳入行政执法与刑事司法相衔接("两法衔接")的机制中,也可被理解为立案监督的渠道建设和向前延伸。其二,对职务犯罪的侦查与预防。就侦查而言,即便是"法律监督"的文件也多强调诉讼监督意义上的"坚决查处执法不严、司法不公背后的贪污贿赂、徇私舞弊、渎职侵权等职务犯罪行为",这与"诉讼监督"的文件并无质的区别。在职务犯罪预防上,"法律监督"的文件强调检察机关要积极参与惩防腐败体系的建构,职务犯罪预防是个系统工程,检察机关的参与只是其中的一分子,而且主要局限于宣传教育,即使介入工程项目的管理,也并不依托具体的检察权,这与诉讼监督需依托于检察权有所区别。此外,有的法律监督决议作了两项特殊的规定,一是"着力监督涉黑、涉恶等严重危害社会案件的查处工作"。从基本文义来看,似乎属于侦查监督的内容;二是"依法监督、积极化解涉法涉诉信访矛盾"。涉法涉诉信访较为复杂,在实践中采取多头负责的应对机制,并不一概属于检察机关的监督范围。由上可知,"法律监督"和"诉讼监督"的文件在内容上并没有本质区别,如上海的《法律监督决议》第1条开宗明义地指出"不断加强对刑事诉讼、行政诉讼和民事审判活动的法律监督",将监督范围设定为诉讼监督。那些以"法律监督"为题名的文件不是因为"法律监督"比"诉讼监督"更准确,而是因为作出决议或决定的诱因——检察机关的专项工作报告——就是"法律监督",决议或决定与报告题名相对应也完全可以理解。

值得注意的是,后出台的决议或决定借助于其后发优势,在综合了各地文件及高检院《关于进一步加强对诉讼活动法律监督的意见》和相关改革规定后,内容更趋细密和庞杂。其实,粗与细、形式上的欠缺与完备对检察监督的推进并不具有直接的关系。规范的形式与规范的执行力是两个问题,司法体制从20世纪80年代末期推进以来,早期的方案或纲要也并未完全实现,一些早期的方案在本轮进入深水区的司法体制改革仍是重点解决的项目。检察监督的问题十分复杂,每一项细微权力的界分都涉及机关之间的权力与义务的调整,同时,由于检察监督的程序性特征,并不是规范上的都是现实的,尚需要各机关的贯彻落实与配合协调。从经验上看，越是具体的，执行难度越大，规范上容许一定的弹性和原则，为各机关的博弈和制度发展留下点空间未必是立法上的欠缺。

（二）检察监督地方立法的反思

有学者针对这些检察监督地方立法进一步质疑，这是否会导致法律监督被置换为诉讼监督，从而出现法律监督的诉讼化。[1] 法律监督是"保障宪法和法律完整统一实施"，维护法律的统一正确实施，这个表述是目的上的和功能上的。因为，检察机关不能靠"维护宪法和法律完整统一实施"来"维护宪法和法律完整统一实施"，即不能靠"法律监督"来"维护宪法和法律完整统一实施"。我们只能以手段来实现目的，不能以目的来实现目的，这是起码的逻辑。可以强化手段而不能强化目的——目的是观念或意志层面上的问题。所以说，诉讼监督与法律监督属于两个层面上的问题，法律监督是目的、功能和理念，而诉讼监督是具体的工作领域、是实现法律监督的手段，所以各地的"决议"或"决定"要在具体工作层面上加强检察监督工作，是手段上的强化、"能力"上的补强，这就需要设定权利义务，筹建机制和平台。不能说强化了手段就取代了目的，毋宁说是，手段强化了更有利于目的的实现。

此外，实现"维护宪法和法律完整统一实施"这个宏大目的的职责不唯检察机关所独有，至少人大及其常委会也有。检察机关在此方面责任重大（即通常所说的专门性，但专门性只能理解为检察机关的活动均指向这个目的，但不能说检察机关因此是实现这个目的的唯一机关）。彭真同志曾讲过，"狭义的监督，主要是法律实施的监督。订立了法实行了没有，违反了没有？国务院、省、自治区、直辖市的人大和人大常委会制定的法规、作出的决定，如果和宪法和法律有抵触，那就要行使法律监督权，这是宪法规定得很清楚的。……人大、人大常委会要从法制方面进行监督"。"要把加强法律监督作为加强人大常委会的工作和制度建设的任务之一。法律监督，除人大、国务院、最高人民法院、最高人民检察院需要加强这方面的工作外，很重要的一方面是群众监督。"[2] 所以，出台了加强检察诉讼监督的决议而没有出台法律监督决议会导致法律监督诉讼化的观点是站不住脚的。从广义说，若要出台法律监督的决议，恐怕要把各级人大常委会监督法的很多内容都要纳入，因为人大监督无疑也具有"维护宪法和法律完整统一实施"的功能。[3]

---

〔1〕 参见蒋德海：《法律监督还是诉讼监督》，载《华东政法学院学报》2009年第3期。

〔2〕 彭真：《彭真文选》，人民出版社1991年版，第562-563、618-619页。

〔3〕 狭义的法律监督指"特定的国家机关按照法定权限和程序对国家机关执法的合法性进行的监督。在中国专指国家权力机关和检察机关实行的法律监督"。参见中国社会科学院法学研究所法律词典编委会编：《法律词典》，法律出版社2004年版，第133页。

有学者认为，法律监督过去和现在存在的问题恰恰是诉讼监督本身造成的，是中国理论和实践部门在相当长的时间里，用诉讼监督来理解法律监督的结果。其实，检察监督的问题是对"法律监督"词源误解的结果[1]，理论和实践长期以来对诉讼监督并无清晰的认知，遑论以诉讼监督来理解法律监督？真正的问题是，过去和现在对诉讼监督不是强调得过多，而是过少。观念上排斥诉讼监督的结果则导致了"只有诉讼分权意义上的消极制约的检察机关，而没有司法系统内部制约意义上的积极控权的检察机关"，所以只看到了中国检察与域外检察在诉讼职权上的共性（如侦查、公诉、负责执行），既然共性是主导，那么，"人无我有的法律监督"的正当性就难以证立，由此，对检察机关的法律监督质疑之声不绝也就不难理解了。不论是"监督严格遵守法律"还是"保障宪法和法律完整统一实施"，法律监督只是一种制约理念，在消极意义上通过诉讼分权来实现——这是当前最一般的模式；在积极意义上通过干预（提出纠正）来实现——它的极端模式是一般监督，而中国模式是诉讼监督。相比于苏联检察，我国检察制度发展出诉讼监督是个相当的进步，即检察机关不再将其一切活动标注为监督，而是区分了诉权行使和诉讼监督，[2] 还原了检察机关作为一个司法机关的本质；否则，在唯监督论的检察体系下，检察机关不过是一个司法领域内的监察机关，其司法职权或功能只能依附在监督之下，甚至还可以被剥离。但我国的法治现代化抛弃了全面干预的苏联模式，不但批判地废除了一般监督的职权，而且将诉讼监督改造成对诉讼领域其他执法司法机关行为合法性的监督，不再强调对民众及犯罪嫌疑人的监督，重构了司法领域的控权体系，使得议行合一政体的宪政控权体系（法律监督体系）更趋完善。

（三）检察监督地方立法的超越

检察监督地方立法为检察机关确立了检察监督工作的基本框架，在具体落实过程中，地方各级检察机关依托与党委、人大和上级院之间的联动关系，把检察监督置于大局工作去谋划，去推动，结合党委关心的中心工作，找准人大改进司法监督的现实需要，将各方认识统一到加强互相配合、规范执法司法行为、共同维护司法公正和权威上来，从而为检察监督的发展开辟了现实之路。但是，正如学者所指出的，"由于立法权的局限，地方立法不可能在检察职能方面创设新的监督措施和监督程序，也不可能修改和完善有关国家立法，因而在立法体例和立法内容上都与国家立法有很大的差别，难以弥补法律监督工作方面的立法不足，

---

〔1〕 关于法律监督词源的辨析，参见王志坤：《"法律监督"探源》，载《国家检察官学院学报》2010 年第 3 期，第 25 – 34 页。

〔2〕 理论上称之为"职权二元论"，参见樊崇义：《法律监督职能哲理论纲》，载《人民检察》2010 年第 1 期，第 19 页以下。

也难以解决强化法律监督和加强自身监督两个方面法制不健全的问题"。[1]

大致而言，检察监督全国性立法有三个选择：[2] 第一个方案是由全国人大常委会制定《关于加强和改进人民检察院法律监督工作的决定》，实际上是地方立法向全国立法的平移。由于职权所限，地方人大出台决议或决定，不可能在检察职能方面创设新的监督措施和监督程序，也不可能修改和完善有关国家立法所存在的问题。《立法法》第 8 条第 2 项规定，关于"人民检察院的产生、组织和职权"的事项只能制定法律。在法典的位阶上，不论是"决定"还是"决议"，均比不上基本法律。一方面，从宪法文本上看，人大及其常委会仅在法定的例外情形才可使用"决定"，这些决定多具有认定、同意、批准的性质，而不确立某种规则（《宪法》第 67 条）。另一方面，即便根据《宪法》第 67 条、第 71 条、第 99 条、第 104 条和《全国人民代表大会常务委员会议事规则》第 21 条、第 24 条，全国人大及其常委会能够作出确立规则的决议，但当立法事项涉及司法机关职权全面配置和调整的问题时，恐怕也不是决议或决定这种形式所能承载的。仅仅从加强检察监督工作意义上说，当前相关省级人大常委会出台决议或决定已达 31 个，无论地域覆盖面还是实际成效，都已甚为可观。但是，必须看到这些决议或决定的局限性，在不超越权限的前提下，只是将散见于法律法规以及司法改革文件已经明确化了的规定进行梳理，明确了检察监督的主题，具体推动过程中，也只是依托地方党委、人大的支持，各尽其能，循序渐进。这种工作模式是个别的、地方的，而不是统一的、全国的，因此难免有不协调、不规范的问题。从统一法制的角度说，这种局面也是不可接受的。如果仅仅是地方人大决定或决议向全国的平移，无非是在更高的层面上重述而已，并没有实现规范内容的超越，仍不能解决困扰检察监督发展的制度瓶颈问题。因此，继受地方人大推动检察监督工作的经验，不如一步到位。

第二个方案是由全国人大常委会修订《人民检察院组织法》。正如前述，严格来说，组织法应主要规范管辖、机构、人员和内部工作关系，现行检察院组织法的框架则稍嫌庞杂，特别是规定了检察机关的职权和职权行使程序，这些内容实际属于三大诉讼法应该规范的内容。由于检察院组织法出台的超前和修改的滞后，通过修改《人民检察院组织法》来纳入检察监督的相关规定，无异于陈陈相因，带着镣铐跳舞。而且，在执行时《检察院组织法》极易变成检察机关的部门法，为其他执法司法机关所漠视。

第三个方案是由全国人大制定《人民检察院法律监督法》。这种模式需要解

〔1〕 谢鹏程：《加强和改进法律监督工作立法的三种模式》，载《检察日报》2010 年 11 月 8 日，第 3 版。

〔2〕 参见谢鹏程：《加强和改进法律监督工作立法的三种模式》，载《检察日报》2010 年 11 月 8 日，第 3 版。

决检察监督法与人大监督法、检察院组织法、三大诉讼法的关系。因为，通说认为，人大也有法律监督功能，此处检察院单独就法律监督立法，二者之间有何异同？制定专门的法律监督法势必要规定检察职权和行使职权的程序，也要规定相关机关的配合和支持，那么，有关诉讼职权和程序的内容是否也要在三大诉讼法中重述？理论和现实一再表明，推动法律监督、特别是检察监督不能只依靠检察机关，以检察机关为主体的法律监督专门立法是否会造成对其他执法司法机关以及人大、党委、政府支持和参与的忽视？

除了上述三种选择，还有一个容易被忽视的方案是通过修改三大诉讼法的方式，完善监督职权和程序，由于这种方案容易消解检察机关的主体地位和意识，常常被摒弃在视野之外。方案的取舍不能只着眼于理论上的自足，也要关照现实的执行和作用机制。推动检察监督工作常苛责于立法的粗疏，但是，在技术上完善检察监督究竟能达到何种完善的程度，诚需认真思索。检察监督本质上是一种检察纠正权，所谓依法监督依据的准则并不是依据（可能的）专门的检察监督法，而主要是相关诉讼法及其他法律的程序设定，法律有特定程序要求的，相关执法司法机关不执行或执行不当，检察机关的纠正即应发动，本无可非议。实践上稍嫌混乱的是纠正方式的选择，到底是采用柔性监督手段还是采用刚性监督手段，是以督促解决问题为主还是不分轻重、不管效果一概纠正等。这些问题或者可以在相关法律中完善，或者通过检察理念的调整即可。探索规范发生效力的模式可能比完善规范本身更重要，规范执行有其现实的发生机制，摸准了这个机制，推动检察监督步入快速发展轨道完全是可能的。从规范效力层级和自足性上考虑，出台专门的人民检察院法律监督法为上，修订人民检察院组织法为中，出台全国性的决议或决定为下。但是，从工作推动的角度看，上述三种次序是要颠倒过来的。

四、检察监督法的基本架构

使用更为恰当的方式将检察监督规则给予规范文件的表达，是人民检察院法律监督法立法研究的基本所在。立法应该遵循一定的技术和规律，应当有其理念和原则，来回应对检察监督工作的基本价值需求。检察监督法是中国特色社会主义法律体系的重要组成部分，对其制定工作也应当进行体系化的考虑，立足于宪法对检察机关的基本定位，从司法实际出发，坚持合理适度的原则从而确保检察监督法具有内在的逻辑统一性和自洽性。

（一）关于检察监督法的名称

法律监督指由法定机关依法对遵守和执行法律的情况实行监督。法律监督有广义和狭义之分。广义上是指一切国家机关、社会组织和公民对各种执法和守法的有关活动的合法性进行监督。狭义的法律监督是指特定的国家机关依照法定权限和程序对国家机关执法的合法性进行监督。在中国，法律监督专指国家权力机关和检察机关实行的法律监督。虽然《宪法》第 134 条规定，人民检察院是国家的法律监督机关，但人大及其常委会也同样具有法律监督的职能。彭真同志曾经指出，"狭义的监督，主要是法律实施的监督。订立了法实行了没有，违反了没有？国务院、省、自治区、直辖市的人大和人大常委会制定的法规、作出的决定，如果和宪法和法律有抵触，那就要行使法律监督权，这是宪法规定得很清楚的。……人大、人大常委会要从法制方面进行监督"。"要把加强法律监督作为加强人大常委会的工作和制度建设的任务之一。法律监督，除人大、国务院、最高人民法院、最高人民检察院需要加强这方面的工作外，很重要的一方面是群众监督。"所以，以《宪法》第 134 条为依托进行检察机关法律监督方面的专门立法，就应将法律监督特定化，标明这部法典是"人民检察院的法律监督"而不是其他。故而，检察监督法的名称应当定为"中华人民共和国人民检察院法律监督法"。

（二）关于检察监督法的框架

检察监督法是有关检察职权和工作程序的专门法，这就涉及它与三大诉讼法的协调问题。当前，有关检察机关行使职权的程序主要规定在三大诉讼法中，且以刑事诉讼法为主。诉讼法主要是按照诉讼流程的进展规定的，各司法机关的职权分散于各流程中，这一方面便于了解具体诉讼流程的事项和各机关的权限，从而推进诉讼，另一方面，对于职权相对单一的机关而言也并无认知上的妨碍。但是，检察机关的特殊性在于，它在刑事诉讼中是唯一一个有权介入全部诉讼环节的机关，按照流程分解的结果是，仿佛检察机关无处不在，职权庞杂，但又无法形成对检察机关的确切认知，不知道检察机关是干什么的，职责何在。特别是作为检察机关三大职能之一的诉讼监督职能，更是分散于三大诉讼法和其他法律法规中，若不是近年来地方人大出台相关决议或决定推动诉讼监督工作，大大提高了诉讼监督的社会认知度，这项职能将一直处于无法体系化的境地。在当前形势下启动检察监督法的立法程序，既要尊重诉讼规律，在诉讼法中规定检察机关具体的诉讼职权，又要在概述检察职权的基础上，规范检察监督的职能。检察监督法与三大诉讼法并不重复，也不冲突，其单独立法不是画蛇添足，而有其特定的功能。

为了更为有效的表达检察监督法的立法目的，根据基本法常用篇章结构，检察监督法可设总则、分则和附则三大部分。基本法律的总则部分一般都会开明宗义地表明立法目的、立法依据以及立法任务等内容，同时也应当将整部法律立法、司法所应遵循的基本原则表述清楚。总则中述明，检察监督法是根据宪法制定，其目的是保障人民检察院依法行使监督职权，维护社会主义法制统一正确实施；任务是保证全面加强检察监督，及时有效监督和纠正执法、司法活动中的违法行为，督促和支持有关机关严格依法行使职权，确保法律得到正确实施，维护社会主义法制的统一、尊严和权威。然后确立其基本原则，主要包括：人民检察院依据宪法和有关法律的规定，行使监督职权。人民检察院行使监督职权的程序，适用本法；本法没有规定的，适用有关法律的规定。人民检察院依法独立行使监督职权，不受行政机关、社会团体和个人的干涉。人民检察院行使监督职权，应当依据法律赋予的职权，按照法律规定的程序，综合运用各种监督手段，发现问题及时监督，违法必究。人民检察院行使有关法律规定的监督职权，促进依法行政、公正司法。人民检察院行使监督职权的情况，应当向本级人民代表大会报告，接受监督。对于重要监督事项，人民检察院可以向本级人民代表大会常务委员会备案。人民检察院行使监督职权的情况，向社会公开。涉及国家秘密、商业秘密和个人隐私的活动和事项除外。在分则部分，按照人民检察院的监督职权分类，分章节规定各项检察监督职权的基本内容、主要监督方式以及监督程序。检察监督法分则条款的规定，注意把握法律监督法的基本定位，着重协调与刑事诉讼法、行政诉讼法、民事诉讼法和有关法律法规的关系问题，同时适时增补拓宽检察监督范围，增强检察监督方式的可操作性，以实现检察监督的最大效果。附则部分主要规定本法的适用范围以及生效时间等内容。

（本文课题组成员：梁景明，北京市人民检察院检察员；张艳青，北京市人民检察院检察官助理；韩晓宇，北京市门头沟区人民检察院检察官助理。）

北京市企业法律风险防范实证研究

蒋大兴* 龚浩川**

一、企业法律风险理论概述

（一）企业法律风险的内涵

1. 风险的内涵与特征

如今，我们处于一个风险社会，风险无处不在，无论是个人还是企业都在想方设法防范风险，这也是立法者在制度设计时的重点考量的问题。那么风险到底是什么？美国学者海尼斯在其 1895 年的著作《风险——一项经济因素》中，认为："风险意味着损害的可能性。某种行为能否产生有害的后果，应以其不确定性界定，如果某种行为具有不确定性时，其行为就反映了风险的负担。"[1] 富兰克·奈特在 1921 年出版的《风险、不确定性和利润》中指出风险和不确定性的区别在于"风险"是可度量的"不确定性"。[2] 澳大利亚危机管理学专家罗伯特·席斯博士在《危机管理》一书中指出，通过对以往数据的统计分析，或专家对某个真实事件的客观判断，通常可推得出可能有的失败或负面结果，这个可能有的失败或负面结果就是该事件的风险。[3]

由此，风险具有以下三点特征：一是风险是一种可能性。一个事件的发展是一个过程并受多重因素影响，这导致事件的结果会产生多种可能性，如果是完全确定的结果，也就无所谓"风险"。二是风险是一种负面影响的可能性。事项是源于内部或外部的影响目标实现的事故或事件，事项可能有负面影响，也可能有

---

　* 课题主持人：蒋大兴，北京大学法学院教授，博士生导师。立项编号：BLS（2016）A007。结项等级：合格。

　** 龚浩川，北京大学法学院博士研究生。

〔1〕 转引自陈丽洁、叶小忠：《企业法律风险管理的创新与实践：用管理的方法解决法律问题》，法律出版社 2012 年版，第 4 页。

〔2〕 参见［美］弗兰克·H. 奈特：《风险、不确定性与利润》，王宇、王文玉译，中国人民大学出版社 2005 年版，第 147 页以下。

〔3〕 转引自陈丽洁、叶小忠：《企业法律风险管理的创新与实践：用管理的方法解决法律问题》，法律出版社 2012 年版，第 4 页。

正面影响，或者两者兼而有之，带来负面影响的事项代表风险。[1] 三是风险在一定程度上是可预测和可度量的。风险具有概率估计的可靠性，其来自事物所遵循的理论规律或稳定的经验规律，只要能够用这两种方法中的任一种以数字表示概率，人们可以根据过去推测未来的可能性；而不确定性则意味着人类的无知，因为不确定性表示着人们根本无法预知没有发生过的将来事件，不能通过现有理论或经验进行预见和定量分析。[2]

因此，对"风险"的研究目标就是探索和总结风险产生的理论和经验规律，利用其尽可能预测风险，防止其带来的负面影响。当然，这也限定了其研究范畴，要将在现有研究条件下完全无法预测或难以预测的因素排除在外，即使这些因素也可能导致负面影响的产生。

2. 企业风险与企业法律风险

国务院国有资产监督管理委员会 2006 年发布的《中央企业全面风险管理指引》第 3 条将"企业风险"定义为"未来的不确定性对企业实现其经营目标的影响"并将企业风险按照内容分为战略风险、财务风险、市场风险、运营风险、法律风险等；而按照能否为企业带来盈利等机会为标志，将风险分为纯粹风险（只有带来损失一种可能性）和机会风险（带来损失和盈利的可能性并存）。

企业法律风险属于企业风险的一种。国际律师协会（IBA）将"法律风险"定义为"因经营活动不符合法律规定或外部法律事件导致风险敞口的可能性"[3]全球企业法律顾问协会（ACC）在 2005 年 3 月发布的《国有企业建立现代企业法律治理制度指南》将"企业法律风险"定义为"企业所承担的发生潜在经济损失或其他损害的风险"[4] 国家标准化管理委员会 2012 年发布的《企业法律风险管理指南（GB/T 27914 – 2011）》中将"企业法律风险"定义为"基于法律规定、监管要求或合同约定，由于企业外部环境及其变化，或企业及其利益相关者的作为或不作为，对企业目标产生的影响"。

通过对以上几个定义进行对比，我国对企业法律风险的认识相对中性，既可能带来损失也可能带来收益，但是基于前文提到的风险理论，以及课题研究的是作为防范对象的企业法律风险，因此，本文中的企业法律风险均指可能带来损失的法律风险，即纯粹法律风险。

---

〔1〕 转引自陈丽洁、叶小忠：《企业法律风险管理的创新与实践：用管理的方法解决法律问题》，法律出版社 2012 年版，第 18 页。
〔2〕 参见［美］弗兰克·H. 奈特：《风险、不确定性与利润》，王宇、王文玉译，中国人民大学出版社 2005 年版，第 6 页。
〔3〕 转引自叶小忠、贾殿安主编：《中国企业法律风险管理发展报告》，法律出版社 2013 年版，第 23 页。
〔4〕 转引自叶小忠、贾殿安主编：《中国企业法律风险管理发展报告》，法律出版社 2013 年版，第 23 页。

（二）企业法律风险的成因

找不到病因，妙手也难回春。企业法律风险的成因分析是企业法律风险防范的前提，选取防范措施和进行制度构建都要以其为导向，需要重点研究。

1. 国外研究情况

国外的实务界比较重视对企业法律风险成因的研究。2003 年国际律师协会（IBA）提出，法律风险是由以下原因导致损失的风险：①有缺陷的交易；②导致机构承担责任或其他损失的请求或事件；③未能采取适当措施保护机构资产；④法律的变化。全球企业法律顾问协会（ACC）在 2005 年 3 月发布的《国有企业建立现代企业法律治理制度指南》中认为造成法律风险的原因包括："①企业违反相关法律；②企业侵犯第三方合法权益；③企业未履行其合同义务；④企业未采取有效措施以获得、保护或行使其合法权益；⑤其他原因。"另外，有学者认为企业法律风险除了受企业中的常见因素影响，还受社会、政治、个人情感、人际关系或文化等问题影响，[1] 还有学者强调文化在法律风险中的影响。[2] 总体上看，国外机构和学者更加重视企业内部原因对企业法律风险的影响。

2. 我国研究情况

我国官方机构出台的关于企业法律风险的一些文件对这一问题有相对详细的规定，例如，2006 年国资委发布的《中央企业全面风险管理指引》第 16 条规定了应收集的与本企业相关的信息，2008 年财政部会同证监会、审计署、银监会、保监会制定的《企业内部控制基本规范》第 22 条和第 23 条规定了识别内部风险和外部风险应当关注的因素，以及 2012 年国标委制定的《企业法律风险管理指南（GB/T 27914 – 2011）》中规定了需要明确的法律风险环境信息。

国内一些学者和研究机构对法律风险的成因或影响因素进行了研究。有学者认为外部的体制环境因素对企业法律风险有决定性影响，并认为政策调控、法律变动、依附权力、经济波动、企业家不同的经商理念、应对策略错误、自然因素、法律的不确定性这 8 个因素是企业法律风险的主要成因。[3] 北京大学金融法研究中心等机构曾经组建研究团队对我国上市公司法律风险进行量化分析并发布报告，经过研究从 32 个备选指标中选取了 16 个指标，涉及重大事项、诉讼与仲裁、特殊财务事项、公司治理、市场结构、人员结构等六大方面。其中，核心指标 4 个，包括违规处罚次数、高官责任次数、诉讼仲裁次数、涉案资产占净资

〔1〕 See Apollon, Garrick, "Intersection between Legal Risk Management and Dispute Resolution in the Commercial Context", 15 *Pepp. Disp. Resol. L. J.*, 267 (2015).

〔2〕 See Dauer, Edward A., "Role of Culture in Legal Risk Management", 49 *Scandinavian Stud. L.*, 93 (2006).

〔3〕 参见张继昕：《企业法律风险管理的理论与实践》，法律出版社 2012 年版，第 55 页。

产的比率；其余 12 个指标有业务结构、关联交易、地域结构、是否被出具非标准无保留审计意见、是否多元化经营、有无国际业务、股东性质等。[1]

从国内外既有的研究情况看，对于企业法律风险成因的研究对象存在从直接原因向影响因素的转变。企业出现法律风险，特别是民事法律风险的直接原因不外乎是自身或其他主体存在侵权和违反合同义务等情况，这些直接原因的研究虽然也非常重要，但是往往会将企业的法律风险归因于一些技术细节，譬如具体合同条款的拟定和日常经营的操作流程。不过，企业作为一个有机组织体，会出现某种法律风险绝不仅仅是一两个技术细节导致的，更深层次的是它受到与企业相关的各种要素影响。如果仅仅盯着某个法律问题处理的技术细节，必将导致对企业法律风险"头痛医头、脚痛医脚"的做法。研究企业法律风险的成因就是要找到病因对症下药，因此，探索导致法律风险的深层次影响因素是更需要研究的对象。而且，这也能为企业法律风险的识别和诊断提供参照标准。

进一步看，企业法律风险的影响因素一般可以分为内部影响因素和外部影响因素，其中企业的内部影响因素应该是企业法律风险防范的关键。前文已述，对"风险"的研究应该重点关注在现有条件下，基于理论和经验，容易预测和衡量的因素。对于企业管理者，企业内部影响要素的信息更容易获取，便于识别和监督风险；当某种要素导致风险产生负面影响的可能性增加时，可以及时进行干预，便于控制和规避风险。然而，企业法律风险的外部影响因素往往是一些宏观因素，涉及国家和本地区的政策、立法、执法、经济形势、行业状况等因素的变动。虽然对企业的法律风险也有着重要影响，但是，有些因素的信息往往是保密的难以及时获取，或者需要极强的专业能力才能预测，而且即使能够预测也无法将其改变，最多只能通过改变企业内部情况进行适应。相反，随着企业信息公开制度和相关网络平台的建立，企业外部人对企业内部信息的获取能力大大提升，企业自身、交易相对人和投资者等都可以通过与企业内部因素有关的信息评估企业的法律风险，进而防范自身法律风险。所以，企业法律风险的内部影响因素才是本文研究的重点。

（三）企业法律风险的分类

基于不同的标准，可以对企业法律风险进行不同的分类。根据法律风险发生后承担的责任性质，可将企业法律风险分为刑事法律风险、行政法律风险、民事法律风险。根据影响企业法律风险的要素性质，可分为组织性法律风险、交易行为风险和合规风险。根据不同法律领域，可分为合同、知识产权、招投标、劳动用工、税务等法律风险，如下图。

---

〔1〕 参见辛红、王磊磊：《1500 家上市公司法律风险大起底》，载《法人杂志》2008 年第 12 期。

```
                          企业法律风险
  ┌────┬────┬────┬────┬────┬────┬────┬────┬────┬────┬────┬────┬────┐
企业  企业  企业  企业  企业  合同  市场  招投  知识  人力  产品  环境  企业
设立  治理  并购  融资  终止  行为  营销  标法  产权  资源  质量  保护  税务  ……
法律  法律  法律  法律  法律  法律  法律  律风  法律  管理  法律  法律  法律
风险  风险  风险  风险  风险  风险  风险  险    风险  法律  风险  风险  风险
                                                        风险
```

对于不同责任性质和领域的企业法律风险进行更加细化的分类，例如合同法律风险可以进一步分为买卖合同纠纷风险、商品房预售合同纠纷风险、金融借款合同纠纷风险和房屋租赁合同纠纷风险等，能够更加有效地帮助企业发现自身风险多发之处，从而进行防范。若对北京市企业存在的具体法律风险进行实证研究，将有益于确定北京地区企业法律风险防范的重点。

二、北京市企业法律风险实证研究

本部分对北京市公司法律风险样本进行采集，从而对本地区公司总体的法律风险情况进行实证研究。数据内容共分两部分：司法诉讼风险数据和行政处罚风险数据。由于样本量大，采集变量较多，难以人工完成。因此，本部分相关数据的网络抓取工作由长春市把手科技有限公司提供支持，特此表示感谢。

（一）司法诉讼风险情况

1. 数据说明

进入诉讼是法律风险的重要表现，不过，我国各省市司法裁判的标准不一，为了表现在相对统一的司法裁判标准下的企业法律风险情况，在保证数据样本足够多的前提下，本文的样本仅选取当事人中有北京市公司，并且由北京市的法院进行裁判的案件。

数据采集方法和条件。本节数据基于"把手案例"司法案例数据库，该数据库实时进行数据采集和数据挖掘，与"中国裁判文书网"的司法案例数量基本相同，最大程度地确保数据的准确性、全面性和权威性。数据提取条件为：①原或被告名称中有"北京"和"公司"字样；②法院名称选择"北京市"；③文书类型：判决；④时间：2014 年 1 月 1 日至 2017 年 5 月 31 日。

需要说明以下五点：一是样本采取的时间范围从 2014 年 1 月 1 日开始，是因为 2013 年最高人民法院修订了《最高人民法院关于人民法院在互联网公布裁判文书的规定》，加强了对裁判文书上网工作的规定，该文件自 2014 年 1 月 1 日起实施。二是数据提起条件会将一些"中字头"的北京市企业排除掉，但是本部分研究的是北京市企业法律风险的总体数据，这些企业占总量比重较小，而且不具有代表性，对最终的研究结果影响不大。三是由于最高人民法院是全国范围的法院，而且审理的案件较少，因此由其审理的案件不进行采集。四是部分裁判文书虽然案号相同，但是内容不同，仍然作为不同样本予以保留。五是由于部分文本格式并不规范，导致相应数据无法获取，在进行相关统计分析时予以排除。

2. 数据描述性统计及分析

（1）案件总体数量。司法案例样本共收集 117 997 个，从 2014 年到 2015 年案件数量逐渐上升，但是到 2016 年出现明显下降。2017 年前 5 个月的文书数量不到 2014 年到 2016 年历年数量的 1/10，这应该不是法院实际的结案量，数据较少可能与法院裁判文书上网不及时有关。

	年份				合计
	2014	2015	2016	2017	
案件数量	40 206	41 248	33 145	3398	117 997

（2）案件的审级、管辖和审理程序。

第一，案件审级。一般来讲，多数法律纠纷都是由基层法院审理，现实情况也是如此。北京市公司涉及的法律纠纷主要由基层法院审理并且其判决为终审判决，共 86 961 件，占总案件量的 73.7%。中级法院进行终审判决的数量也相当可观，共 30 298 件，占总量的 25.7%。高级法院的审判数量则相对较小，仅有738 件，占 0.6%。

		年份				合计
		2014	2015	2016	2017	
法院层级	高级法院	244	159	294	41	738
	中级法院	8879	10 039	9241	2139	30 298
	基层法院	31 083	31 050	23 610	1218	86 961
合计		40 206	41 248	33 145	3398	117 997

第二，审理程序。在案件审理程序上，一审案件占总案件量的 74.1%，其中99% 以上的一审案件均由基层法院审理。二审案件占总案件量的 25.6%，其中97.8% 的案件由中级法院审理，2.2% 的案件由高级法院审理。再审案件并不多，

主要由中级法院审理，占50%以上。其他类型的程序主要是公示催告程序，数量较少，主要由基层法院完成。

			法院层级			合计
			高级法院	中级法院	基层法院	
审理程序	一审	计数	11	603	86 869	87 483
		审理程序中的 %	0.0%	0.7%	99.3%	100.0%
		法院层级中的 %	1.5%	2.0%	99.9%	74.1%
	二审	计数	678	29 515	0	30 193
		审理程序中的 %	2.2%	97.8%	0.0%	100.0%
		法院层级中的 %	91.9%	97.4%	0.0%	25.6%
	再审	计数	49	179	85	313
		审理程序中的 %	15.7%	57.2%	27.2%	100.0%
		法院层级中的 %	6.6%	0.6%	0.1%	0.3%
	其他	计数	0	1	7	8
		审理程序中的 %	0.0%	12.5%	87.5%	100.0%
		法院层级中的 %	0.0%	0.0%	0.0%	0.0%
合计		计数	738	30 298	86 961	117 997
		审理程序中的 %	0.6%	25.7%	73.7%	100.0%
		法院层级中的 %	100.0%	100.0%	100.0%	100.0%

第三，管辖。在基层法院层面上，案件数量高的法院都位于中心城区，经济发展水平相对高，公司企业数量也较多，相应地，案件数量少的法院也基本分布在边缘城区，经济发展水平相对较低。这可能是因为经济水平高的地区具有基础设施好、潜在客户群体大等优势，能够吸引公司注册，而公司往往存在协同效应和集聚效应，使更多的公司在这些地区经营。这也导致这些地区成为公司法律风险的高发区，无论是法院还是政府监管部门，都承受着更大的压力。从这些基层法院案件量的差距看，这种压力的差别还是很大的。因此，为了应对和处理好公司法律风险，北京市的相关司法资源的配比应该考虑不同地区的实际风险情况，

特别是在司法体制改革，推行员额制的过程中，应该向公司法律风险较大地区的法院的相关审判庭室分配更多的员额。

法院名称	2014	2015	2016	2017	合计	占比
北京市朝阳区人民法院	6899	4699	2369	119	14 086	16%
北京市西城区人民法院	3657	4604	3158	61	11 480	13%
北京市海淀区人民法院	3844	3570	2902	176	10 492	12%
北京市东城区人民法院	2291	3213	3069	64	8637	10%
北京市丰台区人民法院	2871	2173	2437	210	7691	9%
北京市通州区人民法院	2201	2452	1336	62	6051	7%
北京市昌平区人民法院	1961	1915	1405	61	5342	6%
北京市大兴区人民法院	1549	1144	1784	120	4597	5%
北京市顺义区人民法院	1374	1142	801	30	3347	4%
北京市房山区人民法院	1096	1133	782	33	3044	4%
北京市平谷区人民法院	807	1189	829	24	2849	3%
北京市石景山区人民法院	448	1507	586	33	2574	3%
北京市怀柔区人民法院	775	728	625	45	2173	2%
北京市密云区人民法院	527	504	516	54	1601	2%
北京市门头沟区人民法院	387	519	597	65	1568	2%
北京市延庆区人民法院	202	319	232	39	792	1%
北京铁路运输法院	193	233	178	22	626	1%
合计	31 083	31 050	23 610	1218	86 961	100%

在中级法院层面中，传统三大中级法院审判了96.3%的案件，每个中级法院审判案件数量排序也基本与其辖区基层法院案件数量排序一致。高级法院仅有北京市高级人民法院一家，2014年1月至2017年5月共审理涉及北京市公司的案件738件。

审理法院	2014	2015	2016	2017	合计	占比
北京市第三中级人民法院	4022	3956	3575	640	12193	40.2%
北京市第二中级人民法院	2807	3096	3256	747	9906	32.7%
北京市第一中级人民法院	2024	2375	1985	680	7064	23.3%
北京知识产权法院	0	521	367	59	947	3.1%
北京市第四中级人民法院	26	72	51	13	162	0.5%
北京铁路运输中级法院	0	19	7	0	26	0.1%
合计	8879	10 039	9241	2139	30 298	100.0%

（3）案由。总体上，在 117 997 个样本中，民事案件 116 712 件，行政案件 1278 件，刑事案件 7 件。其中，民事案件占绝大多数，占总量的 98.9%。这说明北京市公司的法律风险以民事法律风险为主。从时间角度看，不同案由案件数量的历年比例分布与总体案件量的历年比例大体相同。

案件类型	年份				合计	总占比
	2014	2015	2016	2017		
民事	39 845	40 795	32 746	3326	116 712	98.911%
刑事	3	1	3	0	7	0.006%
行政	358	452	396	72	1278	1.083%
合计	40 206	41 248	33 145	3398	117 997	100.000%

第一，民事案由。根据最高院制定的《民事案件案由规定》，民事案由有众多的具体子类，为了便于观察和分析，此处只列出其中案件数量占比最多的前 10 大案由。

在既有的"企业法律风险"研究中，"公司治理法律风险"和"合同行为法律风险"一般被认为是企业最重要的和最多发的法律风险类型，而"人力资源管理法律风险"则在众多法律风险中被排在后面，甚至被忽略。[1] 然而，从民事案由的总体数据来看，"劳动争议"案件均稳居民事案由排行榜第一位，这与以往的经验判断大不相同。当然，这是由于合同类的案由具体分类众多，不同类型的具体"合同纠纷"加总起来则能够超过"劳动争议"的案件数量，但是劳动争议的绝对数量和总体占比的确超乎预料，这意味着北京市的公司应该更加注意"人力资源管理法律风险"。而且，同样令人意外的是，与"公司有关的"纠纷却连前20名都没进去。可见，理论的预期和现实运转之间的确存在差异。

序号	案件类型	合计	占比
1	劳动争议	24 073	20.63%
2	信用卡纠纷	8394	7.19%
3	物业服务合同纠纷	7993	6.85%
4	买卖合同纠纷	7806	6.69%
5	合同纠纷	7586	6.50%
6	商品房预售合同纠纷	5879	5.04%
7	机动车交通事故责任纠纷	4727	4.05%
8	金融借款合同纠纷	4097	3.51%
9	房屋租赁合同纠纷	3925	3.36%
10	供用热力合同纠纷	3557	3.05%
……	……	……	……
	合计	116 712	100.00%

---

[1] 参见陈丽洁、叶小忠：《企业法律风险管理的创新与实践：用管理的方法解决法律问题》，法律出版社2012年版；戴文良主编：《企业法律风险防范与管理》，法律出版社2015年版；邓海虹主编：《从败诉案件看企业法律风险防范》，法律出版社2015年版；高志宏、党存红：《企业法律风险管理导论》，东南大学出版社2014年版；郭斌、王士卿：《企业法律风险防控实务》，法律出版社2013年版；杨柳：《企业法律风险防控之合同风险管理》，法律出版社2015年版；徐永前：《企业法律风险管理基础实务》，中国人民大学出版社2014年版；张学军：《企业法律风险评测与控制》，法律出版社2015年版。

第二，行政案由。在行政案由中，由于此类案件较少，大部分案由只有少量案件或没有案件，因此，本文仅列出占总案件量前 10 名的案由。在这 10 个案由中，"商标行政管理（商标）"和"劳动和社会保障行政管理（劳动、社会保障）"占比最高，占比将近 50%。前者的案件量从 2014 年到 2016 年逐渐上升，这一方面说明北京市公司的商标管理法律风险还是比较大的，另一方面也说明北京市的公司越来越重视自己的品牌建设和管理。后者的案件量虽然逐渐下降，但是仍然有相当比例，这与民事案由中体现的北京市公司"人力资源管理法律风险"较大一致。其他案由数量和比例则相对较少。

序号	案由类型	2014	2015	2016	2017	合计	总占比
1	商标行政管理（商标）	96	117	191	33	437	34.2%
2	劳动和社会保障行政管理（劳动、社会保障）	83	44	44	15	186	14.6%
3	工商行政管理（工商）	36	17	5	4	62	4.9%
4	城乡建设行政管理：房屋拆迁管理（拆迁）	11	14	15	3	43	3.4%
5	信息公开	0	21	12	1	34	2.7%
6	城乡建设行政管理：其他（城建）	15	2	13	0	30	2.3%
7	专利行政管理（专利）	11	4	10	2	27	2.1%
8	资源行政管理：土地行政管理（土地）	3	13	4	0	20	1.6%
9	乡政府	2	2	1	8	13	1.0%
10	行政监察（监察）	9	1	2	0	12	0.9%
……	……	……	……	……	……	……	……
	合计	358	452	396	72	1278	100.0%

第三，刑事案由。在刑事案由上，北京市公司涉及的案例非常少，共有 5 类案由，行贿、虚开增值税专用发票罪、骗取出口退税、虚开增值税专用发票和走私。案件数量较少的原因可能是样本中不包括仅涉及北京市公司工作人员的案例。

序号	案由类型	2014	2015	2016	合计
1	行贿	1	0	1	2
2	虚开增值税专用发票罪	2	0	0	2
3	骗取出口退税	0	0	1	1
4	虚开增值税专用发票	0	1	0	1
5	走私	0	0	1	1
	合计	3	1	3	7

（4）公司涉诉量。一个公司的涉诉量一定程度上能够表现出该公司的法律风险水平。本文统计了北京市公司从2014年到2017年的涉诉数量，无论是作为原告还是作为被告，都算作涉诉一次。由于公司数量众多，仅选取涉案量最多的10家公司进行报告。从行业上看，涉案量最多的30家公司中，有12家公司是从事金融业务，这说明从事金融业公司的法律风险较高。另外，有9件家公司涉及房地产开发和物业管理，该行业的法律风险也比较集中。

序号	公司名称	数量
1	交通银行股份有限公司北京市分行	2601
2	北京银行股份有限公司	1879
3	广发银行股份有限公司北京市分行	1718
4	中国建设银行股份有限公司北京市分行	1047
5	北京金海韵健身有限公司	736
6	北京银行股份有限公司信用卡中心	648
7	北京实地房地产开发有限责任公司	575
8	中国银行股份有限公司北京市分行	520
9	北京顺开房地产开发有限公司	515
10	北京雨硕房地产开发有限公司	465

这些公司涉诉较多，可能与这些公司非常明显的行业特色有关。以案件量排

名第 1 位的"交通银行股份有限公司北京市分行"为例,该公司所涉及案件的案由仅有三类,即储蓄存款合同纠纷、借记卡纠纷、信用卡纠纷,而且 99% 的案由都是信用卡纠纷,这些案由往往只有商业银行才会涉及。再如,房地产业涉诉数量最多的"北京实地房地产开发有限责任公司",涉及最多的案由是商品房预售合同纠纷,占比 90.4%,涉及的其他类型的合同也多与地产施工、装修等有关。因此,公司在防范和管理自身法律的过程中,要特别注意与自身主营业务相关的法律风险,加强相关业务的法律风险管理。

(二) 行政处罚风险情况

1. 数据说明

被行政机关处罚也是法律风险的重要表现,本文通过借助长春市把手科技有限公司提供的网络数据抓取技术,获取"北京市企业信用信息网"上关于北京市各行政机关对北京市公司的行政处罚样本和公司的相关信息。

本节相关数据的抓取条件为:①进入"北京市企业信用信息网"行政处罚信息公示平台;②抓取当事人名称中有"公司"字样的企业,因为该网站只披露关于北京市企业的信息,所以不需要限定是北京的企业;③抓取行政处罚决定数据和被处罚企业的相关数据;④时间范围:2014 年 1 月 1 日至 2017 年 5 月31 日。

需要说明的是:一是数据抓取的时间范围从 2014 年开始是因为数据源(北京市企业信用信息网)的相关数据就是从 2014 年开始。二是部分处罚决定书会存在重复上传的情况,在数据处理时通过"行政处罚决定书文号"对数据进行查重处理,筛掉 5700 余个重复样本。

2. 数据描述性统计及分析

(1) 案件总体数量。总体上,北京市公司从 2014 年 1 月至 2017 年 5 月共受到行政处罚 55 553 个,从 2014 年至 2015 年,北京市公司受到处罚的案件数量下降近一半,然后在 2016 年增长 6 倍以上,而从 2017 年前五个月的案件数量看该年度案件量难以达到 2016 年的水平,这可能意味着 2017 年北京市公司的整体法律风险将会下降。

处罚年份	2014	2015	2016	2017	总计
案件数量	11 005	6047	34 847	3654	55 553
占比	19.81%	10.89%	62.73%	6.58%	100.00%

(2) 违法行为类型数据。由于行政处罚作出机构披露内容详略不同,有近

一半的样本未披露与违法行为内容有关的信息。虽然无法获得全部数据，但是本部分数据的总量为 24 971 个，仍然具有相当程度上的代表性。北京市公司受到行政处罚的违法行为类型众多，因此，下面仅列出案件量前 10 名的违法行为类型。在这 10 个违法行为类型中，与公司"纳税申报和报送纳税资料"有关的案件最多，占到案件总量的 30% 以上，这说明行政处罚风险中"税务处罚风险"对于北京市的公司是非常大的。剩下十几种违法行为种类主要由工商机关管辖，广泛涉及公司登记、持续经营、产品质量、市场竞争和广告宣传等行为。由此可见，公司的行政处罚上法律风险防范重点在于处理好与消费者和竞争者的关系。另外，有相当一部分案件与工商部门对企业进行信息规制有关，许多案件的发生是由于公司没有及时根据现实情况变更工商登记或者向工商部门提交材料。这表明工商机关对企业信息披露的监管力度还是比较大的，特别是随着企业信息公示制度的成熟和推广，北京市公司应该加强在这方面的合规管理，防范这类法律风险。

序号	违法行为类型	案件量	总比例
1	未按照规定的期限办理纳税申报和报送纳税资料	8090	32.40%
2	成立后无正当理由超过 6 个月未开业的，或者开业后自行停业连续 6 个月以上	2653	10.62%
3	经营者利用广告或者其他方法，对商品作引人误解的虚假宣传	1148	4.60%
4	在产品中掺杂、掺假，以假充真、以次充好，以不合格产品冒充合格产品	770	3.08%
5	销售不符合保障人体健康和人身、财产安全的国家标准、行业标准的产品	698	2.80%
6	提交虚假材料或者采取其他欺诈手段隐瞒重要事实，取得公司登记	538	2.15%
7	未依照本条例规定提交年度报告	385	1.54%
8	经营者与消费者采用格式条款订立合同，经营者在格式条款中排除消费者解释格式条款的权利	371	1.49%
9	公司登记事项发生变更时，未依法规定办理有关变更登记，经责令限期登记，逾期不登记	366	1.47%

续表

序号	违法行为类型	案件量	总比例
10	企业法人（企业和经营单位）擅自改变主要登记事项，不按规定办理变更登记	329	1.32%
……	……	……	……
	合计	24 971	100.00%

（3）违法主体数据。在本文收集的 55 553 个行政处罚案例中，共涉及北京市各类型的公司 50 883 个。在统计期间范围内，受到 5 次以下（包含 5 次）行政处罚的公司数量为 50 775 家；受到 6 次以上 10 次以下（包含 10 次）行政处罚的公司数量为 82 家；受到了 11 次以上行政处罚的公司共有 26 家；公司被处罚次数最多的公司受到了 255 次行政处罚。从被处罚次数的频率分布看，绝大部分企业被处罚次数较少，行政处罚法律风险仅集中在极少部分公司中。

下表展示了受到行政处罚次数最多的 10 家公司。从这些公司的行业分布看，大多数公司从事商业零售行业，而前 5 名中有 3 家是电子商务公司，提供电商平台并进行自营销售。这说明在行政处罚法律风险中，商业零售业和新兴的电子商务行业是风险高发行业，这与诉讼法律风险相对集中于金融业和房地产开发行业的情况明显不同。另外，受处罚次数较多的还有从事房地产经纪、广告、医药等行业的公司。

序号	公司名称	处罚次数
1	北京京东世纪信息技术有限公司	255
2	北京世纪卓越信息技术有限公司	36
3	北京链家房地产经纪有限公司	29
4	北京国美在线电子商务有限公司	17
5	北京家乐福商业有限公司	17
6	北京家乐福商业有限公司良乡店	17
7	北京京东叁佰陆拾度电子商务有限公司	17
8	北京趣拿信息技术有限公司	17
9	北京燕莎友谊商城有限公司奥特莱斯购物中心	17
10	北京沃尔玛百货有限公司建国路分店	16

在公司类型方面，基本分类是有限责任公司和股份有限公司，由于部分样本没有披露该类数据，本文共收集该类数据 33 922 个，占总体样本数量的 50% 以上，具有一定的代表性。总体上，被处罚的有限责任公司数量是绝大多数，股份有限公司的数量则非常少。被处罚的"其他"类型的公司包括集体所有制公司、全民所有制公司和外国（地区）企业常驻代表机构等。

公司类型	被处罚次数
股份有限公司	539
有限责任公司	32 063
其他	1320

在股份有限公司中，非上市公司（或其分公司）被处罚 364 次，上市公司（或其分公司）被处罚 175 次。在股份公司中，具有国有控股或者有外资及港澳台投资背景的公司被处罚的数量非常少，分别占非上市公司的 4.67% 和上市公司的 3.76%。一种可能的解释是投资人性质对股份公司的行政处罚法律风险有影响，国资和外资背景的股份公司在行政法律风险防控上有着较多的经验和更完备的制度。

是否上市	股份公司类型	被处罚次数
非上市公司	股份有限公司（非上市、自然人投资或控股）	95
	股份有限公司分公司（非上市、自然人投资或控股）	36
	股份有限公司（中外合资、非上市）	11
	股份有限公司（台港澳与境内合资、非上市）	3
	股份有限公司（非上市、国有控股）	2
	股份有限公司（非上市、外商投资企业投资）	1
	其他股份有限公司（非上市）	91
	其他股份有限公司分公司（非上市）	125
	合计	364

续表

是否上市	股份公司类型	被处罚次数
上市公司	股份有限公司（上市、自然人投资或控股）	6
	股份有限公司分公司（上市、自然人投资或控股）	5
	股份有限公司（台港澳与境内合资、上市）	2
	股份有限公司分公司（上市、国有控股）	2
	股份有限公司（上市、国有控股）	1
	其他股份有限公司（上市）	26
	其他股份有限公司分公司（上市）	133
	合计	175

在有限责任公司中，公司本身受到行政处罚 29 304 次，分公司受到行政处罚 2759 次。在有限公司中，具有国有控股或者有外资及港澳台投资背景的公司被处罚的数量同样非常少，仅占被处罚有限公司数量的 3.61%，比在股份公司中的比例更低。有限责任公司的分公司被处罚的案件量也相对较多，因此，公司在加强自身法律风险管理时，也应该照顾到分公司的风险防范。

是否上市	股份公司类型	被处罚次数
公司	有限责任公司（法人独资）	1624
	有限责任公司（国有独资）	15
	有限责任公司（国有控股）	4
	有限责任公司（台港澳法人独资）	220
	有限责任公司（台港澳合资）	6
	有限责任公司（台港澳与境内合资）	65
	有限责任公司（台港澳与境内合作）	11
	有限责任公司（台港澳与外国投资者合资）	2
	有限责任公司（台港澳自然人独资）	7
	有限责任公司（外国法人独资）	208
	有限责任公司（外国自然人独资）	37
	有限责任公司（外商合资）	39

续表

是否上市	股份公司类型	被处罚次数
公司	有限责任公司（外商投资企业法人独资）	305
	有限责任公司（外商投资企业合资）	3
	有限责任公司（外商投资企业与内资合资）	54
	有限责任公司（中外合资）	151
	有限责任公司（中外合作）	9
	有限责任公司（自然人独资）	9437
	有限责任公司（自然人投资或控股）	15 301
	有限责任公司分公司（国有独资）	22
	其他有限责任公司	1784
	合计	29 304
分公司	有限责任公司分公司（法人独资）	412
	有限责任公司分公司（外商投资企业法人独资）	20
	有限责任公司分公司（自然人独资）	275
	有限责任公司分公司（自然人投资或控股）	1341
	其他有限责任公司分公司	711
	合计	2759

（4）注册资本。由于公司实践中长期存在虚假出资、抽逃出资和验资机构失范等情况，再加上欧美公司法修改过程中逐渐放弃了最低注册资本的要求，我国公司法学界对法定资本制下注册资本的功能和意义长期表示质疑。2013年我国对《公司法》进行修订，取消公司最低注册资本，从实缴制改为认缴制，这不仅被作为我国公司法上的重大改革，也被作为国家鼓励"大众创业、万众创新"的重要举措。不过，最低注册资本和实缴制是否是公司法上的无用的"阑尾"，公司的注册资本到底能否一定程度上代表公司的资信和法律风险程度，这些问题并不因2013年的《公司法》修改而失去意义，仍需要继续研究。学术界已经有一些研究从理论上对问题进行了讨论，[1] 但是尚需从更加直接的实践经验入手对这些问题给出答案。下面将以北京市公司为样本对上述问题进行实证研

---

[1] 参见蒋大兴：《质疑法定资本制之改革》，载《中国法学》2015年第6期。

究，通过大量的相关数据帮我们认清注册资本的功能和意义。

在五万余个被处罚公司的样本中，共有 48 979 个样本披露了注册资本的数据。为了研究 2013 年《公司法》修改后注册资本对识别公司法律风险作用的变化，本文将这些数据按照公司成立在 2013 年之前还是之后进行区分。由于公司的注册资本具体数额各有不同，本文根据注册资本的多少设定了 10 个类别，最低级别是 0 - 3 万元，最高级别是 1 亿元以上，每个类别的上限包含本数，下限不包含本数，具体数据见下表。无论是《公司法》修改前后，注册资本极低（3 万以下）和极高（1000 万以上）的公司被处罚的数量都比较少，行政处罚主要集中在注册资本在 3 万至 1000 万的公司上，占比在 85% - 90%。比较奇怪的是，《公司法》2013 年修改前有限责任公司的最低注册资本是 3 万元，但是存在一定数量的公司注册资本低于 3 万。《公司法》修改前后带来的主要变化是：在注册资本在 3 万 - 1000 万的公司中，《公司法》修改前被处罚的公司更集中在 3 万 - 100 万的区间，占比 60% 以上，而且当公司的注册资本在 50 万元以上，可以说公司的注册资本越大，公司的受到行政处罚的法律风险越小。而《公司法》修改后，被处罚公司的比例超过 10% 区段明显增多，从 3 个区段（3 万 - 100 万）变为 5 个区段（3 万 - 500 万），在此范围内被处罚公司的数量更加平均，而且要在公司的注册资本在 500 万以上时，才会出现明显的"公司的注册资本越大，公司的受到行政处罚的法律风险越小"的情况。

以上这些现象一定程度上表明：一是极低注册资本公司并没有成为行政处罚法律风险的高发群体。在取消最低注册资本后，曾经有人会担心这会导致出现大量极低注册资本的公司，甚至是所谓的"一元公司"。这些公司天生缺乏资信，可能成为违法行为的高发群体。但是，数据表明，公司法修改后 0 - 3 万元的极低注册资本公司的被处罚比例仅为 2.2%，非常低。这可能是因为，取消最低注册资本后，虽然大量主体能以极低的注册资本成立公司，但是在极低值域，注册资本仍然有较强的法律风险指示作用，能够显示出公司资信严重不足，使交易相对方和监管者更警惕其法律风险，防患于未然，减少相关案件的发生。二是在公司法修改前，注册资本具有较好的预测公司法律风险的功能，而且可以通过其相对精确地指示法律风险高发的公司范围；在公司法修改后，注册资本预测公司法律风险的功能减弱，法律风险高发公司的注册资本范围扩大化。这可能是因为在实缴制下，公司的注册资本总体上就是股东的实缴资本，而公司获得的实缴资本是公司经营和管理的物质基础，充足的资本能为法律风险的管理防范提供条件和可能。而且，"有恒产者有恒心"，公司大股东投入越多真金白银，也就越希望公司持续平稳发展，自然倾向于法律合规。然而，在实施注册资本认缴制以后，股东无需马上实缴资本，更倾向于让公司有较高的注册资本，此时的注册资本缺少实缴资本的支撑，难以相对准确地指示公司防范法律风险的能力。因此，在《公司法》修改后，公司的实缴资本可能是指示公司法律风险的更加重要的指标。但遗憾的是，该部分信息往往没有公示，本文在权威信息披露平台上获取的相关数据非常少，难以进行大数据的实证研究。

注册资本（万元）	《公司法》修改前成立的公司			《公司法》修改后成立的公司		
	被处罚公司数量	百分比	累积百分比	被处罚公司数量	百分比	累积百分比
0－3	1799	4.6	4.6	228	2.2	2.2
3－10	8088	20.9	25.5	1231	12	14.2
10－50	11 069	28.6	54.1	2073	20.2	34.4
50－100	6332	16.4	70.5	2621	25.5	59.9
100－300	3027	7.8	78.3	1199	11.7	71.6
300－500	1782	4.6	82.9	1285	12.5	84.1
500－1000	2467	6.4	89.3	888	8.6	92.8
1000－5000	2232	5.8	95.1	495	4.8	97.6
5000－10 000	778	2	97.1	172	1.7	99.3
10000 以上	1137	2.9	100	76	0.7	100
合计	38 711	100		10 268	100	

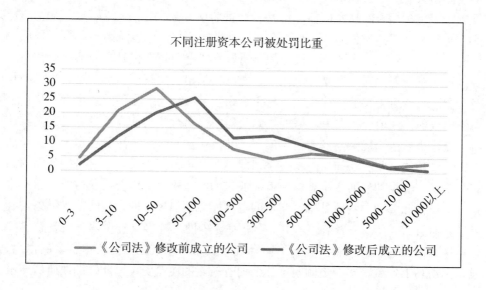

三、北京市上市公司法律风险实证研究

（一）研究假设

本部分将通过网络上的公开数据对北京市上市公司的法律风险及影响因素进行量化的实证研究。本部分的研究并不涉及上市公司法律风险防范的技术细节，而是探索上市公司法律风险产生的深层原因。前文已述，公司法律风险防范应该更加关注公司的内部影响因素，本文对内部要素进一步区分为组织要素、财务要素、行为要素和企业文化要素四方面数据，进行类型化研究。

首先，组织要素。这方面的要素主要涉及上市公司的公司治理情况。一般认为，一个公司的公司治理情况直接影响了公司的内部权力制衡，缺乏良好的公司治理容易产生法律风险。好的公司治理结构就是要平衡好股东之间、股东与经营者之间、公司股东与债权人等外部人之间的矛盾，解决公司的三大治理问题。[1]中国上市公司股权结构非常集中，公司治理中最严重的问题长期被认为是大股东滥用公司控制权，而大股东的恣意妄为也往往是公司诉讼和公司违法的导火索。为了改善公司治理和保护投资者合法权益，我国要求上市公司设置独立董事，降低公司法律风险也是此制度的重要目标。另外，除了组织结构对公司治理的影响，公司中成员的背景、学历和素质也会影响公司治理和法律风险防范的情况。

其次，财务要素。企业的财务状况能够反映其规模和发展程度，它们会影响企业法律风险的防控能力。还有，一个上市公司会计制度执行的情况也综合反映了企业内部合规的情况，进一步预示着企业的法律风险。再者，企业的各项财务指标也可能与上市公司的法律风险有关。

再次，行为要素。公司及其内部人员的重要行为可能会直接或间接地导致公司法律风险的产生。例如，公司是否会进行大量的对外担保，甚至违规担保，将影响公司的法律风险。

最后，企业文化。一个公司的企业文化和观念一般会影响该公司及其管理者对待法律风险的态度，一个重视企业商业声誉和社会责任的企业往往会积极地处理自身的法律风险。

因此，本文根据理论假设，从这四方面入手选取北京市上市公司的相关指标，对这四类要素是否对上市公司法律风险产生影响，哪些指标能够产生影响，以及能够产生多大影响进行量化研究。

---

[1] 参见［美］莱纳·克拉克克曼、亨利·汉斯曼等：《公司法剖析：比较与功能的视角》，罗培新译，法律出版社 2012 年版，第 37 页。

（二）样本选取和模型设定

1. 样本选择

本文将根据既有理论和研究假设对实证研究中的因变量和自变量进行设计和选取。在样本上，本文将选取 2014 年－2017 年 5 月在沪深两个交易所上市的、注册地为北京的上市公司为样本。本文中数据来源于 Wind 数据库、巨潮资讯网和新浪财经网，部分数据通过手工整理。由于每年北京市上市公司的总体数量还在变动，只要在选定时间内是北京市上市公司便予以收录，本文共采集上市公司样本 297 家。

2. 变量说明

本文将根据研究假设，选取适当的指标描述研究变量，通过多元回归分析检验研究假设，分析各类因素对北京市上市公司的法律风险影响有无和影响多少。

（1）因变量。变量设计分为因变量和自变量两部分。因变量是由自变量变动而直接引起变动的量，根据研究需要，这里的因变量被设置为上市公司法律风险指数。

企业进入诉讼仲裁和受到规制是企业法律风险最直接的表现，而且诉讼和受到规制都有可能使公司承担法律责任，使公司遭受直接的经济损失。因此，公司的涉诉和受到规制的情况一定程度上可以代表一个企业的法律风险，并作为描述企业法律风险的指标。因此，企业法律风险可以分为诉讼仲裁风险和规制风险，在变量设计上也从这两方面着手。

第一，诉讼仲裁风险。首先，应将胜诉和败诉的情况均纳入变量设计。企业法律风险描述的是一种可能性，进入诉讼本身就代表着存在法律风险。其次，诉讼仲裁法律风险应考虑涉诉金额。由于不同的诉讼仲裁反映出公司的法律风险严重程度是不同的，在变量设计时应该把这一点考虑进去，关键指标就是涉案金额。当然，涉案金额的影响还要考虑不同上市公司的承受能力，所以本文将采用涉案金额与公司当年营业收入的比值来描述诉讼仲裁对公司的影响程度。

第二，在规制风险方面，主要指标是上市公司披露的，受到证监会、交易所或其他机构处罚的次数。由于相关处罚的罚款往往数额有限，对上市公司影响不大，所以不考虑处罚中罚款的金额。[1]

因变量设计方案如下：

上市公司法律风险指数 = 诉讼仲裁法律风险指数 + 行政监管法律风险指数

$$= 诉讼仲裁数量 * \left(1 + \frac{涉案金额}{营业收入}\right) + 受到处罚的数量$$

---

[1] 虽然也有基于违法所得一定倍数进行罚款的情况，但是在本部分涉及的案例很少，因此不进行特别考量。

（2）自变量。企业的内部要素对于企业来说相对可控，也是识别、评估和防范企业法律风险的关键，因此，自变量主要描述影响上市公司法律风险的内部要素。根据研究假设，影响上市公司法律风险的自变量主要可以分为四类，组织变量、财务变量、行为变量和公司文化变量。为了提升研究的信度和效度，本文将选取适当的指标来刻画这四类变量。具体的变量设计如下。

第一，组织变量。上市公司的组织变量主要反映公司组织的基本情况、公司治理和管理水平等情况。本文选取了以下指标作为组织变量，从多个角度描述公司的组织情况。

变量名称	内容
是否为国企	反映上市公司投资和治理中是否受到国家影响
是否为央企	反映上市公司投资和治理中受到国家影响的程度
人员素质	算法：员工总数/员工中博士数量。反映上市公司的雇员的学历层次
股权集中程度1	反映上市公司第一大股东持股比例
股权集中程度2	反映上市公司前十大股东持股比例
独立董事数量	反映上市公司经营和管理的独立性

第二，财务变量。上市公司的财务变量一定程度上也反映了公司的管理水平，甚至公司的财务状况是公司管理水平的集中表现，也是影响公司法律风险的重要因素，本文选取了以下指标对财务情况进行刻画。

变量名称	内容
净资产收益率	该指标反映股东权益的收益水平，用以衡量公司运用自有资本的效率
人力投入回报率	人力资本投资回报率是指企业在人力资本上每投入1元所获得的回报，是一项衡量人力资本有效性的核心指标
主营业务比率	主营业务比率是揭示在企业的利润构成中，经常性主营业务利润所占的比率
管理费用/营业总收入	反映上市公司在管理上的投入水平

变量名称	内容
流动比率	流动比率是指企业流动资产与流动负债的比率,反映企业短期偿债能力的指标
流动资产周转率	流动资产周转率是评价企业资产利用率的一个重要指标
审计意见是否为标准无保留意见	标准的无保留意见说明审计师认为被审计者编制的财务报表已按照适用的会计准则的规定编制并在所有重大方面公允反映了被审计者的财务状况、经营成果和现金流量

第三,行为变量。一个上市公司的行动策略和特定行为的出现频次都反映着该公司的内部决策和控制制度,进而会影响上市公司的法律风险水平。本文选取了以下指标对上市的行为变量进行刻画。

变量名称	内容
经营活动产生的现金流量净额占比	分别反映经营活动、投资活动、筹资活动产生的净现金流占总净现金流中的比率
投资活动产生的现金流量净额占比	
筹资活动产生的现金流量净额占比	
关联担保余额	上市公司该年度对关联关系主体进行担保的余额
担保总额占净资产比例	上市公司该年度对担保总额与净资产的比值,反映公司对外担保的风险规模

第四,公司文化变量。公司制度安排和经营决策都会受到公司文化的影响。公司文化的重要方面应包括是否关注公司利益相关者的利益,是否对社会公众负责,是否积极地对社会做贡献。本文将采用上市公司是否在该年度发布《上市公司社会责任报告》作为描绘上市公司文化的指标。

第五,控制变量。除了以上四方面变量,本文还选取了一些反映上市公司的基本情况的变量作为控制变量。

变量名称	内容
上市公司所在行业	反映上市公司所在行业
上市板块	反映上市公司的规模
成立年数	反映上市公司经营管理的经验
是否属于重要指数成分股	上市公司股票是否为沪深三百指数成分股，反映上市公司的规模和流动性
是否为融资融券标的	上市公司股票是否为融资融券的标的证券，反映上市公司的规模、流动性和股价波动情况
注册资本	反映上市公司的资本规模
营业总收入	企业在从事销售商品，提供劳务和让渡资产使用权等日常经营业务过程中所形成的经济利益的总流入

（三）变量描述性统计

1. 诉讼仲裁风险数据

（1）总体数据。据统计，从2014年1月至2017年5月年，北京市的上市公司共有90家涉及需要进行信息披露的重大诉讼或仲裁，总计535件。2014年的数据案件过少可能是使用的数据源对该年度的数据收集不全导致。

涉及诉讼和仲裁的上市公司中，只有总案件量前10名的公司司法风险相对集中，而后70名的上市公司涉及总案件量均在5件以下（包含5件）。

序号	名称	2014	2015	2016	2017	合计	总占比
1	五矿发展	0	0	54	44	98	18.3%
2	*ST 锐电	1	27	12	7	47	8.8%
3	*ST 云网	0	29	10	6	45	8.4%
4	大唐电信	0	0	0	37	37	6.9%
5	合众思壮	0	0	16	6	22	4.1%
6	中关村	7	1	5	7	20	3.7%
7	东易日盛	0	4	11	0	15	2.8%

序号	名称	2014	2015	2016	2017	合计	总占比
8	＊ST弘高	0	4	10	0	14	2.6%
9	江河集团	0	9	3	0	12	2.2%
10	农发种业	0	5	6	0	11	2.1%
……	……	……	……	……	……	……	……
	合计	18	126	224	167	535	100.0%

（2）争议解决程序数据。北京市上市公司在2014年1月至2017年5月涉及的535个案件中，诉讼案件为462件，占86.4%，仲裁案件为73件，占13.6%。在诉讼案件中，民事诉讼案件最多，占比84.7%，刑事诉讼与行政诉讼则比较少，这与公司司法风险总体数据基本一致。

争议解决程序	公告年份				合计	总比例
	2014	2015	2016	2017		
民事诉讼	15	97	192	149	453	84.7%
刑事诉讼	0	2	1	0	3	0.6%
行政诉讼	0	2	2	2	6	1.1%
仲裁	3	25	29	16	73	13.6%
合计	18	126	224	167	535	100.0%

（3）案由数据。第一，民事案由。民事诉讼案件共有453件，经统计共涉及83类民事案由，下表列出总量排名前10的案由。首先，数量最多的仍然是各种类型的合同纠纷。其次，公司总体数据中非常突出的"劳动争议"案由在上市公司中虽然排在前列，但是总体数量占比就要小得多，可能是上市公司人力资源管理更加规范，雇员的相关权益也比较有保障，导致相关案件数量下降。

序号	民事案由类型	2014	2015	2016	2017	合计	总占比
1	合同纠纷	1	22	40	51	114	25.17%
2	买卖合同纠纷	6	12	42	38	98	21.63%
3	欠款纠纷	0	6	20	3	29	6.40%
4	房屋租赁合同纠纷	0	4	3	6	13	2.87%
5	租赁合同纠纷	0	0	5	6	11	2.43%
6	劳动争议	0	2	8	0	10	2.21%
7	证券虚假陈述责任纠纷	0	0	4	6	10	2.21%
8	工程款纠纷	1	2	6	0	9	1.99%
9	建设工程施工合同纠纷	2	2	2	2	8	1.77%
10	借款合同纠纷	0	4	4	0	8	1.77%
…	……	……	……	……	……	……	……
	合计	15	97	192	149	453	100.00%

第二，行政案由和刑事案由。北京市上市公司涉及的行政案件和刑事案件相对较少，2014年1月至2017年5月行政案件仅有6件，刑事案件仅有3件。

第三，仲裁案由。上市公司涉及的仲裁案件也有一定比例，主要案由的比例与民事诉讼案件的案由分布大体一致，仍然是合同案件为主。

序号	仲裁案由类型	2014	2015	2016	2017	合计	总占比
1	合同纠纷	1	11	7	3	22	30.1%
2	买卖合同纠纷	0	0	3	5	8	11.0%
3	建设工程施工合同纠纷	0	2	5	0	7	9.6%
4	工程款纠纷	1	3	0	0	4	5.5%
5	货款纠纷	0	1	1	2	4	5.5%
6	欠款纠纷	0	2	2	0	4	5.5%
7	采购合同纠纷	1	1	1	0	3	4.1%

序号	仲裁案由类型	2014	2015	2016	2017	合计	总占比
8	劳动争议	0	1	1	1	3	4.1%
9	协议纠纷	0	1	0	2	3	4.1%
10	贷款纠纷	0	2	0	0	2	2.7%
......	......	......	......	......	......	......	......
	合计	3	25	29	16	73	100.0%

2. 行政监管风险数据

（1）总体数据。据统计，从 2014 年 1 月至 2017 年 5 月年，北京市上市公司共有 37 家涉及行政处罚案件，总计 195 个。全年违法次数中，2014 年相对最少，2015 年最多，2016 年较 2015 年有所下降。其中，2014 年违规行为相对最少，可能同样是因为数据源对该年度的数据收集不全导致。

序号	公司简称	2014	2015	2016	2017	合计
1	＊ST 锐电	0	42	0	0	42
2	＊ST 云网	2	29	2	2	35
3	嘉寓股份	0	0	28	0	28
4	中国高科	0	0	14	0	14
5	中水渔业	0	0	7	0	7
6	财信发展	1	5	0	0	6
7	北京利尔	0	0	5	0	5
8	京天利	0	0	5	0	5
9	中国中期	0	5	0	0	5
10	北新建材	4	0	0	0	4
......	......	......	......	......	......	......
	合计	24	83	77	11	195

（2）违法主体数据。在违法主体方面，公司自身违法次数为 30 次，涉及上

市公司 18 家。违法数量最多的主体类型是上市公司董监高，违法次数 123 次，共涉及上市公司 22 家。

违法主体	2014	2015	2016	2017	合计	公司数量
公司董监高	6	52	59	6	123	22
公司本身	13	5	10	2	30	18
公司关联方	2	17	3	1	23	8
公司股东	3	7	4	2	16	10
公司控股参股公司	0	2	1	0	3	2
合计	24	83	77	11	195	

（3）违法行为数据。在违法行为类型方面，上市公司及相关主体主要违法行为是"信息披露违法行为"，其中信息披露虚假或严重误导性陈述将近占比 40%，未及时披露公司重大事项大约占 20%，重大遗漏等行为则相对较少。另外还有一定数量的违规买卖股票、内幕交易等行为。"未依法履行其他职责"虽然总体数量较多，但是涉及具体的违法行为数量非常少，例如违反规定召开股东会、表决程序不合法、违规提供担保等。

序号	违法行为	2014	2015	2016	2017	合计	总占比
1	信息披露虚假或严重误导性陈述	0	68	30	5	103	37.59%
2	未及时披露公司重大事项	6	4	37	6	53	19.34%
3	违规买卖股票	9	0	0	0	9	3.28%
4	业绩预测结果不准确或不及时	0	0	5	0	5	1.82%
5	重大遗漏	2	0	0	0	2	0.73%
6	内幕交易	1	0	0	1	2	0.73%
7	未依法履行其他职责	10	56	26	8	100	36.50%
	总计	28	128	98	20	274	100.00%

（四）多元回归结果及分析

在汇报多元回归结果之前，需要说明，由于上市公司法律风险指数的相关数据在 2014 年可能存在统计不全的情况，因此，为了分析结果的可靠性，仅使用 2015 年和 2016 年全年的诉讼仲裁与违规案例的数据。

1. 回归模型参数及诊断

将变量进行多元回归分析后，由这些变量构成的回归方程的确定系数 R 方为 0.62，这说明相关自变量共解释了上市公司法律风险的 62% 的变化。这在人文社会科学的研究中是非常高的。

模型参数汇总			
R	R 方	调整 R 方	标准估计的误差
0.787	0.62	0.558	20.64773

在获得回归模型整体参数后，还需对回归方程整体和各自变量进行检验。首先，通过方差分析，可以看到回归方程 F 值为 10.041，在 0.000 水平统计性显著，表明方程中至少有一个自变量与因变量存在着统计性非常显著的线性关系，回归模型可用。

方差分析				
	平方和	df	均方	F	Sig.
回归	166944.7	39	4280.634	10.041	0.000
残差	102318.9	240	426.329		
总计	269263.6	279			

2. 各自变量回归系数及分析

在分析各自变量的回归系数前，为了确保回归结果具有统计学意义，还要进行一些参数检验。

（1）共线性诊断。需检验各自变量之间是否存在明显的共线性问题。共线性问题是指回归方程中的自变量之间高度相关，导致回归方程整体检验显著，但各自变量回归系数的统计检验却都不显著的矛盾现象。有两个指标可以用来检验自变量之间的共线性问题，一个是容忍度，一个是方差膨胀因子。容忍度指的是一个自变量的变化不能被其他自变量解释的百分比，一般来说，如果一个自变量的容忍度低于 0.1，意味着该变量与其他自变量之间严重相关，很容易使回归产生共线性问题，需要考虑从回归中删去。方差膨胀因子是容忍度的倒数，一般情况下，如果一个自变量的方差膨胀因子大于10，就需要考虑从回归中将其删除。[1] 从回归结果看，各自变量的容忍度均大于0.1，因此，不存在明显的共线性问题。

（2）统计显著性。需要检验各自变量是否具有统计学意义上的显著性，这可以通过 p 值（Sig.）进行判断。从目前的结果来看，只有三个自标量在0.05或更好的水平上具有统计意义上的显著性。出现这种情况有可能由于样本量太小，而自变量太多，导致检验能力不足。[2] 在这种情况下，某些自变量不显著，并不一定是没有实际影响。[3] 但是，由于本文重点在于检验北京市上市公司的法律风险的影响因素，这就限制了样本范围和数量，而依据研究假设却又不得不设置诸多变量，目前能够获得 3 个在0.05 的水平上具有统计意义上的显著性变量实属不易。

（3）回归系数。通过观察自变量的标准化回归系数可以判断和比较各自变量对因变量的影响程度。回归系数是判断自变量对因变量影响程度的重要指标。标准化的回归系数与非标准化的回归系数的差别在于前者对相关变量都除以其标准差，消除了不同单位的影响，使不同的变量的回归系数之间可以相互比较。从回归结果看，三个具有统计显著性的自变量为"是否为国企"、"管理费用/营业总收入"、"审计意见是否为标准无保留意见"。

首先，标准化回归系数最高的是"审计意见是否为标准无保留意见"。该变量的 Beta 值高达 -0.291，这说明在其他变量不变时，该变量数值每变动一个标准差就会影响因变量将近30%的变动。该变量回归系数为"负值"，就说明一个上市公司如果审计意见是标准无保留意见的，它的法律风险就相对较小。该变量的影响效果如此明显，可能因为以下原因。上市公司财务报表审计的审计意见的类型分为五种，包括标准的无保留意见、带强调事项段的无保留意见、保留意见、否定意见、无法表示意见。其中，标准的无保留意见说明审计师认为被审计者编制的财务报表已按照适用的会计准则的规定编制并在所有重大方面公允反映了被审计者的财务状况、经营成果和现金流量。遵守财务制度，进行财务合规，本身就是上市公司法律风险管理的重要方面，公司能获得"标准无保留意见"的审计意见，可以说是相对严格地遵守财务会计制度，很好地管理和防范财务法律风险。另外，财务制度作为一种执行上容易出现问题的内部制度，公司能够获

---

〔1〕 参见郭志刚主编：《社会统计分析方法：SPSS 软件应用》，中国人民大学出版社 2015 年版，第 72 - 73 页。

〔2〕 参见郭志刚主编：《社会统计分析方法：SPSS 软件应用》，中国人民大学出版社 2015 年版，第 58 页。

〔3〕 当然，也不排除一些自变量与应变量相关程度很低。

得"标准无保留意见",是公司整体管理能力和公司管理理念的反映,表明公司整体上具有较好的内部控制和经营管理水平,并且公司具有合规文化,注重公司诚信。公司在这些方面的特质也将很大程度上影响公司法律风险的防范水平。因此,上市公司能否获得"标准无保留意见",很大程度上表现了上市的法律风险水平。

其次,"是否为国企"也具有统计上的显著性。该变量回归系数为负值,表明有国企背景的上市公司法律风险相对较低,而该变量的标准化回归系数为 -0.171,这说明在其他变量不变时,该变量数值每变动一个标准差就会影响因变量平均17.1%的变动。因此,国企背景对上市公司的法律风险有较大的影响。这里对上市公司数据进行回归的结果得出的结论与前文通过对北京市公司总体数据分析得出的结论一致。对此可能有两种解释。第一种解释是,无论是地方国企还是央企,有国企背景的公司往往有很强的政治资源,可以减少自身法律风险。一方面,国企作为当地政府的纳税大户,是财政收入的重要支柱,自然会受到政府机关的照顾。另一方面,国企的核心领导往往也有行政级别,国企与政府部门在人员上也存在"旋转门",这使国企领导个人往往也有着强大的政治资源。因此,当上市公司面临重大违法或者诉讼时,公司领导往往会使用公司或者其个人的政治资源去解决"问题"。第二种解释是,有国企背景上市公司的内部管理相对规范,相较于其他类型的上市公司能够更好地防范法律风险。一方面,我国的国企较早地关注法律风险防范。早在2006年,国资委就发布了《中央企业全面风险管理指引》,而且,各地国资委长期大力推进国企法律风险防范机制的建立。另一方面,国企相比于民企往往更加重视内部管理和风险防控,内部管理程序和法律风险合规程序执行相对到位,甚至让人认为国企背景的上市公司内部管理流程繁琐,效率低下,成为国资背景的上市公司遭人诟病之处。以上两种解释都有其合理之处,对回归结果都有其解释力。总之,国资背景是识别上市公司法律风险的重要参照。

最后,"管理费用/营业总收入"的 p 值为0.015,在0.05的水平上具有统计显著性。该变量的标准化回归系数为 -0.121,这说明在其他变量不变时,该变量数值每变动一个标准差就会影响因变量平均12.1%的变动。管理费用与营业收入的比值可以反映上市公司在管理上的投入在公司收入中的比重,也反映公司在发展中对人力资源建设、公司经营管理、公司制度执行上的重视程度。因此,该变量回归系数为负值,表明上市公司法律风险就会相对变低,而上市公司对公司管理投入的经费越多,对公司管理越重视,上市公司的法律风险也就相对越低,这点并不难理解。然而,该结论的合理性则需要进一步解释。公司为了盈利往往希望增加收入,减少费用,因此,简单地从盈利的角度来看,"管理费用/营业总收入"的值越小公司盈利可能越多。但是，从制度实施的角度看，任何一套制度都是具有成本的，过低的管理投入只是意味着上市公司的内部制度没有得到很好地执行，公司得到的只是眼前的利润。对于一个上市公司最重要的不是一时的利润，而是上市公司的成长能力。增强公司管理能力，特别是法律风险防范能力，可以为公司长期持续稳定发展保驾护航。因此，上市公司从收入中增加对公司管理的投入并不违背上市公司经营管理的内在逻辑。当然，上市公司也应该优化公司内部管理制度并提高制度运行的效率，防止管理费用投入过多。综上，在保证制度运行效率的前提下，上市公司提高对管理费用的投入，特别是对法律风险防范方面的投入，是上市公司降低其法律风险的可行方案，而且，"管理费用/营业总收入"的取值也是识别上市公司法律风险的重要指标。

回归系数*							
	非标准化系数		标准系数	t	Sig.	共线性统计量	
	B	标准 误差	Beta			容忍度	VIF
（常量）	76.715	16.645		4.609	0		
是否为国企	−10.836	5.241	−0.171	−2.067	0.04	0.23	4.343
是否为央企	6.178	5.064	0.09	1.22	0.224	0.293	3.411
独立董事数量	−0.03	0.053	−0.036	−0.567	0.571	0.399	2.507
净资产收益率	7.43E−05	0.001	0.004	0.095	0.925	0.725	1.379
主营业务比率	−0.006	0.011	−0.023	−0.552	0.582	0.914	1.094
管理费用/营业总收入	−0.144	0.059	−0.121	−2.458	0.015	0.659	1.518
流动比率	0.134	0.38	0.016	0.352	0.725	0.806	1.241
流动资产周转率	−0.591	1.979	−0.017	−0.299	0.765	0.475	2.106
关联担保余额合计	3.77E−07	0	0.01	0.157	0.876	0.41	2.437
审计意见是否为标准无保留意见	−57.809	10.354	−0.291	−5.583	0.000	0.583	1.716

回归系数*							
	非标准化系数		标准系数	t	Sig.	共线性统计量	
	B	标准 误差	Beta			容忍度	VIF
上市公司社会责任报告	−3.614	3.849	−0.053	−0.939	0.349	0.504	1.985

*因变量：上市公司法律风险指数；控制变量过多，此处不再进行报告

四、北京市企业法律风险防范建议

企业法律风险防范是一个系统工程和重要课题，通过对北京市公司的法律风险进行大样本的实证研究，以及对北京市上市公司法律风险的专题式的量化分析，本文相对全面地展示了北京市企业法律风险状况。针对研究中发现的问题，除了前文中已经提到的一些建议，本文对北京市企业法律风险防范还有以下建议。

第一，企业应针对自身法律风险情况，建立适合的法律风险防范体系。通过对北京市公司法律风险总体状况的研究，我们发现不同企业法律风险差异是非常大的。从行业角度看，金融业、房地产开发业、商品销售业和新兴的电商行业等是法律风险非常集中和高发的行业。因此，不同公司应该根据自身情况选取不同类型的法律风险防范措施。对于风险较高的企业，可以建立相对完整的法律风险防范的制度体系，设置专业的公司法务和合规人员，聘请外部法律顾问机构等；对于法律风险较低的企业，则并不需要采取那些复杂和高成本的措施，可以通过根据自身的行业特点和常遇到的法律问题总结防范措施，加强内部管理等措施实现法律风险防范的目标。一些企业在选择采取何种法律风险防范措施时考虑的主要是措施带来的成本或者相关监管规定的要求，这当然存在一定合理性，但是本文强调的是，企业应在负担能力范围内根据自身潜在法律风险选择防范措施。毕竟，法律风险一旦转变成诉讼或者处罚，也将带来大量的成本。

第二，严格执行企业信息公示制度，增强相关主体识别企业法律风险的能力。企业信息公示制度和相关平台的建立是降低相关主体识别法律风险成本，防止法律风险转化为法律后果的重要措施。2014 年国务院发布了《企业信息公示暂行条例》，国家工商行政管理总局主办建立了国家信用信息公示系统。但是，相关制度并没有完全在该信息平台上落实。例如，前文已述，在 2013 年《公司法》修改后，"实缴资本"将一定程度上代替"注册资本"发挥指示企业法律风险的功能。按照《企业信息公示暂行条例》第 9 条和第 10 条的规定，实缴资本

属于强制披露和必须公示的内容。然而，在企业信息平台上，无论是国家信用信息公示系统，还是北京市企业信用信息网，公司实缴资本往往是空白信息，而且强调工商机关对该部分信息的披露并不负责，这与《企业信息公示暂行条例》的要求相悖。因此，为了切实提高相关主体识别企业法律风险能力，企业应该依法公示信息，工商机关则应该严格执法，确保信息公示的准确和及时。

第三，上市公司应该更加注重法律风险的外部监督。从对北京市上市公司法律风险的量化分析看，"审计意见是否为标准无保留意见"对上市公司法律风险指数的解释力非常强。审计师是否出具"标准无保留意见"意味着上市公司编制的财务报表是否符合会计准则，也意味着上市公司是否有较好的合规文化和制度执行力。审计意见是公司内部和外部人员识别公司财务报表制作是否合规的重要依据，人们之所以信赖审计意见是因为它是由公司外部的注册会计师出具，他们能够凭借其专业知识、中立地评估上市公司对会计准则的执行状况，有一定的独立性和专业性。其实，上市公司法律风险防范也可以通过外部"审计"进行有效的识别和评估。随着上市公司规模的逐渐扩大，科层体制的弊端日益显现，公司管理层难以完全控制公司具体事务的实际运行，想知道公司运行是否合规，仅靠内部管理效果未必理想，而公司外部人想全面细致了解该公司的法律风险情况更是困难。因此，可以仿照"财务审计"，由公司管理层聘请外部专业机构（研究机构或者律师事务所），对上市公司整体和各部门的制度规范、经营运作和决策体系等方面的法律风险进行排查和评估，根据实际情况给出法律风险评估意见并提出可行的改进建议。第三人在与公司合作前也可以经该公司同意后聘请外部机构对其法律风险进行"审计"。随着市场和监管者逐渐认识到法律风险防范的重要性，当时机成熟时，相关部门可以对上市公司法律风险的外部评估进行规范，并将评估意见作为公司的信息披露事项。

第四，公司在合理限度内提高对法律风险管理和防范的投入。公司法律风险的防范不仅要有完善的体系和具体的制度规范，还要确保能够执行，而公司在人员、时间和设施等方面的投入是确保法律风险防范措施实际执行的物质基础。通过研究发现，上市公司的管理费用与营业总收入的比值越高，公司法律风险越低，这说明在控制制度运行效率和运行成本的前提下，从公司收入中加大对法律风险管理的投入能够有效降低公司法律风险。这一结论应该不仅适用于上市公司，其他类型的公司也可能有效。

结语

为了使北京市企业更好地防范法律风险，首先本文第一部分对企业法律风险的理论问题进行了详细的梳理并介绍了近年来国际国内法律风险管理的重要制度和企业实践。其次，本文第二部分针对既有研究存在的问题，对北京市企业的法律风险进行了大样本的实证研究，从诉讼法律风险和行政处罚法律风险两部分展现了北京市公司制企业的法律风险的整体情况，并得出许多与一般理论假设和经验判断不同的发现。再次，第三部分对北京市上市公司的法律风险进行量化实证研究。除了对上市公司诉讼仲裁法律风险和行政监管法律风险进行数据分析外，还通过多元回归分析方法检验了公司的组织变量、财务变量、行为变量和文化变量与上市公司法律风险之间的关系并进行了理论阐释。最后，第四部分根据实证研究结果，提出了促进北京市企业防范法律风险的四条建议。

本文努力克服既有研究中存在的问题，在重视理论梳理和大胆进行理论假设的前提下，借助网络信息技术获取北京市企业法律风险的大样本和大数据，运用统计学方法进行实证研究，力求理论研究与经验研究的有机结合。希望本文的研究成果和相关建议能够有利于北京市企业，甚至是全国企业的法律风险防范工作，促进我国企业的健康发展。

（本文课题组成员：白建军，北京大学法学院教授；沈岿，北京大学法学院教授；常鹏翱，北京大学法学院教授；沈朝晖，清华大学法学院讲师；夏小雄，中国社科院法学所助理研究员；任启明，中国政法大学讲师；沈晖，江苏商业管理干部学院讲师；徐永前，大成律师事务所副主任律师；邢梅，上交所博士后；龚浩川，北京大学法学院博士生；唐夕雅，北京大学法学院博士生；董学智，北京大学法学院博士生；佘倩影，北京大学法学院博士生；陈毓坤，北京大学法学院硕士生；王悦，北京大学法学院硕士生。）

北京社会治安防控体系建设的法治保障研究

闫满成 *

社会治安防控体系建设是动用社会各种有效资源，以建立治安防范网络为手段，实现打、防、管、控、建一体化的系统工程。中央、北京市历来高度重视此项工作。党的十八大报告明确提出"深化平安建设，完善立体化社会治安防控体系"；十八届三中全会进一步指出："加强社会治安综合治理，创新立体化社会治安防控体系"。北京市第十一次党代会强调："深入推进平安北京建设，发挥专群结合、群防群治的优势，完善社会治安防控体系"，健全完善立体化社会治安防控体系是中央、市委、市政府提出的一项重大任务，也是维护政治稳定和治安稳定、服务经济社会发展、保障人民群众安居乐业的基础性、系统性、战略性工程。

为贯彻落实中央、市委、市政府提出的重大战略性工程，2016 年，北京市出台了《关于加强首都立体化社会治安防控体系建设的实施意见》，该《意见》指出，要大力加强社会治安防控体系法治建设。充分发挥法治在加强社会治安防控中的引导、规范、保障、惩戒作用。本课题以十八大以来中央、北京市有关政策为指导，以现代法治理念为指引，立足首都立法、执法、公众参与的实践，对北京社会治安防控体系建设的法治保障问题展开研究。

一、加强北京社会治安防控体系建设法治保障研究的意义

（一）北京社会治安防控体系建设法治保障的重要性

1. 贯彻全面依法治国的必然要求

党的十八大以来，中共中央总书记、国家主席、中共中央军委主席习近平围绕全面依法治国发表了一系列重要论述，习近平强调，依法治国是坚持和发展中国特色社会主义的本质要求和重要保障。要坚持依法治国、依法执政、依法行政共同推进，坚持法治国家、法治政府、法治社会一体化建设。加强北京社会治安防控体系建设的法治保障，是贯彻"四个全面"的必然要求，是首都综治部门

---

* 课题主持人：闫满成，首都综治办主任，立项编号：BLS（2016）A008。结项等级：合格。

具体实践全面依法治国要求的重要抓手。

北京市委第十一届六次全会审议通过了《中共北京市委关于贯彻落实党的十八届四中全会精神全面推进法治建设的意见》，该《意见》明确指出，"要深入推进依法行政，率先建成法治政府，建设法治中国首善之区"。这也要求将包含社会治安防控体系建设在内的综治工作全部纳入法治化的轨道，当前，制约社会治安防控体系建设的因素种类繁多，面临日益复杂的治安矛盾，社会治安防控体系建设工作要跟上步伐，就应当改变陈旧、单一的治理手段，而采用法治的手段，将整个工作纳入法治化的轨道。

2. 新形势下保障人民安居乐业的需要

保障人民安居乐业是政法综治工作的根本目标。只有人民安居乐业，国家才能长治久安。政法综治工作搞得好不好，最终的检验标准就是看各项举措是否有利于人民安居乐业。广大政法干警只有想群众之所想，急群众之所急，心系群众，把群众的冷暖安危放在心上，牢固树立群众困难无小事的理念，才能真正地把人民群众的小事当成自己的大事来办。习近平总书记2014年在中央政法工作会议上强调，保障人民安居乐业是政法工作的根本目标。政法机关和广大干警要把人民群众的事当作自己的事，把人民群众的小事当作自己的大事，从让人民群众满意的事情做起，从人民群众不满意的问题改起，为人民群众安居乐业提供有力法律保障。要深入推进社会治安综合治理，坚决遏制严重刑事犯罪高发态势，保障人民生命财产安全。[1]

在诸多治理路径中，法治无疑是维护社会治安防控体系建设的最佳选择。法治不但能够规范权力的运行，还能够为体系的正常运行提供支撑，将防控体系建设纳入法治化轨道，既要规范治安防控体系建设中的权力运行，又要保证防控手段合法、防控过程依法，以此提高公权力行使的规范化和公信力。

（二）北京社会治安防控体系建设法治保障的必要性

第一，北京社会治安防控体系规范化建设的需要。法律作为一种特殊的行为规则，具有规范人们行为的作用。法就是一整套关于正确和错误行为、权利和义务的规则或准则系统。它通过确定社会主体的权利义务，惩罚违法的行为，指导人们的行为，告诉人们应该做什么、不能做什么、可以做什么和如何做，从而规范人们的行为，使之符合一定的预期目标。用法律来规范社会治安综合治理，就是将人们在社会治安综合治理中的权利义务用法律的形式固定下来，把社会治安综合治理由普通的社会义务变为必须履行的法律义务，这样就使社会治安综合治

---

〔1〕 参见《习近平强调：促进社会公平正义保障人民安居乐业》，载中央人民政府门户网站，http：//www.gov.cn/ldhd/2014-01/08/content_2562488.htm，访问日期：2017年4月5日。

理有了规矩绳墨，摆脱偶然性和任意性，保证了社会治安综合治理能够规范有序地进行。

第二，北京社会治安防控体系法治化建设的需要。北京社会治安防控体系建设作为社会治安综合治理的重要内容，迈向法治化的发展道路是其必然选择。社会治安综合治理是一项长期、艰巨、复杂的社会工作，它需要有一整套具有普遍约束力的、稳定、有效的行为规则加以规范调整。通过法律规范所确认的社会治安综合治理的方针、政策以及社会主体的责任义务成为一种长期、稳定的社会规范，据此建立起一套相对稳定的社会治安综合治理体系，社会治安综合治理就能够按照既定的模式稳步发展。

第三，北京社会治安防控体系建设协调发展的需要。社会治安综合治理是一种分工明确、联系紧密的社会工作，各主体的具体工作内容共性很少，但是他们之间的相互依赖性却很强，需要形成一种联动，呈现出一种有机的团结，才能达到工作的社会效果。因而，综合治理工作需要一种在一定空间范围内具有普遍约束力的规范进行协调指导。随着我国政治经济体制改革的逐步深入，行政权力受到合理的控制，行政权力统领一切组织、部门、个人的时代已经结束，行政命令只能在有限的范围内发挥作用，依靠行政命令显然不能促成各责任主体之间的合作，反而可能出现扯皮、顶牛的现象。而法律不仅具有规范性和合理性，还具有普遍性，一经颁布就会在一定空间内产生效力，任何单位、组织和个人都必须遵守执行。根据法律的要求，责任主体必须要履行自己的权利与义务，包括职权和职责，这样他们之间就会形成有机的协作，从而使综合治理协调有序地进行。

二、北京社会治安防控体系建设的立法保障

（一）立法保障存在的问题

北京社会治安防控体系建设领域的法律规范体系尚不完善、立法滞后、制度体系不健全，制度衔接不够，缺乏可操作性的问题日益显现，表现在以下三个方面。

1. 上位法立法相对滞后

北京市社会治安防控体系建设领域立法的上位法是全国性法律和北京市地方性法规。全国人大常委会《关于加强社会治安综合治理的决定》的内容已显得相对滞后。1991 年 2 月，中共中央、国务院出台的《关于加强社会治安综合治理的决定》（以下简称《决定》），以及全国人大常委会随后于同年 3 月出台的《关于加强社会治安综合治理的决定》（以下简称《决定》）距今已 27 年，且不论国内社会治安形势已发生深刻变化，单就这两个文件的内容本身，也显得粗疏，难以适应社会治安防控体系建设的需要。

北京社会治安防控体系建设的法治建设不得不依赖于上位法的规定。相对于中共中央、国务院出台的《决定》，全国人大常委会出台的《决定》的内容却更为原则，在详尽程度上远不如中共中央、国务院出台的《决定》。

北京社会治安防控体系建设需要设定具体而明确的权利义务规范，可是，全国人大常委会出台的《决定》作为法律，其自身就未设定具体而明确的权利义务规范，没有明确如何保障实施，也没有规定违反后的法律后果，仅仅停留在政策宣誓层面，缺乏法律规范上的可操作性。导致北京市制定规范缺乏上位法的根据。

2. 主体法立法长期缺位

社会治安防控体系建设的任务到底该由谁来承担？无论是 1991 年两个《决定》，2001 年中共中央、国务院出台的《关于进一步加强社会治安综合治理的意见》，还是 2015 年中办国办印发的《关于加强社会治安防控体系建设的意见》，都未彻底解决社会治安防控体系建设的主体责任问题。

虽然 2015 年中办国办印发的《关于加强社会治安防控体系建设的意见》3 次提到"主体"，但其表述十分抽象模糊，对于综治委及其成员单位的法律地位，并未加以明确。

在法律上，各级综治委（综治办）的法律地位一直存在争议，在实际工作中，各级综治委（综治办）则是按照中共中央、国务院的前述规定组织和参与各项综治工作和社会治安防控体系建设工作，并未按照全国人大常委会出台的《决定》规定的那样，该项工作仅由各级人民政府统一组织实施。

实践中的情况是：各级综治委与同级政法委合署办公，综治委主任由政法委书记担任。涉及的问题则是，综治委及其办公室单独下发的文件，在性质上到底是党内文件，还是部门规章？在法律上是否具有效力。本研究认为，从《立法法》的规定看、从设置综治委的文件来源看，单独由综治委制定的规范性文件属党内文件，不具有法律效力。

在技术层面上，全国人大常委会出台的《决定》还存在未明确其调整对象的疏漏。

在全面依法治国的大背景下，需要从立法上明确各级综治委及其办公室的权力来源。如果缺少《立法法》与《行政处罚法》的明确授权，会影响各级综治部门开展社会治安防控体系建设工作的公信力和法律权威。

3. 保障法立法明显欠缺

社会治安防控体系领域的保障性立法明显欠缺。中央综治委颁布的《关于加强社会治安防范工作的意见》《关于加强社会治安综合治理基层基础工作的意见》虽然规定了保障性条款，但在效力上仅属党内文件，还不是法律。且北京市也并未制定地方性法规，这使得有的单位在群防群治人员和经费上都难以得到保障。

建议各级综治部门积极争取党委、人大、政府的支持，将社会治安防控体系建设法治保障纳入立法规划，与《法治政府建设实施纲要（2015－2020）》进行对接。

（二）加强立法保障的对策建议

1. 建议对上位法立、改、废

第一，制定一部统一的《社会治安综合治理法》。将"社会治安防控体系建设"作为其中的一章。从总体上讲，国家层面的主要法律法规大多制定于 20 世纪 90 年代，个别规范性文件制定于 21 世纪初，例如，1991 年 3 月全国人大常委会颁布的《关于加强社会治安综合治理的决定》，作为社会治安综合治理领域的基本法，也是开展社会治安防控体系建设工作的基本法。该《决定》距今已 27 年，内容已十分陈旧，与《宪法》《立法法》《政府组织法》有关内容也不协调。建议废止《决定》，制定统一的《社会治安综合治理法》，并将 1991 年全国人大常委会《关于加强社会治安综合治理的决定》的有关内容吸收到《社会治安综合治理法》之中。

第二，对较为陈旧的政策法规进行清理。以 1991 年全国人大常委会《关于加强社会治安综合治理的决定》为基础，国家出台了两个行政规章级的规范性文件：一个是 1991 年 2 月中共中央、国务院制定的《关于加强社会治安综合治理的决定》，另一个是 2001 年 9 月中共中央、国务院制定的《关于进一步加强社会治安综合治理的意见》。建议将其中的部分内容一并纳入统一的《社会治安综合治理法》中。

第三，对一系列部门规章进行修改。以 1991 年全国人大常委会《关于加强社会治安综合治理的决定》和 1991 年中共中央、国务院《关于加强社会治安综合治理的决定》、2001 年中共中央、国务院《关于进一步加强社会治安综合治理的意见》为基础，由中央综治委联合国务院各部委共同制定了一系列的部门规章，内容涉及城市治安工作、农村治安工作、流动人口管理工作、对"两劳人员"的安置、帮教工作、禁毒工作、青少年犯罪预防工作以及考核评比制、一票否决权制以及基层基础工作等领域。但大多内容较为陈旧，难以适应社会的变化。应当根据上位法对上述部门规章进行清理和修改。

2. 建立完善的法律保障体系

当务之急是制定统一的《社会治安综合治理法》，并在其中明确各级综治委及其办公室的主体定位。《社会治安综合治理法》的基本内容还应包括以下内容：①社会治安综合治理的性质、作用、基本任务、方针；②基本原则；③工作范围、对象和基本手段、方法；④责任主体及其基本的权利义务。

应以《社会治安综合治理法》为基本法，制定相关法律法规，形成社会治安防控体系建设的法规体系。亟须制定的配套法规包括《社会治安防控体系建设法》《调解法》《帮教法》《群防群治法》等。

北京市完善有关立法框架的步骤可以分两步：第一步，在全国性的法律尚未出台之前，根据上位法修改《北京市社会治安综合治理条例》；第二步，在全国性法律出台之后，依据上位法对《北京市社会治安综合治理条例》进行全面的修订或重新制定。

3. 以法治思维为统领加强保障性立法

应当完善社会治安防控体系建设的保障性立法。从专门化角度来看，在全国性的《社会治安综合治理法》未出台之前，应制定《中华人民共和国立体化治安防控法》，同时制定和完善有关反恐防暴、危险物品管理、互联网管理、人口疏导、矛盾化解等方面的专项法律、法规，明确执法（执行）主体及其责任、义务，使得治安防控体系建设有章可循。

三、北京社会治安防控体系建设的执法保障

（一）执法保障存在的问题

1. 执法保障制度不健全导致执行效果不佳

第一，激励保障制度不健全，工作成效多有赖领导重视。《关于加强社会治安综合治理基层基础工作的意见》提出"各地在社会治安综合治理工作检查中，要把基层基础建设作为重要内容，进行指导协调、督促检查，给予表彰或批评"。由此可见，其推动工作的主要办法不是通过贯彻落实法律责任，不是通过制定完善有关基层基础建设的保障性制度，而是通过协调、检查、表彰和批评来推动，如果领导重视，工作抓得好，便有成效，如果领导不重视，协调不够有力，检查督促不够，就难以推动工作。其根本原因在于，执行中的激励保障制度不健全。

第二，欠缺协同保障制度，"各自为阵"现象依然存在。治安防控的协同性需进一步加强。目前存在部门之间、地区之间信息情报不畅通、各自为战、合力不强的问题。一些社会单位在治安防控中，存在缺位现象。一些流动人口的治安防范意识薄弱，容易给不法分子可乘之机。一是在政府部门内部，还存在对信息的重视程度不够、信息系统运转不通畅，信息资源整合度不高等问题，需加强"内部捆绑"。二是多方参与的工作格局还不完善，政府各部门各司其职、齐抓共管的整体合力未能充分发挥。特别是针对群众反映强烈的电信诈骗、农民工讨薪、集资诈骗等突出问题，各部门缺乏沟通协调，一定程度上造成管理真空地带，使得防控效果不佳。

2. 执行中配套保障规范滞后使得执行效果打了折扣

第一，由于配套保障措施滞后，使得法律效果难以落到实处。这一问题不但

存在于中央级规范性文件的落实中，也存在于北京市地方性法规的落实中。《北京市社会治安综合治理条例》第 10 条第 2 项规定，机关、团体、企业事业单位应组织实施本单位的治安责任制，落实安全防范和治安管理措施，维护内部安全。可事实上该规定由于过于原则，而没有实际的执行力。

第二，由于配套保障措施滞后，使得各区、街镇落实程度参差不齐。不但在北京市一级存在上述问题，在区、街镇也存在相同的问题。财政资金保障较好的区和街镇，落实较好，财政资金保障弱一些的区和街镇，则落实较差。

（二）改善执法保障的对策建议

1. 健全激励保障制度，以制度推动治安防控体系建设工作

应健全激励保障制度，通过制度来推动防控工作的开展，而不是完全寄希望于领导重视。要按照《关于加强社会治安综合治理基层基础工作的意见》，将"通过协调、检查、表彰和批评来推动工作"的要求落到实处，切实通过执法保障和工作保障制度来推动工作的落实，而不是仅仅通过领导重视来推动工作开展。一是健全执法中的激励保障机制。坚持以制度化建设为保障、以规范化建设为引领，强化人员整合、资源整合、业务整合，在规范运行、制度建设和统一标准上下功夫。二是加大保障力度。将社会治安防控体系建设重大项目纳入各级政府经济社会发展规划和财政预算，加强人财物的保障。每年度政府及其相关部门的工作计划，都要体现并逐步加大对基层人员、经费、编制在政策上的倾斜力度。尤其必须保证公安派出所、司法所、基层综治组织开展社会治安防控体系建设所必要的经费。

2. 制定配套操作规程，将中央、北京市文件政策精神落到实处

要将中央、北京市文件政策精神落到实处，就必须制定一套配套的操作规程和办法，其中包括三个方面：一是各级领导要在资金保障、用人保障、制度保障三个方面真重视。首先要切实加强治安防控体系的资金保障，尤其在技防系统、现代化信息系统建设方面要真投入、敢投入；其次在用人保障方面，要配齐配强区、镇两级综治干部。建议区县编制以 8 – 12 人为宜，镇街编制以 4 – 6 人为宜。最后在制度保障方面，要真正落实社会治安防控体系建设的各项制度，尤其是表彰奖励制度、领导责任制度等。二是加强部门协调与协同。综治部门说到底其职能就是指导与协调，加强部门之间的协调显得十分重要。增强部门协同尤其是公安、城管、工商等执法部门要真正重视社会治安防控体系建设工作，切实发挥部门职能作用，不断健全法律法规，明确单位和部门参与治安防控工作的职责任务、法律地位和参与形式，促进其全面参与治安防控工作。三是狠抓基层落实。上面千条线，下面一根针，所有工作都需要基层去落实。要高度重视基层基础工作，充实基层力量，多渠道选拔人才，真正把能人选拔到村级班子中来，提升班

子整体素质。有为才有位，只有将文件政策精神真正落到实处，有所作为，才能真正树立起综治部门组织协调工作的权威。

四、北京社会治安防控体系建设的参与保障

（一）公众参与法治保障存在的问题

1. 公众参与法治保障配套措施跟不上影响了防控体系建设的效果

社会参与不足一定程度上制约了北京社会治安防控体系建设的开展。从目前情况来看，还存在社会组织培育不够、社会动员力度不够、信息共享不够等问题。有的公众参与创新模式（如自办微型消防站）难以维持下去，原因在于：一是对从业者专业要求高；二是在没有编制、经费保障的前提下，要招到素质较高人员较困难。

2. 公众参与机制不健全掣肘了社会治安防控体系一体化建设的推进

社会治安防控体系建设必须依靠全社会共同参与，汇聚各方资源力量，才能形成合力，一体推进。然而，目前尚不能充分调动企事业单位、枢纽型社会组织、民间组织参与到社会治安防控体系建设中的积极性。由于体制机制保障不到位，"项目共建"等激励社会组织参与社会治安防控体系建设的措施不具有可持续性，难以督促社会组织和个人充分履行社会治安综合治理责任，难以更为广泛地动员社会力量参与治安防控工作。目前存在的不足在于：一是政府向社会购物服务的力度还远不够；二是社会组织承接治安防控项目的转移机制还不顺畅；三是专群结合、群策群力的保障格局还未完全形成。

（二）公众参与法治保障的对策建议

1. 完善公众参与的顶层设计，扩大社会参与度

针对社会参与不足的问题，须加强顶层设计，充分发挥群团、社会组织和群众自治组织的作用。首先，加大对商会、行业协会以及服务类、公益类社会组织的培育扶持力度。将矛盾纠纷调解、特殊人群管理、青少年违法犯罪预防等社会治安防控体系建设的任务通过政府购买服务的方式，交由相关社会组织来承担。其次，发挥好工、青、妇等群团组织的作用。通过他们将企业、学校、社会、家庭等资源调动起来，形成多位一体的共建局面。最后，加强社区村自治组织建设。以"社区网格化、村庄社区化"为抓手，通过民主议事协商会、社区事务自管会等方式，就基层防控体系建设进行广泛协商。同时加大宣传力度，强化全社会参与社会治安防控体系建设的理念，完善社会参与机制。

2. 健全公众参与机制，助推社会治安防控体系一体化建设

健全社会化参与机制，在企事业单位、枢纽型社会组织中建立社会服务站（综治工作站），使其接受各级综治委的指导，督促其更好地履行责任，实现广泛动员社会力量参与治安防控工作的目标；加大政府购物服务的范围，建立治安

防控项目向社会组织转移、承接机制，探索将夜间巡逻、重点地区防控等任务，交由保安公司、治安志愿者协会等社会组织去办理，解决社区夜间防控力量不足的问题；加强群防群治力量的分工衔接，强化治安志愿者等群众性力量的情报收集报告功能，强化保安、巡防队等职业力量的夜间巡逻、防范打击功能，形成专群结合、群策群力的格局。

五、公安参与社会治安防控体系建设的执法保障研究

公安机关是社会治安防控体系建设的主力军，涉及社会治安防控体系建设的方方面面，然而，执法保障方面存在的不足，一定程度上影响了公安机关在社会治安防控体系建设中主力军作用的发挥。

（一）存在的问题

1. 执法权限的法治保障不够明确

当前我国法律对公安民警执法的授权以及民警权益保护的规定主要体现在《刑法》《刑事诉讼法》《人民警察法》《治安管理处罚法》《人民警察使用警械和武器条例》之中。由于社会治安防控体系建设涵盖面很广，上述法律法规几乎都和公安民警的业务工作直接相关，尤其是《人民警察法》《治安管理处罚法》《人民警察使用警械和武器条例》，而这些法律法规授权性规范较为抽象，使得民警在执法中判断自己行为性质和应采取的措施时较为困难。

2. 民警自身权益的法治保障还不到位

由于社会治安防控体系建设涉及社会生活的方方面面，执法活动范围非常宽泛，尤其是某些地方党政领导受"公安民警朝前站，什么事都好办"错误思想的影响，在发生诸如处理计划生育、房屋拆迁、集体上访等棘手问题时，过去往往指令公安民警超越职权参与非警务活动，把民警推到与群众直接对立的第一线，既增大了群众对公安机关的抵触情绪，又使得民警在执法活动中遭受伤害的概率增大。从近年来发生在北京的暴力袭击、辱骂、伤害民警事件来看，虽然上述事件屡屡发生，但受侵害的民警却很少通过法律来维护自己的合法权益。究其原因，除了一些公安机关设立所谓"委屈奖"，以及一些媒体不当引导，导致推崇所谓的"忍辱负重"以外，更主要原因是因为维权法律程序过于繁杂，使得民警维权难。

3. 首都治安信息化建设法治保障不够

由于缺乏顶层制度设计，公安各个业务警钟和部门之间仍守着自己的"一亩三分地"，公安系统内部都难以完全实现信息共享。目前亟须进行顶层设计，通过加强统一的法制规范建设，整合资源，推动治安系统信息化建设的发展。不但如此，由于缺少统一的规范，数据整合度也还远远不够。就公安内部而言，治安管理工作涉及面最为宽泛，不但与群众接触多，而且与公安内部的各警种、部门联系甚密，包括与法制、刑侦、经侦、禁毒、网安等业务部门都联系密切。就公安与其他委办局的工作关系而言，公安与食品、药监、卫生、文化、工商、税务、水电、燃气、通信等部门的数据整合效果却不尽如人意，政府许多部门之间由于信息系统不兼容，造成系统数据融合性不强，在一定程度上形成了"信息孤岛"，距离"大数据"时代对数据完整性、共享性要求还存在较大差距。这些都需要在党委政府领导下，通过人大常委会、政府法制办积极制定立法规划，将治安信息化建设的法治保障问题纳入通盘考虑的范围。

（二）对策与建议

1. 蕴保障性立法于规范化立法之中，加强公安执法保障建设

要将规范化立法与保障性立法并重。过去偏重于加强执法的规范化建设，好处是执法更加正规化，不足是过于偏重规范化的立法，忽略了保障性立法，使得执法规范中加强公安民警执法保障的条款明显不足。规范化建设应当与执法保障建设并重，二者如车之两轮、鸟之双翼，不可偏废。公安机关是社会治安防控体系建设工作的主力军，公安机关的日常业务工作涉及社会治安防控体系建设的方方面面，为适应不断变化的治安形势对公安工作的要求，亟须加强规范化建设与执法保障建设两个领域的立法工作。首先应当对公安执法保障性规范进行具体化。公安执法涉及刑事执法、治安管理执法、出入境管理执法、交通管理执法、消防管理执法等诸多领域，《刑事诉讼法》《人民警察法》《治安管理处罚法》《人民警察使用警械和武器条例》《交通管理法》《消防法》等基本法律已经对公安执法有了基本的授权，建议北京市的公安机关组织专家学者、业务骨干对这些规范进行细化，使之在符合《立法法》的前提下，具有可操作性，甚至在不违背立法本意的前提下，编写《民警执法规范化手册》，将执法规范的基本要求体现在执法手册当中，甚至可以聘请艺术家提炼执法保障规范中的内容，将其加工成"规范执法保障歌""规范执法绕口令"，让民警能够口耳相传，入脑入心。

在完善执法保障实体法的同时，加强程序规范的修改完善与细化。克服《人民警察法》《人民警察使用警械和武器条例》等法律法规在紧急情况下适用的抽象性，以及程序上的繁琐性，将抽象的法律具体化。例如，对公安执法活动中正确适用法律的案例进行汇编，指导民警对紧急情况妥善处置，使公安执法活动有法可依。这既实现了执法效果，又保障了公安执法活动的正常进行。

2. 有关部门联合制定民警维权规范，改变民警维权孤军奋战的状况

在民警维权的立法保障方面，一是可以借鉴大陆法系立法经验，扩大民警执法的法律授权，对民警执法权进行细化，当遭遇突发情况时，民警可以对自己的执法行为及其后果进行一个清楚明白的判断，避免因行为后果判断不清而在应当行使职权时"停止不前"，也便于事后进行法律救济，维护自己合法权益；二是

对有关职能部门、社会组织协助公安机关及其人民警察开展执法活动的义务进行具体化。建议对《人民警察法》等法律涉及民警维权内容进行完善，细化有关职能部门、社会组织有协助公安机关开展执法活动的义务性规定，强调其配合公安民警依法执行职务的义务，营造全社会支持、全民参与的执法环境，减少侵害公安民警事件的发生，减少直至避免民警既流血又流泪的情况出现；三是借鉴上海等地公安机关成立"人民警察权益保护委员会"维权机构的做法，由北京市公安局成立相关部门，起草有关制度，将民警维权机构纳入制度化轨道。在条件成熟时，争取市政府、市人大将有关民警执法保障事项纳入立法规划，争取建立起首都公安执法保障的长效机制。

3. 加强制度顶层设计，推动首都治安信息化法治保障建设

过去由于制度上缺乏顶层设计，公安各业务警种、部门在公安信息建设方面仍然各自为政，连公安系统内部都难以完全信息共享。鉴于此，建议分两步完善顶层规划。

第一步，由北京市公安局建立统一的公安信息共享平台，避免各警种、各部门单独建设的随意性、重复性，避免"信息孤岛"，杜绝"为建而建、建而不用、用而不良"。第二步，由市委、市政府办公厅牵头制定有关规定，分阶段、有步骤地逐步实现公安、城管、建设、交通、安监、环保、共商、税务等部门的工作信息共享。其根本目的是推动公安管理工作的变革和创新，有效解决旧有体制与信息化建设需求不相适应的瓶颈问题，逐步推进信息化建设从单一技术系统建设向技术系统建设与管理系统建设并重的转变，从根本上推动信息化建设应用水平迈上新台阶，取得新发展。

为实现上述目标，须加强法律制度建设。法律制度是加强信息化建设的根本保障，因此需要做到：一是充分利用好现有法律法规，围绕公安机关信息采集、流转和应用等重点环节，完善法律法规依据，力争做到各项信息化推进措施"有据可依"。二是对于缺少全国性法律支持的领域，要主动争取制定地方性法规或地方政府规章，北京市的综治部门要积极争取推动相关职能部门的立法工作，确保以制度推动和保障治安信息化在设施建设、技术建设等方面的持续性。

六、城管参与社会治安防控体系建设的执法保障问题研究

1997 年，经国务院批准，本市成立全国第一支城管执法队伍。经过 19 年的发展，目前首都城管实有执法人员 6791 人、协管人员 6551 人，是我市仅次于公安的第二大行政执法力量。当前，北京正处于落实首都城市战略定位、疏解非首都功能、治理大城市病的重要时期。面对新的形势任务要求，作为维护城市环境秩序、保障城市健康运行、促进社会和谐稳定的重要力量，由于种种原因，也面临执法保障的相关问题。

（一）存在的问题

多年来，市委、市政府高度重视城管执法工作，先后出台了五个深化城管执法体制机制改革的文件（京政办发〔2011〕56号，京发〔2012〕10号文件、〔2013〕2号、40号文件、京编委〔2013〕16号文件），从组织和制度建设上，初步解决制约城管执法发展的体制性、机制性障碍，先试先行取得阶段性成效，但同时也面临一些亟待解决的问题。

1. 城管参与社会治安防控体系建设的执法组织体系不健全

迄今为止，城管行政执法队伍至今在中央政府层面未设立主管部门。北京市虽设有城管委，但由于市城管委在中央层面没有上级主管部门，使得在部门规章层面缺少一些细化的、权威的执法规范支持。这些执法规范原本应立法或者由全国性的主管部门设置部门规章，根据《立法法》，这些规范在全国范围内都具有效力，各地城管执法部门可据此执法，因此大大提高执法的效能，既可以有效应对行政复议和行政诉讼，也能应对日常的城市管理。可问题是，由于城管部门没有一部全国性的统一立法，其执法依据均来自于其他部门的法律、法规、规章，甚至在有些地方，城管执法的法律文书也只能开具交警、运政、工商、税务、市政市容等相关执法部门的法律文书，不能以城管自己的名义执法和出具《行政处罚决定书》，当遇到行政复议和行政诉讼时，被复议或被起诉的对象也只能是交警、运政、工商、税务、市政市容等并未做出具体行政行为的机关，作为做出具体行政行为的城管部门，却反而不是争议的当事人。这一定程度上降低了城管部门的执法权威。不但如此，城管还只有相对有限的执法权，而没有行政许可权，这都是因为城管执法法律体系不健全所导致的。其结果是，北京的城管执法部门在参与社会治安防控体系建设时，常常遇到没有法律依据，或执法依据不明确，无统一的执法标准和执法流程的困难。

2. 执法涉及面宽，协调难度大

城管执法体制改革给城管工作带来了新的变化。一是城管部门的日常执法涉及面变宽，任务更加繁重。随着北京市住房城乡建设领域全部836项行政处罚权将整体划入，城管部门履行的职权将从目前的402项增加到1300余项。本市住房城乡建设领域全部836项行政处罚权整体划入城管部门后，城管部门的执法涉及面变得更宽。其处罚权范围涵盖了市容环境卫生管理、市政管理、公用事业管理、城市节水管理方面的全部处罚权；园林绿化管理、环境保护管理、城市河湖管理、施工现场管理、城市停车管理、交通运输管理方面的有关处罚权；工商管理方面对流动无照经营行为的处罚权；城市规划管理方面对违法建设的有关处罚权；旅游管理方面对无导游证从事导游活动行为的处罚权，等等。二是需要协调的部门增多，协调难度增大。在城管执法体制改革后，城管部门日常执法中需要沟通协调 42 个部门，城管与相关部门月均联合执法 1500 余次，在有效整合执法力量的同时，也增大了协调任务。其中两类案件需要协调：第一类是行刑衔接的案件，城管执法中发现的涉及公安机关管辖的犯罪案件，需要加强同公安机关的沟通。第二类是行行衔接的案件，对于不属于城管部门管辖，则需要移送到相应的机关进行管辖，特别是涉及违反治安管理的案件，由于城管不能采用留置盘问等公安专属的行政手段，一旦公安机关不能及时取证，可能造成证据的灭失，事后再补证据会相当的困难。

3. 执法工作时间长强度大，长期超负荷运行

深化城管执法体制改革为首都城管执法工作带来新机遇，也使得城管执法工作的任务更加艰巨。为落实中央城市工作会议精神和《中共中央国务院关于深入推进城市执法体制改革改进城市管理工作的指导意见》（中发〔2015〕37 号）要求，市委第十一届十次全会审议通过《中共北京市委北京市人民政府关于全面深化改革提升城市规划建设管理水平的意见》，就深化城管执法体制改革作出重要部署。随着本市住房城乡建设领域全部 836 项行政处罚权将整体划入，城管部门履行的职权将从目前的 402 项增加到 1300 余项，首都城管队伍肩负的责任变得更加艰巨。这使得城管工作量成倍增加，工作人员长期超负荷工作。

不单单是常规性工作量大，专项整治活动也使得城管的工作时间变长。2013 年以来，按照首都生态文明和城乡环境建设的部署，围绕城乡接合部地区环境秩序开展了系列整治活动，仅城管执法系统就受理群众举报 222 万件，查处违法行为 800 余万起，年均上升 23.8%；立案 44.6 万起，年均上升 88%；参与拆除违法建设 4398 万平方米，占全市的 70% 以上。这些数据都能表明城管执法的工作量大。

不但如此，首都城镇化快速发展也给城管执法带来了更大的工作量。从世界城镇化发展规律看，城镇化率达到 50% 的历史节点，都会导致不同程度的环境问题。目前，我国城镇化率达到 56.1%，北京市城镇化率更是达到 86.2%，随之而来也出现了空气污染、环境脏乱等问题，这使得城管工作负荷增大，许多工作需要反反复复耐心去做，但效果却不一定好。时间一长，一些城管队员就容易疲乏、烦躁、失去耐心。由于工作时间长强度大，大部分城管队员无法得到正常休息，身心疲惫。据调查，27.7% 的被调查者感到不堪重负，希望能转岗、转行或者早点儿退休。城管部门事多人少的情况较为突出，以西城区为例，西城区城市管理监察大队成立于 1998 年 12 月 1 日，当时仅仅执行 5 个方面 98 项行政处罚权，人员编制按照 8 小时工作制核定为 352 人。而在目前，该大队需承担 13 个方面 300 多项处罚权，涉及 60 余部法律、法规和规章的执行，但在编人员并未明显增加，人员仅 399 名，其中还包括 16 名工勤人员和 7 名长期外调人员。

（二）对策与建议

1. 健全城管执法组织保障体系

就北京市层面而言，没有制定法律的立法权，因此，只能通过其他方式来实现明确首都城管的法律定位。一是北京市城管委通过市政府向国务院法制办提出立法建议。建议制定和完善首都城管参与社会治安防控体系建设的法律法规，明确城管部门在参与社会治安防控体系建设中的主体地位和法律定位。建议在国务院所属部门中确定一个部门，作为专司负责集中行使城管集中行政处罚权的主管部门，加强对全国城管部门参与社会治安防控体系建设的领导、指导和协调。二是北京市自行完善有关法规和规章，规范城管执法权限，完善城管执法主体地位。北京市开展城市管理执法起步较早，早在 1997 年 4 月，经中央批准，北京市宣武区在全国率先开展城市管理领域的相对集中行政处罚权试点工作。经过多年发展，北京市城市管理执法系统承担的职能范围已经由最初的 5 个方面 94 项行政处罚权，发展到了目前的 13 个方面 300 项行政处罚权。鉴于实践中城管职能过滥的现实，应当对城管职能进行依法清理，清晰界定城管执法工作的范围，合理保留城管本应具有的职能，将专业性强、执法难度大的工作从城管工作中剥离出去，将这些工作还原给相应的部门。同时，对城管执法权限进行合理扩充。目前城管缺乏行政强制权，在权限单一的情形下，城管在调查取证环节和执行环节的执法力度较弱，对执法非常不利。

2. 完善城管执法案件协调机制

对于城管执法体制改革带来的变化，首都城管队伍应该做好：一是搭建联合执法平台，按照《中共北京市委北京市人民政府关于全面深化改革提升城市规划建设管理水平的意见》要求，积极推进搭建联合执法平台工作。要依托正在运行的城管执法协调领导小组，推动领导小组办公室增加相应职能、完善运行体制、健全相关制度，加快建立城管执法与公安消防、市场监管、安全生产、环境保护等部门的联合执法机制。二是强化行刑衔接、行行衔接，要进一步明确案件的管辖标准、移送条件，细化案件移送程序，确保案件移送更加规范、高效。要加强信息共享平台建设，在城管部门与公、检、法之间实现信息共享，实现在案情通报、案件移送等领域的协作与配合。

3. 创新执法方式方法，提升执法效率

一是加强科技支撑。根据城乡接合部地区环境秩序问题的高发特点，在重点、乱点、难点区域，增加视频监控点位，完善视频监控网络，实行市区街三级视频监控资源共享，提高监控的针对性和有效性，不断延伸执法管控的范围，节约城管执法力量。二是增加执法力量。对于管控区域面积过大、任务重的城乡接合部地区，参照公安设置若干个派出所的模式，借城管执法体制改革之机，推进执法力量下沉、重心下移，通过内部调剂编制，根据人口、面积及环境秩序等实际情况，在一个辖区内设立多个城管执法队，便于执法力量对辖区实现有效管控。三是充分依靠市场手段。探索社会化服务外包，推进城市管理市场化运作，聘用社会力量，发现、教育、劝阻违法行为，整合资源，提高效率，适应城市发展现代化的新形势和新要求。

增加人员编制，调整人员结构。一是增加人员编制。吸引优秀退伍军人、高校毕业生进入城管执法队伍，实现队员年轻化，逐步将年龄较大的城管队员从执法一线逐渐替换出来，安排他们从事一些体力耗费不太大的办公室工作。二是争取政府人事部门的支持，根据城管执法的工作特点及其对人员的特殊要求，参照公安民警提前退休制度，制定合理的提前退居二线或者提前退休政策，让一部分老队员提前退休。

（本文课题组成员：袁振龙，北京社科院研究员；张苏，北京社科院副研究员。）

北京市第三方社会力量参与涉法涉诉信访工作机制研究

李中水 *

党的十八大以来，尤其是十八届三中、四中、五中全会上对于创新社会治理都提出了一系列新理念新思想新战略。同时，也强调了要"创新有效预防和化解社会矛盾体制""建立畅通有序的诉求表达、心理干预、矛盾调处、权益保障机制""把涉法涉诉信访纳入法治轨道解决"。社会组织、社会力量作为社会治理的多元主体之一，利于以专业优势、中立的身份优势参与社会矛盾化解工作，是创新社会治理与社会矛盾化解新途径。本课题拟通过对北京市第三方参与涉法涉诉信访工作的机制、方法以及效果的实证研究，探索社会矛盾社会化解的一般规律，对于依法治国背景下涉诉信访矛盾的法治化、社会化、多元化解决途径提供新的思路。

如何妥善处理和及时化解涉法涉诉信访社会矛盾，是促进社会公平正义、维护社会和谐稳定的一项十分紧迫的工作。从改革的趋势和各地的实践来看，引入第三方力量参与，是运用法治方式化解涉法涉诉信访问题的有效途径。所谓第三方社会力量参与涉法涉诉信访工作，是指身份独立于执法办案的政法机关和案件当事人，与双方无利益关系的第三方社会力量、利用专业能力及社会公信力优势参与涉法涉诉信访的接待、化解、监督、终结等工作，依法、无偿为信访人提供法律服务或相关帮助。

引入第三方介入机制实效已为部分法院、检察院的实践所证明。北京市公检法等单位从 2010 年起开始尝试组织律师参与涉法涉诉案件的接待、化解工作，取得了很好的工作效果，从 2015 年起，在市委政法委的大力推动下，成立了北京公益法律服务与研究中心，中心是一个独立于司法机关，与信访当事人没有利害关系的社会组织，统筹组织第三方社会力量全面参与涉法涉诉信访工作。其主要的工作模式是通过组织包括法学家、律师、心理咨询师、人民调解员以及各界知名人士，参与涉法涉诉信访接待、化解以及终结工作，无偿为信访当事人提供

---

* 课题主持人：李中水，北京市政法委秘书长。立项编号：BLS（2016）A009。结项等级：合格。

法律服务，解答法律咨询，开展心理疏导。中心成立以来成功参与及化解多起涉法涉诉信访，得到了中央政法委、北京市委市政府以及政法各单位、信访当事人和社会的肯定。

2016 年北京市在北京市公益法律服务与研究中心作为统筹组织社会力量参与涉法涉诉信访工作平台的基础上，成立了北京市公益法律服务促进会，作为全市第一家法律服务方面的枢纽性社会组织，充分运用社会组织力量解决社会问题，促进会从中心原有的五大人才库 1000 余名专家到现在统筹整合北京市律师协会 57 个专业委员会和 2100 家律师事务所的 2.6 万名律师，以及北京市社会心理工作联合会、专业性行业性调解组织、心理咨询机构等法律服务机构，全面参与到涉法涉诉信访接待、化解、评议、终结等各个环节。工作方式上整合司法调解、行政调解、人民调解等多元矛盾化解途径。这既能有效动员首都法律服务资源参与涉法涉诉信访工作，也符合国家社会治理方式的大方向，对促进社会和谐问题发展有着重要意义，将有力促进涉法涉诉信访问题的妥善解决。

一、信访与涉法涉诉信访

信访与诉讼都是公民权利救济的途径，对社会矛盾和冲突具有缓冲、减压、化解作用。两者在维护公民合法权益、促进社会和谐目标上具有一致性，解决群众实际问题方式方法上具有互补性，但在办理主体、办理原则、办理程序、办理方式以及执行保障等方面也有差异性，这就决定了两者之间既有联系，又有区别。

（一）信访

信访又称上访，是人民群众来信、来访的简称，是中国特有的一种政治表达形式。对信访概念的理解，有广义和狭义之分，国务院《信访条例》第 15 条规定，信访人对各级人民代表大会以及县级以上各级人民代表大会常务委员会、人民法院、人民检察院职权范围内的信访事项，应当分别向有关的人民代表大会及其常务委员会、人民法院、人民检察院提出。此为广义的信访。狭义的信访是国务院《信访条例》规定的公民、法人或者其他组织采用书信、电子邮件、传真、电话、走访等形式，向各级人民政府、县级以上人民政府工作部门反映情况，提出建议、意见或者投诉请求，依法由有关行政机关处理的活动。

（二）涉法涉诉信访

涉法涉诉信访案件是指经由人民法院、人民检察院、公安部门和司法行政部门依照法律程序处理过，当事人对处理的结果不服，向司法机关提出的重新处理、予以纠正或者给予赔偿等请求。涉法涉诉信访的概念是从 2004 年中央成立处理信访突出问题及群体性事件联席会议，下设涉法涉诉信访等七个专项工作小组开始被广泛使用。从产生的原因看，涉法涉诉信访是社会矛盾纠纷以案件形式进入诉讼渠道后，当事人对司法机关的处理决定或执法行为表示异议或不满而发生的。

1. 涉法涉诉信访与行政信访的区别

行政信访是信访的一种形式，《信访条例》第 2 条对信访的界定，可以视为对行政信访的界定。本条例所称信访，是指公民、法人或者其他组织采用书信、电子邮件、传真、电话、走访等形式，向各级人民政府、县级以上人民政府工作部门反映情况，提出建议、意见或者投诉请求，依法由有关行政机关处理的活动。涉法涉诉信访与行政信访在针对的对象、处理机关、适用法律方面有着明显的不同。

2. 涉法涉诉信访与涉诉信访的区别

涉诉信访是指信访案件当事人、近亲属或利益相关人，采用书信、电子邮件、传真、电话、走访等形式，向人民法院反映涉访案件在审理裁判和申请执行过程中，自己认为存在程序、实体和司法作风方面的问题。涉诉信访受理主体是各级人民法院。[1] 涉诉案件都是依照现有的法律、法规及司法解释的规定，已经审理终结，非经法定程序无法再次导入诉讼程序。涉诉信访的主体是涉诉案件的当事人或者当事人的近亲属以及与涉诉案件有直接利害关系的人。

涉诉信访这一概念首次出现于 2004 年 4 月在长沙召开的全国法院系统信访工作会议，时任最高人民法院院长的肖扬在会议上首次提出"涉诉信访"概念。其内容比较宽泛，既包括当事人的告诉、申诉，也包括当事人在诉讼程序终结后不服法院判决要求再审的来信来访，还包括与审判相关的审执效率、法官态度和司法礼仪等的信访。[2]

二、第三方参与涉法涉诉信访工作背景

涉法涉诉信访改革是中央部署全面深化改革若干重大问题中的一项重要内容，总体要求是把涉法涉诉信访问题纳入法治轨道解决，实现从过分依赖行政手段化解涉法涉诉信访问题向依法按程序处理涉法涉诉信访的转变。

（一）涉法涉诉信访改革

自改革开放以来，我国信访工作（包括涉法涉诉信访）面临着巨大困境，具体问题有：信访制度化解纠纷的效果不明显；民众对于司法的信任度降低。许多民众宁可放弃正常的诉讼救济渠道，而选择信访方式作为维护自身权益的重要途径。由于信访部门不直接解决问题，大量的涉法涉诉信访事项还是被转到各级

---

〔1〕 原来还包括其他上级机关及有关领导，涉诉信访常具有上级机关和领导交办的特征。但 2014 年 4 月中共中央办公厅、国务院办公厅下发通知，明确涉法涉诉类信访政府不再受理。

〔2〕 王小新、乔晗：《涉诉信访治理体系研究——基于法治系统论方法 》，科学出版社 2016 年版，第 14 页。

司法机关处理。这势必使得业已捉襟见肘的司法资源更加不堪重负。以最高人民法院为例，2003 年上访总量为 20 636 件，到 2010 年为 73 500 件，8 年时间信访量增加了近四倍。同时少数群众"信访不信法""信上不信下""弃法转访"甚至"以访压法"等问题突出，损害了司法权威，影响正常有序的涉法涉诉信访秩序。

1. 涉法涉诉信访改革的核心举措

第一，实行诉讼与信访分离制度。将涉及民商事、行政、刑事等诉讼权利救济的信访事项从普通信访体制中分离出来，各级信访部门对涉法涉诉信访事项不予受理，引导上访人到司法机关反映问题，由司法机关按照法律规定进行公正处理。

第二，建立涉法涉诉信访事项导入司法程序机制。对于涉法涉诉事项，政法机关应当及时进行审查和判别；对于正在法律程序中的，继续依法按程序办理；对于已经结案，但符合复议、复核、再审条件的，依法转入相应法律程序办理；对于已经结案，不符合复议、复核、再审条件的，做好不予受理的解释说明工作；对于不服有关行政机关依法作出的行政复议决定，经释法明理仍不服的，可引导其向法院提起行政诉讼。

第三，完善涉法涉诉信访依法终结机制。按照《刑诉法》《民诉法》和相关法律规定，对于涉法涉诉信访事项已经穷尽法律程序的，由司法机关依法作出的判决、裁定为终结决定。除有法律规定的情形外依法不再启动复查程序，各级有关部门不再统计、交办、通报。

第四，健全国家司法救助制度，对因遭受犯罪侵害或民事侵权，无法经过诉讼获得有效赔偿，造成当事人生活困难的，按规定及时给予司法救助。

第五，健全源头预防机制。推进司法人员素能建设和强化司法人员的责任追究机制，切实提高办案质量。健全涉法涉诉信访风险评估、预防、排查机制，做好相关应对预案。大力推行阳光司法，利用信息化建设网下办理、网上流转程序，方便群众查询案件处理进展和结果；推动公开听证制度，把案件办理工作置于群众监督之下，提高信访公信力。完善教育疏导机制，教育引导群众正确对待处理结果，对信访事项建立合理的心理预期。

2. 涉法涉诉信访工作改革的意义

深入推进涉法涉诉信访改革，既是全面推进依法治国的必然要求，也是维护最广大人民根本利益的需要，对推进国家治理体系和治理能力现代化具有重要意义。涉诉信访改革是创新社会治理体制、建设社会主义法治国家的重要举措。涉法涉诉信访改革是维护群众合法权益、保障社会和谐稳定的必然选择。涉法涉诉信访改革是适应涉法涉诉信访新形势，解决信访突出问题的迫切需要。

（二）第三方参与涉法涉诉信访工作的原因、背景及意义

涉法涉诉信访内容包罗万象、纷繁复杂，涉及的领域不断扩大，触及的层面不断加深，既有社会矛盾、经济利益矛盾，也有体制矛盾、思想观念矛盾，还有相互交织的复合性矛盾。信访问题所反映的社会矛盾，处理起来十分棘手，由于政府部门在政策、法律层面上已无继续解决问题的空间，而客观上又无法使信访人事息人宁、安居乐业，需要运用社会学的综合治理方法，广泛调动各种社会力量，参与化解信访矛盾。需要寻找一条政府可以信任、信访人能够接受的"畅通信访渠道"，既配合政府做好信访人的思想疏导、政策解释工作，又设身处地地结合信访人的实际情况，提供必要的帮扶；从法律上提供咨询、释法明理，对生活困难的给予帮扶，使信访人感受到政府、社会的关爱和温暖，重新回到正常的社会生产生活轨道。这些都对社会第三方参与提出了需求和要求。

1. 第三方社会力量的广泛兴起

"第三方"一词被广泛运用于社会管理的各种领域，来源于西方社会在公共管理领域长期的探索。计划经济时代，虽然也有工青妇和数量很少的协会、商会和其他社会组织的存在，但他们基本依附于政府，很少能够独立行使社会管理职能。随着市场经济的确立和改革开放三十多年来的发展，各种行业协会、NGO、NPO 开始大量涌现并发展壮大，其参与公共事务管理活动也不断深入，形成了一套较为成熟和有效的经验。社会组织作为重要的第三方社会力量，生长于公众，是不同群体实现自己意愿、维护自身权益的利益共同体，社会组织对于引导群众理性合法表达利益诉求具有非常重要的作用，它不但可以成为政府和民众之间沟通的一个桥梁，及时有序地释放"健康信号"，而且是形成民间声音温和化、理性化的一个机制。一些社会公共事务由这些第三方社会组织参与解决会比政府"包办"更为有效。目前，社会发展迫切需要各种手段综合介入社会纠纷的调处，鼓励社会力量参与调解工作，充分发挥人民团体、行业协会、律师协会以及村（居）民委员会等社会组织的作用，积极构建"第三方"社会矛盾调解化解机制，在消除民间纠纷、化解社会矛盾、维护社会稳定、促进社会和谐等方面发挥了极其重要的作用。

2. 第三方参与涉法涉诉信访工作的推动过程

2014 年 2 月 25 日中办、国办印发了《关于创新群众工作方法解决信访突出问题的意见》，明确提出要组织动员社会力量参与。完善党代表、人大代表、政协委员联系群众制度，组织老干部、老党员、老模范、老教师、老军人等参与解决和化解信访突出问题相关工作；发挥工会、共青团、妇联等人民团体优势，做好组织引导服务群众和维护群众权益工作；制定扶持引导政策，通过政府购买服务、提供办公场所等形式，发挥好社会组织的积极作用；建立健全群众参与机制

和激励机制，把群众工作触角延伸到家家户户；引导村（社区）制定符合国家法律的村规民约，运用道德、习俗、伦理的力量调节关系、化解纠纷。

2014 年 3 月 19 日中办、国办印发了《关于依法处理涉法涉诉信访问题的意见》，将律师化解涉法涉诉信访作为一项重要举措，中央政法委多次在全国性重要会议上安排部署。明确提出改革涉法涉诉信访工作机制、依法处理涉法涉诉信访问题的总体思路是：改变经常性集中交办、过分依靠行政推动、通过信访启动法律程序的工作方式，把解决涉法涉诉信访问题纳入法治轨道，由政法机关依法按程序处理，依法纠正执法差错，依法保障合法权益，依法维护公正结论，保护合法信访、制止违法闹访。努力实现案结事了、息诉息访，实现维护人民群众合法权益与维护司法权威的统一。改革的主要目标是实行诉讼与信访分离制度。把涉及民商事、行政、刑事等诉讼权利救济的信访事项从普通信访体制中分离出来，由政法机关依法处理。

2015 年 6 月 8 日，中央政法委下发《关于建立律师参与化解和代理涉法涉诉信访案件制度的意见（试行）》要求各地结合自身实际，指定律师参与和代理涉法涉诉信访案件的具体办法，力争在 2015 年底前以地市为重点全面推开实施。

为了贯彻落实中办、国办《关于依法处理涉法涉诉信访问题的意见》、中央政法委《关于建立律师方参与化解和代理涉法涉诉信访案件制度的意见》，深入推进北京市涉法涉诉信访工作改革，北京市委政法委制定了一系列指导意见，在全国第一个搭建了第三方社会力量参与涉法涉诉信访工作平台——北京市公益法律服务与研究中心，无偿为信访群众提供法律帮助，整合第三方社会力量参与化解涉法涉诉信访案件。自 2015 年 10 月 14 日，北京市公益法律服务与研究中心开始运行，第三方力量依托北京市公益法律与研究中心这一平台，参与涉法涉诉信访案件的接待、化解工作，形成一系列工作模式和工作机制，工作得到政法机关和信访群众的认可，被誉为"北京模式"。本文就以北京市涉法涉诉信访改革为蓝本，重点研究第三方社会力量参与涉法法涉诉信访案件的工作机制、工作方法、存在问题和今后的发展方向。

三、各地开展涉法涉诉信访改革的经验

根据中央涉法涉诉信访改革精神，全国各地均开展了涉法涉诉信访制度的改革，探索不同的模式，取得了较好的效果。

（一）湖北模式

湖北模式是组建律师顾问团参与涉法涉诉案件的化解工作。湖北的做法是坚持问题导向，持续开展"千案化解"专项行动，推进律师参与涉法涉诉信访矛盾化解和代理申诉，加快涉法涉诉信访信息化系统建设应用，全力破解工作重点难点问题，推进涉法涉诉信访法治化进程，维护涉法涉诉信访正常秩序。落实到

具体的做法，湖北在西部地区，重点开展了律师顾问团进村便民活动。如湖北恩施实行"律师进村，法律便民"基层治理制度。恩施共建立了93个法律顾问团，实行法律顾问全覆盖，法律诊所进乡入户，取得了显著成效，越级上访、重复访、非法访量同比下降八成。

（二）山东模式

山东模式是在党委政府主导下，组建律师团，介入重大敏感案件的化解工作。山东省司法机关不等不靠，先行先试，积极探索改革新举措、新方法，取得了良好成效。一是畅通案件入口关。构建信、访、网、电"四位一体"的受理平台，依法受理群众各类诉求。二是强化流程管理关。借助统一业务应用系统，对办案流程实行网上管理，做到严密流程、责任到人、全程留痕；制定《内设机构处理涉法涉诉信访事项分工协作办法》，防止案件积压和程序内空转。三是把好案件出口关。在全省控申检察部门推行"检察宣告"制度，增强了终结性检察决定的严肃性和说理性。他们还制定了《关于第三方参与化解涉法涉诉信访的意见》，对法律程序已经穷尽、合理诉求已经解决，仍坚持缠访闹访的控告人、申诉人，主动邀请社会第三方共同参与息诉工作，增强了涉法涉诉信访工作的社会公信力和支持度。四是探索推广基层化解机制。坚持和发展"党政动手，依靠群众，预防纠纷，化解矛盾，维护稳定，促进发展"的"枫桥经验"，科学整合、积极推广基层工作经验，鼓励基层检察机关依法及时就地解决问题。

（三）吉林模式

吉林模式是借助律师等社会第三方力量参与化解涉法涉诉信访案件，成立了吉林信访法律事务服务中心，组成四个职能部门，咨询接待、协调办案、诉讼代理、居中调解。在工作中法律事务服务中心形成六种工作模式，一是义务咨询服务息访法，通过对信访人耐心咨询解答，让信访人了解其应通过何种法律程序和法律依据主张权利，引导信访人按照法定程序解决诉求，劝其弃访信法，以达到息访的目的；二是权利义务告知服务息访法；三是促成双方和解息访法；四是免费代理维权息访法，是对需要通过诉讼程序解决额外涉法信访事项，涉法信访人自愿委托信访中心律师代理的，在上访人书面保证不再上访的前提下，信访中心指派律师义务为上访人提供调查取证、调取案件、出庭代理等服务，通过诉讼程序实现息访；五是召开信访听证息访法；六是签订公证救助协议息访法，是在信访人生活困难，且被访部门或被告主体已不存在，无法通过其他程序解决的情况下，信访中心根据相关法律法规的规定，报当地信访、民政机关按相关规定给予救助。相关部门同意救助的，由信访中心同信访人签订《息访救助协议》，救助款由信访中心转付信访人，促进信访人息访。

（四）上海杨浦模式

上海杨浦区创建"政府—律师—信访人"新型的三元模式的信访矛盾化解

机制，引入律师参与信访矛盾化解，形成了与专业化组织直接合作的第三方参与平台。2009 年 5 月起，上海市按照中央的总体部署，根据本地区发展的现实需要，首次引入 15 家律师事务所，参与有关城区的信访积案核查工作。同年 6 月，对引入律师作为第三方参与市领导调研信访提出明确的工作要求。杨浦区采取分三个阶段的方式，按照"政府—律师—信访人"三元模式作为传统信访模式的制度补充，"嵌入"信访制度，形成稳定机制。各地涉法涉诉信访制度的改革多是引入律师团队，实施律师参与涉法涉诉信访案件的化解和代理涉法涉诉案件制度。

四、北京市第三方参与涉法涉诉信访工作机制

在律师参与涉诉信访案件接待、化解工作的基础上，为进一步深入推进北京市涉法涉诉信访工作改革，全面引入第三社会力量参与涉法涉诉信访工作，促进化解难、纠错难、终结难、救助难等瓶颈问题有效解决，推动矛盾纠纷妥善化解，维护群众合法权益，提高司法公信力，北京市委政法委、市委社会工委、市司法局制定了《关于深化第三方社会力量参与涉法涉诉信访工作改革的意见（试行）》，为进一步落实涉法涉诉信访工作改革，北京市委政法委制定了《关于第三方社会力量参与涉法涉诉信访工作的实施办法（试行）》，明确了第三方参与涉法涉诉信访工作的原则和具体工作内容。

2015 年，由北京市委政法委牵头协调，成立组建了民办非企业单位——北京市公益法律服务与研究中心，作为统筹组织第三方社会力量参与涉法涉诉信访工作的平台。北京市公益法律服务与研究中心于 2015 年 9 月 25 日获得民政局许可证书，同年 10 月 14 日开始试运行，启动了第三方社会力量参与公、检、法、司各部门涉法涉诉信访接待工作。

经过一年多的运行，2016 年，中心升级为全市法律服务类的枢纽性组织——北京市公益法律服务促进会。依托北京市法学会、北京市律协、人民调解委员会等社会组织，统筹整合北京市律师协会 57 个专业委员会和 2100 家律师事务所的 2.6 万名律师，以及北京社会心理工作联合会、专业性行业性调解组织，心理咨询机构等法律服务机构，共同参与涉法涉诉信访工作。

（一）北京模式——第三方社会力量参与涉法涉诉信访案件的工作机制

北京市是全国第一个搭建了第三方社会力量参与涉法涉诉信访工作平台——北京市公益法律服务与研究中心，无偿为信访群众提供法律帮助，整合第三方社会力量参与化解涉法涉诉信访案件。

第三方社会力量参与涉法涉诉信访工作，是指身份独立于执法办案的政法机关和案件当事人、与双方无利害关系的第三方社会力量，利用专业能力及社会公信力优势参与涉法涉诉信访工作，依法、无偿为信访人提供法律服务或相关帮助。

1. 第三方社会力量的工作原则

第三方参与涉法涉诉信访必须坚持合法性原则、中立性原则、专业性原则、公益性原则。

2. 第三方社会力量参与涉法涉诉信访工作的模式

北京市第三方社会力量参与涉法涉诉信访案件的工作模式为一、五、六模式。

一是一个平台。第三方人员开展工作依托第三方社会力量公益法律服务平台，工作资料上传至工作平台，实现"互联网＋模式"管理。北京市公益法律服务中心开发了北京市第三方社会力量公益法律服务平台。涉法涉诉信访材料均通过平台传输。

五是五大人才库，中心设立五个人才库，包括法学专家人才库、律师人才库、调解员人才库、心理专家和心理咨询师人才库、其他专业人员人才库。各人才库人员分别由人才库组建单位负责推荐，加入人才库的人员必须是热心公益事业、专业知识过硬、愿为社会奉献才智、善于做群众工作的人员。中心负责人才库维护、管理。

六是六个工作机制，包括人才选聘机制、人员激励机制、工作衔接配合机制、工作保障机制、第三方工作机制、公益法律服务组织联动机制。

北京市公益法律服务中心与北京市律协成立了工作联盟，共同制定了关于建立完善涉法涉诉信访工作制度的意见。建立了工作联系机制，中心与律协建立工作联系机制，及时沟通工作进展，互相通报情况，指导律师、律师事务所和专业委员会有序参加涉法涉诉信访工作，共同制定律师参与涉法涉诉信访工作的工作制度、考评办法和纪律要求。加强与外省市律协合作、共同推动跨区异地化解、终结工作。

（二）第三方社会力量参与涉法涉诉信访工作制度规范

为规范第三方社会力量参与涉法涉诉信访工作，中心根据《关于深化第三方社会力量参与涉法涉诉信访工作改革的意见（试行）》《关于第三方社会力量参与涉法涉诉信访工作实施办法（试行）》制定了一系列相关的规定，规范第三方社会力量参与涉法涉诉信访工作。主要工作制度有：

1. 回避制度

为保证第三方人员工作的中立性、公正性、第三方人员参与涉法涉诉信访工作应当遵守回避制度。第三方人员属于案件当事人、诉讼代理人的近亲属以及与案件有利害关系，与案件当事人、诉讼代理人有其他关系，可能对矛盾纠纷公正有效化解产生负面影响的，应予回避。参与化解、评议的第三方工作人员在接受案件前，都要签署声明书，声明与本案没有利害关系。

2. 公益无偿制度

第三方工作人员参与涉法涉诉信访工作是公益性质，接待、化解、评议、终结工作，不得向信访人收取任何费用，不得利用工作平台进行有偿法律咨询、案件代理等活动。

3. 第三方人员培训制度

一是建立第三方人员系列培训制度。对新入人才库的第三方人员进行岗前培训；二是针对专题任务的专题培训；三是定期开展法律专业和职业道德执业操守的培训；四是组织心理培训，通过专家讲座、案例模拟、室外拓展、问卷调查等丰富多彩的活动，取得良好的学习与交流效果。

4. 专家咨询委员会制度

专家咨询委员会评议的案件包括：第三方人员参与涉法涉诉信访案件的接待、化解、评议、终结工作中认为案件存在执法错误或瑕疵，以及其他重大疑难复杂案件；政法机关认为重大疑难复杂案件、政法机关拟申报终结的案件。专家咨询委员会评议案件时，受指派参与该案件工作的第三方人员可以参会介绍情况、责任政法机关可派人员参加通报案件情况。专家咨询委员会评议案件后，出具工作意见书送交有关政法机关，对专家咨询委员会的意见，相关政法机关要认真研究、及时处理；对工作意见书采纳与否，政法机关应当按程序和时限予以反馈。

5. "点厨子"式的预约接待制度

预约接待是根据涉法涉诉信访人提出的申请或政法机关提出的需求，中心安排第三方人员参与接待。中心在政法机关的接待场所设立预约接待登记窗口，并设置电子触摸屏，展示第三方专家的照片，信访群众可以根据案情自选专家参与案件咨询化解工作，以此拉近专家与信访群众的距离，营造出一个可以信任、可以打开心结沟通交流的氛围，为信访人提供维护合法权益的建议，促进信访人接受正确的法律结论、息诉罢访，或引导其依法理性表达诉求。

自预约接待开展以来，中心已经成功预约接待信访群众二百多人次，有些多年上访的案件通过预约接待化解，信访人听了专家的耐心解答，明确表示不再信访。

6. 多部门联合化解制度

第三方工作平台整合了政法各机关的信访信息，形成资源共享，信息互通，为多部门联合化解提供了条件，实现矛盾联调、问题联治、工作联动。

7. 典型案例专题研讨制度

对在化解、评议工作中遇到的典型问题，组织由法学家、律师、政法机关、相关部门进行研讨。中心针对北京市各区人民法院同案不同判问题，召开了"京郊农村宅基地使用权继承纠纷与解决途径研讨会"。针对精神损害赔偿问题召开了"因人身损害引发其他疾病（精神损害）赔偿问题研讨会"。

8. 建立信访信息综合平台，信访信息网路管理制度

中心建立了第三方信息化工作平台，依托互联网打造第三方社会力量积极参与涉法涉诉信访工作、实行诉访分离、评查纠错、依法终结、司法救助的可持续信息化生态，以"北京市公益法律服务信息平台"为基础，创新构建了与首善之区定位相适应的"互联网＋公益法律服务平台"，在信访群众和政法机关之间搭建了一座第三方社会力量有效参与的桥梁。第三方工作平台的建设实行了涉法涉诉信访工作的全程监控，为大数据分析提供了详实的基础数据，为北京市涉法涉诉信访工作数据分析提供了基础材料。

五、第三方工作内容及典型案例分析

（一）第三方工作内容

1. 参与接待工作

第三方人员参与接待工作分为日常接待和预约接待。日常接待是由政法机关根据本单位涉法涉诉信访工作的需要提出申请，由中心安排第三方工作人员在政法机关接待场所长期开展接待工作；预约接待是根据信访人提出的申请或政法机关提出的需求，由中心安排第三方人员参与接待。参与接待的第三方工作人员接待时应当认真听取信访人的诉求，仔细阅读信访材料，提供法律咨询、进行心理疏导，引导信访人依法解决信访事项。参与接待的第三方工作人员接待时应当做好接待笔录，上传至第三方工作平台。

2. 参与化解工作

第三方工作人员参与化解工作主要是针对政法机关中重信重访等疑难复杂的涉法涉诉信访案件，政法机关确定化解的案件，要征得信访人的同意，签署化解案件告知书。政法机关将案件的相关材料及信访人的信息等材料移交中心，由中心根据案件的具体情况安排第三方工作人员开展化解工作。对于在法律程序中的案件、初信初访的案件、政法机关未开展过化解工作的案件、已经终结的案件不得开展第三方化解工作。

第三方工作人员接到案件材料后，应当在一个月内完成阅卷并约谈信访人，第三方参与化解工作的方式有：释法说理、心理疏导、引导通过法律途径解决、组织当事人和解、调查了解有关情况；对违法信访进行批评教育、帮助信访人申请司法救助或社会救助、配合政法机关召开公开答复会、动员其他社会力量协助化解等方式。经化解，第三方人员发现案件处理可能存在执法错误或瑕疵的，可以申请组织专家咨询委员会对案件进行评议。经参与化解的第三方工作人员开展工作，成功化解的，需要由信访人作出息诉罢访保证书；未化解的案件，由第三

方工作人员出具法律意见书，写明：案件法律处理结果是否存在问题、开展化解工作情况、未化解的原因、下一步工作建议等。

3. 参与评议工作

政法机关根据工作需要，可以委托中心组织第三方工作人员对选定的涉法涉诉信访案件进行评议。评议主要是书面审查，评议的内容包括：案件事实是否清楚、法律适用是否正确、法律程序是否合法、实体处理是否正确等方面。第三方工作人员完成评议工作后，应出具评议意见书，写明：案件基本情况、政法机关处理结论、评议经过、评议结论。第三方工作人员认为案件存在执法错误或瑕疵，可申请提交专家咨询委员会进行评议。

4. 参与终结工作

政法机关拟终结的案件，应提交中心提交专家咨询委员会评议，专家咨询委员会主任指定一名专家咨询委员承办案件的重点审查工作，并在专家咨询委员会评议会上作具体案件情况说明，与信访人再次沟通，进行释法说理、心理疏导、开展化解工作。专家咨询委员会评议后对案件作出是否符合终结条件和标准的意见，认为不符合终结条件和标准的，提出重新复查或纠正意见。对已经依法终结的案件，第三方协助有关政法责任单位做好终结移交工作。

（二）典型案例分析

第三方社会力量参与涉法涉诉信访案件工作中，成功化解了一批多年积案，总结了一些成功化解案件的经验，如专家团队联合化解，释法明理、心理疏导与救助并行，两代表一委会的听证会制度等。例如信访人因房屋拆迁纠纷上访15年，2016年检察机关将王某信访案移交第三方化解。经过对案件材料的研究，决定安排律师与心理咨询师联合化解，从心理疏导入手，再向其释明法律，促使王某打开心结，接受化解方案。检察机关针对王某一家的生活困境，制定了救助方案，解决了王某家的生活问题。通过第三方心理咨询师和律师工作，王某接受了救助方案，签署了息诉罢访承诺书，一起15年的上访案件得以解决。

六、第三方社会力量参与涉法涉诉信访工作的效果分析

北京市第三方社会力量参与涉法涉诉信访工作以来成果显著，自2015年10月运行以来效果明显。到2017年9月30日，在北京市高院、检察院、公安局、司法局接待场所共计日常接待涉法涉诉信访人14 364人次，预约接待216人次，2015年、2016年接受政法机关移交的化解、评议、终结案件354件。

（一）日常接待

根据政法机关的需求选择参与日常接待的第三方工作人员，取得较好的效果。如到人民法院接待站信访人数多、上访时间较长，诉求主要是对法院的判决不服，有的经过一审、二审、再审等程序，情绪不易控制。根据法院信访的特点，中心安排日常接待的第三方工作人员以律师为主，同时每日有一名心理咨询师值班，负责对信访人的情绪疏导。信访人通过第三方工作人员耐心的解答、心理疏导、情绪得到平缓，其中33%左右没有再次来访记录。

（二）预约接待

2016年9月正式开始预约接待，在法院接待大厅设立显示屏，显示参加预约接待专家的照片，信访当事人可以根据案情的不同选择自己信任的专家，拉近了专家与信访群众的距离。参与预约接待的第三方工作人员都是各领域的专家，有法学教授、知名律师、心理咨询师等，有效解决了信访人抵触戒备心理、专业化需求等问题。有些多年的信访案件是通过预约接待化解，信访人当即表示不再上访，签署了息诉罢访保证书。到2017年9月底，已预约接待216人次。

（三）第三方化解

政法机关移交的化解案件中，通过第三方工作人员的耐心工作，有30%的案件得到化解，化解了一些多年上访案件及群体性上访案件。如有百万庄因拆迁引发的104人群体访事件，经第三方工作人员做工作，已经罢访，全部引入诉讼程序，通过合法的渠道表达自己的诉求。上访已经15年的王某案件，经过专家团队的联合进行释法明理、心理疏导、司法救助等方法，王某明确表示息访。

（四）参与评查案件，得到政法机关的认可

政法机关根据工作需要，可以委托第三方对案件进行评查。评查主要是书面审查，评查的内容包括：案件事实认定是否清楚、法律适用是否准确、法律程序是否合法、实体处理是否正确。第三方人员对案件评查后，要出具评查意见书。第三方人员经过评查认为案件存在瑕疵或明显错误的，可申请专家咨询委员会研究论证。

中心对法院移交的109件案件评查后，发现15件案件有瑕疵，现已经全部反馈给责任法院，进入瑕疵补正和依法纠错程序。

（五）参与终结工作，严把涉法涉诉信访案件的出口

根据《北京市公益法律服务与研究中心第三方社会力量参与涉法涉诉信访工作实施细则（试行）》的规定，政法机关拟终结的案件，都要由中心专家咨询委员会评议。专家咨询委员会主任要指定一名专家委员承办案件重点审查工作，与信访人再次沟通，进行释法说理、心理疏导、开展化解工作。

中心接受政法机关移交的44件终结案件，已经由专家咨询委员会评议，再次做了化解工作，并且全部同意终结，其中39件已经由市委政法委牵头移交属地，实现了终结案件落地"软着陆"。

（六）依托"互联网＋"技术，打造网上信访中心

第三方工作平台自启用以来，不断完善，现在已经实现日常接待、预约接待

信息网上转传输，政法机关移交的化解、评议、终结案件材料由责任政法机关直接在网上移送。第三方工作人员的工作进展网上查看，开展信访接待、受理、办理全面留痕，案件转办、结果反馈、监督考核网上运行，探索涉法涉诉信访工作新模式，打造网上信访中心。

（七）打造公益品牌

第三方社会力量参与涉法涉诉信访"三百"服务项目获得了 2016 年北京市市级社会建设专项资金支持，被评为第三届北京市社会组织公益服务品牌铜奖，成为一个可持续发展的金牌项目，成果得到社工委的肯定。

七、存在问题、对策分析与发展趋势探析

北京市在第三方参与涉法涉诉信访工作方面已建立了相对完善的工作机制，也在工作推进中取得了一些成效，但在发展的过程中，也存在一些法律与社会问题，亟待研究解决。

（一）对于信访案件代理方式的分析与探索

根据北京市第三方参与涉法涉诉信访工作机制，为规范第三方工作，保障第三方参与工作的中立性、公益性，北京市明确律师只是参与接待、评议、化解、终结工作，不得代理信访案件。但在实际工作中，也存在个别案件可启动其他诉讼程序。

第一，可以借鉴吉林市的做法，由第三方指派律师义务为信访当事人出庭代理，通过诉讼程序实现息访。关于律师信访代理制度，2014 年 10 月 23 日，中国共产党第十八届四中全会上明确提出："落实终审和诉讼终结制度，实行诉访分离，保障当事人依法行使申诉权利。对不服司法机关生效裁判、决定的申诉，逐步实行由律师代理制度。对聘不起律师的申诉人，纳入法律援助范围。"这一《决定》首次提出涉诉信访案件的代理方式。从吉林的经验讲，通过提供法律咨询、代理援助、调取案卷服务；评析上访是否合理，召开听证会；协调政府部门、司法机关解决上访涉及问题等方式，以达到息访目的。在这些参与涉法涉诉信访工作中，律师信访代理成为重要的参与方式。"对于能够导入司法程序解决信访事项但生活困难的信访人，在信访人明确表示不再上访的前提下，免费安排中心律师义务调查、出庭，为其代理申诉。"通过无偿服务为信访人免除律师代理费近百万元，也使得一些困扰政法机关多年的涉法涉诉信访"骨头案""钉子案"得以有效化解。这为北京市律师代理信访案件提供了借鉴意义。

第二，和法律援助中心联动，对于涉法涉诉信访当事人能够通过诉讼程序息访的，可以予以法律援助。法律援助中心是政府法律援助机构的正式名称，由直辖市、设区的市或者县级人民政府司法行政部门根据需要确定本行政区域的法律援助机构。法律援助是由国家拨款设立的专门为需要律师服务但经济困难无力聘请律师的弱势群体，及法律规定必须有律师提供法律帮助而自己又没有聘请律师的特定人员（如刑事案件中可能被判处无期徒刑和死刑、未成年人犯罪的人员）提供无偿法律服务。与第三方参与涉法涉诉信访工作有相似之处的是，法律援助是一项公益的、免费的帮扶救助活动，并且在国家的有力推动下，呈现范围扩大的趋势。北京市第三方参与涉法涉诉信访工作应建立与法律援助工作的衔接机制，对于符合法律援助条件的信访案件，引导到法律援助中心申请法律援助，推动涉法涉诉案件的有效化解。

（二）第三方参与涉法涉诉信访司法救助途径探索

在第三方参与涉法涉诉信访工作中，发现当事人确实存在生活困难，或因诉、因访致贫，无法恢复到正常生活的现象。对于其中符合司法救助或者社会救助条件的；只要给予司法救助或者社会救助，就可以息诉罢访的，现在北京市第三方参与涉法涉诉信访工作机制中，并没有相关的机制协助当事人申请司法救助或者社会救助。

国家司法救助是指国家向无法通过诉讼获得有效赔偿而生活面临困难的当事人、证人（限于自然人）等即时支付救助金。现行国家司法救助为辅助性救助，对同一案件的同一救助申请人只进行一次性国家司法救助。对于能够通过诉讼获得赔偿、补偿的，一般应通过诉讼途径解决。开展国家司法救助是我国司法制度的内在要求，是改善民生、健全社会保障体系的重要组成部分。在救助对象上，主要是包括八类人员：一是刑事案件被害人受到犯罪侵害，致使重伤或严重残疾，因案件无法侦破造成生活困难的；或者因加害人死亡或没有赔偿能力，无法经过诉讼获得赔偿，造成生活困难的。二是刑事案件被害人受到犯罪侵害危及生命，急需救治，无力承担医疗救治费用的。三是刑事案件被害人受到犯罪侵害而死亡，因案件无法侦破造成依靠其收入为主要生活来源的近亲属生活困难的；或者因加害人死亡或没有赔偿能力，依靠被害人收入为主要生活来源的近亲属无法经过诉讼获得赔偿，造成生活困难的。四是刑事案件被害人受到犯罪侵害，致使财产遭受重大损失，因案件无法侦破造成生活困难的；或者因加害人死亡或没有赔偿能力，无法经过诉讼获得赔偿，造成生活困难的。五是举报人、证人、鉴定人因举报、作证、鉴定受到打击报复，致使人身受到伤害或财产受到重大损失，无法经过诉讼获得赔偿，造成生活困难的。六是追索赡养费、扶养费、抚育费等，因被执行人没有履行能力，造成申请执行人生活困难的。七是对于道路交通事故等民事侵权行为造成人身伤害，无法经过诉讼获得赔偿，造成生活困难的。八是党委政法委和政法各单位根据实际情况，认为需要救助的其他人员。

除此之外，对于涉法涉诉信访人，其诉求具有一定合理性，但通过法律途径难以解决，且生活困难，愿意接受国家司法救助后息诉息访的，可参照执行。关于救助程序包括告知、申请、审批、发放。

结合国家救助相关文件精神，对于该问题的解决途径，应探索第三方组织与政法机关联动。对于符合司法救助条件的，由化解律师协助当事人撰写有关材料，经中心同意，还可以帮助当事人调取相关材料，由中心协助申请司法救助，之后当事人签订息诉罢访承诺书；对于未纳入司法救助范围的，中心可以协助其申请社会救助。

（三）拓展业务范围，实行律师代理申诉制度

实行律师代理申诉制度，是保障当事人依法行使申诉权利，实现申诉法治化，促进司法公正，提高司法公信，维护司法权威的重要途径。为贯彻落实《中共中央关于全面推进依法治国重大问题的决定》和中央政法委《关于建立律师参与化解和代理涉法涉诉信访案件制度的意见》，对不服司法机关生效裁判和决定的申诉，逐步实行律师代理制度。根据《最高人民法院、最高人民检察院、司法部关于逐步实行律师代理申诉制度的意见》依托公益性法律服务机构，为不符合法律援助条件的当事人寻求律师服务提供多元化渠道。

针对目前北京市第三方律师不能进行代理信访人申诉的现状，日后可以逐步建立律师代理申诉制度，第三方律师在政法机关接待场所日常接待也可以为申诉人免费就申诉事项提供法律咨询；有些申诉人自行委托律师有困难，又不符合法律援助条件的，中心可以为其提供律师无偿代理申诉。

律师在代理申诉过程中，可以开展以下工作：听取申诉人诉求，询问案件情况，提供法律咨询；对经审查认为不符合人民法院或者人民检察院申诉立案条件的，做好法律释明工作；对经审查符合人民法院或者人民检察院申诉立案条件的，为申诉人代写法律文书，接受委托代为申诉；接受委托后，代为提交申诉材料，接收法律文书，代理参加听证、询问、讯问和开庭等。

律师代理申诉属于公益性质的，依靠党委政法委，协调有关部门争取经费，购买服务。全额支付律师在提供服务过程中产生的费用，并给予适当补助及奖励。

（四）完善第三方工作平台的建设

第三方工作平台目前还不完善，目前工作平台的查看功能，统计功能还有待完善，有些功能还有待开发。今后要进一步完善平台的功能，加强平台建设，实现系统互联互通、数据共享共用，提高涉法涉诉信访处理规范化、智能化水平，实现信访接待、受理、办理全面留痕，案件转办、结果反馈、监督考核网上运行，探索涉法涉诉信访工作新模式，打造智慧信访。

（五）健全律师调解工作机制

根据最高人民法院和司法部的部署，开展律师调解试点工作，第三方设立律

师调解工作室，在北京市全市法院的诉调对接大厅，派驻接待律师，健全律师专业调解模式和工作机制，受理各类民商事案件，充分发挥律师在预防和化解纠纷中的专业优势、职业优势和实践优势，从源头上减少涉法涉诉信访案件的发生。

（六）孵化基层公益法律服务组织，参与涉法涉诉信访案件的接待、化解、终结落地等工作

坚持团结、培育、引领、服务的方针，以推动、提升全市公益法律服务工作为目标，积极探索涉法涉诉信访工作新思路、新模式与新方法。首先积极扩大、培育更多的社会组织及个人参与涉法涉诉信访工作，重点培育、孵化律师事务所、人民调解组织、心理咨询机构等公益法律服务二级组织、参与社会矛盾的调解、信访案件的接待、化解及参与涉法涉诉信访案件终结落地、信访案件的救助帮扶、思想疏导、教育稳控等工作，促进息诉息访。

（七）在实践中不断建立完善制度机制

北京模式总体要求，以问题为导向，坚持开展不同类型专题的研究和制度机制建设工作。在"156"模式基础上，进一步构建起"三位一体"（政法单位主责、专业力量参与、多元渠道化解）新的管理运行模式；在制度机制建设方面，在六大机制基础上，提出"人员选用、运行机制、平台建设、经费保障"善用社会力量的"四个标准化"要求，提出十大机制、五项配套措施等建设；在组织建设方面，围绕社会治理体制五句话要求，按照中央政法委部署，坚持顶层设计和基层探索相结合、预防与化解相结合等原则要求，在组织形式上，从单一的公益法律服务研究中心向成立枢纽型社会组织发展，更广泛整合资源（社会协同、公众参与度），变自己干为大家干；在工作思路、内容方面提出：整合资源、搭建平台、条块结合、供需对接、三级服务、三地联动的工作思路，服务内容、服务对象方面从市级政法单位延伸（复制）到区级、到基层乡镇街道；从涉法涉诉向社会矛盾调处，在工作方式方法上提出：整合运用司法调解、行政调解、人民调解、心理调解等社会矛盾综合化解途径方法，力求构建一个完整的工作链条。

涉法涉诉信访改革是党的十八大后中央政法委首批确定的重点改革之一，不仅对深化司法体制改革、促进政法工作法治化具有标志意义，而且对凝聚全社会忠于、遵守、维护、运用法律的共识，全面推进依法治国具有示范意义。

涉法涉诉信访改革工作做得怎么样，事关全面依法治国的深入推进，事关以人民为中心的思想的贯彻落实，事关社会大局的和谐稳定。当前，涉法涉诉信访改革正处于爬坡过坎的攻坚阶段，必须一鼓作气深入推进改革，确保不断取得新成效，坚定不移推动涉法涉诉信访问题回归法治轨道解决。

（本文课题组成员：王越宏，北京市公益法律服务与研究中心主任、北京市公益法律服务促进会副会长；王春霞，北京市公益法律服务促进会秘书长；牛晓锐，北京市委政法委执法监督处处长；刘磊，北京市人民检察院检察员；杭涛，北京市高级人民法院法官；康健，市公安局法制总队信访支队。）

第二篇

一般课题

京津冀劳动人事争议预防机制建设研究

薛长礼 *

2015 年 4 月中共中央、国务院通过《京津冀协同发展规划纲要》，2016 年 2 月，全国第一个跨省市区域"十三五"规划——《"十三五"时期京津冀国民经济和社会发展规划》发布，这意味着酝酿、探索多年的京津冀协同发展进入了实质性实施阶段。在这一背景下，构建京津冀和谐劳动关系，具有极为重要的现实意义。构建和谐劳动关系，是当下中国社会关系发展的核心要素，之于京津冀协同发展而言，既是京津冀协同发展战略的重要组成部分，也是京津冀协同发展顺利推进的基础和保障。鉴于和谐劳动关系构建是一个系统性工程，已有的研究成果更多关注劳动关系的建立、运行与纠纷解决，对劳动人事争议预防鲜见整体性、结构性研究，本研究报告旨在从劳动人事争议预防机制的视角，探讨京津冀协同发展一体化建设和谐劳动关系问题，通过梳理京津冀劳动人事争议预防制度的进展、结构，实践运行中出现的问题，检视京津冀劳动人事争议预防机制建设的不足及其成因，提出完善健全京津冀劳动人事争议预防机制的对策。

一、京津冀劳动人事争议预防机制的理论基础与问题化建构

一如中共中央、国务院《关于构建和谐劳动关系的意见》所指出的，我国"劳动关系矛盾已进入凸显期和多发期，劳动争议案件居高不下"。2016 年全国劳动人事争议调解仲裁机构共处理争议 177.1 万件，同比上升 2.9%；涉及劳动者 226.8 万人，同比下降 2.1%；涉案金额 471.8 亿元，同比上升 29%；办结案件 163.9 万件，同比上升 1.8%；案件调解成功率 65.8%，仲裁结案率为 95%。

---

* 课题主持人：薛长礼，法学博士，现为北京化工大学文法学院教授，法律系主任，硕士研究生导师，北京市法学会学术委员会委员，中国社会法学研究会常务理事，中国立法学研究会理事，北京市劳动和社会保障法学会理事。主要研究方向为社会法、法理学。立项编号：BLS（2016）B001。结项等级：合格。

终局裁决 10.4 万件，占裁决案件的 28.4%。[1] 这一组数据表明在经济运行进入新常态、供给侧结构性改革深化的背景下，劳动人事争议高发已成为我国和谐劳动关系建设面临的突出问题。破解劳动人事争议高发难题，是构建和谐劳动关系的当务之急。随着全面依法治国的推进，我国劳动关系调整模式和治理机制正在发生转变，经历从事后救济向事前预防、事中化解、事后救济并重，从短期治标向长效标本兼治转变。劳动人事争议预防是构建和谐劳动关系的源头，源头治理，关口前移，从源头减少、消除劳动人事争议，化解劳动关系纠纷矛盾，保障劳动者与用人单位合法权益，是京津冀和谐劳动关系建设的必然要求。依凭依法治理、综合治理和源头治理的原则，结构性推进京津冀劳动人事争议预防机制建设，形成京津冀有效处理劳动人事争议制度体系和实践模式，是京津冀协同发展构建和谐劳动关系的出发点和落脚点。

（一）京津冀劳动人事争议预防机制建设的理论基础

从理论上分析，劳动人事争议分为劳动争议和人事争议。劳动争议按照主体划分，分为个别劳动争议和集体劳动争议；按照内容划分，主要包括劳动合同纠纷、社会保险纠纷和福利待遇纠纷。人事争议按内容划分，可以分为辞职争议、辞退争议和聘用合同纠纷。[2] 一般认为，劳动争议发生于用人单位与劳动者之间，人事争议发生于事业单位与劳动者之间。随着事业单位改革推进，劳动人事争议之区分淡化、渐趋模糊。为了分析方便，除非特别指出之外，本报告所谓的劳动人事争议主要指发生在企业与劳动者之间的劳动纠纷。劳动人事争议预防可以从两个角度理解、界定。一是指预防，主要包括企业对与职工之间可能发生劳动人事争议的问题、环节、争执、分歧等采取必要的措施，进行预先防范。包括劳动关系建立前的劳动争议预防与劳动关系存续期间的劳动争议预防。[3] 二是将预防调解机制理解为一体，指劳动人事争议发生之前，通过制度和法律、公共政策等的综合运用，企业、政府、工会、劳动者等多方主体合作，预防化解劳动人事争议诱发因素，避免劳动人事争议发生。劳动人事争议一旦发生，可通过协商和解、调解等方式有效处理纠纷，化解冲突，解决问题，避免劳动人事争议进入相对激烈、影响劳动关系和谐状态的仲裁、诉讼阶段。第二种理解是广义地更为完整、系统的理解，突出了社会调解的预防功能。社会调解作为一种积极、有

---

〔1〕 人力资源和社会保障部：《2016 年度人力资源和社会保障事业发展统计公报》，载 http：//www. mohrss. gov. cn/SYrlzyhshbzb/zwgk/szrs/tjgb/201705/W020170531358206938948. pdf，访问日期：2017 年 7 月 10 日。

〔2〕 王全兴：《劳动法学》，高等教育出版社 2017 年版，第 453 页。

〔3〕 方江宁、石美遐：《企业劳动争议预防刍议》，载《中国人力资源开发》2003 年第 3 期，第 57 - 58 页。

效的劳动关系调整手段，区别于仲裁调解和诉讼调解，能阻止劳动人事争议纠纷进一步发展，将劳动人事争议纠纷消除在萌芽状态，进而避免劳动关系陷入僵局、破裂，对企业乃至整个社会的和谐产生负面影响。从劳动人事争议处理机制的制度框架与实践分析，我国对劳动人事预防的功能和秩序作用的理解不断深化，逐渐将预防、调解置于与仲裁、诉讼相同的制度地位，二者一体运行，有序衔接，合力发挥作用，共同构成劳动人事争议事前处理机制。因此本研究报告采用第二种相对广义的界定。

值得注意的是，劳动人事争议预防越来越受到学术界和实务界的关注。国内关于劳动人事争议预防机制的研究主要集中于劳动法确立的协商调解制度，并取得了一定数量、一定深度的研究成果。一是劳动人事争议预防调解立法问题，建立事前、事中、事后三重立法保障。《中华人民共和国劳动法》（以下简称《劳动法》）、《中华人民共和国劳动争议调解仲裁法》（以下简称《劳动争议调解仲裁法》）等法律法规对劳动争议预防作出了概括式规定，但立法的侧重点倾向于劳动争议的事中处理、事后救济，建构了比较完备的仲裁、诉讼多元救济机制，劳动争议预防机制没有在立法中得到充分的制度表达（李雄，2013；王蓓，2015；孙德强，2014）。二是立足预防，完善政府、工会和用人单位三方协商机制，协调劳动关系矛盾，促进劳资共赢、社会和谐，尤其是建立合法用工、劳资协商、抱怨管理、劳动关系预警"四位一体"的系统性预防机制（周静等，2016；潘泰萍，2016）。三是劳动人事争议预防公共政策问题，在立法基础上，结合经济社会发展中暴露出的劳动关系深层次矛盾，及时制定具有时效性、针对性的公共政策，形成具有有效性和创新性的中国"大调解"体系。以"大调解"为特色的劳动人事争议预防公共政策体现了"预防为主、基层为主、调解为主"的价值指归和柔性机制的制度弹性（岳经纶等，2014）。四是围绕实践工作中劳动争议预防调解的创新做法，形成有效工作机制，探究预防调解机制的完善和整合，增强劳动关系治理能力。人社部实施的"劳动争议预防调解工作示范企业"活动，北京市开展的"六方联动机制"，北京市总工会以"购买服务"的方式聘用专业律师调解劳动争议等，在实践中发挥了极为有效的作用，成为国家治理谱系的新类型。

劳动人事争议预防机制同样成为国外实务与学术界共同关注的主题，贡献了不同视角的多元预防机制学术成果，比较成熟的是以调解程序为代表的劳动争议三角式 IDR 程序和以申诉机制为代表的垂直式 IDR 程序。三角式 IDR 程序主要机制是设立以劳动争议纠纷预防和调解为主的常设性机构，居中调处处于萌芽状态或初露端倪的劳动争议纠纷。垂直式 IDR 程序排除了调解，采用申诉机制构造纠纷解决路径，保证了纠纷解决的时效性和私密性。无论何种 IDR 解决程序，都共同地突出了以下特点：一是将劳动人事争议预防与处理有机结合。美国企业雇员出现不满时，首先启动申诉程序，由管理层与工会协商；其次在企业内部无法达成一致解决意见时才会外力干预，比如自愿选择仲裁。德国则通过"自愿联合解决争议机制"解决争端问题。英国的 ACAS 是政府出资设立的独立组织，是自愿解决纠纷机制的枢纽机构，企业通过内部协商、咨询、调解、仲裁解决劳动争议。二是凸显劳动人事争议的企业主体性，通过企业内部的管理层与工会协商解决劳动争议。美国、日本等国家的不当劳动行为制度有助于劳动争议的解决。尽管各企业之间 IDR 程序的构造有较大差异，但其内部纠纷解决程序有着大致相同的功能预设。企业规模不同，是否设立工会等不同因素都会影响 IDR 的具体样态。比如工会的有效运行是预防劳资争议的重要机制，在未设立工会的企业中，往往由各种形式的申诉机制代替劳资平等对抗的调解程序，成为 IDR 的首选样式。在设有工会的企业中，垂直式 IDR 程序被设置为劳动争议内部调解的前置程序，担负事前预防功能，及时地发现、安抚劳动者的抱怨和抗议，避免进一步演化为激烈冲突。[1]

如前所述，国内外学术界和实务界均对劳动争议预防机制做出了不同视角的研究和探索。不难发现，国外对劳动争议的解决侧重企业内部协商机制，侧重于"利益争议"。我国劳动争议预防机制侧重企业内部和外部力量并用，预防焦点集中在"权利争议"，偶有涉及"利益争议"。在我国劳动争议呈多发态势，集体劳动关系矛盾深层化，争议从权利争议向利益争议转化、个别争议向集体争议转化的背景下，实有必要借鉴国外的经验，以集体协商和集体合同制度为中心，扩展劳动人事争议预防机制的覆盖范围。

（二）京津冀劳动人事争议预防机制建设的问题化建构

京津冀地区是继长三角、珠三角之后，我国第三个具有战略意义的综合区域。京津冀土地面积 21.8 万平方公里，占全国总国土面积的 2.3%；人口 10 770 万人，占全国总人口的 7.9%。2012 年京津冀地区生产总值 57 348.3 亿元，占全国 GDP 的 11%，社会消费品零售总额 20 878.2 亿元，占全国社会消费品零售总额的 9.9%。[2] 京津冀协同发展的关键不是简单的资源疏散，而是实现要素自由流动，北京的非首都功能疏解和产业转移产生的劳动关系问题需要未雨绸缪，及早防范。

1. 京津冀区域劳动力市场一体化是区域劳动人事争议预防机制建设的客观要求。2017 年 7 月，京津冀三地人才工作领导小组联合发布了《京津冀人才一

---

〔1〕 龙娟：《企业内部劳动争议解决程序的反思与建议——基于国外 IDR 程序的建设经验》，载《中国劳动》2015 年第 7 期，第 41 页。

〔2〕 数据来源《中国统计年鉴 2013》、《中国区域经济统计年鉴 2013》。

体化发展规划（2017年–2030年）》，这是国内首个跨区域人才规划，首个服务国家重大战略的人才专项规划。立足于打造区域人才一体化发展共同体，北京定位为创新型人才聚集中心，形成京津冀原始创新人才发展极；天津定位为产业创新人才聚集中心，形成京津冀高端制造人才发展极；围绕河北省转型发展需要，发挥雄安新区创新发展示范作用和石家庄承接转化带动作用，形成京津冀创新转化人才发展极。京津冀人力资源市场一体化的目的是使劳动力要素按照市场规律在区域内自由流动、优化配置，对促进京津冀协同发展具有重要意义。事实上，2003–2012年京津冀劳动力市场一体化程度逐步提高。[1] 人力资源市场一体化建设不可避免地会产生区域劳动人事争议，京津冀劳动人事争议预防机制建设既是保障劳动力要素自由流动的前提和基础，也是人力资源市场一体化建设的重要内容。

2. 疏解北京非首都功能，京津冀协同发展的重要内容之一是产业迁移和产业集聚。2014年北京制定实施《北京市新增产业的禁止和限制目录》，2015年3月，北京市人民政府发布《关于进一步优化企业兼并重组市场环境的实施意见》，明确提出将注重实施产业政策引导功能，对不符合首都城市战略定位的功能和产业，实施水、电、气等差别定价，形成倒逼机制，引导产业资源整合，调整疏解非首都功能。[2]《京津冀协同发展规划》和《"十三五"时期京津冀国民经济和社会发展规划》进一步明确北京、天津、河北不同功能定位，并按功能定位推进区域产业转型和产业升级。可以预期，京津冀经济一体化发展会带动区域经济结构调整，实现区域经济、产业政策互动、资源共享，要素市场一体化。在产业结构调整、淘汰落后产能过程中不可避免地会出现企业重组、企业合作与并购等。如果不能有效地调整产业转移、集聚过程中出现的劳动关系问题，不仅会影响劳动者切身利益，也会影响京津冀协同发展的进程。京津冀劳动人事争议预防机制建设是京津冀协同发展产业协同的有机组成部分，是京津冀协同发展极为关键的保障措施。

3. 京津冀作为与长三角、珠三角遥相呼应的北方经济发展核心区域，不断出现异于广东、上海，深具典型性的集体劳动争议，对现行劳动人事争议处理机制乃至劳动法律提出挑战，北京、天津、河北省在处理集体劳动争议过程中探索出了具有特色和指导意义的处理模式。这些处理模式尽管有制度构造上的差异，但共同特征是突出了"调解"的作用。北京市于2009年首创劳动争议调解"三方联动机制"，由总工会牵头人力资源和社会保障局、司法局组成，2010年市信

---

〔1〕 邬晓霞、任静、高见：《京津冀区域劳动力市场一体化程度的实证研究》，载《经济研究参考》2015年第28期，第80页。

〔2〕 郑新业、魏楚：《京津冀协同发展背景下的功能疏解与产业协同：基于首都核心区的视角》，科学出版社2016年版，第8页。

访办、高级人民法院、市企联相继加入，"三方联动机制"扩大为"六方联动机制"，逐渐形成多元矛盾调解化解劳动争议的"北京模式"。在"北京模式"的示范效果之下，天津市、河北省亦建立劳动争议调解"多方联动机制"。京津冀劳动人事争议预防机制建设，对于整合三地经验和资源，探索集体劳动争议调整模式，进而探索我国劳动关系调整由"权利争议"向"利益争议"延伸，形成中国特色和谐劳动关系秩序具有重要制度意义。

二、京津冀劳动人事争议预防机制之前提分析：争议现状及原因检视

京津冀劳动人事争议预防机制的构建需要厘清两个前提性问题。一是分析随着京津冀协同发展战略实施对京津冀区域劳动关系的结构性影响以及和谐劳动关系构建之于京津冀协同发展的意义，二是检视京津冀地区劳动争议类型、发生原因等，为针对性地建设劳动人事争议预防机制奠定基础。基于《中国劳动统计年鉴》和相关数据，通过对 2013 年－2015 年京津冀三地劳动人事争议状况的分析，结合实地调研，对京津冀劳动人事争议现状、类型及其成因做出整体性评判。

第一，京津冀劳动人事争议数量居高，且呈现增长态势和高上诉率。2013 年至 2015 年京津冀劳动人事仲裁机构受理劳动争议案件分别为 92 350 件、96 107 件、107 303 件，劳动者当事人数分别为 101 129 人、106 444 人、118 099 人，无论是案件数还是涉案劳动者人数，均呈逐年增加态势（参见表 1）。需要指出的是，京津冀三地受理劳动人事争议案件数占同期全国案件比例分别为 13.9%、13.4%、14.5%，超出同期 GDP10% 左右的比例。作为与劳动人事仲裁相衔接的人民法院审理情况，同样折射了劳动人事争议的上述特征。2012 年至 2014 年，北京市三级法院共审结一审劳动争议案件 58 170 件，二审 20 381 件。劳动人事争议的区域分布特征明显，城市功能拓展区和城市发展新区是劳动人事争议高发区域，约占同期一审案件的 77%，首都功能核心区和生态涵养发展区占 23%。[1]

表 1　2013 年－2015 年京津冀劳动争议案件受理情况表

单位：件、人

	2013		2014		2015	
	案件总数	劳动者当事人数	案件总数	劳动者当事人数	案件总数	劳动者当事人数
北京	65 051	65 051	63 395	63 395	71 303	71 303

---

〔1〕 赵岩、金曦：《北京高院发布近三年劳动争议案件审理情况》，载 http://bjgy. chinacourt. org/article/detail/2015/04/id/1603787. shtml.

	2013		2014		2015	
	案件总数	劳动者当事人数	案件总数	劳动者当事人数	案件总数	劳动者当事人数
天津	12 352	14 432	16 302	20 746	19 221	23 463
河北	14 947	21 646	16 410	22 303	16 779	23 333
合计	92 350	101 129	96 107	106 444	107 303	118 099

第二，京津冀集体劳动争议案件呈现上下波动，总体增长。2013 – 2015 年劳动人事仲裁机构受理集体劳动争议案件分别为 914 件、891 件、1059 件，案均人数分别为 22.8 人、20.3 人、19.8 人（参见表 2）。与此同时，人民法院受理的集体劳动争议案件反映出的问题更为突出，值得关注。按照中国裁判文书网的数据，2014 年河北省辖区共有 2453 份劳动争议裁判文书。统计结果显示，涉案的 1464 家用人单位中，有 286 家企业需要应对的是 5 人以上员工的诉讼。其中，需要同时面对 10 人以上员工诉讼的企业有 32 家；需要同时面对 100 人以上员工诉讼的企业有 4 家，4 家企业皆为建筑类企业。最为突出的案例是衡水市故城县人民法院案号为（2014）故民二初字第 1067 号民事判决，涉案员工人数高达1623 人。[1] 高比例的群体性、集体性诉讼发生率，彰显了集体劳动争议的严重性，尤其是在经济下行和结构调整过程中，伴随产业转型升级、供给侧结构性改革可能引发一定数量的岗位流失和裁员，需要用人单位进一步规范劳动用工，对集体劳动人事争议设立预警机制。

表2　2013 年 –2015 年京津冀集体劳动争议案件情况表

单位：件、人

地区时间	2013		2014		2015	
	集体劳动争议案件数	集体劳动争议劳动者当事人数	集体劳动争议案件数	集体劳动争议劳动者当事人数	集体劳动争议案件数	集体劳动争议劳动者当事人数
北京	578	14 852	507	10 615	660	13 399

---

〔1〕　参见德创劳动法团队：《劳动争议案件大数据报告》。

地区 时间	2013		2014		2015	
	集体劳动争议案件数	集体劳动争议劳动者当事人数	集体劳动争议案件数	集体劳动争议劳动者当事人数	集体劳动争议案件数	集体劳动争议劳动者当事人数
天津	69	1705	133	3487	181	3923
河北	267	4268	251	3993	218	3637
合计	914	20 852	891	18 095	1059	20 959

第三，京津冀劳动人事争议原因多元，纠纷类型呈现多样化趋势，劳动报酬问题最为突出，尤以经济补偿金、支付工资、社会保险、二倍工资、加班、年休假工资及劳动关系认定等方面为甚。《中国劳动统计年鉴》将劳动争议原因归结为三类：劳动报酬、社会保险和解除终止劳动合同，由于缺少对三个类型进一步细化的数据，只能从类型角度分析劳动人事争议的原因。通过数据（参见表3）可以看出，劳动报酬引发的劳动争议占绝对多数，2013年－2015年分别为44180件、47631件、59297件，与同期受理的劳动人事争议案件总数比较，所占比例分别为47.8%、49.6%、55.3%，这意味着大约半数的劳动人事争议案件由劳动报酬引起。在诉讼阶段情况同样反映了劳动报酬是最为凸显的争议诱因。最高人民法院《民事案件案由规定》将劳动类案由分为劳动争议和人事争议，劳动争议具体分为劳动合同纠纷、社会保险纠纷、福利待遇纠纷。根据威科先行法律信息库数据统计结果，2016年北京市劳动人事争议案件14 220件，其中属于劳动争议案由的13 910件，占97.8%；属于人事争议案由的314件，占2.2%。劳动争议与人事争议案件数量总和是14 224件，比实际的总数14 220件多4件，即有可能有4件案件同时被归属于劳动争议案件与人事争议案件。在劳动争议案由中，劳动合同纠纷是劳动争议案件的主流，占86.7%；社会保险纠纷、福利待遇纠纷相对是次要原因。在劳动合同纠纷中，追索劳动报酬纠纷占73.5%，属于劳动合同纠纷的最主要诱因。

表3 2013年–2015年京津冀劳动争议案件争议原因情况表

单位：件

地区时间	2013			2014			2015		
	劳动报酬	社会保险	解除终止劳动合同	劳动报酬	社会保险	解除终止劳动合同	劳动报酬	社会保险	解除终止劳动合同
北京	34 711	5436	170	35 473	3040	148	44 533	2318	162
天津	5701	974	2525	7908	1358	3366	9485	1171	4470
河北	3768	5288	2159	4250	5507	3075	5279	5076	2867
合计	44 180	11 698	4854	47 631	9905	6589	59 297	8565	7499

第四，京津冀劳动人事争议案件仲裁调解率高于仲裁裁决率，劳动人事案件诉讼率高位维持，诉讼上诉率高。2013年–2015年京津冀劳动人事仲裁机构通过仲裁调解的方式处理劳动人事争议的比例分别为48.7%、47.8%、47.3%，超过同期仲裁裁决率（2013年–2015年分别为44.4%、45.4%、45.1%）（参见表4）。需要进一步强调的是，通过仲裁调解达成调解协议的劳动人事争议，基本案结争止，当事人一般不会启动诉讼，而通过仲裁裁决方式裁决的劳动人事争议，则可能进入诉讼环节。

表4 201年–2015年京津冀劳动争议案件处理方式情况表

单位：件

地区时间	2013			2014			2015		
	仲裁调解	仲裁裁决	其他方式	仲裁调解	仲裁裁决	其他方式	仲裁调解	仲裁裁决	其他方式
北京	32 474	27 346	5413	29 774	27 787	4972	31 677	32 301	6955
天津	6913	6502		8223	7864		10 477	8915	
河北	6061	7530	1021	8037	8063	1568	8599	7142	1154
合计	45 448	41 378	6434	46 034	43 714	6540	50 753	48 358	8109

按照我国现行的劳动人事争议案件仲裁、诉讼程序规定，一起劳动人事争议纠纷，从仲裁开始直到穷尽全部法律救济程序，大致为仲裁审限60天，一审程

序审限 6 个月，二审程序审限 3 个月，加之可能的重审、再审和执行程序，最长处理时间可达 3 年。这无疑会耗费用人单位和劳动者的时间精力和物质资源，同时耗费大量社会资源、司法资源，增加社会成本。从劳动人事争议案件的胜诉率分析，京津冀三地表现出共性和差异（参见表 5）。京津冀三地劳动人事仲裁处理结果的共性之处表现为用人单位和劳动者双方部分胜诉及其他的比例明显居高，2013 年 -2015 年分别占同期案件处理结果的 65.7%、63.6%、65.5%，差异之处在于北京市劳动人事争议案件中，用人单位胜诉率高于劳动者胜诉率，天津市、河北省劳动者的胜诉率却高于用人单位胜诉率。这是一个需要反思的现象，虽然劳动人事争议案件主要由劳动者提出仲裁、诉讼，但由多方面因素所致，并不意味劳动者胜诉概率大。

表5　2013 年 -2015 年京津冀劳动争议案件处理结果情况表

单位：件

地区时间	2013			2014			2015		
	用人单位胜诉	劳动者胜诉	双方部分胜诉及其他	用人单位胜诉	劳动者胜诉	双方部分胜诉及其他	用人单位胜诉	劳动者胜诉	双方部分胜诉及其他
北京	10 906	4800	49 527	10 462	4810	47 261	11 792	4887	54 254
天津	2027	5012	6376	2926	6352	6809	2902	6738	9752
河北	1429	7854	5329	1729	8774	7165	1701	8964	6230
合计	14 362	17 666	61 232	15 117	19 936	61 235	16 395	20 589	70 236

第五，京津冀劳动人事争议的处理结果表明，调解在劳动争议处理中发挥了重要的秩序作用，及时定分止争平抑劳资冲突，节约司法资源，并揭示了预防调解具有更大的规范作用空间。无论是案外调解，还是仲裁调解，其要旨在于由第三方主持，基于双方当事人的同意达成解决纠纷协议。2013 年 -2015 年京津冀劳动人事仲裁机构受理的案件中，案外调解与仲裁调解合计占同期劳动人事受理案件的比例分别为 62.4%、66.2%、60.5%（参见表6）。

表6 2013年－2015年京津冀劳动争议案外调解数情况表

单位：件

地区\n时间	2013		2014		2015	
	案外调解	仲裁调解	案外调解	仲裁调解	案外调解	仲裁调解
北京	6630	32 474	10 901	29774	8357	31 677
天津	3739	6913	5086	8223	5076	10 477
河北	5543	6061	5569	8037	4633	8599
合计	15 912	45 488	21 556	46 034	18 066	50 753

综合分析，京津冀劳动人事争议预防机制建设面临的劳动关系主要问题包括以下四个方面：一是可预测劳动人事争议与不可预测劳动人事争议并存。京津冀协同发展过程中经济产业结构调整、供给侧结构性改革而淘汰过剩产能会导致企业合并、分立、股权变更、重组、破产、关闭、停业、搬迁等，劳动人事争议发生前会有一定的征兆，可以预测；另有一些劳动人事争议，主要是"利益争议"，预测困难。为此，京津冀劳动人事争议预防机制需要有效解决"权利争议"和"利益争议"、"可预测争议"与"不可预测争议"问题。二是国有企业的"身份性"劳动人事争议与非公企业劳资关系制衡机制失衡引发的劳动人事争议并存。一方面，京津冀协同发展与国企混合改革并行，京津冀地区国企集中，国企改革中"身份性"劳动人事争议是劳动关系面临的主要问题。另一方面，引发劳动争议案件的企业类型主要集中于非公企业。三是利益性群体劳动人事争议呈上升趋势，群体性劳动人事争议处理难度不断提高。针对群体性劳动人事争议，现行的集体争议处理机制调整内容狭窄，集体劳动争议处理过程中的不同处理方式衔接不畅，出现非制度化争议行为解决方式多元化要求与单一化处理的矛盾，集体劳动争议处理机制有待完善。四是劳动争议案件的起诉主体仍然以劳动者为主，劳动者在劳动关系中仍处于弱势地位。

三、京津冀劳动人事争议预防机制构建：进展、结构及其实践

京津冀一体化发展可以追溯至20世纪80年代。进入21世纪京津冀一体化进程加快，2014年后京津冀一体化进入区域协同的快速发展时期。在这一过程中，京津冀劳动人事争议预防机制碎片化、探索性地取得进展，逐渐形成三个方面的制度。一是立足现行劳动法律法规，以劳动争议协商调整制度、劳动关系三方协调机制、集体协商与集体合同制度、企业民主管理制度（职代会、厂务公开、职工董事监事制度等）为核心的基本制度；二是立足京津冀，三地各自形成的企业内部劳动人事争议处理机制和政府、工会外部的法治理念宣传、"和谐劳动关系创建""调解示范"活动、多方联动机制预防化解劳动人事纠纷的地方制度;三是立足京津冀协同发展,以劳动人事争议处理为主导的协商、协作、合作执法等突破地域界限的联合制度,如北京市石景山区在河北省迁安设立巡回仲裁庭。三个层面的制度并无明显地时序先后,而是交叉、反复结构性逐渐进展至现行机制。每一个层面的制度在运行中并非分立发挥作用,往往形成一种制度合力发挥综合性、整体性功能。三个层面的制度在运行中也出现不同的具体问题,这些问题为进一步从立法、执法、司法角度进行整合、完善京津冀劳动人事争议预防机制提供了稳定基础和制度发展空间。

(一)京津冀劳动人事争议预防机制的基本制度

1. 京津冀劳动人事争议预防机制的国家法律法规

自1987年《国营企业劳动争议处理暂行规定》始,一直到《企业劳动争议处理条例》(1993)、《劳动法》(1995)、《劳动争议调解仲裁法》(2008),我国关于劳动争议处理的法律法规逐渐完成立法。按照现行有效的《劳动法》《劳动争议调解仲裁法》《工会法》《劳动合同法》《民事诉讼法》等规定,我国劳动争议处理机构包括劳动行政主管部门(由于我国国家机构改革的原因,依次名为劳动部门、劳动保障部门、人力资源与社会保障部门)、劳动争议调解委员会、劳动仲裁委员会、人民法院。在处理方式上,包括协商、调解、仲裁、诉讼和行政处理。在综合这些因素对分析劳动人事争议预防机制的结构性支配的同时,还需洞见劳动争议处理法律规范的显性特征和隐性问题,进而达致对劳动争议处理的完整透视。经过对现行法律规范的初步整理,我国劳动争议处理的基本框架如表所示(参见表7)。

表7 劳动争议处理方式及其法律依据一览表

劳动争议处理方式	自主协商处理	非自主处理			
		行政处理	调解处理	仲裁处理	司法处理
处理机构	劳动者(工会、第三方)与用人单位当事人双方	劳动行政主管机关	劳动争议调解委员会	劳动仲裁委员会	人民法院

劳动争议处理方式	自主协商处理	非自主处理			
		行政处理	调解处理	仲裁处理	司法处理
法律依据	1.《劳动法》第77条 2.《劳动争议调解仲裁法》第4条 3.《工会法》第27条	1.《劳动法》第84条 2.《工会法》第52条 3.《工会法》第53条 4.《最高人民法院行政审判庭关于劳动行政部门在工伤认定程序中是否具有劳动关系确认权请示的答复》（〔2009〕行他字第12号）	《劳动争议调解仲裁法》第2条	《劳动争议调解仲裁法》第2条	1.《最高人民法院关于审理劳动争议案件适用法律若干问题的解释》（法释〔2001〕14号）第1条、第2条 2.《最高人民法院关于审理劳动争议案件适用法律若干问题的解释（二）》（法释〔2006〕6号）第3、4、5、6、7条

现行劳动法律法规构成京津冀劳动人事争议预防机制的法律依据和基本规范。比较而言，《劳动争议调解仲裁法》的主要内容是确立了完整、可操作性的劳动仲裁，但对调解规范较少，没有涉及协商问题。2011年由人力资源和社会保障部颁布、2012年施行的《企业劳动争议协商调解规定》弥补了这一制度疏漏，将《劳动法》第77条规定的协商程序和《劳动争议调解仲裁法》确立的企业劳动争议调解委员会主持的调解程序进一步细化，建构企业内部劳动人事争议预防解决程序。依凭《劳动法》《劳动争议调解仲裁法》《企业劳动争议协商调解规定》等法律法规和部门规章，京津冀三地政府、人力资源和社会保障部门、工会等结合地方性实际，通过四个制度构建劳动人事争议预防机制：一是在企业推行职工大会、职工代表大会、厂务公开等民主管理制度，建立集体协商、集体合同制度，维护劳动关系和谐稳定；二是普遍建立劳资双方沟通对话机制，畅通劳动者利益诉求表达渠道；三是建立劳动争议预防预警机制，及时化解集体性、群体性劳动争议诱因；四是建立企业重大集体性劳动争议应急调解协调机制，共同推动企业劳动争议预防调解工作。

2. 京津冀劳动人事争议预防机制的地方制度

在施行国家法律法规、部门规章、司法解释的同时，围绕构建和谐劳动关系，京津冀三地立足地方实际，出台地方性法规、政府规章和规范性公共政策，其中诸多规范涉及企业劳动人事争议预防调解、专业性劳动人事争议预防调解等，形成效力层次不同、更具实践性的区域劳动人事争议预防制度体系。

第一，出台地方性劳动人事争议调解规定。在国内较早出台地方性劳动人事争议调解规范的省份，诸如浙江省、山东省，为地区劳动人事争议预防提供了制度探索，并有成效。京津冀三地只有天津市出台了相关规定。天津市人力资源和社会保障局颁布的《天津市劳动人事争议调解工作暂行办法》（2016 年），北京市人民政府办公厅印发的《市政府 2017 年立法工作计划》（京政办发〔2017〕25 号），将《工资集体协商规定》《劳动人事争议仲裁规定》列入了不同序列的立法计划。[1]

第二，统一裁判尺度，出台适用《劳动法》《劳动合同法》《劳动争议调解仲裁法》的地方指导意见，规范劳动人事争议处理标准。《劳动争议调解仲裁法》《劳动合同法》《就业促进法》《社会保险法》等法律施行后，尽管最高法院出台司法解释，执法过程中依然存在大量疑难案例，且裁判尺度不一，影响了劳动人事争议处理的权威性和公信力。为了及时解决劳动争议案件处理中的疑难问题，促进执法统一，北京市高级人民法院联合北京市劳动争议仲裁委员会、北京市人力资源社会保障局先后出台《北京市高级人民法院、北京市劳动争议仲裁委员会关于劳动争议案件法律适用问题研讨会会议纪要》等四个文件。河北省高级人民法院印发《关于我省劳动争议案件若干疑难问题处理的参考意见》，天津市高级人民法院、天津市总工会、天津市人力资源和社会保障局、天津市司法局联合出台《关于建立群体性劳动人事争议纠纷应急协调处理机制的若干意见》（津高法〔2012〕247 号）。

第三，为京津冀协同发展出台政策与司法规范。针对京津冀协同发展过程中产业转移、产业转型可能出现的劳动人事争议问题，北京市高级人民法院《关于为"疏解整治促提升"专项行动提供司法保障的意见》[2] 第 9 条规定，依法妥善处理涉疏解整治的劳动争议。因疏解政策导致用人单位迁移或者出现停产、转

---

〔1〕 在此之前，北京市建立了企业内外两个调解中心体系。2012 年时，北京市和 16 个区县、经济技术开发区已全部建立劳动争议调解中心，341 个街道乡镇建立了劳动争议调解室。同时，还建立了覆盖服务、交通运输、建筑、工业（国防）四大产业的产业劳动争议调解中心，职工 5000 人以上的局总公司和企业集团建立劳动争议调解委员会 106 家，职工 100 人以上的企业建立劳动争议调解委员会 12286 个。参见白莹、郭强：《六方联动：工会社会化维权的"北京模式"》，载《工人日报》2012 年 1 月 7 日。

〔2〕 2017 年 5 月 15 日北京市高级人民法院审判委员会第 419 次会议讨论通过。

产等情形的，支持用人单位与劳动者通过协商等方式处理由此引发的劳动争议，对用人单位按照《劳动合同法》第 40 条、第 41 条的规定解除劳动合同的，依法予以支持，同时，依法保护劳动者要求给付解除合同经济补偿金等权利。

3. 京津冀劳动人事争议预防机制的区域联合制度

一如前述，2017 年 7 月，京津冀三地人才工作领导小组联合发布了《京津冀人才一体化发展规划（2017 年 – 2030 年）》，这一规划虽然只涉及人才问题，却彰显了京津冀人力资源市场一体化协同发展的大势。京津冀人力资源市场协同发展的目的旨在使劳动力要素按照市场规律在京津冀自由流动，优化配置。随着京津冀协同发展的深入，京津冀人力资源市场一体化程度会进一步提高，直至实现一体发展。京津冀人力资源市场一体化发展为出台京津冀劳动人事争议预防的区域联合制度提供基础和保障。

第一，依凭人力资源和社会保障领域合作政策，构建劳动人事争议预防区域联合制度。2015 年河北省与北京市签署的《推动人力资源和社会保障工作协同发展合作协议》，2016 年，北京市、天津市、河北省以京津冀人社一体化为目标，签署《推动人力资源和社会保障深化合作协议》等协议，建立京津冀就业创业服务一体化、社会保障顺畅衔接、深化区域人才交流、跨地区劳动监察协作、专业技术人员职称资格互认、留学人员创业园共建等制度。

第二，构建京津冀跨地区劳动保障监察制度，依法规范用工，预防劳动人事争议发生。一是建立完善京津冀劳动保障监察执法协调处理平台，共享用人单位劳动保障守法诚信信用信息，实现劳动监察案件"一点投诉、联动处理"，减少跨地区案件的流转审批层次，提高办案效率。二是施行京津冀跨地区劳动保障监察协办制度。2016 年 7 月，北京市人力资源和社会保障局、天津市人力资源和社会保障局、河北省人力资源和社会保障厅联合发布《京津冀跨地区劳动保障监察案件协办办法》，规范了京津冀跨地区劳动保障监察案件协办适用范围，京津冀跨地区劳动保障监察案件启动协查的情形、协查层级、委托协查申请范围、文书样式及完成时限等。

第三，构建京津冀劳动人事争议协同处理制度，妥善处理区域劳动人事争议。2016 年 10 月，北京市人力资源和社会保障局、天津市人力资源和社会保障局和河北省人力资源和社会保障厅发布《关于京津冀劳动人事争议协同处理工作的意见》，建立京津冀劳动人事争议协同处置机制，实现跨地区劳动人事争议案件就地处理及时化解，加强沟通交流和典型案例的分析研判，依法维护劳动者和用人单位的合法权益，促进劳动关系的和谐稳定。一是建立京津冀劳动人事争议案件处理协作配合制度；二是建立跨区域劳动人事争议案件就地处理及时化解机制；三是建立京津冀劳动人事争议仲裁资源共享制度。

第四，构建京津冀跨区域立案制度，兼及劳动人事争议预防机制。北京市高级人民法院起草，北京、天津、河北三地法院审议的《京津冀法院跨域立案工作办法》已经达成共识。跨域立案是指当事人通过京津冀当地法院自主立案平台或网上立案系统提交立案申请，管辖法院经审核通过后，直接予以立案。

（二）京津冀劳动人事争议预防机制的实践运行

制度的生命在于实施。京津冀劳动人事争议预防机制的构建在取得历时性、结构性进展的同时，已经在京津冀协同发展构建和谐劳动关系过程中发挥了一定的制度功效，虽然制度功效只是初步释放，依然存在诸多问题，但京津冀劳动人事争议预防机制的实践案例既检视了制度对于京津冀协同发展的重要意义，也开放了制度进一步健全完善的空间和方向。

1. 大兴国际机场、通武廊的劳动人事争议预防机制

京津冀北京大兴国际机场是地跨北京大兴、河北廊坊，由北京城建、北京建工、中建八局等企业承建的京津冀协同发展超大型国际航空综合交通枢纽。京冀人力资源和社会保障部门就新机场建设过程中可能发生的劳动争议案件进行调研后，协调研讨大兴国际机场建设中劳动争议的管辖、工伤案件赔偿标准、协助送达及调查取证、执法尺度和移送等相关事宜，建立京冀劳动争议处理工作协调机制，定期通报案件受理情况。与大兴国际机场类似，2016 年 12 月北京市通州区与天津武清、河北廊坊签署的《关于通武廊劳动人事争议协同处理工作的意见》，形成京津冀协同发展基础上的区域模式："通武廊"模式，通过三方劳动人事争议协同处理联络机制，既为重大、疑难争议案件处理提供平台，也为三地劳动人事争议预防提供基础。

2. 建立巡回仲裁庭，预防、化解跨区域劳动争议案件

2005 年 2 月，首钢由北京市石景山区搬迁至河北唐山，如何预防、化解跨区域劳动争议案件，构建首钢企业与职工之间和谐稳定劳动关系，成为有挑战的法律问题。京津冀协同发展为实践探索提供了契机。2016 年 12 月，北京市首家跨省市劳动人事争议巡回仲裁庭——北京市石景山区劳动人事争议仲裁院首钢唐山地区巡回仲裁庭在河北唐山市迁安挂牌成立。巡回仲裁庭的工作职责主要有：为迁安地区首钢矿业公司及其职工提供劳动法律和法规服务；对首钢矿业公司劳动争议调解委员会进行业务指导，定期对企业内部劳动争议调解员进行业务培训；便利迁安地区首钢矿业公司劳资双方当事人申请调解仲裁，及时化解争议。

3. 和谐劳动关系综合试验区等具有示范效应的地区实践，彰显劳动人事争议预防的基础地位

京津冀三地在本地实施了一定的措施，旨在构建劳动人事争议预防机制，诸如北京市七方联动机制、天津市四方联动机制、河北省的"大调解"机制。这

些探索无疑为京津冀构建一体化劳动人事预防机制提供了制度基础。

京津冀三地和谐劳动关系创建均将劳动人事争议预防调解纳入其制度体系和指标体系。天津市协调劳动关系三方将和谐劳动关系纳入政府绩效考评。考评采取指数化评分的方式，以年度内各区劳动关系各项工作完成情况为基础，根据相关数据综合评价计算得出，具体指标项包括：推进企业建立工会组织、工资集体协商、和谐劳动关系创建、劳动争议仲裁、劳动保障监察执法等五项内容。

4. 企业调解与社会调解并重，以"大调解"引领劳动人事争议预防机制建设

一是建立健全企业劳动争议调解委员会，构建劳动争议调解工作基础，将劳动人事争议有效化解在基层、解决在源头。北京市以完善调解制度、落实保障条件、预防调解劳动纠纷、调裁衔接等为标准，充分发挥预防调解在处理劳动争议中的基础性作用，将简单劳动争议化解在基层，确立了 20 家劳动争议调解组织为全市劳动争议预防调解示范单位，引领劳动人事争议预防调解。二是建立健全社会第三方调解，多方联动化解劳动人事争议的同时，增强调解公信力。

5. 典型案例引导，提示劳动人事争议风险，引导企业依法规范用工

2016 年 9 月 13 日，北京市人力资源和社会保障局发布了劳动争议十大典型案例。十大案例是从 2015 年北京市劳动人事争议仲裁系统处理的 7.13 万件案件中筛选出来的，涉及劳动报酬、劳动合同解除和终止、竞业限制、服务期协议、医疗期、特殊人员就业许可等常见的劳动争议和终局裁决案件，旨在通过以案说法和风险提示的方式，普及劳动法律知识，规范企业用工管理行为，预防和减少劳动争议发生，促进首都劳动关系和谐稳定。2017 年 7 月，北京市人力资源和社会保障局又发布了 2016 年度劳动争议十大典型案例。

四、京津冀劳动人事争议预防机制主要问题及其评判

一如前述，京津冀劳动人事争议预防机制在文本、制度与实践运行的层面取得极为重要的成果，但这不意味着京津冀劳动人事争议预防机制建设的完成，更不意味着京津冀劳动人事争议预防机制运行的完美无缺。通过调研、座谈，反思京津冀劳动人事争议预防机制建设存在的问题，以下四个方面尤为值得注意。

第一，京津冀劳动人事争议预防机制构建的主导模式问题。京津冀劳动人事争议预防的归结点是在市场经济和法治治理的环境中，以企业为中心场域，消弭企业与劳动者之间的利益冲突，化解劳动关系矛盾。企业作为这一社会关系的主导者，在逻辑上，最有动力从自身出发，主导建立劳动人事争议预防机制，要求政府、司法乃至工会提供立法、司法、执法体制的支持，形成企业主导自下而上的争议预防模式。京津冀劳动人事争议预防机制的构建却体现了逻辑与现实的错位。京津冀劳动人事争议预防机制建设的现实路径是政府主导的自上而下构建模式。从京津冀三地和谐劳动关系创建活动、奖励企业开展工资集体协商，建立劳

动人事争议预防调解示范活动引导企业成立劳动争议调解委员会，到京津冀劳动保障监察协查、劳动人事争议协同处理等，无不体现了政府主导、企业跟进的现实路径选择。这意味着京津冀劳动人事争议预防机制的建立，往往不是出于企业的内化治理需求诱致的制度需求，而是政府推动各方主体参与所致。这一主导模式的直接后果就是并不是所有企业都会主动、积极地成立劳动争议调解委员会，建立企业劳动争议预防的内部机制，政府从外部推动建立的企业劳动争议调解委员会不能真正发挥作用，出现流于形式、制度虚化的现实困境。

第二，京津冀劳动人事争议预防机制的制度结构与法律效力问题。现行京津冀涉及劳动人事争议预防机制的制度主体主要包括政府的人力资源和社会保障部门、工会、高级人民法院等，内容涉及劳动保障监察行政执法、劳动人事争议预防、仲裁和诉讼，显著特征是以行政执法、司法法律适用、社会组织调解为主，缺乏地方性立法，法律效力层次低。这一制度现状产生的原因与京津冀协同发展处于初级阶段有密切勾连。按照《立法法》的规定，京津冀劳动人事争议预防的一些前提性、基础性、后续性事项需要纳入地方立法范围，诸如京津冀三地就业促进的法律保障、京津冀人力资源市场管理与服务、京津冀劳动人事争议调解仲裁规范等，但这些事项或者仍局限于一地立法，或者局限于公共政策，制约了京津冀协同发展过程中和谐劳动关系的构建和劳动人事争议的及时有效处理。

第三，京津冀劳动人事争议处理内容上的差异和"跨区域"整合问题。现行京津冀劳动人事争议预防机制包括国家法律法规、地方制度和区域联合制度，这一制度结构在内容上存在两个极为突出的问题。一是地方制度之间的差异，执法尺度不统一，制约了京津冀劳动人事争议处理的有机融合。二是现行制度的主旨是跨区域的执法协作、合作，至多是"跨区域"的制度整合，京津冀协同发展"一体化"因素考量不够。

第四，京津冀区域企业内部劳动人事争议预防机制发挥作用迥异，企业之间不均衡。在调研过程中，笔者对天津市滨海新区的企业留下深刻印象。滨海新区企业以构建和谐劳动关系为主体，大量内容涉及劳动人事争议预防内容。这可能与天津市引导性政策不无关系。与此同时，一些企业的劳动人事争议协商调解制度不健全，程序虚化，没有发挥预期作用。企业民主管理状况差异较大。比较而言，规模以上国有企业民主管理状况好于非公有企业、小微企业，非公企业、小微企业发挥吸纳就业、促进经济发展的同时，民主管理状况堪忧，影响了劳动人事争议预防机制建设及其作用发挥。

这些问题是京津冀劳动人事争议预防机制建设中出现的主要问题，但不是全部问题。对这些问题的评判为健全完善京津冀劳动人事争议预防机制奠定了基础。

五、健全完善京津冀劳动人事争议预防机制的构想

（一）健全完善京津冀劳动人事争议预防机制的方法论定位

健全完善京津冀劳动人事争议预防机制需坚持三个方法论原则，才能有清晰的构建思路和路径依赖。

第一，京津冀劳动人事争议预防机制建设是双重系统性工程的叠加，一方面其是和谐劳动关系建设系统工程的基础部分，不能孤立于和谐劳动关系建设；另一方面其本身亦是一个系统性工程，需综合建设诸多制度，发挥制度合力才能形成机制，不能强调某一制度的重要性而偏颇制度体系的整体建设。

第二，京津冀劳动人事争议预防机制需立足京津冀，从"协作、合作"迈向"协同一体化"的制度建设。在全面推进依法治国的进程中，京津冀劳动人事争议预防机制的基本出发点是立足区域法治，打破地域壁垒，从立法、执法和司法角度整合资源，协同机制，构建区域一体化的和谐劳动关系，而不是停留于传统的工作协助、相互配合的"合作型"层面工作。

第三，京津冀劳动人事预防机制是规则制定、执行和监督的总和。因此，需要突出立法、执法、监督主体的综合作用，而不是仅仅强调规则的制定或执行。京津冀劳动人事争议预防机制建设的进展表明，规则运行监督和效果评估是难点。

基于上述方法论原则，京津冀劳动人事争议预防机制建设的基本思路是，超越传统的地区合作模式，能够有效解决京津冀协同发展所产生的许多劳动问题，确立面向未来的、真正的区域劳动秩序。构筑劳动主权和资本主权并重的双重法律架构，改变公司主权资本单一化的状况，实现企业发展与维护职工权益的双赢。为此，重点探索立法、执法、司法和公共政策一体化的机制建设，建构京津冀区域劳动关系治理的长效机制，在国家、京津冀区域和地方之间建立起联系，推动京津冀范围内不同劳动关系治理行为的透明度、责任和效率；建立具有公共协调与行政能力的新制度，在共同面对的结构性问题方面推动达成基本共识；重视协商、对话等有效协调机制和方式。京津冀劳动人事争议预防机制建设，需要创造一个更具包容性的区域劳动关系治理结构。

（二）京津冀劳动人事争议预防机制的参与主体

第一，企业和劳动者。进一步发挥企业治理主体的作用，积极构建企业内嵌核心劳动标准的和谐劳动关系。企业是京津冀劳动人事争议预防机制的核心，依法确立的劳动标准是企业构建劳动秩序的核心。企业内部、外部的制度规则价值集中于企业，企业是京津冀劳动人事争议预防机制的归结点。劳动者有序发展与企业永续发展的共同基础是企业发展。

第二，政府。政府承担京津冀劳动关系领域立法与执法的职能，提升劳动标

准的方式主要通过劳动法律法规、政府规章等立法行为和劳动力市场公共政策的直接干预完成，政府的另一个方式是通过全社会的经济增长发展间接提升劳动者的福利水平。立法"推动"和经济"提升"的二分法实际上强调了国家能力在京津冀劳动人事争议预防机制建设中的重要性。

第三，工会、商会等第三方组织。社会对话、协商、调解是指劳动者、用人单位和政府介入劳动人事争议议题决策的过程，三方代表在经济发展、社会政策、企业效益、劳动福利共同利益上所有形式的协商、谈判、调解、咨询和沟通交流。用人单位和劳动者之间的对话方式包括工资集体协商和其他形式的协商、集体合同的签订、履行和劳动人事争端预防等。

第四，法院、仲裁机构。京津冀法院和仲裁机构介入劳动人事争议预防机制的方式是统一执法标准，建立案例指导制度，引导企业行为和劳动者行为。

（三）京津冀劳动人事争议预防的宏观机制

第一，整合立法和公共政策，统一执法尺度，确立京津冀协同发展的劳动标准。一是以区域法治为目标，改变分立立法的现状，基于京津冀协同发展构建和谐劳动关系，其中基础性的保障即是劳动人事争议预防机制。京津冀三地人大及人大常委会可以通过联合立法、分别通过的方式，制定《京津冀就业促进条例》《京津冀人力资源市场管理条例》，同时在工作时间、工资增长指导、社会保障等领域，统筹制定区域性劳动标准，形塑京津冀劳动秩序，同时为劳动人事争议预防提供法制保障。二是统一京津冀仲裁、法院裁判标准，统一执法尺度。京津冀三地法院和仲裁机构应立足京津冀协同发展，重新审视、梳理三地审理劳动人事争议案件的法律适用规范，消除歧义，统一尺度，形成区域之间的"同案同判"。更为重要的是，这种统一的执法标准能发挥公共政策的制度功能，引领企业和劳动者劳动关系的法治化建构。

第二，京津冀劳动关系三方协调机制的一体化建构。一是设立京津冀劳动关系三方协调机制工作委员会，作为京津冀劳动关系协调的常设机构，推动三地之间的企业协商和行业性协商。同时，延伸委员会的工作职能，强化委员会的劳动保障立法促进职能、工资集体协商政策倡导和能力建设职能、集体劳动争议处理三方协调职能，综合保护用人单位与劳动者的合法权益。二是建立京津冀劳动关系三方协商机制推广示范制度。三是建立京津冀行业性三方协商机制。随着北京市疏解非首都功能的推进，京津冀三地产业转移、产业升级对行业性协商机制的要求日益提高，行业性协商具有组织和技能优势，有利于为劳动者争取与企业平等的协商地位。京津冀三地宜在传统的劳动人事争议频发的建筑行业和制造业，以及新兴的隐含新型劳动人事争议的科技行业、分享经济行业为切入点，建立行业性三方协商机制，为劳动者争取更好的职业环境，合理的劳动报酬，并规范行业的竞争秩序。

第三，发挥政府作用，以行政法治为出发点，建立京津冀行政执法的联动机制。一是开发京津冀三地多方联动机制的制度资源，发挥制度合力作用，健全劳动人事争议预防机制。在京津冀协同发展过程中，京津冀三地在探索多方联动机制[1]构造和谐劳动关系，及时预防化解劳动人事争议纠纷方面形成了颇为有效的地方性做法，然而这些"地方性知识"在京津冀一体化协同发展中完全可以通过共享制度资源，预防劳动人事争议的发生，引导劳动人事争议进入协商、谈判程序，以合理程序为劳动人事纠纷提供预防与化解的制度保障。为此，京津冀三地应立足现行较为成熟的多方联动机制，定位三地政府在预防劳动人事争议方面的职责，进一步开发多方联动的制度资源，充分发挥多方联动的政府效能，结合企业调解组织、社会组织的力量，形成"劳动人事争议预防调解"的有效机制。二是实现京津冀劳动保障监察协同执法，维护京津冀劳动秩序。应立足京津冀一体化发展趋势，加强劳动保障监察工作，保障国家劳动法律、法规、规章的贯彻实施，京津冀劳动监察部门应加强对用人单位劳动法的检查，引导用人单位合理、合法用工，在提高劳动者的法律和维权意识的同时，对劳动投诉案件及时调解处理。京津冀劳动保障监察部门应按统一执法尺度，开展对劳动合同订立履行、工资、社会保险缴纳、职业标准与安全卫生方面的监察活动，对用人单位违反劳动标准、劳动法的行为及时纠正与惩处。京津冀劳动保障监察部门应加强人力资源市场综合管理。

第四，发挥政府作用，建立企业外劳动者利益诉求查询表达机制，促进劳资双方沟通。一是建立劳动法律法规宣传长效机制，使企业和劳动者明晰劳动权利和义务，违法侵害劳动者权益的法律责任等，引导企业合法、规范用工；二是建立劳动人事争议法律援助制度，政府购买公共法律服务，为企业和劳动者提供专业律师的法律咨询、法律服务等，通过法律援助，强化劳资双方沟通；三是建立劳动人事案例指导制度。

（四）健全完善京津冀劳动人事争议预防的中观机制

第一，建立京津冀区域性工会和行业性工会，发挥行业工会和区域工会作用，以工资集体协商制度建设为重点，开展工资集体协商、集体合同签订和履行

---

[1] 2009年北京市总工会牵头与市人力社保局、司法局建立了劳动争议调解"三方联动"机制，形成了"政府指导，工会牵头，各方联动，重在调解，促进和谐"的工作格局。2010年，市信访办、市高级人民法院和市企联进入联动机制，形成了劳动争议调解"六方联动"机制，此后联动机制的参与者不断扩大，为及时有效地预防、调解劳动争议纠纷发挥重要作用。2009年天津市总工会、高级人民法院、市司法局、市人力资源和社会保障局联合建立劳动争议四方联动调解机制。河北省建立了"链条式"职工维权服务模式，将劳动人事争议预防纳入链条的第二环节。

等工作，保护劳动者权益。

第二，完善劳动人事争议治理机制，将预防与调解相结合，构造劳动争议处理"预防—调解"机制，通过机制建设和效能提升，发挥街镇调解、人民调解等第三方调解组织的社会功能，有效处理萌芽状态的劳动关系矛盾。

第三，完善集体劳动争议处理机制，严格区分集体争议中的权利争议和利益争议。针对权利争议，完善、规范集体合同的订立与履行，严格按照《劳动法》《劳动合同法》《社会保险法》等依法保护劳动者和用人单位合法权利；针对利益争议，发挥工会作用，政府居中协调，以协商调解为中心处理利益争议问题，依托协调劳动关系三方机制，有效调处群体性劳动人事争议。

（五）健全完善京津冀劳动人事争议预防的微观机制

在发挥政府治理、社会组织参与的前提下，逐步确立京津冀劳动人事争议预防机制中企业的核心主体地位，构建企业为主导的"自下而上"劳动人事争议处理模式，尤其要通过企业社会责任法制化和劳资伦理建设，平衡企业利益与劳动者利益，引导劳资合作，实现劳动者有序发展与企业永续发展的和谐状态。

第一，依法规范企业用工，完善人力资源管理制度。企业规范用工是预防劳动人事争议的关键，规范用工的基本要求是依据《劳动法》《劳动合同法》《社会保险法》等劳动法律法规开展人力资源管理和劳动关系建设。一如前述，京津冀劳动人事争议仲裁、诉讼案件的原因分析揭示了企业用工管理的不规范乃至违法之重点区域，也是企业引以为戒，依法规范人力资源管理的着力点。一是建立合法有效的招聘、培训、绩效薪酬、员工关系规章制度；二是劳动合同的订立与解除；三是劳动报酬问题。按照京津冀劳动人事争议案由分析，劳动报酬问题占据劳动人事争议总数的50%以上。劳动报酬主要包括工资、加班费、经济补偿、年休假补偿等福利待遇，是劳动者最为关心的个人利益，是京津冀劳动人事争议案发集中区域。为此，用人单位应重点规范劳动报酬管理，明确约定工资构成及其计算方法，依法支付工资，有效预防劳动报酬类争议纠纷。

第二，建立健全劳资协商机制，促进企业民主沟通对话。劳动协商的理论基础是产业民主、经济民主和协商民主，主要载体是劳资协商会议。其一般包括三个层次的恳谈会：企业CEO与员工恳谈会、中层管理者与职能部门员工对话会、一线管理者与生产线员工对话会。除此之外还可以通过员工座谈会、总经理信箱、公布领导电话等方式，充分利用网络、微信平台、公司BBS等互联网形式，不断拓宽企业内部的协商渠道，促进企业民主沟通对话。劳资协商制能充分保障员工的知情权、管理权和参与权，通过直接听取员工意见和建议，增进企业与员工的彼此了解，及时解决员工工作、生活中的困难。京津冀具有劳资协商的传统和历史经验，在京津冀协同发展过程中，劳资协商依然是构建劳动人事争议预防的重要途径。

第三，创新企业民主管理形式，预防劳动人事争议发生。企业民主管理具有三重功能，一是劳动者借此参与企业管理，参与关涉自身利益的决策，凸显劳动者的主体性和自主性，而不仅仅是用人单位的管理对象；二是参与劳资合作，均衡劳资利益；三是具有基层民主的政治意义。企业民主管理的主要方式是职工大会、职工代表大会、厂务公开、集体协商、职工董事监事等[1]。京津冀劳动人事争议预防机制可以重点考虑以下问题。一是建立区域行业职代会；二是畅通平等协商集体合同制度为基本手段的劳动关系协调机制，全程参与企业规章制度的制定、修改和完善；三是实行厂务公开，畅通信息沟通，克服劳动人事争议处理中的"信息不对称"，使劳动者享有真正的监督权；四是创新民主管理形式，采用"员工持股计划""常驻经理计划""讲出来计划"等新的民主管理形式[2]，推动用人单位和劳动者共同发展。

第四，完善企业内部劳动人事争议解决机制。京津冀劳动人事争议预防机制的企业内部解决机制在完善协商调解的同时，还需辅之以申诉机制、反报复机制和非制度化方式等，才能取得预期成效。一是完善企业劳动人事争议协商调解；二是借鉴国外 IDR 程序，建立申诉机制与反报复机制；三是重视非制度化方式（企业文化、文化传统、价值观念等）预防劳动人事争议的补充作用。

第五，运用大数据研判劳动关系走势，完善企业劳动人事争议预警机制。京津冀协同发展涉及非首都功能疏解、产业结构调整、经济增长方式转变等，通过大数据，收集劳动者对京津冀协同发展中就业、分配、社会保障等方面问题的看法，了解劳动关系双方利益调整的热点、难点，洞见因劳动关系矛盾可能引发的群体性问题，掌握企业劳动关系运行情况，研判劳动关系走势，将矛盾化解于萌芽状态。

（本文课题组成员：薛童，中国政法大学研究生；苏后宁，中华全国总工会副处长；张丽，北京市人力资源和社会保障局副处长；李博，天津医科大学讲师；赵书博，北京市延庆县法院助审；缪红颜，北京市博人律师事务所律师；李新年，河北省石家庄市人力资源和社会保障局处长。）

---

[1] 参见 2012 年 2 月中共中央纪委、中共中央组织部、国务院国资委、监察部、全国总工会和全国工商联联合下发的《企业民主管理规定》。

[2] 潘泰萍：《关于构建我国集体劳动争议预防制度的研究》，载《兰州学刊》2016 年第 6 期，第 154 页。

论现代大城市管理的法治保障

黄悦波*

党中央非常关心北京市的发展，2014 年以来习近平总书记就曾两次视察北京，并发表重要讲话。蔡奇书记在北京市党的十二次代表大会上也就北京市的发展提出了具体的意见。领导人的讲话显示出城市的发展是一个方方面面的系统工程，直接或间接关系着城市的管理，在"全面依法治国"时代，城市管理的"方方面面"都要求为其提供法治保障。鉴于城市管理是一个庞大的工程，如何选择一个恰当的视角把这些"方方面面"对法治保障的需求串联起来，并不容易，这需要选取一个合适的视角。鉴于"公安执法工作量大面宽，涉及方方面面，关乎社会稳定大局，关乎人民群众切身利益，关乎社会公平正义。很少有哪个部门像公安机关这样全面、深刻影响百姓生活。即便一些政府部门具有执法权，但问题严重到一定程度时，还是可能要移送公安机关的。所以我们常说公安机关是社会主义法治国家的建设者、践行者和保障者"，[1]就北京市城市的发展和管理研究而言，无论是从解决现实矛盾和纠纷而言，还是从预防角度考虑，从警察法视角研究城市管理的法治保障，均有积极的现实意义。[2]

一、城市管理的立法保障：是否允许存在秘密的权力？

（一）政府权力清单制度是当前城市管理的大趋势

城市管理是国家治理的一个有机组成部分，北京市尤其如此。2014 年习总书记视察北京时就深刻指出："建设和管理好首都，是国家治理体系和治理能力现代化的重要内容。"[3]城市管理的趋势必然是全面依法治国的具体展现。目前

---

* 课题主持人：黄悦波，北京警察学院讲师。立项编号：BLS（2016）B002。结项等级：合格。

〔1〕 解读《关于深化公安执法规范化建设的意见》，http：//news. sina. com. cn/sf/news/2016－09－28/doc－ifxwevmc5727777. shtml.

〔2〕 实际上，蔡奇书记对北京市城市管理的警察法研究视角予以了充分的肯定。参见蔡奇：《更加紧密团结在以习近平同志为核心的党中央周围 为建设国际一流的和谐宜居之都而努力奋斗》，参见 http：//cpc. people. com. cn/n1/2017/0627/c64102－29365001－8. html.

〔3〕 习近平在北京考察，参见 http：//www. gov. cn/jrzg/2014－02/26/content_ 2622960. htm.

法治政府的核心内涵是依法行政，确保权力行使不能恣意、任性。若要把权力关进制度的笼子，需让公众知道政府的权力边界，政府该做什么、不该做什么，向社会公开权力清单，让权力真正在阳光下运行。

依法行政，首先要职权法定。法定职责必须为，法无授权不可为。推进政府机构、职能、权限、程序和责任法定化，厘清权力的边界，是建设法治政府的前提。2014 年初春，万物复苏的时节，国务院各部门官网上悄然出现了一张张部门行政审批事项清单。这是中央政府首次晒出权力清单、亮出权力家底。2015 年 3 月，中共中央办公厅、国务院办公厅印发了《关于推行地方各级政府工作部门权力清单制度的指导意见》（中办发〔2015〕21 号，以下简称《指导意见》），并要求各地区各部门结合实际认真贯彻执行。[1] 该《指导意见》指出其工作目标在于"通过建立权力清单和相应责任清单制度，进一步明确地方各级政府工作部门职责权限"，其主要任务是"全面梳理现有行政职权""大力清理调整行政职权""依法律法规审核确认""优化权力运行流程""公布权力清单""建立健全权力清单动态管理机制""积极推进责任清单工作""强化权力监督和问责"等内容。学界各阵营对此展开了深入而广泛的阐述，其中有学者对此还阐述了它的行政法价值和意义，笔者将此综述为五个方面。①权力清单是行政权的文本形式，使行政权概念变得明确。相比较立法权、司法权，行政权似乎是明确的，但行政权具体是什么，却又是模糊的。权力清单则力图通过文本列举的方式，使得行政权的具体内容明确化。②权力清单虽是发端于行政管理的非法律用语，却成为适用于行政法实践的法律用语；虽然它的出发点是内部文本，但目标上却成为运用于执法依据的外部文本。③广义上的权力清单应当包括所有公权力主体所行使的权力，狭义上是对行政主体的行政权作出的专门规范，强调在行政系统内部，（暂时）不包括国家机关之外的社会团体或者其他组织的权力清单。④权力清单理论的一个重大贡献就是"使行政主体与职权相对应"。行政职权使得行政主体从抽象概念走向具体的"影响"关系，而行政主体也只有通过行政职权与行政相对人联系起来，才具有行政主体的属性，"抽象理解行政主体的概念是没有多大价值的"。⑤权力清单理论的目标在于落实行政法的"控权"功能。在传统行政法治理论中，行政法的"控权"乃是针对行政系统，这就决定了控权对象的模糊性，进而难以操作，通过明晰行政职权，"权力清单将每一个控权主体作了具体化的处理"，由此实现了"使控权对象明确化"。[2] 2015 年 12 月，中共中央、国务院印发《法治政府建设实施纲要（2015－2020 年）》，规划了今后一

---

〔1〕 中共中央办公厅、国务院办公厅印发《关于推行地方各级政府工作部门权力清单制度的指导意见》，参见新华网，http://news.xinhuanet.com/politics/2015－03/24/c_1114749180.htm.

〔2〕 关保英：《权力清单的行政法价值研究》，载《江汉论坛》2015 年第 1 期。

个时期建设法治政府的总蓝图、路线图、施工图。

（二）其他规范性文件创设秘密权力还需依法进行

尽管我国城市管理已经进入"政府权力清单"新时代，通过"政府权力清单"，公众知道政府的权力边界，知道政府该做什么、不该做什么，似乎政府权力真正在阳光下运行了，但实际情况并非如此。城市管理的基本权力模式是行政机关的行政权行使，主要是属于行政法的范畴。行政法的重要内容是行政行为，自1989年制定和颁布的《行政诉讼法》确定了"具体行政行为"的法律概念后，学界就比附而创意出"抽象行政行为"的概念。按照参与1989年行政诉讼法立法的学者所言，当时是想把"行政法规、规章，或者行政机关制定、发布的具有普遍约束力的决定、命令"归类为抽象行政行为，主要目的是想将它们排除在法院审查之外。[1]"抽象行政行为"主要包括两块内容，一是具有法律性质的"行政法规、规章"，这是法院需要依法"依据"或"参照"的；二是"其他行政规范性文件"，它们在形式上通常均是履行了行政决策相关程序后的"红头文件"，并不针对特定的人和事，并且在一定时期内可以反复适用，司法实践中，这些"红头文件"常常法院不审查，由此出现行政权的自我膨胀和无拘无束状态。这些俗称为"红头文件"的规范性文本，依照中共中央办公厅、国务院办公厅印发《党政机关公文处理工作条例》（中办发〔2012〕14号）第8条的规定，它们（公文种类）在实践中发布的具体名称形式包括决议、决定、命令（令）、公报、公告、通告、意见、通知、通报、报告、请示、批复、议案、函、纪要等。有意思的是，这些红头文件只是在行政机关系统内部传递，并不外传公示。但问题是这些红头文件可以为公民设置义务。这就是说，我国行政机关通过"抽象行政行为"方式自己制定"其他行政规范性文件"，由此确立一系列秘密权力。根据经验，处于一线的行政执法者，实际上并不直接执行立法机关制定的法律，而是依据该法的"实施细则"在执法，但制定该"实施细则"的主体显然不是立法机关。造成这种现状的根源是成文法的滞后性和法律语言的含糊性等，而并不是一线执法者有意为之，但这样就会被行政自主解释性主体篡改原意。尽管我们近来迷恋上的谍战剧，让我们知道一些国家秘密权力的情况，为维护国家安全，我们也认可这些秘密权力，因为这些权力是针对敌我矛盾的，但是，城市管理主要是人民内部矛盾，针对人民内部矛盾需要设立秘密权力吗？为了确保执法者能够恪守法律，行政自主解释性文件就限定了严格的条件：其一，解释主体对法律、法规或规章规定的内容具有管辖和实施权，不允许越权解释；其二，所解释的内容不得抵触相关法律、法规和规章；其三，所解释的内容只是

---

[1] 梁凤云：《新行政诉讼法讲义》，人民法院出版社2015年版，第10页。

法律法规或规章的具体化，而不能任意扩大或缩小法律规范的原意。为此，建议各级行政机关将其制定的规范性文件公布在它的官网上，以便相关民众查阅知晓而指导其行为。让权力真正在阳光下，消减人为的怨气，城市管理就从源头上减少了安全隐患。北京作为中国的首都，不仅仅是北京人的北京，更是全中国人的北京，也是国际性世界人的北京，大家可以来北京分享快乐，也可以来北京表达忧伤，甚至是愤怒——即使它本身与北京并无直接关系。[1]

（三）城市管理的立法要围绕公权力努力提升质量

城市管理过程中不可避免地会遇上激烈的冲突，甚至遭受到暴力恐怖袭击，此时公安机关就需要使出杀手锏，即需要使用警械或武器。警械或武器是国家暴力，虽然是城市管理的杀手锏，却必须依法行使。自 2014 年 3 月 1 日昆明火车站发生蒙面暴徒砍人事件事件后（"昆明火车站暴恐事件"），[2] 民间呼吁、政府开始思考和明确要求警察在城市管理的处置暴恐执法实践中要敢于用枪。2015年 6 月 17 日在部署全国公安机关深入推进 2015 年缉枪治爆专项行动电视电话会议上，公安部有关领导强调："公安民警在处置突发性暴力事件时，要依法履行职责，依法使用枪支，既全力保护群众生命财产安全、维护公共安全，又切实保护自身安全。"[3] 北京自 2013 年"金水桥事件"后，其城市管理对民警用枪也提出了更高的要求。[4] 在我国，具体规范警察使用警械和武器主要是 1996 年制定的行政法规《人民警察使用警械和武器条例》（以下简称《条例》）。由于警察使用武器可以不经法院审判就现场击毙犯罪嫌疑人，因此，该行政法规的法律效力等级一直被诟病。2016 年 12 月 1 日，公安部通过其网站向社会发布关于《中华人民共和国人民警察法（修订草案稿）》（以下简称"修订草案"）公开征求意见的公告。此"修订草案"稿共 109 条，比 1995 版的《人民警察法》（以下简称"1995 警察法"）的 52 条，增加了 57 条内容，其中对警械武器使用的新规定，无疑是各类报道高度关注的内容。的确，相比旧版《人民警察法》仅 1 条的规定（第 10 条），"修订草案"中涉及武器使用的法律规定，包括第 31 条、第 32 条、

〔1〕《残疾人在北京首都机场引爆炸弹 警方称系上访人员》，参见 http：//news. ifeng. com/mainland/special/shoudujichangbaozha/content – 3/detail_ 2013_ 07/21/27726047_ 0. shtml.

〔2〕2014 年 3 月 1 日 21 时许，昆明火车站广场发生蒙面暴徒砍人事件。造成 29 人死亡、130 余人受伤。民警当场击毙 4 名暴徒、抓获 1 人。参见 http：//news. qq. com/a/20140302/001023. htm.

〔3〕公安部：《警察处置突发暴力事件时要依法用枪》，载 http：//www. banyuetan. org/chcontent/zx/yw/2015618/139747. shtml.

〔4〕2013 年 10 月 28 日，当天中午 12 时 05 分，一辆吉普车由北京市南池子南口闯入长安街便道，由东向西行驶撞向天安门金水桥护栏后起火，行驶过程中造成多名游客及执勤民警受伤。《外媒关注吉普车撞天安门金水桥事件 目击者讲事发细节》，参见 http：//world. people. com. cn/n/2013/1029/c157278 – 23356690. html.

第33条、第35条、第36条、第57条，新增加了5条，并且还在第31条列举了五种可以开枪的具体情形。"修订草案"是公安部自2014年以来经深入调研论证、反复修改完善，并多次征求有关部门、专家学者和地方公安机关意见而形成的，理论基础扎实，并具有较高的权威性。[1]不过，新增加的武器使用规定究竟包含了哪些新意，该草案并没有明示，为此，笔者拟在此例举并初步分析"警察法修订草案"对强制使用规定在我国城市管理中的实战价值。

以"修订草案"规定不得使用武器的新内容为例，"修订草案"第32条规定了人民警察不得使用武器的情形，"1995警察法"对此没有规定，而相比较《条例》第10条的规定，有很大的继承性，也有一些的新变化。其中"修订草案"第32条与《条例》第10条规定，其对象有一致性。它们第1项内容都是针对特殊人群，即"孕妇"和"儿童"；第2项内容都是针对特殊环境，即"人员聚集的场所或者存放大量易燃、易爆、剧毒、放射性等危险物品的场所"。不过，"修订草案"第32条与《条例》第10条规定的差异也较明显，存在于三个方面的新变化。①关于不得使用武器的"例外"情形之规定，"修订草案"第32条在第1款以"但书"的方式加以总括，指导民警对于特殊人群和特殊环境的用枪，即"但是不使用武器予以制止，将发生更为严重危害后果的除外"。《条例》第10条则对此分散在其两项当中，其中对特殊人群的开枪"例外"情形是"但是使用枪支、爆炸、剧毒等危险物品实施暴力犯罪的除外"；而对特殊环境的开枪"例外"情形是"但是不使用武器予以制止，将发生更为严重危害后果的除外"。显然，"修订草案"第32条的"但书"继承了《条例》第10条第2项的"但书"内容，也表明它们吸收了《条例》第10条第1项的"但书"内容，由此扩大了允许对特殊人群开枪的"例外"情形，即对特殊人群不仅限于"使用枪支、爆炸、剧毒等危险物品实施暴力犯罪"，凡是"不使用武器予以制止，将发生更为严重危害后果的"，就可以开枪。②针对不可开枪的特殊人群，"修订草案"第32条的规范更加贴近实战。这主要是针对"怀孕（的）妇女"人群。这项规定的制定，体现了对无辜生命的尊重，但是在实战中也常常困扰和危害着开枪民警。按照生理常识，孕妇在早期并无怀孕的外貌特征，因此在符合开枪情形时，民警无法判断实施犯罪行为的女子是否是孕妇，如果开枪击中该女子，但事后证明该女子是孕妇，那么开枪民警就因违背法律的禁止性规定而要承担法律责任，这就显得非常"冤枉"。为此，"修订草案"第32条的规定确定是"明显怀孕的妇女"，这就修订了既往不合情理的法律规定，更多地保护了开枪民警的

---

[1] 《公安部关于〈中华人民共和国人民警察法〉（修订草案稿）公开征求意见的公告》，参见公安部网站，http://www.mps.gov.cn/n2254536/n4904355/c5561673/content.html.

合法权益。不过，笔者以为，此项规定中的"儿童"，也应当加上定语"明显"，即怀孕妇女和儿童都要是"明显"的，因为现在十二三岁的孩子有些外貌和危害程度已经明显不像"儿童"了，如果民警在符合开枪情形下开枪，后果也很悲催。③还有一个小小的变化就是在各自第 2 项中的对象称谓不同。"修订草案"第 32 条的称谓是"犯罪行为人"，《条例》第 10 条的称谓是"犯罪分子"。将称谓从"犯罪分子"更改为"犯罪行为人"体现了立法技术的进步。"犯罪分子"一词包含两层意思，一是对人的政治分类，是与"人民"相对应的敌人群体；二是对人行为之结果的定性，指罪犯，但正如前文所言，任何人非经法院宣判都不能确定有罪，因此都不能称为"罪犯""犯人"。"犯罪行为人"一词则客观地反映了行为人的情况，也显示了正确的法理基础，即"对于法律来说，除了我的行为之外，我是根本不存在的，我根本不是法律的对象"[1]。由此可见"修订草案"在此的小小变化，却是我国"全面依法治国"时代大进步的体现。

二、城市管理的执法保障：规范执法如何不躺着中枪

（一）警察规范执法文件出台的背景

"面对警察查身份证，我没带、赶火车该怎么办？""当事人不配合我查身份证该怎么办？"这是城市生活中老百姓和民警执法时常见的问题。随着 2016 年 5 月 21 日在深圳发生"警察以查身份证为由强制传唤两女孩"事件，则再次凸显了警察执法规范化的必要性和紧迫性。[2] 2016 年 5 月 7 日在北京市昌平区发生的"雷洋事件"（雷洋涉嫌嫖娼被民警采取强制约束措施后死亡），则进一步引爆了警察规范执法的问题。[3] 2016 年 5 月 20 上午，中共中央总书记、国家主席、中央军委主席、中央全面深化改革领导小组组长习近平主持召开中央全面深化改革领导小组第二十四次会议并发表重要讲话。会议通过了《关于深化公安执法规范化建设的意见》，该《意见》要深化公安执法规范化建设。[4] 实际上，党的十八届三中、四中全会对"全面深化改革""全面依法治国"作出的一系列部署要求，公安执法就是其中一项重要内容。近年来，社会公众对公安执法的期待越来越高，公安队伍自身的使命感和紧迫感也越来越强，特别是公安执法过程中暴露出的问题，也越来越受到关注。不过，出现问题的原因并非一目了然。据人民网、半月谈等媒体报道，近期河北邯郸市涉县张某某因发帖吐槽称"某单位食堂

---

〔1〕《马克思恩格斯全集（第 1 卷）》，人民出版社 1956 年版，第 16 - 17 页。

〔2〕参见 http：//news. sina. com. cn/c/2016 - 06 - 12/doc - ifxszmnz7070427. shtml.

〔3〕《雷洋案涉案警察处理结果公布：派出所副所长被双开》，参见 http：//www. rmzxb. com. cn/c/2016 - 12 - 29/1252361_ 2. shtml.

〔4〕《中央深改组意见要求深化公安执法规范化建设 提升执法公信力维护群众合法权益》，载 http：// www. chinacourt. org/article/detail/2016/05/id/1886959. shtml.

饭菜价高难吃"就被公安机关认定为"涉嫌虚构事实，扰乱公共秩序"而给拘留了。[1] 这类事情并非偶然，吐槽"难吃"被拘后又有网友吐槽"逼捐"被拘留。据光明网随后报道，陕西渭南市华州区网友"刘铭"在网上发帖，质疑"华州区政府强制所有公职人员捐款 200 元请问是否合理？"被公安机关处以行政拘留。光明网评论员犀利地评论指出："说得更清楚点就是，在两个事件当中，人们看到了一种治理逻辑：既有行政命令或行政秩序必须是正确合理的，如果有对这种正确的质疑，则由执法部门进行清理和刈除，以保证地方治理在逻辑上形成自洽。在此，执法权给了权力任性以底气，必要时，也会成为行政失误的最终买单者。"[2] 据央视网报道，2017 年 8 月 11 日，山西省和顺县吕鑫煤业矿四采区 A6-1 采区发生边坡滑坡事故。此事不久被郭姓网友在百度贴吧和微信圈中发布，但该县政府出面"辟谣"，说没有人员伤亡，旋即该县公安机关查获该郭姓网友并以"涉嫌虚构事实，扰乱公共秩序"为由处以拘留处罚。[3] "吐槽难吃""吐槽逼捐"" 滑坡事故"等案情中，或有情绪表达，但均有事实前提，不是无中生有。另外，"吐槽难吃"更多的只是一个民事问题，将民事纠纷行政化，或将民事纠纷刑事化，这不仅仅是规范执法问题，更是违法执法的表现，凸显的是其法治思维欠缺。可见，公安执法规范化建设具有"全局性、基础性地位"，而提升"运用法治思维、法治方式"则是规范执法重要的内容。

（二）"孔子之爱"与警察规范执法

法与社会一直是法理学的重要课题，其中法与道德传统一直是最为经典的内容，在城市管理过程中，也必须将法律与道德结合起来。中华人民共和国的法律虽然更多地体现了全球化的成果，但也没有完全根绝道德传统。尤其是市场经济时代，社会多元思潮的兴起，儒家思想从民间迅速地恢复并蓬勃发展，最终导致官方对儒学的新的认识与认可。2014 年习近平总书记发表重要讲话指出："中国共产党人始终是中国优秀传统文化的忠实继承者和弘扬者……理性地看待自己的传统，既不否认过去……也不回到过去……中国传统文化对于执政党而言，无疑

---

[1] 《网民吐槽医院食堂价高难吃被拘留？邯郸警方回应了，但这几个问题必须要问!》，参见 http：//www. sohu. com/a/166241837_ 99910418；《吐槽食堂难吃被拘留？地方治理需讲法治但慎"乱扣帽"》，参见 http：//he. people. com. cn/n2/2017/0822/c192235-30636984. html.

[2] 《吐槽"逼捐"被拘留，民意不是噪音》，参见 http：//guancha. gmw. cn/2017-08/24/content_ 25801626. htm.

[3] 《山西和顺矿难瞒报事件：煤管局长就地免职 解除对发帖者行拘》，参见 http：//m. news. cctv. com/2017/08/15/ARTIxic3IKDSsNMvs9hCuLzz170815. shtml.

是一块'执政富矿',值得执政者从中汲取力量。"[1]顺着这个思路,当代中国的法治思想不是削弱而是加强法律与道德传统的关系。党的十八届四中全会决议公告指出,在"全面依法治国"新时代,"国家和社会治理需要法律和道德共同发挥作用",因此必须明确"坚持依法治国和以德治国相结合"。这是对邓小平"两手抓"理论的深化,也是传统"德主刑辅"思想的升华,既弘扬了中华传统美德,又反映了现代法治"以人为本"的内涵精神,以促成"法治和德治相得益彰"。

在古代中国,儒家是社会和时代的主流意识形态,然而当代中国的儒家(学)只是作为社会道德的形式,历经"扬弃"后,延续了几千年"吾国吾民"的优良传统。当代中国人也注意到,孔子不仅走出了庙堂,还走向了海外。为什么人们没有唾弃孔子,而是随着时间的推移,越来越敬仰他呢?孔子与儒家之所以在中国历代不衰,不是知识,不是睿智,不是强权,而应该是爱,是孔子内在的"爱"造就了儒家经久不息的生命力。延续中国儒家的是"孔子之爱",但什么是"孔子之爱"呢?有学者指出,《论语》共计73次谈到"爱"的问题,包括对人的爱(家人、君臣、朋友)和对物的爱,其中明确用"爱"字的达到9次,与"爱"相关的内容达到64次,其中孔子的"爱"包括对象上的"博爱"和程度上的"差等之爱"两类。[2] "孔子之爱"的稳定本质集中表现在《礼记·礼运·大同篇》的内容,即:"大道之行也,天下为公。选贤与能,讲信修睦,故人不独亲其亲,不独子其子,使老有所终,壮有所用,幼有所长,矜寡孤独废疾者,皆有所养。男有分,女有归,货恶其弃于地也,不必藏于己;力恶其不出于身也,不必为己。是故谋闭而不兴,盗窃乱贼而不作,故外户而不闭,是谓大同"。按照一些学者的诠释,孔子的"大同世界"被誉为是儒家"仁德之道的最高目标",对此,孔子提出了"建立全民公有的社会制度""建立选贤与能的管理体制""形成讲诚信和亲睦的人际关系""建立人各得其所的社会保障制度""倡导人人为公的社会道德""树立各尽其力的劳动态度"等理念,深深地吸引了包括孙中山、毛泽东在内的仁人志士为之奋斗不息。[3] 儒家的"孔子之爱"用东方人"博爱公心"的道德观念来感知法学主题,深化"孔子之爱"以推进现代警察哲学,则是新时期值得期待和关注的研究与实战领域。

第一,西方四次警务革命历程与"孔子之爱"的心有灵犀。现代警察起源

---

[1] 这是指纪念孔子诞辰 2565 年国际学术研讨会暨国际儒学联合会第五届会员大会上的发言。参见《习近平超常规纪念孔子,有何话外音?》,载人民网,http://politics.people.com.cn/n/2014/0924/c1001-25728766.html.

[2] 单亦艳:《谈孔子"爱"的思想》,载《齐齐哈尔师范高等专科学校学报》2009 年第 2 期。

[3] 王淑萍:《孔子的大同施政思想及其对毛泽东的影响》,载《南都学坛》2003 年第 4 期。

于英国罗伯特·比尔组建的"英格兰场",其文献标志是 1829 年《大都市警察法》,据此创建了伦敦大都市警察局;其理论依据是比尔创制的"建警十二原则",后简化为安德逊"建警四原则",即"警察权力大小与民众的支持成反比";"警察执法必须获得民众支持才有力度";"最小使用武力为原则";"满意决定警务论"。[1] 这些原则展现了比尔和安德逊的"民本"思想,用孔子的话来说就是"民为邦本,本固邦宁",[2]进而言之就是国家权力机关与老百姓之间的关系不是奴役压迫与管制,而是基于"爱"的相互依存。其一,从建警原则的内容来看,比尔首先将警察与军队区别开来,也不认为严刑酷吏是警察的目标所在,相反,他认为警察能否担当,取决于民众的真心支持和尊重,如果能够发动人民战争,警察就无需费劲执法(第 2、3、4 条)。这些原则都强调了警务工作的基本精神是"群众路线"——根基于博爱公心而非特权私欲。其二,在其第 5 条的"最小武力原则"或者"比例原则"也展现了对违法嫌疑人的关爱,即尽最大可能地保护违法嫌疑人的基本人权。其三,比尔还认为证据与犯罪骚乱之间关系不能颠倒(第 9 条),证据只是结果,不是问题的根源,问题的根源是人,基本思路还是走博爱公心的群众路线。如果警务实战中因为太过于重视证据,甚至将此作为破案立功受奖的依据,那么会导致"刑讯逼供"成为或隐或现的疾瘤,因此各国刑事诉讼法中对"非法证据排除"的规定印证了比尔的这个思想。针对西方国家警务工作发展历史的"四次警务革命",我们不难发现,"革命"最终是回归"群众路线"。之所以说社区警务革命是一个"回归",正如这次革命的代表人物安德逊阐述"完美警察"模式所言:"如果没有人民大众的普遍支持,法律也会苍白无力;换而言之,有民众支持的执法便会如鱼得水,反之则寸步难行。"[3] 西方警务革命的发展历史表明,警民鱼水情深,回归"民本"是"完美警察"的根基,现代警务工作如果没有博爱公心,失去民心就会寸步难行,这无疑与东方"孔子之爱"的精神心有灵犀。

第二,当代中国规范执法与"孔子之爱"的珠联璧合。以太原王文军案为例,就警察群体而言,出警执法行动是一个团队活动,大家彼此"唇亡齿寒"。从该案结局来看,大家最后都"栽进去了",无人能够幸免,因此每一个执法者就应当有团队的关爱之心,关心其他成员就是关心自己,制止其他成员违法犯罪就是避免自己违法犯罪。就执法对象而言,他们也应当是被关爱的。从该案的过

---

〔1〕 王大伟:《理想警察:安德逊与王大伟关于警察哲学的对话(第 2 版)》,中国人民公安大学出版社 2015 年版,第 8 – 9 页。

〔2〕 参见《尚书·五子之歌》。

〔3〕 王大伟:《理想警察:安德逊与王大伟关于警察哲学的对话(第 2 版)》,中国人民公安大学出版社 2015 年版,第 147 页。

程来看，如果在王文军与周某僵持的过程中，其他出警的成员觉得天寒地冻，怕王文军着凉，给他加件大衣，同时也怕周某着凉，给周某加一件大衣，同学们在设想这个结局时，若将心比心地认为周某身子暖和了心也就暖和了，心暖和了手就松了，那么就没了后面的悲剧。治安执法并非"农夫和蛇"的故事，行政违法尚属人民内部矛盾，即使是"无理闹三分"，最终依托的还是一个"理"字，执法者又何须遗失那"博爱公心"的情怀呢？鉴于此，所谓当下的热点"规范执法"问题，虽需法律规范为前提，但归根结底还是要有法治思维。法治思维的内核并不是法条规范的本身，而是法条之上的法的精神，就城市管理执法的核心精神而言，乃是"孔子之爱"的博爱公心。

三、城市管理的司法保障：怎样推动全社会综合治理

（一）以审判为中心的司法改革点亮首都管理

现代城市的发展，不能一味靠外在的输血，而是要依靠自身的造血功能，归根结底乃是市场经济。不过，纯粹的市场经济也有其盲目性，需要计划和市场相结合，有序发展。北京作为中国的首都、国际化大都市，其城市的发展，比一般的城市具有更多的复杂性、多面性。就如 2014 年习总书记在视察北京时指出："坚持和强化首都全国政治中心、文化中心、国际交往中心、科技创新中心的核心功能，深入实施人文北京、科技北京、绿色北京战略，努力把北京建设成为国际一流的和谐宜居之都。"这就意味着，北京市城市的发展面临着政治、社会、经济、文化，以及国际化等多维度要求，而这些多维度的要求在全面依法治国时代，又无一不在祈望着司法的灯塔。

第一，从法律体系的法律关系本身来看，刑事处罚是各类法律处罚中最严重的阶段，它照亮和牵引着法律体系中其他法律的执行。在我国，一旦受到刑事处罚，后果会很严重，将剥夺一些特定的权力。比如我国《公务员法》第 24 条规定："下列人员不得录用为公务员：曾因犯罪受过刑事处罚的"；《行政机关公务员处分条例》第 17 条也规定："行政机关公务员依法被判处刑罚的，给予开除处分"。

第二，从"以审判为中心"的概念来说，所谓"以审判为中心"，乃是指刑事案件必须经过法院审判才能定罪。有学者参考国外的经验指出，以德国为例，"以审判为中心"是指"审判程序中才开始就被告的罪责之有无的问题做一最终、具法律效力确定之判断；所有的证据在此亦均需依言词辩论及直接原则、依严格证据之规则及在审判公开的监控下被提出。判决只得'从审判程序中所获取者'才能作为依据；并且法定的审判原则只有在审判程序中才有如此广泛的运用；不论如何，审判程序在被告为争取获判无罪或获判轻微的处罚所从事的辩护

中，均予被告极大的机会"〔1〕还有学者指出，尽管在西方发达国家的学术语境中，很少有"以审判为中心"或者"审判中心主义"之类的表述，这是因为"以审判为中心"已经内化为日积月累的制度实践。中国的情况则有所不同，在确定"以审判为中心"之前，实际上是"以侦查为中心"，即"宪法和刑事诉讼法确定的公检法三机关分工负责、互相配合、互相制约的原则落实成了侦查、审查起诉、审判等诉讼阶段相互平行、首尾相继的'流水线'型诉讼结构，审判只是在侦查、审查起诉阶段工作的基础上对案件的'深加工'，对案件事实的'再认识'"〔2〕目前我国司法改革，确立"以审判为中心"就是与国际接轨，并回归司法的本来功能。

第三，从北京市的国际化城市属性来说，在经济、文化、科技的相互交往过程中，司法是保障国内外各方利益的可以得到双方一致认可的依托。有媒体报道，北京目前已进入全面建设国际交往中心的新阶段，2011 年 1 月 17 日，北京市商务委员会相关负责人在北京市十三届人大四次会议新闻中心举行的新闻发布会上介绍，北京开放型经济国际影响力达到新水平，首都市场吸引力不断增强，在 21 个国际大都市吸引外资排名中，北京位居第二。具体而言，北京目前累计有 256 家世界 500 强企业在京投资 598 个项目；累计认定跨国公司地区总部 82 家，投资总额超过 100 亿美元；累计批准外资零售店铺 3200 多家，世界知名的 294 家零售商已有 41% 进驻北京，位居世界第六。〔3〕国际化的北京，也有外资纠纷，最典型的莫过于北京市第一中级人民法院作出的《唐纳·川普与中华人民共和国国家工商行政管理总局商标评审委员会其他二审行政判决书》，随着川普成为美国总统，还引发了较大的新闻效应。〔4〕不过，据北京警方介绍，随着经济的发展，北京吸引了越来越多的外国人来京工作生活，本市每日实有外国人近 20 万人，居住地已经遍布全市所有行政区县。其中，一些外籍不法人员也借机混杂其间，伺机从事违法犯罪活动。2012 年一名英国男子猥亵中国女子的视频在网上流传，引起了国人的愤怒，也引起了英国网民的愤怒。此事件直接导致北京警方集中开展清理非法入境、非法居留、非法工作外国人百日专项行动，核查的

---

〔1〕 卞建林、谢澎：《以审判为中心：域外经验与本土建构》，载《思想战线》2016 年第 4 期。

〔2〕 魏晓娜：《以审判为中心的刑事诉讼制度改革》，载《法学研究》2015 年第 4 期。

〔3〕 《北京在 21 个国际大都市吸引外资排名中位居第二》，参见 http://news. xinhuanet. com/fortune/2011 - 01/17/c_ 12990907. htm.

〔4〕 2006 年特朗普准备在中国申请英文 TRUMP 作为商标时却发现该商标已经被人抢注。为了争夺自己名字在中国的商标权，特朗普曾在北京起诉工商总局商评委，结果终被判败诉。2009 年，工商总局商标局发通知书，对特朗普申请的注册商标予以驳回。不过，2017 年 2 月，中国政府正式宣布授予特朗普在建筑项目中使用特朗普品牌的权利。参见 http://finance. ifeng. com/a/20170223/1521 2042_ 0. shtml.

"三非"外国人将面临罚款或拘留,并处限期出境或者驱逐出境;情节严重构成犯罪的则依法追究刑事责任[1] 北京市人民检察院第四分院自 2014 年 12 月 30 日挂牌成立以来,办理涉外刑事案件 2 件 2 人,均已向法院提起公诉[2] 当然,也有外国人成为受害者的案例。2015 年 8 月 13 日下午,北京市公安局官方微博通报称,该日 11 时 49 分,接群众报警称,在朝阳区三里屯有一男子持刀伤人。接警后,警方迅速处置三里屯砍人事件,将嫌疑人当场控制。三里屯砍人事件嫌疑人高某某意图报复社会,想在北京制造事端,于是在三里屯酒吧街南口持刀无故将一对夫妻扎伤(男子为法国籍,女子为山东人),后受伤女子因抢救无效死亡。[3]这些案件,无论嫌疑人是中国人,还是外国人,只要是触犯了法律,就要受到法律责任追究,而一旦触犯刑法,还要严格按照"以审判为中心"的要求进行侦查、诉讼和审判。

第四,从"依法治国"的基本内涵来看,北京市的城市管理必须始终坚持"党的领导、依法治国和以审判为中心"的一致性。党的十八届四中全会决议指出:"党的领导是中国特色社会主义最本质的特征,是社会主义法治最根本的保证。把党的领导贯彻到依法治国全过程和各方面,是我国社会主义法治建设的一条基本经验。"在我国,党的领导、依法治国、人民当家做主三者的根本利益是一致的,城市管理的根本目标,正如蔡奇书记所言,乃是"坚持人民城市为人民",就北京市而言,是要"形成有效的超大城市治理体系"[4]在这个治理体系中,始终维护人民的利益,是党的领导的内涵所在,也是依法治国的内涵所在,因此也必然是"以审判为中心"的司法改革目标所在。当前,国内其他省份出现的冤假错案相续平反,诸如"聂树斌案""呼格案""赵作海案""陈满案"等,这些陆续披露纠正的一系列冤假错案,使得原本就不高的司法公信力更加面临质疑和挑战。反思这一系列冤错案件,成因是多方面的,究其深层根源,在于刑事司法职权配置不符合司法规律,且与之相应的诉讼程序设置不合理,二者所产生的交互作用,使我国的刑事诉讼呈现出"以侦查为中心"的典型样态。[5]正如习近平总书记所指出的:"不要说有了冤假错案,我们现在纠错会给我们带来

---

〔1〕《北京今起清理"三非"外国人 严重者将被追刑责》,参见 http://news.sohu.com/20120515/n343174556.shtml.

〔2〕《北京四分检涉外刑事案件稳步推进》,参见 http://www.chinadaily.com.cn/micro - reading/dzh/2015 - 09 -26/content_ 14219743.html.

〔3〕《回顾:2015 年三里屯砍人现场 女子被从背后捅穿》,参见 http://news.haiwainet.cn/n/2016/0619/c3541083 - 30016708.html.

〔4〕蔡奇:《更加紧密团结在以习近平同志为核心的党中央周围 为建设国际一流的和谐宜居之都而努力奋斗》,参见 http://cpc.people.com.cn/n1/2017/0627/c64102 - 29365001 - 8.html.

〔5〕卞建林、谢澎:《以审判为中心:域外经验与本土建构》,载《思想战线》2016 年第 4 期。

什么伤害和冲击，而要看到我们已经给人家带来了什么样的伤害和影响，对我们整个的执法公信力带来什么样的伤害和影响。我们做纠错的工作，就是亡羊补牢的工作"，[1] 冤假错案如同一把"双刃剑"，既无情地伤害了当事人的权益，也无情地损害了执法公信力，因此，"以审判为中心"的司法改革与实践势在必行。尽管北京市在各级政法机关和司法队伍的严谨努力之下，目前还未发生刑事领域的重大冤假错案，但大家仍需始终牢记党的嘱托，始终牢记司法为民的宗旨，努力做到人民司法为人民。实际上，上述冤案能够得到重视和最终的纠正，已经说明国家司法制度的进步，对此各级司法机关必须正视。在生命至上面前，"以审判为中心"的司法改革就是要朝着"零冤假错案"的目标迈进，而由此确立案件终身负责制等一系列改革正在逐渐确立，为的就是从起诉、审判的环节预防冤假错案的发生，让掌握和行使国家法律公器的人能够对法律多些敬畏，对公民的生命与自由多些尊重，对司法这项职业多一些信仰，让司法由此肩负起点亮城市管理的闪亮明灯。

（二）树司法公正为标杆推动全社会综合治理

古人有云："吏不畏我严，而畏我廉；民不服我能，而服我公；公则明，廉则威"。现代城市的治理也离不开"廉"和"公"，相对于北京这座大都市而言，2016 年底常住人口已经达到 2172.9 万，[2] "民服公"具有重要意义。公正，尤其是司法公正对于北京市城市管理的法治化过程中也具有重要的引领作用、标杆作用。实现社会的公平正义是人类的追求，社会管理离不开公正的基础，不过，司法公正对社会的这种"重要的引领作用"该如何得以体现呢？其途径乃是需要借助司法公正来推动全社会治安综合治理。

社会治安综合治理是指"动员和组织全社会的力量，运用政治的、法律的、行政的、经济的、文化的、教育的等多种手段进行综合治理，从根本上预防和减少违法犯罪，维护社会秩序，保障社会稳定"（《全国人民代表大会常务委员会关于加强社会治安综合治理的决定》）。它是中国传统哲学伦理与中国社会治理实际相结合的制度产物，不是一时兴起的突发奇想或天才发明。尽管有人认为这是直接源自 1963 年浙江诸暨枫桥的"枫桥经验"，但孔子在很早的时候就认为，一个有修养的人应当是"礼、乐、射、御、书、数"等六种技艺齐全的。一个完善的社会乃需推行"中庸之道"，即"好问而好察迩言，隐恶而扬善，执其两端，用其中与民"（《中庸·大知章》），因此，社会治安综合治理作为解决我国

---

〔1〕 《习近平谈冤假错案：做纠错的工作就是为了弥补伤害》，参见 http：//news. cctv. com/2017/08/24/ ARTIHGEcDzAFEktkWvpzaYg8170824. shtml.

〔2〕 《北京常住人口去年底达 2172.9 万 五年增加 154.3 万人》，参见 https：//www. jiemian. com/article/ 1392129. html.

社会治安问题的战略方针，它在 20 世纪 70 年代末 80 年代初被提出和确立不是偶然的。[1]另据"中国知网"的"计量可视化分析—检索结果"分析，以"社会治安综合治理"为检索主题，共有 23496 篇相关论文，其中年发表相关文章量超过 2000 篇的是 2006 年 2334 篇、2007 年 2507 篇、2008 年 2241 篇、2009 年 2305 篇、2010 年 2463 篇、2011 年 2042 篇。[2]由此不难看出，社会治安综合治理是我国社会治理的一个热点问题，然而实践当中它却存在与"依法治国"和建设"法治国家"目标之间的一些矛盾。这些问题实际上也并非一日之寒，早有学者指出治安管理综合治理作为刑事政策的主流认识存在的问题："第一，治安综治与'惩办与宽大相结合'政策，'严打'政策是我国最主要的三个刑事政策。而且治安综治是总刑事政策，三者具有相当程度的合理性。但由于政策过程中的各种因素，这些政策并不完全符合人的价值追求，需要进行相应的改进。第二，通过价值分析，治安综治作为刑事政策及其实施的问题是：治理力量的综合性、治理内容的全面性和治理手段的多样性体现在制度设计上的问题是'打击有余而预防不足'；在犯罪预防实施过程中的问题是'倡导有余而强制不足'；法院综治定位的问题是'配合有余而中立不足'"。[3]治安管理综合治理出路在何方？正如俗话所言："解铃还须系铃人"，还需从治安管理综合治理的相关法律规定寻找出路。司法机关的法院通过公正审判的方式而在其中独秀一枝。笔者以为目前法院需要重点做三件事情推动社会治安综合治理。其一，运用好司法建议权推进全社会综合治理。其二，加强法律文书释法说理，并通过公开裁判文书透明司法公正。其三，保障人民群众参与司法，完善人民陪审员制度，在司法调解、司法听证、涉诉信访等司法活动中保障人民群众参与。

（三）依新《行政诉讼法》来构建行政应诉官制度

现阶段我们所说的"以审判为中心的诉讼制度改革"，主要是指"刑事诉讼制度改革"，还没涉及"行政诉讼制度改革"。"行政诉讼制度"要不要改，怎么改，目前尚不是很清楚，只能是结合新《行政诉讼法》的修改及其实施加以考量。至于现有的"民事诉讼制度"要不要改，也不清楚，不过，"民事诉讼制度"从其一开始，就是以"以审判为中心"的。与此同时，十八届四中全会决议指出："健全行政机关依法出庭应诉、支持法院受理行政案件、尊重并执行法院生效裁判的制度。"这似乎暗示了"审判中心论"的参照目标。随着 2015 年 5 月 1 日修改后的《行政诉讼法》（以下简称"新《行政诉讼法》"）正式实施以来，在这一年多的光景里，已经对我国行政机关"依法行政"产生了有目共睹

---

〔1〕 华乃强：《社会治安综合治理概念源头考》，载《浙江警察学院学报》2009 年第 3 期。

〔2〕 参见 http://kns.cnki.net/kns/Visualization/VisualCenter.aspx，最后访问日期：2017 年 8 月 27 日。

〔3〕 侯宏林：《刑事政策的价值分析》，中国政法大学出版社 2005 年版。

的实效，尤其是该新法所规定的"复议机关当共同被告"和"行政机关负责人出庭应诉"所引发的效果更为深远，促使一些行政机关领导者开始思考构建"行政应诉官"制度，以主动姿态迎接"全面依法治国"时代的到来。笔者构思借助新《行政诉讼法》构建行政机关的行政应诉官制度的做法具有重要意义，尤其是对新时期公安机关着力"全面推进法治公安"建设而言，更是如此。

四、城市管理的守法保障：借助第三方协助力量在哪

（一）发扬教师群体的良知优势

在北京市城市管理的过程中，与其他城市（如上海等）一样，访民是一个特殊群体，如同管中窥豹，在繁华的发展表面如何搞好访民工作也考验这个城市的管理水平与管理能力。必须承认，信访工作的诉求和动机非常复杂，访民依据我国信访相关法律法规，来到城市有关部门表达自己的诉求，其中的关系剪不断理还乱。也必须承认，我国各级信访部门已经付出了辛勤的汗水和做出了卓有成效的工作及突出成绩，这是我们分析当前我国信访工作的大前提。据媒体报道，记者于 2017 年 8 月 22 日从国家信访局举办的全国来访接待工作会议上获悉，与2013 年相比，2016 年全国来访总量下降幅度达 25.3%。[1] 究其原因，按照该报道的内容分析，主要表现在三个方面：其一，从目标上来看，党的十八大以来，全国信访系统深入推进信访工作制度改革，依法逐级走访成效更加明显，信访秩序更加有序，窗口形象更加提升；其二，各地各部门通过完善工作流程、开展群众满意度评价，倒逼提升规范化水平；其三，属地和部门责任进一步压实，就地化解矛盾效能进一步提升。这的确是一张可喜可贺的成绩单。

不过，问题依旧存在。当前我国信访问题主要是指"进京非正常上访"。有资料显示，从信访实战部门来看，"赴京非正常上访行为"是指"信访人不按照《信访条例》的规定，到天安门地区、中南海周边、领导人驻地、外国驻华使领馆区域等北京的重点地区、敏感地区上访的活动"。赴京非正常上访主要情况是："上访时间长、次数多、流动频繁是非正常上访老户最突出、最典型的表现。这些人'访龄'一般都比较长，有的上访达几年、十几年甚至几十年。个别非正常上访人员上访已成习性，年年跑、月月跑，每年都要进京上访几次，不然就感觉生活缺少动力、精神没有寄托；个别非正常上访老户抛家舍业，以'生命不息，上访不止'的劲头不达目的誓不罢休。有的非正常上访老户以打工、乞讨或捡破烂为生，在北京'上访村'安营扎寨或者露宿街头；还有个别非正常上访老户专门串联他人上访并向他们传授上访'经验'，靠给新来上访户引路、写信

---

[1] 《十八大以来我国信访形势持续好转》，参见 http://www.gov.cn/xinwen/2017 – 08/22/content_5219654.htm.

访材料收费等维持生计，实际上已经成为职业上访者和上访'掮客'。……有些上访户长期离开户籍所在地，在京上访不断，且鼓动、煽动他人多次到中央领导住地大吵大闹，制造影响。"[1]这的确都是信访阵营中不可忽视的情况。如何提升我国信访工作的实效，学者们可谓是群策群力地提出对策。有人认为，"必须从源头和机制上着手，坚持集中整治与建立长效机制相结合，坚持依法办事，坚持按政策办事，切实解决问题，化解矛盾，理顺情绪，努力减少和防止此类问题的发生"。具体表现为：着力抓好《信访条例》贯彻，进一步畅通信访渠道；着力抓好责任落实，进一步解决实际问题；着力抓好政策落实，进一步加强源头防范；着力加强协调配合，进一步增强工作合力。[2]还有学者指出，要建立立足于法治的信访治理模式，即在依法治国的基本方略和宪法原则下，信访制度应当以保障人民群众表达诉求和意愿的权利为要旨，法是党政机关行动的指南和标准，依法治理是信访治理的应然模式，各级党政机关应当坚守法治的原则和底线。[3]上述两类研究，客观地说，应该说是发现了问题，但对策的实效性有待商榷。就国家层面而言，现在国家机关部门有了新的设想。司法部、国家信访局还于近期联合下发意见，要求深入开展律师参与信访工作，提升信访领域法律公共服务。在此意见的指导下，"全国31个省区市和新疆生产建设兵团，及2700多个市县实现了律师参与信访，社会第三方矛盾化解力量得到有效增强"[4]在此，笔者赞同引进"社会第三方矛盾化解力量"来化解疲倦的信访问题。以媒体提供的信息为基础，笔者还想结合自己前期在北京某法制部门挂职和近期在上海浦东信访办的遭遇来进一步思考"社会第三方矛盾化解力量"的有效对象。总体来说，访民对教师群体还是尊重的，相比较信访办的工作人员、法制部门和法院的工作人员、律师群体而言，他们认为教师还是社会良知的体现，能够信任，愿意沟通、交流和倾诉。这是不是就提示着国家思考"社会第三方矛盾化解力量"的另外一个群体——知识分子群体呢？一方面，知识分子他们具有独特的中立地位，访民不会产生逆反心理；另一方面，很多知识分子缺乏社会一手资料，与访民接触有助于充实他们的社会科学研究。此外，我们还有很多思想品德课程的老师，他们在教室里倾心教导学生如何做一个高尚的人，现在有访民的思想工作需要提高、沟通，理论要和实际相结合，这不正好提供了机会吗？对一些长期上访

---

〔1〕 王红军：《河南省赴京非正常上访现状分析及对策建议》，载河南省社会科学院编撰：《2009 年河南社会形势分析与预测》，第 278 页。

〔2〕 王红军：《河南省赴京非正常上访现状分析及对策建议》，载河南省社会科学院编撰：《2009 年河南社会形势分析与预测》，第 278 页。

〔3〕 余净植：《对"非正常上访"的法学思考》，载《理论学刊》2011 年第 10 期。

〔4〕 《十八大以来我国信访形势持续好转》，参见 http://www.gov.cn/xinwen/2017 - 08/22/content_5219654.htm.

户而言，他们的抵触情绪已经根深蒂固，但当他们进入课堂，和研究生一起讨论这些问题时，是是非非说得明明白白，或许更有助于化解城市发展过程中深层矛盾和问题。

（二）传承家观念构建温暖城市

现代城市，不仅是来取钱可以，来取暖也应当可以。2016 年春节期间，人民日报人民论坛撰文论述"城市温度"。该报道指出，"城，所以盛民也"，人气的拢聚乃是源于城市以人的宜居和乐居为旨归的"温度"的提升。"在一定意义上说，一个城市的文明程度，不是取决于有多少高楼大厦、人文景观，而是取决于它让人感受到的舒适'温度'"[1] 北京市的城市管理，作为首善之区，不仅仅要在管理方面寻找法治保障，更应当在法治本身中围绕"人"本身，发掘温暖人心的便民服务内容。有温度的城市必然是让人感到幸福，幸福是人的一种感觉，其底蕴却是一种文化的共鸣。中华文化的底蕴是"家"，是"孝"。《孟子》说："事孰为大，事亲为大。"孔子的学生曾子在《大戴礼记》中指出："民之本教曰孝。"他还认为孝是放诸四海而皆准的真理，将孝置于至尊的地位："夫孝，置之而塞于天地，衡之而衡于四海，施诸后世而朝夕，推而放诸东海而准，推而放诸西海而准，推而放诸南海而准，推而放诸北海而准。"实践中有证明"我妈是我妈"或者"你妈是你妈"的困境，引发伦理纠纷。笔者以为，当前我们用手工登记的户籍信息，我们用 DNA 手段证明血亲关系，我们用公证法律手段来证明"我妈是我妈"，在实践中这些工具和技术手段都有操作方面或证据证明力方面的瑕疵，不便捷，还可能有错误。我们应该从人文关怀的角度相信他说的"他妈"就是"他妈"的正确，凡是与人相关的就有可能是伪的，但是，凡是与人相关的，为什么就不可以是真的呢？如果能够做到"只要是伪的都要付出更高昂的代价"，这不就去伪存真了吗？依法简洁证明"我妈是我妈"的关键点就是"去伪存真"。怎样"去伪存真"？①每人只有一个亲妈；②先相信他说的"他妈"就是"他的亲妈"；③一旦认定了他这个"亲妈"，他就不可能有其他的亲妈，不能更改；④如果他今后想改亲妈，承认自己撒谎，他就属于失信，交给国家征信部门，按照失信人员处罚，让他承担失信的一系列不利法律后果。在西方发达国家，一个被纳入征信体系确认为失信的人，事事受到牵制，生不如死。我国的征信事业的正规化建设正快步发展，正努力建设信息主体多层次权利保护机制[2] 2012 年我国通过了《征信管理条例》，进一步推动了社会信用体系建

〔1〕 人民日报人民论坛：《让城市更有"温度"》，参见 http：//opinion. people. com. cn/n1/2016/0205/c1003 - 28112368. html.

〔2〕 徐欣彦：《个人信用报告涉及的信息主体权利保护问题探究》，载《征信》2011 年第 1 期，第 15 - 16 页。

设，将"诚信"等要素融入法治实践生活，让失信人住进了无形的监狱，占了点蝇头小利的便宜，却丢掉了做人的口碑，无疑胜过有形的监狱。这就使得冒称亲妈者很难假冒，也使之不敢假冒，由此一来，于是法律的活的精神，法治的人文关怀都被激活了，由此人的善良也回来了，法治也就活了。

（三）注重科技执法的人文关怀

现代城市与现代科技的密切结合，几乎超越了人的既有想象，"智慧城市"的提法无疑具有代表性，但科学技术也会带来问题，需要一分为二地看待，尤其要注重科技执法过程中的人文关怀。智慧城市就是以互联网、云计算、物联网、3S（RS、GPS、GIS）等新一代信息技术为支撑的城市发展智慧化。近年来，世界上很多国家和地区都高度重视智慧城市建设。美国、日本、韩国、新加坡、欧盟等国家和地区相继制定了智慧城市建设目标与计划。我国也高度重视智慧城市建设。自 2012 年住建部发布《关于开展国家智慧城市试点工作的通知》至今，我国已有 290 个国家智慧城市（区、县、镇）试点。[1]据有关媒体报道，北京市智慧城市建设经历了"数字北京""智慧北京"阶段，正迈向新型"智慧北京"，智能机器人的应用和产业化成为其中的关键。除了智慧交通、服务机器人领域，智能机器人在产业、教育、养老等城市经济社会各领域智慧化中都在发挥着重要作用，逐渐成为新型智慧城市建设的关键基础设施。与此同时，北京第二中级人民法院部署的智能法院机器人，可以模拟律师追问、法官判案逻辑，回答 5 万个法律专业问题。北京银行智慧银行营业网点"上岗"的银行智能服务机器人整合了最新的人工智能技术，包括语音识别、语音合成和自然语言理解技术甚至图像、人脸和声纹等多项人工智能技术，不但为排号等待办理业务的银行客户带来了很多的乐趣，也分担了大堂经理的很多工作。首都儿科研究所部署的智能医疗改革服务机器人可以为儿研所的孩子和家长们提供医疗改革政策咨询和挂号引导等服务。可以预见的是，在未来的北京城市中，越来越多的智能机器人将在智慧北京建设过程中大放异彩。[2]如此如此，不难看出，北京市与科技的密切关系是"近"在不言中了。但是，科技会不会也带来问题？早几年有一则新闻，那就是被认为是"史上最严交规"的"机动车闯黄灯扣 6 分"，它源自修订后的《机动车驾驶证申领和使用规定》。网友对此热议纷纷，其中"'新华视点'称，违背

---

〔1〕《智慧城市建设走向新阶段》，参见 http：//www.cssn.cn/zx/bwyc/201708/t20170823＿3618639.shtml.

〔2〕《智能机器人助力智慧北京城市建设》，参见 http：//city.cri.cn/20170824/eeeeb4b2－fbac－6318－4c32－53f91b3c1ecd.html.

牛顿第一定律而制定的这条规定实在不合理，郑重呼吁修订"。[1] 笔者以为，科学技术具有伦理二重性，最终科学必须与人文关怀相结合。套用爱因斯坦的话来说，科学是一种强有力的工具，但它同时也是一把双刃剑，可能善用，也可能滥用，甚至恶用。由于我国一些司机因"勇"闯黄灯而频频引发命案，[2] 法律的人文价值再次受到重视。在法律中的"科学"问题，它不仅仅是工具性，也不全然是"批判的哲学"，更重要的指向是一种人文关怀，这种人文关怀既是科学发展的不懈动力，也是科学的终极目标所在。当"闯黄灯"成为人行道上加速冲刺而不是减速驻停的开车习惯时，科学的定律被滥用，机动车常常成为杀人的凶器，或者成为恃强凌弱的工具。而当科学公理成了剥夺他人生命权或凌辱他人尊严的借口时，科学是蒙羞的，科学家也'死不瞑目'。实际上，法的价值体系标准是围绕"人的生命与尊严"这个塔尖展开的。这就是说，机动车是科学的产品，它的体能和速度远远超越单个的人，但它不能因此而践踏人、凌辱人。尽管近代科学为技术开辟了前所未有的道路，也为效率提供了强大的动力，不过，科技的直接目的不是为了效率，而是为了人权，效率只是科技服务人权过程中的附属产品。与此同时，笔者还曾注意到了自然科学的网络谣言问题。2014年年初中国石化公司及有关政府部门决定在广东茂名地区建设 PX 项目。由于当地居民认为 PX 化工项目会严重影响自身的未来生活，结合国内其他相关城市民众对此类事情的处理方法，各种复杂因素交织在一起，促使居民走向街头"散步"抗议。在抗议过程中，互联网成为一个特殊的"战场"，其中利用百度词条编辑对于 PX 毒性的"定性"，围绕自然科学常识引发了激烈的认知冲突和网络谣言。[3] 的确，自然科学一向以公正、客观、真理的"正大光明"面貌存在，但有关自然科学的谣言制造不单纯是一个知识点，而总是反映着社会矛盾，更反映了社会群体的心理反应：焦虑。科学家一直很自信自己的专业知识，他们似乎还颇为蔑视谣言，但民众不想虚心去领会一个如何被"信誓旦旦"的深邃科学真理，而是会质朴、直观地感知生和死、病和痛、牵和挂、离和别。非常有意思的是，笔者的这些观点在单位的一次政治学习小组会议上阐述时，有些老师当场就湿润了眼睛。实际上，曾经令科学家引以为豪的科学的客观性、独立性和真理性，或者"公正的、不偏不倚的、中性的、自治的"特性，其光芒正在民众心目中消

---

〔1〕 《闯黄灯扣 6 分引热议 网友：违背牛顿第 1 定律》，参见中青网，http：//news. youth. cn/gn/201301/
t20130102_ 2766996. htm.

〔2〕 此类新闻报道在网络上比较多，较为典型的如天津网的文章《司机闯黄灯撞飞老太赔偿 89 万元》，
参见 http：//www. tianjinwe. com/rollnews/gn/201005/t20100502_ 800546. html.

〔3〕 CCTV - 1 焦点访谈：《科学面对 PX》，参见 http：//news. cntv. cn/2014/04/07/VIDE1396873260083140.
shtml.

逝，尤其是面对风险社会，"科学与价值无涉"的观点已经成为明日黄花。毫无疑问，现代科技带来了城市管理的便利，比如说通过人脸识别技术可以识别有犯罪记录的人，以及找到闯红灯的行人等。据媒体报道，就在 2017 年 6 月，重庆江北、山东济南、江苏宿迁等地在人流量大的交通路口启用人脸识别系统，抓拍行人和非机动车闯红灯等违法行为，现场大屏幕曝光、滚动播放。这个系统从初试运行以来，行人过街守法率从 60% 左右上升至 97% 以上，但有专家对此提出担忧和疑问："曝光闯红灯者，是依法行政还是涉嫌侵犯隐私？"按照国外通行的做法，需提前向社会进行公告其已进入公共信息采集区域，违法行为将被拍摄并曝光。[1]与此同时，针对执法等有关部门使用的人脸识别技术，一些人为了保护自己的隐私权，穿戴如 Eko 的太阳眼镜，其镜框顶部和镜腿的定制材料会将光线沿原路反射回去，导致图像曝光不足进而无法对用户人脸进行识别，也就没办法拍到正面清晰的人脸照。[2]科学技术之间能够围绕着人的权利进行着博弈，而科学终究要展现人文关怀。因此，城市管理的执法过程只有紧紧围绕人的权利，关注人本身而不是技术，才能够获得各方力量的支持。

（本文课题组成员：金怡，北京警察学院副研究员；李温，北京警察学院研究员；姚永贤，北京警察学院讲师。）

---

〔1〕 《人脸识别曝光闯红灯者涉隐私？专家：创新要有度》，参见 http://news.163.com/17/0616/12/
CN25R65L000187VE.html.
〔2〕 《保护隐私最重要：用来迷惑人脸识别技术的太阳镜》，参见 http://digi.163.com/17/0314/20/
CFH2G2FH001687H3.html.

北京市实施不动产统一登记的问题及对策研究

程　啸[*]

一、相关不动产登记地方立法的梳理

本课题对目前国家层面以及北京市层面的法律法规和地方性立法进行了梳理。国家层面的主要是《物权法》《不动产登记暂行条例》《不动产登记暂行条例实施细则》《不动产登记操作规范（试行）》等以及若干文件。而在北京市层面，目前主要有以下规定和文件：①2015年6月2日北京市委常委会审议通过的《北京市不动产登记职责整合方案》；②2015年9月23日北京市国土资源局、北京市住房和城乡建设委员会以及北京市机构编制委员会办公室联合发布的《关于做好房屋交易与不动产登记工作衔接有关问题的通知》（京国土籍〔2015〕295号）；③2015年11月6日北京市国土资源局、北京市住房和城乡建设委员会联合发布了《关于实施不动产统一登记制度有关事项的通告》；④2016年2月28日，北京市国土资源局颁布的《北京市不动产权籍调查工作方案（试行）》；⑤2016年11月25日，北京市规划和国土资源管理委员会颁布的《北京市不动产登记工作规范（试行）》（市规划国土发〔2016〕100号）；⑥2016年11月28日，北京市规划和国土资源管理委员会颁布的《北京市继承（受遗赠）不动产登记工作程序（试行）》（市规划国土发〔2016〕101号）；⑦2017年3月30日，北京市住房和城乡建设委员会发布的《关于加强国有土地上住宅平房测绘、交易及不动产登记管理的通知》（京建法〔2017〕4号）。

二、不动产统一登记程序的整合与登记流程的再造

尽管北京市已经实现了市区两级不动产登记机构的职责整合工作，但是，以往房屋登记、土地登记、林权登记、农村土地承包经营权登记的程序存在很大的差别，无论是申请材料还是登记机构的审核职责等方面，都存在差异。本课题依

＊　课题主持人：程啸，男，博士，清华大学教授、博士生导师、法学院党委副书记；北京市法学会理事、北京市法学会不动产法研究会副会长；北京市怀柔区人民法院副院长。立项编号BLS（2016）B003。结项等级：优秀。

据《物权法》、《不动产登记暂行条例》（以下简称《条例》）、《不动产登记暂行条例实施细则》（以下简称《细则》）的规定，对我国不动产统一登记的程序进行了深入的研究，从申请、受理、审核以及登簿、发证等全部环节进行了细致深入的研究。申请启动的是不动产登记程序，而不动产登记程序具有强制性，不能任由申请登记的当事人通过意思表示加以决定。一方面，虽然登记程序原则上应依申请而启动，这仅意味着登记机构受到当事人已经提出的登记申请（die gestellten Antraege）之约束，而不是说登记机构受到申请人提出的登记文本的拘束。登记申请的效力与法律行为中意思表示发出后所具有的效力完全不同。因为登记申请能否受理以及受理后能否登记，不取决于申请人的意思表示，而应由登记机构依据法律之规定加以决断。只有那些符合法定条件的登记申请，登记机构才能受理，也必须受理；同样，只有符合法定条件的登记申请，登记机构才能，也必须办理登记。另一方面，基于形式正义之需要，程序法中注重的是行为的确定性与客观性。这表现在：首先，当事人或者其代理人应当到不动产登记机构办公场所申请登记（《条例》第15条第1款）；其次，申请人应当采取书面形式提出登记申请，以固定申请人的意思表示。《条例》第16条以及《细则》第9条第1款明确要求申请人应当提交登记申请书，这就意味着当事人的不动产登记申请应当采取书面的形式；再次，登记申请不能附条件、附期限，否则会使得登记机构难以决定是否开始登记程序；最后，只要登记申请到达了登记机构，就发生了程序法上的效果——启动了登记程序，登记机构无论是否受理，都必须采取法定的处理方法，对此《条例》第17条有明确的规定。民法法律行为中关于意思表示发出错误的规定，不适用于登记申请。

我国不动产登记以申请为基本原则，不动产登记机构在受理环节要进行相应的审查，而在审核环节也要根据申请登记事项，按照法律、行政法规等有关规定对申请事项及申请材料做进一步审查，并决定是否予以登记。这两个环节的登记机构的审查内容侧重点是不同的。所谓不动产登记机构的审核，是指不动产登记机构受理申请人的申请后，根据申请登记事项，按照法律、行政法规等有关规定对申请事项及申请材料做进一步审查，并决定是否予以登记的过程。我国《物权法》第12条对不动产登记机构应当履行的职责作出了规定。该条第1款规定："登记机构应当履行下列职责：①查验申请人提供的权属证明和其他必要材料；②就有关登记事项询问申请人；③如实、及时登记有关事项；④法律、行政法规规定的其他职责。"第2款规定："申请登记的不动产的有关情况需要进一步证明的，登记机构可以要求申请人补充材料，必要时可以实地查看。"就《物权法》该条是否确定了登记机构的审查职责以及何种审查职责，理论界存在很大的争议，有未规定何种审查职责说、形式审查为主辅之以实质审查说以及实质审查说等各种观点。在总结《房屋登记办法》和《土地登记办法》等规定合理经验的基础上,《不动产登记暂行条例》与《不动产登记暂行条例实施细则》对不动产登记机构的审核职责作出了非常细致的规定。简单来说,依据《不动产登记暂行条例》第18条以下与《不动产登记暂行条例实施细则》第15条以下,我国不动产登记机构在审核阶段需要履行的职责包括三部分,即"查验、查看与调查"。具体来说就是:①对任何类型的不动产登记申请,登记机构都应当对不动产登记申请资料进行查验;②对于某些特殊类型的不动产登记申请,登记机构应当进行实地查看;③对于对可能存在权属争议,或者可能涉及他人利害关系的登记申请,登记机构应当进行公告和调查。通过这个调查和公告的程序就能够将争议或利害关系人暴露出来,从而进行相应的调查,防止出现错误登记与欺诈登记,确保登记的真实与准确。

三、统一的不动产登记簿的建立

不动产登记簿在不动产登记中占据核心与枢纽地位,而不动产统一登记的一个中心工作就是建立统一的不动产登记簿,以不动产单元为基本单位进行登记,实现同一宗地或同一宗海上所有的不动产单元纳入同一登记簿。鉴于我市以往存在土地登记簿、房屋登记簿、农村土地承包经营权登记簿等各种不同类型的登记簿,且有些登记簿采取物的编制主义,有些采取人的编制主义,故此如何依据国家法律、法规和规章的规定,建立统一的不动产登记簿,实现土地和房屋登记信息的整合,仍需要深入研究。其中重点研究了登记机构的审核责任。本课题认为,《不动产登记暂行条例》及《不动产登记暂行条例实施细则》区分了受理与审核两个不同环节的登记机构的审查责任,同时明确了在审核环节,登记机构负有的是以形式审查为主,辅之以必要的实质审查的模式,如进行实地查看和对存在权属争议的不动产进行调查。我市不动产统一登记后基本是按照这个模式进行的,符合国家法律法规的相关规定。

四、建立和实施不动产登记员制度

本课题研究后认为,专业的不动产登记员制度对于提高登记机构工作人员的专业素质,保证登记的真实与准确具有重要的意义。北京市不动产登记人员编制共计813人,2016年不动产业务量达到134万余件,其中,朝阳、海淀、丰台、昌平、通州等发展建设较快的平原区业务量较大,占到全市总数的62%以上,业务量最多的朝阳区达到38万余件。面对数量如此巨大且常常涉及复杂的法律关系的不动产登记业务,没有高素质的登记员队伍,难以保证登记的真实性和准确性,更无法实现便民利民的统一登记的立法目的。我国《不动产登记暂行条例》及其实施细则也提出了不动产登记工作人员应当具备与不动产登记工作相适应的专业知识和业务能力。目前,国土资源部正在建立不动产登记员制度,规定审核、登簿等重要岗位必须由登记员承担。北京市应当逐步加大对不动产登记工作人员的专业水平的要求，建立高素质的不动产登记员队伍，从而满足不动产登记的需要。

本课题研究认为，在我国建立不动产登记员制度的重要意义主要体现在以下三点：首先，不动产登记员制度建立了专业门槛，有助于提高不动产登记机构工作人员的专业素质和知识水平。其次，建立不动产登记员制度能够建立相应的职业保障，有助于保证不动产登记机构更好地履行登记职责。最后，建立不动产登记员制度有利于确立清晰的行为规范，明确登记工作中的职责分工，强化登记人员的责任心，确保登记的真实与准确。当前，在我国建立不动产登记员制度是完全具有可行性的。首先，有明确的法律依据。《不动产登记暂行条例》第11条规定："不动产登记工作人员应当具备与不动产登记工作相适应的专业知识和业务能力。不动产登记机构应当加强对不动产登记工作人员的管理和专业技术培训。"因此，这一规定是我国建立不动产登记员制度的法律依据。其次，在我国建立不动产登记员制度也具有很好的现实基础。在统一不动产登记制度之前，我国已经开始在不动产登记领域对登记机构工作人员提出了相应的资格，这些前期努力为今后建立不动产登记员制度奠定了坚实的基础。为了更好地在北京市建立和完善不动产统一登记制度，为不动产市场的发展奠定坚实的法律基础，建议我市尽快出台不动产登记员制度的相应实施办法，从制度上为提高不动产登记人员的专业素质，保证登记的真实与准确提供法律保障。

五、不动产与不动产单元

《不动产登记暂行条例》第2条第2款规定："本条例所称不动产，是指土地、海域以及房屋、林木等定着物。"因此，我国法上的不动产范围非常广泛，北京市不临海，故此不存在海域的问题，主要的不动产就是土地以及土地上的房屋、林木等定着物。就不动产单元而言，我国的《不动产登记暂行条例》和《不动产登记暂行条例实施细则》作出了规定。在不动产登记中，之所以会产生"不动产单元"这个概念，主要是基于以下原因：首先，物权特定原则的要求。其次，不动产单元是编制不动产登记簿的基础。总之，不动产单元在不动产登记中十分重要，依靠它，可以确保唯有那些能从法律技术上加以分割，可以被特定化的不动产及其上的权利方能被记载入不动产登记簿。

本课题研究认为，将土地、海域及其上的建筑物、构筑物等定着物统一起来，成为一个不动产单元，其意图虽然旨在建立土地、海域及其上定着物的关联性，从而贯彻落实一体登记原则，但将它们作为一个不动产单元而论，从理论上说是不妥当，从实践来看则无法实施。首先，在我国法上，土地与土地上的建筑物、构筑物，海域以及海上的定着物，都分别属于不同的、独立的不动产。既然是不同的不动产，为何将两个独立的不动产作为一个不动产单元？其次，在土地上有建筑物、构筑物时，特别是土地存在建筑物区分所有权时，各个房屋所有权人共有建筑物占用范围的土地。尽管实践中存在区分所有权分摊土地使用权的做法，但是区分所有权人享有的只是观念上的土地使用权的份额而已，并非对土地的某一具体部位享有使用权。因此，所谓"以该房屋等建筑物、构筑物以及森林、林木定着物与土地、海域权属界线封闭的空间为不动产单元"，现实中也无法操作实施，反而容易引发误解。

六、不动产权利体系与登记能力

不动产上可以设立的权利主要就是两类：一为物权，一为债权。前者由《物权法》等法律调整，除不动产所有权外，主要是用益物权。后者由《合同法》等法律调整，如房屋租赁、土地租赁等。至于不动产上的担保物权，在我国主要就是不动产抵押权。此外，在不动产上还可以存在信托财产权。从我国现行法来看，问题比较突出的是不动产所有权与用益物权的体系。我国现行不动产权利体系存在的问题如下：首先，许多不动产权利之间存在重合交叉的地方。例如，林权与土地所有权的重叠。我国的土地所有权就是两类即土地的国家所有权与土地的集体所有权。所有权是最基本最完全的物权，其他物权（用益物权、担保物权）都是在所有权基础上派生的。对于土地的国家所有权和集体所有权，我国《宪法》《物权法》等均有明文规定。然而，《森林法》上却创造出来了"林权"这一高度概括的概念，其内涵不仅包含了林地的国家所有权、林地的集体所有权以及林木的所有权，还包括林地的使用权。这样一来，林权反倒成为了林地和林木的所有权的上位概念。其次，同样性质与用途的权利受到的限制大相径庭。例如，国有建设用地使用权与集体建设用地使用权、宅基地使用权的法律地位不平等。我国实行土地的公有制，但是国有土地与集体土地的法律地位却不平等。这一点表现在同为建设用地使用权，国有建设用地使用权与集体建设用地使用权、宅基地使用权在权利内容上就存在很大的差异。再次，一些用益物权缺乏规定。目前，我国《物权法》和《农村土地承包法》中规定的土地承包经营权的客体是所谓农村土地，即农民集体所有和国家所有依法由农民集体使用的耕地、林地、草地，以及其他依法用于农业的土地。但是，对于国家所有并且国家使用的农用地的承包经营问题，则缺乏具体的规定。只能是依据《物权法》第134条，参照《物权法》的有关规定。然而，在我国所谓国有农用地使用权的面积相当于一个中等省份的面积，如此重要的一类用益物权，却缺乏法律的规定，显然是不合理的。最后，一些不动产权利之间"同名异质"。所谓同名异质，是指权利的名称相同而法律性质或权利内容差别甚大的情形。在我国现有的不动产权利上就存在这样的一些情形。例如，通过承包取得土地承包经营权与通过转包取得的土地承包经营权。这两种权利虽然都叫做农村土地承包经营权，但性质完全不同。前者是属于用益物权的土地承包经营权，而后者是属于债权的土地承包经营权。

本课题关于未来我国不动产权利体系的初步构想如下，即以物权法的用益物权体系为核心，整合现有法律中内容重复和冲突的不动产权利，同时实现同样用途的权利之间在权利内容上的平等。故此，未来我国的用益物权应分为：农业用地使用权、建设用地使用权、地役权、海域使用权、养殖权、捕捞权、取水权、矿业权。具体来说，首先，应当确立农业用地使用权，而该权利包括了现有的土地承包经营权（不区分家庭承包的土地承包经营权与其他方式取得的土地承包经营权）、国有承包经营国有农用地的权利、林地使用权以及草原使用权。其次，明确建设用地使用权是指在国家所有或集体所有的土地上设立的用于建设的土地使用权，即建设用地使用权分为国有建设用地使用权与集体建设用地使用权。宅基地使用权被并入建设用地使用权，无须单独规定。再次，养殖权包括利用我国的内水、领海的水面、水体、底土、海床进行养殖的权利。海域使用权中的养殖用海的海域使用权剥离出来放入养殖权当中。最后，矿业权则包括了探矿权与采矿权，这二者密不可分。

本课题认为，现行的《不动产登记暂行条例》对不动产登记能力的规定总体上来说是比较稳妥的，一方面，物权法定原则意味着作为行政法规的《不动产登记暂行条例》无权创设新型的物权；另一方面，《物权法》第6条第1句已经明确规定了"不动产物权的设立、变更、转让和消灭，应当依照法律规定登记。"这就是说，即便是行政法规也不能规定哪些不动产物权的变动应当登记。既然如此，哪些不动产权利具有登记能力也应当严格按照现行法的规定。当然，由于我国现行的不动产权利体系非常杂乱，未来我国编纂民法典时，一方面，应当对历经数十年通过各种各样的单行立法发展演化出来的不动产权利体系进行梳理，将那些重复的、混乱的或仅仅是维护部门利益的不动产权利予以整合、删除或修改，建立一个科学合理的不动产物权体系，从而使得登记簿上能够记载的不动产权利更加清晰、明确。另一方面，我国现行法中规定了一些虽然并非物权，但效力非常强大的权利。此类权利因无须登记公示，故此对交易安全的损害非常大。

在我市实施不动产统一登记制度的过程中，农村不动产物权的登记是一个最为复杂疑难的理论问题。所谓农村不动产物权主要包括集体土地所有权、土地承包经营权、集体建设用地使用权以及宅基地使用权。长期以来，由于农村不动产物权的交易受到很多的限制，加之《物权法》要么没有规定这些不动产物权是否需要登记以及登记的效力（如宅基地使用权的取得），要么只是规定采取登记对抗要件主义（如农村土地承包经营权的转让和互换），因此这些不动产物权的登记率很低。在统一不动产登记的过程中，依据《不动产登记暂行条例实施细则》第25条，市、县人民政府可以根据情况对本行政区域内未登记的不动产，组织开展集体土地所有权、宅基地使用权、集体建设用地使用权、土地承包经营权的首次登记，并且对于这些权利办理首次登记的权属来源、调查等登记资料，由人民政府有关部门组织获取。就北京市而言，如何组织开展这种政府组织实施的首次登记，确保农村不动产物权的登记，既是一个非常复杂的问题，也是一件非常重要的工作。从目前的发展趋势来看，未来我国农村不动产物权的交易应当会来越越频繁。2015年12月27日第十二届全国人民代表大会常务委员会第十八次会议通过的《全国人大常委会关于授权国务院在北京市大兴区等232个试点县（市、区）、天津市蓟县等59个试点县（市、区）行政区域分别暂时调整实施有关法律规定的决定》，授权国务院在北京市大兴区等232个试点县（市、区）行政区域，暂时调整实施《中华人民共和国物权法》《中华人民共和国担保法》关于集体所有的耕地使用权不得抵押的规定；在天津市蓟县等59个试点县（市、区）行政区域暂时调整实施《中华人民共和国物权法》《中华人民共和国担保法》关于集体所有的宅基地使用权不得抵押的规定。上述调整在2017年12月31日前试行。在国家已经允许我市大兴区、平谷区可以试行农村土地承包经营权的抵押的情形下，对于这些权利的登记就变得更为迫切了。

七、不动产登记资料的查询和管理问题

本课题认为，不动产登记资料的查询复制与政府信息公开是不同的制度，二者的立法目的和法律依据存在明显的差别，不能混淆。二者存在以下区别：首先，立法目的不同。"阳光是最好的防腐剂"。我国制定《政府信息公开条例》就是为了"保障公民、法人和其他组织依法获取政府信息，提高政府工作的透明度，促进依法行政，充分发挥政府信息对人民群众生产、生活和经济社会活动的服务作用"。如前所述，我国《物权法》和《不动产登记暂行条例》之所以建立不动产登记资料的查询和复制制度，是为了充分贯彻落实物权的公示公信原则，从而维护不动产交易安全，保护不动产权利人的合法权益。也就是说，不动产登记资料查询复制制度不是为了便于广大人民群众监督政府，确保依法行政而设立的。其次，法律位阶不同。《政府信息公开条例》属于行政法规，而《物权法》是法律，法律的效力高于行政法规。此外，即便规范政府信息公开的是法律，《物权法》对不动产登记资料查询和复制的规定，也属于对特殊的政府信息即不动产登记资料的公开方式的特别规定，应当适用特别规定优于一般规定的法律适用原则。故此，不能通过政府信息公开制度来规避不动产登记资料查询和复制的规定。因此，不动产登记资料虽然属于政府信息，但不适用《政府信息公开条

例》，而只能依据《物权法》和《不动产登记暂行条例》的规定，依法申请查询和复制。

正因如此，《国务院办公厅政府信息与政府公开办公室关于国土资源部办公厅〈关于不动产登记资料依法申请公开问题的函〉的答复》（国办公开办函〔2016〕206号）就国土资源部请示的政府信息公开与不动产登记资料查询之间的关系问题，做出了如下答复："不动产登记资料查询，以及户籍信息查询、工商登记资料查询等，属于特定行政管理领域的业务查询事项，其法律依据、办理程序、法律后果等，与《政府信息公开条例》所调整的政府信息公开行为存在根本性差别。当事人依据《政府信息公开条例》申请这类业务查询的，告知其依据相应的法律法规规定办理。"

本课题认为，应当合理界分不动产登记资料的范围及其与不动产交易管理资料，其中不动产登记由登记机构管理，不动产交易资料由交易管理机构管理，但二者应当实现资料的互查共用，从而保证登记的真实和准确，提高登记的效率。不动产登记就是服务于不动产交易的，以维护不动产交易安全，提高交易效率为依归。简言之，没有买卖、抵押等交易，不动产就没登记的必要性；反之，没有登记制度，不动产交易的安全性就会很小，效率也会很低。由此可见，不动产登记与不动产交易具有极为密切的联系。为了保证不动产登记与不动产交易管理的衔接，防止出现信息孤岛，实现中央领导提出的"让信息多跑路，让群众少跑腿"的目标，《不动产登记暂行条例》等法规规定了不动产登记机构与房屋等不动产交易管理机构之间的信息共享机制。

本课题认为，我国现行法对不动产登记采取的是依法查询、有限公开和分类有限查询原则。所谓依法查询原则，意味着任何单位和个人在查询不动产登记资料时都必须符合法律法规的规定。一方面，只有那些符合法律法规规定的查询主体才能申请查询、复制不动产登记资料。除了民事主体之外，有关国家机关也可以依照法律、行政法规的规定查询、复制不动产登记资料。但是，并非所有的国家机关，而只有法律、行政法规规定其有权查询、复制不动产登记资料的国家机关才能查询、复制不动产登记资料。具体来说，这些国家机关主要是指，人民法院、人民检察院、国家安全机关、监察机关等。另一方面，必须提交法定的材料，依照法定的程序申请查询、复制不动产登记资料。无论是权利人、利害关系人，还是有关国家机关，在申请查询复制不动产登记资料时，都必须向不动产登记机构提供法定的材料。所谓有限公开原则，即无论是土地登记簿、房屋登记簿还是登记的原始资料，都不能无限制地向社会上的任何人公开。只有权利人、利害关系人才可以申请查询、复制登记资料。所谓分类有限查询原则，即权利人、利害关系人和有关国家机关依法分别查询不同类型的登记资料，其中权利人可以查询、复制其不动产登记资料，而利害关系人可以查询复制不动产自然状况、权利人及其不动产查封、抵押、预告登记、异议登记等状况。而有权国家机关只能依法查询复制与其调查处理事项有关的不动产登记资料。

本课题认为，《物权法》第 18 条中的权利人指的就是不动产的登记权利人，即在不动产登记簿上记载的不动产物权人，如房屋的所有权人、房屋的抵押权人、地役权人、建设用地使用权人等。权利人可以自己申请查询、复制登记资料，也可以委托他人查询、复制登记资料。"利害关系人"应当是指与登记的不动产具有法律上的利害关系之人，它不仅包括交易的当事人，也包括与登记权利人发生其他法律纠纷之人。具体来说，包括以下四类人：①与不动产权利人之间形成了交易法律关系的当事人，如签订了商品房买卖合同的卖方、接受不动产权利人以不动产作为出资且签订了出资协议的一方当事人等；②不动产权利的继承人；③与不动产权利人之间正在进行诉讼或者仲裁的当事人；④其他利害关系人，如不动产权利人破产时，其所有的债权人也属于利害关系人。

八、不动产登记簿的错误与善意取得的问题

本课题认为，不动产登记簿上的错误应当区分为权利事项错误与非权利事项错误。基于不动产登记簿的推定力效力，当事人对不动产登记簿的权利事项错误产生信赖时，应当受到善意取得制度的保护，故此，权利事项错误才是适用不动产善意取得的前提条件。判断不动产交易中第三人是否善意时，也应当始终围绕着不动产登记簿有无权利事项的错误而展开，而不应脱离不动产登记簿的记载，更不应将受让人应知而因重大过失而未知作为排除善意的情形。具体理由在于：首先，动产物权变动与不动产物权变动的公示方式并不相同，前者为交付，后者为登记。而在我国法上，不动产登记簿的推定力是不动产善意取得的前提，申言之，一方面，由于立法上将登记簿对不动产物权归属和内容的记载即权利事项的记载推定为正确，并要求取得不动产物权的第三人善意信赖该记载，这就在登记簿记载与善意保护之间建立了联系。另一方面，在不动产存在登记的制度背景下，如果登记簿上对物权的归属或内容的记载没有错误，则无权处分是不可能通过不动产登记程序来实现对不动产的处分并完成登记的。其次，以登记簿的权利事项错误作为不动产善意取得的适用前提，能够有效地确定不动产善意取得的适用范围，从而区分善意取得与其他保护善意的法律规则或制度。最后，以不动产登记簿的权利事项错误作为不动产善意取得的适用前提，也有利于我国不动产统一登记制度的建立和完善，由于存在信赖不正确的登记簿而善意取得之可能，促使了所有不动产登记的参与人（包括真实权利人、登记机构）必须更加谨慎，以使登记簿尽可能少地出现不正确，或尽可能合理地去排除登记簿的错误，从而常常迫使产生出正确的不动产登记簿。惟其如此，《物权法》第 19 条确立的更正

登记与异议登记才会被充分运用，发挥确保登记簿正确之功能。不动产登记簿越准确，当事人就越信赖登记簿。这样，不仅交易的效率和安全越有保障，且善意取得的情形势必更少发生。

本课题认为，未来我国民法典中应当区分不动产和动产分别确定善意取得的不同标准，就动产善意取得而言，因动产的占有不足以充分彰显占有人对占有物的处分权，故判断受让人善意与否时必须考虑其有无重大过失。也就是说，动产善意取得中，第三人不能仅凭转让人占有动产这一事实就产生信赖，而须负有相应的注意义务，即考虑"交易的对象、场所或者时机等"是否符合交易习惯，否则应当认定其有重大过失，不构成善意。但是，就不动产的善意取得而言，判断受让人善意与否时则不应包括重大过失的要件，因为不动产的受让人无需如动产受让人那样负有超越登记簿之外的调查核实的义务。不动产善意取得有别于动产善意取得之处在于：不动产善意取得中无须考虑权利外观的存在是否可归咎（归责）于原权利人（Zurechenbarkeit）。也就是说，就不动产登记簿权利事项的错误，真实权利人是否具有可归责性，无须考虑。首先，我国法上，不动产登记机构对登记采取了一定程度的实质审查（尤其是在不存在公证书或法院判决的情况下），如实地查看、权籍调查登记等。其次，《物权法》第16条第1句明确承认了登记簿的推定力。因此，在以登记为生效要件主义的不动产物权变动中，登记簿完全可以作为不动产物权的权利表征，而交易的当事人可以高度信赖登记簿的记载。不动产交易中第三人的善意应当就是指，其对登记簿上权利事项记载的信赖，而善意与否的认定也应始终围绕着登记簿上有无权利事项错误而展开。

（本文课题组成员：刘燕萍，国土资源部不动产登记中心副总登记师、登记制度处处长；常鹏翱，北京大学法学院教授、博士生导师，北京市法学会不动产法研究会副会长；魏曼，北京市国土资源和规划委员会不动产登记处副处长。）

京郊农村土地流转法律问题研究

马 强*

我国农村土地流转的各类方式交叉混合，且又缺乏统一的规范性文件，出现矛盾时难以解决。而现在国内对农村土地流转的研究囿于土地流转方式、各地经验总结等，极少从司法判例入手，对农村土地流转中立法、执法和司法各环节的问题进行细致、深入的研究。

本文拟从审判实践入手，补充完善农村土地流转相关问题的法学研究，并在此基础上进行具体制度设计，对完善京郊农村土地流转机制提出相关建议，使之既适应经济发展的高效需求，又能够保障农民的合法权益。

根据《农村土地承包法》以及《物权法》的相关规定，农村土地承包经营权可以理解为土地承包经营权人为从事特定的农业生产（包括种植业、林业、畜牧业等），直接支配承包的农民集体或者国家所有的农村土地并排除他人干涉的权利。

首先，作为农村土地承包法律关系标的的"农村土地"专指直接用于农业生产的土地，包括耕地、林地、草地、园地、养殖水面、"四荒"等依法用于农业的土地，这与一般意义上的农村土地不是同一层次的概念，农村建设用地和未利用地不应包括在内。

其次，对农村土地的使用目的必须为农业目的，即以耕作、养殖、种植竹木、畜牧为具体内容而使用农村土地。只有以农业生产为目的对农村土地的使用，才有可能归为土地承包经营权。《农村土地承包法》所规定的农村土地承包经营权包括两类，即农村集体经济组织内部的家庭承包和通过招标、拍卖、公开协商等方式取得"四荒"等农村土地的土地承包经营权（以下简称"以其他方式承包"）。对于前者，需要赋予农民长期、有保障的土地使用权，对于后者因承包"四荒地"的周期长、投入大，有必要给予特殊保护，故而发包方、承包

* 课题主持人：马强，北京市高级人民法院高级法官二级。立项编号：BLS（2016）B004。结项等级：优秀。

方之间需要建立一种物权关系。审判实践中发现，有的集体经济组织将农村建设用地、未直接用于农业生产的空地对外发包，土地使用用途亦没有明确限制，上述合同亦冠以"农村土地承包合同"之名，但实质上上述合同性质不属于农村土地承包合同，应当按照《合同法》《土地管理法》关于土地租赁的相关规定处理。

2005年1月7日经农业部审核通过，并于2005年3月1日实施的《农村土地承包经营权流转管理办法》，对农地承包经营权流转作了较为全面的指导性规定。依据《农村土地承包经营权流转管理办法》，农地承包经营权流转的定义为：在坚持农村家庭承包经营制和稳定土地承包关系的前提下，依照平等协商、依法、自愿、有偿的基本原则，并且在不能改变承包土地的农业利用方向、流转合同规定的流转期限不得超过承包合同的剩余期限、不得损害利益相关者和农村集体经济组织的合法权益的限定条件下，拥有农地承包经营权的农户，以一定的价格、方式和模式，依法将农地承包经营权的部分或全部权能让渡给其他农户、农业企业、农村集体经济组织或其他组织的行为。

不得改变农村承包土地的农业利用方向，是农地承包经营权流转的一个重要条件，如果改变了流转土地的农业用途，那就演变成违法征占地或者农地非农化问题；如果非法地将农村承包地非农化，那就是违法征占地问题，常见的如"以租代征"现象；如果依法规范地将农村承包地的农业用途改变，用于工业或城市建设，那就是农地非农化问题，就会涉及征用地制度、征用地收益、征用地补偿标准、失地农民安置等一系列问题。

我国多部法律文件都对农村土地承包经营权流转问题作了明确规定，如《民法通则》《物权法》《农村土地承包法》《土地管理法》等都有关于农村土地承包经营权流转的相应规定。此外，农业部《农村土地承包经营权流转管理办法》（以下简称"《流转管理办法》"）、《农村土地承包司法解释》等部门规章对承包经营权流转的主要环节、流转合同的效力等问题进行了细化。

随着农村土地承包经营权流转日益增多，为了进一步规范土地流转市场，全国各省、市根据具体情况制定了地方性法规，北京、上海、浙江、安徽等多个省市自治区制定了规范农村土地承包经营（流转）的地方性法规和规范性文件。如，2009年《安徽省人民政府关于农村土地承包经营权流转若干问题的意见》，2009年《上海市人民政府关于进一步稳定完善农村土地承包关系建立健全土地承包经营权流转市场的指导意见》，2010年《北京市农村工作委员会关于进一步规范本市农村土地承包经营权流转工作的意见》，2011年《陕西省人民政府关于促进农村土地承包经营权流转的指导意见》等。这些都是针对农村土地承包经营权的流转而专门设定的地方性规定。

《物权法》、《农村土地承包法》关于农村土地承包权的内容、流转方式等规定并不完全一致。如,《物权法》对于以其他方式承包经营权的流转是否需要依法登记取得承包经营权证或者林权证等证书未作规定,造成各方理解不同和审判实践中的定性混乱。此外,法律、政策的规定不够翔实、具体,相关条款含糊不清,也造成了法律适用的困难。

法律对于家庭承包土地的承包经营权流转方式除转包、出租、互换、转让外,其他流转方式只提到代耕和入股两种,《流转管理办法》对其他方式也仅表述为其他符合有关法律和国家政策规定的其他方式。各地在实践中还创造出一些独具特色的流转模式,包括:反租倒包模式、集体农场模式、合作模式、联合经营模式、土地信托模式等。上述模式是否完全符合法律和政策规定,尚存在争论。如,对于反租倒包,有截然相反的两种意见。究竟哪些流转方式为法律所明确禁止,进而因为违反法律、行政法规的强制性规定而需要认定流转合同无效,有待进一步明确。

同时,当下农村土地承包流转行为不规范。大量的土地流转采取了口头协议等方式,农村土地承包流转行为不规范,以致进入法院诉讼的很多案件当事人之间既又无书面承包合同,又无相关的案件事实证据,当事人的权利、义务不明确,法院查清事实和采信证据难度大,对农民的合法权益保护难度加大。

股权性土地承包经营权的流转,是指入股方以入股、合资合作等方式将物权性质的土地承包经营权或者是分离出来的部分权能转移给流入方,入股者取得股权,流入方占有和使用承包地的行为。对于流入方的主体资格,应限于具有农业生产经营能力的法人和其他组织(合作社、公司、合伙企业),不能为自然人和农户。流出方在土地流转后成为合作社的成员、公司股东或是合伙人等。农村土地承包经营权流转中许多流转形式的流转结果产生于与农村土地承包经营性质完全不同的其他经营形式,如入股、信托等。现行法律、法规已无法全部涵盖农村土地经营制度。

《农村土地承包法》对承包经营权入股的方式并未作出细致规定。根据各地实践,承包经营权入股根据承包形式的不同可分为两类:第一类是实行家庭承包方式的承包方之间将土地承包经营权作为股权,自愿联合从事农业合作生产经营。此时的入股只在承包方之间进行,不能量化为股份投入企业,在股份合作终止时,入股的土地承包经营权应退回原承包户。第二类为其他方式的承包方将土地承包经营权量化为股权,入股组成有限或股份公司,从事农业生产经营。

家庭承包土地承包经营权入股,只能发生于同样以家庭承包方式取得土地承包经营权的承包方之间,入股方仍然保留物权性质的土地承包经营权,不发生物权性质的土地承包经营权移转。承包方之间应当以书面形式设立具有法人资格的土地股份合作社或农业专业合作社，合作各方的权利义务由协议约定，合作社根据协议约定取得债权性质农村承包地的权利，依法经营承包地。土地股份合作社（农业专业合作社）建立法人治理结构，实行民主监督和管理，依据入股协议和章程进行分红。在入股期间，除依法继承外，入股方不得以其他方式进行流转。土地股份合作社（农业专业合作社）解散的，入股承包地应当退回原承包方。随着农业产业经营的不断发展，农民专业合作社的发展规模日益扩大，以土地承包经营权作为出资入股成立农民专业合作社的流转方式即合作社公司化在重庆等地显现。但根据现有法律规定，家庭方式承包经营权转让的受让方只能是农户，且农民以土地承包经营权作价出资还面临难以评估、登记、过户等诸多法律障碍，故最终被叫停。但此次尝试为土地承包经营权入股积累了一定经验，需要理论界进一步研究和探讨，更好地促进承包经营权流转制度的改革与发展。

以其他方式承包土地的承包经营权入股，将承包经营权量化为股份，投入有农业经营能力的公司、合伙企业等法人企业，发生物权性质的土地承包经营权转移，但入股方与发包方的承包合同关系不变。入股协议应当由土地承包管理部门出具土地承包经营权属转移的书面证明，之后办理工商登记手续。公司、合伙企业依法建立法人治理结构，实行民主监督和管理，依法分红。对于入股公司的，除法律规定的情形外，不允许退回承包地；公司、合伙企业解散、破产时，按照《公司法》《合伙企业法》《企业破产法》的规定执行，股东对公司享有的债权与其他债权平等受偿，无优先权可言。

对于在以其他方式承包土地流转时，本集体经济组织成员是否有优先权的问题，《农村土地承包法》未作明确规定。有人认为，以其他方式承包系以市场化手段所取得，没有必要进行过多的限制。课题组认为，在以转让或者出租方式流转时，应赋予集体经济组织成员优先权。虽然四荒用地不具有生活保障的职能，但现阶段广大农民仍以土地作为增收的主要手段。同时根据《中共中央关于做好农户承包地使用权流转工作的通知》（中发〔2001〕18号），中央亦不提倡工商企业长时间、大面积租赁和经营土地。由此可知，承包地应尽量由集体经济组织成员承包。所以，无论采取何种承包方式，集体经济组织成员在土地承包经营权流转中的优先权都应得到保护。转让方将土地承包经营权转让给本集体经济组织外的单位或个人的，应当在合同订立前，采取公示等形式告知本集体经济组织其他成员，告知的期限为15日。15日内，集体经济组织成员无人主张的，转让方才可签订流转合同。

关于土地承包优先权由法律规定取得应首先明确优先权属于一项私权利，在与法律规定不相抵触的情况下，也可约定取得。但是约定取得的优先权不得对抗法定优先权，更不能通过约定优先权排除法定优先权，否定法定优先权的约定自始无效。土地承包优先权不论是按法律规定取得，还是按约定取得，都是期待权而非既得权，是附条件而非无条件，只有所附条件成就时，优先承包土地的期待权才能实现。取得土地承包优先权的条件包括：一是有优先权人要求优先承包的明示。二是有土地流转事实。这是取得土地承包优先权的前提，不发生土地流转，土地承包优先权无从谈起。三是条件同等。这是取得土地承包优先权的基础，主要指与发包方利益密切相关的条件应同等，如流转费价格同等，流转费给付方式同等，流转期限同等，对土地保护义务同等，等等。与流出方利益基本无关的，如土地种养何物、何时种养、管理方法等都不是同等条件的内容。

土地承包优先权并非优先权人的绝对权利，因此不是一成不变或者可以无限期享有的。在以下情况下优先权人丧失优先权：一是优先权人知道土地流转而不向流转方明确表示优先承包，致使流转方与他人签订承包合同的；二是优先权人明确表示放弃优先流转的，该表示行为一旦作出，不管是否到达发包方，都不可撤回；三是因优先权人严重违约或对土地造成永久性损害被依法解除承包合同的；四是未在合理期限内及时主张优先权的，主张优先权的合理期限为两个月。

征地款分配、集体经济收益分配等纠纷均涉及成员资格的认定问题。各地实践中，有的以户籍作为判断成员身份的标准，有的以实际住所地为标准。由于农村集体经济组织成员资格的确认在理论上尚无深入的研究，实践中许多涉及集体成员资格认定的问题仍难以解决。

关于农村集体经济组织成员的主体资格，现行法律缺乏明确规定，审判实践中因资格不明而引发的纠纷时有发生。对于资格的认定，应以成员与该集体经济组织的关联程度作为一般标准，以具有集体经济组织所在地常住户籍为基础要求，以在该集体经济组织所在地形成较为固定的生产生活关系以及与该组织是否存在不可分离的权利义务关系等为基本依据，结合农村土地承包所具有的基本生活保障功能，综合多种因素进行分析判断。

需要强调的是，对于外嫁女、入赘婿、外出务工农民等几类特殊人员的成员资格认定，除了参考上述一般标准外，还应遵循公平原则和只享有一处权利的原则。对进城务工的农民，根据《农村土地承包法》第 26 条的规定，在法定承包期内，除承包方全家迁入设区的市，转为非农业人口外，一律不得收回承包土地。可见，对外出务工农民收回土地的问题，法律严格限定了条件，即使农户已进城定居或转为小城镇户口，如果达不到上述法律规定的条件，其原集体经济组织成员的资格也不应因此丧失。对于享有土地承包经营资格但因各种原因没有获得承包地的，如新出生人口，应享有土地补偿费分配资格。对于大中专学生和服兵役人员、服刑人员，也应享有土地补偿费分配资格。对于超生子女，虽然村民违反计划生育政策，但已经接受处罚办理了户籍登记的，应当参与分配；处罚未到位、户口未登记的，则不能分配收益。对于为了上学等方便，将户口登记在亲属或其他户籍上的人员，不应被认定具有集体经济组织成员资格。

农村土地的征收是指，国家为了社会公共利益，按法律规定的程序，强制将农民集体所有土地转变为国家所有，由国家给予农民集体和个人法定补偿的行为。其实质是国家对农村集体土地所有权的征收。法律规定的征收补偿费分为土地补偿费、安置补助费、地上附着物补偿款、青苗补偿费，一些地方还另行支付经营补偿费（对具有营业执照、利用承包土地从事生产经营的补偿费，亦称停产停业补偿费）。在承包土地被征收的情况下，存在土地所有权人、土地承包经营权人、依据流转协议对承包土地享有权利的实际占有、使用人等多重利益主体。征收补偿协议该如何签订，在双方未能就征收补偿事宜达成一致的情况下该如何处理？对此，《土地管理法》第46条规定，被征收土地的所有权人、使用权人应当在公告期限内，持土地权属证书到当地人民政府土地行政主管部门办理征地补偿登记。但实践中，农村土地征收的受偿主体一般仅为集体经济组织，征地补偿的全部费用由集体经济组织领取后，相关权利人再向其主张返还或者要求分配。如此操作的原因是：征地过程中尚未对土地补偿费中的所有权补偿和经营权补偿进行区分；在未实行以家庭承包方式承包到户，而实行股份经营、统一经营的集体经济组织，征收时补偿对象亦不明确；土地多次流转，对于地上附着物的所有人和青苗的投入人的认定、经营补偿费的分割，要结合合同综合进行判断，否则容易产生纠纷。因此，为便于操作，统一将土地补偿费发放给集体经济组织，土地承包经营权人等相关利益主体再根据法律、政策规定要求村集体经济组织支付或进行合理分配。但客观而言，单一补偿模式不利于保护土地承包经营权人的合法权益，同时也引发了一些问题。如，被征用土地的农户认为补偿不合理，对村集体签订的征地补偿协议或补偿费分配方案不认可，拒绝交付土地，影响了征地方案的实施。此种情形下，部分村集体起诉农户解除合同，返还土地。有的法院判决支持村集体的诉讼请求，并向农户支付地上物补偿款，土地补偿款另行解决。课题组认为，法院应审查征地补偿安置方案的审批和各项费用的支付以及补偿款分配方案是否已经由民主议定程序讨论通过等情况，只有补偿安置问题能够妥善解决才能判决解除合同。

农村土地承包经营权的征用是指，承包方在通过农村土地承包方式取得物权性质土地承包经营权有效存在的前提下，国家或者县级以上地方人民政府因抢险、救灾等处于紧急状态或者社会公共利益紧急需要，以及国家行政许可的特定单位因建设项目施工和地质勘察等非盈利目的的需要，临时使用承包地的，依法将承包地临时转移给国家、地方人民政府或者国家指定的特定单位占用的行为。如《草原法》第40条规定，"需要临时占用草原的，应当经县级以上地方人民政府草原行政主管部门审核同意。临时占用草原的期限不得超过二年，并不得在临时占用的草原上修建永久性建筑物、构筑物；占用期满，用地单位必须恢复草原植被并及时退还。"土地承包经营权的准占用是指，发包方因处于紧急状态或者社区公共利益的重大紧急需要，可以在紧急状态或者社会公共利益重大紧急需要期间依法将承包地转移给发包方或者发包方指定的特定单位。土地承包经营权征用核准占用，属于行政行为、准行政行为，土地承包经营权人应当服从。

在符合征用、准占用条件的情形下，国家、地方人民政府、发包方依照法律规定的权限和程序向土地承包经营权人发出行政征用、准占用通知，因社会公共利益重大紧急需要的，可以先使用承包土地，再发出征用、准占用通知。特定单位依法进行土地承包经营权征用的，应与土地承包经营权人签订书面临时使用土地合同。国家、地方人民政府、特定单位、发包方应当给予土地承包经营权人合理补偿并在征用、准占用情形消失后承担返还承包地、恢复原状的责任，造成承包地毁损的还应当赔偿损失。

在具体司法实践中审理土地经营权流转纠纷的特殊原则有：

第一，强化事实原则。审理流转纠纷应着重强化对事实的认定。诚然，对于其他案件的审理，事实认定也是一个重中之重的环节。但对于流转纠纷而言，它具有更为特殊的意义。在土地经营权流转案件中，纠纷的形成一般都或多或少带有明显的政策调整印记，流转原因总是与特定的历史背景相关。因此，对纠纷事实的审查既要包括现时的矛盾，又要涵盖历史的存在，并且往往审查历史事实成为工作的重头戏。同时，由于诉讼主体或被调查主体能力的局限性，对历史事实的"再现"不尽一致，这也给事实认定带来困难。因此，在审理此类案件中应重点强化对事实的认定工作。

第二，繁简分流原则。审理土地经营权流转纠纷，需要承办法官从事大量的工作。一般来讲包括以下基础工作：会同当事人、当地政府或农村主管部门工作人员，对争议地（山场等）进行客观的考量；组织当事人庭前沟通、和解，单方询问真实意愿；向当地普通群众了解客观情况；召开村民代表会议；向相关已处理过该纠纷部门了解情况；征求镇、区县经管站、政府农业主管部门及主管领导意见等。当然，并非所有流转纠纷都需进行上述工作。这就要求，既要保证纠纷审理的效率又要将必要工作做细、做扎实。因此，在案件受理后，法官应快速摸清纠纷症结，进行繁简分流，对于仅具有个案性质的案件采取简化的工作方式，对于具有普遍性质的流转纠纷审慎对待，防止为追求个案公正带来的后续纠纷和群体性不稳定因素出现。

第三，就审速裁原则。探索民事诉讼程序简化形式是法院司法改革的主要内容之一。建议将土地经营权流转纠纷案件列入就审速裁的案件范围。理由是，一方面，流转纠纷一般争议标的数额较小，争议发生于"熟人社会"，在不具有普遍性纠纷的案件中当事人更愿意通过简单快捷的方式解决问题。另一方面，从诉讼需求看，诉讼双方对于繁琐的诉讼程序并不加以更多关注，而对于法官亲临现场"看看究竟"更为欢迎。在某些情况下，矛盾并不尖锐的案件在法官实地勘验后即能做出对案件是非的判断，并且在现场的实地说服、劝解及释明往往收效颇丰。因此，对于流转纠纷可根据案件具体情况，采取就地审理、就地调解的模式，抓住争点，及时化解矛盾，保证诉讼效率。

2010年新修订的《中华人民共和国农村土地承包经营纠纷调解仲裁法》对于设立农村土地承包仲裁委员会进行了制度设计，但是由于仲裁机构、仲裁规则还不统一，仲裁效力还不确定，仲裁裁决的执行也没有保障，很难在实践中发挥应有的积极作用。调研组发现，在法院受理的土地流转纠纷中，经过仲裁程序的只有十余件，且均为同一仲裁机构处理。因此，我们认为应依据《农村土地承包经营纠纷调解仲裁法》，按照乡村调解、区县仲裁、司法保障的总体要求，依法开展农村土地承包纠纷调解仲裁工作，建立健全适应我国农村实际情况的仲裁制度。

首先，在受理条件上，应从方便农民的角度出发，实行申请制度，不强制当事人订立书面仲裁协议；在程序上，要适当简易，允许当事人口头申请、口头答辩等；在经费上，不应向农民收费，相关费用应纳入地方财政预算。其次，要处理好与司法制度的内在联系。人民法院应对仲裁制度予以支持与配合，以便更好地发挥仲裁的作用，节约司法成本。再次，灵活运用调解的矛盾解决方式，充分发挥基层组织在调解方面的积极作用，把矛盾化为最小，将纠纷解决在最初状态，维护农村社会环境的安定、和谐。最后，在进入仲裁程序及诉讼程序后，也要坚持调解优先原则，仲裁员、法官积极组织调解，尽最大可能妥善解决土地承包纠纷。

目前农村土地承包经营权流转过程中出现了很多新情况、新问题，这些都需要及时研究，及时制定新的政策和制度。在此情况下，稳定土地承包关系、保护农民的土地承包权流转权益，同样面临许多新情况、新问题。各相关部门，包括司法机关都要重点予以关注和研究，积极推进农村土地制度改革，为制定、落实各项工作举措提供理论支持。

实体审理中的特殊原则有：

第一，多数人利益平衡原则。这里的多数人包含两种含义，一是当事人中的多数人，二是案件处理结果涉及或未来可能影响的多数人。以类型四因代耕、撂荒及土地延包时放弃经营权后土地的"回转"、"再转"而引发的纠纷、五因客观情事变更而引发的纠纷及六因外来企业租赁土地而引发的纠纷为例，即在案件审理中均会面临对利益派别的平衡问题。因此，在依法公平裁判平衡当事人利益的同时，要适当关注多数当事人利益，更为重要的是要预测裁判结果是否仅考虑个案公正而忽视案外多数人利益。

第二，司法意义上合同概念的突破原则。审理土地流转纠纷一个重要方面是对流转合同的审查。在这里，要从司法意义上对合同概念进行突破。在审理类型二因流转当事人违约行为而引发的纠纷及类型六纠纷时，不应将流转合同仅在民事主体意思自治范围内理解，而应做出适当变通。在类型二中审查约定内容的同时，应寻求当事人订立合同的本意，防止通过简单字面含义做出判断（如名为转让实为转包，在这两种情况下双方的权利义务差别很大）；在类型六中表现更为明显，审理中应确保租赁合同外农户对土地事务参与权、规模经营选择权、流转费用调整权的适当行使，这也超出了租赁合同本身约束的范围。

第三，损失最低原则。这一原则主要适用处理土地经营权非初次流转产生的纠纷，如类型四及类型一确立流转关系不完善、类型三因原土地承包关系存在缺陷或瑕疵之后的土地再流转。一般而言，初次流转涉及的法律关系比较简单，而再流转涉及法律关系相对复杂，涉及当事人也较多，产生争议处理难度较大。土地经营权经过多次流转，处理涉及该土地的利益纷争应以不违背农业生产规律（如经过多年种植很快即将回收成本的土地）、不破坏既有财产、将损失降为最低为原则。这既可使争议利益总量保持不变，又符合自然法则。

第四，确保农民有地耕种、享有公平的土地流转收益原则。这是审理土地经营权流转纠纷的一项重要原则。我国的集体所有、农户利用的土地物权形式，确定了农民具有耕种土地的权利。农民在实现获得温饱等基本生活资料的条件下，也希望通过土地经营权流转实现土地的经济价值。因此，在审理因土地流转产生的纠纷时，无论最终的处理结果有多完美，都不应出现农民失地情况。同时，农民为实现土地经济功能而流转土地，因此审理纠纷的结果也不能违背这一初衷，即当事人公平享有因流转所带来的实收益。这一原则即是司法审判原则，又是确保我国土地物权形式稳定延续的原则。

第五，保护耕地原则。这一原则主要适用于村外流转情况。按照受让方身份的不同，可将土地经营权流转分为村内流转与村外流转。村外流转的受让方不是本村集体成员，最为典型的就是类型六纠纷所述情况。受让方不是本村集体成员，较本村集体成员更易引起利益纷争。但更为重要的是，受让方通过土地流转只在意土地利益的交换，对于如何保证土地的社会保障功能并不关心。而出于短期利益驱动，承包方对受让方约束较少，受让方一旦发生经营风险，集体成员利益不易保障。因此，我们认为应将保护耕地作为审理流转纠纷案件的一个重要原则。

（本文课题组成员；李俊晔，北京二中院法官；张新平，北京市高级人民法院法官；宋毅，北京三中院法官；龙翼飞，中国人民大学教授；姚邢，中国人民大学博士研究生。）

北京市服务"一带一路"倡议法治保障

——国际民事司法合作问题研究

刘 力*

"一带一路"全名"丝绸之路经济带"和"21世纪海上丝绸之路",是由铁路、公路、航空、航海、油气管道、输电线路、通信网络组成的综合性立体互联互通的交通网络,其核心词是互联互通——万物互联、人机交互、天地一体,鲜明体现21世纪特色。[1]

民事司法合作不同于民事司法协助,其内涵与外延都较司法协助要宽泛。从一般含义的界定上讲,国际民事司法协助是指一国司法机关受另一国司法机关委托而从事的诉讼活动,具体包括送达、取证和裁决的承认与执行。从主体上看,是主权原则下以法院为主体的协助;从活动内容上看,是以送达取证和裁决承认与执行等诉讼程序有关的协助;从司法协助的实施路径来看,司法协助的开展,主要建立在条约基础上。国际民事司法合作将突破司法协助中的局限,将司法合作领域进行拓展,包括外国法查明、请求外国专家提供法律意见、校际间法律资源共享等,而非局限于一国司法活动中的诉讼事由或程序所开展司法合作。

一、北京市面临的司法合作问题:现状与需求

"国之交在于民相亲,民相亲在于心相通",习近平总书记在"一带一路"国际合作高峰论坛开幕式上的演讲引用了这句话。2013年秋天,习总书记在哈萨克斯坦和印度尼西亚提出共建"丝绸之路经济带"和"21世纪海上丝绸之路",即"一带一路"倡议,该倡议实施四年来,政策沟通不断深化、设施联通不断加强、贸易畅通不断提升、资金融通不断扩大、民心相通不断促进。由此可见,国家的经济贸易往来,终究是服务于民众的,该战略的实施之所以成为世界瞩目的新经济动力,是因为"过去的全球化,是一种依附性的全球化,是强调西方中心主义的全球化。绝大多数国家都直接面对西方,相互之间不循环或者循环

---

* 课题主持人:刘力,中国政法大学教授、国际私法研究所所长。立项编号:BLS(2016)B005。结项等级:优秀。

〔1〕 王义桅:《"一带一路"的中国智慧》,载《中国高校社会科学》2017年第1期。

度很低，很多发展中国家的比较优势发挥不出来。从这个角度，'一带一路'倡议推动了全球化的多样化，摆脱了简单全盘复制西方发达国家的模式，增加了横向的其他层面的全球化，开启了更加多样性的经济发展、文明进步的方式。"[1]

"一带一路"传承和发扬古代丝绸之路"和平合作、开放包容、互学互鉴、互利共赢"精神，秉持亲诚惠容的外交理念，在共建、共商、共享原则的基础上，积极推进沿线国家发展战略的相互对接，打造政治互信、经济融合、文化包容的利益共同体、命运共同体和责任共同体。[2] 在此背景下，北京市增强大局意识和责任意识，积极回应"一带一路"建设中外市场主体的司法关切和需求是当下一项非常重要的任务。

2015 年 7 月 7 日，最高人民法院召开新闻发布会，公布了《关于人民法院为"一带一路"建设提供司法服务和保障的若干意见》（以下简称"《若干意见》"），《若干意见》明确了"一带一路"建设司法服务和保障的目标任务，积极回应"一带一路"建设中外市场主体的司法关切和需求，大力加强涉外刑事、涉外民商事、海事海商、国际商事海事仲裁司法审查和涉自贸区相关案件的审判工作，为"一带一路"建设营造良好的法治环境。该《若干意见》非常明确地指出，随着"一带一路"倡议的实施，今后"一带一路"建设相关国家的外国法的查明和适用问题将是开拓的重点，并需要"一带一路"沿线各国相关的机构能够给予相关的支持。

2016 年 10 月，在北京市委市政府支持下，在最高人民法院司法改革办公室、北京市高级人民法院、市法学会的指导帮助下，一带一路服务机制落地北京，成立了"北京融商一带一路法律与商事服务中心暨一带一路国际商事调解中心"，目前已正式上线运行。

除以上有司法力量介入的合作平台之外，还有若干学术团体或研究机构所创立的服务于"一带一路"倡议法治保障的平台，这些平台如雨后春笋般设立，积极作用不言自明，但存在的问题和隐患也很多，目前主要问题是专业化人才的储备稍显不足，而且司法力量介入程度，还有资金注入限制，都存在很大制约或阻碍问题。

我国企业主体有动力推动中国法律的域外输出。从政府角度来看，在"一带一路"倡议中输出本国法，成为涉及法律业务的各个政府部门都不可避免会考虑的新问题。以知识产权为例，在我国高铁、核电、大飞机等项目和产品向各国推销的过程中，如何有效地保障知识产权，避免知识产权的争讼阻碍我国相关产业

---

〔1〕　http://news.163.com/17/0516/12/CKIDKJT000014AEE.html，访问日期：2017 年 6 月 2 日。
〔2〕　张勇健：《"一带一路"司法保障问题研究》，载《中国应用法学》2017 年第 1 期。

走向世界，成为知识产权法律部门工作的重点。做好知识产权法律风险的预警，为企业提供更广泛、周到的知识产权法律服务，都与中国知识产权法律制度的输出有关。"资本携带法律"正在取代"资本携带枪炮"成为经济全球化的表征，中国也无法排除在外。[1]

二、北京市服务"一带一路"倡议提供法律保障的现实问题分析

首先，谁来主导的问题：虽然从国际民事司法合作角度，北京司法机关为主导力量应该不成问题，另外，从解决争议角度，无论是诉讼还是仲裁，法院作用都是不可替代的，法官更了解法律，那么在法律运用的权威性上，法院确实更适合这一主导角色。

但是，司法合作也可以由司法系统中担当司法行政管理职能的部门来完成，例如北京市司法局。从国际民事司法协助来看，各国司法部承担公约中的中央机关职能，那么由司法部继续国际民事司法合作的中央机关工作也未尝不可。具体到北京市服务"一带一路"倡议，北京市司法局承当相应工作也就顺理成章了。

但其中的现实困难仍有很多，例如司法协助与司法合作的关系如何理顺，目前就中国司法部而言，其承担的刑事、民事司法协助工作已经相当艰巨，如何高效完成司法合作中的事项，也是比较令人担心的；具体到北京市的法治保障作用，司法局能否将顺其与北京市各级法院间的关系，能否协调好它与在京部委或部属单位的行政关系，也是一个比较棘手的问题。换句话说，国内司法合作问题也是相当重要的一个环节。

其次，语言问题也应在国际民事司法合作中被重视。京内外多个外国语高等院校申请的哈萨克语、乌克兰语、马来语和波兰语、乌兹别克语、捷克语等多个专业已获教育部批准设立。相信在不久的将来，越来越多的高水准语言人才会加入到国际民事司法合作中来。

最后，宗教问题在"一带一路"倡议中也具有举足轻重地位，国际民事司法合作更离不开对宗教的尊重和理解。但是，宗教对法律的影响，关系到司法合作的成败，这是需要特别关注的一点，在这个情况下，有关宗教团体的协助、宗教人士的帮助都必不可少，也就是说，在国际司法合作中，不可能单纯依靠法官、律师或法律人才的力量，还需要从宗教角度进行法律的选择、解读和判断。

北京市可凭借自身在宗教文化方面的深厚底蕴和独特优势，在实施"一带一路"建设的伟大实践中大展身手。[2]

总之，作为法治竞争力的核心组成部分，司法对于建立产权明晰、公平竞

---

[1] 鲁楠：《"一带一路"倡议中的法律移植——以美国两次"法律与发展运动"为镜鉴》，载《清华法学》2017 年第 1 期。

[2] 黑德昆：《发挥北京在"一带一路"宗教文化交流中的积极作用》，载《中国宗教》2016 年第 8 期。

争、诚实守信的营商环境至关重要，是"一带一路"中外市场主体投资意愿的重要考量。

三、国际民事司法合作中的外国法查明

（一）外国法查明的必要性

做事就有风险，包括天灾人祸或者个人经验欠缺或者法律认识不足，"一带一路"倡议实施更是无处不风险，但同舟共济并且双赢才是风险意识的目的。我们研究法律风险，不单纯是意识到风险所在，更主要是规避风险。所谓规避风险，其中一个路径就是知己知彼，也就是要了解掌握外国法的动态，也就是我们所说的外国法查明。北京市在服务"一带一路"倡议中，主要供给应该就是法律咨询查询。

1. 直接、间接投资中的法律风险

"一带一路"倡议中，中国的对外投资将是大手笔，其利益需求必定会被沿线国家重点分析，且因有意识形态、国土安全等其他因素的考量，必定会对中国投资者的投资范围、待遇制度和持股比例设定诸多限制，当然反垄断考虑更是不会减少，有时甚至会借助"临时立法"的方法加以限制，从而形成较为严重的法律风险。[1]

2. 生态及环境保护问题中的法律风险

自 20 世纪中叶以来，环境污染问题已成为了一个具有国际性的重大问题。为解决此问题，国际社会共同制定了一些公约和规则，一方面凸显了国际环境污染问题的严峻性；另一方面为国际加强和密切合作关系和共同治理环境问题提供了实践经验。值得注意的是作为我国西部地区重要组成部分且属于丝绸之路沿线的五省区，幅员辽阔、资源丰富，是我国生态环境脆弱地区，对其生态及环境保护的好与坏，不仅关系到本地区的生态安全，而且对我国经济发达地区和人口密集区的生态安全也有直接的影响。

推进"一带一路"建设无疑为我国乃至沿线各国经济发展提供了新的思路和契机。然而不容忽视的是，随着沿线国家在各方面的广泛合作，"一带一路"建设所面临的生态及环境保护问题将日益凸显。

3. 民事法律关系中的法律风险

这一类法律关系的外延很大，婚姻家庭继承法律关系自不必说，合同、侵权等法律关系也包含在内，还涉及与商事活动有关的法律关系，比如劳动关系等。在这些法律关系中，涉及文化宗教等因素更多，法律冲突也最为明显。

---

〔1〕 李玉璧、王兰：《"一带一路"建设中的法律风险识别及应对策略》，载《国家行政学院学报》2017年第 2 期。

（二）"一带一路"背景下我国外国法查明制度的困境与出路

"一带一路"倡议的核心是经贸问题，在实施过程中可能产生的纠纷多为平等主体之间的涉外商事、民事案件，正如上面一个问题就几个主要法律风险做了分析一样，规避风险、捋顺各类法律关系、将双赢目标最大化实现，其中一项法治保障路径是外国法查明。

当前"一带一路"沿途涉及的众多国家和地区既有属于大陆法系的俄罗斯、哈萨克斯坦、越南、波兰等国家，也有属于英美法系的马来西亚、新加坡、印度、巴基斯坦等国家。这些沿线国家多属于发展中国家，之前同中国的民事和商事往来并不频繁，在我国进行法律执业的专业人员不多，其法律多不为我们所熟知，不属于实践中法院查明频率较高的国家和地区；且这些国家有很多非英语国家，在查找法条、查询网络、论著等资源时存在着语言障碍和困难。[1]

在"一带一路"倡议保障实施的过程中，查明外国法或者外国法查明绝不局限于国际私法上的上述定义，可以说，外国法查明的意义要深远得多，一方面是冲突规范援引使然，另一方面也是为某种法律关系的有效成立而去寻法。但从司法角度，国际私法上的外国法查明更贴近司法合作的本意，所以本部分内容主要从国际私法角度来谈。

具体而言，以下问题值得我们关注：

1. 外国法查明义务的分配

在案件应当适用外国法的情况下，谁有义务查明外国法，法官还是当事人，对此向来有不同说法。概括而言，还有三种学说，分别是事实说、法律说和折中说。

第一，事实说就是把外国法看做事实，由当事人主张和证明。这中间以英美国家为典型代表。

第二，法律说就是把外国法看做法律，由法官依职权查明。德国是这一理论的捍卫者。

第三，把外国法看做事实，原则上由当事人负责举证，但法官也可直接认定。

第四，把外国法视为法律，原则上由法官负责查明，必要时也可要求当事人予以协助。

综上所述，德国采用法律说，英美国家采用事实说，但大多数国家从理论角度很难归类是采用法律说还是事实说，事实上，大多数国家还是将外国法置于法律与事实中间，既要求法官承担一定责任，也要求当事人积极参与。

---

[1] 石俭平：《外国法查明："一带一路"背景下的新思考》，载《理论与现代化》2016 年第 6 期。

2. 外国法查明的基本途径

该问题与外国法查明的责任分配密不可分,具体来讲,如果将外国法视为法律,查明义务归法官,则查明外国法的途径就由法院或法官主导;反之,外国法则由当事人提供,如果提供不了,当事人就面临起诉不能或被驳回境地。

在美国,立法没有规定外国法的查明方法,基于三权分立的宪政框架,美国法院一般也不会请求行政机关(如其外交部门)协助查明外国法,司法实践中的途径主要是通过专家作证、参考学术论著、查询法律专业数据库等。其中由当事人主导的提供附具相关外国法原件及英译本的专家宣誓书或专家证言,是其公认最重要的证明方式。[1] 英国情况大致相同,任何由于其职业或工作已实际获得相应外国法律知识的人均有资格成为专家证人。

德国属于比较典型采用法官职权主义诉讼模式的国家,外国法律被视为法律而交由法官查明。法官或者依据个人研究水平、能力进行法律查明,或者向有关学术机构进行查询,比如马克思—普朗特外国法与比较法研究所,或者通过欧盟有关平台查询,当然,少数情况下,德国法官也会向有关专家、律师进行外国法查询,只是较少情况才会使用。值得注意地是,德国法官需在判决书中说明外国法的查明途径,以示正听,否则可以被当事人以违反法官义务而告诉。

四、国际民事司法合作的路径思考

(一)回顾与分析

第一阶段,1987 年最高人民法院《关于适用涉外经济合同法若干问题的解答》(已失效)第二部分"关于处理涉外经济合同争议的法律适用问题"第 11 项规定。

第二阶段,1988 年最高人民法院《关于贯彻执行〈民法通则〉若干问题的意见(试行)》第 193 条规定:对于应当适用的外国法律,可通过下列途径查明:①由当事人提供;②由与我国订立司法协助协定的缔约对方的中央机关提供;③由我国驻该国使领馆提供;④由该国驻我国使馆提供;⑤由中外法律专家提供。通过以上途径仍不能查明的,适用中华人民共和国法律。

第三阶段,2007 年最高人民法院《关于审理涉外民事或商事合同纠纷案件法律适用若干问题的规定》(已失效)第 9 条第 1 款规定。

第四阶段,2010 年《涉外民事关系法律适用法》第 10 条第 1 款规定:涉外民事关系适用的外国法律,由人民法院、仲裁机构或者行政机关查明。当事人选择适用外国法律的,应当提供该国法律。这是我国第一次在法律规则中明确了外国法的查明责任。

---

[1] 霍政欣:《美国法院查明外国法之考察》,载《北京科技大学学报(社科版)》2007 年第 12 期。

第五阶段，《最高人民法院关于适用〈中华人民共和国涉外民事关系法律适用法〉若干问题的解释（一）》第 17 条规定：人民法院通过由当事人提供、已对中华人民共和国生效的国际条约规定的途径、中外法律专家提供等合理途径仍不能获得外国法律的，可以认定为不能查明外国法律。根据涉外民事关系法律适用法第 10 条第 1 款的规定，当事人应当提供外国法律，其在人民法院指定的合理期限内无正当理由未提供该外国法律的，可以认定为不能查明外国法律。第 18 条规定：人民法院应当听取各方当事人对应当适用的外国法律的内容及其理解与适用的意见，当事人对该外国法律的内容及其理解与适用均无异议的，人民法院可以予以确认；当事人有异议的，由人民法院审查认定。

综合上述不同时期的立法与实践，可见我国并未简单采纳外国法"事实说"或"法律说"，而是采用实用路线，以法院（法官）查明为主，当事人提供为辅的做法。但从 1987 年、1988 年最高人民法院的两个司法解释看，当时的态度更倾向于由人民法院查明外国法，"由当事人提供"也是人民法院查明外国法的途径之一，这一改变在 2007 年司法解释中比较明显，即人民法院有义务查明外国法是基于最密切联系原则而确定某外国法应予适用时，一方面法院自行查明，另一方面延续以前做法由法院要求当事人提供，但是，如果是当事人选择适用外国法时，当事人提供外国法就是当事人义务使然了。可见，在 2007 年外国法查明的理论与实践中，查明外国法义务或责任的分配，就逐渐清晰了，事实说或法律说基本让位于"实际说"，也就是根据实际情况，进行外国法查明责任的分配。

就目前司法实践来看，第一、三阶段的司法解释已经失效，第四阶段 2010 年《涉外民事关系法律适用法》虽然第一次以国家立法方式规定了外国法查明的责任，但依然没有规定查明外国法的途径，第二、五阶段的两个司法解释，虽然从理念上并不矛盾，但查明外国法途径的规定还是在 1988 年司法解释中更为清晰。下面我们有必要分别针对这几个途径进行分析，从而更能有力论证司法合作中的外国法查明途径新发展。

1. 条约途径

我国与三十多个国家签订的双边司法协助协定中，都规定有"交换法律资料"。该途径的适用通常通过双方指定的中央机关——司法部进行，通常是请求书途径，也就是将请求司法协助的事由根据约定的格式文本制成请求书，由两国司法部进行转递，再由司法部敦促相关执行部门（法院居多）予以协助完成。

但是，通过该途径查明外国法，在实践中并不多见，一方面是我国司法部面临的刑事、民事司法协助——遣返、引渡、移管、送达、取证、裁决承认与执行等请求与反请求非常多，工作人员有限；另一方面是此类途径进行的活动普遍存在程序繁琐、效率低的特点，所以，如果需要查明外国法，则首先由请求法院将所有符合条件要求的请求书报给最高人民法院，其次由最高人民法院转交我国司法部，再次由我国司法部转递给对方国家司法部，复次由该国司法部具体落实到执行部门办理，最后按原途径反馈办理意见。不难想象，其中会有多少周折，例如请求书格式是否合乎要求、请求书的语言或翻译是否精准、请求是否明确等，其对于相互主权的尊重是很充分的，但必然也牺牲掉了效率。所以，在涉及外国法查明时，该途径几乎不被采用。

2. 使领馆途径

根据《维也纳外交关系公约》和《维也纳领事关系公约》规定，使领馆有权利进行有关法律方面的查询，例如《维也纳外交关系公约》第3条规定，除其他事项外，使馆之职务如下：以一切合法手段调查接受国之状况及发展情形，向派遣国政府具报；《维也纳领事关系公约》第五条领事职务中规定领事职务包括：以一切合法手段调查接受国内商业、经济、文化及科学活动之状况及发展情形，向派遣国政府具报，并向关心人士提供资料。所以，外国驻华使领馆调查我国法律情况并提供查明，或者我国驻外使领馆调查驻在国法律等情报，都是合法的，无论从职责范围到收集材料的便捷性，这一途径实际非常有效。但截至目前，我国外交部门有为立法机关立法需要而查询外国法律的实践，但鲜有或者根本没有我国法院请求中国驻外使领馆或者外国驻华使领馆提供法律查询的实践。[1]

3. 当事人途径和法律专家途径

由当事人和法院分别承担外国法查明责任，符合诉讼公平和效率原则，各尽其力、各尽其责，在某种程度上，因为当事人个人能力、资源更强，当事人查明外国法还能弥补法院之不能。当然，法院（包括法官）的职责和能力还是毋庸置疑的，且在查明外国法方面具有不可替代的优势。

我国目前立法是将当事人查明外国法限定在当事人依意思自治原则选择了外国法的情况下，而在其他冲突规范指向外国法时（例如最密切联系原则），法院依然承担主要的查明责任，同时法院也可以要求当事人提供外国法。虽然同样是当事人查明外国法，但两者之间还是有区别的，最大区别在于在当事人选择外国法时，尤其他以外国法来主张权利时，他在查明外国法方面具有相当大的责任。换句话说，如果他不能查明该外国法或者提供该外国法，他的权利主张就没有任何意义，如果他提供的外国法是错误的，那么适用法律错误的风险也主要由其承担；反之，法院要求当事人查明外国法是基于法院首先应该履行其职责义务的情

---

[1] 高晓力：《涉外民商事审判实践中外国法的查明》，载《"一带一路战略下外国法查明理论与实践新发展专题研讨会"论文集》，2017年5月27日。

况，当事人的作用是辅助性的，外国法查明的压力或者责任仍在法院（法官）。

那么，这一途径的适用问题在于当事人无法查明外国法或者查明错误，有无补救。另外一个问题是，我们研究这一问题还设定在"一带一路"的背景下，北京与一带一路沿线国家之间进行了民事司法合作，所以当事人查明外国法的前提相比之下就比较复杂，主要原因在于我们强调的民事司法合作不同于民事司法协助，如果是在争议解决中，那么探讨当事人查明外国法是有可能的，但如果不是，比如涉及商事法律关系的建立，就需要对有关国家的立法和实践进行比较全面的了解，那么查询彼此法律的途径就应在"当事人（此时或许称之为甲方乙方更合适）"之外，比如司法局、工商行政管理部门等。

所以，相比较当事人查明途径，法律专家查明更有实际意义，我们之所以将两者放在一起进行途径分析，事实上是因为当事人查明外国法通常都是通过他们聘请的律师或者法律工作者，律师或者法务人员查明外国法的途径就宽泛多了，概言之，就是我们通常所说的专家途径。

但问题随之而来，如何判断法律专家，又如何判断其提供的专家意见或者法律意见是对的，如果错误的话，能否追究其责任，这是目前实践中遇到的问题，我们随后专门论证，这里暂且搁置不谈。

（二）新发展、新思路、新途径

如前所述，一带一路倡议下各国合作重点以海外基础设施建设及能源合作为先导，广泛覆盖工程承包、跨国并购、资金融通、贸易便利化、电子商务等各个经贸领域，在此全方位合作情形下，法律关系多元化乃至争议多样化也不断出现。截至目前，我国法院近年来所受理的涉及"一带一路"沿线国家的案件，不仅有直接投资、环境侵权、跨国并购、金融监管等方面的争议，也有传统的合同纠纷、侵权案件、继承案件等，凡此种种，都对外国法查明提出了专业化、精细化要求。

1. 建立专门查明机构

国际社会已有相关经验可以借鉴，例如德国的马普所（马克思－普朗克比较法与国际私法研究所，Max－Planck Institute for Comparative and International Private Law Hamburg)，瑞士的比较法研究所等，在国际上享有盛誉，首先是其专业化程度高，在机构中拥有大批专门从事比较法研究的专家，而且每年都吸引大批来自世界各国的学者前去研究，从而保证了对各国法治状况的实时更新和深入；其次，以马普所为例，其财政预算相当高，有足够经济实力发展研究所的研究工作，也在一定程度上保障了外国法专家查明方法的供给动力。

从全局来看，我国最高人民法院在 2014 年 5 月 17 日，民四庭与西南政法大学签署了《关于加强涉外法律人才培养与涉东盟法律审判理论教学科研的战略合作框架协议》，依托西南政法大学中国—东盟法律研究中心，合作建立了"东盟国家法律研究基地"和"东盟国家适用中国法律咨询中心"；同年11月28日，民四庭又与中国政法大学比较法学院成立了外国法查明研究中心；2015年9月20日，"最高人民法院港澳台和外国法律查明基地"在深圳市蓝海现代法律服务发展中心建立，并正式成立了"中国港澳台和外国法律查明研究中心"；同时深圳前海合作区人民法院被确立为"最高人民法院港澳台和外国法律查明研究基地"。这些平台的建立，为外国法查明以及"一带一路"倡议开展司法合作创造了良好条件。

从北京市来看，除了中国政法大学与最高人民法院民四庭共同成立的"外国法查明研究中心"，还有海淀区律师协会"一带一路"法律服务研究会、中国人民大学法学院"一带一路"法律研究中心，以及在北京市委市政府支持下，在最高人民法院司法改革办公室、北京市高级人民法院、市法学会的指导帮助下，一带一路服务机制落地北京，成立了"北京融商一带一路法律与商事服务中心暨一带一路国际商事调解中心"，目前已正式上线运行。

这些研究中心、研究机构的成立，与一带一路倡议的全面开展有直接关系，相信以后这类机构也会很多，这是好的一面，但比较令人担心的是这些机构的成立明显缺乏资金支持，单凭这一点，就无法跟德国马普所相提并论。此外，德国马普所的专业化来自于该研究所的悠久历史，同样这也是国内和北京各地方研究中心目前所缺乏的，即专业人员的储备要逊色，尤其涉及"一带一路"沿线国家比较"小众"的语言，短期内也难以补充。但是，最实际的困难，还在于各研究中心或机构是不能单凭责任心生存下去的，配套资金支持必不可少。

专门查明机构，配备多语言的专业法律人才，还应该有专门的数据库以及查找数据库的专业指导。小语种国家的法律在这些使用广泛的数据库中还过少，有严重不足以及更新跟不上的问题，所以，虽然这是"一带一路"沿线国家普遍要面临的一个挑战，但也不能说这未必不是一个机遇，尤其对于北京市来讲，凭借首都的主导地位，以及法学院校和学术团队、专业人才云集的优势，建立一个世界上独一无二的"一带一路"沿线国家的法律数据库，不单是对保障战略实施的法治贡献，也是为世界法律共享所做的努力。当然，还是非常实际的一个问题，必须有资金的支持！

2. 编制外国法专家名册

从既有的实践来看，各国最为常用的查明方法莫过于通过熟知某一外国法的专家提供意见的方式进行，当然，各国对专家意见的要求并不完全相同，有的要求书面提供，有的要求宽松，口头意见也可，也有的国家要求专家进行宣誓并做当庭陈述。

但是，专家是否有一定的条件要求，以及如何确定这样的专家，各国差异还是比较大的。从国内观点来看，有人认为没有必要设置专家资格要求，任人唯贤即可；英国的实践是，他们认为外国法官或职业律师都具有必然的法律鉴定人资格，此外，英国法令和判例还规定，类似大使、大使馆工作人员、领事、工作于法律教育协会的人员都具有证明外国法的专家资格；[1] 美国《联邦证据规则》也仅作概括性规定，即拥有必要之知识与技能、经受过必要培训或教育者即具有专家资格，在其司法实践中，专家通常包括外国法所属国的公民、通晓该外国法的大学教授、律师等。[2]

可以说现阶段，中国建立专家库时不对专家资格作出一定条件要求，似乎有些用力过猛，于司法实践和司法合作并无益处，一方面是专家提供外国法的实践还太少，外国专家的信息也无法全面掌握，另一方面是"一带一路"沿线国家的法治发展水平参差不齐，而且涉及的语言太过小众，当下合作并不可取。因而，借鉴《上海自贸区仲裁规则》中专家名册制度，进行外国法查明的专家名册编制，是较为可取、可行的。一般来讲，曾在某法域执业过或正在执业的法官、律师应该是适格的外国法专家，他们不单纯熟悉所执业的法域法律，也从职业道德上更深切知道自己作为专家提供的法律意见的后果。

3. 完善专家查明外国法的程序

寻找适格专家未必是件难事，但他能否提供具体的明确的外国法，并且能否说服法官采纳，这才是重点。其中，专家个人水平能力肯定很重要，但提供给他的程序是否合理科学，也很重要。

首先，专家提供的外国法是否有充分说理，法院采纳后在判决中是否给予了充分说明，这个程序设计，不单纯是程序公正的要求，更主要是对选择的外国法以及提供该外国法的专家的尊重。

其次，专家查明外国法应该经过庭审程序，接受有关质询。但是，"一带一路"倡议实施中，并非所有外国法查明都是在争议诉讼或仲裁解决时，如果是由司法局或有关部门委任，则专家意见是书面的且进行了全面论述的即可。事实上，专家意见是否经过一定的程序进行约束和判断，无非是对专家提出了更高标准要求，这与我们后面要谈到的专家责任有紧密关系。虽然专家具有独立人格完全可以凭借个人专长作出独立判断，但他仍需严格遵循法院或有关部门的委托事项提供个人意见，一如他接受当事人委托要按照当事人要求提供意见一样。

最后，专家意见应该在无利益冲突下作出，所以专家意见应同时附加无利益

---

[1] 李研：《英法两国关于外国法查明问题之比较及其启示》，载《郑州大学学报（哲社版）》2005 年第3 期。

[2] 霍政欣：《美国法院查明外国法之考察》，载《北京科技大学学报（社科版）》2007 年第4 期。

冲突声明。

此外，还有专家免责问题。如果法院对外国法专家的意见进行审查，则意味着外国法查明的责任主体是法官，所以他有权力和责任同时依靠法官自身能力、知识和经验去判断应该采纳哪一个专家意见；如果专家是受当事人委托的，则存在不同当事人委托不同外国法专家，从而导致不同专家意见这种情况，也存在双方当事人委托同一个专家从而给出了一个有利于其中一方权益的意见的情况，或者现实中其他结果的情况，无论哪一种，实际上依然存在被法院或法官否认的结果，"法官在任何情形下都不受当事人提出的法律材料的限制"〔1〕

司法审查不同于专家免责。有观点认为应该附加一定条件限制专家提供意见，或者说，如果专家提供的意见是错误的，则应追究专家责任。我们不同意这样的观点，一是当前保障实施"一带一路"倡议，时间紧任务重，当下需要确保的是司法合作的积极性，任何成果还没有达到，就先谈责任，起不到激励作用；二是专家的选任，前面已经谈到，是有举措或机制完成专家名册的，我们有关机构，无论是法院、司法局还是其他行政管理部门，都可以首先从专家资格和选拔上进行把关；三是在选任了专家并赋予了具体查询问题时，是需要专家进行无利益冲突声明以及阐述专家意见真实声明的，所有这些就能够确保专家给出具有独立精神的见解，至于法院或司法局是否采纳，是另一回事。我们可以提出对专家的具体要求，但动辄在专家意见上要追责，似乎与"一带一路"倡议中的"人心所向"也是背道而驰的。和平、和谐、有序、持续、包容、互助、共赢才是发展王道。

五、北京市司法局应在北京市民事司法合作中发挥作用

这个问题回到了本课题研究之初，也就是司法合作的主体问题。从法理上讲，司法是法的适用，有广义和狭义之分，广义的司法是对参与诉讼活动的各国家机关所处的角色及地位的一种概称，它表明的是国家机关运用国家公断权的过程，外延包括在刑事诉讼中由公安、检察、法院和狱政机关依次行使侦查、起诉、审判、行刑等权力的过程，以及法院在民事、行政诉讼中行使审判权的过程。〔2〕狭义的司法仅指法院的审判活动。

在我国，司法行政机关是政府对司法工作进行行政管理的专门机关。司法行政机关是各级政府的组成部分。国家司法部属国务院，地方各级政府的司法行政机关称为司法厅或司法局。具体来说，司法行政机关主抓除去公安机关、国家安全机关、检察机关、审判机关等自己行使内部系统管理的司法行政工作任务之外

〔1〕 ［英］马丁·沃尔夫:《国际私法》，李浩培等译，法律出版社1988年版，第320页。
〔2〕 张雪坦:《论"司法"概念的适用》，载《法制日报》1998年7月11日。

的那一部分。在国际民事司法协助中，各国司法部是条约中确立的中央机关，主要是对司法协助请求事项进行国家间传递，具体执行机关被称为主管机关，通常就是各国法院。

在北京市服务"一带一路"倡议的法治保障体系中，民事司法合作与民事司法协助同等重要，但两者并不能等同，关于这一点，本报告已有论述，这里不再赘述，我们想强调的是，北京市开展民事司法合作时，不妨调动起来北京市司法局的影响，类似司法部的司法协助职能，它以"中间人"身份，将法院、工商管理部门、银行保险部门、民间组织、高等院校、学术研究机构等"串联"起来，进行各国法律的查明工作，一方面，这项服务专门供给"一带一路"倡议下的经贸合作各方，另一方面，也提供给法院审理涉外民商事案件涉及外国法适用之需，最重要的是它能够有效调动北京市各方资源，形成拳头力量，搭建北京市一级的国际民事司法合作平台。从本报告内容来看，目前的合作平台较为分散，虽然有最高人民法院、北京市高级人民法院与有关院校合作的外国法查明平台，也有学术研究机构或学术团队自行组建的研究中心，除了可以解决案件查明、适用外国法之需，却忽略了有关企事业单位也有了解掌握外国法立法和实践的需求，而案件之外的外国法查明在"一带一路"倡议实施中更要重视，这才是国际法治环境的全面要求。

我们建议在北京市司法局成立一个"一带一路"司法合作办公室，具体开展民事司法合作业务。

结论

北京市在服务"一带一路"倡议实施中起着至关重要作用，尤其在法治保障体系中扮演重要角色。从司法层面上看，北京市的司法环境是有口皆碑的，在国际民事司法协助领域与国家同步走，并取得不菲成果。本课题的研究重点是国际民事司法合作，即在司法层面，更多侧重于法律供给和外国法查明方面的国际合作。"一带一路"沿线国家的投资、基础建设、工程承揽等商贸经济发展是共识，而确保共识成为现实以及发展带给"一带一路"沿线60多个国家真正的福利是需要法治保障的，也就是共存的国际法治环境必不可少。"一带一路"沿线各国的法治发展水平并不齐整，政治、经济、文化、宗教方面的碰撞也尤为突出。因此，微观层面，具体到北京市的司法服务，再到宏观层面的法治机制构建，都是需要作出"对接式"设计的。有人说"一带一路"开创了新的文明史，或许这句评论也不为过，但其中的包容、互助、共赢所面临的困难绝对是历史上绝无仅有的。

我们研究的结论做简单概括就是，北京司法局应当担当国际民事司法合作的重任，由其牵头进行力量整合，将北京市法院、商业机构、社会团体、学术研究机构的力量和资源，充分利用起来，进行法律的互通。现阶段已有的合作平台主要是司法系统与学术团体的结合，查明法律本身更集中于为解决案件服务，所以格局小，司法协助的特征也更突出。因此，我们认为在司法协助之外的广泛司法合作是必要的，北京市司法局作为司法行政管理机关，应能担起重任，在查明外国法、输出中国法方面提供有力支撑。

（本文课题组成员：曾朝晖，最高人民法院外事局司法协助处处长；张利民，苏州大学王健法学院教授；郝红，山东政法学院副教授。）

法治化营商环境建设中涉企业融资审判实务问题调查研究

张　雯*

　　市场经济条件下，企业融资可以缓解企业发展中资金不足的问题，为企业发展注入新的活力，尤其是在国家出台一系列鼓励企业融资政策后，企业融资俨然成为理论界与实务界讨论的热点。而随着党的十八届五中全会提出的完善法治化、国际化、便利化的营商环境，将企业融资纳入到法治化营商环境的框架内也成为审判实务中的热点，这也是本文研究的背景所在。

一、企业融资的模式及其特点

　　企业融资是社会融资的基本组成部分，是指企业作为资金需求者进行的资金融通活动。[1] 企业融资可以按照资金是否来源于企业内部划分为内源融资和外源融资[2]，本文讨论的企业融资专指企业通过一定的方式从外部融入资金用于投资，也即外源融资。外源融资包括债权融资和股权融资两大类，而每一类融资方式又包含了不同的融资模式，下文将分别进行阐述。

　　（一）债权融资模式

　　债权融资模式属于传统融资模式，本文将选取审判实务中常见的融资模式类型进行分析。

　　（1）银行贷款。银行贷款是企业最传统的融资模式，但该项融资模式受经济政策影响颇重，通常要求企业提供担保、资产抵押等，且在银行认为企业有经营风险等情况时，会随时收回贷款。另外，国有银行常针对大中企业，收紧对中

---

　　* 课题主持人：张雯，女，汉族，1968 年 8 月出生，新疆乌鲁木齐人，研究生学历。现任丰台区法院党组书记、院长，曾任朝阳区法院党组副书记、副院长，昌平区法院党组书记、院长。曾主持的《小产权房纠纷案件的司法应对问题研究》，获北京市法院 2013 年度优秀调研成果优秀奖；《让基层司法回归基层——新常态下人民法庭司法的困境与出路》，获首届人民法庭建设高层论坛优秀奖，并刊登在《昌平信访》《北京信访》《昌平调研》等刊物上；《农村集体土地上拆违类行政诉讼案件调查研究》，获北京市法院 2015 年度优秀调研成果优秀奖。立项编号：BLS（2016）B006。结项等级：合格。

〔1〕 肖翔主编：《企业融资学》，清华大学出版社、北京交通大学出版社 2015 年版，第 1 页。
〔2〕 肖翔主编：《企业融资学》，清华大学出版社、北京交通大学出版社 2015 年版，第 6 页。

小微企业的贷款政策，而其他商业银行虽提供贷款给中小微企业，但提供的资金数额往往不能达到上述企业的实际需求。这为其他融资模式的发生客观上创造了条件。

（2）民间借贷。我国经济政策对企业民间借贷的规定经历了一个从无到有的过程，初始不允许企业间进行私下借贷，而企业也常以法定代表人或合伙人的名义向民间金融机构贷款，并由企业的资产进行偿还，当企业无法偿还上述款项时，通常由企业和借款人承担连带责任。后基于经济发展的需要，企业间的融资也被允许。但该类融资安排往往回避了正常的金融监管，常需要承担政策风险甚至法律风险，相应地，其收益也高于同期银行贷款利息。

（3）债券融资。企业债券代表了债券持有人与企业间的一种债权债务关系。债券持有人不参与企业的利润分红，仅仅按照规定收取利息，从企业利益考虑是一种理想型的融资模式。但我国目前债券市场不够成熟，只有个别国有大型企业才能够发行，民营企业基本上并不能采用此类融资模式。

（4）商业信用融资。商业信用是企业短期融资的主要方式，通常表现为"应收账款"融资和票据融资。商业信用融资具有短期内融资快、融资成本低的特点，同时其也存在着规模受商品流通及交易规模限制的缺点，并要求企业具有较强的信用意识。

（5）租赁融资。租赁融资的优点在于企业可以减少固定资产开支，降低固定资产在总资产中的比例，改善资产结构，是目前企业融资中常见的融资模式。

（二）股权融资模式

股权融资即通过扩大股权规模从而获得更多的公司投资经营资金。股权融资通常包括私募和公募两种方式。

（1）公募股权融资。公募股权融资主要是指公开上市融资。股份有限公司经证监会批准可以公开发行股票，筹集资金并让其股权在市场上交易。这种融资方式在上市公司中较为常见。

（2）私募股权融资。私募股权融资指通过非公共市场的手段将特定对象引入具有战略价值的股权投资。随着互联网的发展，这种融资方式与互联网相联系，形成新兴的互联网金融产业，也是目前中小企业较为常用的融资方式。但是，这种融资方式兼具风险性与开放性，尤其是在当前政策规定尚不明朗的情况下，常易于产生纠纷，如北京市海淀区审理的全国首例"股权众筹案"。

（三）审判中企业融资模式的特点

企业上述融资模式反映在审判实务中，主要呈现以下六个方面的特点。

（1）合同表现形式多样，呈现出非典型性合同或复合型合同的特征。创新商业模式的出现，令合同的表现形式跳出传统的借贷框架，以崭新的业态应用于商业实践。以私募股权投资行为中的融资契约为例，其往往表现为增资协议、补充协议、股份回购与还款协议等一系列合同，内容上包含了融资条款、股权价格调整条款和退出机制条款，从而在司法实践中反映出不同的法律关系，分属于不同案由项下，传统的法律关系无法涵盖创新的金融交易模式。

（2）合同目的兼具融资与投资的功能。传统借贷合同的目的唯一、明确，而创新的金融交易下，一项融资行为可同时兼具投资的功能。该投资功能不能狭隘地理解为贷款利息，而更多地体现为以股东身份参与公司经营、分配公司红利以及除贷款利息以外的中介费、服务费或利润分配等收益。

（3）民间融资手续不全，诉讼过程中举证受阻。在企业融资过程中，存在大量关联企业或合作企业，此种融资关系或因企业规模较小老板间口头做主导致无任何书面协议，或因规避法律法规签订多份阴阳协议，或因企业间关系密切出于财务税务原因不规范抵扣，或因法定代表人个人债权债务与公司间债权债务不清，导致诉讼中账目不清且举证困难。此外，企业融资存在大量担保的情况，担保人的签字频繁出现夫妻、子女间代签的情况，导致只能通过司法鉴定方式举证，增加了诉讼成本及周期。融资手续不完善不规范，使得融资主体、融资金额、担保主体及担保期限均难以认定，可能存在法律事实与客观事实不一致的情况，个案审判思路存在差异，易出现同案不同判的现象。

（4）合同的效力性问题集中涌现。司法实践中，新融资方式纠纷往往伴随着原被告对于合同效力性问题的诉请与抗辩。具体表现为：涉"估值调整协定"股权转让纠纷案当事人主张合同损害债权人利益、社会公共利益而无效；融资租赁纠纷案当事人抗辩合同的签订系以合法形式掩盖非法目的而无效；债务人主张"以物抵债"的承诺书系流质条款而无效等。倘若合同有效，当事人应当遵守合同约定、履行相关义务、获得相应权益；倘若合同无效，则应返还占用的资金，并根据过错责任赔偿相应损失。也即是说，合同的有效与无效，体现为各方当事人不同的利益分配方式，因此，合同的效力性判定成为当事人争议及法院审理的重点问题。

（5）融资担保方式不断创新。在利益的驱动力之下，商人开始简便担保手续、灵活变通担保方式及担保物，从而促进融资交易的完成。司法实践中，具体表现为：合同履行过程中签订"以物抵债"承诺书；同时签订借款合同与附生效条件的房屋买卖合同或股权转让合同；签订以"以房抵债"为内容的承诺书；签订以收益权为内容的应收账款质押合同等。创新的融资担保方式超越了现行法律规定，在法律适用上体现为合同相对性的遵守与突破、物权与债权的分离与融合等问题，给司法审判实践带来诸多困惑。

（6）涉经济犯罪案件时有发生。金融实践中，存在公司或个人通过网络开展境外外汇期货和外汇按金交易或者对境外此类从业活动提供咨询、担保的业务。该类业务往往以高收益、零风险等噱头进行宣传，令非理性、非专业投资者趋之若鹜。近年来审判实务中企业融资的刑事案件日益增多，涉及案由广泛，同时较多地集中在少数的案由上。以北京市为例，北京市 2014 年至 2016 年共审理案件涉及非法吸收公众存款罪 143 件，集资诈骗罪 30 件，票据诈骗罪 17 件，骗取贷款罪、票据承兑、金融票证罪类案件 8 件，擅自发行股票、公司、企业债券罪 0 件，高利转贷罪 0 件。

二、审判实务中企业融资类案件审理的难点

本文通过调研发现，审判实务中涉企业融资类型的案件主要分布在商事审判、刑事审判和执行领域，而因各个领域在处理中面临的重难点各不相同，故下文将从三个领域分别予以阐述。

（一）涉企业融资类案件在商事审判中的难点问题

涉企业融资类案件反映在商事审判中呈现出不同的案件类型，而各类案件类型亦面临着不同的审判难点。

1. 民间借贷案件中审理的难点

（1）企业间借贷合同认定有效的尺度标准尚未明确。企业间的借贷一度不被法律认可，就市场的情况来看，这种融资方式实际占比重很大[1]，审判中处理了大量"名为其他，实为借贷"的企业间合同，暗流涌动的地下融资和不统一的审判思路，导致了企业间融资的无序和不可预期。《最高人民法院关于审理民间借贷案件适用法律若干问题的规定》实施后，企业间的资金拆借，即企业间借贷在一定程度上正式被法律认可。

而依据《合同法》第 52 条，《民间借贷司法解释》第 11 条[2]、第 14 条[3]，司法解释中并未完全放开企业间借贷的模式，而仅仅是在一定程度上认可了企业间的借贷，但司法认可的程度需要对"经常性"予以明确，同时，企

---

[1] 《最高人民法院民间借贷司法解释理解与适用》，2015 年 8 月第 1 版，第 207 页："调研数据显示，其他企业借贷在企业民间借入资金来源中占 61.74%，成为中小企业借贷资金的主要来源"。

[2] 第 11 条：法人之间、其他组织之间以及它们相互之间为生产、经营需要订立的民间借贷合同，除存在《合同法》第 52 条、本规定第 14 条规定的情形外，当事人主张民间借贷合同有效的，人民法院应予支持。

[3] 第 14 条：具有下列情形之一，人民法院应当认定民间借贷合同无效：

（一）套取金融机构信贷资金又高利转贷给借款人，且借款人事先知道或者应当知道的；

（二）以向其他企业借贷或者向本单位职工集资取得的资金又转贷给借款人牟利，且借款人事先知道或者应当知道的；

（三）出借人事先知道或者应当知道借款人借款用于违法犯罪活动仍然提供借款的；

（四）违背社会公序良俗的；

（五）其他违反法律、行政法规效力性强制性规定的。

业间借贷的资金来源和放贷企业的注册资本、流动资金、借贷数额、一年内借贷次数、借贷利息的约定、借贷收益占企业收入的比例、出借人与借款人之间的关系等因素也有待于进一步确定。

（2）企业相关人员签订借贷合同的责任承担尚未统一。根据《民法通则》第38条、《公司法》第13条等相关规定，企业法定代表人的职务行为属于代表行为，多数会将法律效果归属于企业，法定代表人或负责人个人往往无需承担责任。依据《民间借贷司法解释》第23条的规定，依据出借人或企业的申请，人民法院可以根据案件查明的事实及申请追加实际用款人的具体主张，确定企业与个人应承担的还款责任。在审判实践中，企业负责人或法定代表人签订的合同，在最终责任承担中的认定时仍存在着明显的区分。

2. 融资租赁案件中审理的难点

（1）继续履行合同收回全部租金和解除合同取回租赁物择一主张时判决效力的认定。《合同法》第248条规定了出租人在承租人延迟支付租金时，可以要求支付全部租金；也可以解除合同，收回租赁物。《最高人民法院关于审理融资租赁合同纠纷案件适用法律问题的解释》第21条规定了出租人在此种情况下的择一主张选择权。在人民法院判决承租人支付合同约定的全部未付租金后承租人未予履行，出租人再行起诉请求解除融资租赁合同、收回租赁物的，人民法院应予受理。而在实务审判中，常出现已经存在判决支付租金的情况下，又判决解除合同，返还租赁物，一方面造成诉讼资源的浪费，另一方面两份判决效力的认定是存在争议的，简单地理解为后生效的判决覆盖先生效判决，似乎存在程序上的不妥当，如若视为效力并行的两份判决，则更不妥当。

（2）租赁物取回中的难题。出租人对租赁物享有的取回权源自对租赁物的所有权，承租人对租赁物的占有初始原因可能是合法的，但是由于违约事实的发生，使这一合法依据归于消灭而变成非法占有，在承租人违约或出租人与承租人一方破产时，出租人随时可以请求承租人返还该租赁物。

第一，与善意第三人利益保护的冲突。《融资租赁司法解释》第9条规定了出租人针对承租人无权处分租赁物时对抗善意第三人善意取得的四种情形，从而加大对出租人权益的保护。但我国目前租赁物登记体系和查询体系都没有完善[1]，为善意第三人合法利益的保护隐藏了冲突。

第二，租赁物价值的确定程序。因承租人违约，出租人租赁期间取回租赁物，视为出租人行使解除权，收回租赁物之日视为合同解除之日。出租人请求赔偿损失的，损失赔偿范围为承租人全部未付租金及其他费用与收回租赁物价值的差额。残值实现是取回的目的和核心，实践中租赁物取回后，出租人普遍存在自行处置的情况，这将造成后期诉讼中租赁物无法确定残值或残值被低估，从而损害承租人利益。

（3）回购模式中回购价格的认定标准不统一。回购合同大都约定，回购条件成就时，以承租人未支付的价款和违约金、利息、罚息为回购人的回购价款。在此时，出租人通知回购人的及时性，将直接对利息、罚息等回购价款的确定性产生重大影响，而这就导致一个问题，当回购条件成就时，出租人何时才算及时合理地通知回购人。考虑到租赁物的折旧问题，出租人怠于行使通知权有可能造成回购人取得的租赁物价值贬损。出租人在回购条件满足后未及时通知回购人的，回购人在履行回购义务时会以通知迟延为由，要求对承租人违约期间产生的罚息进行调整。审判实践对出租人的回购通知义务是否应以"及时"为条件，以及及时的标准如何确定等问题存在不同认识。

（4）承租人利益保护的差异性。由于谈判地位的差别，融资租赁合同大多为格式合同，内容更倾向于保护资金提供方即出租方的利益，导致纠纷发生后承租人利益得不到很好的救济。目前国内对保护承租人利益的研究并不多，承租人往往通过拖延诉讼的方式来缓解还款的压力，就融资租赁制度本身的特征，租赁物的选择往往不依赖于出租人，故此承租物存在质量问题的情况下如何平衡承租

---

[1] （1）查询平台也并非全国统一、查询义务主体也悬而未决。目前全国性的融资租赁登记平台暨查询平台有两个，分别是人民银行利用其征信系统建立的"动产融资统一登记系统"和商务部建立的"全国融资租赁企业管理信息系统"，义务人可通过这两个平台查询财产属性。但第3条规定并非要求所有的第三人履行查询义务，仅仅是负有"法律、法规、行业或地区主管部门的规定"查询义务的第三人才负有该义务，根据人民银行的规定，在全国范围内只有"国家开发银行、各政策性银行、国有商业银行、股份制商业银行、中国邮政储蓄银行"这些银行金融机构负有查询义务，而其他的法人、自然人仍不负有查询义务。（2）大量租赁物没有明确的权属登记机关。在融资租赁业的交易实践中，除了船舶、飞机等租赁物有明确的权属登记机关外，大量工程机械类设备的租赁物没有明确的权属登记机关，相较于船舶、航空器，工程机械更便于流转、流动性大、易于隐匿，一旦承租人擅自处分工程机械，将使得出租人财物两空，使得租赁物风险问题显得尤为突出。一般而言，对于动产，占有为所有权的主要公示方式，在承租人对外转让租赁物时，受让人可以根据善意取得制度取得租赁物的所有权，其结果是出租人租金债权的物权保障岌岌可危。因此，占有恰恰不能成为融资租赁物的对外公示力的表征。实际上，大量的纠纷恰恰是这些无法登记的汽车起重机、塔式起重机等工程机械类设备。

人利益与出租人利益，应当得到法律的进一步的完善。

3. 票据方式融资审判实务中的难点

（1）"无因性"原则的界限尚未确定。我国《票据法》第10条把票据的基础关系（原因和资金关系）作为票据行为的成立要件，并不符合国际通行的无因性原则，也与市场经济的基本原则相背离，这在理论上引发巨大争议，在实践中产生诸多问题。"真实交易"是对"无因性"的限制，二者存在内在冲突，难以融合。按照无因性相关规定，商业银行对承兑汇票只需要依据文意记载，就应当"无条件支付"；如果根据真实交易规定，商业银行需要对"交易关系和债权债务关系"进行审查，并非"无条件支付"。"真实交易"规则着眼于安全性，但在实践中较为容易被规避而难以保障安全性；"无因性"原则着眼于流通性，但在实践中受制于真实交易规则而不利于票据流通。"真实交易"有悖于无因性原则，已被《最高人民法院关于审理票据纠纷案件若干问题的规定》第14条修订，确认了票据无因性原则。而现行涉及无因性原则的合理界限尚未明确。

（2）票据举证难度大。市场上由于票据操作不规范或其他有效期间较短等原因，存在大量票面付款人与收款人之间不存在任何交易，而是通过中间人连接的情况。此种情况在诉讼中有赖于中间人的到庭情况及出票人与收款人交易的保存证据情况。如果中间人已经无从查找，或证据毫无保留，则可能出现收款人以票据纠纷要求出票人支付款项而因不存在基础法律关系被驳回的风险。

4. 私募股权融资案件审判中的难点问题

以北京市海淀区人民法院审结的"全国首例众筹融资案"为例[1]，本案呈现出私募股权融资案件中的两个典型难题。

（1）众筹协议效力认定。我国目前尚未出台专门的针对众筹融资的行政法规和部门规章，而在判断合同效力问题时，《合同法》第52条第5项中的"违反其他法律、行政法规的强制性规定"也便成了该案的审理重点。该案中，众筹融资的模式并未违反法律规定，因此签订的协议也应有效。实际上，如何认定众筹投资者和诺米多公司的关系以及由此判断是否违反《合伙企业法》中有限合伙人数不超过50人的规定，仍是需要进一步探讨的。

（2）合同主体间法律关系的界定。该案中，飞度公司与诺米多公司的法律

---

〔1〕 原告飞度公司系运营"人人投"的股权众筹平台，其与诺米多公司签订《委托融资服务协议》，后项目融资成功。此后经飞度公司多方核实，诺米多公司提供的项目所涉房屋性质、店铺租金均与实际情况不符，诺米多公司拒绝提供房屋真实产权信息。飞度公司即依据合同约定解除了与诺米多公司的协议，并要求诺米多公司支付委托融资费、违约金并赔偿损失。诺米多公司提起诉讼，认为已经完成了充值、项目选址等工作，且有86名投资者通过"人人投"平台认购股权并付款。飞度公司在无明确证据的情况下拒绝拨付融资款的行为构成违约，请求判令飞度公司返还17.6万元和相应的利息。

关系存在着委托法律关系与居间法律关系的争议。新兴融资模式突破了传统融资模式的交易框架，在法律关系上体现得更为多元化。众筹协议案件中，委托融资只是双方协议的部分内容，其核心在于促成交易，从该角度分析，应该属于居间合同。但应该认识到如果将其认定为居间服务合同，那么其委托人究竟是股权融资需求者或是股权融资投资者呢？且在二者发生争议时，居间服务者的审查义务又当如何确定也是实务中亟须厘清的问题。

（二）涉企业融资类案件在刑事审判中的难点问题

涉企业融资刑事案件主要集中于非法集资类犯罪，审判实务中的难点具体表现在以下三个方面。

1. 刑民交叉案件定性判断存在疑难，认定标准模糊

例如争议最大的非法吸收公众存款罪。首先，本罪是行为犯还是结果犯不明，理论争议较大，司法实践中对此问题也存在重大分歧，是否扰乱金融秩序往往是控辩双方争议的焦点，也是司法认定的难点。其次，缺乏判断吸收公众存款对象的标准。本罪吸收或变相吸收存款的对象是"社会公众"，但立法未能明确界定"社会公众"的含义，导致司法机关认定"社会公众"的标准混乱，降低了本罪的入罪门槛，造成同案不同判的结果。最后，非法吸收公众存款罪与民间借贷的界限不明确。民间借贷可能存在与非法吸收公众存款类似的"吸收他人资金，出具凭证，并且承诺在一定期限内还本付息"的特征。而民间借贷是一种民事合同行为，只要双方当事人意思表示真实，借款利率不违反有关规定，均应受到法律保护。司法实践中，行为人或辩护人也常以行为性质应属于民间借贷为由，认为行为不构成非法吸收公众存款罪。由于立法没有明确规定二者的区分标准，司法机关往往将民间借贷行为认定为非法吸收公众存款罪。

2. 刑民交叉案件处理程序混乱，"先刑后民"或"民刑并行"认识不一

《最高法院关于在审理经济纠纷案件中涉及经济犯罪嫌疑若干问题的规定》以是否基于"不同法律事实"或"同一法律关系"为标准，规定了审判机关采取"分开审理"、"继续审理"和"裁定驳回起诉（移送侦查机关）"等处理措施的情形。但是在司法实践中，审判与侦查机关之间以及法官之间对于"先刑后民"或"民刑并行"的意见仍不一致。程序性事项处理缺乏统一规范，目前以程序性事项处理的规范文件主要有1985年《关于及时查处在经济纠纷案件中发现的经济犯罪的通知》及2014年《关于办理非法集资刑事案件适用法律若干问题的意见》，而这些规范对金融类案件中刑民交叉问题规定的均较为原则，导致法律适用缺少操作性指引。如金融类案件中的财产保全措施较多，当该类案件因涉及刑事犯罪被裁定驳回起诉并移送侦查机关后，原案件中的财产保全是否应一并移送并无明确规定。相关程序性事项的法律漏洞，一方面增加了审判机关的职

务风险，另一方面不利于更好地保护受害者的权益。

3. 审判机关与侦查机关之间的信息查询渠道不畅，移送衔接程序不完善

该类案件中涉众型的犯罪居多，受害人往往是跨市甚至跨省，无论是民事案件或刑事案件的处理，均需对其他区域的司法机关掌握的信息及处理情况进行了解。司法实践中，审判机关面临向特定侦查机关、司法机关了解案件情况以及有效移送案件材料的需要。如法院在一起非法吸收公众存款案件中，被告人在被取保候审期间，被外省公安机关采取强制措施，法院采取电话、函件、本地公安机关协助等方式均无法从外省公安机关了解到相关刑事案件的侦办情况。

（三）涉企业融资类案件在执行工作中的难点问题

企业融资纠纷生效裁判文书的执行与一般执行案件具有不同之处，其往往涉及保障申请执行人执行债权的实现和保护企业营运价值之间的利益平衡。本文暂不讨论执行程序中普遍存在的问题，在企业融资纠纷案件执行结果中存在两种极端情形：一种是强调保障申请执行人债权的实现，忽视对企业营运价值的影响；另一种是强调社会效益和困难，生效裁判文书无法执行。

1. 保障债权实现，牺牲企业价值

执行程序对融资企业的持续经营具有重大影响，对融资企业的实际生产状况不加考虑以强制执行，如对生产线和资金的冻结，会造成企业资金链的断裂，使企业陷入更深的经营困难漩涡之中。

如果执行法官按照法律规定对经营不良的企业采取保全措施或者执行措施查封该厂及其附属设备，无异于会成为压倒企业的最后一根稻草。此外，过分强调申请执行人执行债权的实现，会导致执行工作"饮鸩止渴"。在执行债权实现的基础上，不仅会使被执行人企业营运价值遭致破坏，甚至破产，而且通常申请执行人也无法通过执行获得生效裁判文书中的全部款项。执行结果可谓对申请执行人和被执行人双方利益的减损。

2. 保护社会效益，丧失执行利益

财产保全或者执行措施可能冲击企业经营价值，可能导致企业经营效益下降，大幅裁员，甚至导致企业破产，员工失业，引发社会矛盾等不稳定因素。执行法官对于处于资不抵债或者资产变现能力差的企业，通常不愿意执行或者无法执行。

如果执行措施可能导致企业倒闭和员工下岗的风险，有的执行法官便会望而却步，基于保护社会效益的角度考虑问题，忽视了申请执行人的执行利益和法院生效裁判文书的司法权威。执行结果往往不能为申请执行人所接受，导致审判结果流于形式，案虽结但事未了。

三、企业融资类案件审理难的原因分析

（一）商事审判中企业融资类案件难点的原因

1. 立法角度的考量

新型企业融资纠纷所涉及的融资行为一般都具有公共性，即使融资安排以市场主体间的意思自治为基础，但出于国家金融安全及维护正常的社会经济秩序的考量，此类行为必须受到监管。立法的特点在于"定"，一旦作出规定，就要尽可能保持相对稳定，避免朝定夕改；而市场创新的特点是"变"，是要突破原有的一些体制和规则。因此，涉企业融资立法和其他金融、经济方面的立法一样，都是在"定"与"变"中寻求平衡。按传统说法讲，金融、经济立法工作一方面要及时把成熟的做法和成功的经验用法律形式固定下来，对现有法律中不适应改革和现实生活需要的规定及时作出修改，为改革提供可靠的法制保障；另一方面主要为深化改革和创新留下空间，把法律的"定"和改革的"变"有机结合起来。

2. 审判实务中的理念或传统

商法作为民法的特别法，在价值取向和制度设计上确有不同于民法之处。坚持商事审判理念有助于法官深刻理解和把握商事立法宗旨和法律的内在精神，准确地适用法律。尤其是在法律没有明文规定，或者法律赋予法官一定自由裁量权的情况下，坚持商事审判理念具有更为重要的意义。比如说，法官应充分尊重当事人的意思自治，不轻易认定无效，鼓励交易、鼓励拓宽融资方式，对于新类型的融资行为应持宽容开明的态度，同时也不能忽视对融资行为合法性的审查；与民法思维最重要的区别在于，这里的合法性审查要避免局限于立法的时代性，特别要避免将一些过时的管理性规范当作效力性规范来规制新型融资行为。

3. 现实政策的角度

企业融资的合法性很大程度上要看金融、工商等监管部门的态度，这就决定了审理新型企业融资纠纷案件必须要检索相关的行政法规、部门规章，还包括指导意见、政策文件等。对于新型企业融资纠纷案件而言，经济政策尤为重要。对于较为新颖的市场创新而言，法律法规很难有针对性的规范，更大的问题是，有时连经济政策也不够具体和细致。遇到此类情况，法官就只能运用自己的经验和智慧去化解难题了。

（二）刑事案件中涉企业融资案件面临难点问题的原因

1. 刑事价值理念缺乏衡平统合

合同意思自治原则与非法集资所保护的金融秩序法益之间缺乏衡平统合，是无法妥善处理企业融资民事案件与非法集资案件的关键所在。

（1）以行政导向为指导。之前的司法实务中把握非法集资的一个重要前提

是"未经有权机关批准",最高人民法院《解释》将之改为"违反国家金融管理法律规定"。立法的这一变化,体现了金融多元化和金融深化实践进程对司法的冲击,也体现出了行政导向的本质。[1] 随着金融改革的持续推进,金融法规的规制必然滞后于社会实践的进程,因此行政导向是导致非法集资类案件与民间借贷案件的价值保护实际失衡的原因之一。

(2)以结果为导向区分刑民事案件。刑民交叉案件区分标准的模糊化投射到司法处理层面,出现了以结果为导向的倾向,即司法保护往往以集资者的成败为标准,而不是以集资犯罪的核心法律特征为标准。一般而言,对于成功的集资者,只要其没有产生不能偿还借款的后果、未影响社会稳定,司法就不介入;而对于失败的集资者,因其造成了群体性的纠纷,刑法就予以惩处,这种理念和标准有违刑法平等保护的宗旨,并且这种司法的失范,会加剧民间金融领域的投机和道德风险。

2. 现行规定的不明晰

(1)集资对象的人数规定不统一。因非法集资犯罪属于涉众型犯罪,对于集资对象人数达到多少才构成犯罪,目前各地无统一的标准。如最高人民法院《解释》第3条规定个人吸存对象需达30人以上才追究刑事责任,而《浙江法院关于执行刑法的具体意见》则规定吸存对象达5人以上即构成犯罪,相关的法律规定尚需进一步统一。

(2)对"社会公众"的规定不明确。由于司法实践中的情况多种多样,在法律规定较为粗疏的情况下,司法机关的不同认定,会导致同案不同判。

(3)对"公开性"认定司法标准规定模糊。对于实践当中未采用媒体、推介会等公开的方式对外宣传,而是通过"口口相传"的方式传播集资信息,能否将口口相传的效果归责于集资人,各地司法机关都有着不同的标准,曾有司法机关建议将"口口相传"的层级在三级以上的认定为向社会公开宣传。[2] 实践中通常根据主客观相统一的原则,结合行为人对此是否知情、态度如何、有无具体参与等主客观因素加以认定。[3]

(4)对于"资金去向"对案件定性影响的标准不明。吸收资金的客观去向,能够反映行为人的主观目的。据统计,法院审理的非法集资类案件中,有近

---

〔1〕 刘为波:《关于审理非法集资刑事案件具体应用法律若干问题的解释的理解与适用》,载《人民司法应用》2011年第5期,第24–31页。

〔2〕 林越坚、黄通荣、李俊:《非法集资与民间借贷的界限与刑民处分研究》,载《西南政法大学学报》2014年第3期,第117页。

〔3〕 浙江省高级人民法院、浙江省人民检察院、浙江省公安厅2011年7月18日《关于当前办理集资类刑事案件适用法律若干问题的会议纪要(二)》第2条。

40%的案件，行为人将吸收的存款用于生产经营及投资，[1] 说明其主观目的是解决融资需求。对于这种情况是否构成非法吸收公众存款罪学界存在争议，司法解释中对"情节显著轻微"并未给出明确规定或示范性指引，因此司法实践中掌握起来较为困难，司法机关基于从严打击非法集资类犯罪的理念，往往无视资金用途的差异，认定将吸收资金用于生产经营的行为人构成非法吸收公众存款罪。

3. 各机关间缺乏信息共享平台、缺乏沟通机制

公、检、法各机关，基于各自不同的职能，行使不同的职权，而各机关所掌握的情况、案件的进展等均为各机关自己所掌握，各机关就同一相关联的案件向其他机关了解相关信息时只能通过函件、电话或派人了解，各机关间的信息并无可共享的平台，对于案件移送的流程也无明确细致的规定。实践中，由于各机关之间配合、衔接的不顺畅导致案件情况无法了解，或长时间得不到反馈致使案件长期搁置的情况时有发生，一方面浪费了司法资源，另一方面严重拖延诉讼进程，有损人民群众的利益。

（三）企业融资纠纷执行案件的症结

企业融资纠纷执行的症结，除了一般意义上导致执行难的因素外，要关注以下特殊原因，包括执行立法层面的问题、执行依据层面的问题和执行考评制度方面的问题。

1. 执行法律整齐划一，无法满足企业融资纠纷执行问题中的工作需求

（1）执行案件未能类型化。有关执行的法律规定对于案件未予类型化，而是采取整齐划一的立法模式予以规范，对于执行期限和执行方式等变通余地较小。

（2）执行期限压力。执行期限的压力导致执行法官只能选择设计简单、执行方便的执行程序，对于设计复杂或者需要双方磋商，但能取得较好效果的执行措施却不青睐。因而执行法官在处理纠纷过程中，缺乏探索新形式、新方法的动力，亦不能很好地适应企业融资纠纷执行的实际需求。

（3）执行手段单一。依照法律在处理融资纠纷执行工作过程中适用性差，导致执行结果走向极端，执行效果不理想。传统执行方式灵活性差，手段单一，导致执行企业固定资产或者无形资产，尤其是专用性程度大的财产，处置时间长，财产变现慢。法院对企业的房产土地、设施设备、原材料等财产进行财产变现的过程中，由于多种原因，例如行业不景气、准入门槛高，或者机械设备放置时间长导致无法正常运转等，参与竞拍者较少，往往不能一拍成交，延长了财产

---

〔1〕 袁林等：《民间融资刑法规制完善研究》，法律出版社2016年版，第31页。

处置时间。这既加大申请执行人和被执行人的财务负担，增加时间成本，又造成司法资源的浪费。

2. 执行思维结果导向

执行法官的执行依据是企业融资纠纷案件生效裁判文书。生效裁判文书的判决部分对执行法官的行为形成一定的约束——判决结果既是申请执行人的心理预期，又是标准执行结果。

执行法官的惯常思维是裁判文书结果导向，即按照生效裁判文书判决的结果设计和落实执行程序。执行法官通常的思维定式是保护申请执行人的利益，忽视双方主体的利益诉求和当事人意思自治以解决问题的可能。如当事人在考虑双方的实际情况后，有与对方和解等要求，但是执行法官如果严格按照生效裁判文书的结果落实，则会导致双方的诉求得不到满足。

3. 执行绩效考评压力

执行法官的案件执行效果需要纳入到执行质效考评机制中予以评价，但是，目前执行绩效考评机制趋于标准化和结构化，个别考评因素僵化，如实际执行款项数额是执行法官案件质效考评的重要标准之一。

质效考评机制在一定程度上限制了执行法官在执行过程中主观能动性的发挥和执行方法的创新。根据理性人标准，执行法官通常会优先选择严格按照法律规定和裁判文书规定的，常规且契合考评标准的方法落实执行工作。如此，以保障执行效果在执行案件中的质效考评中取得合格成绩。

四、审判实务中涉企业融资案件的完善路径

（一）商事审判中涉企业融资案件的对策

在商事审判的完善中，除应对前文所述的具体问题提出对策外，还应当对共性的问题予以回应。

1. 共性中商事审判中的完善对策

（1）树立正确的商事审判理念。应该意识到金融体系的安全、高效、稳健运行，对经济全局的稳定和发展至关重要，维护金融安全是商事审判的重要任务。法官在案件审理中，应当树立尊重自治、维护信用的商事审判理念，通过商事审判工作对金融资源配置进行理性化规范，凭借合理法律制度安排来营造公平的市场竞争环境。进而促进市场有效性进一步提高、金融创新品的服务行为更趋合理、风险提示义务的履行更加明确，有效控制和化解金融创新活动中出现的不公平交易现象。同时，应当强化司法的能动性。积极发挥指导性案例以及其他典型案件的规范指引作用，通过多种信息披露形式展示指导性案例和其他典型案例的处理模式和思路，引导金融市场主体预防类似金融纠纷。

（2）法律关系的确定原则。法官在审理案件时，不应从金融交易结果去判定合同的公平与否，亦即不能从各方当事人的交易结果去反推合同签订时的目的，而应当结合该领域金融交易的实践与背景，从尊重营利性、尊重商业判断出发，探寻当事人订立合同时的真实意思表示。且在纠纷涉及两个以上法律关系时，法官应当以当事人诉争的法律关系性质确定案由。同时，在新融资纠纷案件中，法院应当慎用"名为××，实为借贷"的审判思路。

（3）合同效力的判定标准。涉企业融资类案件案由繁琐，具体案由的考虑重点均不相同。而在确定具体案件审理时，需要首先判定合同的效力。法官在合同效力认定时应以民法、合同法规定的一般效力规范进行判定。同时，根据《合同法》第52条"违反法律、行政法规的强制性规定"以及《合同法司法解释二》第14条"《合同法》第52条第（五）项规定的'强制性规定'，是指效力性强制性规定"的指引，特别是在新融资纠纷案件的合同效力判定时，必须遵循公司法等商法的效力性规范。应当注意的是，在当事人主张对方存在欺诈恶意或显失公平时，法院应对投融资方的资本运作经验与融资能力进行考量；审慎适用损害社会公共利益条款、《合同法》第54条撤销合同效力。

2. 常见涉企业融资案件中商事审判的完善路径

（1）民间借贷案件中涉企业融资案件的完善。

第一，明确企业间借贷合同有效的尺度。从立法本意来看，新法并非完全放开企业间借贷的模式，而是为了鼓励企业经营一定程度上认可了企业间借贷。故此审判实务中，法院对企业间借贷的资金来源和放贷企业是否从事经常性放贷业务势必进行严格的审查，例如经常性的从事封闭式低买高卖循环买卖行为，审判中将认定为无效。认定非金融机构法人和其他组织之间是否从事经常性放贷业务应结合企业的注册资本、流动资金、借贷数额、一年内借贷次数、借贷利息的约定、借贷收益占企业收入的比例、出借人与借款人之间的关系等因素综合认定。

第二，明晰企业相关人员责任承担的方式。依据《民间借贷司法解释》第23条，出借人或企业提出申请，人民法院追加了实际用款的企业法定代表人或负责人后，并不当然免除企业的还款义务，人民法院可以根据案件查明的事实及申请追加实际用款人的具体主张，确定企业与个人应承担的还款责任。企业法定代表人或负责人以个人名义与出借人签订民间借贷合同，所借款项用于企业生产经营，出借人请求企业与个人共同承担责任的，人民法院应予支持。

（2）融资租赁案件中审判中的完善。

第一，建议备位诉讼制度，辅助完善商事仲裁条款。在融资租赁案件中，存在着当事人要求继续履行合同收回全部租金和解除合同取回租赁物两种诉讼请求时，若允许建立备位诉讼制度，即当事人基于同一法律关系产生不同的主张时，且不同主张之间存在着冲突性，可在诉讼请求中合并起诉。虽该制度在理论中仍存在着部分的争议性，但法院在审理此类案件时，不妨从实际执行和减轻诉累的角度进行尝试。同时，引导当事人在合同订立时约定商事仲裁条款，因仲裁条款中并无对顺序和诉讼主张的强制要求，故此，可以通过仲裁的形式破解二择一的问题。

第二，规范租赁物取回程序。一方面，完善租赁物残值的鉴定程序。出租人诉请收回租赁物并不必然启动租赁物的评估、拍卖程序。鉴于评估、拍卖程序的时间及经济成本均比较高，且对于一些定制的租赁物而言，拍卖程序亦不一定能实现租赁物的价值发现功能，故出租人和承租人在订立融资租赁合同时，如对租赁物的折旧价值确定方法做出事先约定，即商定出双方共同认可的公允价值确定方法，将有利于避免后续诉讼程序中启动评估、拍卖程序，是较为理想的选择。

另一方面，完善租赁物登记体系和查询体系。扩大查询义务主体范围，将法人、自然人纳入到查询义务主体范围内，在存在购买租赁物时，作为相对人应有谨慎审查的义务去核实标的物的情况，在明知标的物存在权属瑕疵时仍购买，法院在审判时则不能将其认定为善意第三人。

第三，回购物的取回。对于回购合同，不能单纯地适用担保法或者买卖合同的相关规定，而是应结合担保和买卖两种法律规范对合同双方的权利义务予以调整。回购合同若不存在无效或可撤销的法定情形，应遵循契约自由原则，并尊重相关行业交易惯例，属合法有效。法院经审查认定回购合同约定的回购条件已经成就且回购人的抗辩理由不能成立的，则回购人应当按照回购合同约定向出租人支付回购款。出租人向承租人主张租金，同时向回购人主张回购责任，法院可以从节约司法成本的角度合并审理。在判断回购价格的合理性时，应当结合租赁物的大小、合同约定条款、租赁物使用情况、折旧情况等综合确定回购价格。

第四，承租人的利益保护。在现有制度下，承租人应当先对融资租赁模式进行了解，不能盲目地由销售方指引，签署大量未过目的文件，甚至空白文件，在充分考察产品性能及售后服务以后，合理预估承租物能够创造的价值，综合考虑自身承受风险的能力，再决定是否以此种方式融资。同时，法院在审理中，应侧重对融资租赁协议格式条款和内容的审查，实现利益保护的衡平性。

（3）票据方式融资中的司法应对。

第一，完善"无因性"原则在司法中的具体运用。通过统一现行票据法律、法规及司法解释中有关票据无因性的法律规定，确立其适用的合理界限。在票据业务上有条件地允许企业签发融资性票据，适度放开票据的融资功能。同时，为控制法律风险，建立有关融资性票据的发行、监测等一系列配套制度。增加规范票据涂销、空白票据及其补救等行为的规定。确立电子票据、票据影像及支付密码的合法地位。

第二，强化对诉讼证据的审查。法院在审理时应当注意诉讼时效的延续。此外，民间倒票行为与民间借贷之间存在区别，诉讼的法律依据不同，民间借贷审查借贷的意思表示加资金往来，原告方举证责任较重。而依据票据纠纷，原告举证票据来源合法性，由于票据的文意属性，对资金是否实际交付举证义务较弱。

（4）私募股权融资案件的司法应对。

第一，合同效力的判断。在当前鼓励交易及企业面临融资难的现实因素下，法院在审理涉及私募协议案件时要尽可能从保障交易的角度出发，允许金融层面的创新，只要协议不违反《合同法》或其他法律、行政法规中的强制性规定，原则上应当认可合同的有效性。

第二，理顺后续的法律关系。当前的司法实践中，倾向于将融资平台认定为居间人或居间机构，其与需融资公司之间的协议被认定为居间合同，而当前投资人与融资公司之间的关系仍未明确。本文建议法院在处理投资人与融资公司关系时，不应当受合同有名无名的羁绊，而应当从全局的角度去把握合同的内容和融资的过程，从具体约定的内容出发，具体问题具体分析地确定双方的关系，进而作出相应的裁判。

（二）涉企业融资刑事审判的司法应对

1. 平衡法律价值

当前处置非法集资司法实务的核心难题在于"刑民交叉"问题，妥善解决的关键在于衡平刑法惩罚犯罪与民法保护权利这二种法律价值。意思自治尊重当事人的真实意思表示、着眼于保护私权，而打击非法集资保护社会公共利益、着眼于惩治犯罪。当两者交集于同一个非法集资案件时，关键是对被害人过错的法律评判以及对非法集资罪法益的重新析正。首先应以被害人过错为审查基础，在刑法惩罚与刑法保护之间达成一个均衡。其次以非法集资罪法益为出发点，对涉嫌集资犯罪的民间借贷合同效力作出认定。最后，非法集资罪法益主要是金融交易秩序，如集资人已经涉嫌犯罪，但其集资款中的部分民间借贷行为没有对金融交易秩序稳定造成损害，受害人的债权可以通过担保权得以顺利实现，在此情况下，刑罚就可以考虑保持适当谦抑，对这部分集资行为不按照犯罪处理，以换取善意民事权益的充分实现，进而保持刑法惩罚与民法权利保护两项法律价值的衡平。

2. 完善法律规定

（1）细化非法集资相关法律规定，对实践中有争议的问题加以明确。

第一，明确界定"存款"的标准。从我国法律允许民间借贷的事实来看，国家并不禁止人们进行集资，只是禁止人们用吸收到的资金进行放贷或者资本经营。由此可见，只有将集资款用于以从事资本和货币为目的的间接融资行为才侵犯国家金融秩序。[1] 因此，非法吸收公众存款罪应限定为行为人将吸收到的资金用于货币或资本投资才构成本罪。

第二，明确"社会公众"的标准。根据 2010 年《解释》的规定，笔者认为，非法吸收公众存款罪中的"公众"至少应包含两个层次，一是多数性，即非法吸收公众存款的行为指向的对象必须具有人数众多的属性；二是具有不特定性，即犯罪行为可能侵害的对象和可能造成的结果事先无法确定，行为人无法预料和进行控制，行为的危害后果随时可能扩大或增加。在非法吸收公众存款罪中，"公众"应界定为社会上较大范围内不特定的储户。

第三，明确"资金的用途"对行为性质的影响标准。在考虑非法吸收公众存款后资金用途的不同时，应区分以下两种标准，其一，对于没有合法主体资格的自然人和单位非法吸收公众存款或者变相吸收公众资金，并将吸收的存款用于放贷等资本经营，扰乱金融秩序的，应当以非法吸收公众存款罪定罪处罚；其二，对于没有合法主体资格的自然人和单位非法吸收或者变相吸收公众资金，并将所吸收的资金用于生产经营等放贷以外的合法用途，没有从事本应该由金融机构才能从事的资本或货币业务，应按无罪处理。

（2）对非法吸收公众存款罪进行限缩性修正。

第一，增加"以欺诈的手段"为入罪标准。《解释》中将非法吸收公众存款罪及集资诈骗罪均归入非法集资行为，非法集资的本质是欺诈，这是造成出资人与集资人之间信息不对称，进而容易使出资人被置于不利地位的重要因素。如果行为人没有使用虚假宣传等欺诈手段，而出资人均具有理性人的特征，具有正常人的判断能力而决定是否出资，这属于民事意义上的意思自治，双方当事人在这种情况下做出的决定，应该各自承担其风险。

第二，限定"承诺利息的额度"作为入罪标准。笔者认为可以以企业利润比率为限，在非法吸收公众存款罪的罪状中加入"以超过企业利润比率的利息作为高额回报"作为入罪标准，将"以超过企业利润比率的高额回报的吸纳资金行为"才构成非法吸收公众存款罪，理由在于企业的利润率低于约定的吸纳资金的回报率，则企业的利润尚不足以偿还投资人的回报，这是违背企业经营规律的，也就意味着这种资金吸纳方式明显使民众的资金安全受到威胁，这种行为应当受到法律的禁止。因此，对于以超过企业利润比率的高额回报的吸纳资金行为，以及故意隐瞒企业利润情况，并以新集资的钱归还之前的本金和利息而维持企业经营的行为，应当认定为非法吸收公众存款罪。

---

[1] 刘宪权：《刑法严惩非法集资行为之反思》，载《法商研究》2012 年第 4 期，第 17 页。

3. 探索建立有限的信息共享平台，完善案件移送和反馈制度

鉴于企业融资类案件往往涉及的人员众多，地域范围广，经常涉及不同地区之间的公安机关、检察机关、法院，而现行制度下，各机关之间的信息互不相通，案件移送流程不明确，严重影响案件办理效率，基于此，笔者建议在公安机关、检察机关、法院之间探索建立有限的信息共享平台，对于有关联关系的案件，经过授权和审查，各机关间的相关案件的部分信息，如案件办理进展、是否涉及相同当事人等信息，可以通过信息共享平台进行查询，同时进一步完善案件材料移送和反馈制度，一方面简化查询信息的手续，节约司法资源，另一方面避免由于移送流程不规范，无法进行或其他人为因素导致案件无谓的拖延等。

（三）企业融资纠纷执行工作的应对思路

对于被执行人无履行能力或者强制执行可能造成被执行人营运价值减损的执行案件，可以充分考虑发挥执行和解的重要机制，发挥法官的引导作用，从以下三个方面设计实现平衡和促进申请执行人和被执行人利益的实现。

1. 创新给付方式

（1）融资性质转化。执行法官作为主持磋商的主体，促进融资性质转化。如申请执行人认为被执行人企业具有发展潜力，可主持双方签订债权转为股权的协议，实现执行标的给付方式上的创新。

例如，执行法官引导和组织磋商部分执行债权以"债权转股权"的方式，实现融资性质转化，参与项目的开发，既切实保护债权人的合法权益，又为企业排难，维护社会稳定，达到执法与社会效益相结合的成效，实现了"双赢"。同时，也为执行法官在生效裁判文书确定的给付方式的转化和创新方面提供有益借鉴。

（2）制定清偿计划。执行法官可以积极促进申请执行人与被执行人达成和解，给予被执行人一定的缓冲时间，组织双方商议和签订还款计划，保证在给付方式创新的基础上，有秩序、有保障地实现执行债权。

执行法官可以巧用"放水养鱼"的办法让企业重获生机。在企业慢慢扭转经营状况后，再逐步向债权人归还全部本金和利息，从而实现当事人的双赢。

2. 强化第三方作用

执行法官应在实践中积极探索第三方在执行债权实现过程中的作用，如引入战略投资者或者机构投资者等有意愿承担风险的机构向企业投资，增强企业的营运能力和偿债能力。再如，引入第三方担保机制，由企业委托第三方主体参与执行债务清偿，向执行债权提供担保，在增强执行债权实现可能性的同时，为企业赢得时间和机会，改善经营状况。

3. 实行执行转破产

企业融资纠纷的执行案件中，被执行人往往产业规模大且经营范围广，牵一发而动全身，对其经营场所与生产设备通常采取活封等控制性执行措施，尽量避免企业因此停业关张。但是，在企业发生明显资不抵债，且经营状况无好转迹象，或者股东、管理层有转移、隐匿财产行为的，从保障债权人利益角度来看，应当及时转入破产程序。执行法官应当积极探索执行程序转破产程序的法律通道和机制。

（1）探索建立二元制执行转破产启动模式。当前执转破的启动仍是以债权人或债务人的同意为前提。这种模式的弊端在于债权人或债务人出于各种破产案件中的优先受偿顺序存在的考虑，而拒绝启动转破产程序。因此，法院在实务中，应尝试性的探索建立执行法院依职权启动破产程序制度，推动执行转破产程序的顺利开展，维护企业的合法权益。

（2）简化破产程序审理。进一步降低破产申请的界限与门槛，缩短审理期限，简化破产流程，尽可能减少当事人的诉累，提高当事人的申请执转破的积极性。

（本文课题组成员：潘幼亭，北京市昌平区人民法院民四庭审判员；尹海萍，北京市昌平区人民法院研究室审判员；潘俊美，北京市昌平区人民法院研究室助理审判员；王苗苗，北京市昌平区人民法院研究室法官助理；李旭，北京市昌平区人民法院民四庭法官助理。）

北京市绿色发展法治保障研究

蔡慧永*

将绿色发展作为国家战略决策是以习近平为首的党中央根据当今时代发展特征，将生态文明建设融入经济、政治、文化、社会建设各方面和全过程，把马克思主义生态理论与中华文明相结合而形成的新的发展模式。绿色发展是中国生态文明建设的必由之路，这是一条任重道远的发展之路、转型之路，在这一历史发展进程中，经济持续发展与生态环境保护之间的冲突矛盾必将更加明显、加剧，如何应对、解决这些问题，现有的法律制度体系和治理模式不能担当起这个重任，靠"运动式"的纠察、谴责、媒体曝光和百姓举报更不能从根本上解决这些问题。为此，作为现代文明成果的法治治理体系成为实现绿色发展的最佳选择，这是我国社会转型时期化解各种环境资源矛盾纠纷，应对生态环境恶化，依法治理环境污染的有效方式和手段。绿色发展的法治化是中国绿色发展历史进程的必然选择。

一、提出绿色发展的社会背景和现实意义

北京作为首都，是全国的政治中心、文化中心、国际交往中心、科技创新中心。这四大核心功能是首都的本质特征，也是这座城市发展的核心价值所在，这同时为北京的绿色发展提出了更高的要求。近年来，北京坚持以更高水平、更可持续的发展带动经济社会发展，认识、尊重、顺应城市发展规律，坚持城市与经济社会发展相辅相成、相互促进，坚定不移疏解非首都功能，推进城市功能重组和空间布局优化，推动京津冀协同发展，着眼于更大范围的资源优化布局，努力形成可复制、可推广的经验，提升发展的质量和效益。

（一）国内背景

随着经济跨越式发展，北京人口膨胀加速，建筑物密集，能源消耗和环境污染总量不断攀升，导致城市人口、资源、能源、环境协调发展问题不断加剧。虽

---

* 课题主持人：蔡慧永，北京市西城区人民法院党组书记，院长。立项编号：BLS（2016）B007。结项等级：合格。

然已投入大量人力、物力，但构建绿色北京、打造宜居生态的新首都，促进北京人口、资源与环境协调发展的格局与目标还没有完全实现，仍不能满足城市人口、资源、环境协调发展的要求。

城市人口密度过大，"大城市病"日益严重。北京是全国产业功能、吸纳就业功能、人口集聚功能和社会服务功能最完善的城市，城市吸纳能力很强。北京城市核心区人口密度过大，产业过度集中，导致环境承载力下降，交通拥堵现象过于严重。而高密度建筑群、居民区、商业区的绿色基础设施严重不足，制约了城市环境的改善，机动车尾气、生活废气排放等不能得到有效的净化，大气污染物排放总量仍然超过环境容量，空气质量与国家新标准和公众期盼依然存在较大差距，大气污染防治形势十分严峻。并且不断上涨和高起房价与地价的诱导，很难有动力增加绿地建设投入，导致部分绿色基础设施面积减少或不足，难以促进城市自然环境修复。

面对以上诸多困境，我国政府对生态文明建设和环境保护的认识不断深化，逐渐认识到缺乏绿色理念的发展无异于杀鸡取卵、涸泽而渔，只会带来自然环境、人文环境、生存环境的多重危机。当一个社会把掠夺和征服自然视为某种价值追求时，生态危机引发的生存危机就不可避免。为此，我国政府从国家发展战略的角度提出，要努力改变落后的生产方式，全力推进社会发展方式向绿色转型。在"十二五"时期，我国就以节能减排为重点，健全激励与约束机制，加快构建资源节约、环境友好的生产方式和消费模式，较好地扭转了自然生态资源减少和退化的趋势，孕育了绿色发展理念和模式，为"十三五"全面实施绿色发展国家战略部署奠定了基础。绿色发展理念作为破解社会发展难题，推动经济社会转型，建设美丽中国、和谐北京的国家战略和城市发展战略部署应运而生。

（二）国际背景

在国际上，为应对资源匮乏、环境恶化以及实现经济复苏的压力，绿色经济逐渐成为经济转型的新亮点。美国、欧盟、日本纷纷提出了绿色发展战略，实施"绿色新政"，试图通过发展绿色经济促进经济复苏，并在新一轮全球经济竞争中继续占据优势地位。目前，全球各国都在积极实施绿色发展战略，加快向低碳、循环的绿色经济转型。

我国目前的资源环境、能源消耗状况严重制约了经济绿色发展，并严重影响了我国的国际形象，因此我们迫切需要作出绿色发展的战略选择，在产业结构、生产方式、生活方式等方面转变思想观念，以绿色理念贯穿生产生活的各个角落。发达国家在这方面积累了丰富的技术经验，从顶层设计到体制机制的创新都已经走在了前面，中国作为世界上最大的发展中国家和世界最大的新兴经济体提出绿色发展可谓正当其时。

（三）现实意义

绿色发展事关人民群众的根本利益和我国经济社会的持续健康发展。当前我国的自然资源和环境容量已经接近于警戒线，走绿色发展之路不仅是经济发展问题，也已成为社会问题和政治问题。党和政府将绿色发展纳入未来发展纲领中，是对转变发展方式认识的重大飞跃与深化。转变经济发展方式是实现绿色发展的重要前提，绿色发展的重要手段是发展循环经济，重要技术支撑是大力发展绿色技术，基本要求是正确处理经济发展同生态环境保护的关系，重要途径是发展绿色消费，最终落脚点是改善人民群众的生存环境。因此推动形成绿色发展方式和生活方式，是践行发展观的一场深刻革命。这就要坚持和贯彻新发展理念，正确处理经济发展和生态环境保护的关系，像保护眼睛一样保护生态环境，像对待生命一样对待生态环境，坚决摒弃损害甚至破坏生态环境的发展模式，坚决摒弃以牺牲生态环境换取一时一地经济增长的做法，让良好的生态环境成为人民生活的增长点、经济社会持续健康发展的支撑点、展现我国良好形象的发力点，让中华大地天更蓝、山更绿、水更清、环境更优美。

二、绿色发展的深刻内涵

（一）十八届五中全会和规划对绿色发展的战略部署

从绿色发展的内涵看，绿色发展是在传统发展基础上的一种模式创新，是建立在生态环境容量和资源承载力的约束条件下，将环境保护作为实现可持续发展重要支柱的一种新型发展模式。具体来说包括以下三个要点：一是要将环境资源作为社会经济发展的内在要素；二是要把实现经济、社会和环境的可持续发展作为绿色发展的目标；三是要把经济活动过程和结果的"绿色化""生态化"作为绿色发展的主要内容和途径。

（1）促进人与自然和谐共生。有度有序利用自然，调整优化空间结构，划定农业空间和生态空间保护红线，构建科学合理的城市化格局、农业发展格局、生态安全格局和自然岸线格局。

（2）加快建设主体功能区。推动京津冀、长三角、珠三角等优化开发区域产业结构向高端高效发展，加大对农产品主产区和重点生态功能区的转移支付力度，强化激励性补偿，建立横向和流域生态补偿机制。维护生物多样性，实施濒危野生动植物抢救性保护工程。

（3）推动低碳循环发展。推进能源革命，加快能源技术创新，建设清洁低碳、安全高效的现代能源体系。提高非化石能源比重，推动煤炭等化石能源清洁高效利用。加快发展风能、太阳能、生物质能、水能、地热能，安全高效发展核电。提高建筑节能标准，推广绿色建筑和建材。

（4）全面节约和高效利用资源。坚持最严格的节约用地制度，调整建设用地结构，降低工业用地比例，推进城镇低效用地再开发和工矿废弃地复垦，严格控制农村集体建设用地规模。建立健全用能权、用水权、排污权和碳排放权初始分配制度，创新有偿使用、预算管理、投融资机制，培育和发展交易市场。

（5）加大环境治理力度。以提高环境质量为核心，实行最严格的环境保护制度，形成政府、企业、公众共治的环境治理体系。改革环境治理基础制度，建立覆盖所有固定污染源的企业排放许可制，实行省以下环保机构监测监察执法垂直管理制度。探索建立跨地区环保机构。开展环保督察巡视，严格环保执法。

（6）筑牢生态安全屏障。坚持保护优先、自然恢复为主，实施山水林田湖生态保护和修复工程，构建生态廊道和生物多样性保护网络，全面提升森林、河湖、湿地、草原、海洋等自然生态系统稳定性和生态服务功能。强化江河源头和水源涵养区生态保护。开展蓝色海湾整治行动。[1]

（二）绿色发展的逻辑体现

第一，绿色区域发展成为"美丽中国"建设的坚强后盾。《"十三五"规划纲要》根据时代发展的要求，进一步提出"一带一路"、"京津冀协同发展"和"长江经济带"三大发展战略，旨在与四大板块相适应，最终形成"三纵两横"的资源环境可承载的区域经济和社会协调发展新格局。要将"绿色发展"贯穿于区域发展总体战略的始终，任何一个区域的任何一项经济和社会发展战略的制定，都必须将绿色发展的三大要素，即资源节约、环境保护和生态修复视为前提和约束条件；创新、协调、绿色、开放、共享五大理念作为一个整体，相互之间既是约束，也是促进，切不可顾此失彼。

第二，绿色城市成为"绿色发展"的载体。所有的城市都应当以绿色产业园区建设为中心，逐步"构建绿色制造体系"，促进制造业朝高端、智能、绿色、低碳、循环、服务的方向发展。对于已有的产业园区应逐步实现绿色、智能、循环、低碳化改造。

第三，美丽乡村建设将成为绿色发展的基础。美丽乡村建设不仅是构成"美丽中国"的有机组成部分，而且客观上讲，也成为绿色城市建设的一大主要内容。基于此，加快农村，尤其是城乡接合部生活垃圾集中处理、废弃物资源化利用和生产生活污水集中处理的步伐、稳步发展观光农业、休闲农业、旅游农业、采摘农业，促进农村经济和社会的可持续发展、重点保护历史文化村镇，还原农村经济和社会发展亮丽的风景线等工作为中心。

第四，绿色产业体系成为绿色发展的内核。以"互联网＋"为依托，构建

---

[1]《"十三五"规划建议（五）坚持绿色发展，着力改善生态环境》，2015 年 11 月 4 日，来源于财新网。

绿色制造体系，创建绿色产业园区，促进传统制造业向先进现代制造业转型，对于资源型区域，通过绿色技术的开发应用，走绿色矿山之路，同时，促进清洁能源资源的开发和推广应用。沿海地区，将通过绿色海洋技术的开发，促进绿色海洋经济发展，进而实现陆海绿色经济的协调发展。

第五，绿色制度体系将成为绿色发展的根本保障。构建绿色发展的制度体系，从公民、企业的社会责任和社会发展的角度倡导环境伦理、生态伦理和绿色发展的理念，真正将绿色发展的思想和理念贯穿于经济发展和社会进步的方方面面。

三、绿色发展的法治保障面临严峻考验

（一）关于绿色发展的司法现状

值得肯定的是，我国司法界对环境保护的重视程度在不断增强，最高法院共发布了 5 批环境资源司法审判典型案例。此外，截至 2016 年 6 月，全国共设立了 558 个环境资源审判庭、合议庭、巡回法庭，其中审判庭 191 个，有 15 个高级人民法院设立了专门环境资源审判庭，福建、贵州、江苏、重庆等地已经建立起三级环境资源审判组织体系。但我国立法在整体上缺乏对环境权方面的体系化保护，环境权的法律地位还未被正式确立，但在此方面的现实需求却在不断增加，审判实务运用还处于"摸着石头过河"的探索阶段。

（二）现行民法体系中对环境权保障的问题与困境

1. 现行民法体系中存在的问题

第一，同一法域内、不同法域之间的规范不成体系。我国目前涉及环境权保护的法律规范主要散见于各类行政法规之中，不同法规之间缺乏有效衔接。

第二，当前民法对环境保护的不足。现行民法体系下对环境权保护的相关规定主要集中在侵权责任和相邻关系两个方面。一方面，环境权侵权责任构成上最终仍落脚于民事主体的人身或财产实际损失，单纯的环境污染本身很难构成民事责任。另一方面，传统民法上相邻关系多涉及邻里关系，很难与环境保护制度进行整体衔接，现有的相邻权在价值尺度上与环境权保护理念有较大差距。

第三，环境司法实务中法官难以找法。我国是成文法系国家，法官在立法缺位的情况下其自由裁量权受到极大的限制。由于我国在环境权益方面的立法起步较晚，且尚未形成体系，法官"找法难"势必会引起法官的"审判难"。

2. 环境权作为一项新型民事权利在立法方面存在的困境

第一，权利主体的不确定性。关于环境权主体问题学者之间仍然存有争议，[1] 有些传统民法学者更因环境权主体不特定而拒绝接纳环境权作为民事权

---

[1] 周训芳：《环境权论》，法律出版社 2003 年版，第 28 页。

利列入民法。

第二，权利内容的模糊性和冲突性。环境权与传统民事权利最大的不同之处就是环境权的权利内容本身难以确定。环境权与其他传统民事权利之间的模糊性与冲突性又成为传统民法学者质疑环境权的重要理由之一。

第三，侵权救济的有限性。尽管侵权责任法第15条规定了民事责任的承担方式，但我国的环境侵权民事救济司法实践中，最常用到的就是损害赔偿，而关于排除侵害制度则尚未能广泛适用，且传统的民事责任救济方式在环境权益保护方面具有一定的局限性。

（三）环境司法的发展趋势

畅通生态环境诉讼渠道是前提。与实践中大量存在的生态环境纠纷相比，进入诉讼程序的案件仍然很少。为此，畅通诉讼渠道，实现司法对生态环境保护的全面、充分、有效介入，是发挥司法功能的先决条件。

实行生态环境司法专门化是方向。由于生态环境案件在审判理念与裁判标准、诉讼模式和审理机制、证据规则与事实认定、损害评估与责任承担等很多方面都具有特殊性，决定了必须建立符合环境纠纷特点的审判组织及运行机制。生态环境司法专门化是世界各国的通行做法和成功经验，也是我国生态环境司法的发展方向。

推进生态环境公益诉讼是突破。环境公益诉讼是最有力的环境保护手段，是社会公众参与生态环境公共事务管理的有效渠道。当前，环境公益诉讼仍处于起步阶段，公益诉讼制度还有诸多不完善之处。为此，要以制度完善为突破口，充分发挥环境公益诉讼在生态环境司法保护机制中的带动作用。

四、绿色发展法治保障的作用机理

（一）法治理念为树立践行绿色发展理念提供支撑

实现绿色发展理念需要法治理念作支撑，这是确保绿色发展战略部署贯彻落实的关键。法治理念主要在以下三方面为绿色发展理念提供支撑和保障：一是为树立绿色发展理念的权威性提供理论支撑。要想在全社会树立绿色发展理念必须依靠法律制度来维护，依靠法治理念做支撑。国家从理念上、制度上对经济发展与环境保护关系作出重大调整，推行绿色发展理念，是生态保护方式的根本性变化，用法律制度保护生态环境，用法治理念引导绿色发展，树立和维护绿色发展的权威。二是绿色发展理念对公权力的限制作用依靠法治来支撑。对公权力适度限制是绿色发展健康有序进行的基础，限制公权力是法治的基本精神，绿色发展理念对公权力的限制作用需要法治来支撑。三是绿色发展理念蕴含着对人权的尊重和保障，符合现代法治理念的本质要求，二者具有契合于人的发展权，契合于以人为本的社会主义法治理念。

（二）法治公平原则为绿色发展的环境公平提供依据

绿色发展中的公平即是环境公平，包含代内公平、代际公平和种际公平三方面内容。

代内公平即"在任何时候的地球居民之间的公平"，[1] 是指在同一代内的所有人，不论其国籍、种族、性别、经济发展水平和文化等方面的差异，在利用自然资源和享受清洁、健康的环境方面均有平等的权利。由于我国自古是个人情社会，法治意识淡薄，传统观念深厚，中央集权的行政官僚管理模式延续几千年，人治思想和模式根深蒂固，导致代内不公、代内冲突矛盾问题显著，因此，在依法治国的今天，要想进行绿色发展，实现代内公平，就必须用法治思想和模式来实现代内公平，用法律手段调整、平衡和保障代内公平，推进绿色发展。

代际公平是指当代人在作出任何可能影响到后代人利益的决策时，都应充分考虑到为后代人享有不低于当代人所享有的权利留足充分的机会，否则就会造成不公平。在我国的法律制度体系内，代际公平原则只是作为可持续发展纲领性内容存在，没有落实到具体的法律条文之中。因此，必须强调代际公平的法治化、现实化，尽快完善相关立法制度，加强环境司法和行政执法，建立健全实现代际公平的法律法规体系。同时，要大力宣传弘扬代际公平理念，唤醒公民的代际公平意识，积极维护生态环境，节约社会资源。

种际公平又称为物种公平，是从伦理学的角度来看待人与物种之间的关系，推崇的是其他非人类的自然物和人一样都有平等生存和发展的权利，各个物种生而平等，没有高低贵贱之分，人要尊重其他物种。在社会生态环境问题日益严重的今天，在环境公平已经演化为考量社会公平的标杆、尺度的情况下，从法治的视角认识和把握种际公平问题，运用法律手段严惩破坏生物多样性的行为，维护和保障自然和文化资源的多样性，使后代人有和前代人相似的可供选择的多样性，不但能够功在当今，利在千秋，还会提升绿色发展的价值取向。

（三）法治原则为解决绿色发展中的权益冲突提供规范

绿色发展的核心内容是处理好人与生态、人与自然的关系。在全面推进依法治国的背景下，在生态文明建设的框架内，建立具有强制力、权威性和高效率的法治保障体系，用法律来调整利益格局、规范人的行为秩序，协调、化解绿色发展过程中的各种权益冲突与矛盾，为绿色发展理念的贯彻执行以及绿色发展政策的连续性、稳定性提供法治保障。

---

〔1〕 Ronnie Harding et al.，"Interpretation of the Principles for the Fenner Conference On the Environment"，*Sustainability – principles to practice* l（University of New South Wales，1994）.

1. 权力与权利

随着社会政治经济文化的全面发展以及公民权益意识的觉醒，各种社会公权力与私权利特别是公民个体权利之间的冲突矛盾日益凸显多发，在生态环境领域特别是公民生存环境方面更加严重。在绿色发展中如何认识把握，如何正确处理权力与权利之间的复杂关系，是决定绿色发展是否可以健康有序进行的关键问题。运用法治思维、法治手段是应对解决这些问题的最佳模式。

在权力与权利的对立统一范畴内，法治模式是实现绿色发展理念、协调处理绿色发展过程中各种冲突矛盾纠纷的最佳模式。法治保障是绿色发展健康有序进行的基础。绿色发展需要走一条从政府到民间、从经济到社会、从各自为战走向公民参与、综合治理的制度创新之路，要畅通公众参与环境治理的路径，依法鼓励、规范公民积极参加国家绿色发展事业。为了规范政府行为，限制公权力的过度和滥用，五中全会对未来环境治理提出了非常严格的治理对策，为更好地倡导全民参与，须全面树立弘扬绿色发展理念。加强资源环境国情和生态价值观教育，不断提高公民环境法治意识。通过法治方式推进绿色消费革命，引导公众向勤俭节约、绿色低碳、文明健康的生活方式转变。同时，要健全环境信息公开制度，建立健全环境保护网络举报平台和制度，促进公众监督企业的环境行为，让每个人成为保护环境的参与者、建设者、监督者。

2. 权力与权力

地域之间、不同级别政府之间、不同行政部门之间，在绿色发展过程中会产生这样那样的权力冲突与矛盾，地方保护主义、部门利益主义都会引发权力之争，中央集权与上下级隶属关系并不能很好地解决好这些问题。世界各国绿色发展的事实证明：建立健全绿色发展法治体系，依法规范约束、平衡协调不同权力之间的冲突与矛盾，是解决这个问题的有效模式。

在环境事务上，必须明确政府环境责任核心地位，完善政府环境问责机制。按照"权责对等，有权必有责"的思路，可以考虑设立跨行政区域的生态环境保护监督机构，按照生态环境保护与发展综合决策的要求，通过立法建立全国统一的生态环境保护管理体制。特别是要强化政府生态环境质量问责机制，将环境保护的职权直接委任给各级党委、政府及其主要负责人，强化各级党委、政府作为环境保护第一责任人的责任和义务，通过法治手段把党政同责制度落实到实处。将绿色发展过程中好的做法、经验、规则、政策固定化、制度化、法律化，建立稳定的平衡、协调各种公权力之间冲突与失调的机制体制。依法优化配置公权力在绿色发展过程中的职能作用，建立生态环境质量综合考核法治制度，完善对地方环境执法、环境司法的考核体系。

3. 生存权与发展权之间的冲突

公民之间、群体之间、民族之间以及地域民众之间存在着生存权与发展权冲突与矛盾，个体的生存权与社会公共发展权之间存在着冲突与矛盾，这些冲突与矛盾必然会直接影响绿色发展的健康有序进行，会影响到每个公民的切身利益，影响到社会发展进程，甚至影响到国家的长治久安。因此，运用法治思维、法治模式处理解决这些冲突与矛盾，是绿色发展理念能否得到很好贯彻落实的关键和基础。

发展权与生存权具有密切关系。一方面，生存权是发展权的前提，因为没有生存无所谓发展。另一方面，发展权是生存权的必然要求，只有实施发展权，生存权的实现才能获得持续的、可靠的保障，并进一步改善和提高生存权的质量。所以生存权与发展权是相互促进、互相包含的。但由于不同民族、地域、群体、个体之间在同一时期的生存权与发展权会产生各种冲突和矛盾，特别是我国正处在转型发展时期，社会贫富差距、地区经济、自然环境差别巨大加剧了这些冲突矛盾，导致生存权与发展权之间的关系不协调。

从法治视角看，这两种权利相对于同一个人、同一个群体是不矛盾不冲突的，真正的冲突是处于生存状态的人或群体与已经超越基本生存需要、寻求更多更大发展的人和群体之间的冲突与矛盾，化解这二种权利之间的冲突矛盾必须用法治手段，通过法律规范合理界定两种权利的权限边界、效力范围，衡平二者的取舍、让渡关系，优先保障生存权，合理界定发展权，处理好贫富差距、地域差异、政策倾斜等社会、政治、经济以及自然因素造成的权利之间的冲突与矛盾。

不能因为生存权牺牲发展权，不能因为发展权侵害生存权，不能因发展权忽视环境权；强调生存权，并不必然牺牲发展权，寻求发展并不必然破坏环境；重视发展权谋求经济的发展，能够提升、促进生存权质量，改善环境权。生存权与发展权二者是辩证统一的关系，其统一性在于生存权是发展权的前提与基础，没有生存谈何发展，而发展权是生存权的必然要求，人类要获得持续、可靠的保障并提高生存质量必须进行发展。将发展权与生存权对立起来是错误的，正确、理性的做法是在保护环境的同时谋求发展，二者统一并依赖于优良的社会和自然环境。同样，环境权与发展权在人权体系中亦居于同等重要的地位，既不能为环境权而否定发展权，也不可为发展权而否定环境权。在我国，生存权、发展权、环境权居于同等重要的地位。

（四）法治建设为绿色发展提供保护与救济

1. 环境公益诉讼的配套制度

2012 年民事诉讼法新增加了公益诉讼制度，相关立法方面亦有了较大程度的进展和完善，环境公益诉讼在相关立法的推进下虽整体数量有所增加，但仍处于低量状态。尽管环境公益诉讼"立案难"的障碍基本予以消除，但举证技术难度大、鉴定过程复杂导致诉讼耗时长及诉讼成本增加，而大多数民间组织无力承担这样的公益诉讼责任。因此，当前我国环境民事公益诉讼在司法实践方面主要的瓶颈并不在于立法技术本身，而是相关配套制度方面有待跟进。这显然不仅仅需要立法机关、行政机关、法院和检察院的公权力的能动性介入，更需要环保部门、社会组织的多方参与。

从审判角度而言，为推动环境公益诉讼的有效运行，一是要强化环境民事公益诉讼方面的案例指导制度。2015 年 12 月 29 日最高法院发布了环境资源十大侵权案例，且尤为特别的是还邀请了十位环保法领域的专家对十大侵权案例进行了点评。目前，环境资源专项审判庭并未在全国所有省市法院范围内予以全方位覆盖，类似案例指导制度对弥补相关司法经验的不足显得十分必要。近年来涉及环境资源类的公益诉讼案件受社会关注度越来越高，如最高法院受理审查的江苏泰州水污染环境公益诉讼和腾格里沙漠污染系列环境公益诉讼申请再审案件等。二是建立环境法方面的法律人才库。与我国环境法发展起步较晚不同的是，环境法在西方国家早已是非常热门的法学，一些在当地国家享有盛誉的环境法法学博士点中亦有不少中国学生的面孔。可惜的是，这些拥有先进理论功底的环境法人才却很少出现在我国的司法体制内。此外，涉及环境损害责任的认定极为专业，需要跨专业的复合型法律人才，而加快建立环境法人才库则是当务之急。三是加强与行政机关、社会环保等组织的联动。到 2014 年 9 月底，在中国登记的环保类社会组织大概有 7000 个，其中具有提起公益诉讼主体资格的组织有 700 多个，而提起过环境民事公益诉讼的社会组织只占据很小的一部分。可见，环保类社会组织在公益诉讼中并未充分发挥其作用，这需要行政机关牵头，加强法院与该类组织的联动，共同推进环境公益诉讼制度。

2. 环境私益诉讼的开放

环境公益诉讼在一定程度上对于环境权的保护起到积极的作用，但公益诉讼不能完全替代受侵害民众享有采取私力救济的权利。环境权一旦作为民事权利被纳入民法体系中，其私权性得以确定，对于环境私益诉讼则应采取更为开放的审理理念。鉴于环境侵权纠纷本身的诉讼成本较高，在公益诉讼对于破坏生态的环境损害行为保护力度尚未达到理想境界的前提下，环境私益诉讼的启动在举证责任等方面的法律难度则更大，且实践中当环境资源遭受污染或者生态破坏，受害人往往只主张人身和财产损失，对于生态环境本身的损害未必主张。因此，当前环境私益诉讼的制度设计还不宜过度开放到与公益诉讼平行的地步，但应注重其与公益诉讼之间衔接的开放。

3. 民事责任的突破

《侵权责任法》第 15 条关于民事责任承担方式进行了列举式规定，然而环境权受到侵犯后所产生的损害结果往往很难在传统民事责任承担方式中寻求真正的救济方式。相关司法审判实践已注意到该问题的存在，如《最高人民法院关于审理环境民事公益诉讼案件适用法律若干问题的解释》第 20 条规定："原告请求恢复原状的，人民法院可以依法判决被告将生态环境修复到损害发生之前的状态和功能。无法完全修复的，可以准许采用替代性修复方式。"由于生态破坏和环境修复具有特殊性，现有的民事责任方式难以涵盖。本条款中以修复生态环境的责任承担作为对传统民事责任承担方式的补充，但仅以司法解释的形式作为立法补充，有待今后在民法典的民事责任篇章中予以吸收。同时，建议增加惩罚性赔偿的民事责任承担方式。违法成本低是难以阻挡部分企业或个人肆意破坏和污染环境的重要原因，增加惩罚性赔偿能够起到法律威慑作用。当然，在适用惩罚性赔偿时，应注意该责任承担方式的主要目的在于惩罚，而不在于赔偿，因此侵权主体是否存在主观故意，应当作为主观要件成为主要衡量标准。

总之，一切社会变革都要经历一个复杂而缓慢的过程，法治社会的出现与形成，绿色发展宏伟蓝图的实施与展现也不例外。这就决定了绿色发展的法治化建设，不可能是静止的、一成不变的，而是渐进发展的。与此同时，我们也应当看到，随着经济社会的发展以及人们对社会发展规律、法治发展规律认识的深化，法治理念的内容也将不断丰富和发展，对绿色发展法治化实践的指导作用也将逐步增强。

五、绿色发展核心内容贯彻落实要依靠法治手段

要实现绿色发展，切实贯彻落实绿色发展的战略部署，使生态环境治理真正取得实效，必须运用法治手段促进和保障绿色发展健康运行，建立健全环境治理法治机制和体系，实现绿色发展法治化，这不但为如何运用司法保障功能最大限度保障绿色发展指明了方向，而且更为如何保障贯彻落实绿色发展各项部署提出了更高要求。

（一）主体功能区建设法治化

为完善生态环境预防体系，推动空间布局和产业结构优化，建设主体功能区提供法治保障。长期以来，我国以行政区为单元发展经济，这种传统的按照行政区界限的发展模式，因没有分工和重点，往往造成各自为政、资源浪费、重复建设的无序开发局面。绿色发展要求根据不同区域的资源环境承载能力、现有开发密度和发展潜力，对不同区域的空间开发方向、时序与开发强度进行主体功能定位，分别按照优化开发、重点开发、限制开发和禁止开发四类主体功能区，制定差别化的区域法律政策。

战略部署实施与贯彻的关键在于，主体功能区建设工作中政府的职能定位问题。从法治的视角看待这个问题，就是处理好规范、审查政府行政行为特别是行政执法行为的合法性问题。跨原有行政区划的主体功能区、生态功能区建设必将带来了更加复杂的问题。一是整合行政执法主体，集中执法权后，具有集中执法权的主体往往是多个行政机关的联合体或者复合体，在现有法律体制和框架下不具有独立法人资格，仍然很难成为适格被告。二是建立健全行政执法主体资格制度需要一个过程，在这个过程中人民法院审理行政案件受制于现有行政体制的约束，很难独善其身。比如对市容环境卫生、城市规划、城市绿化、市政管理、环境保护、工商行政管理、公安交通管理等城市管理领域长期存在的执法职责交叉、多头执法、多层执法、重复执法等问题，只能被动应对，无权应对行政执法主体资格。三是对不同级别政府行政执法权相对集中、行政执法权力与执法责任分离、行政权力主体与经济利益挂钩等问题，现有行政审判模式很难发挥其应有的司法监督和纠正功能。对这些问题，必须依靠法治手段来解决。

（二）依法推动低碳循环建设

从法治的视角审视低碳循环建设问题，主要是涉及依法行政和行政审判领域的问题。

随着规划部署的落实和实施，一些环境行政审批权会逐步取消、下放，环境行政决策、执行和监督权力运行机制也在改进，特别是省直接管理县（市）体制改革的推进，必然会引发以下变化：一是行政审批权力行使主体发生变化，导致被诉行政机关的级别和权限发生变化；二是行政区划变革引起行政机关的级别和管辖区域的变化，管辖法院的级别和区划也会随之发生变化；三是行政审批权力针对的事项和对象发生变化，行政诉讼主体也将随之发生变化。因此，从加强环境司法审判工作的方面看，《行政诉讼法》关于级别和地域管辖的一些规定需要适当做出调整，并应尝试跨行政区域组建行政法院，充分运用法治手段消除实践中的地方保护主义，改变现有诉讼模式，解决行政诉讼审理、执行难的问题。

在农业领域，"十三五"规划建议提出，要加大农业面源污染防治力度，统筹农村饮用水安全，推进种养业废弃物资源化利用、无害化处置，改善农业生态环境。要依法处置政府职能部门对农村集体土地、农民宅基地、承包经营权等财产性权益的管理、审批权限，等等。从法治视角认识和把握"十三五"规划建议上述部署的贯彻执行，涉及的主要是行政、民事的司法审判工作和行政执法行为的内容。就司法领域而言，主要是行政诉讼与审判工作中出现的新问题、新情况。及时应对、处理和化解这些新问题、新情况必须遵循法治思想，按照法治原则进行。为此，这就需要从法治的视角及时调整环境司法审判思路和方向，对此类型案件的受理条件和范围等进行重新界定。总之，只有坚持城乡环境治理并重，实现生产方式的变革，才能从根本上缓解经济增长与资源、环境之间的矛盾，减少资源消耗过度和污染排放问题，才能做好低碳循环建设工作，真正实现绿色发展。

（三）环境资源利用法治化

环境作为一个状态系统，本身具有一定的张力来容纳和消解来自外界的各种影响，大多数环境污染和破坏都是积累到一定程度才最终显现出来，而一旦显现之后，往往非常难以消除和恢复，甚至是不可逆转的。即使能够有所补救，也要耗费大量的人力、物力和财力。这就说明在环境保护中，必须强调预防原则，事后的救济根本无法保护生态系统的完整性和功能的健康稳定性。

在法治视野框架下，事前预防保护机制需要严格依照法律法规建立和运行，依法界定、区分、分配各种环境资源管理权力和利用权利，制定自然资源资产产权制度、用途管制制度和国土空间用途管制制度，充分发挥法治在资源利用管理中的作用，有效约束规范各种权力和权利，最大限度地保护环境资源、提高环境资源利用率。

在法治视野框架下，构建事后法律惩罚机制，重点在于完善、制定最严格的源头保护制度、损害赔偿制度、责任追究制度，完善环境治理和生态修复制度。用制度保护生态环境，应对因环境资源权管理和利用而产生的各种纠纷矛盾以及各种新型案件，特别是行政机关行使环境资源管理、利用职权而产生的新型行政案件，是绿色发展法治化的必然要求。对此，人民法院要及时调整审理此类行政案件的思路和方式，对自然资源管理利用、生态环境监管、环保执法权的审查，不仅是发挥司法监督功能，更多应是提供司法支持。特别是环保执法部门行使监管污染物排放等行政权力时，要充分发挥行政审判的职能作用，提供司法支持。当然，这是一个问题的两个方面，不管是审查其依法实施环保，还是裁决督促其积极作为进行环保执法，都是对环保事业的支持。

（四）生态环境治理措施法治化

当前，环境事件普遍与频发证明了在传统环境治理模式下，政府在环境事务上单打独斗，已经无法应对因公众日益分散的信念和日趋分化的利益所产生的多样化需求，复杂利益交织产生的社会矛盾和纠葛让本就力不从心的政府更加手忙脚乱，同时，传统治理模式弊端凸显，甚至一些治理措施本身也引发了环境和社会问题。国家治理体系法治化的提出正是为了解决政府治理能力有限性与社会事务无限性之间的矛盾，就是为了解决传统治理模式的各种弊端，强调的是制定治理措施的程序以及措施本身的法治化，强调善法良治。

"治理措施"法治化是既不同于"统治"，也不同于"管理"的治国理政之道。治理法治化理论重在思考如何重构"政府—公民""权力—权利"之间的关系。治理措施的法治化具体到司法领域，则要求"以深入推进环境资源审判体制机制改革为契机，以环境资源审判专业化为抓手，以加强环境司法与环境执法衔接为促进，以建设优秀复合型法官队伍为保障，更好地发挥环境资源审判职能，不断提升生态环境治理法治化水平"[1]。主要包括以下内容。

第一，进一步优化司法职权配置，探索设立以流域、地域等生态系统或生态功能区为单位的跨行政区划生态环境保护的专门检察和审判机构，集中管辖环境案件，排除地方保护主义对环境违法案件的非法干预，保证司法机关独立行使职权。探索建立生态环境案件协调联动机制，推动建立审判机关、检察机关、公安机关和环境保护行政执法机关之间的执法协调机制，推动环保案件刑事、民事、行政"三审合一"，形成专门、便捷、高效的环境案件诉讼体制机制。

第二，进一步完善环境公益诉讼制度，赋予有关单位、公民个人或社会团体环境公益诉讼的权利，畅通有关各方维护自身合法环境权益的司法渠道。在依法治国的大背景下，在环境公益诉讼中，司法机关要切实维护"宪法法律至上"的公益诉讼理念。党的十八届三中、四中、五中全会明确了宪法法律至上原则，确定宪法治理理念是国家和社会治理的最高理念，强调善法良治、以人为本、以民为本的法治精神。公益诉讼是维护国家社会利益，实现环境治理法治化的重要手段，是我国环境治理从传统理念向现代理念的转换。在这个创新探索的历史过程中，司法机关应严格贯彻执行法治原则，做宪法治理理念的践行者和维护者。

第三，进一步完善公益诉讼程序与规则，处理好检察院诉讼地位、资格以及公众参与等关系。公益诉讼将原告主体资格扩大至非利害关系人，体现了人民主权原则。为防止滥诉，各国传统诉讼制度一般将原告资格限定于案件利害关系人，即只有权益受到他人侵害的直接当事人。而在公益诉讼中，当国家或社会公共利益受到侵害时，由检察机关代表国家或社会团体代表社会公众向人民法院提起诉讼。公益诉讼从司法途径上为人民参与国家事务的管理提供了一条新的有效途径，使宪法所规定的社会主义民主在诉讼领域内制度化、法律化。总之，公益诉讼模式的探索创新须遵循宪法法律规定的诉讼结构框架，不能突破国家现有的基本诉讼结构，不能僭越审判权的权威。

（五）人民法院环境司法专业化

针对环境司法机构和法官专业化所面临的一系列法律问题，应从人民法院组织法、法官法等方面寻求环境司法机制改革与创新的兼容性、妥当性。

环境司法专业化建设并不是简单的技术性工作，而是与政治文明、法治文明和司法文明密切相关，与环境保护、经济发展和社会转型密切相关，涉及政治伦

---

[1] 周强：《充分发挥环境资源审判职能促进美丽中国建设》，载《人民法院报》2015 年 11 月 8 日。

理、法律伦理和环境伦理等多个层面的观念意识。环境司法专业化不仅是制度与机制的重建，而且是深层次的符合生态价值和生态规律的伦理重建、利益重建和法律秩序与社会秩序重建。

（1）完善机构设置，明确功能定位。一方面，最高人民法院设立的专门环境资源审判庭，工作重心应在于开展有关环境诉讼的理论研究、出台相关司法解释、审理重大的疑难的环境案件、指导下级人民法院的环境审判工作等，以期有力推动我国的环境司法实践，并有助于我国环境立法、环境执法的完善。另一方面，在最高人民法院之外，应尝试建立包括东北、西北、西南、华北、华东、华中、华南等在内的大区层级的环境法院，而不是在各省、自治区、直辖市高级法院内分别设立与最高人民法院对应的专业化的环境保护审判机构。这是因为，生态系统具有整体性，环境问题往往与分割性的行政区域管理体系相冲突。以大区为单位设立环境法院，有利于促进司法审判的中立性，有利于解决跨行政区域的环境纠纷，有利于克服环境保护方面的地方保护主义。而在中级和基层法院，不一定必须设立专门的环境审判机构，而是要结合当地的经济、社会与环境状况和实际需要来确定。

（2）制度设计和运行方面。司法改革需要"顶层设计"，同时需要"重点突破"，需要从局部到整体逐步推进，而很难一下子做到整体、全面改革和创新。最高人民法院环境资源审判庭和前面提及的几大地区环境法院，以及和基层、中级人民法院相互衔接配合，作为司法文明和司法现代化的一个"试验田"，一个"窗口"，可以在促进环境立法和环境行政执法的完善方面大有可为。环境司法专业化改革只是在局部，是一个"试验田"，它的风险和可操作性已有大量实践，而且对将来的主体司法改革确实有用。

环境问题首先是一个价值观博弈的问题，其次是利益博弈的问题。法院介入环境保护，使环境纠纷成为法律事件，可以让话语平台更加公开，并依照法律运作。法官在环境保护方面可以是非常能动的，而且能动是常态化的，这和传统的法院的消极保守有很大反差。

（3）行政权和司法权的良性互动。司法能不能对行政，特别是对很多行政上有自由裁量的空间，或者说对行政合理性加以审查，这在传统领域也是一个有争议的话题。司法权相对于行政权是比较谦抑的，并不是说司法权居于绝对优位。环境法涉及非常强的科技性，对于复杂的科技现象，有时候是有科学确定性的，有时候会涉及科学上的不确定性问题，行政机关无法给出实体正义的结论，法官也无力做到。

（六）依法维护生物多样性，筑牢生态安全屏障

生物多样性是人类社会可持续发展的自然物质基础，直接影响社会和经济的

可持续发展，进而影响人类的生存安全。因此，要遵循法治精神和法治原则，依法维护生物多样性，筑牢生态安全屏障。

"十三五"规划建议特别提出和强调，要维护生物多样性，实施濒危野生动植物抢救性保护工程；坚持保护优先、自然恢复为主，实施山水林田湖生态保护和修复工程，构建生态廊道和生物多样性保护网络，全面提升森林、河湖、湿地、草原、海洋等自然生态系统稳定性和生态服务功能；强化江河源头和水源涵养区生态保护等。如何将上述部署落实到位，贯彻到实处，是摆在我们面前的迫切任务。其中，充分运用法律手段，发挥法律的规范、保障和惩罚功能是完成这项任务的基础和关键所在。目前我国立法仍然存在着诸如立法体系庞杂、立法效力低下、立法目的滞后，行政管理粗放、环境执法不力、司法不严等问题。因此，应该从法治视角出发，遵循法治的善法良治理念，强调各项保护措施、制度本身的法治化，强调执法、司法本身的法治化，制定切实可行、针对性、实效性强的国家生物多样性保护综合发展规划，建立保护地建设体系和野生动植物种及生态环境监测体系，全面实施濒危野生动植物抢救性保护工程，强化野生动植物进出口管理，严防外来有害物种入侵，严厉打击象牙等野生动植物制品非法交易等。

有人认为，从某种意义上讲，绿色发展是第二代可持续发展观，更具包容性，[1] 既包括国内环境治理，亦强调全球治理。作为对传统工业化模式的根本性变革，它是实现物质文明与生态文明和谐发展的必经路径。但绿色发展法治化并不是一剂灵丹妙药，包治百病，实现人与环境和人与人之间环境利益的和谐法治工作是一项系统工程，蕴含着绿色环境发展、绿色经济发展、绿色政治发展、绿色文化发展等相互独立又相互依存、相互作用的诸多子系统，[2] 不是一蹴而就的，需要我们正视我国当前绿色发展中存在的标准较低、覆盖面窄、可操作性差、执行软化、短期倾向明显、与其他制度配套不够等不足之处，从政治、经济、文化等方面综合考虑，从全局、长远的利益出发，从法治的视角审视，顺利实现从"黄色发展"和"黑色发展"的华丽转身，成为新一轮绿色工业革命的倡导者、创新者和领跑者！

（本文课题组成员：张容基，北京市西城区人民法院法官助理；郑杨，北京市西城区人民法院审判员；徐楠，北京市西城区人民法院审判员；严浩，北京市西城区人民法院助理审判员。）

---

〔1〕 胡鞍钢、周绍杰：《绿色发展：功能界定、机制分析与发展战略》，载《中国人口·资源与环境》2014 年总第 24 卷第 1 期。

〔2〕 王玲玲、张艳国：《"绿色发展"内涵探微》，载《社会主义研究》2012 年第 5 期。

首都维稳法治化的重点领域与实现路径

冀　莹*

一、维稳的定义与实现领域

(一) 维稳定义之探讨

对于"维稳"的概念，学者们的界定并不统一。在狭义上，维稳即维护稳定，并不是严格意义上的法律概念，而是一个典型的政治概念。[1] "维稳"即政府回应民众抗争的体制、机制与行动策略。[2] 如有学者指出，维稳，是党和政府一系列的行为选择、工作机制、公共政策、制度安排、体制创新和战略部署。[3] 具体而言，"维稳是一项有着中国特色、被提升到治国安邦层面、带有极强政治色彩的重要工作。就执政党来说，即维护社会的整体稳定，防止出现颠覆国家，或者威胁执政党政权的力量或事件。"[4] 可见，狭义层面的"维稳"，目的在于维护政治制度的延续和社会政治秩序的长期稳定，带有鲜明的抗争色彩，体现着一种紧张的冲突关系。而从现代国家治理的角度来看，有学者认为："维稳是一个反映政府行为角色的政治社会学范畴，其在本质上是一种社会治理模式，是处于社会转型期和改革攻坚期的当下中国的一项国家战略。"[5] 因此，维

---

　* 课题主持人：冀莹，山东人，对外经济贸易大学法学院讲师，研究方向：中国刑法学，外国刑法学，刑事政策学。立项编号：BLS（2016）B008。结项等级：合格。

[1] 王晓东：《论涉众型经济犯罪案件中的维稳》，载《山东警察学院学报》2017 年第 3 期，第 115 页。

[2] 肖唐镖：《当代中国的"维稳政治"：沿革与特点》，载《学海》2015 年第 1 期，第 138 页。

[3] 唐皇凤：《中国式维稳：困境与超越》，载《武汉大学学报（哲学社会科学版）》2012 年第 5 期，第 18 页。唐认为，中国式维稳就是中国的执政党和政府为了维护国家长治久安以及安定团结的政治局面，确保基本政治制度的长期延续和社会政治秩序的长期稳定，应对和化解社会转型期的各种人民内部矛盾和社会政治不稳定因素，进而形成的针对社会政治稳定问题与形势的基本判断，以及为有效解决威胁中国社会政治稳定的潜在风险与危机而提出的一系列行为选择、工作机制、公共政策、制度安排、体制创新和战略部署。

[4] 唐皇凤：《中国式维稳：困境与超越》，载《武汉大学学报（哲学社会科学版）》2012 年第 5 期，第 17 页。

[5] 周孟珂：《维稳呈法治化走向》，载 http://sky.cssn.cn/sf/bwsf_ dz/201606/t20160601_ 3048390_ 1.shtml，访问日期：2017 年 7 月 1 日。

稳作为国家治理模式的关键性内容，可以全面展现一个转型中国家的基本社会问题，是对各级政府执政能力的重大考验。从狭义层面的理解之外，是对维稳持有相对宽泛的认识，认为"维稳"一词顾名思义，即对维护社会秩序稳定的简称，是指：维护社会稳定，以确保整个社会的安全，营造人民安居乐业的社会环境。主要内容包括：控制大规模集体上访；避免或处置突发性、群体性事件；遏制进京进省上访尤其是敏感时期上访，化解各类矛盾纠纷。

可见，总体而言，学者们对维稳的定义和内涵大多阐述为政府为了维护社会稳定而施加的社会治理手段，具有较强的政治色彩。但是直至目前，对于稳定与不稳，并没有明确的界定。稳定和维稳，本身就是一个非常模糊的概念，留给政府极大的自由裁量和判断空间。维稳，是维护政权的稳定还是国家与社会的稳定？狭义角度的"维稳"仅仅指对政权合法性和稳定性的维护，其直接目标并不在于对社会秩序本身的维持。或者说，从范围的广度来看，维稳并不对社会秩序的方方面面进行规制；从其关注的核心来看，维稳也并不以维护社会秩序为其主要的关注焦点。而从广义的角度来看，如"维护社会稳定、确保社会安全"，维稳的范围便与社会治理相互等同，将社会管理的各个层面都涵盖其中。

本文将在"社会治理"层面使用维稳一词，维稳是在中国现代社会中社会治理的关键性环节，目的在于：在法治化的环境中，维护社会秩序的整体性稳定，而这一稳定的建立，来源于政府机关和司法机构对法治的遵从，来源于普通民众对法律的信仰。既然说维稳的本质在于维权，而维权的核心就是实现法治，一旦建立起秩序化、法治化的社会环境，稳定的实现也就顺理成章了。

（二）北京市维稳的重点领域分析：以政府工作报告为基础

作为我国的首都，北京地区维稳的发展历史可以从北京市政府历年的工作报告中窥探一二。以下是根据 1998 年 – 2017 年北京市政府工作报告所做的总结，工作报告从北京市政府政务门户网站"首都之窗"（http：//www. beijing. gov. cn/）上获取。在此 20 份政府工作报告中搜索"稳定"一词，得到每份工作报告中"稳定"一词的出现频率，同时对报告中出现的"稳定"一词所关联的内容进行归纳分析，可以作为研究北京市维稳关键点的参考依据之一。

年份	频率（次）	关键词
1998	18	严打、改革发展稳定、基层生活保障、治安综合治理、敌对势力
1999	18	严打、改革发展稳定、人民内部矛盾、治安综合治理、经济案件、信访

年份	频率（次）	关键词
2000	10	严打、改革发展稳定、社会综合治理、邪教、基层生活保障、打击犯罪
2001	10	严打、社会综合治理、邪教、内部矛盾、提高管理水平
2002	11	内部矛盾、治安综合治理、提高生活水平、邪教、信访、群体性事件
2003	18	治安综合治理、改革发展稳定、反恐防暴、人民内部矛盾、邪教
2004	10	人民内部矛盾、改革发展稳定、信访、治安防控、敌对势力
2005	5	人民内部矛盾、信访、群体性事件、综合治理、打击犯罪
2006	6	治安综合治理、改革发展稳定、信访、群体性事件、打击犯罪
2007	5	反恐防爆、敌对势力
2008	11	安全、食品药品、安全生产、信访、邪教、敌对势力、综合治理
2009	14	平安北京、平安奥运、反恐＋政治事件＋群体性事件
2010	23	平安北京、综合治理、安全生产、信访、治安综合防控
2011	14	平安北京、改善民生、和谐稳定、信访、治安防控
2012	22	平安北京、安全监管、信访、食品药品、治安综合治理
2013	9	民生、利益协调、平安北京、创新警务
2014	7	安全生产、食品药品安全、信访、网络安全
2015	7	民生、人民内部矛盾、安全生产、食品药品安全、信访、立体化治安防控
2016	3	矛盾排查、立体化治安防控、反恐防恐
2017	7	立体化、信息化治安防控、反恐防恐、安全生产、食品安全、打击网络犯罪、社会治理、总体国家安全观

经统计可以看出，在北京市政府1998年–2017年的工作报告中，"维稳"一词出现的频率并不高。第一次出现"维稳"一词是在2011年，在政府工作报告第七部分"全力维护首都和谐稳定"中，报告写道，"坚持用群众工作统揽信访工作，严格落实维稳责任制，做好重大事项社会稳定风险评估，完善群众利益

表达机制，深入推进社会矛盾化解。"这里的维稳主要还是化解社会矛盾，预防群体性事件的发生。在此之后，"维稳"分别出现在2013、2014、2015年：2013年的报告"进一步加强维稳和综合治理机制建设"将维稳与综合治理机制的建设结合起来，2014年和2015年将维稳与反恐工作相互联系，体现出不同时期工作重点的差异。

首先，与"维稳"相比，"稳定"一词出现的频率就高了很多。在1998年-2017年的工作报告中，"稳定"一词的出现多达104处之多。从上表可见，其一，1998年-2004年、2008年-2012出现了对"稳定"一词使用的高峰，其他年份对"稳定"的使用频率不一，但平均较少。其二，1998年-2001年，维护稳定的核心之一在于"严打"，同时还会涉及当时较为猖獗的走私、逃汇等经济犯罪，较具有时代特色。另外，在此期间从2000年开始，市政府工作报告中已经出现加强对"法轮功"等邪教分子的打击等措辞，以作为维护社会稳定的重要内容。

其次，围绕着维护首都稳定问题，2002年出现了"群体性事件"一词，2007年"强化反恐防爆工作，维护首都社会稳定"，将反恐作为维稳的新领域。2008年开始着重强调"安全"，尤其是食品药品安全问题。2014年首次出现"网络安全"字眼，2015年将1998年以来报告中反复强调的社会治安综合治理修正为"立体化社会治安综合治理"，2017年提出了"国家安全观"作为维稳工作所持的理念之一，并且2017年的报告结合近些年来多发的网络诈骗等违法犯罪行为，提出清理网络空间，以增强人民群众的安全感。

再次，在1998年-2017年的北京市政府工作报告中，反复出现并基本一直作为维稳工作重点的包括：社会治安综合治理、改善基层群众生活水平、处理好信访工作，以及妥善平衡改革、发展与稳定之间的关系。此类工作均作为维稳工作的内核而长期存在。

最后，以北京市政府的工作报告为依据，"维稳""稳定"随着社会的发展呈现出不同的图景。其一，如果将维稳理解为维护稳定，那么维稳就并非简单意义上的维护政权的合法性与有效性，在目前的官方文件中，维稳已经与广义的社会管理与规制相互等同。其二，北京市政府对于维护稳定的界定在发展路径上同样遵循了中央政府对维稳的认定。尤其是1998年以来，"改革、发展与稳定"三者之间的关系被反复提及，社会治安综合治理、畅通民意沟通渠道、打击违法犯罪行为以提高民众安全感等传统社会管理内容也一直被认为是维稳的常规内容而得到重视。其三，因为在维稳过程中，各级政府出现了很多不规范的操作，才导致维稳与政府官员的政绩直接挂钩，并且出现了很多践踏人权的现象发生，使得维稳的政治意味过于浓厚，受到抵触。[1] 因此也导致维稳的法治化被学者反复提及。对于维稳的现状，学者们普遍认为，我国近些年来的维稳出现了刚性、压力型维稳的现状，政治风险较大且呈现出"运动式"治理的发展趋势。而法治化的维稳方式是建设法治社会的重要手段，是解决社会矛盾的根本途径，也是通过最少成本来巩固政府执政的现代社会治理模式。

但是对于如何来实现维稳的法治化，相关的文献却都言之不详，或是写的过于空洞，大而论之，并不具有特别的实用价值；或是写到法治化就戛然而止，对法治化的具体化问题涉及不多。具体而言，维稳的法治化无非包括以下两点内容：其一，所涉领域法律制度详实完备，即在立法上保持法律的合法性、明确性、稳定性。其二，在执法上，坚持有法必依，违法必究，严格的问责机制是实现维稳法治化的必然要求。但是如此界定仍然较为抽象，必须落实到特定领域。通过法治的方式处理好受害者人数众多或者社会影响力较大的案件，是在司法方面进行维稳法治化的重要方式。对任何国家而言，秩序的维护离不开两种主要的力量，一种是警察，另一种是法官。[2] 二者在维护公共秩序中都起到了不可或缺的作用。但在我国目前情况下，在系统性的维稳事业中，公安机关由于其自身的特殊性，在维稳工作中一直保持着排头兵的地位，主导作用非常明显。可即便公安机关在维稳中效率更高、打击面更广，司法机关化解社会纠纷和矛盾的作用仍然不容小觑。在法治维稳的模式中，法院在处理特殊案件中强调法律效果与社会效果的统一，同样是最大的维稳。

维稳是一种社会治理方式，涉及社会的方方面面。从近两年北京市的政府工作报告来看，维稳在目前所涉及的内容主要包括以下四个领域的问题：综合性的社会治安防控体系，安全维护，反恐以及社会问题治理。本报告在探讨北京市维稳法治化的重点领域问题上，会结合特定的罪名将维稳法治化的研究具体化，即在北京市政府工作报告历年中屡次涉及的五个方面：社会治安综合治理、反对恐怖主义、极端主义犯罪、食品药品安全犯罪以及群体性事件应对中，各抽取一到两个典型性涉众型犯罪进行研究。

（三）北京市维稳重点领域所涉罪名分析

现摘录 2013 年 – 2017 年北京市高级人民法院的工作报告如下：

2017 年："严惩严重危害人民群众财产安全和社会稳定的电信诈骗犯罪，审结此类案件 16 件，向社会通报涉及 891 名被害人的樊用明诈骗案等典型案例。

───────────

〔1〕 学者普遍认为，"中国的社会政治稳定是一种刚性稳定和压力维稳，具有政治风险大、维稳成本高、被异化和内卷化趋势的缺陷。"参见于建嵘，《从刚性稳定到韧性稳定——关于中国社会秩序的一个分析框架》，载《学习与探索》2009 年第 5 期，第 113 – 118 页。

〔2〕 谢岳：《维稳政治的逻辑》，清华书局 2013 年版，第 256 页。

严惩非法集资等涉众型经济犯罪，审结此类案件 125 件，同比上升 42.1%，加强涉案财物处置，为 40 余万投资人挽回经济损失 5 亿余元。"

2016 年："加大对醉驾、非法集资、电信诈骗、制造销售有毒有害食品药品、网络犯罪等多发犯罪的惩治力度……"

2015 年："对非法吸收公众存款、电信诈骗、网络造谣等危害范围大的犯罪，依法加大惩处力度，审理了涉案金额 26 亿余元的朱梓君非法吸收公众存款案、全国首例利用信息网络实施诽谤的'秦火火'案。"

2014 年："依法严惩危害民生的犯罪。审结危害食品、药品安全犯罪案件 498 件，对 536 人判处刑罚，并就审判中发现的食品药品监管漏洞提出司法建议，促进了食品药品安全监管的完善。"

2013 年："针对集资诈骗、组织传销、网络信息诈骗等涉众型经济犯罪……五年审结涉众型经济犯罪 331 件，涉案金额 110 亿元，同时，加强法制宣传，揭露犯罪手段，提高了公众的防范意识和能力。"

通过 2013 年–2017 年北京市高级人民法院的报告可以看出，涉众型非法集资类经济犯罪一直是近些年我市法院关注的热点问题。所谓"涉众型经济犯罪"，根据 2006 年公安部对"涉众型经济犯罪"的界定，是指涉及众多受害人，特别涉及众多不特定受害群体的经济犯罪，主要包括非法吸收公众存款、集资诈骗、传销、非法销售未上市公司股票等犯罪活动。非法集资类犯罪包括集资诈骗以及非法吸收公众存款类犯罪。[1] 另外，北京市高级人民法院的报告中还反复提及危害民生类犯罪如药品与食品安全类犯罪，与最高人民法院在近些年来报告中的内容有不谋而合之处。考虑到涉众型金融犯罪可以作为社会治安综合治理的一部分，本文将分别针对涉众型经济类犯罪、食品药品安全类犯罪等与北京市维稳密切相关的犯罪类型进行详细论述。另外，结合北京作为我国首都的特殊性，在此两类犯罪之后，课题将继续分析在法治环境下如何通过预防和打击恐怖主义、极端主义犯罪及其相关犯罪，以实现对北京市的治安以及社会维护。

近年来，随着刑法修正案八和修正案九的陆续出台，我国刑法立法开启了刑法观的转向，刑法规制社会生活的范围拓展、力度增强，刑法对社会的回应性增强。[2] 积极立法观的具体表现如：刑法不断拓宽处罚领域，加大处罚范围，前置化倾向明显；并且刑法更加重视公共安全、集体法益和社会秩序，以更加积极的态度参加社会管理。刑法的这种功能性转向以追求安全保障和社会稳定为核心，引起不少学者的争论，有学者认为应对这一刑法转向持谨慎态度，反对过度

---

〔1〕 《公安部召开涉众型经济犯罪专题新闻发布会》，载 http://news.163.com/06/1123/10/30JTO4K 10001124J.html，访问日期：2017 年 8 月 1 日。

〔2〕 周光权：《积极立法观在中国的确立》，载《法学研究》2016 年第 4 期，第 23–40 页。

犯罪化；[1] 也有学者提出刑法与刑事政策之间关系的进一步密切是大势所趋，积极刑法观符合时代精神，刑法只应当有所为有所不为。[2] 与此同时，刑法学界还提出"风险刑法"、"民生刑法"、"反恐刑法"、"安全刑法"或"预防型刑法"等各种理念，[3] 来展现刑法在整体大环境和具体领域中的变革。周光权老师还专门提出积极立法观，认为保守的传统刑法观已经无法满足转型中国的需要，刑事立法更加具有功能性、积极性，因此未来中国的刑法立法从技术层面需要考虑进行相当规模的犯罪化。[4]

积极立法观是一种功能主义的立法观，但是随着刑法修正八和刑法修正案九的出台，学者们的关注点往往都在立法上刑法的扩张，而非司法上应当有的举动。在积极立法观的影响下，虽然司法仍然应当保持谨慎，并坚持刑法的谦抑性，以对立法的扩张形成限制。但是在整体刑法观发生功能性转变的同时，司法不能过于保守，仍然应当积极发挥其能动性。司法裁判的过程必然充盈着法官的司法能动性，司法必须与社会发展变化保持同步并回应社会在发展变化中形成的需要。能动司法要求法官注重司法的社会效果。积极发现和回应社会现实需求，促进司法良好结果的实现，是能动司法正当性所在，也是司法内在性质的要求。[5] 从立法与司法两个角度来看，刑事立法在坚持谦抑性原则的同时，应继续践行积极的立法观，这既是刑法社会保护功能的实现，也是保障犯罪人基本权利的基本要求。而在司法上，集中解决某个特殊时间段内的社会问题，尤其是妥善处理好新出现的社会热点及法律争议，明确罪与非罪的界限，注重法律效果与社会效果的统一，是从司法角度进行维权、维稳的主要方式。当然，在保证司法能动性的同时，刑法也不能被过度使用，比如何荣功老师就曾经指出，我国刑法无论在立法和司法上都出现了过度刑法化的发展趋势，在司法上的表示包括：司法解释肆意扩大了刑法的适用范围，刑法的适用出现了行政化的趋势，兜底条款被随意使用，灰色行为被犯罪化，法院还滥用刑事手段插手社会纠纷。[6]

二、涉众型经济犯罪研究

2017 年 7 月 24 日，国务委员、公安部部长郭声琨在公安机关防范经济风险座谈会上强调："要集中开展打击整治涉众型、风险型经济犯罪活动，着力提升

---

〔1〕 齐文远：《修订刑法应避免过度犯罪化倾向》，载《法商研究》2016 年第 3 期，第 9 页。

〔2〕 劳东燕：《能动司法与功能主义的刑法解释论》，载《法学家》2016 年第 6 期，第 13 - 28 页。

〔3〕 卢建平：《加强对民生的刑法保护——民生刑法之提倡》，载《法学杂志》2010 年第 12 期，第 10 - 13 页。

〔4〕 参见周光权：《积极立法观在中国的确立》，载《法学研究》2016 年第 4 期。

〔5〕 杨建军：《重访司法能动主义》，载《比较法研究》2015 年第 2 期，第 141 页。

〔6〕 何荣功：《社会治理过度刑法化的法哲学批判》，载《中外法学》2015 年第 2 期，第 532 - 533 页。

服务经济社会发展、防范化解经济金融风险能力。"[1] 最高人民法院也印发《最高人民法院关于进一步加强金融审判工作的若干意见》，院长周强还要求，最高人民法院要及时发布指导性案例，依法开展金融审判工作，同时对非法集资保持高压态度。另外，根据北京审判信息网、北京市高级人民法院网、首都政法综治网所得的数据，北京市涉众型经济犯罪，主要包括从 2010 年左右便呈现高发趋势的非法集资类犯罪、电信诈骗犯罪，以及近些年来多发的互联网金融等犯罪。非法集资类犯罪以及电信诈骗等犯罪往往所涉被害人众多，社会影响较大，如果广大被害人的损失已经被犯罪人转移或挥霍，被害人便难以得到赔偿，一旦被害人将其归咎于政府工作不力，对社会稳定的隐患不言而喻。在此司法机关通过妥善解决社会纠纷来进行社会秩序维护就显得尤为重要。

在有关涉众型经济犯罪中，本文将主要围绕着非法集资类犯罪展开。在立法不断进行犯罪化的同时，通过司法手段对影响力大的涉众型案件进行合理界定，在定罪量刑上保护犯罪人的合法权益，是维护社会稳定的法治路径。

（一）非法集资类犯罪：北京市的实证分析

本报告的裁判文书主要从北京市审判信息网（http：//www.bjcourt.gov.cn/）上获取。按照 2016 年 9 月《最高人民法院关于人民法院在互联网公布裁判文书的规定》第 3 条规定，人民法院作出的裁判文书，除了如涉及国家机密、未成年人犯罪等五项问题外，都应当在互联网上公布。因此北京市审判信息网上公布的北京市裁判文书已经相对全面，可以作为我们分析研究的依据。

北京市审判信息网上现有数据显示，从 2014 年 4 月 18 日到 2017 年 8 月 3 日，北京各级人民法院涉及非法吸收公众存款案件 314 件；其中搜索到以此为案由的判决书 134 份。搜索"集资诈骗罪"，从 2014 年 8 月到 2017 年 7 月，直接显示 104 条文书，但是因为其中部分案子还夹杂着非法集资、诈骗、合同诈骗等犯罪，经过筛选，案由为集资诈骗罪的判决书一共有 24 份，与非法集资类案件相比，数量较少。

在涉及非法吸收公众存款的案件中，从 2014 年 7 月到 2017 年 7 月底，2017 年 35 份，2016 年 57 份，2015 年 33 份，2014 年 9 份，可见北京市非法吸收公众存款案件的数量在逐年递增。在案由为集资诈骗的案件中，2017 年至今有 5 个，2016 年共 5 件，2015 年共 8 件，2014 年共 6 件，变化幅度并不十分明显。另外，在所有案由为非法吸收公众存款与集资诈骗的案件中，被告人宣称自己为 P2P 的，非法吸收公众存款案件中有 11 例，集资诈骗中有 3 例，数量正在增加之中。

---

〔1〕《公安部部长郭声琨：防范经济金融风险 维护社会大局稳定》，载 http：//finance.china.com/news/11173316/20170724/30998252.html，访问日期：2017 年 7 月 25 日。

因为 2014 - 2017 年涉及样本超过 100 个，统计工作量过大，现以 2017 年的 35 例非法集资类案件为样本，综合统计其被告人数量、触犯罪名、所获刑期等因素，可以得出以下结论：

第一，在非法吸收公众存款的案件中，案发原因大多是犯罪人并未经过核准，不具有金融融资资格，便向社会不特定公众宣传理财产品，销售黄金，或进行非合法私募。犯罪人虽然行为方式存在不同，但是未经核准，并公开吸收存款，是犯罪的基本构成要件。

第二，2017 年北京市非法吸收公众存款的案件大多是共同犯罪，部分案件虽然只存在一个被告人，但同案犯也多是已经被另案处理。这与非法集资类犯罪案件的特殊性有关，被告人多需要他人协助进行宣传并处理收益。

第三，被害人数量普遍较多，最多的案件中被害人达到 491 人，但是也并非所有非法集资案件中被害人都是数量众多，在个别案件中，被害人 2 - 4 名不等，相应造成的社会危害也较其他案件小，所获刑期也较低。

第四，在量刑上，根据非法吸收公众存款数额的多少，被告人所获刑期也差异较大，经统计，非法吸收公众存款上亿元的，刑期一般为 7 - 8 年不等，其他非法吸收公众存款多为千万元，刑期 3 - 6 年。非法吸收公众存款亿元以上的犯罪人所获刑期与仅仅吸收千万元的相比，刑期略短，量刑上并不均衡。另外，所有的案件都被处于罚金附加刑，这也是经济犯罪的特点之一。

第五，具体案件中，法官还会考虑到具体案情，综合多种因素进行判断，如是否已经返还损失，是否存在自首情节，在共同犯罪中所起到的作用，是否是聋哑人等，考量非常全面。其中，如果被告人已经返还全部损失，最终被判处缓刑的可能性比较大。

（二）非法集资类犯罪的法律适用

非法集资类案件中的核心问题在于对罪名的认定。在公开裁判文书中，部分判决书提到了被告人的辩护理由，如提出属于合法私募，可见以私募基金作为敛财手段的非法集资案占比比较高。"负债业务是商业银行形成资金来源、从事中间业务和资产的重要基础，属于商业银行的核心业务，此外，该业务还承载着国家对经济宏观调控的重要使命，属于具有社会公共利益性质的业务。"[1] 司法实践中，非法集资的案件数量较多，司法机关对此的把握也较为严格。目前我国对界定合法"私募"行为的标准比较一致，包括：①人数限定；②不得定期返息；③不得公开募集；④单个投资者投资金额不得少于 100 万元人民币；⑤ 3 名以上高管；⑥工商注册及备案。而非法集资案件，根据《关于审理非法集资刑事案件

---

[1] 何荣功：《经济自由与刑法理性：经济刑法的范围界定》，载《法律科学》2014 年第 3 期，第 55 页。

具体应用法律若干问题的解释》，非法集资活动应同时具备以下四个条件：①未经有关部门依法批准或者借用合法经营的形式吸收资金；②通过媒体、推介会、传单、手机短信等途径向社会公开宣传；③承诺在一定期限内以货币、实物、股权等方式还本付息或者给付回报；④向社会公众即社会不特定对象吸收资金。二者的界限还是较为明晰的。普通合法私募的招募方式、信息披露等都不具有公开性，并且合法私募作为投资收益，并不承诺保底收益，否则就是非法集资。可对于非法吸收公众存款罪，也有学者认为应采取限制解释方法，将该罪限制在非法从事商业银行的负债业务的范围。如果行为人虽然吸收了不特定公众的财产，但确实是为了进行正常的生产经营活动，也不应认定为本罪。这种意见认为虽然行为人对社会公众承诺保本付息，但不会对金融安全造成实质伤害，不宜认定为本罪。

理想的政府对市场经济的管理模式应该是"政府制定规则与约束都是为了市场更有效地运作，增加社会福利，保护公共利益"[1]。在涉众型经济犯罪中，北京市作为经济高度发达、人口极其众多的地区，通过法律手段合法、合理地解决纠纷，是维稳的最好方式。对于立法上已经规定得比较完善、成熟的罪名，司法上应当坚持比例原则、最小化原则，对罪与非罪、民事责任的承担等都进行谨慎认定，尽可能运用刑法解释的方法，努力将经济刑法的处罚范围尽可能限定在合理限度内。

除了经济安全，食品药品安全同样是国家安全的重要组成部分。北京市高级人民法院每年的工作报告体现出，近些年来，北京市食品与药品问题频发，在立法和司法上妥善处理与食品药品相关的犯罪行为，是在法治环境下对维稳的重点领域进行规制的必然要求。但是食品与药品安全毕竟涉及面过广，本报告将只结合北京市食品安全的立法与司法适用进行探讨。

三、食品安全类犯罪研究

今年年初，习近平同志对食品安全工作作出重要指示："民以食为天，加强食品安全工作，关系我国 13 亿多人的身体健康和生命安全，必须抓得紧而又紧。"[2]

在食品安全问题上，2010 年出台的《刑法修正案（八）》和 2015 年《食品安全法》的修订，形成了我国较为完备的食品安全刑法保护体系制度，为预防食

---

〔1〕 李仲广：《政府的根本经济作用是保卫经济自由》，载《中国国情国力》2000 年第 7 期，第 40－42 页。

〔2〕 何莉：《推进食品治理现代化》，载 http：//www.chinacourt.org/article/detail/2017/05/id/2851166.shtml，访问日期：2017 年 5 月 28 日。

品安全问题、惩戒食品安全犯罪行为发挥了良好的作用。[1] 与食品安全相关的犯罪，主要包括生产、销售不符合安全标准的食品罪，生产销售有毒有害食品罪以及食品监管渎职罪三个罪名。另外还会包括诸如生产、销售伪劣产品罪；非法经营罪；虚假广告罪；生产、销售伪劣农药、兽药、化肥、种子罪以及提供虚假证明文件罪、出具证明文件重大失实罪乃至以其他危险方法危害公共安全罪等。

（一）北京市食品安全类犯罪之实证分析

在北京市审判信息网上，从 2014 年 1 月到 2017 年 8 月初，以"食品"为案由关键词，搜索判决书，共有 1745 份，其中 2017 年共有 80 份，2016 年共有 257 份，2015 年共有 560 份，2014 年共有 845 份。其中，罪名为生产、销售有毒、有害食品的共有 1632 份，生产、销售不符合安全标准的食品罪共有 114 份，在此期间，就已经公布的文书而言，尚未出现食品安全渎职罪的案件。由此可见，从 2014 年至今，在北京市，与食品相关的犯罪就一直处于高发态势。这与全国食品安全犯罪的审判趋势是一致的。[2] 2017 年半年内案件数量为 79 份，虽然尚未计算到 2017 年年底，但保守估计，与以往各年相比，仅就案件数量相比，呈下降趋势。在生产、销售有毒、有害食品罪中，各个区划的法院案件数量比较平均，朝阳区因为面积较广，朝阳法院案件数量也相对较多，达到 415 件。

经统计，在 2017 年已公开的文书中，生产、销售有毒有害食品的判决书共 65 份，其中 64 份中被告人因生产或销售了含有西地那非的保健品而获罪，所占比例极大。在 2016 年，以生产、销售有毒有害食品的判决书共 209 份，其中与西地那非相关的就有 199 份。在 2015 年，以生产、销售有毒有害食品的判决书共 512 份，其中与西地那非相关的就有 464 份。2014 年，以生产、销售有毒有害食品的判决书共 843 份，其中与西地那非相关的有 807 份。

同时，在所有公开的生产销售有毒、有害食品的案件中，对被告人发布禁令的有 1071 份，均为禁止被告人在缓刑考验期间内从事食品生产、销售及相关活动，大概占到所有生产、销售有毒、有害食品罪的 65%。在 114 份公开的生产、销售不符合安全标准的食品案件中，最后判决对被告人适用禁止令的大概有 68 件，占比 59%，比生产、销售不符合安全标准的食品案件中适用禁止令的比例要低 6% 左右。

另外，在所有案件中，案件适用速裁程序的有 217 件，实行独立审判，判决书也相对精简很多。在生产、销售不符合安全标准的食品案件中，适用速裁程序

---

[1] 李彬、张爱娥：《食品安全刑法保护制度的缺陷与完善》，载《人民论坛》2016 年第 1 期，第 125 页。

[2] 《最高法：近年来人民法院审结的危害食品安全刑事案件数量大幅攀升》，载 http://legal. people. com. cn/n/2013/0503/c42510 - 21359032. html，访问日期：2016 年 10 月 20 日。

的有 67 件。所生产、销售的食品也一般为包子、牛肉等制品，数量普遍不大，社会危害性较低。

基于以上统计，可以得出以下结论：

（1）在北京地区，从案件数量上分析，有关食品安全的犯罪主要涉及两个罪名，相对集中，一是生产、销售有毒、有害食品罪，二是生产、销售不符合安全标准的食品罪。其中，生产、销售有毒、有害食品罪占绝大多数，是目前打击的重点。

（2）在我国现行刑法中，通过《刑法修正案（八）》的修改，生产、销售有毒有害食品罪是行为犯，并不要求足以造成社会损害。在已判的案件中，总体来说所涉数量并不巨大，量刑时也多为有期徒刑或拘役，并不超过一年。在已有判决之中，基本没有刑期达到五年的，且多适用缓刑，体现了罪责刑相适应的基本原则。

（3）在涉及食品安全之类的犯罪中，在北京地区大概一半以上都通过速裁程序解决。根据 2014 年《关于授权最高人民法院、最高人民检察院在部分地区开展刑事案件速裁程序试点工作的决定》（以下称《决定》），"对事实清楚，证据充分，被告人自愿认罪，当事人对适用法律没有争议的危险驾驶、交通肇事、盗窃、诈骗、抢夺、伤害、寻衅滋事等情节较轻，依法可能判处一年以下有期徒刑、拘役、管制的案件，或者依法单处罚金的案件，进一步简化刑事诉讼法规定的相关诉讼程序。"在以上总结的食品安全类犯罪中，被告人的普遍刑期在一年以下，符合《决定》的基本要求，可以通过简化程序来节省司法资源。

（4）在食品类犯罪中，适用禁止令的比例非常大。在判决书中适用禁止令多用在缓刑考验期间，禁止其从事食品生产、销售及相关活动。根据《刑法》第 37 条规定，"因利用职业便利实施犯罪，或者实施违背职业要求的特定义务的犯罪被判处刑罚的，人民法院可以根据犯罪情况和预防再犯罪的需要，禁止其自刑罚执行完毕之日或者假释之日起从事相关职业，期限为三年至五年。"而在王雅娟一案中，判决书对禁止令的性质和使用还专门进行了论证："禁止令是一种对犯罪分子兼具惩罚性和非刑罚性的综合性制度，系被告人缓刑考验期限内的资格禁止。从法律效果来说，如果被告人违反了禁止令，可能会撤销缓刑，执行原判刑罚。从社会效果来说，则更是一种社会预防。"[1]

（5）在食品安全的犯罪中，被告人被普遍处以罚金附加刑，以加大犯罪人的犯罪成本，这较为符合经济犯罪刑罚处罚的基本特征。

---

〔1〕《王雅娟销售有毒、有害食品罪二审判决书》，载 http：//www. bjcourt. gov. cn/cpws/paperView. htm? id = 100587412967&n = 1，访问日期：2017 年 7 月 20 日。

（6）根据我国《刑法》第 291 条规定："编造虚假的险情、疫情、灾情、警情，在信息网络或者其他媒体上传播，或者明知是上述虚假信息，故意在信息网络或者其他媒体上传播，严重扰乱社会秩序的，处 3 年以下有期徒刑、拘役或者管制；造成严重后果的，处 3 年以上 7 年以下有期徒刑。"但在北京市的已有判决之中，还未出现"编造、故意传播虚假信息罪"的判决。在北京市的已有判决书中，只有数量不多的编造虚假恐怖信息罪和编造、故意传播虚假恐怖信息罪，针对的仅仅是虚假恐怖主义信息，对于传播有关食品类的以及其他虚假信息，还未被判处刑罚处罚，目前只是根据《治安管理处罚法》被处于行政处罚。根据中国裁判文书网（http：//wenshu. court. gov. cn/）上得到的信息，目前国内被判处"编造、故意传播虚假信息罪"的数量本来就十分有限，除了编造、故意传播虚假恐怖信息以外，主要是在网上编造和传播虚假暴力事件，严重扰乱社会秩序，还未出现因为故意发布或传播食品谣言而获罪的案例。

（二）北京市食品安全类犯罪之法律适用

由以上结论可以看出：第一，虽然在已有文献中，学者们大都认为食品犯罪的刑罚过于严厉，是基于国民舆论压力出台的回应性刑法，并不是一种谨慎的立法方式。"如大陆《刑法修正案（八）》有关食品安全犯罪之修订基本呈趋严之势。"[1] 但是，在实务界，日常生活中发生的食品安全类案件并不像媒体报道中的都是社会危害性非常严重的案件，此类犯罪并未造成实质性的社会损害，所适用的刑罚也并不严厉，体现出"抓早抓小"的特征。目前实际案件情况与媒体报道给民众形成的观念呈现出两极化的趋势。"在危害结果巨大，国民预测当罚的情形下，会表现为零容忍以及法律发现；而在危害结果尚未显示的时候，伴随着国民预测性的分化，司法实践中又倾向为轻缓化或者不罚。"[2]

第二，现有文书中所判处的刑罚普遍采取了"有期徒刑＋缓刑＋罚金＋资格刑"的模式，被告人被判处不满一年的有期徒刑，并且多伴以缓刑，兼具罚金刑。但是首先，经统计发现，罚金数量普遍较少，并不能起到太大的震慑作用。其次，有学者提出，"食品安全犯罪的特点是贪财图利，罚金刑的施加并不能实现最佳的控制效果，而辅以特定资格刑可以极大限制犯罪人继续实施该类犯罪的机会。"[3] 但是目前的资格刑也多是在缓刑考验期间实施，且缓刑的考验期一般不超过一年，数额较少的罚金和时间较短的资格刑似乎并不能有效地遏制和预防犯罪行为的再次发生，应该提高罚金刑的数额，以加大刑法的震慑作用。

---

〔1〕 参见张伟：《两岸食品安全犯罪刑事立法比较研究》，载《当代法学》2015 年第 2 期。

〔2〕 黄星：《食品安全刑事规制路径的重构》，载《政治与法律》2011 年第 2 期，第 49 页。

〔3〕 张德军：《中国食品安全刑法改革的系统性思路与进路》，载《理论学刊》2015 年第 2 期，第 113 页。

第三，食品安全的网络谣言控制是维稳的另一阵地。2017 年 7 月，国务院食品安全办等 10 部门联合发布通知，要求及时公开食品安全监管信息，挤压谣言传播空间，对违法违规发布食品安全信息的要进行严肃查处。在北京市目前的司法审判中，通过"编造、故意传播虚假信息"来惩治食品谣言犯罪的几乎没有，虽然在微信等传播工具上食品谣言的影响也较大，但造成社会恐慌与不安的并不多。与编造、故意传播险情、疫情、灾情、警情四种虚假信息相比，食品安全犯罪更直接影响的是所诋毁商家的声誉和市场占有份额，间接影响的才是民众对政府机关的食品监管责任和对国家食品安全的信任，相比较起来危害性较低，一般通过治安管理处罚法予以处罚。正如学者所指出的那样，"险情、疫情、灾情、警情"四个方面分别是对危险、疫病、天灾和治安的突发性事件的规定。这四类对象都属于突发类的事件，能迅速激起受众的"避难心理"，不同于"××食物近期内质量存疑，请大家谨慎食用"等较为舒缓的劝告性谣言，四类突发性事件的谣言能直接关系到人民的人身和财产安全，能够立竿见影地引起社会的动荡。[1] 因此在食品安全的犯罪问题上，目前法院的做法还比较适当，并没有因为制造、传播食品谣言可能造成民众的负面情绪就进行入罪化处理。

总之，目前北京地区的法院对食品安全的犯罪处理较为合理，在坚持了生产、销售有毒、有害食品罪是行为犯的同时，还通过速裁程序节省了司法资源，如果能进一步加大罚金刑的处罚力度，并延长资格刑的使用，将会更有力地打击危害食品安全等犯罪行为，提高公众生活的安全感，进一步维护社会稳定。

除了经济安全、食品安全外，北京市作为我国首都，对恐怖主义、极端主义犯罪一直保持高压态势，本报告的下一部分就围绕着与恐怖主义犯罪相关的犯罪行为展开。在立法与司法上打击恐怖主义犯罪以及与之相关的其他犯罪行为，是北京市维稳工作的第一要义。

四、恐怖主义犯罪及与之相关的犯罪行为

对于恐怖主义犯罪的立法化，学者们已经有过很多探讨。在司法问题上，本文还是会以北京市审判信息网上的裁判文书为依据，实证分析北京地区在实务中对与恐怖主义犯罪相关的行为是如何进行处置的。

在北京市审判信息网上，从 2014 年 1 月截至 2017 年 8 月 1 日，以"恐怖"为关键词，共搜索到 33 份判决书，其中 2017 年共有 7 份，2016 年 5 份，2015 年 12 份，2014 年 9 份。与其他年份相比，2015 年的判决书数量偏多。在此 33 份刑事判决书中，编造、故意传播虚假信息罪共有 28 份，比例几乎占到了 85%。另外，除了编造、故意传播虚假信息罪外，其他涉及的罪名包括"宣扬恐怖主义、

---

〔1〕 李东升、张楚：《公共事件网络谣言的刑法规制》，载《理论月刊》2016 年第 8 期，第 165 页。

极端主义、煽动实施恐怖活动""非法持有宣扬恐怖主义、极端主义物品"以及"编造恐怖虚假信息"等。

在"欧阳天义宣传恐怖主义、极端主义"一审判决书中,主审法官写道:2016 年 11 月,被告人欧阳天义在公众号中看到一个暴恐视频,是外国的恐怖分子对被害人进行枪决的视频,便在微博上对视频进行了转发,还加了备注"好奇害死猫,胆小勿近",其中涉案视频被转发 66 次,评论 23 条。[1] 虽然被告人欧阳天义及其辩护人辩称,被告人对恐怖主义缺乏了解,因为好奇而转发,并不具有犯意,但是法院仍然认为被告人作为一名具有正常认知能力的人,对涉案视频的内容、性质均具有明确且具体的认识,犯宣扬恐怖主义、极端主义罪,被判处有期徒刑 10 个月,并处罚金人民币 1000 元。

在"张冰宣扬恐怖主义、极端主义、煽动实施恐怖活动"一案中,被告人张冰同样是在微博上传"伊斯兰国"组织发布的暴恐视频截图,被 2000 余人阅读。同时应网友要求,被告人还转发暴恐视频链接地址,被多人观看、评论。[2] 张冰的辩护人辩称其不具有宣扬恐怖主义和宗教极端主义思想的故意,但是法院在判决书中对被告人张冰宣扬恐怖主义、极端主义罪进行了肯定,判处其有期徒刑 10 个月,并处罚金人民币 1000 元。

在"王小南非法持有宣扬恐怖主义、极端主义物品"一案中,被告人王小南于 2016 年,在北京市海淀区,将宣扬恐怖主义、宗教极端思想的动态图片存储于其所使用的台式电脑内,法院认为这六张动态图片具有极强的煽动性、示范性和暴力性,明显体现出对恐怖主义、极端主义进行宣扬的用意,具有正常认知能力的成年人应该对此有基本的判断。[3] 因此,被告人王小南主观上明知其持有的动态图片为恐怖主义、极端主义宣传品,还非法持有,事实清楚,证据确凿,情节严重,犯非法持有宣扬恐怖主义、极端主义物品罪,判处有期徒刑 7 个月,并处罚金人民币 1000 元。

以上判例均由北京市第一和第二中级人民法院做出。在其他 28 份编造、故意传播虚假恐怖信息罪里,如"武×编造、故意传播虚假恐怖信息罪"一案中,被告人武×编造虚假信息,声称要炸顺义区政府,致使公安机关等部门采取紧急

---

〔1〕 http://www.bjcourt.gov.cn/cpws/paperView.htm? id = 100601106672&n = 1,访问日期:2017 年 7 月 28 日。

〔2〕 http://www.bjcourt.gov.cn/cpws/paperView.htm? id = 100594495107&n = 1,访问日期:2017 年 7 月 28 日。

〔3〕 http://www.bjcourt.gov.cn/cpws/paperView.htm? id = 100585489905&n = 1,访问日期:2017 年 7 月 28 日。

应对措施，严重扰乱了社会秩序。[1] 在"孙×编造、故意传播虚假恐怖信息罪"一案中，被告人孙×在酒后拨打 110 报警，编造在北京×电视塔有三枚炸弹的虚假信息，严重扰乱社会秩序，且造成经济损失。[2] 在"沙××编造、故意传播虚假恐怖信息罪"一案中，被告人沙××因对其反映违建一事处理结果不满，多次拨打紧急援助热线，编造自己要实施爆炸的虚假恐怖信息，严重扰乱了社会秩序，最后被判处有期徒刑九个月。[3]

由此可见，在北京市地区，目前涉及恐怖主义犯罪的主要是"编造、故意传播虚假恐怖信息罪""宣扬恐怖主义、极端主义、煽动实施恐怖活动""非法持有宣扬恐怖主义、极端主义物品"等。在中国裁判文书网上，真正涉及组织、领导、参加恐怖组织罪的主要是在新疆维吾尔自治区内发生的暴力犯罪，数量极少。因此，编造、故意传播虚假恐怖信息罪数量最多，属于妨害社会管理秩序罪一章里的罪名，其次才是宣扬或者持有宣扬恐怖主义、极端主义物品罪。

（一）编造、故意传播虚假恐怖信息的法律适用

《刑法修正案（九）》出台前，在网上编造、传播谣言在不触犯侮辱、诽谤、损害商业信誉、商品声誉、编造并传播虚假证券、期货交易虚假信息罪及编造、故意传播虚假恐怖信息罪等传统罪名的情况下，多以寻衅滋事罪定罪处罚。刑法修正以后，根据我国刑法规定，编造、故意传播虚假恐怖信息与编造、故意传播虚假信息在同一法条：《刑法》第 291 条之中。另外，2013 年《最高人民法院关于审理编造、故意传播虚假恐怖信息刑事案件适用法律若干问题的解释》又对"虚假信息"、"严重扰乱社会秩序"以及"造成严重后果"进行了具体解释，如"严重扰乱社会秩序"是指：（一）致使航班备降或返航；或者致使列车、船舶等大型客运交通工具中断运行的；（二）多次编造、故意传播虚假恐怖信息的；（三）造成直接经济损失 20 万元以上的；（四）造成乡镇、街道区域范围居民生活秩序严重混乱的；（五）具有其他酌情从重处罚情节的。"造成严重后果"是本罪的加重处罚情形，主要是指行为人将编造虚假的恐怖信息在一定范围内向特定对象予以传播或者放任传播，引发社会秩序状态的严重混乱，造成人员重大伤亡或者财产重大经济损失等后果发生。[4]

在编造、故意传播虚假恐怖信息一罪中，是否严重扰乱社会秩序是区分罪与

---

[1] http：//www. bjcourt. gov. cn/cpws/paperView. htm？id = 100529561685&n = 1，访问日期：2017 年 7 月 28 日。

[2] http：//www. bjcourt. gov. cn/cpws/paperView. htm？id = 100454960008&n = 2，访问日期：2017 年 7 月 28 日。

[3] http：//www. bjcourt. gov. cn/cpws/paperView. htm？id = 100274384966&n = 2，访问日期：2017 年 7 月 28 日。

[4] 周道鸾、张军主编：《刑法罪名精释》（第 2 版），人民法院出版社 2003 年版，第 566 页。

非罪的界限。[1] 虚假的恐怖信息通常是不会产生实际的恐怖结果的，但是虚假恐怖信息的编造、传播往往会导致社会公众心理的恐慌以及社会秩序的混乱，使得国家、社会以及个体为防止恐怖行为的出现而付出物质上和精神上的代价。[2] 在关于"严重扰乱社会秩序"的司法解释规定中，除了第（一）、（二）、（三）项以外，其他第（四）和（五）项兜底条款都相对模糊，并不容易界定。有学者认为在判定严重扰乱社会秩序时，不应仅仅以公安机关采取的紧急应对措施为标准，同时应当综合考虑，如社会公众的恐慌程度、处置情况、特殊的时间地点，以及可能造成的严重后果等。也有学者认为，应当从严重的紧迫性、与社会生活的相关联性、易扩散性等因素进行考量。更有学者提出，应当强调虚假信息的虚假性、恐怖性和误导性，而其中恐怖性是关键。[3]

从北京审判信息网上得到的信息可以看出，在北京市已有的判决之中，对于编造、故意传播虚假恐怖信息罪，多是通过报警或拨打首都机场热线、地铁热线等电话，编造恐怖虚假信息，导致警方采取紧急应对措施，极少数是将虚假信息发送到公众，再被警方抓获。一旦出警，即使未造成民众恐慌，也作为犯罪处理。虽然司法解释对"严重扰乱社会秩序"和"造成严重后果"都进行了解释，使得该罪成立具体危险犯，但是实践中因为恐怖信息的"恐怖性"较为严重，法院将该罪作为抽象危险犯处理，即一旦发布虚假恐怖信息，就足以使大多数人惊慌害怕。同时出动警力，则意味着对社会秩序的严重扰乱，符合该罪的构成要件。

编造、故意传播虚假恐怖信息罪被立法者规定在刑法第六章妨害社会管理秩序罪一章，而非刑法第二章危害公共安全罪，因为编造或故意传播的信息本身是虚假，行为人也并不是真想因此进行恐怖主义犯罪活动，但是编造又故意传播的行为，确实对社会秩序造成了损害，因此才进行了犯罪化处理。从上面的数据统计可以看出，司法实践中对此行为的处理还是相对严厉的。通过拨打电话导致警车出动的行为，确实造成了司法资源的浪费和一定程度的社会恐慌，但是如果并未达到司法解释中对"严重扰乱社会秩序"和"造成严重后果"的严重程度，仅仅通过司法解释中的兜底条款，就将该行为作为犯罪处理，并不是非常合适，可以作为一般违法行为，由治安管理处罚法进行规制。我国刑法中存在着大量的兜底性条款，最集中规定于刑法分则第三章"经济犯罪"和第五章"妨害社会管理秩序罪"中。兜底条款作为国家避免刑罚处罚空隙而有意采用的保留手段，

---

〔1〕 尹晓涛、祁若冰：《编造虚假恐怖信息罪的认定与处理》，载《人民司法》2009 年第 4 期，第 16 页。

〔2〕 赵秉志主编：《扰乱公共秩序罪》，中国人民公安大学出版社 2003 年版，第 274 页。

〔3〕 王尚明：《关于编造、传播虚假恐怖信息的实务研究》，载《中国刑事法杂志》2015 年第 3 期，第 138－139 页。

在刑法条文中设立具有概括性的兜底条款可以在很大程度上增加法律条文的涵盖性，避免因法无明文规定而无法对具有严重危害行为处罚的尴尬。[1] 但是，即使是兜底条款，行为在实质上也应当与前面款项的危害程度相类似，如果因为兜底条款而将该罪作为"口袋罪"，虽然能够起到一定程度的震慑作用，但会违反罪刑法定原则，并违背立法本意。

（二）非法持有宣扬恐怖主义、极端主义物品罪的法律适用

在北京市上述的判决中，非法持有宣扬恐怖主义、极端主义物品罪的案件数量最多。《刑法》第120条之六规定了"非法持有宣扬恐怖主义、极端主义物品罪"：明知是宣扬恐怖主义、极端主义的图书、音频视频资料或者其他物品而非法持有，情节严重的，处三年以下有期徒刑、拘役或者管制，并处或者单处罚金。所谓"非法持有"，是对事物掌握、控制的状态。本罪属于故意犯罪，如果行为人不知道自己所持有的物品是宣扬恐怖主义、极端主义的，也不构成本罪。

持有型犯罪是以行为人控制、支配法律所禁止之物品的状态作为客观方面构成要件的犯罪。[2] 是立法者为了保护重要法益，根据关联度极高的控制、支配特定物品的基础事实，作出行为人所持特定物品来源或者去向非法，即属于"非法"持有的一种立法上的推定。[3] 2015年通过的《刑法修正案（九）》将非法持有宣扬恐怖主义、极端主义物品的行为规定为犯罪特别是危害公共安全的犯罪，招致了不少反对意见。如有学者认为，没有必要将单纯地持有恐怖主义、极端主义资料的行为规定为犯罪，对此行为适用行政处罚或者治安处罚更合适。[4] 还有学者认为，除了"非法持有宣扬恐怖主义、极端主义物品罪"外，还有"利用极端主义破坏法律实施罪"，一方面从防治恐怖主义犯罪来讲很有必要，但另一方面由于措辞不清等原因，可能造成对人权的极大威胁。[5]

从预防犯罪的角度来说，如果犯罪人持有宣扬恐怖主义、极端主义的物品，目的在于进行进一步的恐怖主义或极端主义活动，达到有可能危害国家和公共安全的程度，对其进行犯罪化是适当的。但是如果如北京市几例判决中的犯罪人，仅仅因为个人喜好，在网络上下载下来数张图片，或者仅仅在社区里讨论就被定为持有宣扬恐怖主义、极端主义物品，就偏离了立法本意。并不是"只要达到危

---

〔1〕 何荣功：《经济自由与刑法理性：经济刑法的范围界定》，载《法律科学》2014年第3期，第49页。

〔2〕 参见梁根林：《责任主义刑法视野中的持有型犯罪》，载《法学评论》2003年第4期。

〔3〕 张建军：《谦抑理念下持有型犯罪的立法选择》，载《国家检察官学院学报》2011年第3期，第109页。

〔4〕 参见尹俊杰：《恐怖主义犯罪刑事立法的缺陷及其完善——以〈刑法修正案九〉草案为中心》，载《法制博览》2015年第13期，第22页。

〔5〕 赵秉志、袁彬、郭晶：《反恐刑事法治的理性建构："我国惩治恐怖犯罪的立法完善学术座谈会"研讨综述》，载《法制日报》2015年3月25日。

害社会秩序即国家机关或者有关机构对社会日常生活进行管理而形成的有序状态造成威胁的较低程度就可以成立，而必须是一旦实施该种行为，从日常生活的一般经验来看，会对不特定的多数人的生命、身体、财产的安全造成威胁时，才能成立"。[1] 在持有与恐怖主义相关物品方面，澳大利亚《1995 年刑法典》规定了"持有同恐怖主义行为相关物品罪"。[2] 英国《2000 年反恐怖主义法》第 57 条也规定了为实施恐怖组织犯罪的持有行为，如果存在合理怀疑，证明行为人所持有的物品与组织、准备或教唆恐怖组织犯罪有关，行为人最高可获得 15 年的有期徒刑，但是该条第 2 款也继而规定行为人可以自证所持有物品与恐怖组织犯罪无关。[3] 即便如此，仍然引发了很多争议，普遍被认为违反了比例性原则，合法性令人质疑。

与国外类似，我国自从 1997 年恐怖犯罪初次入刑，2001 年刑法对恐怖主义犯罪进行了重大补充，2011 年适当提高了对恐怖犯罪的惩罚力度，到 2015 年进一步严密反恐法网，加大反恐力度，完善刑罚配置，反恐法律体系逐步完善。《刑法修正案（九）》同样是贯彻了"严密防范"的反恐刑事政策。[4] 但是，仅就刑法而言，"刑（九）"新增上述罪名主要是以引起恐怖行为的不确定危险为规制对象，带有浓厚的社会管理和行为管制色彩。在此，刑法不应成为社会管理法和最先保障法。[5]

再如"宣扬恐怖主义、极端主义、煽动实施恐怖活动罪"，在欧阳天义和张冰宣扬恐怖主义、极端主义、煽动实施恐怖活动罪两案中，两被告人只是在论坛中转发涉及恐怖主义、极端主义的图片，被人评论，并不具有宣扬恐怖主义的目的，也没有证据显示其确实还有其他煽动和准备行为，并不会形成对国家和政权的任何威胁，却也被定为宣扬恐怖主义、极端主义、煽动实施恐怖活动罪。网络言论是宪法赋予的公民言论自由权在网络空间的体现。网络表达的匿名性、平等性等特征赋予了网民强大的话语力量。[6] 从某种程度来说，出于猎奇心理，转发血腥图像、视频不过是网民的不当言论，最多适用行政处罚，刑罚处罚是过于

---

[1] 黎宏：《刑法修正案九中有关恐怖主义、极端主义犯罪的刑事立法》，载《苏州大学学报（哲学社会科学版）》2015 年第 6 期，第 92 页。

[2] 参见马长生、贺志军：《国际恐怖主义及其防治研究——以国际反恐公约为主要视点》，中国政法大学出版社 2011 年版，第 254 页。

[3] Jeremy Horder, "Harmless Wrongdoing and Anticipatory Perspective on Criminalization", in G R Sullivan & Ian Dennis (eds.). Seeking Security: Pre – Empting the Commission of Criminal Harms (Oxford and Portland, 2012) 93.

[4] 王志祥、刘婷：《恐怖活动犯罪刑事立法评析——以〈刑法修正案（九）〉为重点的思考》，载《法治研究》2016 年第 3 期，第 76 页。

[5] 刘艳红：《当下中国刑事立法应当如何谦抑》，载《环球法律评论》2012 年第 2 期，第 61 页。

[6] 许玉镇、肖成俊：《网络言论失范及其多中心治理》，载《当代法学》2016 年第 3 期，第 52 页。

严厉的。预防性刑法确实给人们制造这样一种感觉：刑法可以通过预防性措施应对恐怖主义，给国民提供心理上的安全感。[1] 但这些国民安全感的获得，是通过过分挤压国民其他领域的自由获得的。"对于以规制实害为核心、以保障人权为宗旨的罪责刑法、结果本位主义刑法立场，这些行为对公共安全的威胁较为抽象，在没有危害结果要求及严格情节限定的情况下，似存在过度犯罪化之嫌，并有可能因而构成对公民基本人权的威胁。"[2]

因此，综上所述，在适用非法持有宣扬恐怖主义、极端主义物品罪，宣扬恐怖主义、极端主义、煽动实施恐怖活动罪时，司法机关需尤其谨慎，应该结合被告人的行为目的等因素进行综合判断。即使是为了保障社会安全的需要，也不能过分适用刑法。在打击恐怖主义犯罪问题上，最重要的是法律的可操作性，急切呼唤相关司法解释的出台，否则无辜市民就会被牵扯其中。"刑法并不是改变社会的工具，而仅仅是帮助人们形成互相相处的自由空间的方式，同时使得这种自由空间具有秩序。"[3] 真正稳定的社会，绝不可能仅仅依靠刑法和暴力而得到维持，否则民众所恐惧的也仅仅是暴力本身，即使对行为界限有所认识，但也很难建立认同，并无法形成心中的信仰。

（本文课题组成员：王军洋，山东大学政治学与公共管理学院讲师；刘玥，英属哥伦比亚大学法学院。）

---

〔1〕 ［德］埃里克·希尔根多夫：《德国刑法学：从传统到现代》，江溯、黄笑岩等译，北京大学出版社2015年版，第3页。

〔2〕 刘仁文：《恐怖主义与刑法规范》，载《中国法律评论》2015年第2期，第173页。

〔3〕 参见［德］克劳斯·罗克辛：《刑事政策与刑法体系》（第2版），蔡桂生译，中国人民大学出版社2011年版，第11页。

食品药品安全责任立法问题研究

陈　涛[*]

一、食品药品安全责任现状及问题

（一）食品药品安全责任的内涵

1. 食品药品安全责任的概念

食品药品安全责任则应该从两个视角来分析，一是从承担安全责任的主体视角，二是从法律责任体系构成视角。

（1）从责任主体视角，食品安全责任是指维护食品药品安全的相关人、单位等所承担的职责。

责任主体包括，一是食品药品生产、经营者或单位；二是为食品药品生产经营提供条件的人或单位；三是负有监管职责的执法者及其部门；四是承担着行业引导管理的人及行业组织；五是承担对涉嫌危害食品药品安全犯罪追究责任的司法机关；六是地方政府；七是其他。对于以上相关人员、单位就要明确他们所承担的职责任务。对维护食品药品安全负有职责的人，因为没有尽职尽责，因而应当承担相应责任。在上述职责任务明确的基础上，一旦没能履行职责义务，需要追究他们的责任，并给予惩罚。

（2）从法律责任体系构成的视角，食品安全责任是指食品药品安全不同法律性质的责任，包括民事责任、行政责任和刑事责任。

经过上述分析，本课题研究的食品药品安全责任法律体系，包括了安全生产经营的责任，食品药品安全行政执法责任以及食品药品安全的刑事责任。

2. 食品药品安全责任的要求

笔者从法律关系的视角，结合食品药品安全责任的特点，在此就安全责任的主体、安全责任的内容和未尽到责任时面临的法律责任等进行分析。

（1）需要明确安全责任的主体范畴。从法律角度出发，食品药品安全责任

＊　课题主持人：陈涛，山东兰陵人，北京警察学院侦查系副教授，法学博士，研究方向为食品药品安全、刑事侦查、网络犯罪侦查等。立项编号：BLS（2016）C009。结项等级：合格。

主体的范畴包括：食品药品原料提供者，食品药品生产者，食品药品经营者，食品药品生产经营条件的提供者，食品药品行业协会从业人员，食品药品行政监管人员，食品药品犯罪案件办理的司法人员（包括侦查人员、检察人员和法官等）以及其他与食品药品安全责任相关的人员。

（2）需要明确责任主体的具体职责和任务。责任的明确意味着承担者必须按照责任的要求去履行职责，相应地如果没有履责必然意味着责任的追究，因此责任主体具体包括：一是食品药品生产经营者及其相关人员，其职责义务是保障所生产经营的食品药品是安全的。二是食品药品行业协会，其职责义务是引导食品药品行业的从业人员按照行业规范生产经营安全的食品药品，并遵守职业道德等。三是食品药品行政监管人员，其职责任务包括通过食品药品安全知识和法律的宣传，来培养食品药品生产经营者的安全责任意识；通过检查来发现生产经营的食品药品存在的不安全因素，督促其安全生产经营，并对轻微违法行为进行惩罚；对涉嫌危害食品药品安全犯罪的生产经营者移送司法机关追究其刑事责任等。四是危害食品药品安全犯罪的侦查机关，其职责任务主要是通过侦查，查明危害食品药品安全犯罪的行为，通过收集证据来证明犯罪事实等。五是人民检察院，其职责任务：其一，是查办行政执法部门和相关侦查人员在履行职责过程中的渎职行为；其二，是审查侦查机关移送审查的危害食品药品安全犯罪的案件，决定是否批准逮捕和是否移送人民法院起诉等。六是人民法院，其职责任务是就人民检察院移送审查起诉的案件进行审理，来认定犯罪嫌疑人是否有罪以及定罪量刑等问题。

（3）需要明确没能尽到安全责任时所要受到的惩罚。根据上述主体及其职责，当任何一个主体没能按照法律规定的要求完成或履行其职责任务时，应按照法律规定来追究其相应的责任，并因其违法行为、失职渎职或不作为等受到应有的法律惩罚。

（二）我国食品药品安全责任立法的现状

（1）《宪法》关于维护食品药品安全的理念。《宪法》第二章权利与义务第33条明确规定"国家尊重和保障人权"。而生存权则是最基本的人权。《世界消除饥饿与营养不良宣言》指出"男女老幼人人都有不挨饿和不受营养不良之害的不可剥夺的权利，借以充分发展他们的身心能力"。从此意义上，国家尊重和保障人权，首先就要保障人民的生存权，就要维护国家的食品药品安全，使人民群众享有安全的食品药品供应。

（2）食品药品安全责任的专门法律规定。与食品药品安全责任相关的法律非常多，除了《食品安全法》、《药品管理法》与《刑法》以外，还包括《农产品质量安全法》、《产品质量法》、《标准化法》、《国境卫生检疫法》、《传染病防治法》、《动物防疫法》、《进出境动植物检疫法》、《畜牧法》、《广告法》以及《刑法》、《行政处罚法》，等等。

（3）国务院颁布的关于食品药品安全责任的法规、文件。国务院制定的关于食品安全的法规和文件主要有《食品安全法实施条例》《乳品质量安全监督管理条例》《农业转基因生物安全管理条例》《生猪屠宰管理条例》《反兴奋剂条例》《关于加强食品安全工作的决定》《关于加强产品质量和食品安全工作的通知》《关于加强食品等产品安全监督管理的特别规定》《国家食品安全事故应急预案》等。

药品方面，国务院发布的关于药品安全责任的法规、文件主要有《药品管理法实施条例》《药品行政保护条例》《中医药保护条例》《麻醉药品和精神药品管理条例》《戒毒条例》《放射性药品管理办法》《医疗器械监督管理条例》《医疗用毒性药品管理办法》《野生药材资源保护管理条例》《农药管理条例》《兽药管理条例》《疫苗流通和预防接种管理条例》《国务院办公厅关于进一步加强药品安全监管工作的通知》等。

（4）食品药品安全责任的司法解释、食品药品安全责任的部门规章、规范性文件、关于食品药品安全责任的衔接方面的法规规章、解决食品药品安全责任专业问题的各类规章、规范性文件等，另外国家相关职能部门还制定了大量的维护食品药品安全的标准的规范性文件，其中食品的安全标准数量最为庞大，在此不再做一一列举。

（三）我国食品药品安全责任立法存在的问题

1. 法律体系整体不完善

一是食品药品安全法律体系整体上规范性差，除了《食品安全法》和《药品管理法》外，还有大量的法规、部门规章、司法解释和规范性文件等，不仅立法层级和权力位阶低，而且有的彼此之间还存在不协调、不统一，甚至矛盾的地方，立法的科学性也较差，没能充分考虑经济社会的发展和技术的飞跃，使得这些法律、法规等在实务中难以操作，严重影响了法律的严肃性和公信力等。二是食品药品安全责任的法律规制不明确适当，与比例性原则相悖。对于食品药品生产经营者的安全责任界定不清晰不明确，一旦出现问题，行政机关在调查处理时常出现适用法律困难的问题，另外对于行政监管的范围和内容的不确定，使得监管者很容易陷入监管渎职的"困境"。

2. 法律责任规定的瑕疵影响了安全责任认定

一是新修《食品安全法》关于食品安全责任立法宽严不当，二是《药品管理法》假劣认定难度较大，三是《刑法》规定过于抽象，认定犯罪困难，四是《行政处罚法》不能满足打击食药违法的需要。

3. 法规规章等滞后于实践需求

一是以《食品安全法实施条例》为代表的食药类法规没能及时修订，二是食品药品安全类司法解释问题突出，三是《食品药品行政处罚程序规定》等部门规章不能满足执法需求，四是食品药品安全标准的规定还不够完善。食品药品安全标准体系建设不够，与发达国家存在较大差异，且与我国独特饮食文化不协调等。

二、食药生产经营者安全责任立法与完善

（一）食品生产经营者安全责任立法研究

1. 食品生产经营者安全责任的立法现状

（1）食品生产经营者安全责任的法律要求。根据《食品安全法》第4条规定，食品生产经营者对其生产经营食品的安全负责。食品生产经营者应当依照法律、法规和食品安全标准从事生产经营活动，保证食品安全，诚信自律，对社会和公众负责，接受社会监督，承担社会责任。《食品安全法实施条例》第3条规定，食品生产经营者应当依照法律、法规和食品安全标准从事生产经营活动，建立健全食品安全管理制度，采取有效管理措施，保证食品安全。食品生产经营者对其生产经营的食品安全负责，对社会和公众负责，承担社会责任。

根据上述规定，食品生产经营者的安全责任：一是依法生产、经营的责任；二是生产、经营的食品符合安全标准要求的责任；三是诚信自律的责任；四是对社会和公众负责的责任；五是接受监督的责任；六是承担的社会责任。

（2）食品生产经营者违反安全责任的处罚规定。《食品安全法》第122条至136条对食品生产、经营者未能履责或者没完全履责，应当承担法律责任的情形做了规定：一是违反了关于取得许可经营的安全责任，对未取得食品、食品添加剂生产经营许可而从事食品生产经营活动的处罚；二是违反了食品安全标准的安全责任，对生产、经营有毒有害或不符合安全标准食品，但不构成犯罪的违法行为的处罚；三是对违反了关于标签、说明书、广告等安全责任规定的处罚；四是对违反对食品生产、经营过程控制的安全责任的行为的处罚；五是对小作坊、小摊贩违反安全责任的处理；六是对造成食品安全事故的处理；七是对违反食品检验的安全责任的处理；八是对交易市场、网络交易平台等违反食品安全责任的处理；九是对免责情形的规定等。

2. 食品生产经营者安全责任立法存在的问题

（1）食品生产经营者安全责任一般性规定不够合理、规范。一是食品生产加工小作坊和食品摊贩的安全责任规定的不够明确。二是关于食药同源的安全责任的规定难以落地。三是对食品中禁止性行为的安全责任规定模糊，难以操作。四是食品安全追溯体系安全责任的规定也过于简单，没有对食品追溯体系进行更

加详细具体的规定。五是许可证制度信息公开缺少规定，使得生产、经营者、交易市场、网络平台交易提供者等在背负着查验的安全责任时，没有一个畅通的渠道实现对各类证照的准确核实。六是保健食品的安全责任比较混乱，使得保健食品市场整体比较混乱。另外进出口食品的安全责任规定还不到位，进口食品还存在多头管理问题，出口食品的安全责任要求还不够严格等问题，这都反映出食品生产经营者安全责任的规定还需要进一步完善。

（2）食品安全标准的制定滞后于安全责任的需要。有学者认为食品安全标准的制定，一是食品安全标准缺乏协调性和统一性；二是食品安全标准复审和修订不及时，比较滞后；三是食品安全标准不能与国际标准接轨。具体表现为食品安全标准总体较低，与发达国家还存在差距；部分食品安全标准中限量指标标准低于国际标准，且差距较大；四是食品检验技术和检验方法相对落后，部分食品领域尚未制定国家标准等；五是食品安全标准制定脱离食品企业和消费者等诸多问题。[1] 也有学者认为我国食品安全标准方面的主要问题是：一是食品安全标准体系不完善；二是标准意识不强，实施标准力度较差；三是产品标准缺失，编制欠规范；四是标准复审和修订时间逾期等问题。[2] 可以说上述学者的研究对食品安全标准存在的问题做了深度的研究，并触摸到目前我国食品安全标准存在的基础性问题，因此食品标准的立法值得我们在研究中深思，在困难中不断推进。

（3）诚信自律的要求在立法中体现的还不够。我国食品问题发展到现在，为什么会出现如此普遍性的、全局性的问题，其根源之一在于食品生产、经营者诚实守信的理念被扭曲，很多从业人员在金钱至上的思想指导下盲目追求高额的利润，弃人民群众的健康与安全于不顾，甚至形成一种"互害"循环模式。2016年3月下旬，全国人大教科文卫委员会在全国实施的食品安全法执法检查就显示，"食品生产经营者主体责任意识较弱，经营者的诚信意识、法治意识特别是主体责任意识不强，相关教育引导和管理约束工作较为滞后，极易造成安全漏洞"。因此通过法律法规来重建食品生产、经营者诚实守信的道德体系尤为关键。但是从现行法律法规来看，除了原则性的规定外，对如何倡导诚实守信的行业规范等缺乏法律的具体明确的引导。

（4）违法行为法律责任的规定不够严谨、科学。本次《食品安全法》修改秉承的一个理念就是"史上最严厉"，为此规定了严厉的惩罚措施，其实施后确实对违法食品生产经营者起到严惩和震慑作用。但是过于严厉的法律责任也一定

---

〔1〕 黄碧敏：《我国食品安全标准化存在的问题及对策探讨》，载《食品安全导刊》2016 年第 15 期。
〔2〕 孙海涛：《国家食品安全标准体系建设研究》，载《现代食品》2016 年第 1 期。

程度地脱离了我国目前的现实社会，使得高额的罚款难以落地，严惩一定程度上在执行中打了折扣。第122到125条的规定，违法情形起点低，但是处罚超重，对于动辄五万的罚款一些违法者根本无法承受。而法律责任中对于依法应予以从轻、减轻的情形未做规定，在行政执法实务中也使得一些违法行为人行为与处罚不相适应。特别是通过鼓励违法行为人主动减轻或减少损害来相应获取从轻减轻处罚的教育效果受损。使得违法者认为只要有食品违法行为，无论怎么主动消除或减轻危害后果都不会受到从轻处罚，从而想方设法掩盖违法行为，逃避惩罚，进而引发更大更严重的危害后果。

3. 食品生产经营者安全责任立法的完善

（1）进一步完善一般性安全责任的立法规定。一是对食品小作坊、摊贩的管理最好在《食品安全法》中作出统一的原则性管理规定，并在《食品安全法实施条例》中予以细化。二是对食药同源物质目录的认定和出台要简化手续，体现中国传统文化的特点。建议采取禁止目录，即哪些不得作为食药同源的物质，而不是哪些可以作为食药同源的物质。三是对禁止性生产、经营型规定做出较为科学、具体、可操作的规定，进一步明确安全责任。四是完善食品安全追溯体系建设，明确信息化、大数据化的食品安全追溯体系。五是积极构建许可证、检验合格证等的信息化管理系统，推进信息公开，实现信息便捷查询认定。六是统一规范保健食品的安全责任，整合保健食品安全责任的法律规定。七是进一步推进进出口食品安全责任的法制化等。

（2）科学、规范构建食品安全标准体系。一是要构建食品安全标准统一协调机制，科学合理构建食品安全标准体系；二是加强国际学习交流，吸收借鉴国外食品安全标准体系，结合中国特有的食品结构特点，构建具有中国特色的食品安全标准体系；三是完善立法，加大科技投入，提高制标、修标技术人员的专业素质，提升食品检验技术和检验标准；四是加大食品标准宣传，强化标准实施力度，统一食品标准管理体系，提升工作效率。

（3）尽快推进食品从业者诚信自律行业规范的法制化。建议在《食品安全法实施条例》中设立专门针对食品从业者的行业职业操守和诚实守信的行业道德理念的规范，对行业协会和行业从业者的道德理念进行重构，将诚实、守信、自律法制化，实现法律的道德引领作用和教育功能。

（4）推动修法或立法解释，对食品安全法律责任进行完善。可以借《食品安全法实施条例》和人大常委立法解释等形式进行完善。其中比较重要的四个问题建议如下：一是对于从货值金额认定"情节严重"时，最好统一标准，食品生产、经营者明确其行为所要承担的法律责任；二是对《食品安全法》第122条至125条规定的情形，进一步作出细化和完善，其中其他情节严重的情形也应该做出明确规定，如其违法行为延续半年以上或曾受过处罚。特别是对于该吊销许可证，并可由公安机关予以拘留的做出明确规定；三是对于食品生产、经营者主动消除危害，应当从轻、减轻或者免于处罚的情形规定过于严厉，应当根据《行政处罚法》第 27 条等的规定，降低从轻、减轻或免于处罚的条件；四是对提供条件的从业人员的查验义务，如对广告发布的主体如网络、电视、报纸等媒体没有履行法律的查验义务，或因查验不严导致虚假食品广告的，除没收广告费外，应当对单位和单位负责人按照法律规定进行处罚，等等。

（二）药品生产经营者安全责任立法研究

1. 药品生产经营者安全责任的立法现状

（1）依法取得药品生产、经营许可的责任。《药品管理法》对于药品生产、经营者的安全责任主要有：一是保障生产、经营环境的卫生，不得污染到药品的安全；二是建立了药品质量管理的机构、人员或设备等，以保证药品质量安全；三是建立保证药品质量的规章制度，实现制度安全。

（2）按照法律要求的生产、经营规范进行生产、经营的责任。对于药品生产、经营的安全责任，国家药品监督管理部门按照《药品管理法》的规定专门制定了药品安全责任的部门规章，要求药品生产企业按照《药品生产质量管理规范》组织生产，药品经营企业按照《药品经营质量管理规范》进行经营。

（3）诚实守信生产、经营药品的职业操守的安全责任。药品生产经营者应该严格依照《药品管理法》和《药品管理法实施条例》等规定，按照公平、合理和诚实信用、质价相符的原则制定价格，为用药者提供价格合理的药品。药品的生产企业、经营企业和医疗机构应当遵守国务院价格主管部门关于药价管理的规定，制定和标明药品零售价格，禁止暴利和损害用药者利益的价格欺诈行为。遵守职业操守，坚持诚实守信，不得生产、经营假药、劣药，不得发布虚假的药品广告等。为此，多地药品监管部门牵头构建药品生产、经营者诚实守信的制度机制。

（4）违法生产、经营药品的法律责任规定。一是未取得许可证进行违法生产、经营的法律责任；二是生产、经营假药、劣药的法律责任；三是为假药、劣药的生产、经营提供条件的法律责任；四是药品生产、经营者未落实《药品生产质量管理规范》、《药品经营质量管理规范》、药物非临床研究质量管理规范、药物临床试验质量管理规范的法律责任；五是违法购进药品的法律责任；六是进口获批药品未备案的法律责任；七是伪造、编造、买卖、出租、出借药品证件的法律责任；八是采取虚假或欺骗手段获取药品各类证件的法律责任；九是医疗机构非法销售制剂的法律责任；十是违反药品广告要求的法律责任；十一是其他法律责任等。

2. 药品生产经营者安全责任的立法存在的问题

（1）中药生产经营者的安全责任不能凸显中医药文化传统。从《药品管理法》来看，对于中药的规定过少，对中药生产、经营者的安全责任也没能做出符合中药特色的规定。《药品管理法实施条例》对于中药的规定更少，对于中药生产、经营者的安全责任难寻踪迹。究其原因，目前中医药从业者的话语权过少，一些"专家"和立法者对中医药有成见，戴着有色眼镜看中药，甚至以中药的毒副作用不明等来拒绝中药。而《中药品种保护条例》作为国务院制定的法规，层级较低，仅从品种保护的视角来规范，明显不能满足对于生产、经营者的安全责任规定的要求，且制定于1992年，实施于1993年，已经严重滞后于对中药安全保护的需求。

（2）医院等药品使用环节安全责任规定缺位。从我国的现状来看，医疗机构已经成为药品安全责任问题凸显的领域，医院和医生在适用药品时需要承担相应的安全法律责任。但是目前的《药品管理法》对药品使用环节的监管较少，80%的药品都是在医院市场销售，新修订的《药品管理法》应该适当增加条款，关注使用环节监管的缺失[1]。

（3）对药品生产企业安全责任的激励性引导不够。药品企业是开发新药的主体，需要承担大量投入成本，并要承担不可预期的失败甚至严重的后果，为此需要在确定其安全责任的同时，也要对其进行激励性引导。但是从《药品管理法》等来看，总体激励性引导不够，没能纳入到药品生产者的安全责任体系，致使模仿多，创新少，新开发的药品数量和质量都不能和我国用药大国的地位相匹配。

（4）药品违法主体的安全责任规定不够严格。目前对于药品违法生产、经营的情形处罚仍不足以震慑非法生产者，大量假劣药品充斥市场就能说明这一点。另外随着各类广告媒体的快速发展，广告成为药品营销的重要手段。自媒体时代的到来，使得广告效应更加明显。虚假广告的危害性日渐得到人们的认知。对于药品这一特殊的商品，其虚假广告的后果是极其严重的，但是对发布虚假药品广告的生产、经营者的安全责任规定同样不够严厉。

（5）药品生产经营者诚实守信的职业操守屡被打破。法律层面除个别条款对药品诚实守信的职业道德责任做了规定外，并没有专门的规定。另外我国法律对药品价格的管制不科学，医药公司遍地，药代人员充斥着各大医院，各层级出台的各种管理规范不仅没能控制住药品价格的高涨，反而致使目前药品价格虚

---

〔1〕 《〈药品管理法〉修订工作已形成第三稿》，载中国制药网，http：//www.zyzhan.com/news/detail/60275.html，访问时间：2016年12月1日。

高，有的药品到了病人手里甚至价格翻了十几倍、几十倍，医生等吃药品回扣的现象屡见不鲜，药品腐败已经成为制约药品健康发展的一颗毒瘤。

3. 药品生产经营者安全责任的立法完善

（1）进一步详细规定中药生产、经营者的安全责任。中药是中国传统特色药物，既有中华文化的内涵，又是区别于西医西药的特色药学科学。中药的生产、经营者对我国中医药的健康发展和中医药文化的发展弘扬具有举足轻重的作用，而中药的生产经营也必须要依据中药的特点来实施。因此《药品管理法》修订就应该根据中药的特点作出详细规定。特别是要根据中医药的特色来构建能够促进我国中医药发展的生产、经营者的安全责任法律体系，来从法律层面推进我国中医药事业的发展。特别禁忌的是弃中药特点于不顾，照搬照抄西药的一些做法，这不是在保障中药的安全，是在置中药的发展于危险之地，是要毁灭中药的发展。

（2）完善医疗机构用药安全责任。目前现有医疗机构用药安全责任的规定层级较低，在《药品管理法》的层面还缺乏详细可操作的规定。为此借助《药品管理法》及《药品管理法实施条例》的修订，在法律法规层面对医疗机构的安全用药责任作出明确具体可操作的规定。

（3）强化激励，完善药品生产者安全责任。2016 年 6 月 6 日国务院办公厅发布《关于印发药品上市许可持有人制度试点方案的通知》，经过一段时间的试点，药品上市许可人制度已经取得较好的效果。为此在前期试点的基础上总结试点经验，进一步完善建立上市许可人制度，"明确生产企业应对生产过程负责，上市许可人对药品的安全、有效和质量可控负责，出现质量问题可依据与生产企业的合同约定对生产企业进行追偿"[1]。

（4）进一步完善违法药品生产、经营者的法律责任。借助修法，对违法生产、经营者所承担的法律责任进行全面审视，梳理不合理的法律规定，坚持严厉惩罚保护药品安全的基本理念。一是对"假药""劣药"做出更加科学的规制，明确假药劣药的内涵。二是对行政违法处罚的种类和适用方面，多是照搬《行政处罚法》，没能根据药品管理的特点相应作出规定，使得实际生产经营中守法成本高，违法成本低。

（5）强化药品生产、经营者的职业道德责任。要在社会主义核心价值观的引领下，在法律中专门对药品生产、经营者的职业道德责任作出明确的规定，以实现法律引领作用，引领药品生产、经营者诚信生产经营，杜绝制假售假和恶性

---

〔1〕《〈药品管理法〉修订工作已形成第三稿》，载中国制药网，http://www.zyzhan.com/news/detail/60275.html，访问时间：2016 年 12 月 1 日。

竞争等问题。特别是需要借助目前医药改革的机会，将药品的定价机制以法律的名义明确，坚决杜绝药品价格虚高，必要时通过修法采取刑事处罚手段来控制药品价格"欺诈"的行为。

三、食品药品安全行政责任立法与完善

（一）我国食品药品安全责任行政立法现状

目前我国对食品药品安全责任的行政立法主要体现在基本行政法和专门法中，基本行政法即《行政处罚法》、《行政强制法》和《行政诉讼法》等对所有行政机关的执法活动都适用的法律；专门法则是特指《食品安全法》和《药品管理法》等法律法规中关于行政执法责任的规定。

1. 行政法关于行政责任的一般规定

以《行政处罚法》、《行政强制法》和《行政诉讼法》等为代表的基本行政法体系没有对维护食品药品安全责任作出专门规定，但是行政执法部门在履行行政法时所遵循的一般职责则是食品药品监管部门在执法检查时所必须遵守的法律要求。

（1）依法实施行政强制措施的责任。为保障行政执法活动的顺利实施，《行政处罚法》赋予了行政执法部门在履行行政管理职责，依照法律、法规的规定，实施行政强制措施的责任。并对可以实施的强制措施的种类、对象、情形、程序、要求等都做出了明确的要求。行政执法部门在执法中则必须依法适用强制措施来履行行政管理职责。

（2）依法实施行政处罚的责任。在社会管理过程中，公民、法人或社会组织等违反行政管理秩序的行为，应当给予行政处罚的，应当由行政执法机关作出。《行政处罚法》对于实施行政处罚的责任以法律的形式做出了规定，明确规定了行政处罚的种类和设定；行政处罚的实施机关；行政处罚的程序以及行政处罚的执行等。由此，具有行政处罚权的行政执法机关承担了依法实施行政处罚的责任，通过履行责任来实现对社会秩序的管理。

（3）依法强制执行的责任。行政执法部门经过调查对违法行为作出行政处罚或行政强制决定后，当事人可能拒绝或逃避其应该履行的义务，具有行政强制执行权的行政执法机关负有强制执行的责任。为此，《行政处罚法》规定"行政机关依法作出行政决定后，当事人在行政机关决定的期限内不履行义务的，具有行政强制执行权的行政机关依照本章规定强制执行"。并对强制执行的情形、类别、程序等作出明确规定。

（4）依法申请法院强制执行的责任。不是所有的行政机关都具有行政强制执行权，不具有行政强制执行权的行政机关遇到当事人拒绝或逃避履行义务，且在法定期限内不申请行政复议或提起行政诉讼的，行政机关可以通过申请法院强

制执行。《行政强制法》对于申请法院强制执行的情形、程序、条件等作出了明确的规定。

（5）违法实施行政行为的责任。法律对行政执法部门违法实施行政行为的法律责任也做了较为明确的规定。一是对于违法实施强制措施等的法律责任。《行政强制法》从第61条至第68条对此作了规定。二是违法实施行政处罚等的法律责任。《行政处罚法》从第55条至第62条对此作了规定。

2. 食药专门法中行政安全责任的立法规定

（1）食品安全行政责任立法。一是食品安全行政责任。《食品安全法》对行政部门所承担的安全责任做了较为明确的规定：一是国家职能部门层面。第5条规定，国务院食品药品监督管理部门依照本法和国务院规定的职责，对食品生产经营活动实施监督管理。国务院卫生行政部门依照本法和国务院规定的职责，组织开展食品安全风险监测和风险评估，会同国务院食品药品监督管理部门制定并公布食品安全国家标准。国务院其他有关部门依照本法和国务院规定的职责，承担有关食品安全工作。二是各级地方政府层面。第6条规定，县级以上地方人民政府对本行政区域的食品安全监督管理工作负责，统一领导、组织、协调本行政区域的食品安全监督管理工作以及食品安全突发事件应对工作，建立健全食品安全全程监督管理工作机制和信息共享机制、县级以上地方人民政府依照本法和国务院的规定，确定本级食品药品监督管理、卫生行政部门和其他有关部门的职责。有关部门在各自职责范围内负责本行政区域的食品安全监督管理工作。三是具体责任。包括实行食品安全监管责任制，提供财政支持保障等。其中第七章对食品药品监管、卫生等行政部门在处置食品安全事故处置中的安全责任做了规定；第八章监督管理专门对食品药品监管等部门的职责做了进一步细化规定。现行《食品安全法实施条例》规定"县级以上地方人民政府应当履行食品安全法规定的职责；加强食品安全监督管理能力建设，为食品安全监督管理工作提供保障；建立健全食品安全监督管理部门的协调配合机制，整合、完善食品安全信息网络，实现食品安全信息共享和食品检验等技术资源的共享。""食品安全监督管理部门应当依照食品安全法和本条例的规定公布食品安全信息，为公众咨询、投诉、举报提供方便；任何组织和个人有权向有关部门了解食品安全信息。"并对行政监督管理职能做了进一步的规定。

二是食品安全行政部门违法的法律责任。《食品安全法》第142至146条对政府及食品药品监督管理、卫生行政、质量监督、农业行政等相关行政执法部门不依法履行食品安全责任的行为应负的法律责任做了规定。政府层面应当承担法律责任的情形包括：对发生在本行政区域内的食品安全事故，未及时组织协调有关部门开展有效处置，造成不良影响或者损失；对本行政区域内涉及多环节的区域性食品安全问题，未及时组织整治，造成不良影响或者损失；隐瞒、谎报、缓报食品安全事故；本行政区域内发生特别重大食品安全事故，或者连续发生重大食品安全事故；未确定有关部门的食品安全监督管理职责，未建立健全食品安全全程监督管理工作机制和信息共享机制，未落实食品安全监督管理责任制；未制定本行政区域的食品安全事故应急预案，或者发生食品安全事故后未按规定立即成立事故处置指挥机构、启动应急预案。

行政执法部门应当承担法律责任的情形包括：隐瞒、谎报、缓报食品安全事故；未按规定查处食品安全事故，或者接到食品安全事故报告未及时处理，造成事故扩大或者蔓延；经食品安全风险评估得出食品、食品添加剂、食品相关产品不安全结论后，未及时采取相应措施，造成食品安全事故或者不良社会影响；对不符合条件的申请人准予许可，或者超越法定职权准予许可；不履行食品安全监督管理职责，导致发生食品安全事故；在获知有关食品安全信息后，未按规定向上级主管部门和本级人民政府报告，或者未按规定相互通报；未按规定公布食品安全信息；不履行法定职责，对查处食品安全违法行为不配合，或者滥用职权、玩忽职守、徇私舞弊。另外食品药品监督管理、质量监督等部门在履行食品安全监督管理职责过程中，违法实施检查、强制等执法措施，给生产经营者造成损失的，应当依法予以赔偿，对直接负责的主管人员和其他直接责任人员依法给予处分，等等。

《刑法修正案（八）》在第 408 条增加一款，专门惩罚食品安全监管渎职问题，即"负有食品安全监督管理职责的国家机关工作人员，滥用职权或者玩忽职守，导致发生重大食品安全事故或者造成其他严重后果的，处 5 年以下有期徒刑或者拘役；造成特别严重后果的，处 5 年以上 10 年以下有期徒刑。徇私舞弊犯前款罪的，从重处罚"。对行政执法人员徇私舞弊，不依法将案件移送司法机关追究刑事责任的，按照《刑法》第 402 条规定处罚，等等。

（2）药品安全的行政责任立法。一是药品安全行政责任。《药品管理法》总则部分规定了药品监管部门及相关部门总的安全监管的职责，包括药品监管部门负责辖区内药品监管；有关部门负责职责范围内的与药品有关的监督管理工作；药品监管部门承担依法实施药品审批和药品质量监督检查所需的药品检验工作；等等。第八章药品监督则对行政执法部门在药品安全方面的责任做了专门规定。《药品管理法实施条例》对《药品管理法》规定的行政责任做了进一步细化。总则部分规定了设置药品检验机构和确定符合药品检验条件的检验机构承担药品检验工作的责任。分则第八章药品监督同样对药品行政监督的安全责任做了进一步规定，包括：依法对药品的研制、生产、经营、使用实施监督检查的责任；按照规定实施抽样的责任；药品检验机构补充检验方法和检验项目进行药品检验的责任；定期发布药品质量公告的责任；依法对有证据证明可能危害人体健康的药品及其有关证据材料采取查封、扣押的行政强制措施的责任以及实施药品抽查检验，不得收取任何费用的禁止性责任等。

二是药品安全行政法律责任。《药品管理法》第九章法律责任的第 93 至 98 条规定了行政执法违反法律规定的法律责任。其一，失职渎职的责任。包括对不符合《药品生产质量管理规范》《药品经营质量管理规范》的企业发给符合有关规范的认证证书的，或者对取得认证证书的企业未按照规定履行跟踪检查的职责，对不符合认证条件的企业未依法责令其改正或者撤销其认证证书的；对不符合法定条件的单位发给《药品生产许可证》、《药品经营许可证》或者《医疗机构制剂许可证》的；对不符进口条件的药品发给进口药品注册证书的；对不具备临床试验条件或者生产条件而批准进行临床试验、发给新药证书、发给药品批准文号的。其二，参与药品生产、经营或药品检验活动的责任。其三，乱收费用的责任。其四，对有失职、滥用职权、徇私舞弊、玩忽职守的行为追究法律责任的规定等。

《药品管理法实施条例》对于行政执法的安全责任规定得较少，仅在第 72 条规定了药品监督管理部门及其工作人员违反规定，泄露生产者、销售者为获得生产、销售含有新型化学成分药品许可而提交的未披露试验数据或者其他数据，造成申请人损失的，由药品监督管理部门依法承担赔偿责任；药品监督管理部门赔偿损失后，应当责令故意或者有重大过失的工作人员承担部分或者全部赔偿费用，并对直接责任人员依法给予行政处分。

对于行政执法人员在药品监管中失职渎职构成犯罪的行为，则按照《刑法》第 397 条规定处罚；对行政执法人员徇私舞弊，未依法将案件移送司法机关追究刑事责任的则按照《刑法》第 402 条规定处罚。

（二）食药安全责任行政立法中存在的问题

1. 法律对于安全监管责任规定的过于抽象

虽然我国食品安全法律体系比较完整，内容比较丰富，对于行政执法部门在安全责任方面的法律规定也较为全面。但《食品安全法》与《食品安全法实施条例》等关于食品安全监管的具体责任的规定仅 31 条，多是作了较为原则性的规定。药品的行政监督的法律规定同样存在此类问题。

2. 法律责任的规定没有考虑到监管的困难

目前食品药品监管立法没能完全考虑到食品药品等行政执法部门监管的困难。主要包括，一是监管责任大，但是监管手段少；二是监管面宽，但是监管的队伍建设不力。由于目前我国缺少像法院、检察院等部门组织法，也没有专门的如警察法等专业法律，目前整个行政部门的建设变化快，稳定性差，虽然有《行政处罚法》但不足以保障行政执法部门的建设。

3. 过于严厉的惩罚倒逼监管者乱打、盲打或不敢打

一方面法律赋予了食品药品监管部门全面、严格的安全监管职责；另一方面法律监管手段和队伍建设不到位。但法律却对监管不到位或出现安全事故等情形规定了严厉的惩罚。特别是食品安全监管渎职罪的确立，使得整个监管队伍如履薄冰、战战兢兢，总是害怕一不小心就会"被渎职"。在此情形下，发现问题不是主动揭盖子，而是想方设法在面下将问题处理，害怕有关部门会高举"一案双查"的旗帜，对监管人员进行倒查。如此致使法律效果大打折扣。

（三）我国食品药品安全责任行政立法的完善

1. 细化法律规定，赋予更有力的监管措施

一是借助修法进一步细化法律规定；二是尽快修订《行政处罚法》《行政强制法》等法律法规，赋予行政执法部门网络调查取证措施和资金的查询手段等，以加强行政执法部门的监管和执法能力；三是通过修改《食品安全法》《药品管理法》及相关实施条例，赋予更加切实的食品药品安全监管检查措施。

2. 规范行政执法部门安全职责，防治"被渎职"问题

国家食品药品监管总局已经认识到监管渎职风险对执法队伍的影响，于2017年5月出台《关于进一步加强依法行政履职尽责工作指导意见》，以全面落实监管责任和责任追究，促进全系统严格、规范、公正、文明执法。《意见》明确了追究原则、追究范围，细化规定了食品药品监管部门及其执法人员应当承担行政责任的12种责任追究情形，6种从重责任追究情形，3种从轻或者减轻责任追究情形，8种免责情形。按此《意见》的出台对于食品药品监管部门进一步加强规范执法，强化安全责任，防治监管人员出现"被渎职"情形必将发挥重要作用。但是由于此《意见》是国家食品药品监管总局出台的规范性文件，其立法层级较低，是否能被检察机关认可尚未得知。因此有必要在此基础上，由国家食品药品监管总局联合公安部门、检察机关和法院制定出台关于食品药品行政执法安全责任的规范，统一各部门对此问题的认识，来实现规范执法、保护执法人员合法权益的目的。

四、食品药品安全刑事责任立法与完善

（一）食品安全刑事责任立法与完善

1. 我国食品安全的刑事责任立法的现状

（1）现行《刑法》关于食品安全刑事责任的规定。现行《刑法》关于危害食品安全刑事责任的规定是以生产、经营类为主体罪名，同时涵盖了非法经营类、知识产权类和监管渎职类犯罪等。具体罪名包括，生产、销售不符合安全标准食品罪，生产、销售有毒、有害食品罪，生产、销售伪劣产品罪，非法经营

罪，假冒注册商标罪，销售假冒注册商标的商品罪，以危险方法危害公共安全罪，食品监管渎职罪，徇私舞弊不移交刑事案件罪。

（2）司法解释关于食品安全刑事责任的规定。2013 年 5 月 2 日最高人民法院、最高人民检察院出台的《关于办理危害食品安全刑事责任使用法律若干问题的解释》（以下称《司法解释》）对构成危害食品安全犯罪的情形做了较为清晰的解释，一是认定为"足以造成严重食物中毒事故或者其他严重食源性疾病"的情形；二是认定为"对人体健康造成严重危害"的情形；三是认定为"其他严重情节"的情形；四是认定为"后果特别严重"的情形；五是认定为"致人死亡或者有其他特别严重情节"的情形；六是超限量、超范围使用食品添加剂、农药、兽药的情形的认定；七是食品加工、销售、运输等，食用农产品种植、养殖等，以及保健食品生产中等添加有毒有害非食品原料的认定；八是危害食品安全案件中属于生产、销售伪劣产品和非法经营情形的认定；九是生猪屠宰等违法情形的认定；十是为危害食品安全犯罪提供条件情形的认定；十一是监管渎职犯罪的认定；十二是单位犯罪的处罚认定；十三是"有毒、有害的非食品原料"的认定；十四是涉案食品的检验认定；等等。

与危害食品安全犯罪相关的司法解释还有：《关于办理非法生产、销售、使用禁止在饲料和动物饮用水中使用的药品等刑事案件具体应用法律若干问题的解释》《关于办理非法经营食盐刑事案件具体应用法律若干问题的解释》《关于办理生产、销售伪劣商品刑事案件具体应用法律若干问题的解释》，等等。

2. 目前我国食品安全刑事责任立法存在的问题

（1）《刑法》对危害食品安全犯罪归类不准确。目前来看，危害食品安全犯罪置于刑法分则第三章破坏社会主义市场经济秩序罪第一节生产、销售伪劣商品罪。食品安全问题不仅仅是经济问题，虽然生产、经营者的主观目的是为了获取更大的经济利益，但是其侵害的客体不仅仅是我国食品药品生产经营的市场秩序，还包括广大消费者即不特定多数人的身体健康权和生命安全的权利。

（2）《刑法》对危害食品安全犯罪的规制过于粗略。一是主体罪名的规定过于原则，难以认定。最核心问题是认定"足以造成严重食物中毒事故或其他严重食源性疾病""有毒、有害物质"困难；二是从主体罪名即生产、经营不符合安全标准食品罪和生产、经营有毒、有害食品罪来看，仅对生产型和经营型犯罪做了规定，对于条件提供型，如提供生产、经营场所，提供资金、技术等支持等情形没能纳入刑法规制范畴。虽然司法解释将条件提供型犯罪进行了规定和处罚，但是由于两高司法解释的权力位阶明显低于全国人大及其常委会对法律的修订，司法解释扩大惩罚的法理基础不够扎实。

（3）危害食品安全犯罪的主观方面规定标准过高。目前对于危害食品安全犯罪主观方面认定为普通故意犯罪，即过失等不构成犯罪。但是实际司法实践中，问题食品生产、经营者往往会千方百计通过规避主观故意来逃避打击。而食品安全的专业性和复杂性使得对于犯罪行为人的主观故意多靠推断。

（4）司法解释关于危害食品安全犯罪界定不清。一是"含有严重超出标准限量的致病性微生物……"的认定；二是"婴幼儿食品中生长所需营养成分严重不符合食品安全标准的"认定；三是"其他足以造成严重食物中毒事故或者严重食源性疾病的情形"的认定；四是"不符合食品安全标准的食品数量较大的""有毒、有害食品的数量较大的"认定；五是"生产、销售持续时间较长的"认定；六是"其他特别严重的后果"及"其他情节严重的情形"的认定；七是"有毒、有害的非食品原料毒害性强或者含量高的"认定；八是"有毒、有害的非食品原料"的认定；等等。

（5）食品监管人员职务类犯罪的规定值得商榷。一是食品监管渎职罪由于缺少对食品监管人员职责权限的明确规定，使得对执法人员在履行职责时是否监管到位缺少明确的界定，事后的追究如此严厉，使得本条款的规定适得其反，甚至一些行政执法人员不敢监管，即使发现危害食品安全的线索也不敢去依法调查或移送，害怕"一案双查"最后查到自己身上；二是徇私舞弊不移交刑事案件罪仅仅适用行政执法人员不移交案件的情况，但司法实践中侦查机关不受理案件的情况同样普遍存在。

3. 我国食品安全刑事责任立法的完善

（1）调整危害食品安全犯罪为危害公共安全犯罪。建议《刑法》再修改时，将危害食品安全犯罪从经济犯罪的类别，调整到危害公共安全罪的部分，并确立其危害公共安全的危害性。

（2）构成犯罪的情形在刑法中予以完善。《刑法》再修改时，建议一是将危害食品安全犯罪案件的定性问题进一步明确细化，特别是用词更准确一些，以便于司法人员在适用法律时能够准确把握；二是对为危害食品安全犯罪提供条件的情形也在刑法中做出明确规定，并对构成犯罪的情形从严把握。

（3）确定危害食品安全犯罪严格刑事责任制度。将部分危害食品安全犯罪的主观故意从普通故意犯罪，改为严格刑事责任，即只要实施了危害食品安全犯罪的行为，没有相反的证据能证明其不存在主观故意，即认定为犯罪。但需要注意的是应该需要区分生产型、经营型和提供条件型犯罪之间的差别，严格刑事责任制度应仅限于生产型犯罪，对经营型和提供条件型的行为，只要履行了法律规定的查验等义务，原则上应该不适用严格刑事责任。

（4）尽快修订司法解释解决认定难的问题。一是明确规定"含有严重超出标准限量的致病性微生物……"的认定，并应明确规定难以认定的应该由卫生和食药监管部门组织专家进行统一认定；二是明确"婴幼儿食品中生长所需营养成分严重不符合食品安全标准的"认定，即营养成分为多少时严重不符合食品安全标准；三是对"其他足以造成严重食物中毒事故或者严重食源性疾病的情形"的认定做出限制性规定；四是对"不符合食品安全标准的食品数量较大的""有毒、有害食品的数量较大"的认定，做出范围的规定；五是对"生产、销售持续时间较长的"做出明确；六是对"其他特别严重的后果"及"其他情节严重的情形"的认定做出限定；七是对"有毒、有害的非食品原料毒害性强或者含量高的"认定，应该规定由卫生和食药监管部门组织专家统一认定；八是对"有毒、有害的非食品原料"的认定做出明确规定等。目前相关部门已经启动了对司法解释的修订，我们拭目以待。

（5）进一步完善食品监管渎职等职务犯罪。一是在司法解释修订时，就行政执法人员履职、失职渎职及免责等的情形做出相应规定，来规范对监管渎职行为的追究；二是将侦查机关不依法受理移送案件情节严重的，也纳入刑法规制的范畴，以便于畅通行刑衔接。

（二）药品安全刑事责任立法与完善

1. 药品安全的刑事责任立法的现状

（1）现行《刑法》关于危害药品安全刑事责任的规定。《刑法》关于危害药品安全的刑事立法包括：生产、销售假药罪；生产、销售劣药罪；生产、销售不符合标准的医用器材罪；徇私舞弊不移交刑事案件罪；药品监管渎职罪；等等。

（2）司法解释关于药品安全刑事责任的规定。《关于办理危害药品安全刑事案件适用法律若干问题的解释》，对危害药品安全的刑事责任进一步明确细化。一是酌情从重处罚的情形的认定；二是"对人体健康造成严重危害"的情形的认定；三是"其他严重情节"的认定；四是"其他特别严重情节"的认定；五是认定为"生产"的情形的认定；六是非法经营药品的认定；七是为危害药品安全犯罪提供条件的认定；八是不认为是犯罪的情形的认定；九是关于"假药""劣药"的认定，等等。

2. 药品安全刑事责任立法存在的问题

（1）危害药品安全犯罪的归罪不准确。危害药品安全的罪名都是放在破坏社会主义市场经济秩序罪中。其犯罪客体均为双重客体，一是侵害不特定的多数人的健康权利和生命安全，二是《药品管理法》总则规定的国家的药品安全监管秩序。立法上将其置于破坏社会主义市场经济秩序罪一章中，表明立法者认为三罪侵害的主要客体为国家的药品安全监管秩序。危害药品安全其实质是危害了不特定多数人的身体健康和生命安全，虽然三罪之目的是为了营利，但理应置于危害公共安全罪的部分。

（2）危害药品安全犯罪主观故意的要求标准过高。按照《刑法》规定，生产、销售假药罪，生产、销售劣药罪，生产、销售不符合安全标准的医用器材罪的主观方面只能是故意，过失不能构成犯罪。随着药品相关生产技术水平和安全检测标准的日益提高，法律也应对药品生产、经营者的专业要求和注意义务逐渐提高和增多[1]。在很多案件中由于犯罪行为人不承认其主观故意，只能通过其行为综合分析推断其为"明知"。由于本罪是一般故意犯罪，所以过失不构成犯罪。但是在此类案件中查证、认定其主观故意难度很大。特别是行政执法部门移送的案件，已经由行政机关对案件做了前期查证，司法机关接手后再通过言辞证据来确认其主观故意更是难上加难。

（3）假药、劣药认定困难。一是假药认定难。其一，"变质"和"被污染"的药品认定为假药争议较大；其二，缺乏对于药品鉴定的司法鉴定机构，无法对涉案的药品做出符合法律规定的鉴定意见；其三，我国传统中药的特殊性导致了在对中药饮片的真假认定方面存在诸多争议；其四，药品符合要求但是包装为假的药品的认定问题；其五，未经批准进口"真药"和必须检验未经检验即销售的认定为假药，规定过于严格，处罚过于严厉；其六，宣传或变相宣传功能主治，但是却在包装上故意回避或者以食品等名义来掩盖等情形的认定等。

二是劣药认定难。从目前来看，假药规定的情形之一是"药品所含成分与国家药品标准规定的成分不符的"，劣药规定的是"药品成分的含量不符合国家药品标准的"。这两种规定从行文上理解应该不成问题，"成分不符"应该是所含成分数量的区别，如果成分比上述列举得多或少，则就是假药；"成分的含量不符"则应该指的是每一种成分的含量的差别。但实务中存在按照药品所含有效成分的比例来区分假药劣药的观点。另外，"其他不符合药品标准规定的"情形甚多，诸如运输、贮存等不符合药品标准规定的，诸如中药材存在的一些不符合药品标准规定的情形等，这些都需要进一步的完善和细化。

（4）构成生产、销售劣药罪的危害结果标准过高。从《刑法》第 142 条规定来看，只有对人体健康造成严重危害的才追究其刑事责任。这个标准一方面对劣药罪认定规定了较高的危害程度，日常中大多数情形难以构成劣药罪；另一方面一旦构成劣药罪处罚严厉，直接处以三到十年有期徒刑。药品由于其对维护人体健康、治疗疾病的独特作用，在整个社会发展中占据独特地位。一旦劣药被患者服用，轻者延误病情，影响治疗效果，损耗患者大量费用，并打击患者的信心，重者会造成病情恶化，甚至会让患者因此丧失生命。因此劣药的危害是恶劣的。但是本条款规定要追究劣药生产、经营者的刑事责任则必须要对"人体健康

---

〔1〕 李润华：《药品安全的刑法保护》，载《中国卫生法制》2012 年第 20 卷第 6 期。

造成严重危害"进行明确规定。

（5）生产、销售假药罪的行为犯性质引发刑事打击的扩大。从刑法条文理解，在药品生产、经营场所即使只发现一粒假药，原则上也应该追究生产、经营者的刑事责任。以严厉的刑罚打击假药的方向是对的，但是由于《药品管理法》对于"假药"认定的泛化，使得假药的刑事责任追究也面临着职业道德和法律的双重考验，一些急需的未经批准进口的特效药被假借"假药"严惩，不仅仅是影响了病患者疾病治疗那么简单了，更是对我国"以人为本"理念贯彻的冲击。

（6）医用器械的"足以严重危害人体健康的"情形认定困难。医疗器械的制造和使用中，软件程序的开发甚至决定着整个医疗器械的作用。由于计算机程序的复杂性和专业性，使得认定高技术装备的医疗器械是否能够"足以严重危害人体健康"困难重重，尤其是一些检查类的医疗器械，由于其硬件质量或软件程序的问题，不会引发对人体的危害，但是会因检验结果的准确度降低，而使得在判明病情时干扰医生的判断，也使得认定生产、经营不符合标准的医用器材罪难度甚高。

（7）司法解释的规定还存在争议。一是对于"根据生产、销售的时间、数量、假药种类等"，"应当认定为情节严重的"或"应当认定为情节特别严重的"的规定宽泛，引发各地司法实践中定性的差异化；二是对医疗机构、医疗机构工作人员明知是假药、劣药而实施的犯罪行为没能规定更严厉的处罚；三是"销售少量根据民间传统配方私自加工的药品，或者销售少量未经批准进口的国外、境外药品，没有造成他人伤害后果或者延误诊治，情节显著轻微危害不大的，不认为是犯罪"的规定过于模糊；四是"是否属于《刑法》第141条、第142条规定的'假药''劣药'难以确定的"，司法机关可以根据地市级以上药品监督管理部门出具的认定意见等相关材料进行认定。必要时，可以委托省级以上药品监督管理部门设置或者确定的药品检验机构进行检验的规定，使得药监部门难摆脱"既是运动员又是裁判员"的质疑；五是"生产、销售金额"的解释与其他法律性文件规定不一致；等等。

3. 我国药品安全刑事责任立法的完善

（1）修改《刑法》，将危害药品安全犯罪归类于危害公共安全罪。危害药品安全罪虽然直接侵犯的是药品监管秩序，并且以营利为目的，但实质却是危害了不特定多数人的身体健康和生命安全。建议修改《刑法》时，将危害药品安全犯罪归类于危害公共安全罪。

（2）明确部分危害药品安全罪严格刑事责任制度。建议将生产型危害药品安全犯罪的主观故意从普通故意犯罪，改为严格刑事责任，因为《药品管理法》

等法律法规对药品生产的过程中必须履行的责任义务做了明确规定。对于经营型以及涉及中药材的案件则慎重规定严格刑事责任。

（3）修改《药品管理法》对"假药""劣药"的规定。一是对"变质"和"被污染"药品的认定标准作出可以操作的明确规定；二是将药品检验机构与食品药品监管部门剥离，将药品检验检测纳入司法鉴定管理机构管理范畴；三是在《药品管理法》中专门列出中药材的监管，并且应该由中医药专家来主导制定；四是慎重规定药品符合要求但是包装为假的药品认定为假药的情形；五是对于未经批准的进口"真药"的认定要慎重，最好不要以刑事手段来惩罚；六是在一些案件中宣传或变相宣传功能主治，但是却在包装上故意回避或者以食品等名义来掩盖等情形，应该放宽认定标准等；七是对于"药品成分的含量不符合国家药品标准的"劣药，明确规定只要是成分含量不符合国家标准即为劣药，不存在因含量多少而区分为假药或劣药的情况；等等。

（4）《刑法》具体条款的修订。一是对构成劣药罪的危害结果要求予以修订，降低入罪门槛；二是对假药罪的适用范围予以限定；三是修改不符合标准的医疗器械罪的认定，将危险犯修改为行为犯。

（5）司法解释的修订。一是应当对于"假药""劣药"的检验鉴定做出进一步明确规定，并推动药品检验鉴定的规范化工作；二是对于涉嫌假药、劣药罪的认定，不能仅仅依据《药品管理法》对于"假药""劣药"的规定，而应该以检验检测和鉴定为依据；三是对于各种情节的认定也要更加科学化；四是统一涉案金额的认定；五是对民间配方和中药材制定符合中药材规律和特点的规定。

（本文课题组成员：李春雷，中国人民公安大学教师；张伟珂，中国人民公安大学讲师；顾红梅，北京警察学院副研究员；赵浩洲，山东医专讲师；韦安然，北京市公安局大兴分局。）

北京市治理黑臭水体的法律问题研究

谭 红 *

第一部分　导论

黑臭水体是指城市建成区内，呈现令人不悦的颜色和（或）散发令人不适气味的水体的统称，分为轻度黑臭和重度黑臭两级。在我国城市化和工业化进程中，由于经济的快速发展，人口的急剧膨胀，每时每刻都产生大量的生活垃圾和工业垃圾，给环境造成极大的污染。加之水污染控制与治理措施滞后，治理资金不到位，法律保障不足，个别领导唯 GDP 的政绩观，导致一些城市水体直接成为工业、农业及生活废水的主要排放通道和场所，致使城市水体大面积受污染，引起水体富营养化，形成黑臭水体。[2]

第二部分　PPP 项目与黑臭水体治理的法律问题

本部分详细阐述了北京市在治理黑臭水体过程中运用 PPP 的规范性依据及所面临的法律问题。

一、PPP 项目与黑臭水体治理的立法现状

（一）PPP 项目的立法规定

目前，全国人大常委会通过的 PPP 相关法律有 1999 年 8 月 30 日《招标投标法》和 2014 年 8 月 31 日《预算法》《政府采购法》。

1. 国务院发布的文件

自 2004 年 7 月 16 日，国务院发布《关于投资体制改革的决定》（国发

---

* 课题主持人：谭红，法学博士，国家法官学院教授。立项编号：BLS（2016）B010。结项等级：优秀。

〔2〕 参见熊跃辉：《我国城市黑臭水体成因与防治技术政策》，载《中国环境报》2015 年 6 月 11 日。

〔2004〕20号）以来，涉及PPP项目的法规文件主要有：

（1）《关于加强地方政府性债务管理的意见》（国发〔2014〕43号）。

（2）国务院《关于创新重点领域投融资机制鼓励社会投资的指导意见》（国发〔2014〕60号）。

（3）国务院办公厅转发财政部、发展改革委、人民银行《关于在公共服务领域推广政府和社会资本合作模式指导意见》（国办发〔2015〕42号）

2. 财政部及其相关部委发布的文件

（1）财政部《关于推广运用政府和社会资本合作模式有关问题的通知》（财金〔2014〕76号）。

（2）财政部《关于政府和社会资本合作示范项目实施有关问题的通知》（财金〔2014〕112号）。

（3）财政部《关于印发〈政府和社会资本合作模式操作指南（试行）〉的通知》（财金〔2014〕113号）。

（4）国家发展改革委《关于开展政府和社会资本合作的指导意见》（发改投资〔2014〕2724号）。

（5）财政部、国家发展改革委《关于进一步共同做好政府和社会资本合作（PPP）有关工作的通知》（财金〔2016〕32号）。

（6）财政部《关于印发〈政府和社会资本合作项目财政管理暂行办法〉的通知》（财金〔2016〕92号）。

（二）黑臭水体治理的政策措施

1. 财政部、环境保护部《关于推进水污染防治领域政府和社会资本合作的实施意见》（财建〔2015〕90号）

2015年4月9日，财政部、环境保护部联合印发了《关于推进水污染防治领域政府和社会资本合作的实施意见》（财建〔2015〕90号，以下简称《意见》），对水污染防治领域政府和社会资本合作（PPP）项目操作流程作出明确规范。《意见》提出了完善制度规范，优化机制设计，转变供给方式，改进管理模式，推进水污染防治，提高水环境质量的总体目标和存量为主、因地制宜、突出重点三大原则。要求水污染防治领域推广运用PPP模式，以费价机制透明合理、现金流支撑能力相对较强的存量项目为主，适当兼顾部分新建项目，充分考虑不同地区、不同流域和湖泊、不同领域项目特点，对纳入国家重点支持江河湖泊动态名录或水污染防治专项资金等相关资金支持的地区，采取差异化的合作模式与推进策略，率先推进PPP模式。《意见》明确了项目边界。针对水污染防治领域项目特点，《意见》提出以饮用水水源地环境综合整治等为PPP推进的重点领域。鼓励对项目有效整合，打包实施PPP模式，提升整体收益能力，扩展外部效益。

2. 国务院《水污染防治行动计划》（"水十条"，国发〔2015〕17号）

2015年4月16日，国务院印发《水污染防治行动计划》（国发〔2015〕17号），针对水污染防治的紧迫性、复杂性、艰巨性、长期性，行动计划突出深化改革和创新驱动思路，坚持系统治理、改革创新理念，按照"节水优先、空间均衡、系统治理、两手发力"的原则，突出重点污染物、重点行业和重点区域，注重发挥市场机制的决定性作用、科技的支撑作用和法规标准的引领作用，加快推进水环境质量改善。

3. 财政部、环境保护部《关于印发〈水污染防治专项资金管理办法〉的通知》（财建〔2015〕226号）

2015年7月9日，财政部、环境保护部发布《关于印发〈水污染防治专项资金管理办法〉的通知》（财建〔2015〕226号，以下简称《办法》）。《办法》所称水污染防治专项资金，是指中央财政安排，专门用于支持水污染防治和水生态环境保护方面的资金。专项资金由财政部会同环境保护部负责管理。专项资金重点支持范围包括：①重点流域水污染防治；②水质较好江河湖泊生态环境保护；③饮用水水源地环境保护；④地下水环境保护及污染修复；⑤城市黑臭水体整治；⑥跨界、跨省河流水环境保护和治理；⑦国土江河综合整治试点；⑧其他需要支持的有关事项。《办法》规定，专项资金根据各项水污染防治工作性质，主要采取因素法、竞争性等方式分配，采用奖励等方式予以支持。采用因素法分配的，主要为目标考核类工作，考核结果作为专项资金分配的参考依据；采用竞争方式分配的，主要为试点示范类工作，通过竞争审定工作方案，财政部会同环境保护部按照工作通知确定的程序组织竞争性评审。《办法》还特别指出，地方财政及环境保护部门要按规定管理和使用中央拨付的专项资金，组织实施相关工作，落实工作任务，对采用政府和社会资本合作（PPP）模式的项目予以倾斜支持。[1]

4. 住房城乡建设部、环境保护部《关于印发〈城市黑臭水体整治工作指南〉的通知》（建城〔2015〕130号）[2]

2015年8月28日，为贯彻落实《国务院关于印发水污染防治行动计划的通知》（国发〔2015〕17号）要求，加快城市黑臭水体整治，住房城乡建设部会同

---

〔1〕 杨迪：《水污染防治专项资金管理办法出台 八种情况可获重点扶持》，载http：//news. dahe. cn/2015/09 - 11/105622192. html，访问日期：2017年7月30日。

〔2〕 住房城乡建设部、环境保护部：《关于印发〈城市黑臭水体整治工作指南〉的通知》（建城〔2015〕130号），载http：//www. mohurd. gov. cn/wjfb/201509/t20150911_ 224828. html，访问日期：2017年7月30日。

环境保护部、水利部、农业部组织制定了《城市黑臭水体整治工作指南》，把"控源截污"作为整治的根本措施。通知要求，各省级住房城乡建设（水务）、环境保护部门要会同水利、农业等部门抓紧指导督促本地区全面开展城市建成区黑臭水体排查工作，指导各城市编制黑臭水体整治计划（包括黑臭水体名称、责任人及整治达标期限等），制定具体整治方案，并抓紧组织实施。住房城乡建设部将会同环境保护部等部门建立全国城市黑臭水体整治监管平台，定期发布有关信息，接受公众举报；共同开展黑臭水体整治监督检查，并向社会公布监督检查结果，对整治不力、未按期完成整治目标要求的，责令限期整改，并约谈相关责任人。

5. 住房城乡建设部《关于印发〈城市黑臭水体整治——排水口、管道及检查井治理技术指南（试行）〉的通知》（建城函〔2016〕198 号）

6. 财政部、住房城乡建设部、农业部、环境保护部《关于政府参与的污水、垃圾处理项目全面实施 PPP 模式的通知》（财建〔2017〕455 号）

二、北京市黑臭水体治理 PPP 项目的运作模式

（一）北京市政府发布的 PPP 文件

2015 年 11 月 3 日，北京市人民政府办公厅《关于在公共服务领域推广政府和社会资本合作模式的实施意见》（京政办发〔2015〕52 号）。[1] 意见强调，政府和社会资本合作模式是指政府按照依法合规、重诺履约、公开透明、公众受益、积极稳妥的基本原则，采取竞争性方式择优选择具有投资、运营管理能力的社会资本，双方按照平等协商原则订立合同，明确责任权利关系，由社会资本提供公共服务，政府依据公共服务绩效评价结果向社会资本支付相应对价，保证社会资本获得合理收益。

（二）北京市黑臭水体治理 PPP 项目的运作模式

截至 2017 年 7 月 12 日，北京市 141 条段黑臭水体中 132 条段已开工，占总数的 93.6%，其中 66 条段已完工，占总数的 46.8%。建成区 57 条段黑臭水体（含 4 条界河）全部开工，其中 47 条段已完工，占总数的 82.5%。各相关区完工比例分别为：海淀区（100%）、丰台区（85.7%）、顺义区（80%）、昌平区（60%）、房山区（50%）、大兴区（50%）、通州区（34%）、朝阳区（24.2%）。[2]

---

〔1〕 北京市人民政府办公厅：《关于在公共服务领域推广政府和社会资本合作模式的实施意见》（京政办发〔2015〕52 号），载 http://govfile. beijing. gov. cn/Govfile/ShowNewPageServlet? id＝6355，访问日期：2017 年 7 月 31 日。

〔2〕 关于 2017 年第二季度北京市黑臭水体治理进展情况的公示，载 http://www. bjwater. gov. cn/bjwater/300795/300797/655425/index. html，访问日期：2017 年 7 月 30 日。

为加快推进城市黑臭水体整治工作，确保完成国务院《水污染防治行动计划》关于直辖市、省会城市、计划单列市建成区 2017 年底基本消除黑臭水体的任务目标，住房城乡建设部、环境保护部决定对社会影响较大的 205 个黑臭水体实行重点挂牌督办。其中北京市有南大沟（梨园镇、台湖镇）、小中河（宋庄镇、永顺镇）、龙道河（后沙峪镇）、萧太后河（台湖镇、梨园镇、张家湾镇）、小龙河（南苑街道、东高地街道、和义街道）、青年路沟（平房乡、高碑店乡、三间房乡）、萧太后河（十八里店乡）、新凤河（黄村镇、西红门镇、观音寺街道、青云店镇、瀛海镇）、老凤河（黄村镇、西红门镇、观音寺街道）、四家庄河（马池口镇）、通惠北干渠（台湖镇）、中坝河（宋庄镇）、凉水河（台湖镇、马驹桥镇、张家湾镇、漷县镇）、运潮减河（永顺镇、宋庄镇、潞城镇）14 个黑臭水体。具体做法是：①主动公开黑臭水体信息。指导和督促有关城市将列入挂牌督办的黑臭水体位置、河长、预期效果等信息主动向社会公开，接受公众监督；②定期报告整治情况。每月 5 日前将重点挂牌督办的黑臭水体整治进展情况报送至"全国城市黑臭水体整治监管平台"；③强化监督检查。加大对列入重点挂牌督办的黑臭水体现场检查力度，通过不定期组织明察暗访、受理公众举报等方式加强监督。住房城乡建设部、环境保护部将定期对挂牌督办的黑臭水体整治情况进行通报，并通过卫星遥感对整治情况进行监督。[1]

三、北京市黑臭水体治理 PPP 项目的法律问题

财政部、住房城乡建设部、农业部和环境保护部联合发布的《关于政府参与的污水、垃圾处理项目全面实施 PPP 模式的通知》（财建〔2017〕455 号）中提出，以全面实施为核心，在污水、垃圾处理领域全方位引入市场机制，推进 PPP 模式应用，该文件是继《关于推进水污染防治领域政府和社会资本合作的实施意见》（财建〔2015〕90 号）之后推出的第二个针对环境保护领域实施 PPP 模式的文件，其以全面实施为核心的要求对吸引社会资本投入生态环境保护领域、构建多元化环保投融资格局具有重要的意义。

（一）PPP 项目的投融资问题

1. PPP 模式对投融资政策的影响

环境保护部环境规划院环境 PPP 中心主任逯元堂认为，环境领域推行 PPP 模式会对环保投融资格局与政策带来四个方面的主要影响：一是环境公共服务领域社会资本投入将日趋占据主导，二是模式与投资回报机制将不断创新，三是环

---

〔1〕 住房城乡建设部办公厅、环境保护部办公厅：《关于对部分城市黑臭水体实行重点挂牌督办的通知》（建办城函（2017）216 号），2017 年 3 月 18 日。

保资金使用将逐步转变为效果导向，四是 PPP 模式将促进财政资金使用方式变革。[1]

2. PPP 项目的融资管理问题

PPP 项目要利用社会资金，但政府融资的资金必须进行限额管理，PPP 项目融资的可获得性是项目能否落地的关键因素。《关于在公共服务领域推广政府和社会资本合作模式指导意见》（国办发〔2015〕42 号）强调，对于 PPP 项目的金融扶持政策，包括信贷审批、开发性金融机构中长期贷款支持、项目运营主体发行债券票据等市场化融资方式等。中央财政出资引导设立政府和社会资本合作融资支持基金，作为社会资本方参与项目，从而提高项目融资的可获得性。同时，鼓励地方政府在承担有限损失的前提下，与具有投资管理经验的金融机构共同发起设立基金，并通过引入结构化设计吸引更多社会资本参与。

2015 年 3 月 10 日，国家发展改革委、国家开发银行《关于推进开发性金融支持政府和社会资本合作有关工作的通知》（发改投资〔2015〕445 号）提出，开发银行将为各地 PPP 项目提供综合金融服务，在政策允许范围内，给予 PPP 项目差异化信贷政策，对符合条件的项目，贷款期限最长可达 30 年，并给予贷款利率的适当优惠。[2]

PPP 的概念不仅包括了特许经营（BOT），还包括 BOO、TOT 等多种形式，目前这种多头监管的现状显然跟不上 PPP 的发展形势。PPP 项目在实施过程中，不仅存在重大的履约风险，也存在国有资产安全与资金使用效益等诸多风险，且 PPP 项目一般项目数额数以千万、亿计，项目完成时间跨度大，多涉及城市建设、污水处理等民生领域，谁来监督 PPP 项目，采取什么样的机制才能监管好或形成监管合力，无疑是需要认真思考和解决的问题。[3]

（二）PPP 项目的评价问题

自《政府和社会资本合作模式操作指南（试行）》（财金〔2014〕113 号）发布以来，PPP 项目的"识别"阶段新增两个必经程序，即财政承受能力论证和物有所值评价。根据财政部相关规范性文件的规定，只有通过这两个程序的 PPP 项目，方可启动实施方案的编制。

1. 财政部《关于印发〈政府和社会资本合作项目财政承受能力论证指引〉

---

〔1〕 逯元堂：《环境领域 PPP 的 3 大特点、4 大意义、5 大关键》，载 http：//www. h2o - china. com/news/ 232999. html，访问日期：2017 年 8 月 1 日。

〔2〕 国家发展改革委、国家开发银行：《关于推进开发性金融支持政府和社会资本合作有关工作的通知》（发改投资〔2015〕445 号），载 http：//tzs. ndrc. gov. cn/zttp/cjmjtcwj/201606/t20160607_ 806688. html，访问日期：2017 年 8 月 1 日。

〔3〕 参见张泽明：《由 PPP 的项目属性与法律属性看监管模式设计》，载《中国政府采购》2016 年第 1 期。

的通知》（财金〔2015〕21 号）[1]

2015 年 4 月 7 日，财政部发布《关于印发〈政府和社会资本合作项目财政承受能力论证指引〉的通知》（财金〔2015〕21 号）。内容包括：责任识别、支出测算、能力评估、信息披露等。所谓财政承受能力论证，是指识别、测算政府和社会资本合作（Public-Private Partnership，以下简称 PPP）项目的各项财政支出责任，科学评估项目实施对当前及今后年度财政支出的影响，为 PPP 项目财政管理提供依据。

2017 年 7 月 18 日，财政部、住建部、农业部、环保部四部委联合印发《关于政府参与的污水、垃圾处理项目全面实施 PPP 模式的通知》（财建〔2017〕455 号，以下简称《通知》）。根据目标内容，政府参与的新建污水、垃圾处理项目全面实施 PPP（政府和社会资本合作）模式。符合全面实施 PPP 模式条件的各类污水、垃圾处理项目，政府参与的途径限于 PPP 模式；未有效落实全面实施 PPP 模式政策的项目，原则上不予安排相关预算支出。此前相关政策对于 PPP 模式多采取"鼓励"态度，该《通知》中"全面实施"的字眼以及相关规定表明，污水、垃圾处理领域的 PPP 模式推行带有强制性。在某一行业推广 PPP 模式时采取这种硬性要求，在政府层面极为少见，既有一定有利影响，也存在挑战和风险。尤其对于全部 PPP 项目支出占一般公共预算支出比例 10% 的限制，是否需要作出调整，《通知》并未作出回答，有待进一步研究。

2. 财政部《关于印发〈PPP 物有所值评价指引（试行）〉的通知》（财金〔2015〕167 号）[2]

2015 年 12 月 18 日，财政部发布《关于印发〈PPP 物有所值评价指引（试行）〉的通知》（财金〔2015〕167 号），内容包括：评价准备、定性评价、定量评价、评价报告和信息披露等。物有所值（Value for Money，VfM）评价是判断是否采用 PPP 模式代替政府传统投资运营方式提供公共服务项目的一种评价方法。第 2 条规定，中华人民共和国境内拟采用 PPP 模式实施的项目，应在项目识别或准备阶段开展物有所值评价。第 4 条规定，该指引对于一个项目是否需要地方政府用 PPP 模式操作，提出一个标准。理论上，只有通过了"物有所值评价"和"财政可承受能力论证"的项目，才能进行 PPP 的项目准备。

---

[1] 财政部：《关于印发〈政府和社会资本合作项目财政承受能力论证指引〉的通知》（财金〔2015〕21 号），载 http://jrs.mof.gov.cn/zhengwuxinxi/zhengcefabu/201504/t20150414_1216615.html，访问日期：2017 年 8 月 1 日。

[2] 财政部：《关于印发〈PPP 物有所值评价指引（试行）〉的通知》（财金〔2015〕167 号），载 http://jrs.mof.gov.cn/zhengwuxinxi/zhengcefabu/201512/t20151228_1634669.html，访问日期：2017 年 8 月 1 日。

在实务中，对物有所值评价和财政承受能力论证流于形式，其中除了物有所值评价缺乏定量评价外，财政承受能力论证只关注了单个项目而没有汇总全年度所有项目，也没有测算全生命周期后续每一年度的财政支出，且许多都缺乏均衡性评估。因此，做好 PPP 项目的前期论证工作，就是要按照规范要求，认真准备可行性研究、项目产出分析说明、初步实施方案编制、物有所值评价和财政承受能力论证等工作。只有把基础工作做好做扎实了，才能避免先天缺陷和不足，保证 PPP 项目的顺利实施。

（三）PPP 项目的税收优惠问题

1. 政府补贴的税务处理[1]

PPP 项目中，政府往往会通过政府补贴的方式给予项目公司一定的补助。企业取得的政府补贴从税收角度看可以分为两种情形：应税收入及不征税收入。根据《财政部、国家税务总局关于专项用途财政性资金企业所得税处理问题的通知》（财税〔2011〕70 号）的规定，企业从县级以上各级人民政府财政部门及其他部门取得的应计入收入总额的财政性资金，若企业能够提供规定资金专项用途的资金拨付文件、单独核算支出，且拨付资金部门对该资金有专门的资金管理办法或具体管理要求，则该部分政府补贴属于不征税收入，项目公司无须就此缴纳所得税。除此之外，项目公司取得的其他政府补贴属于应税收入，仍须履行所得税纳税义务。

2014 年 9 月财政部下发的《关于推广运用政府和社会资本合作模式有关问题的通知》提出，地方各级财政部门要从"补建设"向"补运营"逐步转变，探索建立动态补贴机制，将财政补贴等支出分类纳入同级政府预算，并在中长期财政规划中予以统筹考虑。

2. 运营收入的税务优惠

PPP 项目多集中于公用事业领域，在增值税和企业所得税方面，此类公用事业项目多存在一定的税收优惠政策。在增值税方面，对污水处理劳务免征增值税；在企业所得税方面，企业购置用于环境保护、节能节水、安全生产等专用设备的投资额的 10% 可以从企业当年的应纳税额中抵免；当年不足抵免的，可以在以后 5 个纳税年度结转抵免。

2015 年 5 月 19 日，财政部、发改委、人民银行三部委联合发布的《关于在公共服务领域推广政府和社会资本合作模式的指导意见》（国办发〔2015〕42 号）提出，落实和完善国家支持公共服务事业的税收优惠政策，公共服务项目采

---

〔1〕 参见何翔、张钰涵：《PPP 项目中的若干税务处理分析》，载 http：//www.pkulaw.cn/fulltext_form.aspx? Db = lawfirmarticles&Gid = 1778405483，访问日期：2017 年 8 月 1 日。

取政府和社会资本合作（PPP）模式的，可按规定享受相关税收优惠政策。2015年第三季度，财政部已经就 PPP 项目的税收优惠政策，对多个省市进行了调研，目前财政部正在研究 PPP 模式中的税收优惠政策，主要方向聚焦流转税，特别是政府和社会资本之间转让资产的交易环节税收。

2015 年 12 月 8 日，财政部又下发《财政部关于实施政府和社会资本合作项目以奖代补政策的通知》（财金〔2015〕158 号），对中央财政 PPP 示范项目中的新建项目，财政部将在项目完成采购确定社会资本合作方后，按照项目投资规模给予一定奖励。对地方融资平台存量项目依法合规转型为 PPP 项目，依据实际化解地方政府存量债务规模的 2% 给予奖励。

四、PPP 项目的争议解决机制：比较与借鉴

2014 年 11 月 29 日，财政部《关于印发〈政府和社会资本合作模式操作指南（试行）〉的通知》（财金〔2014〕113 号，以下简称《指南》），《指南》对争议解决作了规定，即在项目实施过程中，按照项目合同约定，项目实施机构、社会资本或项目公司可就发生争议且无法协商达成一致的事项，依法申请仲裁或提起民事诉讼。这意味着承认 PPP 项目合同以民事属性为主，有利于社会资本获得更为充分的司法救济，对于提高社会资本参与 PPP 项目的信心有极大作用。

但是，2015 年 5 月 1 日，《最高人民法院关于适用〈中华人民共和国行政诉讼法〉若干问题的解释》发布，其中明确公民、法人或其他组织就政府特许经营协议提起行政诉讼的，人民法院应当依法受理。该《司法解释》第 14 条规定，人民法院审查行政机关是否依法履行，按照约定履行协议或者单方变更、解除协议是否合法，在适用行政法律规范的同时，可以适用不违反行政法和行政诉讼法强制性规定的民事法律规范。该《司法解释》没有明确回答业界关于 PPP 项目合同究系行政合同还是普通民事合同的疑惑，但毕竟为该类项目出现争议之后寻求司法救济开了一道口子。那么，在纠纷解决新规出台之前，应当坚守传统行政合同与民事合同之界分，在目前规则下，投资人也可以将 PPP 纠纷中涉及民事纠纷的部分约定适用商事仲裁程序。

类似地，迄今为止，在我国理论界和实务界，关于国有土地使用权出让合同纠纷究竟是通过行政诉讼还是民事诉讼解决，尚未达成共识。尤其是，在新修改的《中华人民共和国行政诉讼法》（以下简称《行政诉讼法》）于 2015 年 5 月 1 日生效之前，从最高人民法院的有关司法解释和司法政策的发展趋势看，越来越多的行政合同被视同民事合同，这类合同纠纷被作为民事案件受理并审判。例如，关于国有土地使用权出让合同的纠纷即作为民事案件对待。《国有土地上房屋征收与补偿条例》中涉及的补偿协议纠纷，在一些法院亦被视为民事合同纠纷——当事人对其提起行政诉讼则裁定不予受理或者驳回起诉。[1] 特别是，最高人民法院根据《中华人民共和国民法通则》《中华人民共和国合同法》《中华人民共和国土地管理法》《中华人民共和国城市房地产管理法》等法律规定，结合"民事审判实践"，就审理涉及国有土地使用权合同纠纷案件适用法律的问题，于 2004 年 11 月 23 日通过了《最高人民法院关于审理涉及国有土地使用权合同纠纷案件适用法律问题的解释》（自 2005 年 8 月 1 日起施行，目前仍然有效）。国有土地使用权合同纠纷包括国有土地使用权出让合同纠纷、转让合同纠纷及合作开发房地产合同纠纷等，显然，该解释是把国有土地使用权出让合同纠纷定性为民事案件。

根据《行政诉讼法》第 12 条第 1 款第 11 项的规定，公民、法人或者其他组织认为行政机关不依法履行、未按照约定履行或者违法变更、解除政府特许经营协议、土地房屋征收补偿协议等协议的，属于人民法院受理行政诉讼的范围。该条款虽然没有明确列举国有土地使用权出让合同，但从该条款用语"等协议"的字面含义来看，其属于"等外等"，因而是开放性的，加之国有土地使用权出让合同所具有的行政协议属性，那么，国有土地使用权出让合同纠纷应当蕴涵在该条文的内涵之中，由此，该类纠纷原则上应通过行政诉讼方式予以解决。但是，考虑到理论界对行政合同的看法尚未达成一致，且行政合同所具有的合同属性，以及历史原因，导致司法实践中对国有土地使用权出让合同纠纷的救济状态存在"行民"两条途径，或者说"二元化"体制。对此，不能断然认为按照民事诉讼途径解决国有土地使用权出让合同纠纷就是错误的。正确的态度和做法是，应当按照《行政诉讼法》的规定逐步将国有土地使用权出让合同纠纷由民事诉讼途径转为通过行政诉讼途径解决。[2]

第三部分 他山之石：域外域内经验之借鉴

本部分主要通过比较和实证研究，以找寻出本国法律与他国法律在制度层面的不同，探求这种差异的原因，以及探求域外禁令制度在我国北京市治理黑臭水体中应用的可行性，并希冀从中获取一些可资借鉴的理论和经验。另外，本部分也对中国其他地方在治理黑臭水体方面取得的若干成功经验予以简略介绍。

一、域外经验之镜鉴

（一）域外治理城市黑臭水体经典案例简介

在治理城市黑臭水体取得成功的域外经验上，英国泰晤士河污染治理案、韩

---

〔1〕 参见蔡小雪、甘文：《行政诉讼实务指引》，人民法院出版社 2014 年版，第 40 页。
〔2〕 参见谭红：《论国有土地使用权出让合同纠纷的救济》，载《法律适用·司法案例》2017 年第 4 期。

国首尔清溪川两岸污水统一处理案、法国巴黎塞纳河污染多渠道筹资治理和管理河道案等案例是值得我们借鉴的。[1] 这三个治理城市黑臭水体的典型案例所采取的措施包括完善立法、严格执法、加强资金保障以及提高治理的技术手段等。而英美法系国家在治理城市黑臭水体方面所采取的禁令制度，无疑是本项目重点研究的内容。

（二）域外治理城市黑臭水体的禁令制度

禁令救济的目的在于维持原状和防止损害的进一步扩大。法院发布禁令救济的传统要件是：①申请禁令的当事人（通常是原告）存在难以弥补的损害，或在法律上没有充分的救济；②原告有胜诉的可能性；③进行利益权衡，即禁令授予时给被告造成的不利远远小于禁令被拒绝时给原告造成的不利；④禁令的发布不损害公共利益。对于排放废水、倾倒垃圾污染河流、破坏环境的行为，应当都在通过环境公益诉讼请求法院发布禁令予以制止的对象之列。[2]

在贵州省清镇市人民法院环保法庭受理的一件诉前禁令申请中，法庭就没有支持环保行政机关的申请。该案情是：在清镇市某地的磨料工业园内有几家磨料厂，持有合法生产手续及排污许可，但其污染物烟尘、二氧化硫及废水排放超标。当地环保部门对其下达了限期治理通知，要求其在 2013 年 6 月 30 日前完成整改，但限期治理期间，磨料厂仍然超标排放。环保部门申请法院发布禁令，责令被申请人停止生产。环保法庭经过审查发现存在这样一些问题：①磨料厂已经建厂数年，持有合法手续，其生产本身是合法的；②其排放虽然超标，但这种状态持续数年，这种超标排放的行为不具备禁令所要求的紧迫性；③环保部门申请禁令时尚未超过其所给定的治理期限；④根据环保法的相关规定，环保部门对超标排放行为只能处以 10 万元以下的罚款。最后环保法庭认为，本案的禁令申请并不具备紧迫性，环保行政机关完全可以按照《行政处罚法》的规定进行处罚，若不能达到处罚目的，可以报请政府进行关停；再者，相关法律只规定环保行政机关对这种行为进行罚款，法院不能超越法律规定，责令当事人停止生产或关停。即便法院受理环保行政机关的禁令申请，禁令的内容也只能是责令当事人停止超标排污的违法行为，而不能对其进行关停。

二、国内经验之镜鉴

环保部门大力推行以效果为导向的环境绩效服务合同模式、第三方托管运营

---

〔1〕 参见《15 年内总体消除城市黑臭水》，载《京华时报》2015 年 4 月 17 日。

〔2〕 参见王亚新：《日本公益诉讼立法动向与我国新民诉法第五十五条的适用》，载《中国审判》2012 年第 10 期。

模式，取得了很好的经验。在广西、贵阳、南京、成都等地都有成功案例。[1]广西南宁那考河流域治理 PPP 项目、贵阳市南明河水环境综合整治项目、江苏省南京市徐庄软件园景观河道治理项目等项目所取得的经验值得学习和借鉴。[2]

第四部分　强化环境执法责任制

本部分重点分析了强化黑臭水体环境执法责任制的必要性和要求，并对"河长制"的具体实践给予了充分肯定，同时指出了其中的不足。

一、严格环境执法，强化行政执法力度

（一）严格环境执法监管

1. 强化环境行政执法力度，严厉打击环境违法行为

《水污染防治行动计划》第 18 条规定，加大执法力度。所有排污单位必须依法实现全面达标排放。逐一排查工业企业排污情况，达标企业应采取措施确保稳定达标；对超标和超总量的企业予以"黄牌"警示，一律限制生产或停产整治；对整治仍不能达到要求且情节严重的企业予以"红牌"处罚，一律停业、关闭。徒法不足以自行。法律制定出来了，最重要的是付诸实施。倘若环境执法部门不认真执法，不依法行政，那么，再完善的法律也无异于一张废纸。所以，从某种意义上说，强化严格执法，甚至比立法更复杂、更艰巨。

国务院颁布实施的《水污染防治行动计划》（"水十条"）明确，城市人民政府是整治城市黑臭水体的责任主体，由住房城乡建设部牵头，会同环境保护部、水利部、农业部等部委指导地方落实并提出目标：2017 年年底前，地级及以上城市实现河面无大面积漂浮物，河岸无垃圾，无违法排污口，直辖市、省会城市、计划单列市建成区基本消除黑臭水体；2020 年年底前，地级以上城市建成区黑臭水体均控制在 10% 以内；到 2030 年，全国城市建成区黑臭水体总体得到消除。城市黑臭水体识别主要针对感官性指标，百姓不需要任何技术手段就能判断。因此，《指南》特别要求注重百姓的监督作用，让百姓全过程参与城市黑臭水体的筛查、治理、评价，监督地方政府对城市黑臭水体整治的成效，切实让百姓满意。《指南》规定，60% 的百姓认为是黑臭水体的就应列入整治名单，至少90% 的百姓满意才能认定达到整治目标。住房城乡建设部将会同环境保护部等部

---

[1]《黑臭水体治理技术及经典项目案例综述之一》，载 https：//xueqiu.com/3718972938/59923375？_ t_t_ t = 0.5893041798844934，访问日期：2017 年 7 月 5 日。

[2] 参见《39 个经典城市黑臭水体整治案例详解》，载 https：//669873.kuaizhan.com/5/34/p438605 36140e9b，访问日期：2017 年 7 月 5 日。

门建立全国城市黑臭水体整治监管平台，定期发布信息，接受公众举报。[1] "公众参与环境保护对解决环境问题具有极其重要的作用已成为世界各国的共识，而且是发达国家解决环境问题的重要经验之一。"[2] 为此，在督促政府落实黑臭水体等各项环境信息公开制度的同时，还需要激活政府环境信息公开的监督机制，明确怠于公开的政府机关和其工作人员应当承担的法律责任。[3]

2. 提升环境执法水平和监管能力

《水污染防治行动计划》第19条规定，提升监管水平。完善流域协作机制。健全跨部门、区域、流域、海域水环境保护议事协调机制，发挥环境保护区域督查派出机构和流域水资源保护机构作用，探索建立陆海统筹的生态系统保护修复机制。流域上下游各级政府、各部门之间要加强协调配合、定期会商，实施联合监测、联合执法、应急联动、信息共享。京津冀、长三角、珠三角等区域要于2015年底前建立水污染防治联动协作机制。建立严格监管所有污染物排放的水环境保护管理制度。

（二）明确和落实责任

严格环境执法要求实行执法责任制。这是权责一致的要求，也是对执法必严、违法必究的具体落实。法律赋予了各级政府部门相应的职权，同时要求其承担相应的职责。不能只拥有权力，而不承担责任；或者拥有很大的权力，却承担极小的责任。各级政府部门在行使职权时，既不能越权，也不能放弃自己的职权，否则就要承担相应的责任。因此，实行执法责任制，有利于提高执法人员的责任心，促使其谨慎行使手中的权力，切实做到严格执法。《水污染防治行动计划》第29条规定，强化地方政府水环境保护责任。第31条规定，落实排污单位主体责任。各类排污单位要严格执行环保法律法规和制度，加强污染治理设施建设和运行管理，开展自行监测，落实治污减排、环境风险防范等责任。

二、全面推行河长制

（一）河长制的含义与任务

2016年10月11日，习近平总书记主持召开中央全面深化改革领导小组第二十八次会议审议通过了《关于全面推行河长制的意见》，会议强调"保护江河湖泊，事关人民群众福祉，事关中华民族长远发展"。2016年12月，中共中央办

---

[1] 章林伟：《百姓全程参与监督黑臭水体治理》，http：//money. 163. com/15/0915/10/B3I35MU300252G 50. html，2017年7月30日访问。

[2] 王灿发：《环境维权诉讼是公众参与环境保护的重要途径》，载《首届环境与发展中国论坛论文集》，第95页。

[3] 参见王灿发、林燕梅：《我国政府环境信息公开制度的健全与完善》，载《行政管理改革》2014年第6期。

公厅、国务院办公厅印发了《关于全面推行河长制的意见》,指出:"强化考核问责。根据不同河湖存在的主要问题,实行差异化绩效评价考核,将领导干部自然资源资产离任审计结果及整改情况作为考核的重要参考。县级及以上河长负责组织对相应河湖下一级河长进行考核,考核结果作为地方党政领导干部综合考核评价的重要依据。实行生态环境损害责任终身追究制,对造成生态环境损害的,严格按照有关规定追究责任。""河长制",即由各级党政领导担任"河长",负责组织领导相应河湖的管理和保护工作。河长制起源于 2007 年江苏无锡市委办公室和无锡市政府办公室印发的文件《无锡市河(湖、库、荡、氿)断面水质控制目标及考核办法(试行)》,该文件提出将河流断面水质的检测结果"纳入各市(县)、区党政主要负责人政绩考核内容","各市(县)、区不按期报告或拒报、谎报水质检测结果的,按照有关规定追究责任"。河长制的优点表现在:一是解决了多龙治水互不协调的老大难问题,二是实现了河湖水系的综合管理,三是提供了落实地方政府对环境质量负责的具体制度,四是提供了跨区域水管理的矛盾解决机制,五是"党政双责"把党的领导优势调动到了河湖治理之中。[1]虽然现行的国家法律制度并无直接规定"河长制"的具体内容,但"河长制"设置的主要原则与根本目标是符合现行的法律规定和法律要求的,可被视为法律规定的具体实现形式,这也能够表明,即使"河长制"存在大量的权治现象和明显的权力制度特征,它也是有了权治为法治服务的一面,更有了法治高于权治的一面,因而它也就具备特定的法律制度特征。当然,在"河长制"的创新与完善中,"河长"的权力与责任界限、权力运行和问责程序设计以及相关的下属职能部门的权力与责任、企业和社会的权利与责任等界定都存在着大量的进一步法律制度化需要。[2] "河长制"工作的主要任务包括六个方面:一是加强水资源保护;二是加强河湖水域岸线管理保护;三是加强水污染防治;四是加强水环境治理,保障饮用水水源安全,加大黑臭水体治理力度;五是加强水生态修复;六是加强执法监管。习近平总书记深刻指出,河川之危、水源之危是生存环境之危、民族存续之危,要求从全面建成小康社会、实现中华民族永续发展的战略高度,重视解决好水安全问题。河湖管理是水治理体系的重要组成部分。推行"河长制",意在强调责任到人,让"无主"的河流各归其"主",但这绝不意味着"河长"是一个人在战斗,更不能误读为对合力治水、人人有责的轻视与忽略。恰恰相反,"河长制"语境下的河流治理,更需突出各行各业的"共为"和群策群力的"共治",尤其不能忽视从行政、法律、经济、技术、人防等多个层面的

---

〔1〕 参见贾绍凤:《决战水治理:从"水十条"到"河长制"》,载《中国经济报告》2017 年第 1 期。

〔2〕 参见黄爱宝:《"河长制":制度形态与创新趋向》,载《学海》2015 年第 4 期。

综合施策。[1]

（二）北京市全面实施河长制，打响治理黑臭水体攻坚战

2015 年底，北京市人民政府出台《水污染防治工作方案》，首都将全面实施"河长制"，由各区政府和街道办事处、乡镇政府主要负责人担任"河长"，整合各部门人力、财力，推进水环境治理，到 2017 年底前，城市建成区（含区县建成区）将基本消除黑臭水体。按照《水污染防治工作方案》，北京将成立市、区、乡（街道、办事处）三级"河长制"工作体系，由市长任"总河长"、分管副市长任"副总河长"，各级河长是所辖河湖保护管理的直接责任人，其主要职责是落实"三查""三清""三治"责任。"三查"是指查清污染源、查清乱堆乱倒垃圾原因、查清违法建筑，"三清"是指清河岸、清河面、清河底，"三治"是指治理黑臭水体、治理河湖面源污染、治理河湖两岸生态环境。[2]

2016 年 6 月，北京市出台了《北京市实施河湖生态环境管理"河长制"工作方案》，这标志着北京开始在全市河湖治理中推行"河长制"。2016 年 8 月，国务院印发的《国家生态文明试验区（福建）实施方案》中也明确提出"全面落实'河长制'，强化水资源保护、水域岸线管理、水污染防治、水环境治理等工作属地责任"。其中，《北京市实施河湖生态环境管理"河长制"工作方案》在"（四）日常管理工作机制"中明确规定：①建立"河长"定期巡查机制。市、区两级"总河长""副总河长"每半年至少开展 1 次巡查，区级"河长"每季度至少开展 1 次巡查，乡镇（街道）"河长"每月至少开展 1 次巡查。②建立工作例会机制。各级"河长"要根据实际情况定期召开工作例会，听取有关单位的工作情况汇报，对相关工作进行协调和部署。③建立监督考核机制。市"总河长"办公室要牵头制定"河长制"考核办法，对落实"河长制"的情况进行考核；上级"河长"要加强对下级"河长"、"河长助理"及有关单位的监督，发现问题及时督促整改；对于落实情况较好的区，市"总河长"办公室要会同市财政局研究给予一定奖励。

根据"河长制"工作方案，北京市水务局牵头制定全市河长制相关制度和标准，推进各区建立区级河长制组织和考核体系。要按照"一河一策"的原则，认真组织制定黑臭水体治理方案，扎实推进黑臭水体治理工作。到 2017 年底，基本消除中心城区、北京城市副中心及其上游地区、其他新城建成区黑臭水体；

---

〔1〕 参见张玉胜：《以"河长制"促"河长治"》，载《群众》2017 年第 1 期。

〔2〕 《多措并举消除黑臭水体　北京治水步入攻坚期》，载 http://info. water. hc360. com/2016/03/1709365 43939. shtml，访问日期：2017 年 7 月 30 日。

到 2018 年底，基本消除全市范围内的黑臭水体。[1]

第五部分　北京市治理黑臭水体的诉讼保障问题

本部分主要探讨如何通过诉讼尤其是环境公益诉讼保障北京市黑臭水体治理工作的开展与推进。治理黑臭水体不仅需要雄厚的技术、庞大的资金支持，也需要完善的立法、严格的执法，同时也离不开公正司法的保障。"在依法治国的大背景下，实施'水十条'的关键就是法治，也就是要靠健全完善的立法、不折不扣的严格执法、及时高效的公正司法进行保障。'水十条'本身也充分考虑到这一点，专门在第六条用三款的内容强调了严格环境执法监管的措施，要求完善法规标准、加大执法力度、提升监管水平。"[2] 可以说，通过环境诉讼特别是环境公益诉讼来遏制一些企业和个人对环境的破坏以及督促环境执法机关依法行政将会是一个常态，用法治化的方式去推动环境保护也将成为一个非常重要的发展方向。就国家对生态文明建设的重视和中央对北京市水污染防治、大气污染防治的关注与期望来说，北京市法院应对环境司法给予更多的强调和重视，让司法在北京的环境治理、改善和生态文明建设中发挥更大的作用。[3] 因此，在北京市治理黑臭水体的过程中，北京司法机关的保驾护航和鞭策督促同样不可或缺。特别是，应当尽快完善环境公益诉讼制度。[4]

第一，拓宽原告主体资格，完善公益诉权制度。修订后的《民事诉讼法》和《中华人民共和国环境保护法》（以下简称《环境保护法》）明确规定可以提起环境民事公益诉讼的社会组织须"从事环境保护公益活动连续五年以上"，最高人民法院在制定《最高人民法院关于审理环境民事公益诉讼案件适用法律若干问题的解释》（以下简称《环境公益诉讼司法解释》）时对社会组织的主体资格做了从宽解释。在"腾格里沙漠系列环境污染案"中，最高人民法院对《环境保护法》规定的"社会组织是否专门从事环境保护公益活动"的审查标准进行了明确，即其一，社会组织的章程虽未载明维护环境公共利益，但工作内容属于保护环境要素及生态系统的，应认定符合《环境公益诉讼司法解释》第 4 条关于"社会组织章程确定的宗旨和主要业务范围是维护社会公共利益"的规定；其二，"环境保护公益活动"，既包括直接改善生态环境的行为，也包括与环境保

---

〔1〕《北京市实施河长制工作报告》，载 http：//news.cqnews.net/html/2016 - 11/30/content_ 39687 979.htm，访问日期：2017 年 7 月 5 日。
〔2〕 王灿发：《〈水污染防治行动计划〉实施的关键在法治》，载《环境保护》2015 年第 9 期。
〔3〕 参见王灿发：《发挥司法在生态文明建设中的作用》，载《北京人大》2014 年第 2 期。
〔4〕 参见胡云红：《比较法视野下的公益诉讼制度研究》，载《中国政法大学学报》2017 年第 4 期。

护相关的有利于完善环境治理体系、提高环境治理能力、促进全社会形成环境保护广泛共识的活动；其三，社会组织起诉的事项与其宗旨和业务范围具有对应关系，或者与其所保护的环境要素及生态系统具有一定联系的，应认定符合《环境公益诉讼司法解释》第4条关于"与其宗旨和业务范围具有关联性"的规定。[1]

此外，在认定《环境保护法》第58条中规定的社会组织须从事环境保护公益活动"连续五年"的起算时间上，各法院并未从社会组织登记之日起算，而是将登记之前社会组织已经依法从事环境保护公益活动的时间计算在内，并且将计算的截止时间延伸至案件一审诉讼过程中。使更多依法运行并且具备维护环境公共利益能力的社会组织能够参与到环境民事公益诉讼中来。[2] 不过，《民事诉讼法》第55条把公益诉权仅仅赋予法律规定的国家机关和有关组织，存在很大不足。这会"导致社会公众与国家机关及公害制造源之间缺乏诉前沟通的可能。而这一机制是公益诉讼制度最为重要的内在构成要素。缺失市民社会与政治国家之间的诉前沟通机制，公益诉讼制度的效率和功能必然大大贬损"。[3]

第二，支持起诉方式运用常态化。《民事诉讼法》第15条规定了支持起诉制度，该制度在环境公益诉讼中得到了广泛应用，并呈现出以下特点：一是将支持起诉人列为诉讼参加人并在裁判文书中予以载明；二是支持起诉人的类型包括检察机关、负有环境保护职责的部门、社会组织，其中检察机关作为支持起诉人数量占绝对优势。[4]

第三，扩展环境公益诉讼的受案范围。环境公益诉讼的受案范围呈逐步扩展趋势，主要表现为被侵害的环境要素类型和环境侵害行为类型的扩展。就侵害环境要素而言，环境公益诉讼受案范围从水、大气、土壤等常见的环境要素扩展到湿地、珍贵动植物、文物等环境要素。就环境侵害行为类型而言，不仅可以针对已经发生的损害社会公共利益行为提起诉讼，也可以针对具有损害社会公共利益重大风险的行为提起诉讼。[5]

第四，建立以修复环境为核心的责任体系。《环境公益诉讼司法解释》将环境会负责人作为被告应当承担的核心责任方式，规定凡有可能采取措施恢复原状的，应当依法判决被告将生态环境修复到损害发生之前的状态和功能。无法完全修复的，可以准许采用替代性修复方式。对于原告没有提出该项诉讼请求导致其

〔1〕 王旭光、王展飞：《中国环境公益诉讼的新进展》，载《法律适用·司法案例》2017年第6期。

〔2〕 王旭光、王展飞：《中国环境公益诉讼的新进展》，载《法律适用·司法案例》2017年第6期。

〔3〕 华小鹏：《论公益诉讼制度的本质与我国民事公益诉权的完善》，载《河南师范大学学报（哲学社会科学版）》2014年第6期。

〔4〕 王旭光、王展飞：《中国环境公益诉讼的新进展》，载《法律适用·司法案例》2017年第6期。

〔5〕 王旭光、王展飞：《中国环境公益诉讼的新进展》，载《法律适用·司法案例》2017年第6期。

诉请不足以保护社会公共利益的，还应向其释明增加该项诉讼请求。

第五，完善检察机关提起环境公益诉讼制度。党的十八届四中全会提出，要"探索建立检察机关提起公益诉讼制度"，为我国公益诉讼制度的建立与完善指明了方向。中央全面深化改革领导小组第十二次会议于2015年5月5日审议通过了《检察机关提起公益诉讼改革试点方案》（以下简称试点方案）。2015年7月1日起，全国人大常委会依法授权最高人民检察院，在包括吉林省在内的13个试点地区先行开展为期两年的公益诉讼试点工作。2015年7月2日，最高人民检察院发布了《检察机关提起公益诉讼试点方案》。检察机关以"公益诉讼人"的身份提起环境民事公益诉讼，提起的方式包括支持起诉、督促起诉、直接起诉、刑事附带民事诉讼等。之后，最高人民检察院与最高人民法院分别于2016年1月6日、2月25日发布了《人民检察院提起公益诉讼试点工作实施办法》与《人民法院审理人民检察院提起公益诉讼试点工作实施办法》。上述规定从国家政策层面为检察机关提起民事公益诉讼奠定了基础。但是在立法层面上，无论是《宪法》第26条、《民事诉讼法》第55条，还是两个司法解释，均未明确检察机关的民事公益诉权。因此，应当尽快完善检察机关提起公益诉讼的法律依据、主体地位、举证责任、诉讼程序等内容。

第六，强化预防措施，完善激励机制。一方面，生态环境的损害一旦发生，后果将会十分严重，损害亦将难以弥补，甚至会"万劫不复"。为此，必须强化此类领域的预防措施，完善相关法律和制度，做到防患于未然。另一方面，公益诉讼与一般民事诉讼、行政诉讼相比，案情更复杂、社会影响更大，因此更需要专业知识和诉讼技巧。特别是，公益诉讼成本高企，除了诉讼费外，鉴定费、专家咨询费、律师费、差旅费等也是一笔巨大的开支。而公共产品的非竞争性和非排他性特征决定了在公共产品提供过程中必然产生"搭便车"行为以及由此导致的"理性冷漠"现象，这是集体行动的逻辑必然。作为提供公共物品的行为，公益诉讼极易陷入集体行动逻辑的困境中，加之高昂诉讼成本与微薄收益之间的巨大反差，我国的公益诉讼尤其是环境公益诉讼正处于十分尴尬的境地。[1] 有学者甚至认为，尽管2012年我国在对《民事诉讼法》进行修改时，确立了公益诉讼制度，但是，该法条的适用情况并不理想，主要原因在于公共利益中主体关系和激励机制具有不同于基础民事关系的特殊结构，集中体现在权利与义务在诉讼集体内的复杂关系以及诉讼成本与收益的不平衡。公益诉讼的关键问题仍然在于：如何通过激励机制的恰当设计来确保公共利益对制度的有效性与规范性的矫

---

〔1〕 参见孙梦雅、孙天宇：《论中国环境民事公益诉讼激励机制之完善》，载《环境科学与管理》2016年第4期。

正与维护。[1] 为此，必须尽快出台公益诉讼激励机制，完善公益诉讼费减免制度、专项基金制度、惩罚性赔偿制度、法律援助制度等。

第六部分　结　论

本部分是对问题意识的提炼回应。以北京市治理黑臭水体的法律问题为视角，以权益保障和永续发展为目标，对法律在保障北京市黑臭水体治理过程中的应然性与实然性问题做出解释，并剖析其不足。

概而言之，北京市在治理黑臭水体的法律保护过程中需要解决的问题主要有：

第一，重技术治理，轻法律保护。城市黑臭水体整治技术的选择应遵循"适用性、综合性、经济性、长效性和安全性"原则。回顾国内外城市黑臭水体治理的实际工程案例可以发现，城市黑臭水体整治可以采用的技术措施非常多，技术原理和应用形式也各不相同。《指南》根据各种技术的功能将其划分为四类。第一类，控源截污技术。第二类，内源控制技术。第三类，生态修复技术。第四类，活水循环等其他技术。[2] 我们认为，北京市在治理黑臭水体的过程中，应当坚持技术治理和法律保护两手抓，两个轮子一起转，而不应忽视法律的功能。这也是城市黑臭水体整治技术中"长效性"原则的必然要求。

第二，重污染后的治理，轻污染前的预防和治理后的维持。城市黑臭水体的治理是一项复杂的系统工程。为了保证城市黑臭水体治理的科学、合理和有效，就需要避免出现问题才治理的情况发生，采取适当的措施对城市水体进行综合的治理，这是城市黑臭水体整治技术"综合性"的必然要求。为此，在北京市治理城市黑臭水体的过程中，不仅要重视黑臭水体形成的原因及其治理技术，而且更应重视治理后如何建立有效的机制来保障城市水体的良好水质。虽然"河长制"是一项比较好的制度创新，但如何使该项制度真正落到实处，还需要进一步的研究和探索。

第三，立法不完善，导致不同的环境管理机构职能的重复和交叉。我们常常用"五龙治水""九龙治水"比喻中国水资源管理体制。政府部门中仅仅涉水、管水的就包括城建、航运、渔业、林业、水利、环保等。如此繁杂的部门缺乏有

---

[1]　参见白彦：《论民事公益诉讼主体激励机制的建构》，载《北京大学学报（哲学社会科学版）》2016年第2期。

[2]　胡洪营：《4类技术手段进行整治》，载 http：//money. 163. com/15/0915/10/B3I35MU300252G50. html，访问日期：2017年7月30日。

效的协调和配合机制，必然造成各类管理工作缺乏有效衔接。[1] 黑臭水体的治理有城管、水务、环保、城乡建设等部门负责，造成职权交叉、重叠，造成责任不到位。尽管"水十条"明确了黑臭水体治理的职责分工，即由住建部牵头，环保部、水利部、农业部等参与，但彼此之间能否实现有效协调还有待观察。我们的水环境管理体制也存在一定制约。黑臭水域、劣五类水体往往是公共水域，环保口负责监管，水利口管防洪抗旱，市政口管建管网、建污水厂，那么谁来负责水环境治理、水生态修复？黑臭水体的治理是一个系统工程，从污染源辨析、控制，到已污染水体的处理、水生态的修复，再到水资源的再生利用，涉及的部门很多。而在现有的体制下，统筹协调并不是一件很容易的事情。[2] 再如，国家环保部具有组织建设和管理国家环境监测网和全国环境信息网、组织对全国环境质量监测和污染源监督性监测、发放水污染物排放许可证的职能；而水利部的水资源水文司也有监测江河湖库的水质、审核水体纳污能力的职能；国家海洋局也有按照国家标准监测陆源污染物排海的职能。而实际上，水质监测是整个环境质量监测的一个组成部分。[3]

第四，创新融资和监管机制。黑臭水体的治理是一项耗费巨大的系统工程，因此资金问题往往成为黑臭水体治理的瓶颈。为此，必须创新融资渠道，积极吸纳社会资本，采取 PPP 的形式，多方筹措资金，同时加强监管。例如，在北京市治理黑臭水体的过程中，新建污水处理厂面临着拆迁难、建设难、部门协调难等问题。在征地拆迁方面，要明确属地的责任，明确中心城区排水和再生水设施及配套管线项目征地资金由项目资金解决，拆迁资金由市、区政府承担。此外，在资金筹措上，以特许经营的方式确定城市排水集团作为中心城区污水处理和再生水利用设施融资、建设和运营的主体，由其通过社会化、市场化融资，筹措设施建设资金。[4] 总之，要创新黑臭水体整治思维和运作模式，充分发挥 PPP 项目的优势，强化统筹协调和整体打包负责，借鉴吸收前述南宁那考河、贵阳南明河等案的成功经验，转变政府角色，严格执法，加强监管。

第五，公众参与度不够，信息公开程度有待进一步扩大。从全国范围来看，尽管有了许多关于环境信息包括城市黑臭水体信息公开的法律法规及其他规范性

---

〔1〕 白冰、何婷英：《"河长制"的法律困境及建构研究——以水流域管理机制为视角》，载《法制博览》
2015 年第 27 期。

〔2〕 《环能德美董事长倪明亮谈黑臭水体处理》，载 https：//xueqiu. com/3718972938/59923375？_ t_ t_
t = 0. 5893041798844934，访问日期：2017 年 7 月 30 日。

〔3〕 参见王灿发：《论我国环境管理体制立法存在的问题及其完善途径》，载《"适应市场机制的环境法
制建设问题研究——2002 年中国环境资源法学研讨会"论文集》，2002 年 10 月 22 日。

〔4〕 参见《黑臭水体治理的清河之路》，载中国环保在线，http：//www. hbzhan. com/news/detail/107407.
html，访问日期：2017 年 6 月 20 日。

文件的规定，以及有关环境信息公开的网站如环保部的"城市水环境公众参与网"等，但环境信息公开的情况还是不太理想。据公众与环境研究中心前几年的研究统计，在全国113个重点城市中（其中3个是非重点城市），环境信息公开的平均分2009年－2010年度才达到36分，达到及格分数线60分的只有11个城市，分数最高的城市也只有82.1分，最差的城市只有14分。25个省会城市中，有5个城市的得分在20分左右。这说明，我国的环境信息公开还面临着巨大的困难和严峻的挑战。[1] 现在的情况已经有了很大的改观，但仍需进一步提升。

（本文课题组成员：胡云红，法学博士，国家法官学院副教授；李成斌，法学硕士，国家法官学院副教授；张宝贵，北京联合大学教授；吴勇辉，法学博士，北京市高级人民法院法官；尹少成，法学博士，首都经济贸易大学法学院副教授。）

---

〔1〕 参见王灿发：《我国环境信息公开立法及面临的挑战》，载《环境保护》2011年第11期。

电信诈骗案件打击处理的难点和对策

华列兵*

一、电信网络诈骗概述

（一）电信网络诈骗的概念

电信网络诈骗犯罪 1997 年始于我国台湾地区，至 2008 年在台湾岛内泛滥成灾。2004 年，这一犯罪从台湾地区传入大陆并迅速在全国发展蔓延，其突出特点是台湾籍犯罪嫌疑人跨海峡两岸组织策划诈骗，即犯罪嫌疑人在大陆（主要是福建沿海一带）设诈骗窝点骗台湾地区居民，或者在台湾岛内设诈骗窝点骗大陆居民，后为逃避打击，将窝点设到境外的东南亚、非洲、欧洲等地区。与此同时，大陆地区一些犯罪分子或通过学习、效仿、演进台湾地区诈骗手法，或自我创新、自成体系，发明了一些带有明显地域特征的职业犯罪群体，如广西宾阳"QQ 诈骗"，广东电白"猜猜我是谁"诈骗，海南澹州"中奖""机票改签"诈骗，湖南双峰"PS 照片诈骗"等。

为什么叫做电信网络诈骗案件呢？司法实践发现，此类案件最明显的特征就是犯罪嫌疑人与被害人在空间距离上的不接触，双方从不谋面，犯罪嫌疑人通过手机、电话、短信、互联网等电信网络手段远程施骗，故根据其作案手段而将其统称为电信网络诈骗案件，有的地方也称之为通讯网络诈骗案件。目前电信网络诈骗犯罪的概念尚无统一定论，2016 年 12 月 19 日最高人民法院、最高人民检察院、公安部联合出台的《关于办理电信网络诈骗等刑事案件适用法律若干问题的意见》（以下简称《意见》）也未给出明确定义。根据目前实践情况，所谓电信网络诈骗，一般是指行为人以非法占有为目的，利用固定电话、移动电话、互联网等现代电信技术手段及信件、报纸等传统媒介传递虚假信息，通过银行自助存兑功能或其他支付手段，以非接触性的方式完成非法占有他人财物的犯罪行为。

---

* 课题主持人：华列兵，男，江苏苏州人，北京市公安局法制总队党委书记，北京市法学会副会长，中国人民公安大学高级教官，中国人民大学校外导师。立项编号：BLS（2016）B012。结项等级：优秀。

其中，"电信""网络"主要是指犯罪手段，犯罪分子通过向被害人拨打手机或固定电话、发送短信，或通过互联网等渠道向被害人进行施骗；"诈骗"主要是指犯罪性质，犯罪分子编造虚假信息、设置骗局，诱使受害人给犯罪分子打款或转账。当前，伴随着电信网络诈骗犯罪手法的不断演变，电信网络诈骗的内涵和外延也在不断扩大，包括为实施诈骗而买卖公民个人信息、开贩银行卡，为发送诈骗信息而使用黑广播、伪基站，为诈骗团伙提供洗钱、制作木马病毒恶意程序等，也可归为电信网络诈骗案件范畴。

（二）电信网络诈骗的分类

近年来，随着对电信网络诈骗案件打击的不断深化和我国通信行业环境的发展，犯罪嫌疑人使用的话术和诈骗手段也不断地翻新变化，新型手段案件层出不穷。经对近几年来所发生的电信网络诈骗案件进行汇总分析，按诈骗手段、施骗内容等可将电信网络诈骗案件作进一步划分：

1. 按照使用媒介的不同，可将电信网络诈骗案件分为以下四种

第一，电话类诈骗。电话类诈骗是目前犯罪分子使用最多、也是造成群众损失最大的诈骗类型，犯罪分子主要通过拨打被害人的手机或固定电话进行诈骗。在境外，诈骗分子通过网络改号电话与受害人取得联系，冒充公检法等机关实施跨境诈骗。如清华大学教师黄某被诈骗案，2016年8月29日，清华大学教师黄某被境外诈骗团伙以涉嫌偷漏税为名，要求其将钱款打进安全账户，被诈骗1760万元；在境内，诈骗分子通过固定电话、手机、一号通、商务总机、400电话与受害人取得联系，通过虚构事实，冒充公检法、冒充领导或熟人实施诈骗等，如山东徐玉玉被诈骗案，2016年8月19日，犯罪嫌疑人非法获取徐玉玉的考生信息后，假冒教育局以发放助学金为名，诈骗徐玉玉用于上大学的9900元学费，徐玉玉极度伤心，引发心脏骤停，经抢救无效死亡。

第二，短信类诈骗。犯罪分子依托"伪基站"、群发器等向被害人推送诈骗短信或木马病毒链接，被害人按照诈骗短信内容与犯罪分子联系后，对方会诱骗被害人将钱汇至其指定的账户，或是被害人打开木马病毒链接后，其银行账户或虚拟支付账户被犯罪分子操控转走钱款。如河南熊军志被诈骗案，2016年1月3日，被害人熊军志收到农行将扣除其年费的短信后，与短信中提供的电话进行核实，犯罪分子冒充农行客服和办案民警，骗取熊军志银行卡内的7900元钱，1月5日，熊军志在河南新乡市一农业银行门口上吊自杀。此案中，诈骗团伙就是雇佣马仔使用"伪基站"向被害人发送的诈骗短信。

第三，网络类诈骗。随着网络向生产生活的各个领域不断渗透，近年来网络诈骗犯罪案件数量明显上升，网络购物诈骗、网络投资诈骗、网络刷单诈骗等各种网络诈骗类型层出不穷。如海南羊大记诈骗案，2014年7月，犯罪嫌疑人羊大

记伙同他人在互联网上开设虚假的代购机票网站"航空票务",当被害人上网搜索到虚假的代购机票网站,并拨打其提供的电话 4008928000 联系时,即以"代购机票机器故障"或"票号不对,未办理成功"等为由,诱骗被害人到自动取款机进行操作,转账汇款至被告人指定账号进行诈骗,先后诈骗 5 万余元,后被警方及时抓获。

第四,传统媒介类诈骗。主要是指嫌疑人通过小广告、报纸、期刊等传统媒介发布虚假交友、征婚、招聘等信息,以见面需要路费、开店送花篮、预先支付服装费等理由骗取被害人钱财的案件。如江西卢秀"重金求子"诈骗案,2014 年 3 月,在上海打工的王某看到一则广告"28 岁富婆张静,因丈夫身体缺陷,想找人生孩子,怀孕成功后重谢"后,通过电话与假冒"张静"的卢秀联系,卢秀以让被害人王某先支付"诚意金"才能见面为由,诈骗其 9000 元钱,后经核实,卢秀使用此手段共诈骗他人 20 余万元。

2. 按照施骗手段的不同,公安部曾于 2016 年 2 月向社会公布了 48 种常见电信网络诈骗犯罪案件类型,大致可归纳为以下三种类型

第一,冒充身份型诈骗:如冒充公检法诈骗,犯罪分子冒充公检法工作人员拨打被害人电话,以被害人身份信息被盗用、涉嫌洗钱等犯罪为由,让被害人将资金转入安全账户以配合调查。目前跨境电信诈骗案件主要采用此种诈骗手法,北京市公安局办理的"4.13"电信诈骗专案就是典型的冒充公检法诈骗案件,犯罪分子在肯尼亚设置诈骗窝点,向大陆居民发送医保卡被盗用、快递未签收等虚假语音包,待被害人相信后,再假冒公安民警身份,谎称被害人涉嫌洗钱犯罪,让被害人将银行账户内的全部存款转入"安全账户";又如"猜猜我是谁"诈骗,此类案件以广东电白籍犯罪分子为主实施,犯罪分子获取被害人的电话号码和机主姓名后,打电话给被害人,让其"猜猜我是谁",并冒充该熟人身份,称要来看望被害人,随后编造发生交通事故等向被害人借钱进行施骗;再如冒充QQ好友诈骗,目前此类案件以广西宾阳籍犯罪分子为主实施,犯罪分子利用木马程序盗取对方QQ密码后,冒充该QQ账号主人对其好友以"患病""出车祸"急需用钱为名实施诈骗。

第二,虚构事实型诈骗:如中奖诈骗,犯罪分子以"中国好声音""我要上春晚"等热播电视节目组名义,通过QQ、短信等方式向用户发送中奖信息,称被害人已被抽选为幸运观众,将获得巨额奖品,有的利用在互联网上设置的虚假网站诱导人们误入中奖陷阱,后以缴纳税费、公证费、手续费等各种名目实施连环诈骗;又如虚构绑架诈骗,犯罪分子虚构绑架了被害人的亲属(一般多是未成年子女),如要解救需立即向其提供的银行账号内汇款并不能报警,否则撕票,被害人往往因情况紧急而不知所措,在慌乱中按照对方指示将钱款汇入犯罪分子

银行账户内；再如金融交易诈骗，犯罪分子以某证券、期货公司名义，通过 QQ 群、微信群或电话、短信等方式散布虚假原油、白银、邮币卡等期货或现货内幕信息及走势，在获取被害人信任后，又引导被害人在其自身搭建的交易平台上买卖期货、现货，被害人一旦买入即遭受连续跌停、无法卖出的重大损失，从而骗取被害人资金。

第三，利用技术型诈骗：如订票诈骗，犯罪分子利用新浪等门户网站、马蜂窝等旅游网站、百度等搜索引擎进行投放商业广告，并制作虚假的网上订票公司网页或链接，发布订购火车票、机票等虚假信息，以优惠幅度较大的票价吸引被害人上当，随后，以"身份信息不全""订票不成功""账户被冻结"等理由要求被害人再次汇款，从而实施诈骗；又如 ATM 机告示诈骗，犯罪分子预先堵塞 ATM 机出卡口，并在 ATM 机上粘贴虚假的银行服务热线告示，诱使被害人在卡被"吞"后与其联系，套取密码，待被害人离开后，再到 ATM 机上取出银行卡，盗取用户银行卡内存款；再如二维码诈骗，犯罪分子以降价、奖励等为诱惑，要求被害人扫描二维码加入会员或关注其公众号，而该二维码附带木马病毒，一旦扫描安装，木马就会盗窃受害人的银行、微信、支付宝等账号、密码以及其他个人信息，后将被害人钱款偷偷转走。

当然，犯罪类型不止上述内容，犯罪分子为增加欺骗性，会紧跟社会热点，精心设计骗术，犯罪手段和方法都在不断翻新、变化。此外，具体到某个案件时，犯罪类型之间也存在交叉情形，如有的犯罪案件中，犯罪分子同时使用了电话、短信、网络三种手段，有的冒充身份型诈骗中伴随着虚构事实或利用技术手段的内容。

（三）电信网络诈骗的现状及危害

电信网络诈骗、侵害公民个人信息以及非法生产销售和使用"伪基站"、窃听窃照专用器材、手机恶意程序、无线屏蔽器、"黑广播"等电信网络新型违法犯罪来势凶猛、愈演愈烈，严重危害人民群众财产安全，扰乱正常生产生活秩序，已成为影响社会稳定的突出犯罪问题。特别是电信网络诈骗犯罪，持续多发高发，成为当前发案上升速度最快的一类突出犯罪活动。尽管公安机关开展了持续不断地打击整治行动，但是受各种因素的影响，电信网络新型违法犯罪活动仍然快速发展蔓延，形势严峻，危害突出。

第一，发案势头猛，总量居高不下。近十年来，我国电信网络新型违法犯罪案件持续高发，2016 年之前，基本以每年 20% – 30% 的速度快速增长，增长幅度远高于其他类型的案件；2016 年以来，随着打击防范力度加大，发案数量开始出现下降，但总量仍居高不下。包括电信网络诈骗在内的新的犯罪类型不断涌现，有的向手机植入恶意软件侵害公民个人信息，有的使用"伪基站"侵入公用电信网络，有的设立虚假网站进行网络投资诈骗。犯罪分子中累犯、惯犯居多，反复作案、连续作案，导致打不胜打、屡打不绝。

第二，犯罪涉及面广，群众损失大。犯罪分子利用互联网、电信网技术，在电信网络诈骗窝点对一座城市或一片区域大肆拨打诈骗电话、发送诈骗短信，严重影响人民群众的正常生产生活。2014 年，电信网络诈骗给人民群众造成直接经济损失约 107 亿元，2015 年诈骗金额上升到 220 余亿元。2013 年至 2015 年，全国共发生被骗千万元以上的电信网络诈骗案件 94 起，百万元以上的案件 2085 起。很多群众的"养老钱""救命钱"被骗，倾家荡产、家破人亡；有的企业资金被骗，破产倒闭，引发群体性事件。2015 年 12 月 29 日，贵州省都匀市建设局被犯罪分子以冒充上海市检察院骗走 1.17 亿元；2016 年 1 月 5 日，河南省周口市村民熊军志被犯罪分子以银行卡扣年费的名义骗走 7900 元后，在当地农业银行门口上吊自杀。

第三，犯罪空间跨度大，跨国跨境成为常态。作为一种典型的远程非接触性犯罪，电信网络新型违法犯罪颠覆了传统犯罪的概念范畴，打破了犯罪的时空界限。犯罪分子借助发达的现代通讯、网上银行、手机银行等科技手段，将拨打诈骗电话窝点、网络诈骗平台窝点、地下钱庄窝点藏匿在不同国家、不同地区，空间上轻易地实现了跨地区、跨国跨境的大范围大跨度犯罪，大大增加了公安机关的打击难度。

第四，发展变化快，犯罪手段层出不穷。犯罪分子从最初的打电话、发短信，发展到网络改号、盗取 QQ 号和微信号作案，从境内雇佣马仔提取赃款发展到网上转账、跨境消费、境外提现。同时，犯罪手法不断变换，有的假冒领导、亲戚、朋友，谎称"出车祸""被绑架""嫖娼被抓"；有的假冒企业单位，谎称"中奖""欠费""邮寄包裹"；有的冒充执法机关，谎称"涉嫌洗钱""银行卡透支"，以此对受害人进行欺骗、引诱、威胁、恐吓。为增加欺骗性，犯罪分子紧跟社会热点，精心设计骗术，针对不同群体量体裁衣、步步设套，使人防不胜防。2008 年汶川大地震发生后，不到 48 小时就出现了利用"赈灾"进行诈骗的案件。

第五，专业化程度高，犯罪产业化趋势明显。犯罪分子将整个犯罪过程分割成多个环节，在细化分工的同时大大提高了犯罪的专业化程度，形成了各个环节间衔接紧密、配合高效的一条龙犯罪模式。如跨境电信网络诈骗犯罪目前演化为由拨打电话窝点、网络平台提供商和地下钱庄三个相互依存、相互合作、相互独立的犯罪主体组成，每起诈骗案件都是在这三个犯罪主体的分工合作下完成。即拨打电话窝点专门负责拨打电话诱骗受害人上当；网络平台提供商专门负责租赁服务器，在互联网上搭建诈骗网络平台并与传统通讯网对接，提供任意改号、群呼群叫服务和线路维护，出租给若干个诈骗团伙使用；地下钱庄则专门负责替若干个诈骗窝点转取赃款。同时又以此类犯罪为核心，滋生了众多其他的非法产业链，如专门开贩银行卡的犯罪团伙。

第六，犯罪危害大，严重影响国家安全和社会稳定。电信网络新型违法犯罪不仅严重侵害人民群众利益，破坏社会诚信，败坏社会风气，影响百姓生活安宁，而且会给国家安全和社会稳定带来极大隐患。如 2013 年 8 月，北京市公安机关打掉的杨某某非法获取手机用户信息犯罪团伙，控制手机 36 万部，向美国服务器上传用户信息 1500 多万条，其中包括标有工作单位、职务、姓名、电话号码的党政军情部门领导、公安民警等重点敏感群体信息 7100 余条，给国家安全和公民隐私造成重大威胁。

二、电信网络诈骗案件的作案规律

（一）"4.13"专案概况

2016 年 4 月 9 日至 13 日，按照公安部刑侦局统一部署，北京市公安局先后自肯尼亚和广州押解回京 77 名（其中台湾籍 45 名）犯罪嫌疑人，后期又陆续抓获 10 余名在逃犯罪嫌疑人。上述人员在肯尼亚首都内罗毕租赁两处别墅设置话务窝点，分别对大陆居民远程实施电信网络诈骗活动，经调查核实，大陆居民被骗约 200 人，涉案金额近 3000 万元。2017 年 7 月 18 日至 20 日，北京市第二中级人民法院一审公开开庭审理了该案，目前尚未宣判。两个诈骗窝点的作案情况如下：

1. 张智维、张家祥团伙

2014 年 5 月，张烽育（台湾籍，在逃）授意张智维（台湾籍）在肯尼亚首都内罗毕租赁当地街区门牌号为 46 号的别墅作为犯罪窝点，后张烽育协调准备了实施犯罪所需的电脑、电话、VOIP 线路设备，2014 年 7 至 11 月间，张智维伙同许齐耀（台湾籍）、刘泰廷（台湾籍）等人通过熟人介绍的方式在台湾地区、大陆两地招募诈骗团伙成员赴肯，张烽育、张智维对被招募人员实施话术培训，并对所有团伙成员实施管理。后张烽育返回台湾地区，通过 SKYPE 的聊天工具将大陆地区的手机号段分批传送给"电脑手"吴耿诚（台湾籍），由吴耿诚将包含"医保卡被盗用"的语音包群发给该号段手机的使用人，一批十万个电话号码，日均发送两批。如有被害人将电话回拨过来，则由一线人员接听，冒充医保局工作人员谎称被害人的医保卡信息被盗用，现已涉嫌洗钱，劝其报案，如得到肯定答复则将电话转到二线，同时将写有被害人信息的纸条交给二线人员。二线人员冒充北京市公安局朝阳或顺义分局的民警向被害人谎称受理其报案，让被害人提供详细的身份信息及经常使用的一个银行账户，后二线人员将电话转到三线并通知主犯张烽育，张烽育会指定一个银行账户用于接收赃款。三线人员冒充公安机关金融犯罪科的领导，要求被害人自证清白，将其钱款通过银行转账至其指定的安全账户接受审查，承诺审查完毕之后会将钱款转回给被害人，同时要求被害人不挂断电话，远程控制器将汇款工作完成。后由刘泰廷通过 SKYPE 软件通知洗钱人员转账洗钱。该团伙一、二、三线话务人员，管理人员，后勤人员，电脑手等共计 36 人被公安机关抓获。

2. 林金德、张凯闵团伙

2016 年春节后，林金德（台湾籍）与幕后金主（阿强，具体情况不详）密谋在肯尼亚设置诈骗窝点，林金德带领洪东雍（台湾籍）先期到达肯尼亚租赁别墅作为窝点，并购置生活用品、作案工具、搭建网络。3 月至 4 月，张凯闵（台湾籍）、潘明威（台湾籍）、王伟琨（台湾籍）、石志弘、韩刚分五批分别带领多名台湾地区及大陆籍嫌疑人到达该窝点，林金德、张凯闵、洪东雍负责该团伙的管理、培训、采买、接人等工作。该团伙作案手段与张智维团伙类似，由电脑操作手向国内群发语音提示，谎称有快递没有签收，已过最后期限；受害人信以为真回拨接通一线话务员，一线话务员冒充顺丰快递客服索取受害人的姓名和电话号码，谎称受害人有一个韩国驻上海大使馆邮寄过来的快递，快递物品是退发的签证以及护照。受害人表示没有办理过相关业务后，一线话务员谎称这种情况是受害人身份信息被泄露，建议转接到公安局报警。之后一线话务员会要求受害人不要挂断电话，并故意弄出一些键盘敲击以及电话转接的声音，并按"##"键把电话转接到二线。期间，一线话务员会把受害人的姓名和电话号码写在纸条上夹在窝点里面的一根绳子上，传递给二线话务员。二线开始冒充上海市公安局的警察，以受害人涉嫌洗黑钱或者非法集资的名义，要求受害人把自己名下所有的资金转到"安全账号"进行资金比对和公正，以示受害人的清白。如果二线"警察"觉得受害人比较好骗或者资金数额较小，就自己直接诈骗；如果觉得比较难骗，还会把电话转到三线，由其冒充中国国内检察院的检察官继续行骗，直至诈骗成功。当诈骗即将成功时，管理人员会通过 SKPEY 聊天软件，向台湾地区的"水房"索取要求受害人转账的银行账号，一旦受害人将钱转账至所谓的"安全账号"，立即由"水房"转账洗钱。该团伙一、二、三线话务人员，管理人员，后勤人员，电脑手等共计 50 人被公安机关抓获，后经查明，该团伙还利用此手段在印尼等地实施过电信网络诈骗。

（二）跨境电信网络诈骗案件的作案规律

经对"4.13"专案及北京市公安局办理的其他跨境电信网络诈骗案件的特征规律、组织架构等进行全面剖析，发现该类犯罪具有在境外设立犯罪窝点、租用网络 IP 线路、在台湾地区及大陆招募施骗人员、在台专业转账洗钱等特点，具体情况如下：

1. 犯罪窝点的人员构建

当前电信网络诈骗犯罪窝点并非传统意义上的"聚人施骗"，而是由多个分工极为明确、"职责"较为专业的部分或"子团伙"构成，各部分或"子团伙"之间可能是隶属关系，也可能是服务关系，还有可能是平行关系，但在整个施骗过程中，各部门或"子团伙"相互之间沟通、协作较为顺畅，呈现出专业化强、组织化高等特点，这也是导致被害人在被骗时对其深信不疑、钱款能被迅速多次转移提现、通联轨迹难以溯源认定等情况的主要原因，窝点成员主要包括：

（1）犯罪窝点的首要分子。对于电信网络诈骗犯罪的首要分子，往往被称之为"金主"，系该犯罪团伙的实际出资人，从近些年侦办的案件看均为台湾人，遥控指挥，一般情况下，无法实现对其监控和抓捕。"4.13"案件中的张烽育、"阿强"即分别为两个诈骗窝点的"金主"。

（2）犯罪窝点的主要分子。犯罪窝点的主要分子被称之为"合伙人"，一般有2-3名，受雇于"金主"，主要负责承租房屋、联系通讯运营商、管理组织施骗人员（有时也参与施骗的角色扮演）、联系洗钱转账公司、指挥收卡贩卡人员等，通常情况均为台湾人，依据骗得钱款的数额获取提成，通常该人与其他电信网络诈骗的犯罪团伙有联系，"合伙人"之间可以共享有关诈骗资源。"4.13"案件中的张智维、林金德即处于"合伙人"的角色。

（3）犯罪窝点的施骗人员。犯罪窝点内的施骗人员一般由三个层级构成，称之为"一线""二线""三线"。充当"一线"的人员，人数一般在十几人到几十人不等，多为大陆籍人员，主要负责按照话术单的内容与被害人通话，冒充"话务员""客服"等，通过语言灌输，让被害人产生疑惑或错误认知，并主动提出可转接公安机关报警等，至此，"一线"人员将该被害人信息、通话内容等转给"二线"，由"二线"与被害人继续联系；充当"二线"的人员，人数比"一线"人员略少，多为台湾籍人员（近期案件中发现亦有大陆籍人员），主要负责接到"一线"转来的被害人后，按照话术单内容，冒充公安机关工作人员，继续对被害人进行言语灌输，多以"信息泄露""涉及案件""存在犯罪行为"等内容，使得被害人产生"畏罪心理"或"证明自身清白"的认识，之后继续将被害人转给"三线"人员；充当"三线"的人员，人数又比"二线"人员更少，有的由"二线"人员兼任，系团伙的施骗核心，基本为台湾籍人员，多冒充公安机关领导或检察机关工作人员，采用"言语恐吓""发送虚假网上通缉令"等方式进一步增强被害人信任度，强化被害人急于证明自身清白的心理意识，并抓住该心理向被害人提出证明方式，即"让被害人将钱款打到所谓的安全账户以备核实"，从而使得被害人在 ATM 机或网上银行上自主操作进行转款，达到施骗目的。同时，近期案件中还出现了被害人电脑被植入木马程序，犯罪分子自行登录被害人银行账户进行操作的情况。上述三类人员在对窝点实施抓捕时，一般情况下均能到案，前期，一般只有"一线"人员（即大陆籍话务员）能被带回大陆进行审查，其余台湾籍人员均被送回台湾地区，但大部分台湾籍犯罪人员未被处理；现阶段，为确保打击效果、避免证据链条断裂，在公安部的统一指挥协调下，将窝点抓获的所有人员一律押回大陆审理。

（4）犯罪窝点的技术保障者。一般情况下，每个窝点都有一至二名该类人员，不参与对外话术施骗，主要负责操作已架设的电脑、交换机以及安装完毕的相关软件，编辑制作含有"你有一张传票""你有一封未收邮件""你的电话欠费停机"等内容的语音包，通过电脑操作向已掌握的境内省市电话号段进行群拨、群发，同时在被害人按照设定的语音提示操作后，再由交换机自动分配给窝点的"一线"语音人员进行下步话术施骗。同时，部分该类人员还设置编写虚假网站、制作涉及被害人信息的虚假通缉令等，属于窝点中的技术支撑人员，此类人员的报酬较高，系犯罪行为的重要环节。

（5）犯罪窝点的设备提供者。在窝点构建者为建立或是承接窝点购买或沿用相关硬件设备时，为窝点提供电信设备，并在设备调试、使用、维护等环节提供技术支持，作为设备提供者大多不是专职服务于某一个窝点，多是采取远程、"一对多"的服务模式。此类人员在抓捕时，到案的可能性较小，但其证据地位较高。

（6）犯罪窝点的通讯线路提供者。在电信网络诈骗犯罪中，所有通讯线路的提供者均系游走于三大通讯运营商之外的分包商，通过其他途径从三大通讯运营商手中拿到多条线路的使用权，利用通讯网络互联互通的特点，直接或经多层转包将线路接通境外并出租给犯罪窝点，实现境外与境内的通联。需要说明的是：从三大运营商处直接拿到线路的人员绝大多数只以对外出租线路使用权、挣取使用费为目的，并不明知租用人的使用目的，对其行为一般难做涉罪评价，同时，对于多层转包人员亦多为从中挣取差价，也很难做涉罪评价，但也存在为追求经济目的，明知线路为犯罪窝点使用或为逃避线路溯源，而将线路经一次或多次跳转至境外服务器后再行对外出租的情况，对此类行为人的行为应对其在个案中所起的作用予以犯罪评价。

（7）犯罪窝点的人员招募者。此类人员一般被称之为"蛇头"，绝大多数长期从事为犯罪窝点招募施骗人员的活动，利用同乡、同学等熟识关系，以"赴境外可挣大钱"为诱饵，并帮助被招募者办理签证手续，购买赴外机票，抵达目的地后将人员交付窝点人员，按人头获取招募费用。该类人员均明知受雇招募的目的，亦知晓犯罪窝点所从事的施骗行为，应是该整个犯罪链条中的重要环节，可按共犯处理。也有的招募者就是窝点中团伙成员，比如"4.13"案件林金德团伙中的潘明威、王伟琨等人，在赴肯尼亚诈骗窝点之前，即在台湾岛内物色好人员，带着招聘人员到达窝点后，又变成实施电信诈骗的二线或三线话务人员。

（8）专业洗钱转账公司。电信网络诈骗案件中涉及的专业洗钱转账公司绝大多数在境外，特别是由台湾籍人员建立的诈骗窝点，其转账公司均设在台湾地区，被称之为"水房"。该转账公司大都为多诈骗团伙平行服务，其借助合法的注册公司外衣，具有一定的隐蔽性和迷惑性。专业洗钱转账公司是整个电信网络诈骗犯罪活动中直接接触被骗钱款环节，对"金主"返还施骗所得，对贩卡人支付收卡钱款，对诈骗窝点提供诈骗用的银行账户，对施骗人员支付工资报酬和提成等，为此，专业洗钱转账公司的涉案人员在整个施骗犯罪环节中极为重要，但到案的可能性较小。

（9）专职收贩卡人员。专职收贩卡人员均与在台的洗钱转账公司存在直接联系，实践中，一般个人售卡人员只是使用自己的身份信息在多家银行开卡出售，获利在几百元不等；再上一级为组织人员带领开卡并收购的人员，多称为"带队人员"，即一次性组织多人（多为农民工）前往同一地点统一开卡后并收购，收集一定数量的银行卡后，加价向上家售卡人出售；专职收贩卡人员属于收贩卡环节中的"顶层人物"，其不用直接组织人员开卡或零星收卡，多是通过固定的QQ群或是微信群，从固定人员处大量收卡，定期通过邮寄方式向已建立直接联系的台湾地区的收卡公司或人员出售银行卡，同时该类人员会对所收的银行卡分类，或同银行，或带网银，出售价格不尽相同，部分专职收贩卡人员会在收卡后通过手持POS机对目标银行卡进行多次小额的存入取出测试，从而测试银行卡的安全性，提高出售价钱。针对上述三个层级的人员在该环节中的作用，后两个层级的人员可做涉罪评价，出售个人银行卡的人员目前无法进行刑事打击。

（10）专业取钱团伙。专业取钱团伙有可能隶属于专业洗钱转账公司，也有可能独立存在，一般被称之为"车手"，这些犯罪分子在代为提现前拿到洗钱公司给予的"提现卡"，采用戴"头套""口罩""墨镜""机车头盔"等方式乔装打扮，掩饰其真实体貌特征，以求逃避打击，该类人员对指证专业洗钱转账公司存在涉罪行为具有重要意义，被抓获的概率相对较大，按其主观明知程度、涉案证据情况可按妨害信用卡管理、信用卡诈骗、掩饰隐瞒犯罪所得、诈骗等罪名追究刑事责任。

（11）其他人员。在施骗窝点中，亦存在为实际施骗人员提供日常饮食等服务的"后勤"人员，此类人员并不参与实际的施骗活动，但其主观上均明知施骗人员的犯罪行为，在窝点存续期间，其行为虽客观上仅为做饭、扫地、采购、接机等事务性活动，但仅是分工不同而已，对于保障犯罪窝点施骗活动得以连续实施发挥着至关重要的作用，应对其按诈骗共犯追究刑事责任。

2. 犯罪窝点的施骗过程

电信网络诈骗案件的整个施骗过程可以按时间顺序分为"施骗前""施骗中""施骗后"三个过程：

（1）施骗前。该阶段是犯罪团伙招募人员、搭建窝点、购置设备等前期准备环节。一般情况下，由台湾籍团伙首要分子"金主"出资，招罗团伙的主要分子，并由主要分子代"金主"具体实施构建窝点的活动。团伙的主要分子通过熟识关系在东南亚、非洲、欧洲等国的城市承租别墅、宾馆等作为犯罪窝点；向具备发放通讯线路的供应者或中间商租用线路，建立可与境内进行通讯的渠道；购买电脑、电话机、网卡、交换机等硬件设备，并由供应商完成设备架设和调试；由"蛇头"招募相关具体话术施骗人员，经办理护照、购买机票等，统一到达窝点；前期窝点负责人会对被招募的人员进行培训，要求熟背"话术单"的内容，熟识各环节流程，熟用相关设备软件，并以"公司管理"的模式进行绩效管理、给付报酬；与台湾地区的专业洗钱转账公司建立联系，通常情况下使用微信、QQ、Skype 等即时聊天软件获取安全的转账用银行卡账户。同时，由于专职收贩卡人员只与台湾地区的专业洗钱转账公司联系，并不与犯罪窝点建立关联，因此在转账公司向犯罪窝点提供安全账户前，贩卡人员已完成了对转账公司出售银行卡的行为。

（2）施骗中。犯罪窝点搭建完毕、人员培训就绪后，便可以实施电话诈骗行为。一般情况下，先由窝点的技术人员操作电脑、交换机等设备，将事先编辑制作好的"语音包"向指定地区的电话号段进行群拨群发，被害人接通后会听到"你有一张法院传票""你有一封未收邮件""你电话将欠费停机"等内容的语音，并提示被害人欲了解详情可按键联通人工服务，被害人按键后，系统会根据事前设定通过交换机自动分配给当前空闲的窝点"一线"人员，这时"一线"人员会根据前期"语音包"的内容冒充邮政局、电话局等客服人员，按照前期既定的话术内容，逐步获取被害人对其身份的认同，并尽可能地获取被害人的个人信息，作好记录后以"泄露的信息可能被犯罪使用"等借口，使得被害人产生被侵害、涉及案件等虚假认知，"一线"人员再告知被害人"可帮助转接公安机关报案"等话术，利用被害人急于了解详细情况、证明自身清白等心理，将被害人"钓牢"，并转交给"二线"人员。"二线"人员在接到转来的被害人后，会冒充公安机关工作人员，详细询问被害人相关信息，并通过复核电话号码、地址等方式，再次让被害人坚信对方身份，按照话术内容告知被害人身份信息确已涉案或被人冒用，为证明清白可将钱款通过银行转账的方式转至所谓的安全账户接受审查，同时"二线"人员会将该被害人信息转交"三线"人员，一般情况下"一线""二线"人员的通讯方式仍为 VOIP 电话，并通过软件将号码修改为所谓公安局固话号码，但该电话不具备回拨功能。"三线"人员则是冒充检法机关人员，一般以冒充检察院的检察官为主，该类人员是窝点话术行骗的顶端人员，其通话设备具有回拨功能，会主动联系被害人，或直接使用手机，以"前期与被害人联系的公安机关人员涉案已被查处，需要被害人积极配合"为借口，并适时配合向被害人发送虚假网站链接，反映被害人已被"通缉"等方式，进一步巩固被害人对其身份的信任度、提升强化被害人迫切证明自身清白的心理，为要求被害人实施转账行为做好铺垫，话术后期"三线"人员会要求被害人将钱款通过 ATM 机或网上银行操作将钱款转入指定的"安全账户"（该账户是在施骗的同时由台湾地区转账公司向窝点提供），近期在侦办的案件中，还发现了被害人电脑被植入木马程序，在被害人进行网上转账时出现黑屏的现象，实为窝点施骗人员或转账公司人员进行远程控制操作，将被害人钱款全部转账侵吞。

（3）施骗后。被害人按照窝点施骗人员的指示进行转账时，窝点施骗人员会即时告知专业转账公司，公司人员会通过网上银行时时刷新，确保第一时间发现钱款流入，并以最快的速度经 2－3 次转账，将钱款转移分散到实际的"提现卡"，并由转账公司的"车手"在台湾地区或大陆提现。转账公司在获取被骗钱款后，会根据事先约定扣除其佣金，按比例返还"金主"，剩余部分再按约定比例、业绩提成等分别返还窝点的负责人、技术人员、"一线"、"二线"、"三线"以及服务人员等，这些非法报酬均通过银行转账的形式给付。

三、北京市公安局近两年打击电信网络诈骗犯罪工作整体情况

（一）北京市公安局目前打击电信网络诈骗案件主要做法

第一，坚持打击先行、防范跟进、打防并举，对高发类案、地域性团伙犯罪开展根源打击。强化专业防范，整合局内外资源，以专业手段阻截信息流、资金流，并依托反诈中心研判预警，部署警力快速反应，提前劝阻受骗群众累计 1 万余人次。同时，加强警情监测，通过"12110"平台向接到诈骗短信的群众发送防范提示短信 2 万余条，有效减少群众损失。强化基础防范，定期研判分析电信网络诈骗发案规律特点，明确防范重点，积极协调宣传部门及新闻媒体，利用网上网下两个战场，针对不同易受侵害群体，精确开展宣传防范，不断提升群众识骗防骗能力。开展重点宣传。对不同受害群体及潜在受害群体开展精准宣传教育，提升靶向防范实效性，依托"做自己的首席安全官"宣传活动，对在校大学生、财会人员等重点人员，开展有针对性的防范宣传，不断提升群众识骗防骗能力。共开展各类宣传活动百余次，受众人数达 5 万余人。

第二，强化警银联动，切断犯罪资金流。加强与银监会、中国人民银行及各商业银行的沟通协作，不断健全各项联动机制，目前，可通过网络同全国 901 家有银联标识的银行开展查询反馈、传输冻结手续；中行、农行、工行等 563 家银

行可应北京市公安局要求开展布控止付；建行、邮储等 8 家银行可根据北京市公安局提供的作案用银行账户规律特点，依托自身风险防控系统实现反制。同时，通过进一步调取查询涉案银行账户、台湾地区银联卡交易、第三方支付公司 POS 机交易等信息数据，及时锁定犯罪嫌疑人转账、取现用卡，有针对性采取冻结等措施，并对涉案人员名下其他可疑账户开展甄别处置。在此基础上，深入推进"抽薪行动"，有效实施堵源斩首。

第三，强化警通联动，切断犯罪通信流。北京市公安局与工信部及电信运营商密切联动，围绕高发境外电信网络诈骗犯罪，建立了"境外语音群呼电话拦截、破解服务器查找被害人并上门劝阻、对被害人电话保护性停机"三道防线。期间，在全国率先使用"531"技术手段，制作电信网络诈骗通话样本 28 类近 1 万个，拦截境外呼入电信网络诈骗电话近 1 亿个；通过采取保护性停机措施，及时拦阻欲转账被害人近万人，可统计避免群众损失 2.4 亿元；围绕国内电信网络诈骗犯罪，依托"黑卡"治理专项行动，会同国家通管局对境内涉案号码开展实时监测、封号、倒查，特别是针对 2015 年下半年北京市电话冒充类诈骗高发的情况，波次采取涉案手机号码封停、拓展封停、作案地域登录排查封号等措施，有效遏制了案件高发态势；围绕伪基站违法犯罪活动，会同中国移动北京分公司成立专班，联合开展伪基站监测打击，并对伪基站发送的电信网络诈骗假域名、假链接进行封堵，目前北京市此类发案已同比下降九成。

第四，强化警企联动，拓展合作领域。充分发挥首都资源优势，主动与各大网站、网络公司、第三方支付平台协调沟通，加强行业管理，并开设查询绿色通道，提高工作效率。同时，借助高科技企业资源优势，在冻结涉案资金及查询涉案通讯工具的 IP 轨迹、上网账号、物理位置等方面，获取及时准确的技术支持。自 2016 年 4 月至 12 月，北京市公安局反诈中心与腾讯公司合作，利用其"鹰眼盒子"系统对拨打北京市的疑似诈骗电话进行拦截，及时劝阻被害人 10 525 人，拦截可统计预转账金额 4272 万元。

（二）北京市公安局近两年打击电信网络诈骗案件取得的成效

2016 年以来，北京市公安局坚持多平台协同作战，依托"两个中心"（反电信诈骗中心、查控中心）资源优势，全面开展打击整治电信网络诈骗犯罪，打击防范电信网络诈骗工作实现了发案数量下降、人民群众财产损失下降、破案数量上升、抓获违法犯罪嫌疑人数量上升的良好局面，全面实现了"两降两升"工作目标。

2016 年，全市电信网络诈骗案件共发案 36 592 起，同比下降 27.66%。其中，境外冒充公检法诈骗案件发案 2450 起，同比下降 51.85 %；境内发案 24 018 起，同比下降 23.76%，其中，电话冒充熟人诈骗案件下降 28.72%，网银升级诈骗案件同比下降 12.73%、网络冒充熟人诈骗案件同比下降 7.4%。群众损失大幅下降，群众损失 10.86 亿元，同比下降 30.38%。其中，涉及境外案件中群众损失 3.11 亿元，同比下降 46.56%。破案数量上升，全局共侦破电信网络诈骗案件 2324 起，同比上升 2.8%。其中，破外省市案件 960 起。抓获犯罪分子数量倍增，2016 年共抓获犯罪嫌疑人 793 名，同比上升 3.63 倍。

2017 年 1 月 1 日至 2017 年 5 月 31 日期间，破获全市及全国电信网络诈骗案件 2486 起，抓获人员 705 名，同比分别上升 17.49% 和 1.01 倍；全市共发案 8907 起，人民群众财产损失 3.42 亿，同比分别下降 30.33%，28.31%。累计封停 28 家第三方支付公司涉案 POS 机 3184 台。

此外，北京市公安局成立了全国唯一一家打击治理电信网络新型违法犯罪查控中心（以下简称"查控中心"），承担全国电信网络诈骗案件涉案账号查询、布控、止付、冻结等工作，为全国各地打击防范电信网络诈骗提供了强有力的资金流查控支撑。2016 年以来，累计冻结全国涉案账户 51 万余个、止付资金 12.23 亿元，分别占全国冻结总量的 90% 和 80% 以上。根据境外冒充公检法机关实施诈骗的特点，依托警银联动机制，推进"抽薪行动"纵深开展，包括"净卡计划"，通过对数据筛查分析等手段，对及时发现取现卡、流入到诈骗团伙中的疑似涉案卡、寄递到台湾地区的银行卡等开展布控、限额交易止付、冻结等；"捕鼠计划"，对拓展发现的取现卡进行侦控；"猎熊计划"，对网银转账的"水房卡"进行限交易额冻结等。2016 年以来，通过与中国银联开通的银联 JASS 系统专线，对每日在台湾地区的万余台 ATM 机交易数据开展反查，快速锁定取现用卡（小车卡）并进行快速冻结，日均筛查交易数据 5 万余条。在强有力的打击控制下，2016 年以来台湾地区犯罪团伙的取款地由台湾地区向美国、日本及境内转移，其中在境内取款占五成以上，为全国各地公安机关境内打击取款团伙创造了条件。截至目前，北京市公安局组织专门力量，对取款团伙开展侦查抓捕，先后在北京、福建、广东、广西等地抓获台湾地区犯罪团伙取款犯罪嫌疑人 30 余名（其中台湾籍 8 名）。

四、在打击治理电信网络违法犯罪工作中存在的困难和问题

电信网络违法犯罪严重侵害了人民群众的财产安全和合法权益，严重损害了社会诚信和社会秩序，已成为当前影响群众安全感的突出问题和影响社会和谐稳定的一大公害。尽管我们在打击治理电信网络新型违法犯罪方面取得了一些成效，实现了"两降两升"的初步目标，但面对日益严峻的犯罪形势，还存在不少突出问题和薄弱环节。

（一）打击整治方面

2015 年 6 月，经国务院批准，由公安部、工信部、中国人民银行等 23 个部级单位参与，建立了打击治理电信网络新型违法犯罪工作部际联席会议制度，统筹各种资源，合成作战，共同打击电信网络违法犯罪活动。2016 年 9 月，中央综治委牵头，公安部、最高人民法院、最高人民检察院、工业和信息化部、中国人民银行、银监会六部委共同发布了《关于防范和打击电信网络诈骗犯罪的通告》，要求公安机关、电信企业、银行业等部门充分发挥各自职能作用，加大打击力度，全面加强防范，落实电话实名制、非同名账户汇款 24 小时到账等措施。目前，全国已建成 32 个省级反诈骗中心和 199 个地市级反诈骗中心，国家级反诈骗中心也已全面启动，公安机关、银行部门、电信企业以及部分互联网公司入驻反诈骗中心，共同开展反电信网络诈骗侦查及反制，初步形成了打击治理电信网络诈骗"信息共享、合成作战、快速反应、整体联动"的整体架构。2016 年，全国公安机关破获电信网络诈骗案件同比上升，共破案 8.3 万起、上升 49.6%，电信网络诈骗发案大幅上升的势头得到遏制。但"道高一尺、魔高一丈"，电信网络诈骗案件仍然居高不下，诈骗电话仍然能"打的进来"，被骗钱款仍然能"转的出去"。究其原因：

第一，作案成本低。犯罪分子使用电脑、手机、互联网等简单工具即可施骗，且大面积"广撒网"，作案成本较低。而且由于远程非接触进行诈骗，作案产生的电子证据易于销毁，溯源难，取证难，破案难，犯罪分子被追究刑事责任的风险降低，导致犯罪分子有恃无恐进行违法犯罪活动。另外，电信网络诈骗门槛低，模式易于模仿，经常形成区域性诈骗团伙，如广西宾阳"QQ 诈骗"、广东电白"猜猜我是谁"、海南儋州"中奖""机票改签"诈骗等，就是同乡之间相互学习、相互借鉴，抱团诈骗，逐渐形成诈骗窝点。经过强力打击整治，河北丰宁、福建龙岩、江西余干、湖南双峰、广东电白、广西宾阳、海南儋州 7 个重点地区作案已呈明显下降趋势。但同时，一批新的地域性职业犯罪群体又冒出来疯狂作案，如福建安溪，大批福建安溪人将窝点设在老挝，实施网络赌博诈骗；又如河南上蔡、商水，大批不法分子在本地设立窝点，冒充武警以购买帐篷、消毒药水等军用品为名实施诈骗；又如湖北天门、仙桃等地也出现了购物诈骗、冒充领导诈骗的犯罪群体。另外，一些主要劳务输出地出现了务工人员在外习得电信网络诈骗犯罪手法后，带回当地组织实施诈骗犯罪的情况，窝点地已开始向全国各地蔓延。

第二，监管仍存在漏洞。伴随着电信网络诈骗犯罪手法的不断演变，灰色产业群也呈高度专业化的模式不断发展，以满足电信网络诈骗犯罪需求，包括买卖公民个人信息、开贩银行卡、第三方支付平台洗钱、POS 机套现、为诈骗团伙提供线路、开发网络改号平台、网上吸号、分析工具软件、制作手机木马程序等一系列相对独立、互不相识、时分时合的职业团伙。他们分散在各地，游离于合法和非法之间，你中有我，我中有你，相互交织，是多对多的互为客户关系，专业化程度高。作案时利用网络紧密联系，分工明确，各司其职，各获其利。这些灰色产业群，为电信网络诈骗起着推波助澜的作用。近期，灰色产业群也出现了一些新特点：①开贩银行卡团伙针对银监会的监管措施和公安机关的紧急止付措施，将其批量开办银行卡所选择的银行，由国有银行逐步向地方性的商业银行转变，以逃避监管，为公安机关的及时止付、冻结、查询被骗款项制造障碍、拖延时间，以便电信网络诈骗团伙能将被骗款项顺利套现。②因为对公账户容易开立，查控冻困难，不法分子利用工商部门所谓的"形式审核"和对公账户可代理开户的便利，大肆网上申办公司并开立对公账户，再将一套手续卖给骗子用于作案。如，登记地址为深圳市福田区深南中路2008号华联大厦1116室、法人为肖东成的同一地址同一法人，共申办了79家公司，并全部开立了对公账户。③鉴于第三方支付公司门槛较低、支付快捷，越来越多的电信网络诈骗团伙利用第三方支付公司进行转账和消费，或直接通过第三方支付平台发放的POS机套现。以前电信网络诈骗犯罪团伙通常是通过商业银行发放的POS机进行套现，今年以来，公安机关查获的大部分POS机都是由乐富、易宝、瑞银信等第三方支付公司发放的，嫌疑人登记的商店名称全部都是伪造的虚假资料。而且，第三方支付平台发放的POS机使用空间不受限制，比如，在广东申请的无线POS机，真正使用地可以在国内任何地方，海南儋州机票改签诈骗、福建龙岩网络购物诈骗、河南上蔡冒充军人购物诈骗等一般都是采用此类手法进行套现获利。④河南、广东等地大量企业从事国际服务器托管业务，将境外服务器租给诈骗犯罪嫌疑人使用，危害巨大。贵州1.17亿元案件，犯罪嫌疑人租用"河南国超电子商务有限公司"服务器，共代理2000多台美国、新加坡、韩国的服务器，其中310多台被犯罪嫌疑人利用进行诈骗。

第三，打击破案难度大。电信网络诈骗犯罪智能化、科技化水平高，跨区域跨国跨境特征明显，侦破难度大，打击经验少，破案成本高，各地公安机关虽经几年的艰苦努力，探索出一些有效的打法，但破案率一直在低位徘徊。2015年全国仅破获42 584起，破案率只有7%，有些地方甚至不到2%，近年略有上升，但破案率也不到20%。电信网络诈骗案件量大面广，且多是跨地区甚至跨境作案，由于司法资源有限，导致很多诈骗金额较小的案件在接报案后无法及时开展有效侦查取证工作，只有遇到特别重大案件才会下大力气组织侦办。但重大电信网络诈骗案件大多是跨境犯罪，作案人员在境外采用网络电话，甚至加装改码器后，从境外打进我国电话用户，显示的却是国内某些政府部门的电话号码，如需倒查障碍困难很多，很难查清电话来源。即使查清来源，因相关犯罪嫌疑人多藏匿在境外，赴境外开展执法合作，手续复杂，办案周期长，办案成本高，抓捕犯罪嫌疑人难度极大。而境内的犯罪分子为了逃避打击，也多是跨区域作案，犯罪分子通过现代银行系统及支付手段在短短几分钟内就将所得赃款分解、取走，每起案件涉及的银行账号、银行卡数量巨大，侦查工作异常艰巨。

第四，群众防范意识差。一方面，现代社会，人们之间交往频繁，几乎每人都要使用固定电话、手机、网络、即时通讯工具中的一种或多种工具进行联系。而电信网络诈骗手段繁多，既有直接打电话进行诈骗，也有发送短信进行诈骗，还有通过网络进行诈骗，犯罪分子无孔不入，将犯罪触角伸向人们与外界联系的所有角落，让人们防不胜防。而且犯罪分子进行"广撒网""地毯式"推送诈骗信息，从东南沿海到西部边陲，从城市到农村，不管你是目不识丁的乡野村夫，还是著作等身的大学教授，几乎都接过诈骗电话或短信，部分人员在犯罪分子精心设计、环环相扣的骗术下被骗走大量钱财。比如"4.13"电信网络诈骗专案中的张烽育诈骗团伙，该窝点每天将事先录制好的包含"医保卡被盗用"的语音包，群发给某一号段手机的使用人，一批十万个电话号码，日均发送两批。经对该团伙"业绩单"进行核对，基本上每天都有被害人受骗。另一方面，人民群众对国家的一些政策、措施、程序不甚了解，犯罪分子利用群众的这一弱点，假扮警察、检察官、银行职员等角色，向其告知虚假信息、程序，被害人在半知半解中被犯罪分子诱骗，将钱款转入犯罪分子提供的所谓"安全账户"。如"4.13"电信网络诈骗专案中，在被害人接收语音包并回拨电话进行询问时，犯罪分子会冒充医保局、警察等身份，谎称被害人的医保卡信息被盗用，以涉嫌洗钱为名，让被害人将银行账户内的全部存款转入"安全账户"。还有的群众安全防范意识不强，轻易相信虚假宣传，被犯罪分子以重金求子、网络刷单等名义行骗；轻易登录陌生网址、点开陌生链接，导致手机、电脑被木马病毒侵入，关联的相关银行账户、虚拟账户内的钱款被犯罪分子偷偷转走。

（二）法律适用方面

针对电信网络犯罪迅猛发展，而相关法律规定相对滞后的局面，为破解执法难题，两高一部于 2016 年 12 月 19 日联合发布了《关于办理电信网络诈骗等刑事案件适用法律若干问题的意见》（以下简称两高一部《意见》），对电信网络诈骗的追刑标准、案件管辖、证据规格以及共同犯罪认定等方面进行了明确；2017年 5 月 8 日，两高发布了《关于办理侵犯公民个人信息刑事案件适用法律若干问题的解释》；2017 年 6 月 27 日，两高又发布了《关于办理扰乱无线电通讯管理秩序等刑事案件适用法律若干问题的解释》，针对电信网络犯罪关联的侵犯公民个人信息、伪基站、黑广播等违法犯罪行为的定罪量刑标准进一步予以明晰。随着上述司法解释的密集出台，原司法实践中遇到的诸多突出问题大部分都得到了解决。比如共同犯罪问题，两高一部《意见》出台前，团伙中主犯的犯罪事实比较容易认定，但有的团伙成员只参与了诈骗活动其中的一个环节，客观证据无法将其对应到具体案件事实时，该成员是否构成犯罪、涉案数额如何认定等问题，公检法机关存在认识分歧，有些地方就会因证据不足而未追究相关参与人员的刑事责任。《意见》规定"多人共同实施电信网络诈骗，犯罪嫌疑人、被告人应对其参与期间该诈骗团伙实施的全部诈骗行为承担责任。在其所参与的犯罪环节中起主要作用的，可以认定为主犯；起次要作用的，可以认定为从犯"，很好地解决了部分犯罪嫌疑人无法一一对应到具体案件、无法进行归责的问题。又如追刑标准问题，为了打击"伪基站"相关违法犯罪，"两高两部"下发《关于依法办理非法生产销售使用"伪基站"设备案件的意见》，《刑法修正案（九）》修改了扰乱无线电通讯管理秩序罪，但规定扰乱无线电通讯管理秩序，情节严重的才构成犯罪，何为情节严重，一直未予明确。而两高《关于办理扰乱无线电通讯管理秩序等刑事案件适用法律若干问题的解释》对何为情节严重，从造成的危害后果、违法所得数额等方面作出了明确又具体的规定。

　　但通过调研，我们发现仍有法律适用不顺畅的地方。比如案件管辖方面，两高一部《意见》中规定，一人犯数罪的、共同犯罪的、共同犯罪的犯罪嫌疑人还实施其他犯罪的、多个犯罪嫌疑人实施的犯罪存在直接关联、并案处理有利于查明案件事实的，有关公安机关可以在其职责范围内并案侦查。但由于电信网络诈骗犯罪的特点，延伸出的灰色产业链地域广、人员构成复杂，对于案件管辖权就会存在认识上的分歧。如被害人在北京被骗，北京市公安局可按犯罪结果发生地立案管辖，抓获犯罪分子后，核实其还诈骗了山东一个被害人，该起案件也可并案管辖，但若山东案件涉及的提供网络交易、技术支持、资金支付结算业务的上下游犯罪与北京案件无关联，是否有管辖权往往有很大争议。又如主观认定明知方面，两高一部《意见》规定"明知他人实施电信网络诈骗犯罪，应当结合被告人的认知能力，既往经历，行为次数和手段，与他人关系，获利情况，是否曾因电信网络诈骗受过处罚，是否故意规避调查等主客观因素进行综合分析认定"，但规定还是比较笼统，还需要进一步细化，避免分歧。还有一些相关危害行为在打击时无法可依。比如个人出卖本人银联借记卡的行为，一些人员贪图小利，办理银行卡随意出售给不法分子，这些银行卡已成为诈骗犯罪分子用以转账提现、逃避追查的犯罪工具。收购他人银行卡转卖的行为可按妨碍信用卡管理罪进行打击，持卡人出租、转借信用卡的，可按《银行卡业务管理办法》处1000元以下罚款，但持卡人出卖借记卡的却无相关处罚依据，需要尽快立法完善。

　　（三）调查取证方面

　　面对电信网络诈骗案件，公安机关绝对侦查能力还不高，很多地方没有侦查经验，不知道从何处入手开展侦查，不会查询资金流向，不会追踪信息流，不会研判境外窝点人员线索，挖幕后的能力不高，跨国打击能力不强，不会固定电子证据，即使案件破获了，也很难形成完整的证据链，打击处理跟不上，赃款也很难追缴回来。具体来讲，从境外战场看，作案人员在境外使用网络电话，甚至加装改码器后，顺线倒查障碍困难很多，很难查清电话来源。加之网络电话服务器和落地语音网关的不确定性和隐蔽性，证据极易灭失，难以形成完整的证据链。同时，每起案件涉及的银行账号、银行卡数量巨大，且被骗赃款大部分流入台湾地区，赃款追查难度很大。从国内战场看，犯罪分子作案每成功一笔或隔一段时间，就把作案用手机、电脑都销毁，公安机关很难抓获犯罪嫌疑人，即使抓住了犯罪嫌疑人，以前的案件也因为没有证据认定不了。资金流方面，涉案赃款快速提现后，资金流物理隔断，很难追缴到赃款，即使追缴到了赃款，也常常因为核不上案件，而无法认定。

此外，电信网络诈骗犯罪案件与传统诈骗案件相比，时空跨度较大，被害人与犯罪分子从未谋面，不具备辨认条件；被害人分散全国各处，很难将全部被害人找齐；资金流水繁杂，有的走银行转账，有的走第三方支付，且很难溯源。两高一部《意见》中也明确规定，"办理电信网络诈骗案件，确因被害人人数众多等客观条件的限制，无法逐一收集被害人陈述的，可以结合已收集的被害人陈述，以及经查证属实的银行账户交易记录、第三方支付结算账户交易记录、通话记录、电子数据等证据，综合认定被害人人数及诈骗资金数额等犯罪事实"，但有些地方的司法机关不顾实际案件情况，仍按照传统诈骗案件的取证规格进行取证，要求核实全部被害人，查清所有信息流、资金流，逼迫公安机关过度取证，消耗大量人力、财力资源。

五、打击电信网络诈骗案件的对策及建议

2016 年 8 月份以来，山东、广东连续发生多起大学生被骗恶性案件，引发了强烈的社会关注，造成了极为恶劣的社会影响。面对电信网络诈骗案件的高发态势，必须坚决予以还击，加强源头治理、堵塞监管漏洞，做好宣传教育，加大依法打击力度，多管齐下，切实维护人民群众利益。其中，源头治理是根本，如果我们做好源头治理，堵塞信息流和资金流上的监管漏洞，犯罪分子就无法将诈骗电话打进来、无法将诈骗钱款转出去；宣传教育是重要补充，只要人民群众树立了良好的防骗意识，即使接到诈骗电话或信息，也能及时识别，避免上当受骗；依法打击是保障，通过运用法律手段让犯罪分子承担相应的刑事法律责任，提高作案成本，消除侥幸心理，可以起到有效震慑作用，让犯罪分子不敢再进行诈骗活动。

（一）要加强源头治理

加强行业监管和源头治理，坚决切断电信网络诈骗犯罪链条，最大限度地让诈骗电话打不进来，赃款流不出去。电信、银行、工商等部门和行业要坚持关口前移、源头治理，切实履行监管责任，严格落实监管措施，着力堵塞监管漏洞，最大限度挤压违法犯罪空间。

（1）严格落实电信领域整治措施。当前，大量境外网络改号电话进入千家万户，电信业务非实名登记仍未杜绝，虚拟运营商行业管理混乱，给电信网络诈骗犯罪提供了可乘之机。电信部门应建设完善电信网和互联网国际出入口诈骗电话防范系统，实现对境内省外来话实时检测拦截全覆盖；同时要指导督促电信企业严格落实电话用户真实身份信息登记制度，特别是 170、171 等号段的电话卡，要限期请机主持有效身份证件进行实名登记，确保达到 100% 实名登记率，未按要求实名登记的一律停机；要坚决整治制作传播改号软件、违规出租电信线路等不法行为，全面清理专线出租、一号通、商务总机、400 等电信业务，对整改不力、屡次违规的运营商，要依法依规坚决查处。

（2）严格落实银行金融领域整治措施。当前，快速便捷的支付结算体系在为群众生活提供便利的同时，也被诈骗分子所利用，大量银行卡被用来转账取款，大量支付机构被用来转账洗钱。银行等金融机构应建立完善银行账户和支付账户异常资金交易风险防控系统，力争将电信网没有拦截的诈骗行为终止在赃款被转移之前；抓紧完成借记卡存量清理工作，严格落实同一用户在同一银行业金融机构和支付机构开立借记卡不得超过 4 张的规定；要研究制定加强支付结算管理的有效措施，完善银行账户大额交易和可疑交易管理办法，实现对异常交易的实时管控。

（3）严格落实互联网领域整治措施。当前，互联网上买卖公民个人信息、开贩银行卡、网络改号、制作木马程序等灰色产业群非常活跃，对电信网络诈骗犯罪起着推波助澜的作用。互联网监管部门应强化网络安全防护措施，严防黑客通过技术手段实施攻击或窃取公民个人信息。要督促互联网企业对搜索引擎、QQ 群、微信群等网络空间进行清理整顿，坚决切断不法分子利用互联网实施诈骗的渠道。

（二）要加强宣传教育

切实动员各种宣传力量，深入开展宣传教育，不断增强人民群众预防诈骗的意识和识破骗局的能力，筑牢防线，可以有效减少电信网络诈骗犯罪案件的发生。具体措施可采取但不限于：一是组织有影响力的中央电视台、新华社等大型媒体对在侦的重大案件随警作战，宣传公安机关打击的力度和成效，介绍犯罪嫌疑人的诈骗过程，揭露犯罪手法和危害；二是借助各级政府或执法办案部门的官方微博、微信等新兴媒体，不断发布有关打防电信网络新型犯罪的措施、成效，介绍新型犯罪手法、警方支招等内容，并组织其他微博、微信公众号进行联动，扩大受众面；三是可以聘请口碑好、影响力大的体育界、演艺界的明星大腕，作为防范电信网络新型违法犯罪的形象大使，出席各类宣传活动，以人民群众喜闻乐见的形式推动防诈骗宣传教育；四是制作播放防范电信网络新型违法犯罪公益广告，热点时段反复播放、热点门户大量投放，全方位、无死角进行宣传，力争使群众家喻户晓、耳熟能详；五是各电信运营商充分利用自身信息渠道优势，向各自用户群定期推送反电信网络诈骗的安全提示，各银行机构在办理汇款、转账业务时，注意提醒客户不要上当受骗。

（三）要加大依法打击力度

由于电信网络诈骗案件均是团伙作案、系列作案，零打碎敲，不仅打击效果差，而且办案成本高，公安机关"以打开路"，创新打法，针对电信网络诈骗的信息流、资金流、人员流"三流"，打信息战、资金战、整体战。对境外案件，由于打击难度大、协调事项多，建议由公安部牵头组织开展打击。各地公安机关接到群众报案后，将案件录入全国统一信息系统，由公安部组织力量对案件的信息流和资金流进行研判，形成串案，并指定一个或几个有侦查经验的公安机关进行侦查，查清上下游犯罪，收集固定证据，进行全链条打击，统一抓捕。对境内窝点，针对地域性职业电信网络诈骗犯罪特点，对于窝点地在重点整治地区的，如江西余干、广东电白、广西宾阳等地，应由重点地区的省级刑侦部门承担案件主要侦办责任，其他省市公安机关接受报案后，通过公安部搭建的统一信息平台上传报案材料，对证据指向各重点地区嫌疑人作案的，该重点地区省级刑侦部门统一判研、固定证据，并适时抓捕。其他案件，窝点地、汇款地刑侦部门应加强协作，协商确定案件主侦单位，共同做好有关受理立案、信息收集、录入上报等工作，并对其他串并案一并开展侦查打击，确保"案不漏罪、罪不漏人"。检法机关提供法律支撑。无论是最高法、最高检、公安部、安全部、司法部、全国人大法工委《关于实施刑事诉讼法若干问题的规定》、还是两高一部《意见》，原则都是从有利于查明案件事实、有利于打击犯罪的角度，最大化确定公安机关的管辖权问题。检法机关要在管辖权问题上多为公安机关提供支撑，不能仅因管辖权问题而作不捕、不诉、不判的决定；在证据规格上考虑电信诈骗案件特殊性，只要证据指向性明确，能排除合理怀疑，就应当认定，共同推进相关案件的诉讼进程，切实提高办案效率，最大限度追赃挽损，确保打击效果。立法机关要根据电信网络诈骗案件中出现的新问题、新情况，及时组织调查研究，及时进行立法，比如增设出卖银行卡罪，严厉打击出卖本人银行卡的行为，切断诈骗分子获取转账取款卡的源头；增设组织、领导、参加有组织犯罪集团罪，加大对有组织诈骗犯罪集团的打击力度等。

由于电信网络诈骗犯罪专业性强，侦查难度大，必须要"以专制专"，公检法机关均应建立一支办理电信网络诈骗案件的专业队伍，培养一批打击电信网络诈骗的专家型人才，及时掌握电信网络诈骗犯罪的最新变化，研究规律特点，找出薄弱环节，进行精确打击。同时，大力加强打击电信网络诈骗犯罪专业培训，综合汇集电信网络诈骗犯罪的规律特点、侦查研判的技战法、涉及的法律法规、办案取证要求、境外办案指导等方面的文件，编写打击操作手册，为实战打击工作提供指引。对成功侦破的电信网络诈骗案件及时组织召开案后剖析反思会，剖析成功经验，反思问题不足，完善固化机制，总结提高侦破水平。

此外，各地公安机关应充分依托反电信网络诈骗中心，进一步整合各方资源和力量，合成作战，把反诈骗中心打造成为集防范、打击、治理于一体的实战化运作平台，统筹开展诈骗电话快速拦截、涉案资金快速止付、信息流资金流查询、案件串并研判、侦查组织指挥等工作。针对电信网络诈骗犯罪特点，坚持全链条全方位打击，坚持依法从严从快惩处，进一步健全工作机制，加强协作配合，坚决有效遏制电信网络诈骗等犯罪活动，努力实现法律效果和社会效果的高度统一。

（本文课题组成员：李本森，中国政法大学教授；刘彦，北京市公安局法制总队助理研究员；张靖宇，北京市公安局法制总队；陈博，北京市公安局法制总队助理研究员；曹文建，北京市公安局法制总队助理研究实习员。）

电信网络犯罪问题研究报告

刘仁文 [*]

一、电信诈骗犯罪基本问题厘清

（一）电信诈骗犯罪概念梳理

1. 本土考察

公安部于 2009 年正式定名的"电信诈骗犯罪"，俗称为"台湾式诈骗"，20世纪 90 年代末起源于我国台湾地区。[2] 有观点将电信诈骗犯罪称之为信息诈骗犯罪，亦有观点将其称之为远程操控诈骗犯罪。[3] 还有观点指出，对"诈骗"加注以"电信"这一定语，是对其行为特征的形象化概括，既方便民众从众多诈骗方法中进行识别，也有助于公安机关的侦查应对。[4] 然而，实践中这一概念的使用还稍显混乱，譬如，电信网络诈骗犯罪、网络诈骗犯罪、电信犯罪与电信诈骗犯罪的混合使用等，各概念的内涵和外延也并不统一。

有学者主张电信诈骗多指利用短信、电话进行的诈骗；网络诈骗指利用互联网实施的诈骗；也有学者认为，在实践中，电信诈骗包括三个类别，即电话诈骗、短信诈骗和网络诈骗。[5] 参考国际电信联盟于 1992 年通过的《国际电信联盟组织法》、《国际电信联盟公约》以及我国有关的行政法规，可将"电信"定义为：利用有线、无线、光或者其他电磁系统传输、发射或接受符号、信号、文

　＊　课题主持人：刘仁文，中国社会科学院法学研究所刑法室主任/研究员。立项编号 BLS（2016）B013。结项等级：合格。

〔2〕　参见张育勤：《中国—东盟合作打击跨境电信诈骗犯罪的探讨》，载《犯罪研究》2017 年第 1 期。

〔3〕　参见方莹：《电信诈骗犯罪的打防对策》，载《湖北警官学院学报》2015 年第 5 期。

〔4〕　参见蔡国芹、赵增田：《论电信诈骗犯罪立体防控体系的构建》，载《犯罪研究》2011 年第 4 期。

〔5〕　参见陈宗攀：《电信诈骗案件的侦办难点与防控对策》，载《河北公安警察职业学院学报》2016 年第 4 期。

字、图像、声音或其他任何性质的信息。[1] 相应地，我们主张使用广义的"电信诈骗犯罪"概念，以涵盖常见的短信诈骗、电话诈骗和网络诈骗等诸种类型。

具体而言，我们主张的电信诈骗犯罪是指，行为人借助于电信技术、现代网银及其他网络支付方式，通过向被害人传递虚假信息，被害人基于虚假信息而陷入认识错误，自愿进行财产处分而造成财产减损的行为，或者是基于行为人设计的骗局，被害人仅对虚假信息进行不慎物理操作，行为人由此诈取被害人财产的行为。

2. 域外考量

美国对于电信诈骗犯罪概念的理解分为广义和狭义两种。狭义概念对应于美国刑法典第 63 章第 1343 条规定的利用互联网络、广播电视网络实施的诈骗（Wire Fraud），包括两个部分，一为普通电信诈骗罪，二为诚信服务诈骗罪。广义的电信诈骗犯罪还包括《美国刑法典》第 47 章第 1029 条的电信套利诈骗犯罪，[2] 主要是以电信服务商为诈骗对象，采用技术手段窃取账户信息，或使用虚假信息来注册客户等手段，非法获取电话、手机、网络等信息服务或获得电信服务承诺等形式的欺诈行为。[3]

（二）我国电信诈骗犯罪的特点及惩治现状

1. 主要特点

（1）"精准式"诈骗愈加明显。电信诈骗犯罪当前的最显著特点，可谓是正在经历从"撒网式""地毯式"诈骗向"精准式"诈骗的变迁。近年来，随着电信诈骗犯罪的上游犯罪渐次形成成熟的黑灰色产业链、黑灰色产业群，电信诈骗犯罪的手段和规模也愈加多样化、复杂化、成熟化，尤其是上游非法获取、贩卖公民个人信息犯罪的肆虐，致使点对点"精准式"电信诈骗应运而生。

（2）地域性职业诈骗猖獗。电信诈骗的手段具有易复制性，加之电信诈骗的高获利性以及破案难、追赃难，从而形成犯罪的低风险性。因此，积极参与电信诈骗违法犯罪活动的人趋之若鹜，以家庭、家族乃至自然村落为单位形成的诈骗团伙、诈骗集团不胜枚举。

（3）犯罪情境设计与民众生活高度契合。电信诈骗犯罪的本质是虚假信息诈骗犯罪，其关键是犯罪情境的设计，即俗称的"话术单""剧本"。例如，公

---

〔1〕 参见翟博等：《电信诈骗犯罪案件的特点及侦破对策》，载《中国公共安全（学术版）》2016 年第 4 期。关于"电信"的定义，同时可参见《中华人民共和国电信条例》第 2 条第 2 款：本条例所称电信，是指利用有线、无线的电磁系统或者光电系统，传送、发射或者接收语音、文字、数据、图像以及其他任何形式信息的活动。

〔2〕 参见孙嫣然：《中美电信诈骗犯罪法律规制路径的比较研究》，载《数据、个人权益与网路犯罪——2016 互联网刑事法制高峰论坛会议文集》2016 年 12 月。

〔3〕 转引自葛磊：《电信诈骗罪立法问题研究》，载《河北法学》2012 年第 2 期。

安部为了让广大群众积极防范电信诈骗，准确辨识骗局，从实践中梳理出的常见电信诈骗手法，即犯罪情境的设计，就高达48种。[1]

（4）链条化、产业化作案模式突出。实施电信诈骗犯罪的行为人很少有单打独斗的情形，绝大多数都是选择包括上、下游等关联违法犯罪活动在内的"协作"式作案方式。随着信息技术的不断发展，依附在电信诈骗犯罪周边的黑灰产业日渐发展为成熟的产业链，为电信诈骗犯罪的实施提供了重要支撑。

（5）跨国、跨境集团化作案呈常态化。为了提升电信诈骗作案的成功率，有效逃避打击，近年来，电信诈骗犯罪的跨国、跨境集团化作案陡增，且呈现出常态化之势。跨国、跨境电信诈骗多数以犯罪集团的方式，将电信诈骗犯罪分步骤、分层次地在数个国家或地区实施，或者境内外联合实施。这无疑加大了此类案件的侦破难度和管辖难度，致使实践中最后抓获的通常都是集团作案中的最底层人员，诈骗集团的核心人员往往逍遥法外。他们等时机成熟时再度成立新的诈骗集团，重新运作实施犯罪。

2. 惩治现状

近年来，为应对野蛮式增长且对民众财产乃至生命安全影响深远的电信诈骗犯罪，中国政府高度重视对此类犯罪的预防和打击，多措并举，出台了一系列的"组合拳"。具体而言：

2015年6月，国务院批准建立了由23个部门和单位参加的打击治理电信网络新型违法犯罪工作部际联席会议制度，加强对全国打击治理工作的组织领导和统筹协调。该制度建立以来，多次部署打击治理电信诈骗犯罪的专项行动。2016年3月3日，公安部启动了"电信诈骗案件侦办平台"，同年9月20日，"公安部打击治理电信网络新型违法犯罪查控中心"正式揭牌。公安部先后在上海、苏州、金华、厦门、深圳、珠海等地建立了6个研判中心。2016年3月18日，中国人民银行、工信部、公安部、工商总局联合发布了《关于建立电信网络新型违法犯罪涉案账户紧急止付和快速冻结机制的通知》。2016年8月4日，中国银监会和公安部发布了《电信网络新型违法犯罪案件冻结资金返还若干规定的通知》。各地陆续成立了以公安机关牵头，由银行、电信运营商等部门参加的反电信网络诈骗中心，建立了反电信网络诈骗案件的侦办平台。[2]此外，2016年3月全国公安机关打击"盗抢骗"犯罪工作会议在贵阳设主会场召开，全国公安机关从2016年4月开始展开为期3年的打击"盗抢骗"等多发性侵财犯罪专项行

---

〔1〕 参见林笛：《公安机关公布48种常见电信诈骗手法》，载《人民公安报》2016年2月25日。

〔2〕 参见郝宏奎：《综合施策治理电信网络诈骗犯罪》，载《社会治理》2017年第1期。

动。[1] 电信诈骗犯罪也在此专项行动的打击之列。

在依法治国、依法治网的大背景下，依法治理电信诈骗犯罪，刑法规范自然不会缺场。尽管我国有学者主张现有的刑法规定已经滞后，应增设电信诈骗罪，[2] 然而，我们认为，截至目前，可以说我国针对电信诈骗犯罪的预防和惩治，已经构建了较为成熟和完善的刑法规范体系。详言之，以我国《刑法》规定的诈骗罪、合同诈骗罪、信用卡诈骗罪、盗窃罪、妨害信用卡管理罪、窃取、收买、非法提供信用卡信息罪、招摇撞骗罪、破坏公用电信设施罪、掩饰隐瞒犯罪所得、犯罪所得收益罪等罪名作为惩治电信诈骗犯罪的基础性罪名，通过《刑法修正案（七）》《刑法修正案（九）》新增或修订的侵犯公民个人信息罪、拒不履行信息网络安全管理义务罪、非法利用信息网络罪、帮助信息网络犯罪活动罪、扰乱无线电管理秩序罪等罪名，对电信诈骗犯罪的刑法规制起到了重要补充作用。虽然电信诈骗的犯罪手法不断翻新，但是，前述刑法规范群，基本能满足目前惩治电信诈骗犯罪的需要。

此外，在近半年多的时间里，国家层面密集出台了三个与电信诈骗犯罪治理相关的司法解释和文件，[3] 分别就司法实践中面临的法律适用疑难问题予以明确。这也凸显了司法机关高度重视打击此类犯罪、积极回应民生犯罪的刑事政策观。

（三）跨境电信诈骗犯罪及刑事司法协助要点

所谓跨境犯罪，系指犯罪行为之准备、实施或结果有跨越国境、边境、地区的情形，使得至少有两个以上的国家对该行为可进行刑事处罚。[4] 对于电信诈骗犯罪而言，犯罪预备、拨出语音电话（发送信息）、双方语音通话（信息沟通）、交付被骗款项、转移提取赃款、分配诈骗所得六个主要环节，[5] 其中任一

---

[1] 参见《全国公安机关打击盗抢骗犯罪工作会议在贵阳召开》，载人民网，http://gz.people.com.cn/n2/2016/0323/c222152-27992951.html，访问日期：2017年7月16日。

[2] 参见葛磊：《电信诈骗罪立法问题研究》，载《河北法学》2012年第2期；邓丽娇：《电信诈骗罪立法问题研究》，载《云南大学学报法学版》2013年第6期；孙嫣然：《中美电信诈骗犯罪法律规制路径的比较研究》，载《数据、个人权益与网路犯罪——2016互联网刑事法制高峰论坛会议文集》2016年12月。

[3] 2016年12月19日，最高人民法院、最高人民检察院、公安部联合发布了《关于办理电信网络诈骗等刑事案件适用法律若干问题的意见》；2017年5月8日，最高人民法院和最高人民检察院联合发布了《关于办理侵犯公民个人信息刑事案件适用法律若干问题的解释》；2017年6月27日，最高人民法院和最高人民检察院联合发布了《关于办理扰乱无线电通讯管理秩序等刑事案件适用法律若干问题的解释》。

[4] 转引自许福生：《论两岸共同打击跨境洗钱犯罪与司法互助协议问题》，载《海峡法学》2014年第3期。

[5] 参见张育勤：《中国—东盟合作打击跨境电信诈骗犯罪的探讨》，载《犯罪研究》2017年第1期。

环节发生在我国大陆地区以外的，即可称之为"跨境电信诈骗犯罪"。跨境电信诈骗犯罪作为电信诈骗的一种特殊形式，[1] 也可以说是属于电信诈骗的一种高级形态，[2] 如前所述，其侦破难度更大，因此，迫切需要构建起全方位的打击跨境电信诈骗犯罪的刑事司法协助机制。

治理跨境电信诈骗犯罪最重要的一点，就是要有彼此之间顺畅、高效的刑事司法协助，然而，这又受到各国或地区的法律制度不同、双边或多边的司法协助机制不健全、已有的司法协助规定不明确或者落实不到位等诸多因素的限制。"如果解决不了司法管辖区的隔离状态与犯罪分子跨境实施犯罪之间的结构性矛盾，跨国犯罪将难以得到有效惩治。"[3] 建立健全惩治跨境电信诈骗犯罪的司法协助机制，既是整个国际（区际）刑事司法协助工作的一个组成部分，其本身也是一项复杂、艰巨的系统工程，这里，我们仅择其要点提出如下建议：

第一，建立跨境侦查协作平台。在充分利用好与国际刑警组织的合作机制之外，尚需创新警务机制，提升跨境警务合作水平，通过跨境侦查协作平台的建立，重点构建犯罪资讯情报交流机制，整合、共享与跨境电信诈骗犯罪相关的信息数据库，甚至在必要的时候开展联合侦查。[4]

第二，充分利用好《联合国打击跨国有组织犯罪公约》。在与涉案相关国家的刑事司法协助条约付诸阙如的情况下，除了积极推动确立双边、多边的司法协助之外，因为跨国电信诈骗犯罪基本上都是集团犯罪，将相关刑事司法协助事宜置于《联合国打击跨国有组织犯罪公约》的框架下，挖掘可以取得司法协助的空间，在此领域展开深入合作。

第三，构建和完善追赃返赃机制。电信诈骗犯罪必须有"三流"的支撑，即"信息流"、"资金流"和"人员流"。跨境电信诈骗犯罪的涉案资金多流向境外，追赃返赃任务艰巨，而且追赃返赃成功与否，对于惩治与预防电信诈骗犯罪意义重大。相关部门应当整合资源，统筹力量，警银联动，形成追赃返赃的合力，切断"资金流"，最大限度地压缩电信诈骗犯罪的活动空间，保护好老百姓的钱袋子。

第四，完善境外追逃机制。要注意综合运用引渡与引渡替代措施。所谓引渡替代措施，是指"在无法诉诸正式的引渡程序或者引渡遇到不可逾越的法律障碍

---

[1] 参见沈威等：《网络时代跨境电信诈骗犯罪的新变化与防治对策研究——以两岸司法互助协议之实践为切入点》，载《中国应用法学》2017年第2期。

[2] 参见李英霞：《跨境电信诈骗犯罪趋势及其打防》，载《辽宁公安司法管理干部学院学报》2017年第2期。

[3] 参见刘仁文、崔家国：《论跨国犯罪的联合侦查》，载《江西警察学院学报》2012年第1期。

[4] 参见刘仁文、崔家国：《论跨国犯罪的联合侦查》，载《江西警察学院学报》2012年第1期。

的情况下所使用的手段",[1] 包括非法移民遣返、异地追诉和劝返等[2] 同时，在境外追逃中应注意运用量刑承诺制度这一保障境外追逃顺利进行的关键性措施。[3]

二、新型网络犯罪对传统罪名的冲击——以破坏生产经营罪为例

（一）破坏生产经营罪的立法演变及其引发的法益之争

1. 从"集体生产"到"生产经营"的演变

现行刑法（以下简称"97 刑法"）第 276 条规定的破坏生产经营罪[4]，来源于 1979 年刑法（以下简称"79 刑法"）第 125 条规定的破坏集体生产罪[5]，从罪名可以看出两者的重要区别：前者是保护集体生产，后者是保护生产经营。从文义理解来看，显然，生产经营的范围要大于集体生产。

随着改革开放的深入，我国以公有制为主体、多种所有制并存的经济体制得以确立，这使得大量外企、私企等如雨后春笋般地涌现出来。如何实现对传统的工农业生产之外的外企、私企等的生产以及第三产业的保护，成为立法面临的问题。一方面，"集体"限定了保护对象的性质范围，另一方面，"生产"限定了保护的产业范围。由此，在 1997 年修订刑法时，"集体生产"被修改为"生产经营"。生产经营，包括生产和经营，并非有的人所理解的生产性经营[6]。可以说，97 刑法关于破坏生产经营罪的规定契合了我国经济体制改革的发展，有利于实现对多种所有制的全面保护，并在我国从工农业生产为主导到农业、工业、第三产业全面发展的社会背景下，实现保护范围由生产领域到生产和经营领域的扩展。

2. 立法演变引发的法益之争

从罪名归属来看，破坏集体生产罪规定于 79 刑法的破坏社会主义经济秩序

---

[1] 黄风：《引渡问题研究》，中国政法大学出版社 2006 年版，第 119 页。

[2] 参见张磊：《境外追逃中的引渡替代措施及其适用——以杨秀珠案为切入点》，载《法学评论》2017 年第 2 期。

[3] 国际刑事司法合作中的量刑承诺制度，是指为了推动引渡、非法移民遣返等刑事司法合作的顺利开展，请求引渡或者遣返国向被请求引渡、遣返国作出的关于对被请求引渡、遣返人在回国受审后予以减轻处罚的承诺的制度，其中最为突出的就是不判处死刑或不执行死刑的承诺。参见张磊：《境外追逃中的量刑承诺制度研究》，载《中国法学》2017 年第 1 期。

[4] 《刑法》第 276 条规定："由于泄愤报复或者其他个人目的，毁坏机器设备、残害耕畜或者以其他方法破坏生产经营的，处 3 年以下有期徒刑、拘役或者管制；情节严重的，处 3 年以上 7 年以下有期徒刑。"

[5] 1979 年《刑法》第 125 条规定："由于泄愤报复或者其他个人目的，毁坏机器设备、残害耕畜或者以其他方法破坏集体生产的，处 2 年以下有期徒刑或者拘役；情节严重的，处 2 年以上 7 年以下有期徒刑。"

[6] 参见王守俊：《破坏生产经营罪若干问题探析》，载《法制与社会》2009 年第 8 期。

罪一章中，到了 97 刑法，破坏生产经营罪由原来的破坏社会主义经济秩序罪（新刑法改名为破坏社会主义市场经济秩序罪）一章调整到侵犯财产罪中，关于破坏生产经营罪保护法益的争议遂由此而生。因为原有的破坏集体生产罪在破坏社会主义经济秩序罪一章中，所以有学者认为破坏生产经营罪的客体是生产经营秩序[1]，还有的学者结合 79 刑法破坏集体生产罪在破坏社会主义经济秩序罪中及至 97 刑法破坏生产经营罪在侵犯财产罪中的立法变迁，认为该罪侵害的法益是双重的，既包括生产经营秩序，也包括公私财产所有权。[2]

我们认为，破坏生产经营罪和故意毁坏财物罪存在一定的法条竞合关系，比如破坏正在使用的生产工具等行为，但该罪的行为方式不仅限于破坏生产工具，相较于通过毁坏生产工具等间接破坏生产经营的行为而言，切断电源、偷换设计图纸、毁坏青苗等直接阻挠、破坏、扰乱生产经营的行为，同样具有可罚性，有时甚至后果更严重，更值得处罚。所以，我们认为破坏生产经营罪的保护法益是正常的生产经营利益，既包括现实生产经营资料本身价值，也包括可期待的财产性利益。生产是创造有形财富的过程，经营实际是产品、服务等实现交换价值的过程。因此，关于侵害法益的具体衡量，亦即侵害损失的认定应当比照正常生产经营下的可得利益进行计算。

（二）网络时代的破坏生产经营罪分析

1. 网络时代"生产经营"的拓展

网络时代的一个重要标志和体现是"互联网＋"的应用与发展。"互联网＋"一般是指互联网与传统商业行业等相融合的一种新业态、新形态的知识社会经济创新趋势[3]。它实际强调了互联网与传统行业的融合与升华，进而促进社会经济的快速发展，如经济由线下转到线上，经营由实体扩展到网络。"互联网＋"不只是将网络作为经营销售的一种技术手段，而是形成了不同于现实的网络空间。这样，生产经营行为就自然扩展到了网络空间。商业商品信息的传播方式会由传统的电视、报纸、传单、广告等传播途径转变为自动机网络传播、通过网页展示商品的真实信息，包括销量、配件、配送方式、款式、性能等，而电商平台也正是基于消费者的选择对店铺、商品进行排列，成交量高的、信誉好的就排在前面。所以，实际上销量、信誉、排名等网络影响力已成为网络空间中进行生产经营的重要要素。

2. 网络时代破坏生产经营罪的适用

随着生产经营由现实向网络空间的扩展，利用网络实施破坏生产经营以及在

---

〔1〕 参见苏惠渔主编：《刑法学（修订版）》，中国政法大学出版社 1997 年版，第 675 页。

〔2〕 参见樊凤林等主编：《中国新刑法理论研究》，人民法院出版社 1997 年版，第 695 页。

〔3〕 参见阿东：《"互联网＋"将改变什么》，载《现代商业》2015 年第 16 期。

网络空间中破坏生产经营的犯罪行为也尾随而至。

第一，网络中破坏生产经营的行为不像现实中的剧烈动作表现，几次鼠标的点击、键盘的敲击行为就完成了。正如有学者所言，行为人采用浏览器劫持、阻塞式攻击或者其他网络攻击等方式使他人无法访问网络界面的，其效果相当于阻止了顾客进入商业店铺，自然应认定为破坏生产经营行为。[1] 在淘宝平台上，短时间大量购买对手服务并进行好评（即为反向刷单和恶意好评），"欺骗"监管者，致使被害单位搜索排名降低，网络影响力下降，进而导致了被害单位的经营损失，也会认定为破坏生产经营行为。

第二，关于损失问题。根据 2008 年最高人民检察院、公安部《关于公安机关管辖的刑事案件立案追诉标准的规定（一）》，造成公私财物损失五千元以上的应予立案追诉。通过破坏工具等进行破坏生产经营的，应当将工具毁坏等现实损失和可得利益损失共同认定为犯罪造成的损失；而直接破坏生产经营的，则应当直接将可得利益损失认定为犯罪后果，破坏生产，如直接毁坏青苗，则应当比照正常情况下的该季作物产量、产值计算损失[2]；破坏经营如阻挠销售，损失的认定不应当以营业额来认定，而应当除去成本，以利润来认定。

第三，是关于因果关系问题。互联网的大数据时代，通过海量分析，充分发掘数据之间、事件之间、事物之间的关联，从而得出分析结论，相关关系比因果关系更重要。[3] 在现实社会和网络空间中几乎不存在纯粹的一因一果，分析因果关系都是在理论基础上界定行为和结果的关联关系。在此不仅需要剔除旁枝末节，更需要进行介入因素的考量。

（三）网络时代刑法解释的立场

人类进入网络时代，一方面生产方式、生活方式和信息传播方式发生巨大变化，另一方面网络犯罪如影随形，一些传统犯罪也出现了网络犯罪化的情形。刑法中很多罪名经过合理的解释，是可以应对网络时代的挑战的。我们认为，在网络时代对于刑法兜底条款（规定）的解释应当实现对同类解释规则的扬弃，即实行同质解释，申言之，在逻辑上考察列举事项，在解释依据上探索行为实质限定。如破坏生产经营罪中在对"其他方法"进行解释时需要坚持同类解释规则，但同时应考虑"破坏生产经营"的行为实质含义。毁坏生产工具之于破坏生产经营是一种间接的行为，而釜底抽薪式的破坏生产经营可能危害性更大，所以同

---

[1] 参见李怀胜：《"恶意好评"引发的刑法问题及其思索》，载《中国检察官》2015 年第 3 期。

[2] 具体可参照征地青苗补偿标准的相关规定，在征用前土地上生长有的青苗，因征地施工而被毁坏的，应由用地单位按照在田作物以及产量、产值计算，给予补偿，具体补偿标准，应根据当地实际情况而定。

[3] 参见陈特、吴皓月：《互联网对当今社会的影响》，载《电子技术与软件工程》2014 年第 16 期。

类解释的扬弃并不是只从形式上分析，而是要透过现象看本质。司法者应当发挥能动性合理解释破坏生产经营罪，让制定于过去的法条发出现代光芒，既打击农业时代的破坏生产的行为，又惩治网络时代的妨害经营的行为。[1] 刑法解释的意义正是不断拉近成于过去的法条与现于当今的行为之间的距离，让立法生于过往，合于时代。

三、帮助行为正犯化的网络语境

（一）网络帮助行为正犯化的独立研究价值

关于"帮助行为正犯化"这一表述，学界有着若干近似的称谓。例如，有学者称其为"帮助行为在立法上的构成要件化"；[2] 也有学者称其为"拟制正犯"[3]"拟制实行犯"；[4] 还有的使用泛称"共犯行为的正犯化"[5]"共犯的正犯化"，分别涵括了帮助行为的正犯化和帮助犯的正犯化。[6] 依据对帮助行为作出正犯化规定的主体不同，可以分为两个层面对帮助行为正犯化加以理解：其一，司法解释层面的帮助行为正犯化，也称作帮助行为的司法正犯化，可将其视为司法上的犯罪化；其二，立法层面的帮助行为正犯化，也称作帮助行为的立法正犯化，可将其视为立法上的犯罪化。

网络语境下的帮助行为正犯化，大体可以理解为，在司法层面，通过司法解释将部分网络犯罪帮助行为直接以它所帮助罪名的实行行为追究刑事责任；在立法层面，直接将特定的网络犯罪帮助行为规定为新的罪名。[7] 网络语境下的帮助行为与传统语境下的帮助行为相比，明显存在一些不同的特征。

以"双层社会"为区分向度，在现实空间为违法犯罪活动提供帮助的行为，除刑法分则及司法解释有专门规定的，对其运用传统共犯理论进行共犯归责，没有什么障碍；而在网络空间，为违法犯罪行为提供帮助的行为，以技术性帮助为主，此种技术性与网络犯罪行为的链条化、网络服务提供者的平台化以及"一对多"的"辐辏型"犯罪模式等特性相融合，形塑了网络犯罪帮助行为较之传统犯罪帮助行为的全面异化。"异化"突出体现为：网络帮助行为社会危害性的强化、与正犯之间犯意联络的虚化、双重帮助故意标准的弱化以及"无正犯的共

〔1〕 参见高艳东：《合理解释破坏生产经营罪以惩治批量恶意注册》，载《人民法院报》2015 年 11 月 18 日。

〔2〕 参见蔡桂生：《论帮助犯的要件及其归属》，载《北大法律评论》2015 年第 2 期。

〔3〕 参见周光权：《刑法客观主义与方法论》，法律出版社 2013 年版，第 92 页。

〔4〕 参见周光权：《转型时期刑法立法的思路与方法》，载《中国社会科学》2016 年第 3 期。

〔5〕 参见于志刚：《传统犯罪的网络异化研究》，中国检察出版社 2010 年版，第 373 页。

〔6〕 所谓共犯的正犯化，包括教唆犯的正犯化与帮助犯的正犯化。参见张明楷：《论帮助信息网络犯罪活动罪》，载《政治与法律》2016 年第 2 期。

〔7〕 参见于志刚：《网络空间中犯罪帮助行为的制裁体系与完善思路》，载《中国法学》2016 年第 2 期。

犯"情形的泛化等。此种"异化"的张力使得原本处于从属地位和帮助地位的帮助行为带来了社会危害性的网络聚焦性和网络扩散性，致使帮助行为在网络犯罪中的作用甚至超过实行行为，网络帮助行为代替实行行为已经占据了共同犯罪的中心位置。另外，基于以下两个原因，相关案件在侦查取证上也存在很大的困难，主犯很难查清：其一，网络犯罪链条的精细化分工，上、下游违法犯罪行为人之间往往互不相识且时常不需要犯意联络；其二，接受帮助的人系不特定多数，且被帮助的行为常常仅属于一般违法行为而不构成犯罪。帮助行为作为一个独立的行为链条，已展现出跳脱共同犯罪模式的独立化特性，对其进行刑事规制的司法实践表明，适用传统共犯理论以及现有规范体系，难以对网络帮助行为在犯罪中所呈现的全新异化作出应有的评价，或无法入罪导致放纵具有严重社会危害性的行为，或量刑畸轻导致罪刑失衡。为解决针对网络帮助行为的归责困境，我国立法机关和司法机关推动确立了帮助行为正犯化的归责模式，这一全新的归责模式，必将对传统的归责模式以及相关刑法学理论产生重要影响。

（二）网络帮助行为正犯化的规范梳理与评析

1. 司法解释层面

我国从司法解释层面明确对网络帮助行为直接按照实行行为进行定罪处罚规定的典型例子是，2010 年 2 月最高人民法院、最高人民检察院颁布的《关于办理利用互联网、移动通讯终端、声讯台制作、复制、出版、贩卖、传播淫秽电子信息刑事案件具体应用法律若干问题的解释（二）》（以下简称《淫秽电子信息解释（二）》）中的第 3 条至第 6 条[1]。

此外，针对最高人民法院、最高人民检察院、公安部于 2010 年 8 月发布的《关于办理网络赌博犯罪案件适用法律若干问题的意见》（以下简称《赌博案件

---

〔1〕《淫秽电子信息解释（二）》第 3 条：利用互联网建立主要用于传播淫秽电子信息的群组，成员达三十人以上或者造成严重后果的，对建立者、管理者和主要传播者，依照《刑法》第 364 条第 1 款的规定，以传播淫秽物品罪定罪处罚；第 4 条：以牟利为目的，网站建立者、直接负责的管理者明知他人制作、复制、出版、贩卖、传播的是淫秽电子信息，允许或者放任他人在自己所有、管理的网站或者网页上发布，具有下列情形之一的，依照《刑法》第 363 条第 1 款的规定，以传播淫秽物品牟利罪定罪处罚……；第 5 条：网站建立者、直接负责的管理者明知他人制作、复制、出版、贩卖、传播的是淫秽电子信息，允许或者放任他人在自己所有、管理的网站或者网页上发布，具有下列情形之一的，依照《刑法》第 364 条第 1 款的规定，以传播淫秽物品罪定罪处罚……；第 6 条：电信业务经营者、互联网信息服务提供者明知是淫秽网站，为其提供互联网接入、服务器托管、网络存储空间、通讯传输通道、代收费等服务，并收取服务费，具有下列情形之一的，对直接负责的主管人员和其他直接责任人员，依照《刑法》第 363 条第 1 款的规定，以传播淫秽物品牟利罪定罪处罚。

意见》）第 2 条〔1〕、最高人民法院和最高人民检察院于 2011 年 8 月联合发布的《关于办理危害计算机信息系统安全刑事案件应用法律若干问题的解释》（以下简称《计算机案件解释》）第 9 条〔2〕，有学者指出也可以将其定性为是实质上的帮助行为正犯化。

针对网络帮助行为进行的司法正犯化，涉及的罪名十分有限，目前仅集中体现在《淫秽电子信息解释（二）》之中。但不管怎样，如此创制司法解释，不仅有僭越罪刑法定原则之嫌，而且在司法实践的适用过程中，还容易出现定罪上的不可避免的困惑。主要原因在于司法上的帮助行为正犯化，一般都要通过对帮助行为规定独立的定量标准才能加以实现，而当提供帮助的行为不符合这一定量标准而按照共犯理论成立正犯的帮助犯时，评价的结果就难免陷入冲突。不过，应当承认，这一模式在司法层面的"试运行"，为网络帮助行为在立法上的正犯化提供了实践基础。

2. 立法层面

针对特定的网络帮助行为于刑法分则确立独立罪名单独予以规制的立法策略，标准的规范表达至少有两个：一是《刑法修正案（七）》新增设的《刑法》第 285 条第 3 款，即提供侵入、非法控制计算机信息系统程序、工具罪；二是《刑法修正案（九）》新增设的《刑法》第 287 条之二，即帮助信息网络犯罪活动罪。

（三）网络帮助行为正犯化与犯罪参与理论

网络语境下帮助行为正犯化这一归责模式的确立与应用，与犯罪参与理论具有密切的关联。这方面，也存在一些理论纠结。

1. 对作为网络帮助行为正犯化理论支撑的实质客观说的疑问

探源网络帮助行为正犯化的理论支撑，正犯与共犯的区分理论是不容忽视的问题。因应帮助行为在网络犯罪中呈现出的"主犯化"与"独立化"特点，适用传统共犯理论对网络帮助行为的严重社会危害性以及较高的行为独立性，显现了归责上的乏力。帮助行为正犯化这一归责模式在网络犯罪规范体系中的确立，很大程度上回应了对网络帮助行为实现"主犯化""独立化"归责的现实需求，

---

〔1〕《赌博案件意见》第 2 条：明知是赌博网站，而为其提供下列服务或者帮助的，属于开设赌场罪的共同犯罪，依照《刑法》第 303 条第 2 款的规定处罚……。

〔2〕《计算机案件解释》第 9 条第 1 款：明知他人实施《刑法》第 285 条、第 286 条规定的行为，具有下列情形之一的，应当认定为共同犯罪，依照《刑法》第 285 条、第 286 条的规定处罚：①为其提供用于破坏计算机信息系统功能、数据或者应用程序的程序、工具，违法所得五千元以上或者提供十人次以上的；②为其提供互联网接入、服务器托管、网络存储空间、通讯传输通道、费用结算、交易服务、广告服务、技术培训、技术支持等帮助，违法所得五千元以上的；③通过委托推广软件、投放广告等方式向其提供资金五千元以上的。

也显现了主犯与正犯、从犯与帮助犯等置对待的问题。

正犯与共犯的区分标准繁多，其中，实质客观说是为了克服形式客观说的不足而产生的，是德国、日本等国家的主流学说。犯罪事实支配理论盛行于德国，重要作用说则是日本的有力学说。实质客观说的理论内核，侧重对构成要件实行行为从价值规范的角度予以考察，从各参与人对犯罪完成所起的作用之大小的视角来区分正犯与共犯，即在共同犯罪中起支配力或者重要作用的人是正犯。[1]这就使得同一情形，在形式客观说之下，形式上不符合构成要件但是对犯罪起重要作用的行为人，依据共犯从属性，仅成立帮助犯，并依照正犯减等处罚；而依据实质客观说即可将起重要作用的人纳入正犯，依照正犯处罚也就实现了罪刑均衡。

实质客观说在德、日单层区分制下获得生命力的本质原因，与其单层区分制自身的结构息息相关。具体而言，德、日刑法类型化地规定了正犯、教唆犯和帮助犯，并以正犯为定罪和确定量刑的中心，对参与人类型与参与程度的规范评价，在单一层次一体解决。申言之，正犯、教唆犯和帮助犯的违法性呈现出依次递减的特征，正犯征表着更重的违法性及其刑罚，而帮助犯则意味着较轻的违法性及其刑罚。

而我国共犯立法体系从解释论而言，可以归结为，是对参与人类型与参与程度实行双层次操作的区分制。首先，在第一个层次上，按照分工分类法，在构成要件的层面将共犯人划分为正犯、组织犯、教唆犯和帮助犯，用以解决共犯人的分工定性及其间的关系问题；其次，在分工分类的基础上，按照作用分类法进一步将共犯人进行主、从犯的划分，并明定其处罚原则，用以解决共犯人的量刑问题。[2]本文所持立场为不同于德、日单层次的区分制，系具有中国特色的双层区分制。

由于德、日单层区分制体系自身结构的特点，决定了正犯承载着定罪功能的同时，也承载了量刑的功能，因而对犯罪的支配、重要作用等实质贡献的积极评价，就成为一种必然，并逐渐内化于正犯的概念。而在我国双层区分制下，正犯则仅具有唯一的功能，即确定行为类型的功能。因而，德、日正犯概念的实质化发展，在某种程度上而言，已趋同于我国刑法的主犯概念。

实践当中，在网络犯罪中起重要作用的帮助行为，不成立犯罪或按从犯处罚的情形十分普遍。我国治理网络犯罪的重心之一，就是对网络犯罪的帮助行为能够给予有效的规制。而实质客观说，恰好为主犯与正犯之间的等置提供了土壤。

---

〔1〕 参见刘艳红：《实质刑法的体系化思考》，载《法学评论》2014年第4期。

〔2〕 钱叶六：《双层区分制下正犯与共犯的区分》，载《法学研究》2012年第1期。

在形式客观说的立场之下，正犯与实行行为具有对应性，正犯与实行犯等置。而在实质客观说的主导之下，仅关注行为人对实现犯罪的贡献大小，正犯与共犯的区分，彻底混淆了构成要件的观念，正犯与实行犯的等置性荡然无存，实行行为的定型性也无法得到保障。因而，实质客观说较之形式客观说存在将"帮助行为正犯化"的现象。[1]

譬如，有学者曾指出，"随着网络犯罪的不断异化与演变，对于利用网络实施的形式上具有共犯性的'技术帮助行为'已经逐渐摆脱主犯行为，成为实质上的主行为，网络犯罪中传统犯罪的主次分工已经发生全面的异化。有鉴于此，对于网络空间中实质上具备独立性的技术帮助行为，已经无法再沿袭传统的共犯理论对此类行为进行规制，而应当直接将其解释为正犯行为。"[2] 我们认为，论者提到的这一论断，即蕴含了实质客观说的因子，将主犯行为与正犯行为等置、主犯与正犯等置。而恰恰就是在这样的实质客观说的立场下，容易创制出帮助行为正犯化的归责模式。

对特定的网络帮助行为确立正犯化的归责模式，其正当性遭到了一些学者的质疑："将某种共犯行为径行以某罪的实行犯入罪的所谓'共犯行为正犯化'思维路径是对基本理论立场的背叛，'共犯行为正犯化'这样的说辞除了将正犯、共犯混淆、徒增理论混乱度之外，并无任何实益。"[3] 即便在刑法条文中最终确定这一情形，也只是解决了其形式合法性的问题。[4] 司法解释或立法"将某种共犯行为径行以某罪的实行犯入罪"的驱动力，即是对实质正犯概念包容性与解释力的积极追求。如此一来，对正犯的判断与实行行为已经不再具有对应性，也就从反面否定了实行行为所具有的区分正犯与共犯的定型性的意义。倘若对我国犯罪参与体系作双层区分制的考量，即在第一层次先解决定罪问题，在第二层次解决量刑问题，那么，诉诸实质客观说方能解决的罪刑均衡，本就可以在双层区分制体系之内化解。因而，有些帮助行为正犯化的立法似乎本就没有必要。

审视帮助行为正犯化这一归责模式，有学者指出了一些无法避免的内在弊端。譬如，规范体系解释论上的不尽协调、网络犯罪阈限的不当延展以及共犯参与类型界限的不甚清晰等。而这些弊端均源自于对实质正犯概念的本土化误用。[5] 对此，我们深以为然，之所以可以归结为是对实质正犯概念的一种"误

〔1〕 参见阎二鹏：《共犯行为正犯化及其反思》，载《国家检察官学院学报》2013 年第 3 期。

〔2〕 于冲：《网络犯罪司法解释的现状考察与未来路径》，载《刑法论丛》2015 年第 2 期。

〔3〕 阎二鹏：《共犯行为正犯化及其反思》，载《国家检察官学院学报》2013 年第 3 期。

〔4〕 阎二鹏：《法教义学视角下帮助行为正犯化的省思——以〈中华人民共和国刑法修正案（九）〉为视角》，载《社会科学辑刊》2016 年第 4 期。

〔5〕 参见王霖：《网络犯罪参与行为刑事责任模式的教义学塑造——共犯归责模式的回归》，载《政治与法律》2016 年第 9 期。

用"，究其根本原因是对我国双层区分制参与体系（参与类型与参与程度分属两个不同层次）的一种无视与偏离，是对德、日单层区分制参与体系（参与类型与参与程度统合在一个层面）的全盘接受与全面应用。依据我国双层区分制参与体系，在第一个层次依据分工分类标准评价为帮助行为，并不必然评价为从犯，在第二个层次，依作用分类标准即可实现量刑的功能。

应对网络帮助行为"主犯化""独立化"的发展趋势，应立基于我国双层区分制参与体系，坚持以实行行为说作为区分正犯与共犯的标准。在德、日单层区分制体系中，因为正犯概念同时承载了定罪与量刑的双重功能，因而，实质客观说有其存在的根基及合理性。基于化解网络犯罪参与行为定罪与量刑匹配失衡这一"假性问题"而建构的帮助行为正犯化归责模式，与我国双层区分制不合[1]。不能一味地追求罪刑均衡，而无视我国与德、日刑法赋予正犯功能的本质差异，也不能将德、日单层区分制下的正犯概念等置我国双层区分制下的主犯概念。

我们认为，在我国唯有采形式的客观说（实行行为说）才能维持我国双层区分制的"双层"结构体系的纯粹性与作为构成要件的实行行为的定型性。而实质客观说与我国的双层区分制体系相抵牾，不宜采纳。

因此，一方面，我们承认现有立法和司法对网络犯罪回应的现实必要性，另一方面，如何使之与我国刑法总则关于共同犯罪的规定及其背后的理念相一致，甚或作出其他更有说服力的理论解读，还是当前刑法理论界的一个未竟任务。

2. 两大犯罪参与体系视角下的网络帮助行为正犯化

（1）单一制参与体系。以《丹麦刑法典》和《奥地利刑法典》等为代表的单一制参与体系，不区分正犯与共犯（教唆犯与帮助犯），所有犯罪参与者均为正犯，至于各正犯对于犯罪结果的贡献，则属于量刑的范畴（即形式的单一正犯体系）；或者虽然基于法治国明确性的要求而区分正犯与共犯的类型，但各正犯在不法的价值上相同，且原则上应受等同处罚（即功能性单一正犯体系）[2]。

单一制参与体系的显著特点是，不区分参与形式，也不以参与形式确定处罚的轻重。我国关于共同犯罪立法的体例是以主犯为核心，参与的形式对于行为人的处罚不具有决定性的作用，在某种程度上而言，与单一制参与体系具有一定的亲融性。也正由于此，该体系于晚近受到国内一些学者的青睐与提倡[3]。随着

---

[1] 参见王霖：《网络犯罪参与行为刑事责任模式的教义学塑造——共犯归责模式的回归》，载《政治与法律》2016年第9期。

[2] 参见江溯：《犯罪参与的两重性》，载《中国刑事法杂志》2011年第6期。

[3] 比如，阮齐林教授、刘明祥教授、江溯教授等。参见阮齐林：《刑法学》（第3版），中国政法大学出版社2011年版，第168–169页；刘明祥：《论中国特色的犯罪参与体系》，载《中国法学》2013年第6期；江溯：《犯罪参与体系研究——以单一正犯体系为视角》，中国人民公安大学出版社2010年版，第242–257页。

单一制参与体系研究的不断深入，已经打破了传统区分制作为"物本逻辑"以及对其的"路径依赖"。不论是从共犯立法归属定位还是关涉犯罪参与问题的理论争鸣，单一制的作用也不可忽视。譬如，关于网络帮助行为正犯化这一归责模式，讨论中就涉及其与单一制参与体系的问题。

主张我国关于共犯的立法更接近于单一制体系的学者指出，之所以有"帮助行为正犯化"的现象，其理论前提系采"区分共犯制"，而在单一制参与体系的框架下，缺乏"帮助行为正犯化"的法定基础。对于《刑法》第287条之二帮助信息网络犯罪活动罪，论者主张将其理解为"从犯主犯化"更为合宜，因为这样的立法脉动仅意味着原来属于从犯的帮助行为在共同犯罪中的作用受到刑法更为严重的否定评价和处罚，虽冠以独立的罪名，是一般预防的体现，但难说已经彻底逃出共同犯罪的归责模式。[1]

另有学者指出，即便通过刑法分则创设网络帮助行为正犯化的独立罪名，但仍然未跳出共犯从属性的理论桎梏。一方面，共犯从属性理论的现实性滞后，譬如帮助信息网络犯罪活动罪，当正犯行为不构成犯罪的情况下，不能将帮助犯以此罪定罪，但这恰恰无力解决网络犯罪的共犯罪责倒挂问题；另一方面，共犯从属性理论的体系性脱逸，理论发展的总体趋势是正犯与共犯的"连结点"要素逐渐减少，朝着共犯独立性说的向度发展。论者主张必须松动甚至舍弃传统"共犯从属性说"对司法裁量的束缚，进而主张采用共犯独立性说，将共犯的可罚性与正犯作完全的切割，甚至承认，从某种意义上而言，正犯与共犯再无区分之必要，二者的违法性与有责性均独立判断，易言之，以单一制参与体系代替了区分制参与体系。[2]

上述两类观点虽然均指向了单一制参与体系，但是不同之处在于，前者立基于我国刑法共犯立法体例，从实然出发，对我国犯罪参与体系的归属问题加以定性，并在此基础之上去理解所谓的"帮助行为正犯化"的立法现象；而后者是着眼于刑法分则进行帮助行为正犯化规定的立法弊端，在寻求解决对策的过程中，诉诸彻底舍弃共犯从属性说，转而采用共犯独立性说，进而得出了走向单一制参与体系的结论。相较而言，我们更倾向于赞同第一种观点的分析路径。尽管我们主张，若采行单一制参与体系，对特定犯罪的帮助行为进行正犯化的立法确认，并无太多实益。因为从单一制参与体系的视角来看，犯罪成立的构成要件涵摄了以帮助的参与形式实现的情形，至于对帮助行为作用大小的量刑考量，正是

---

[1] 参见张勇：《帮助信息网络犯罪活动罪的"从犯主犯化"及共犯责任》，载《数据、个人权益与网络犯罪——2016互联网刑事法制高峰论坛会议文集》，2016年印行。

[2] 参见陈文昊、郭自力：《刑事立法帮助行为正犯化进程中的共犯独立性提倡——从共犯从属性的理论症结谈起》，载《广东行政学院学报》2017年第1期。

单一制的制度优势所在。而第二种观点难免有"在此犯罪参与议题中跳离立法（'窜臼'）"[1]之嫌。在单一制参与体系之下，各参与者均是根据自己的不法和罪责承担责任，根本就不存在所谓的共犯从属性或共犯独立性。所谓的共犯从属性或者共犯独立性，是在区分制参与体系的语境下才有研究意义的问题。[2] 据此理解，论者提到的采纳共犯独立性说，其是否就与单一制体系具有对应性也是一个问题。

（2）区分制参与体系。区分制参与体系是指在法律条文之中，不仅就犯罪之成立，于概念上区别"正犯"和"共犯"（教唆犯与帮助犯），于刑罚评价上亦对两者加以区分之体系。[3] 区分制的典型立法例是《德国刑法典》。

肯定我国刑法采用了双重分类法的学者在解释论上一般都支持区分制参与体系，尽管我国多数学者未就此表明立场，但多数学者在著书立说时都是直接基于区分制的立场，采用区分制的概念和学说构筑相关的理论体系。[4] 正犯与共犯相区分的二元参与体系为帮助行为正犯化的立法策略奠定了基础；反观之，帮助行为正犯化的立法表现体现了正犯与共犯相区分的二元参与体系立场。

在区分制参与体系的视角下，对共同犯罪成立要件的不同理解，使得对网络帮助行为正犯化处罚必要性的回答也有所不同。张明楷教授以帮助信息网络犯罪活动罪为例，主张该罪名的增设是以传统的共同犯罪理论为前提，若将共同犯罪作违法形态加以理解，以不法为重心、以正犯为中心、以因果性为核心作为认定共同犯罪的立场，帮助信息网络犯罪活动罪则没有增设的必要。[5]

不少论者都主张，在传统的共犯理论无法有效应对以下四个方面的归责问题时，需要对特定的网络帮助行为进行正犯化的归责：其一，主犯不到案，难以追究帮助犯的刑事责任；其二，共同犯罪故意难以查明，对帮助者难以按照共犯处理；其三，按共犯处理，难以体现网络帮助的独立危害性，不再适合以"从犯"来评价帮助行为；其四，被帮助的行为并不必然成立犯罪，网络帮助行为已具有独立化的倾向。[6] 这其中涉及了对采纳何种要素从属性，是否承认违法的相对

---

〔1〕 许泽天：《主行为故意对共犯从属的意义》，载《海峡两岸暨第八届内地中青年刑法学者高级论坛论文集》，2012 年印行。

〔2〕 参见江溯：《犯罪参与体系研究——以单一正犯体系为视角》，中国人民公安大学出版社 2010 年版，第 296 页。

〔3〕 参见陈子平：《刑法总论》，中国人民大学出版社 2009 年版，第 309 页。

〔4〕 参见钱叶六：《共犯论的基础及其展开》，中国政法大学出版社 2014 年版，第 14 页。

〔5〕 参见张明楷：《刑法学》，法律出版社 2016 年版，第 1052 页。

〔6〕 参见黄太云：《刑法修正案解读全编——根据〈刑法修正案（九）〉全新阐释》，人民法院出版社 2015 年版，第 83 - 84 页；于志刚：《传统犯罪的网络异化研究》，中国检察出版社 2010 年版，第 382 - 388 页；于冲：《网络犯罪司法解释的现状考察与未来路径》，载《刑法论丛》2015 年第 2 卷，第 201 页；于冲：《网络刑法的体系构建》，中国法制出版社 2016 年版，第 154 - 155 页。

性，以及持犯罪共同说抑或行为共同说等具体问题的理解。

关于共犯从属性的理解，有学者曾指出，"将网络空间中危害严重的帮助行为入罪化，通过'共犯行为的正犯化'方式，将其设定为独立的新罪，使帮助行为摆脱对于被帮助者所实施犯罪的依附作用，应当成为刑事立法应对网络共同犯罪现实挑战的最佳回应方式。"[1] 对此，我们主张，对特定网络帮助行为的归责，未必一定要脱逸共同犯罪的框架而进行正犯化的归责。其中一部分帮助行为完全可以透过限制从属性说或者最小从属性说而脱困，当然，这还要与采纳何种要素从属性作为一贯的学术立场而息息相关。此外，将帮助行为保留在共犯的框架下处理，对于危害国家安全罪、毒品犯罪等提供帮助的行为，不仅能够充分体现其犯罪性质，并且能够和后续的累犯、毒品再犯等量刑制度的适用相匹配。[2]

此外，在区分制参与体系的背景下，讨论网络犯罪帮助行为的正犯化，还有很多空间和话题，如有学者提倡用行为共同说和最小从属性说来改造对网络犯罪帮助行为的归责模式，[3] 亦有主张用共犯独立性说来阐释的。[4] 再如，以网络中立帮助行为为视角，探讨网络帮助行为正犯化的刑罚边界等。[5] 囿于篇幅，此处不再展开。

（四）余论

对特定的网络帮助行为予以正犯化，本是为有效惩治网络犯罪而作出的立法回应，但这一立法模式是否与我国刑法总则关于共同犯罪的规定相兼容，甚至从刑法教义学上来讲是否科学，目前都引起了理论界的积极讨论。以《刑法修正案（九）》增设的帮助信息网络犯罪活动罪为例，在高铭暄教授看来，帮助信息网络犯罪活动情节严重的行为予以入罪，这无疑属于刑法立法创新。[6] 周光权教授指出，帮助信息网络犯罪活动罪将帮助行为正犯化，这会使刑法介入的时点提前，或者保护的法益还很抽象、难以具体把握。该罪将部分属于中立行为的情形规定为犯罪，在立法上处罚网络中立行为是否与刑法的最后手段性相抵触也是一

---

〔1〕 于志刚：《网络空间中犯罪帮助行为的制裁体系与完善思路》，载《中国法学》2016 年第 2 期。

〔2〕 参见于志刚：《网络空间中犯罪帮助行为的制裁体系与完善思路》，载《中国法学》2016 年第 2 期。

〔3〕 参见王霖：《网络犯罪参与行为刑事责任模式的教义学塑造——共犯归责模式的回归》，载《政治与法律》2016 年第 9 期。

〔4〕 参见陈文昊、郭自力：《刑事立法帮助行为正犯化进程中的共犯独立性提倡——从共犯从属性上的理论症结谈起》，载《广东行政学院学报》2017 年第 1 期。

〔5〕 关于网络中立帮助行为的讨论已成为学者高度关注的问题。参见刘艳红：《网络中立帮助行为可罚性的流变及批判——以德日的理论和实务为比较基准》，载《法学评论》2016 年第 5 期；涂龙科：《网络服务提供者的刑事责任模式及其关系辨析》，载《政治与法律》2016 年第 4 期；王华伟：《网络服务提供者的刑法责任比较研究》，载《环球法律评论》2016 年第 4 期。

〔6〕 参见高铭暄：《浅谈〈刑法修正案九〉的创新之点》，载《人民法治》2016 年第 1 期。

个问题。[1]

针对网络帮助行为的归责模式,正犯化是否是主要的归责策略,有学者指出,帮助信息网络犯罪活动罪虽为立法引入的正犯责任,但是作为兜底性罪名,其依然无法取代共犯责任的基础性作用。应以共犯责任为基础性责任,以正犯责任为补充性责任。[2] 更有学者呼吁,应将网络犯罪的帮助行为正犯化归责模式重返至共犯归责模式的轨道上来。[3] 我们认为,在积极回应司法实践需求的基础上,对于发生在网络空间的具有严重社会危害性的行为,若适用现有规范体系以及共犯理论仍具有归责障碍或者明显罪刑失衡的,当保护的法益具有明确性和类型性的,可以增设"极具涵摄力的构成要件",作为单独的罪名予以规制。除此,我们不主张高频地启用帮助行为正犯化的立法归责范式,更不用说司法解释了。其中,对于网络服务提供者中立业务行为的刑罚边界,需要给予格外地重视,要充分考虑到信息网络产业的良性发展以及社会存续进步的问题,[4] 在创新与安全之间谋求合比例的平衡。

即便网络犯罪高发,但是网络犯罪决不会强行要求将已经经受时间考验的刑法教义学工具弃置一旁。[5] 包括对网络犯罪帮助行为在内的刑法规制,应以"已经经受时间考验的(刑法)教义学工具"为重要的依托。对于网络犯罪的一些问题,立法及司法实践当中的很多困惑和障碍,有些情形未必是网络犯罪自身及其对传统刑法理论的冲击问题,而是我们对刑法理论乃至对法规范的理解与适用出现了某些偏差。对于刑法教义学相关的智识资源,我们期待在网络语境下也能够坚持与创新并重,在争鸣中形成更多的共识。

(本文课题组成员:杨学文,中国社会科学院法学研究所助理研究员;刘昭陵,中国社会科学院法学系研究生;金磊,中国社会科学院法学系研究生。)

---

[1] 参见周光权:《积极刑法立法观在中国的确立》,载《法学研究》2016 年第 4 期;周光权:《转型时期刑法立法的思路与方法》,载《中国社会科学》2016 年第 3 期。

[2] 参见于志刚:《网络空间中犯罪帮助行为的制裁体系与完善思路》,载《中国法学》2016 年第 2 期。

[3] 参见王霖:《网络犯罪参与行为刑事责任模式的教义学塑造——共犯归责模式的回归》,载《政治与法律》2016 年第 9 期。

[4] 参见车浩:《刑事立法的法教义学反思——基于〈刑法修正案(九)〉的分析》,载《法学》2015 年第 10 期。

[5] 参见〔德〕埃里克·希尔根多夫:《德国刑法学:从传统到现代》,江溯、黄笑岩等译,北京大学出版社 2015 年版,第 421 页。

国有企业集团治理创新发展的法治保障问题研究

白慧林*

党的十八大确定"全面深化国企改革"的目标后，2015 年 9 月，中共中央、国务院发布《关于深化国有企业改革的指导意见》；同年 11 月 4 日国务院发布《关于改革和完善国有资产管理体制的若干意见》；2017 年国务院办公厅又相继印发《关于进一步完善国有企业法人治理结构的指导意见》和《国务院国资委以管资本为主推进职能转变方案》。随着一系列政策文件的出台，国企改革路线越来越清晰。创新国有资产监督管理体制，完善多元化股权结构下的国有企业治理结构，建立现代企业制度等多项改革措施密集出台，对现行法律制度提出了结构性改革的要求，诸多创新性举措亟待制度上的保障。

如何配合国有资产监督管理机构职能的转变，重新构建国有股代表人制度，解决长期困扰国企的国有股权委托代理下的道德风险与内部人控制问题，如何构建多元化股权结构下股东"异质性"所致的权利冲突解决机制，建立对投资者更具吸引力又能有效发挥国有资产效率的公司控制权结构？如何构建集团管控法律规制，建立集团控制权行使的法律机制？如何在公司治理重心转移的情况下，构建公司机关的权力分配机制，解决创新制度与本土文化的合理融合问题？等等。本课题紧密围绕国有企业集团治理的创新发展，通过调研国有企业的改革实践，研究国内外相关立法、司法、政策及判例制度，以《公司法》理论创新与制度完善为视角，从国有股代表人制度建设、国有企业集团类别股份制度构建以及国有企业集团控制权穿越三方面入手，针对国有企业内部人控制现象严重、国有股减持下国有股控制权弱化问题以及集团控制权无法可依三个重要问题提出制度完善建议。在此基础上，围绕国有企业内部治理结构的创新之举，完善了现行《公司法》中公司机关的分权结构，提出了创新举措与本土规则恰当融合的法律建议。

---

* 课题主持人：白慧林，女，北京工商大学法学院副教授，博士。立项编号：BLS（2016）B014。结项等级：合格。

一、国有企业集团国有股代表人制度的构建

国有股权保护最大的问题就是"所有权主体虚位"问题。国有股权本质上为国家所有代表下的"全国人民"所有，但"全国人民"只能通过政府的委托代理实现其权利。从"国家——人民政府——国有资产监督管理机构——国有资本投资运营公司、产业集团母公司——国有独资、国有控股公司和国有参股公司"的层层委托代理，所有权主体对权利的控制已经淡化，事实上行使国有股权的是层层委托授权下的国有股代表人，国有股代表人成为国有股权的实际控制权人。

所谓国有股代表人就是指由国有股东推荐，经公司股东会选举或董事会聘任，代表国有股东行使国有股权的代表人。按照《企业国有资产法》第22条的规定，国有股代表人包括国有资产监督管理机构任免的国企董事、监事、经理、财务负责人、其他高级管理人员等。长期以来我国国有企业集团国有股代表人的任免权一直由出资人机构或由政府掌控，《公司法》规定的股东会、董事会机制流于形式，而对国有股代表人的公务员管理，又限制了信义义务以及民事责任制度的适用空间，导致实践中国企"内部人控制"和"一把手"专权现象普遍。建立国有股代表人制度，落实其选任程序、职责范围和民事法律责任，对解决国有企业集团面临的公司治理难题意义重大。

（一）对国有股代表人的任免

应当落实2015年中共中央、国务院发布的《关于深化国有企业改革的指导意见》提出的"要切实落实和维护董事会依法行使重大决策、选人用人、薪酬分配等权利"的精神和2017年国务院办公厅发布的《进一步完善国有企业法人治理结构的指导意见》中"经理依法由董事会聘任或解聘，接受董事会管理和监事会监督"的规定，删除《企业国有资产法》第22条第1款第3项的规定，恢复国企公司机关的职权。

（二）国有股代表人的派出机关

《企业国有资产法》第29条规定："本法第二十二条第一款第一项、第二项规定的企业管理者，国务院和地方人民政府规定由本级人民政府任免的，依照其规定。"但是全面深化国企改革的系列政策文件明确提出"广开推荐渠道"，"实行选任制、委任制、聘任制等不同选人用人方式"。考虑到董事的选用侧重于其管理能力与专业能力，监事的选用侧重于其独立性与忠诚度，而政府在选择管理者方面其具有市场局限性。在新的国有资产监管体制下，国资委职能转变为市场化主体，建议董事的任免、考核、薪酬管理权统一由国资委行使，而监事由国资委选任，但由政府负责考核与薪酬管理权。

（三）国有股代表人的信义义务

虽然股东代表与派出股东之间有委托代理关系，但是在公司法理论上，董事、监事和高级管理人员的信义义务应当是对公司的信义义务。当股东与公司的利益冲突时，首先应当付出公司的利益。《企业国有资产法》第26条规定了董事、监事、高级管理人员的信义义务，该义务包含两层含义，一是对企业的信义义务，二是对国有资产出资人的信义义务，要求"不得有损害国有资产出资人权益的行为"。我们认为，在多元化股权结构下，一票否决权、多倍表决权等新型表决权制度将赋予国有股代表人更大的权利，为确保国有股表决权行使的正当性，遏制其权力滥用损害出资人机构的合法权益，应当确认其对派出股东负有信义义务。

（四）国有股代表人的职责

国有独资公司的国有股代表人全部来自国有资产出资人机构或政府，所以其职责应当由法律明确规定，不宜由公司章程规定。所以，《公司法》第二章第四节"国有独资公司的特别规定"和《企业国有资产法》第四章"国家出资企业管理者的选择与考核"中应明确规定国有股代表人的职责范围、履职标准、追责体系和责任范围等，实现国有股代表人履职有法可依、违法必究。

（五）国有股代表人的行权程序

国有股代表人在行使决策和监督权时，应当"严格实行集体审议、独立表决、个人负责的决策制度，平等充分发表意见，一人一票表决"。董事会、监事会会议的召集程序与表决方式须严格遵守《公司法》及最高人民法院《关于适用〈中华人民共和国公司法〉若干问题的规定（四）（征求意见稿）》（以下简称《公司法司法解释四（征求意见稿）》）的规定，通过公司章程完善会议的召集、主持、提案、记录、计票、表决、会议记录和签字等程序。董事会会议召集程序和表决方式违反法律、行政法规或公司章程的，出资人机构有权向人民法院起诉请求撤销董事会决议，并将有关责任人记入考核不良记录。

（六）对国有股代表人的监督

应当实行内、外部监督的有机统一。内部监督主要是国有资产出资人机构的监督，监督的方式包括审批、汇报和考核。对应当审批、汇报的事项，国有股代表人有报批义务，及时报批或汇报，对拖延所造成的损失负个人责任，并记入考核不良记录。外部监督包括三个方面：一是人民代表大会的监督，二是社会监督，三是司法监督。首先，对人民代表关心的特定企业国有资产投资运营情况，国有资产出资人机构和企业负责人有义务接受人民代表大会的质询。其次，应将国有股代表人的履职行为纳入企业信用体系，接受社会的监督，将其受嘉奖的行为记入红名单，在考核、聘用、升职、薪酬提升等方面优先考虑，并通过信用平台大力推介，提升其作为职业经理人的信用等级；将其失信行为记入黑名单，限制其今后担任国有企业法定代表人、董事、监事、高级管理人员等；限制其参加融资授信、政府项目的招投标等民商事法律活动；限制其享受优惠政策或荣誉；限制其高消费行为、出境等。最后，外部监督离不开司法监督。建立国有资产出资人机构对违反信义义务、损害出资人机构合法权益的损害赔偿诉讼制度，并完善双重股东代表诉讼，赋予母公司股东代位诉权。

二、国有企业集团类别股份制度的构建

在目前的国有资产监管体制下，国有企业股权结构单一、国有股"一股独大"，普通股的单一表决权模式对其有适应性。但是在混合所有制改革后，国有企业面临国有股退出或减持，其他所有制性质股份进入与融合的问题，在垄断性商业类国企和公益类国企中，急需解决国有股减持与保持国有资本控制权的矛盾问题；而在竞争性商业类国企中，也需要创新股权类型以实现国有资本的保值增值目标。《公司法》以普通股为对象的单一股权结构立法模式已不再适应企业灵活应对公司治理结构变化的需求，建立类别股份制度，对《公司法》进行结构性改革势在必行。为配合我国国有企业集团国有股运行模式的转变和公司治理结构的调整，国有企业集团应当建立包括优先股、金股与超级表决权股的类别股份制度。

（一）优先股制度的完善

（1）对于优先股股东是否享有普通股表决权的问题，学界有不同看法，本文认为应当限制国有企业集团优先股的普通表决权，只有这样才能增强竞争性国企对其他非国有资本的吸引力，实现混合所有制改革的目标。

（2）关于优先股表决权的范围，主要包括两方面：一是与普通股权益无关的，仅仅关系优先股权益的事项；二是与两类股东权益均相关的事项。对于前者，优先股股东有当然的表决权，公司章程不能剥夺；对于后者，应当对优先股表决权的范围进行一定的限制。我国关于优先股的立法均属于行政立法，属于法律强制性规定。本文认为，优先股是公司根据自身情况灵活选用的股权类型，其任意性大于强制性，对优先股表决权的限制本质上属于公司自治的范围，应当交由公司章程规定。对于依公司章程规定须由优先股股东会决议的普通股表决事项，应当由出席会议的优先股股东绝对多数表决权通过。

（3）对于优先股的类别股东大会召开方式，是与普通股股东会"同时召集，分类表决"，还是应"先后召集，分类表决"的问题，本文认为应当采纳"先后召集，分类表决"模式，待普通股股东大会作出通过决议后，再行召集优先股股东大会，按照公司章程的规定满足两个会议的表决票数的，决议生效。

（4）在特定情况下，优先股股东的普通表决权可以恢复，恢复的条件应当由公司章程规定。

（二）金股制度的构建

对金股我国尚无法律规定，但是西方国家国有企业改革中金股制度的实践与研究对我国国有企业改革有很大的借鉴意义。中共中央、国务院发布的《关于深化国有企业改革的指导意见》提出，允许"在少数特定领域探索建立国家特殊管理股制度"，为金股制度的探索与引入创造了条件。

（1）金股表决权的行使主体。欧洲国家多选择某个中央政府部门的部长,[1]而在我国台湾地区则专门设立了"行政院公营事业民营化推动与监督管理委员会"，通过一个独立的由专业人才组成的混业管制机构来代表政府掌握金股。在我国新的国有资产监管体系下应当结合欧洲国家和我国台湾地区的特点，发挥其各自的优势，采用双层主体模式，在国有企业集团母公司层面，由国有资本投资运营公司或产业集团母公司行使金股表决权，但是其并不具有完全的决定权。对国有资本投资运营公司或产业集团母公司一票否决的事项，应当报国资委批准，书面报告应具体说明股东会会议议题的内容、对国家利益和社会公共利益的影响、拟表决权的方式（赞成或反对）等，由国资委审批决定。

（2）据欧洲国家的经验和判决，金股只有是在为维护公众利益或是符合公共安全与秩序的强制要件而阻却违法时，才能合法存在。在我国，金股的适用不在于追求国有资产的保值增值，而在于确保国有股对关系国计民生和社会公共利益的重要经济领域的控制权，所以金股不适宜用于竞争性商业类国企，而适宜垄断性国企和公益类国企。金股的特殊权利主要覆盖两个领域：一是关系公司结构性改变的股东会决议，比如公司解散，以及需要股东会决议的公司重大战略性商业决策，比如主要资产或股份的转让等；二是关于公司股权结构变化的事项的决议。比如，当某一股东（及其一致行动人）持股超过（或低于）特定底线时的否决权。

（3）对金股的采纳应当由法定还是由公司章程决定的问题，考虑到金股的适用范围、权利效力和对特殊类型国企发展的影响，建议以立法的方式明确规定金股的适用范围和条件。法律规定适用金股的行业和企业，不能以公司章程排除适用之。

（三）超级表决权股制度的构建

我国法律上没有超级表决权股。建立超级表决权股，在立法上应当明确以下三点：一是在国有企业其范围限于垄断性国有企业和公益类国有企业；二是超级表决权的行使范围应当在公司章程中明确规定，在未发生属于章程范围内的事项时，持有超级表决权股的股东只能与其他股东一样行使普通表决权。超级表决权的行使范围应当契合其设立目的，只有当相关事项足以影响其经营方向与公益性

---

[1] 丁志杰：《国有银行改革中设置金股的国际经验及其启示》，载《金融与经济》2004 年第 6 期，第 26 页。

目标时才应被纳入行使范围之内，诸如关于公司经营管理、战略决策、国家和社会公共利益等；三是法律对于超级表决权的幅度应当加以限制，过大的表决权将严重威胁中小股东的权益，并可能会形成新的"一股独大"，建议将超级投票权股所享有的投票权限定在普通股的 2 倍以内。

三、国有企业集团控制权穿越规则的构建

我国公司制度是以单一公司为模版建立的，《公司法》未将公司集团列入其调整范围。在企业集团运作中，为规避母公司的风险，母公司常将重大资产转移至子公司，以子公司名义处置。在这种情况下，如果母公司股东不能对子公司的一些重要交易行使事先的决策权或事后监督权，则此部分资产的处置将很大程度上脱离母公司的监管，成为母公司董事会或管理层的控制对象。在混合所有制改革中，很多企业集团将主要资产集中在具有核心业务的子公司，通过子公司上市完成集团整体上市。如果母公司股东不能通过有效方式监督占有了集团公司全部或主要资产的子公司的运营，则国有资产将面临流失的重大危险。在国企过去几十年的实践中，集团母公司对子公司的管控主要依靠行政权力来推动。行政干预下的集团控制存在诸多弊端。借鉴其他国家的企业集团控制权穿越规则，对《公司法》进行结构性调整，增加集团公司法律制度对建立健全国有企业集团治理结构和完善我国《公司法》中公司控制权的法律制度有深远的意义。围绕企业集团治理结构的创新，本部分主要研究母公司股东权利穿越中的表决权的穿越、查账权的穿越和诉权的穿越规则。

（一）表决权的穿越规则

从 20 世纪初起西方国家就开始了企业集团法理研究，在伯利（Berle）提出的"企业团体责任"理论基础上，艾森伯格（Esienberg）教授于 1976 年正式提出权利穿越规则（pass – through rights）。认为子公司股东的一些权利可以直接透过母公司穿越到母公司股东行使。[1] 该规则在美国、德国、日本的立法和判例中均得到了认可。我国《企业国有资产监督管理暂行条例》第 24 条、《企业国有产权转让管理暂行办法》（国务院国资委、财政部令第 3 号）第 9 条第 3 项以及证监会 2016 年修订的《上市公司重大资产重组管理办法》第 12 条也规定了股东表决权的穿越，但是《公司法》并无此规定。《公司法》上的制度缺失，无法为国企改革举措提供法律保障和制度依据。急需建立集团公司权利穿越的制度规则。

（1）表决权穿越适用的子公司范围。考虑到我国公司股权集中度高，全资或控股子公司与母公司在资产与人事上的连接紧密，而且国有企业集团整体上市

---

〔1〕 Melvin A. Eisenberg, "Megasubsidiaries: The Effect of Corporate Structure on Corporate Control", 84 *Harv. L. Rev.* 1577 (1971), pp. 1588 – 1589.

后，子公司成为资本与资产聚集的平台，集团资产的运行大多在子公司平台完成。如果母公司股东对集团资产的监管权仅涉及全资子公司，则大量通过控股子公司实现的资产处置将脱离有效监管。另外，针对一些学者提出的以子公司占有集团的全部"经营性资产"为标准确定表决权穿越适用范围的观点，[1] 本文认为何谓"经营性资产"并无法律定义，易造成同案不同判现象，且资产评估也会增加案件审理的复杂度。因此，我们建议以控制关系为主线，以相关交易是否会造成母公司股东权益的基础性变化为要件适用表决权穿越规则。当然，在控股子公司范围的判断上，不应当局限于所有权要素，更应当侧重于"控制"要素，以母子公司之间存在"事实上的控制关系"为母公司股表决权穿越的前提条件。

（2）表决权穿越的适用范围。为避免母公司滥用表决权穿越规则对子公司正常经营秩序产生干扰，母公司股东只能在必要情况下对子公司行使穿越权，即因子公司基础性权利变更而使母公司股东可能受到与母公司自身基础性权利变更相类似的利益损害时才可行使此权利。适用的情形包括但不限于子公司的合并、分立、清算、解散、重组、增资、减资、出售重大资产、通过产权市场转让国有股权等实际影响母公司股东利益的重大事项。在我国国企改革中，国资委向集团母公司下放、授权行使的权力，涉及子公司事务的，均应属于集团母公司表决权穿越行使的范畴。母公司还可以通过章程自治性规范规定母公司股东会表决权穿越的范围。

（二）查账权的穿越规则

我国《公司法》第33条规定了股东的知情权，知情权的主体是公司股东，母公司股东不是知情权诉讼的适格原告。借鉴日本、美国的立法与判例，在我国《公司法》上构建母公司股东查账权穿越规则时应注意完善以下五点内容：

一是为倡导意思自治和自由交易原则，也为了方便与现有制度对接，节省诉讼资源，在采纳哪一种立法例的问题上，我们赞同采用美国特拉华州立法模式，母公司股东应先竭尽内部救济，向公司提出书面申请并说明理由，在公司拒绝或者在法定期限届满后不予答复的，母公司股东才有权向法院起诉；二是原告的范围，应当适用最高人民法院《公司法司法解释四（征求意见稿）》第13条的规定，确定为起诉时或者诉讼中具有股东身份的母公司股东；三是为限制少数股东过度干预子公司事务，减少子公司诉累，查阅的对象确定为全资子公司或控股公司的会计账簿及相关原始凭证；四是为保护子公司的商业秘密，有必要规定母公司股东查阅权行使的保密义务和赔偿责任；五是"正当目的"等其他行使条件的判断，适用股东知情权的一般规定。

---

[1]　李凡：《论表决权穿越》，载《政治与法律》2008年第12期，第66页。

（三）股东诉权的穿越规则

母公司股东诉权的穿越，即指双重代表诉讼《公司法司法解释四（征求意见稿）》将《公司法》第 151 条第 1 款、第 2 款所称的"董事、高级管理人员""监事会""监事"扩张解释至包括全资子公司的董事、高级管理人员、监事会、监事，实质上认可了双重代表诉讼。双重代表诉讼制度可以通过母公司股东诉权的穿越，有效解决公司集团架构中母公司股东对子公司管理层的监督和管控，遏制子公司管理层利用监管漏洞侵害子公司和集团利益。虽然双重代表诉讼被认为是股东代表诉讼的变形，[1] 但双重代表诉讼与股东代表诉讼在目的、被告的范围、前置程序等具体制度设计上还存在差异，而《公司法司法解释四（征求意见稿）》并没有就双重代表诉讼的具体制度做出特殊安排，结合我国国企改革中公司集团治理的特点，我国双重代表诉讼需进一步完善。

（1）被告的范围。我国《公司法司法解释四（征求意见稿）》将被告范围限制于全资子公司的董事、监事和高级管理人员。对此，本文持不同观点。除全资子公司的董事、监事外，根据表决权穿越规则由母公司股东会选任的控股子公司的董事、监事和高级管理人员也应当属于双重代表诉讼的被告。至于《公司法》第 151 条第 4 款规定的"他人"，因其与母公司股东之间欠缺事实上的委托代理关系和信义义务基础，不宜列为双重代表诉讼的被告。

（2）前置程序。《公司法司法解释四（征求意见稿）》对双重代表诉讼的前置程序未作特别规定，依照《公司法》第 151 条的规定，股东行使代位诉权时，应当向公司监事会、不设监事会的有限责任公司的监事，或者董事会、执行董事提出书面请求。至于双重代表诉讼的前置程序中书面请求是向母公司提出，还是向子公司提出，抑或需向二者均提出？对此，美国和日本采取了不同的态度，美国特拉华州高等法院要求向母公司提出请求，而日本要求向子公司和母公司均提出请求，在子公司和母公司均拒绝或怠于提起诉讼的情况下，母公司股东才能以自己的名义提起双重代表诉讼。我国学界也有不同理解。本文认为应赋予母公司股东选择权，其既可以向母公司也可以向子公司提出书面请求。在向母公司提出的情况下，母公司监事会、不设监事会的有限责任公司的监事，或者董事会、执行董事同意起诉的，则以母公司名义提起股东代表诉讼；母公司监事会、不设监事会的有限责任公司的监事，或者董事会、执行董事拒绝或者在受到股东书面请求后 30 日未提起诉讼，或者情况紧急、不立即提起诉讼将会使子公司利益受到难以弥补的损害的，母公司股东有权为了子公司利益以自己的名义直接向人民法

---

〔1〕 王森、许明月：《美国特拉华州二重代表诉讼的实践及其对我国的启示》，载《法学评论》2014 年第 1 期。

院提起诉讼。

（3）子公司的诉讼地位。按照《公司法司法解释四（征求意见稿）》第 10 条、第 35 条的规定，子公司在诉讼中应为无独立请求权的第三人。

四、国有企业集团内部治理结构创新的法律保障

我国公司组织机关的设置采取股东会、董事会和监事会"三机关"分权制衡的模式。[1] 其权利配置的路线为：股东会—董事会和监事会—经理。公司治理结构为"股东会中心主义"。此种公司治理结构符合我国第一次国企改革的需求，即通过股东会牢固掌握国家在国企的投资者权益，确保企业国有资产的保值增值，防止国有资产流失。此种治理模式事实也助长了"一股独大"现象。股东会经常被第一大股东操控而成了"大股东会"，或者被管理层控制而流于形式，蜕变为"股东代表大会"。2015 年 9 月，中共中央、国务院印发了《关于深化国有企业改革的指导意见》，2017 年国务院办公厅印发了《关于进一步完善国有企业法人治理结构的指导意见》，明确提出完善企业法人治理结构的重点是推进董事会建设，建立健全权责对等、运转协调、有效制衡的决策执行监督机制。这标志着我国公司正在从"股东会中心主义"向"董事会中心主义"过渡。与此相适应，《公司法》确立的股东会制度应当相应作出调整，在维护股东会的公司最高权力机关地位的基础上，对股东会职权与董事会职权做适当分权。

（一）股东会与董事会的分权

公司治理结构是一个历史的选择，也是一个本土性问题，它总是随着社会经济结构的发展而变化。我国对投资者保护的市场化机制和法律法规并不完善，而吸引投资和保护投资者权益是市场经济发展的基础，所以在公司治理的本土化选择中，股东会作为公司最高权力机关的根本不能动摇，但是可以通过对股东会与董事会的权利配置结构做合理分权，构建符合中国公司实际的治理体系。

（1）分权原则。在现代股份公司，尤其是在上市公司，股东会与董事会事实上的权力分野已经成为现实，股东决策公司重大事项，董事和经理掌握公司日常经营，权力的配置已经不止于解决伯利（Berle）提出的"所有与经营分离"下的公司代理问题，而成为非常现实的需要。学者主张的"授权"思想[2]虽然考虑到中国公司股权集中的现实国情，照顾到了股东作为公司终极所有权人的投资利益，但是"授权"思想本质上会束缚董事、经理的积极性，还会助长股东插手董事会、经理职权。此外，虽然在制度上可以构建授权的正当程序和判断标准，但是难免降低决策效率，也会因对判断标准的主观认识不统一影响公司运营

---

〔1〕 为表述上的方便，本文将股东会与股东大会统称为"股东会"。

〔2〕 曹兴权、黄超颖：《股东会授权董事会的底线：权利配置基础结构维持原则》，载《财经法学》2017 年第 3 期，第 92 页。

效率。相比较而言，分权思想比较符合《公司法》的商法特征，明确的分权能排除干扰，推进决策效率，从长远看对公司的发展是有利的。

（2）分权的方式，依据公司性质的不同应有所区别。在有限责任公司，《公司法》关于股东会、董事会职权的规定应当定性为任意性规范，当公司章程或投资者协议对股东会、董事会职权有另外规定的情况下，依照公司章程和投资者协议的规定；在股份有限公司，《公司法》关于股东会与董事会职权的规定应为强制性规范，法律应当对分权作明确规定。在国企改革的背景下，我国公司治理结构以董事会制度建设为中心。那么，在我国《公司法》改革中，有必要实行清单制，将股东会职权明确化，凡属于清单之外的权利交由董事会。这样不但可以有效避免大股东过度干预公司事务，更能激励董事会放手经营。

（3）对股东会职权的完善。股东会职权应当包括四部分：①结构性基础权利；②重大经营事项的决策权；③特殊情况下行使董事会职权的权利；④股东表决权穿越权。在《公司法》现有规定的基础上，结构性基础性权利还应当包括决定公司上市等影响公司权力配置结构和组织结构的权利；重大经营决策权还应当包括重大资产的购买与转让、营业转让、公司收购、聘用和解聘会计师事务所、审批变更募集资金用途事项、审议股权激励计划等。至于《公司法》第37条规定的"对发行公司债券作出决定"等项权利应下放给董事会。此外，《公司法》还可以明确规定以下情况下股东会有权代行董事会职权：①董事会形成了僵局；②公司没有董事；③董事会会议因无法达到有效的法定人数而不能召开；④董事因与公司的关联交易被剥夺了投票权。另外，关于母公司股东表决权的穿越，建议《公司法》规定在控股子公司发生收购、合并、重大资产出售等变更事务，足以影响到母公司股东的权益时，母公司股东会可以根据公司章程的规定直接进行表决。最后，在国有独资公司立法中，应特别补充规定国有资产监督管理机构的审批权清单和集团母公司的对集团事务的审批权清单，尤其是经由国资委下放和授权国企集团母公司行使的审批权，规范国企出资人的行为。

（三）董事会的制度创新与法律保障

（1）董事会的重新定位。我国《公司法》明确规定股东会是公司的权力机关，但未规定董事会的性质。长期以来我们对董事会的性质理解不够全面准确。董事会常被认为是公司的执行机关或行政领导机关。[1] 其实，董事会并不是纯粹的执行机构，行使经营决策权是董事会日常最重要的活动。而且，关于"行政领导机关"的认识也只要与国企的行政化管理相关。经过20多年的市场经济发展，国企已经成长为市场经济的主要参与者，董事会的确应当尽快"去行政

---

[1] 徐学鹿主编：《商法学》（第4版），中国人民大学出版社2015年版，第132页。

化"，还原其作为商业决策机构的市场化本色。2017 年国务院办公厅印发了《关于进一步完善国有企业法人治理结构的指导意见》，明确提出"董事会是公司的决策机构"，由此可见，新时期下国有企业董事会已被重新定义为公司决策机构。

（2）董事制度的重构。今后，国有企业集团中的董事将包括两类：一类是国有资产出资人机构派出的股东董事，另一类是外部董事。关于出资人机构选派的董事的性质，既然政策文件中明确规定"国有独资公司的董事对出资人机构负责，接受出资人机构指导"。那么，出资人机构选派的董事与出资人机构之间就存在委托代理关系，在性质上就是国有股东代表。对此类董事的行为，可以适用国有股代表人制度来规范；关于外部董事，依据 2017 年国务院办公厅印发的《进一步完善国有企业法人治理结构的指导意见》的规定，国有独资公司外部董事的选任权交由政府，而不由国资委行使，所以外部董事本质上是政府董事。即由政府任命，受政府监督，代表政府履行国有资产监督职责和使命的专职董事。外部董事与股东代表董事最大的区别是派出机关不同，所代表的利益也不同。前者由股东选派，是股东代表，受派出股东监督；后者由政府任命，代表国家利益，受国家监督。

（3）外部董事制度的构建。建立外部董事制度，应当在立法上落实以下五方面的制度：其一，明确外部董事制度适宜的企业类型。真正适宜外部董事制度的应当是"特殊类型法人"，即实现"公共目标"的企业。此类国企虽然以公司制的私主体形式存在，甚至具有一定的营利性，但为保证"公共目标"的实现，政府始终对其有影响和监督的义务。在国企中，政府在垄断性企业的非竞争性业务领域以及公益类企业的经营中，均负有保证"公共目标"实现的义务，此种义务只能通过介入公司经营管理来实现，往这两种类型的国企派驻外部董事，就是政府实现其影响与控制力的手段。我国当前主要在竞争性商业类国企开展外部董事试点，对此应当作出调整。其二，外部董事的行权方式。应当依企业类别不同而赋予外部董事不同的表决权。在垄断性商业类国企中，对于竞争业务的表决事项，其与其他股东一样行使普通股表决权，在特殊业务的表决事项中，应当享有超级表决权。其三，外部董事的汇报制度。国资委印发的《董事会试点中央企业专职外部董事管理办法（试行）》第 9 条规定："专职外部董事每半年向国资委报告一次工作，重大事项及时报告。"定期汇报以每半年汇报一次比较合理。但关于汇报的其他细节问题还需完善：①汇报的内容应当属于其职权范围内所有事项；②重大事项的判断标准应当确定为对"国家利益"有重大影响的事项，主要涉及重大国有资产的处置，公司章程的修订，公司合并、分立、解散等；③汇报的方式，除书面汇报外，还应当包括接受出资人机构的口头或书面质询。其四，建立外部董事管理制度。外部董事制度的构建应当以政府为主导，以市场为平台，以法律为准则。"以政府为主导"，就是说外部董事的选任权由政府掌管，政府应当进行专门立法、设立专门机构或部门对外部董事进行任免、考核与激励；"以市场为平台"，是指外部董事人才库建设和外部董事的业绩考核、薪酬激励应当市场化，对此，政府管理平台可与职业经理人平台对接，用市场化手段选任、管理外部董事；"以法律为准则"是指外部董事的行为规范应当有法可依、其权利范围，行权规范，责任制度等应明确立法。此项立法属于行政立法，不宜纳入《公司法》体系。其五，落实外部董事的私法责任。对其违反忠实义务与勤勉义务给公司造成的损失，与其他董事一样对公司承担损害赔偿责任。

（4）经理权的完善。我国《公司法》上，经理由董事会聘任或解聘，被认为是隶属于董事会的业务执行机关。但是《公司法》赋予经理较为宽泛的权利。事实上，长期以来国企的经理由国资委委派，很多由董事长或副董事长兼任，经理权上加载了行政管理权，事实上就是公司说了算的"一把手"，很多情况下就是国企的实际控制权人。经理权究其实质乃商法上的代理权。[1]经理的商事代理权主要包含两个权能，一是管理权能，二是代表权能。《公司法》上经理管理权规定宽泛，应当通过建立董事会职权与经理权的分权制度来解决。《关于进一步完善国有企业法人治理结构的指导意见》提出国有独资、全资企业的董事长与总经理原则上分设，应均为内部执行董事，定期向董事会汇报工作。该规定意在建立董事会与经理的分权和制约，建立董事会监督下的经理制度。因此，对于一些关系公司经营管理的重大决策，比如公司重大投资决策、重要资产处置决策等影响公司利润结构的决策权和专属于董事会的职权不宜授权经理行使。关于经理的代表权，我国法律并没有认可经理因其职务而当然享有公司代表权。至于经理的对外民事法律行为的效力，司法实践中依据民事代理制度判断。民事代理制度适用于经理代表权存在弊端：一是对交易相对人提出了较高的注意义务要求，二是不符合经理代表权实际运行的商事习惯，三是董事会或公司章程的授权或对授权的限制均并不具有对外效力，不能成为对外法律关系中授予经理代表权或限制经理代表权的依据。因此，我们建议在经理制度上引入商事代理制度，认可经理因其职务而享有代表权，以降低交易相对人的注意义务，促进交易的效率。对经理代表权的制约，应当通过建立经理的任免与考核制度、落实经理信义义务、完善追责机制等予以保障。

（四）监督机制的重构

为解决实践中监事会形式化问题，我国有过多次改革尝试，比如引入独立董事制度和独立监事制度。但因监事会、独立董事、独立监事并存，且职责不清，

---

[1] 范健、蒋大兴：《公司经理权法律问题比较研究——兼及我国公司立法之检讨》，载《南京大学学报（哲学·人文·社会科学）》1998年第3期，第136页。

彼此权利冲突又相互推诿，这些制度都没有很好发挥监督作用。国务院办公厅印发的《关于进一步完善国有企业法人治理结构的指导意见》有提出建立董事会委员会制度、外部董事制度与外派监事会制度，意在完善董事会监督机制与监事会外部监督机制。但是这重重设置的监督机构如何协调运转才不至于因机构重叠、职权交叉、权利冲突减损公司治理绩效？本文认为首要问题就是建立公司监督机构的合理分权机制。

（1）董事会专门委员会制度的构建。董事会设立专门委员会可以弥补董事会会议机制的不足、董事信息不足以及专业性不强等缺陷，为独立董事或外部董事提供发挥作用的平台。我国建立董事会专门委员会制度，需要解决好以下三个问题：首先，设置委员会应当是强制性规定，还是任意性规定的问题。国企有独资、控股与参股公司，有大型公司也有小型公司，有专门的国有资本投资运营公司，也有核心业务平台公司。如果强制要求公司治理结构中采纳委员会制度过于僵化，也不便于执行。另外，设置哪些委员会，也应当由公司章程决定，不宜强制性规定。其次，在董事会与各专门委员会的关系上，董事会是监督者还是管理者，专门委员会是否有决策权的问题。我国董事会还是管理型董事会，集监督权与管理权于一体。如果法律赋予专门委员会决定权，则独立董事与外部董事的意见就能以专门委员会决议的形式表达出来，其程序正当性受法律保护不说，决议效力也有了法律强制执行力，还可以极大加强独立董事和外部董事参与公司治理的效率。因此，我们建议《公司法》作赋权性规定，由公司股东大会或公司章程规定专门委员会的职权，但是关涉股东的直接利益或者属于公司的重大事项，专属于董事会或者股东会的决议事项，不宜由专门委员会直接作出决议。最后，提名委员会、薪酬与考核委员会、审计委员会董事的任职问题。应当限制这三个委员会成员担任公司执行董事、监事和经理等职务，保证其独立性。另外，三个委员会成员可以交叉任职，方便监督信息互通，但是这三个委员会的成员不能跟战略决策委员会董事交叉任职，以保持其必要的独立性。这三个委员会应当全部由独立董事与外部董事组成。

（2）监事会制度的完善。国企设立董事会专门委员会，并不废除监事会制度，则立法上必须解决审计委员会、监事会在职责上的重叠以及独立董事、政府董事与监事会职权的交叉重叠问题。对此，本文有以下三点建议：其一，在监事会与董事会专门委员会的设置上，考虑到其职责上的重合，有必要借鉴日本立法例，将监事会与董事会委员会作为选择项，由公司自主选择其一。其二，为避免机构重合人浮于事，对全资子公司不必设置监事会，由母公司监事会监督，母公司股东也可行使查账穿越权履行监督职责。其实，在日本公司法上，对于"大公司且是非公开公司"，公司法中就认可了不设监事会的形式。在公司是百分之百子公司的情形下，虽然其规模很大符合大公司的条件，但是要求其必须设立监事会（并且必须设置半数以上的外部监事和一名以上的专职监事），这种规制对于公司来说是一种负担，而且也没有必要，所以日本《公司法》规定，这样的公司如果在章程中规定了全部股票限制转让（成为非公开公司），则不必设立监事会。[1] 国务院办公厅印发的《关于进一步完善国有企业法人治理结构的指导意见》提出在国家出资人机构设立的公司设立外派监事会。我们认为，国家出资人机构有国资委作为股东的强力监督，还有政府任命的外部董事的监督，足以发挥监督效力。再设立由政府任命的外派监事会，其与政府任命的外部董事的职责上容易冲突，机构上又显得臃肿，极易造成人浮于事现象，所以建议出资人机构设立的国有独资公司，不设监事会，由出资人机构和外部董事承担监督职责。其三，要明确区分委员会职权和监事会职权。在委员会职权规定中，可以采纳美国模式，原则上由公司章程决定委员会的权限，但是由公司股东会和董事会决策的关系公司结构性变更的基础事项和重大交易事项，以列举方式明确排除在委员会职权范围之外。对监事会的职权，应当作如下补充：①将监事会的监督权从财务监督权扩展至业务监督权。建立董事会报告制度，董事会应当将公司经营计划和公司效益情况做年报；对公司业务进展情况和面临的风险等，做定期报告，至少按季度汇报；对公司经营中的重大事项，比如重大诉讼、重大违约、重大亏损、突发事件等随时汇报。董事会的报告制度可以为监事会的监督提供充分信息，监事会在认为必要的情况下，也有权向董事会提出质询，董事会有配合的义务。②重大交易的批准权。虽然《公司法》将经营决策权赋予了董事会，但是在公司重大交易上应当建立借鉴德国公司法的规定，构建董事会与监事会的共商机制。公司章程可以明确规定，对于某些特定的交易，董事会必须事先得到监事会的批准后才能进行。这些交易主要涉及会根本上改变企业财产、利润状况的事项，比如对外提供重大担保、重大投资、股权转让、重大贷款、设立或解散子公司以及分支机构等，具体内容由公司章程规定。③监事会对子公司的查账权穿越。在集团公司内，虽然法律要求母子公司制作财务合并报表，但是必要情况下，监事会有权要求全资或控股公司报告会计事务，或者调查关联公司的业务及财务状况，必要时行使查账权，子公司应予配合。

（本文课题组成员：王鲁，最高人民法院法官；吕来明，北京工商大学教授；董彪，北京工商大学副教授；陈敦，北京工商大学副教授；王建飞，北京工商大学研究生；高剑雄，北京工商大学研究生；崔佳，北京工商大学研究生。）

---

[1] [日]神田秀树：《公司法的精神》，朱大明译，法律出版社2016年版，第54页。

北京市实施新《行政诉讼法》情况的实证研究

程　琥*

第一部分　北京市实施新《行政诉讼法》效果评估

一、评估新《行政诉讼法》实施效果应当坚持问题导向

观察新《行政诉讼法》的实施状况，评价新《行政诉讼法》的实施效果，应当始终坚持问题导向和突出重点。我们认为，对新《行政诉讼法》实施效果的评估应当围绕以下四项核心指标：一要看行政诉讼立案难问题是否得到有效解决。二要看行政案件原告胜诉难问题是否得到有效解决。三要看行政诉讼程序空转问题是否得到有效解决。四要看行政审判的权威性与公信力是否得到有效提升。行政诉讼是保护行政相对人合法权益、监督行政机关依法行政的重要制度，但在司法实践中，不少行政相对人对人民法院行政审判的信任度不高，一些行政机关对人民法院行政审判缺乏尊重甚至对人民法院依法履行司法审查职能指手画脚。为切实增强行政审判的权威性和公信力，新《行政诉讼法》进一步完善了有利于保障人民法院公正、高效、权威审理行政案件的体制机制，例如明确禁止行政机关干预、阻碍法院受理行政案件，明确规定行政案件可跨区域管辖，增设一审行政案件简易程序，加大对不依法参加诉讼和不执行法院裁判的司法规制力度等。

二、新《行政诉讼法》实施已取得明显成效

两年多来，各级人民法院认真贯彻新《行政诉讼法》，着力解决立案难、审理难、执行难等突出问题，不断加大行政争议多元实质性解决力度，切实提升行政审判的权威性与公信力，取得了积极成效。

第一，行政诉讼门槛大幅降低，救济渠道更加畅通，立案难问题得到初步解

---

* 课题主持人：程琥，北京市第四中级人民法院党组成员、副院长、法学博士。立项编号：BLS（2016）B015。结项等级：合格。

决。新《行政诉讼法》于 2015 年 5 月 1 日开始实施后，北京市各级人民法院全面落实立案登记制，切实加大诉权保护力度，行政案件立案率大幅提升，行政案件数量大幅攀升。2014 年全市各级人民法院受理一审行政案件[1]共计 5015 件，2015 年陡增到 10 550 件，增幅达 110.37%；2016 年一审行政案件数量仍高位运行，达到 10 226 件。行政案件数量大幅上升既表明公民、法人和其他组织通过行政诉讼保护权益的意识日益增强，也表明行政诉讼救济渠道更加畅通，过去长期存在的行政诉讼立案难问题得到有效缓解。

第二，司法审查的广度、深度和强度均有所提升，行政诉讼对法治国家、法治政府和法治社会一体建设的推动作用更加突出。新《行政诉讼法》实施以来，北京市各级人民法院适用"明显不当"审查标准作出判决的案件、对被诉行政行为依据的规范性文件进行一并审查的案件、对程序轻微违法且对原告权益不产生实际影响的行政行为判决确认违法、对明显重大违法行政行为判决确认无效的案件均不断增多，行政机关败诉率、原告胜诉率均有所提升，对行政权力的司法监督更加有力、有效。

第三，各级法院更加注重对行政争议的多元实质性解决，诉讼程序空转现象有所改观。除人民法院受理的行政案件数量大幅攀升外，进入实体审理程序并以判决方式结案的案件所占的比重也有所提升，过去行政案件判决率低的状况得到一定缓解。同时，各级人民法院不断加强行政争议实质性解决工作力度，取得较好成效。自 2015 年 5 月 1 日至 2016 年 4 月 20 日，北京市各级人民法院审结的一审行政案件中，协调撤诉案件达 1459 件，占全部一审行政案件结案数的 16.7%，同比提高 6 个百分点。

第四，促进法治政府建设的作用更加凸显，行政机关的法治意识与水平稳步提升。新《行政诉讼法》实施后，北京市各级人民法院更加重视延伸行政审判职能，多措并举促进法治政府建设。以北京四中院为例，该院加大行政机关负责人出庭应诉工作力度，北京市 16 区政府负责人出庭实现全覆盖。该院还借助常态化组织行政机关领导干部和执法人员旁听庭审、发送司法审查年度报告和司法建议、针对行政治理中的瓶颈性问题开展前瞻性调研并提出法治建言等方式，有效增强了行政机关运用法治思维和法治方式深化改革、推动发展、化解矛盾、维护稳定的能力，该院亦因此获评第四届中国法治政府奖。

第五，确保行政审判公正高效的体制机制更加健全，行政审判的权威性和公信力不断提升。北京市各级人民法院积极应对新《行政诉讼法》实施带来的新情况新问题，变压力为动力，变挑战为机遇，不断推动行政审判专业化进程。同

---

〔1〕 不含北京知识产权法院受理的一审行政案件，下同。

时，人民法院注重改善行政审判社会评价，不断优化行政审判司法环境，加大对行政审判工作的新闻发布和宣传报道力度，进一步增强了司法透明度，行政审判的权威性与公信力稳步提升。

三、新《行政诉讼法》实施带来行政审判发展良机

相较于刑事与民事诉讼制度，行政诉讼制度起步晚、底子薄，行政案件数量在人民法院案件总量中占比不大，行政审判队伍在总体上也存在量小质弱的突出问题。新《行政诉讼法》实施两年多来，行政案件数量大幅攀升，新情况新问题层出不穷，行政审判工作在应对压力与挑战中赢得了乘势而上的难得机遇。

第一，有利于进一步拓展行政审判发挥职能作用的空间。新《行政诉讼法》实施以来，行政案件数量持续大幅攀升，而行政审判法官并未同步增加，行政审判法官的人均工作负荷不断加大。与此同时，由于行政诉讼受案范围的扩大和立案门槛的降低，法院将能够对公民、法人和其他组织的合法权益提供更全面和更有力的司法保护，对行政机关依法行政的监督广度和深度也将加大，这又为行政审判职能作用的充分发挥提供了难得机遇，行政审判工作在法治国家、法治政府、法治社会一体建设中的作用将更加突出。

第二，有利于进一步加快行政审判专业化的进程。例如，新《行政诉讼法》将行政协议等新类型案件纳入行政诉讼受案范围，同时规定对于符合法定情形的关联民事争议要进行一并解决，还建立了对规范性文件的附带审查机制。这些新类型案件与传统行政案件存在较大差异，对法官的知识、技能和综合素养提出更高要求。与此同时，在应对层出不穷的新情况、及时解决新问题的过程中，行政审判法官不断积累知识、技能和经验并向专家型、复合型法官迈进，行政审判队伍"量小质弱"的局面有望得到根本扭转，从而切实加快行政审判正规化、专业化、职业化进程。

第三，有利于进一步提升行政审判的权威性与公信力。随着行政诉讼制度的社会影响更加广泛和法院依法公正高效行使审判权的制度保障更加健全，人民群众的司法需求将进一步得以激发，人民群众对行政审判的期待也更加殷切。这要求人民法院树立更高的工作标准，提供更优的司法服务，付出更多的艰苦努力。满足司法需求、回应社会期待的过程也正是努力让人民群众在每一起司法案件中感受到公平正义的过程，过去长期存在的行政审判权威性与公信力不足的问题将逐步得到根本解决，从而助推行政审判工作健康可持续发展。

四、新《行政诉讼法》实施尚存在诸多突出问题

新《行政诉讼法》的实施虽取得了令人瞩目的成效，但也存在不少亟待解决的突出问题。

第一，新《行政诉讼法》为促进行政争议实质解决而增设的新制度新机制

尚未充分发挥功能作用。例如，行政机关负责人出庭应诉有利于解决行政争议、促进依法行政和密切官民关系，但在实践中这一制度的落实仍不尽如人意，行政机关负责人出庭应诉的案件数量和比例还不高，"告官不见官"的局面尚未得到根本性扭转。又如，规范性文件附带审查机制被视为新《行政诉讼法》的亮点之一并被誉为法治政府建设的重要"推动器"，在实践中行政机关依据规范性文件作出行政行为的情形亦不鲜见，但法院启动对规范性文件合法性审查的案件比例并不高。再如，尽管实践中大量存在民事与行政争议交织问题，但新《行政诉讼法》实施以来人民法院在行政诉讼中一并解决民事争议的案例非常少。一并解决民事争议制度的功能作用远未得到发挥。还如，新《行政诉讼法》拓宽了行政诉讼调解的适用范围，但从司法实践看，不仅行政诉讼案件的撤诉率出现较大幅度下降，以调解书方式审结的行政案件数量并未出现明显增加，并且行政诉讼案件上诉率、申诉率仍在高位运行，行政争议解决的效果仍不理想。

第二，部分当事人滥用诉讼权利的现象逐渐增多，且对行政诉讼的过分"青睐"也在一定程度上影响了行政复议等其他纠纷解决机制作用的有效发挥。新《行政诉讼法》的实施激发了人们通过行政诉讼维护自身权益和监督行政机关依法行政的热情，但司法实践中在一定程度上流露出"动辄就起诉"的倾向，滥用诉权、恶意诉讼的情形也有所显现。例如将同一行为拆分为多个中间性环节分别提起诉讼且经法院释明后不予调整，向明显不具有相应职责的行政机关反复提出履责申请并进而提起诉讼，在不具有法定回避事由的情况下反复申请回避等。从行政诉讼与其他机制的关系看，新《行政诉讼法》实施以来行政争议多元解决的机制仍未得到普遍建立，同时新《行政诉讼法》通过新增复议机关作共同被告制度所要达到的立法目的也未能得到全面实现。

第三，人民法院面临着日益突出的案多人少的矛盾，行政审判的质效亟待提升，行政诉讼"三高一低"的状况尚未得到有效改观。随着行政诉讼案件数量持续大幅攀升，一些法院行政审判法官的人均办案数量和工作负荷超过刑事法官和民事法官，案多人少的矛盾日益突出。同时，由于新《行政诉讼法》对一审和再审案件级别管辖的调整，四级法院行政案件数量呈"倒金字塔"分布，与尽量将矛盾纠纷化解在基层的整体司法理念不合拍。从审判质量看，新《行政诉讼法》实施以来各级人民法院通过加强培训学习解决了层出不穷的新情况、新问题，但毋庸讳言，审判质量总体上仍有较大提升空间。从北京的情况看，新《行政诉讼法》实施一年间二审改判发回案件52件，同比上升73.3%。从审判效果看，行政案件上诉率高、申诉率高、信访率高和服判息诉率低的"三高一低"状况仍未得到有效缓解，行政审判的公信力亟待提升。最后，从行政审判队伍的状况看，新《行政诉讼法》实施后随着案件数量持续大幅攀升，一些法院充实了行政审判法官队伍，但总体而言，行政审判队伍量小质弱的局面未能改观。

第四，行政机关面临的应诉压力大幅增加，新《行政诉讼法》旨在促进行政机关依法行政的制度机制尚未充分发挥作用。新《行政诉讼法》实施两年多来，行政机关负责人出庭应诉的案件数量和比例均有所提升，但总体而言仍不高，且存在区域发展不均衡、出庭应诉的行政负责人中正职负责人的占比不大、行政机关负责人出庭不出声的情形时有发生等短板。此外，新《行政诉讼法》加大了司法审查的力度，如确立了明显不当的审查标准，规定对程序轻微违法的行政行为采取确认违法判决方式等，但从司法实践看，以明显不当为由判决撤销或变更行政行为的案件数量偏少，表明法院对行政自由裁量权行使的监督仍然羸弱；对于行政程序轻微违法的行政行为，仍有一些案件以行政行为存在瑕疵但尚不构成违法等为由沿用过去驳回诉讼请求的判决方式，导致新《行政诉讼法》确立该项判决方式的目的未能得到全面实现。

第二部分　北京市实施新《行政诉讼法》中的重点问题与解决对策

一、行政机关负责人出庭应诉制度的运行现状与改善

（一）积极成效

第一，行政机关负责人出庭应诉比例逐年上升。例如，密云区人民法院审理的行政案件中，新《行政诉讼法》实施后行政机关负责人出庭应诉的比例逐年翻番，2014 年为 16.4%，2015 年增长到 36.5%，2016 年又增长到 73.2%。

第二，层级较高行政机关的负责人出庭应诉的数量稳步增加。例如，新《行政诉讼法》实施两年间，北京 16 区政府的负责人出庭应诉的自觉性、主动性不断提升，积极履行法定的出庭应诉义务，实现 16 区全覆盖，改变了过去区长、副区长鲜有出庭应诉的状况。

第三，行政机关正职负责人带头出庭应诉的意识不断增强。例如，2015 年在北京四中院出庭应诉的区政府负责人中，正职区长达到 1/4，而在 2016 年，这一比例提高到 1/2。

第四，行政机关负责人出庭应诉的机制更加健全。北京市政府、各区政府以及其他一些行政机关积极将行政机关负责人出庭应诉工作纳入依法行政考核评估的范围，以打分评比的方式督促行政机关负责人出庭应诉工作的落实。一些行政机关完善行政机关负责人出庭应诉实施机制，确保该项制度平稳落地。

第五，行政机关负责人出庭应诉的制度价值和实践效果进一步凸显。不少行政机关负责人在庭审前注重学习法律知识、熟悉诉讼程序与案件情况，庭审中积

极"发声"，针对对方当事人的意见进行陈述和辨法析理，庭审后主动与对方当事人进行沟通交流以修复官民关系。

第六，行政机关负责人出庭制度逐渐转变为依法行政教育平台。不少行政机关以负责人出庭应诉为契机，组织所属部门的领导干部和一线执法人员旁听案件庭审，通过身边事、身边人，以生动、鲜活的方式进行依法行政培训，充分发挥庭审的示范、法治教育功能。在出庭应诉后，行政机关注重结合庭审中发现的执法工作中的问题，积极从制度机制层面予以完善，力求达到出庭一案、规范一片的效果。

（二）突出问题

第一，行政机关负责人出庭应诉的总体比例不高，远未达到"以出庭为原则、以不出庭为例外"的要求。2015 年、2016 年北京法院审结的一、二审行政案件均逾万件，行政机关负责人出庭应诉的案件分别仅有 587 件、713 件，尽管 2016 年相较于 2015 年有所改观，但总体比例仍然很低。

第二，行政机关负责人出庭应诉情况的区域差异较大。例如，平谷、密云等区人民法院审理的案件中，行政机关负责人出庭应诉的比例较高，但也有一些区人民法院审理的行政案件中，行政机关负责人出庭应诉的比例不足 10%，个别区域甚至仅有 1% 左右。

第三，行政机关负责人出庭应诉率总体上随着行政机关层级的升高而降低。例如 2015 年国务院部门涉诉行政案件高达 3724 件，但尚未看到国务院部门的负责人出庭应诉的相应报道。在省级政府层面，除贵州省副省长在一起行政案件中出庭应诉外，也未看到其他省级政府负责人出庭应诉的报道。不仅在制度实施层面如此，一些行政机关在制定加强行政机关负责人出庭应诉的相关文件和进行考核时，也多针对下级行政机关，对自身的刚性约束不足。2016 年北京法院审理的行政案件中，区政府及其以下部门负责人出庭应诉的案件数量占 95.79%，其中乡镇政府和街道办事处出庭应诉的案件数量就占了 36.60%。

第四，行政机关正职负责人出庭应诉的比例远低于副职负责人。北京法院 2015 年审理的行政案件中，行政机关负责人出庭应诉的共 587 件，其中正职负责人出庭的仅 60 件。2016 年共有 292 个行政事业单位负责人出庭，正职负责人出庭的单位仅有 67 个。

第五，行政机关负责人出庭应诉的效果未能得到充分彰显。从实践情况看，行政机关负责人出庭不出声的情形屡见不鲜，实际上是为了出庭、为了完成出庭应诉的考核指标而"走过场"，行政机关负责人出庭应诉的制度意义大打折扣。

第六，行政机关负责人不出庭经常成为激化原告不满和对抗情绪的导火索，影响庭审的效率和效果。

（三）问题成因

第一，对行政机关负责人出庭应诉的预期过高。行政机关负责人出庭应诉虽有助于提升行政机关的法治意识、化解行政争议和促进官民和谐，但显然无法发挥决定性作用。要求行政机关负责人在每一起案件中原则上均应出庭，与行政案件数量大幅攀升、行政机关负责人往往担负着繁重工作任务的现实存在紧张关系。

第二，有关行政机关负责人出庭应诉的规定不够明确。对于法院是否需要审查行政机关负责人不能出庭的理由，审查到何种深度，哪些理由能够采纳而哪些理由不能采纳，理由不成立时该如何处理等，新《行政诉讼法》及司法解释均未作出规定，既导致对行政机关负责人出庭应诉的刚性约束不足，也导致法院在应对和处置当事人就行政机关负责人未出庭提出的异议时缺乏明确的依据。

第三，人民法院因受到各方面条件制约而难以有效督促行政机关负责人出庭应诉。尽管最高人民法院《关于行政诉讼应诉若干问题的通知》（法〔2016〕260号）已为人民法院督促行政机关负责人出庭应诉提供了比较有力的"武器"，例如可以将行政机关负责人不出庭的情况予以公告，可以建议任免机关、监察机关或者上一级行政机关对相关责任人员严肃处理等，但司法实践中鲜有人民法院就行政机关负责人不出庭发布公告或向相关行政机关提出处理建议的情形。

（四）改进对策

第一，合理框定行政机关负责人必须出庭的案件类型。行政机关负责人必须出庭应诉的案件类型主要包括以下四种：①社会影响重大、社会广泛高度关注、涉及重大公共利益等情形的案件；②行政机关所在地或者所在行业的相关规定要求行政机关负责人出庭应诉的案件；③对被诉行政机关行政执法活动将产生重大影响的案件；④行政机关反复败诉的同类案件等。对于其他案件，行政机关负责人是否出庭可由行政机关自行确定。

第二，完善督促行政机关负责人出庭应诉的相应机制。对于行政机关负责人必须出庭应诉的案件，人民法院应尽早向行政机关作出提示，可以在应诉通知书中写明该案属于行政机关负责人必须出庭的案件。在向行政机关送达开庭传票时，应当一并送达出庭应诉通知书，载明不出庭的法律后果。如果行政机关负责人不能按照开庭安排出庭应诉，人民法院应当要求行政机关提供书面的理由说明。

第三，对行政机关负责人不能出庭的理由进行相对深入的审查核实。在对行政机关负责人必须出庭的案件和可自行决定是否出庭的案件进行区分后，对于必须出庭的案件，人民法院不仅应当要求行政机关说明负责人不能出庭的具体理由，还要对理由进行相对深入的审查核实。例如行政机关以负责人需要参加重要会议、身体不适等作为不能出庭的理由的，人民法院应当要求行政机关提交会议通知、诊断证明等材料予以证明。

第四，建立行政机关负责人不出庭的处置机制。对于行政机关负责人必须出庭的案件，行政机关负责人确有正当理由不能出庭的，人民法院应当向其他当事人释明，其他当事人坚持要求行政机关负责人出庭应诉的，人民法院原则上应当延期审理，但延期审理以一次为限。其他当事人不坚持的，或者人民法院根据实际情况决定不予延期的，也可以不延期审理。对于行政机关负责人无故不出庭，或者提供的理由不正当、不客观的，人民法院应当及时发布公告并书面建议任免机关、监察机关或上一级行政机关对相关责任人员严肃处理。

二、行政协议的识别标准与行政协议案件的审理规则

新《行政诉讼法》实施以来，北京法院审理了为数众多的涉行政协议类案件，包括房屋征收补偿安置协议、移民安置协议、直管公房租赁协议等。不过，相较于传统的单方行政行为引起的案件，行政协议类案件的审理规则还有待完善，裁判尺度尚不尽统一。

（一）行政协议的识别

审理好行政协议类案件的前提是准确甄别协议的性质。面对司法实践中出现的丰富多彩的协议或合同的种类，新《行政诉讼法》及司法解释的相关规定仍缺乏足够的明确性和可操作性。为此，我们认为当务之急在于明确行政协议的认定标准。

一方面，对当前司法解释中有关行政协议的界定应作适当修改完善。例如，司法解释对行政协议的界定中有关"在法定职责范围内"的表述应当修改为"在行使行政职权时"，因为签订协议是否在行政机关的法定职责范围内属于行为是否合法有效的实体要件，不应以此作为判断协议本身性质的标准。同时，该定义中有关"行政法上权利义务"的表述学理性较强，且协议约定的权利义务是属于行政法上的权利义务还是民商法上的权利义务并无泾渭分明的界限，应当予以取消。

另一方面，仅仅对行政协议进行界定恐怕难以解决实践中的所有问题，还应当对行政协议的类型作出更加明确的规定。特别值得指出的是，建设用地使用权出让合同纠纷在一些地方按民事案件审理，另一些地方按行政案件审理，这种司法不统一的局面需要尽快改变。鉴于新《行政诉讼法》已将行政协议纳入行政诉讼受案范围，且国有资源使用权出让合同具有十分典型的行政协议特征，因此应当尽快对民事案由的相关规定作出调整，统一将包括建设用地使用权出让合同在内的所有国有资源使用权出让合同纳入行政诉讼受案范围。

（二）行政协议案件的起诉与受理

当事人请求法院解决的行政协议争议除新《行政诉讼法》第 12 条第 1 款第

11 项规定的两类外，还应包括对已经订立的行政协议是否成立、有效、合法产生的争议。此外，与行政协议相关的不作为也可能引发争议。

基于行政协议类案件的不同诉由，适格原告既可以是作为行政协议一方的公民、法人或者其他组织，也可以是与行政协议具有利害关系的公民、法人或者其他组织。对行政协议类案件适格被告的确定应当在遵循行政诉讼法明文规定的前提下，充分考虑行政协议争议的特点。

对于行政协议类案件的起诉期限或诉讼时效，现行司法解释采用了两分法，但未能涵盖行政协议争议的所有情形。我们认为，对于公民、法人或者其他组织请求确认行政协议是否成立、有效、合法，或者请求变更、解除、撤销行政协议的案件，应当适用民事诉讼时效制度，因为该类情形下的争议更多地涉及行政协议的契约性而非行政性，与公民、法人或者其他组织要求行政机关履行协议的案件具有共性，与行政机关单方变更、解除协议引发的案件差异较大。而对于公民、法人或者其他组织认为行政机关未依法与其签订行政协议提起的诉讼，由于协议尚未签订，更多地涉及行政机关是否应当履行签订协议的法定职责问题，带有比较明显的行政性，因此以适用行政诉讼的起诉期限制度为宜，可以比照要求履责类案件计算起诉期限。

此外，在行政协议案件的起诉与受理问题上，还涉及诉讼与仲裁的关系问题。我们认为，新《行政诉讼法》实施之后签订的行政协议如果约定了仲裁，该约定应属无效。但新《行政诉讼法》实施之前签订的行政协议中约定了仲裁的，如果不存在其他违反法律的情形，则不应认定为无效，否则显然违背法的安定性原则和信赖利益保护原则。同时，新《行政诉讼法》实施前已通过仲裁解决了大量的行政协议争议，一旦认定协议约定的仲裁条款无效，会导致法律关系大范围动荡，也会导致行政管理秩序的混乱。

（三）行政协议类案件的审理规则与裁判方式

行政案件的审理规则涉及举证责任分配、审查范围等重要问题。我们认为，应当依据行政协议争议的具体类型确定相应的审理规则。

第一，针对行政机关行使行政优益权提起诉讼的案件，应当遵循行政诉讼案件的一般举证责任分配原则，人民法院应当对被诉行政行为进行全面合法性审查。

第二，公民、法人或者其他组织认为行政机关不依法履行、未按约定履行行政协议提起诉讼的案件，原则上应当遵循谁主张、谁举证的原则，同时对协议是否履行发生争议的，由负有履行义务的当事人承担举证责任。对于此类案件，人民法院应当结合原告的诉讼请求和被告的抗辩事由审查协议履行情况，对于原告、被告各自诉讼主张中均未涉及的其他方面的履行情况可不予审查。

第三，当事人就协议是否成立、生效产生争议的，由主张协议关系成立并生效的一方当事人对协议订立和生效的事实承担举证责任，主张协议关系解除、终止、变更、撤销的一方当事人对协议关系变动的事实承担举证责任。此时，人民法院审查的范围亦应以原告诉讼请求涉及的事项为限。

第四，《合同法》有关合同无效和可撤销的规定可以适用于对行政协议效力的判定，但行政协议既然是行政机关基于公共利益或实现行政管理目标在行使行政职权时签订的协议，理应受到比民事合同更加严格的法律约束，行政协议无效和可撤销的情形宽于民事合同无效和可撤销的情形。

第五，行政协议案件中判决行政机关承担赔偿责任应当采取行政赔偿标准。

（四）相对人一方不履行行政协议时行政机关的救济渠道

新《行政诉讼法》实施以来，对于行政相对人不履行行政协议时行政机关如何寻求救济的问题，主流观点仍认为通过非诉执行的途径解决，但在执行依据上产生较大分歧。我们认为，如果行政协议对相对人义务的约定具体明确，可直接作为执行的依据；如果不够明确和具体，则应转换为可执行的行政行为。法院在受理非诉执行申请后，均需要对行政协议的合法性、有效性以及双方履行协议的情况进行审查，并且在审查方式上，由于相对人不履约的情况相对复杂，应当进行听证，听取相对人的意见。

三、复议机关维持原行政行为的认定标准与审理规则

（一）复议机关作共同被告制度的实施效果

新《行政诉讼法》设置复议机关作共同被告制度的初衷在于促使复议机关切实履行复议监督职责，防止复议机关借助维持原行政行为逃避当被告。新《行政诉讼法》实施以来，北京法院审理了大量的复议维持双被告行政案件，其中仅2015年5月1日至2016年4月20日期间就受理了复议维持双被告的一审行政案件2004件，占同期受理的一审行政案件总量10 786件的18.58%。通过对原行政行为和复议决定进行一并审查和裁判，较好地监督了复议机关依法履行复议职责，有效地实现了立法确立该项制度的初衷。

不过，复议机关作共同被告制度给层级较高的行政机关带来了很大的应诉压力。例如，自2015年5月1日至2016年4月20日，北京法院审理的以中央国家行政机关为被告的一审行政案件达1866件，同比上升4.5倍；以北京市政府为被告的一审行政案件达526件，同比上升5.3倍。同时，由于复议机关作共同被告案件由原告选择在原行政机关所在地法院起诉或在复议机关所在地法院起诉，造成行政机关往返多地应诉的局面，应诉成本高昂。

（二）复议决定确认原行政行为违法时适格被告的确定

实践中得到普遍认同的是，复议机关作出撤销原行政行为或变更原行政行为的决定，属于复议机关改变原行政行为处理结果的情形，应当以复议机关为被告。但复议机关以原行政行为程序轻微违法为由作出确认原行政行为违法而不予撤销的决定的，应以复议机关为单独被告还是以复议机关和原行政机关作为共同被告，存在不同的认识。我们认为，从有利于实现新《行政诉讼法》的立法目的和有利于纠纷实质化解的角度分析，应视为对原行政行为的改变较为适宜。

（三）复议决定部分维持部分撤销原行政行为时适格被告的确定

既然复议决定部分维持部分撤销，往往意味着原行政行为在内容上是可分的。因此，如果原告仅针对复议决定撤销原行政行为的部分起诉，则显然属于复议决定改变原行政行为的情形，以复议机关为单独被告。如果原告仅针对复议决定维持原行政行为的部分起诉，则应当以复议机关和原行政机关为共同被告。此外，如果原告针对整个复议决定提起诉讼，则可以认为复议决定属于改变原行政行为的情形，因为复议决定毕竟与原行政行为不完全相同了，此时应当以复议机关作为单独被告。

（四）复议调解结案时的起诉与受理问题

对于行政机关行使自由裁量权作出的行政行为，复议过程中可以调解解决。如果行政机关与申请人达成调解协议并且改变了原行政行为的处理结果，复议机关制作了调解书并且送达当事人后发生法律效力，我们认为不应属于维持原行政行为的情形，因为原行政行为的处理结果和原行政行为确定的权利义务已被改变。复议调解书一旦生效，相关权利义务就应根据调解书的内容来确定。因此，原行政行为对当事人的合法权益已不再产生实际影响并丧失可诉性，当事人不应再针对原行政行为提起诉讼，不存在以原行政机关与复议机关作为共同被告的问题。同时，行政复议中的调解是在复议机关主持下复议申请人与原行政机关达成的调解协议，复议调解书系复议当事人之间达成的调解协议的确认，调解协议的具体内容并不是复议机关行使强制权力的结果，在此意义上，复议调解书不是复议机关的决定，不应针对行政复议调解书提起诉讼。不过，如果复议机关以调解书为名，行使的却是决定权，相关权利义务是复议机关单方决定的结果，则另当别论。例如，如果复议当事人双方根本未达成调解协议，复议机关却以调解书的方式结案，对此应当赋予当事人寻求救济的权利。这种名为调解书、实为复议决定的行为通常会改变原行政行为的处理结果，可以视为改变原行政行为的复议决定，应以复议机关为被告。

（五）复议机关作共同被告案件的审理对象

对于复议机关作共同被告的案件，原则上可将审查范围局限于原行政行为的合法性和复议程序的合法性，如果原行政行为和复议程序均合法，应当驳回原告的诉讼请求；但如果复议决定存在重大明显的实体违法情节时，法院不应基于原行政行为和复议程序均合法而驳回原告提出的要求撤销复议决定的诉讼请求。例如复议机关本无复议职权而作出维持原行政行为的复议决定的,即使原行政行为和复议程序均合法,法院亦应撤销复议决定或确认复议决定无效。又如,复议决定改变了原行政行为的主要证据或者改变法律依据并对定性产生影响,但仍决定维持原行政行为的,人民法院经审理认定原行政行为合法,复议决定对事实认定和适用依据错误的,人民法院也不应在驳回原告要求撤销原行政行为诉讼请求的同时一并驳回其要求撤销复议决定的诉讼请求。

（六）对原行政行为的合法性审查

新《行政诉讼法》和新司法解释的规定明显体现出将复议决定与原行政行为"打包""捆绑"对待的理念,只要复议决定没有改变原行政行为的处理结果,无论是改变了事实和证据,还是改变了所适用的规范依据,均属于对原行政行为的治愈、补正和维持,是对原行政行为的强化和修正,复议机关用于补强、修正原行政行为的证据、依据可以用来支撑原行政行为的合法性。然而,长期以来的审理思路在于,行政行为作出后收集的证据和补充的理由、依据不能用于支持该行政行为的合法性。在新司法解释将审理思路作出上述调整后,司法实践仍保持着固有的惯性,人民法院以复议机关认定的事实和适用的依据用以认定原行政行为合法的实际案例尚不多见。

（七）复议机关对不符合法定受理条件的复议申请错误做出维持决定时的起诉与受理问题

按照新《行政诉讼法》设置复议维持双被告制度的立法原意,如果当事人对原行政行为的起诉不符合法定起诉条件,即使复议机关作出实体复议决定,其也是在复议机关告知的起诉期限内提起诉讼的,也应当裁定驳回其对原行政行为的起诉,并一并驳回其对复议决定的起诉。理由在于:一方面,对原告起诉是否符合法定条件的审查属于人民法院的司法职权,不受复议决定的拘束。另一方面,对于复议机关维持原行政行为的情形,原行政行为是合法性审查的中心,如果对原行为的起诉本就不符合法定条件,对复议决定进行审查就成了空中楼阁。此时,法院一并驳回对两个行为的起诉符合诉讼法理。

（八）复议机关作共同被告案件的起诉期限问题

我们认为,应当依照收到复议决定的时间作为起算点,在复议决定告知诉权和诉期的情况下,在15日内起诉。如果超过15日,即使从知道原行政行为之日起尚未超过6个月期限,也应当认定超过了法定起诉期限;复议决定未告知诉权和诉期,当事人在知道复议决定之日起2年内提起诉讼,即使已超过知道原行政行为之日起的6个月,此时亦应依据知道复议决定的时间作为起诉期限的起点。

四、规范性文件一并审查的范围、标准与强度

（一）规范性文件一并审查制度的运行状况

第一，请求审查与启动审查呈现出"双低"格局。尽管当事人申请对规范性文件进行一并审查的案件数量逐渐增多，但绝对数量仍很少，且法院启动审查的案件更少。

第二，司法审查进路显得谦抑有余而能动不足。例如，新《行政诉讼法》规定，一并审查的对象只能是行政行为"依据"的规范性文件。实践中，法院通常只注重对以书面方式作出的行政行为内容的审查，看当事人请求审查的规范性文件是否被行政行为明确引用，如果未明确引用，则认定该规范性文件不属于一并审查范围。又如，新《行政诉讼法》规定，当事人可在起诉时提出一并审查请求。法院有时对此作狭义解释，要求原告在起诉状的诉讼请求部分列明一并审查请求，如果未予列明，即便在事实与理由部分对规范性文件提出异议，或在诉讼中以其他方式提出一并审查请求，则不予认可。再如，法院在对规范性文件的合法性进行一并审查时，往往只对行政行为援引的规范性文件的具体条文进行审查，看该条文内容是否与上位法相抵触，只要条文内容与上位法不抵触，通常就认定规范性文件合法，并进而认定可以作为行政行为的合法依据。

第三，司法尺度缺乏足够的明确性与统一性。目前，有关规范性文件一并审查的规定仍十分原则和笼统，而在诸多基本问题上尚缺乏明确具体的规定，导致司法尺度上的不一致。

（二）规范性文件一并审查的对象范围

不论从应然还是实然的角度分析，行政行为都是一个动态的过程和有机的整体，包含职权取得、程序选择、事实认定、法律解释、处理结果等诸多环节。在法治原则之下，行政过程的各个环节均须接受法的支配，而这里的"法"在很多时候是以规范性文件的面目出现的。行政过程的任何环节均可能以规范性文件为依据，而一旦依据了不合法的规范性文件，都会危及行政行为的合法性。因此，法院应将行政过程各个环节依据的规范性文件纳入一并审查的视野，而不仅仅是明确记载于静态载体中的规范性文件。

除被行政行为直接引用外，规范性文件作为行政行为依据的情形还包括以下三种：一是作为行政不作为的依据。二是作为行政行为依据的依据。三是作为关联行政行为的依据。

（三）对规范性文件的合法性应进行全面审查

规范性文件一并审查应当遵循全面审查原则，法院应当既审程序，又审实体；既审法律，又审事实；既审形式合法性，又审实质合法性。理由在于：

第一，从法律规定考察。新《行政诉讼法》第64条规定，法院经审查认定

规范性文件不合法的，不作为认定行政行为合法的依据。根据同一法律术语在同一法律中具有相同含义的基本原理，同时鉴于新《行政诉讼法》未作出差别性规定，因此法院对行政行为和规范性文件的审查均属于合法性审查，合法性审查的具体范围和标准亦应相同。既然对被诉行政行为合法性的审查是全面审查，对规范性文件合法性的审查也应当是全面审查。

第二，从规范性文件的属性考察。规范性文件制定过程虽带有明显的立法性特征，但规范性文件并不属于法的范畴，对法院不具有法律规范意义的拘束力。就行政权与司法权的关系而言，法院对待规范性文件应当具有与对待行政行为一样的完整审查权。

第三，从制度演变历程考察。在《行政诉讼法》修改前，法院已经可以对规范性文件的合法性进行全面审查。如果在新《行政诉讼法》正式建立规范性文件一并审查制度后，反而将司法审查范围局限于制定机关是否具有制定权限和具体条款是否与上位法抵触这两个方面，实有大幅倒退之虞。

（四）规范性文件一并审查应侧重形式合法性并兼顾实质合法性

一方面，所谓"合法性"是指"合法律性"或形式合法性，主要包括以下三个方面：一是审查规范性文件的制定主体及权限是否合法。二是审查规范性文件的制定程序和形式是否合法。三是审查行政规范性文件的内容和依据是否合法。

另一方面，与对行政行为的审查标准一致，法院亦应借助"滥用职权"和"明显不当"两项审查标准，实现对规范性文件制定过程中行政裁量权的司法规制。

（五）规范性文件一并审查的强度

首先，一并审查应当遵循必要性原则。如果规范性文件不具有可适用性，例如尚未生效或者已经失效，虽有效但效力不及于案件所涉领域、地域以及人和事，即可认定被诉行政行为适用该规范性文件错误，该规范性文件是否合法已不影响案件审理，此时应当驳回原告提出的一并审查请求。其次，规范性文件往往包含着多个具体的行政规范，法院需要审查的首先是行政行为直接依据的部分，对与行政行为合法性无关的内容应不予审查。最后，规范性文件一并审查应保持合理限度，根据规范性文件的政策及专业色彩之浓淡、对相对人权益影响之深浅、稳定性之大小、其他控制手段之强弱以及事实问题与法律问题之区分，采取不同的审查强度。

五、行政行为程序轻微违法的认定标准

（一）司法实践的总体状况

新《行政诉讼法》实施以来，北京市各级人民法院对行政程序的审查力度明显加大，一些案件中尽管行政行为仅存在程序轻微违法情形且对原告权益不产生实际影响，但法院没有再沿用过去以程序瑕疵为由判决驳回原告诉讼请求的惯常做法，而是严格落实新法规定判决确认违法。不过，从其他一些地方审理的案件看，也有许多案件对行政行为逾越法定期限等情形一如既往地认定为程序瑕疵并驳回原告诉讼请求，司法不统一问题较为突出。

（二）程序工具主义的克服

我们认为，我国法院在对行政程序进行合法性审查时，应着力实现程序工具价值与自身价值的兼顾；同时鉴于我国素有重实体、轻程序的传统，关键在于加大程序内在价值在司法认定中的权重。一方面，法院应坚守"重实体"的立场，如果对行政程序法律规范的违反影响到实体结果，本身就表明这一违反在性质与情节上是严重的，不宜再定性为程序轻微违法。另一方面，法院应逐步树立"重程序"的立场，加大对程序内在价值的考虑权重，行政行为一旦违反了基本的或者十分重要的程序要求，即便没有影响到实体结果，亦不宜定性为程序轻微违法。

同时，在对行政程序进行合法性审查时，秉持适度能动的司法立场显得尤为重要。一方面，我国立法对行政程序的规定尚不完备，统一的行政程序法典迟迟未能出台，对不少行政行为尚缺乏具体而严格的程序要求。在此情况下，法院有必要对现行《行政诉讼法》所规定的"法定行政程序"作适当扩大之解释，不仅包括法律、法规、规章等法律规范明文规定的程序，还应包括法律原则、法律精神所要求的程序。此外，行政机关制定了大量的规章以下的规范性文件，其中的程序要求在不违背上位法的情况下，也应得到行政机关的遵循。另一方面，立法规定有时难以适应行政要求，需要司法予以适当调整。尤其是在行政程序问题上，立法所追求的目标往往在于公平，有时对效率的关注不足，从而也会束缚行政的手脚，不利于行政管理目标的实现，不能更好地实现人民的福祉。此时司法亦应通过能动作用的发挥拉近立法与行政的距离。

（三）程序轻微违法的认定标准

如何对行政程序违法进行定量分析并区分出轻微违法与非轻微违法。从司法实践看，在行政程序合法性审查过程中，法院往往立足于以下三项基准进行权衡：一是审查行政行为所违反的程序的重要性。程序越重要，违反该程序的性质和情节就越严重。二是审查行政行为违反程序的具体情节与程度。三是审查行政行为程序违法是否影响案件的实体处理与当事人的实体权利。

需要特别强调的是，对行政程序合法性的审查以及对行政程序违法情节的区分充满了价值权衡，必须辅之以引导和规范司法裁量权行使、避免司法专断与恣意的相应机制。我们认为，以下三个方面至关重要：一是裁判说理的强化。二是听取当事人的意见。三是借助指导案例等制度对行政程序违法的情形及相应法律后果予以明确，弥补成文法的不足，提升司法尺度的一致性。

（四）行政程序轻微违法的判决说理

第一，法院应当在判决中阐明构成行政程序轻微违法的具体理由。要从程序的重要性、违反的程度、对实体处理的影响等方面，表明程序违法的情节轻微，对原告权利不产生实际影响，以此与非轻微的程序违法相区分，并以此作出选择采取确认违法判决方式而非无效或撤销判决方式的理由。

第二，法院应当在判决中明确指出对行政行为不予撤销，体现出对行政行为效力的保留。如果法院仅仅确认行政行为违法，而未指出不予撤销行政行为，行政行为的效力就不明确。

第三，法院以行政程序轻微违法为由作出确认违法判决的，不应判决行政机关重新作出行政行为。由于行政行为的效力并未被否定，因此该行政行为仍然具有拘束力、执行力等法律效力，不存在重新作出行政行为的问题。

六、行政行为明显不当的认定标准与判决方式选择

（一）司法实践的总体状况

一方面，人民法院明确适用新《行政诉讼法》所确立的"明显不当"标准判决撤销行政行为的案件尽管绝对数量仍然很少，但也处于逐渐增多的趋势，表明对行政权力的司法监督力度在不断加大；另一方面，新《行政诉讼法》设置明显不当审查标准的立法意图尚未完全实现。明显不当审查标准旨在对行政机关行使自由裁量权的行为进行更加严格的司法监督。

（二）明显不当的判断标准

一是处理方式违反比例原则；二是违反业已形成的裁量准则；三是缺乏正当理由的差别对待；四是未考虑相关因素或考虑了不相关的因素。

（三）对明显不当行政行为的判决方式

新《行政诉讼法》第70条第6项规定，行政行为明显不当的，人民法院判决撤销或部分撤销行政行为，同时可以判决行政机关重新作出行政行为。同时，新《行政诉讼法》第77条第1款规定，行政处罚明显不当的，人民法院可以判决变更。

七、一并解决民事争议制度的运行状况与改进

（一）司法实践的总体状况

新《行政诉讼法》实施以来，一并审理民事争议制度基本上处于"休眠"状态，司法实践中通过行政诉讼一并解决民事争议的案件数量不多、比例不高。

从当事人的角度而言，一并解决民事争议的前提是当事人提出申请。但由于行政诉讼具有较强的专业性，而行政诉讼的原告、第三人绝大多数属于自然人，

通常缺乏专业法律素养，对新《行政诉讼法》增设的一并解决民事争议制度往往并不知晓，在法院不进行释明的情况下，无法通过申请启动一并解决民事争议程序。从法律制度本身的角度看，有关一并解决民事争议的规定仅有新《行政诉讼法》第61条的规定和《最高人民法院关于适用〈中华人民共和国行政诉讼法〉若干问题的解释》第17、18、19条的规定，总体而言，这些规定仍过于原则，可操作性不强，尤其是对"相关民事争议"的具体范围不易把握。

（二）实践中行政争议与民事争议交织的主要类型

审判实践中，行政、民事争议相互交织的情况比较常见，并往往表现为下列形态：一是因行政行为与民事主体资格相关联而引发的行政、民事争议交叉。二是因法律规范将行政行为设定为民事行为生效或具有对抗第三人效力的程序要件而引发的行政、民事争议交叉。三是因行政行为是取得民事权利或承担民事责任的依据而引发的行政、民事争议交叉。四是因行政机关对民事争议作出行政裁决而引发的行政、民事争议交叉。五是因同一行为须同时承担行政法律责任和民事法律责任而引发的行政、民事争议的交叉。六是行政赔偿与民事赔偿的交叉。七是其他情形。

（三）一并审理民事争议的案件范围

首先，可以一并解决民事争议的行政案件不宜突破新《行政诉讼法》第61条明确规定的案件范围；其次，可以一并审理的民事争议应当限于与行政争议具有紧密联系的民事争议；最后，现行司法解释规定的一并审理民事争议的排除范围应当继续保留。

（四）一并审理民事争议的启动条件

人民法院在行政诉讼中一并审理民事争议应当符合下列条件：一是必须由当事人提出一并审理的请求，法院不能依职权主动审理民事争议。二是提出请求的主体应当是民事争议的相关当事人，既可以是行政诉讼案件的原告，也可能是行政诉讼案件的第三人。三是需要法院作出决定。四是一并审理民事争议程序的启动不以民事争议各方一致同意或者行政诉讼被告同意为前提。五是当事人应当在规定期限内提出一并审查的申请。

八、行政诉讼繁简分流机制的运行状况与完善

（一）司法实践的总体状况

新《行政诉讼法》实施以来，北京法院积极探索繁简分离机制，形成了一些行之有效的做法与经验，包括对符合法定条件的案件依法适用简易程序，在行政庭内部设立速裁团队，对特定类型案件探索采取表格式裁判文书等。这些措施在一定程度上缓解了案多人少的压力，提高了行政审判的效率。不过，总体而言，繁简分流机制尚亟待完善。最直观的一项指标是行政诉讼简易程序的适用频率。新《行政诉讼法》实施以来，适用简易程序审理的行政案件在全部行政案件中的占比不高，行政诉讼的审级制度不完善、诉讼程序同质化问题突出。

（二）行政诉讼繁简分流应当遵循的基本要求

首先，行政诉讼繁简分流应当坚持公正优先、兼顾效率原则的司法理念。其次，行政诉讼繁简分流应当遵循正当程序，并应以保障当事人的诉讼权利为前提。再次，行政诉讼繁简分流应当从诉讼程序的各个阶段、各个环节、各个方面整体推进，提升整体效能。最后，行政诉讼繁简分流应当建立于科学合理的标准尺度和易于操作的运行流程之上。

（三）行政诉讼繁简分流的基本路径

一是充分发挥行政诉讼简易程序的功能作用；二是建立健全普通程序案件的简便化审理机制；三是对二审案件应当突出审理重点并采取更加灵活的审理方式；四是应当提升行政裁判说理的针对性。

九、行政案件跨行政区域集中管辖与行政审判体制改革

（一）行政案件跨区域集中管辖改革试点的总体情况及局限性

从试点情况看，行政案件跨区域集中管辖有助于打破地方保护和行政干预，对于提升行政审判的公正性与公信力发挥出积极效果。不过，行政案件跨区域集中管辖仍存在一些瓶颈性问题，主要是：一是对当事人诉讼便利产生影响；二是案件集中后行政审判法官却难以集中导致行政审判队伍弱化；三是出现"有案无人办"和"有人无案办"的局面，影响行政审判整体质效；四是行政案件集中管辖法院面临较大的信访和维稳压力；五是影响司法公正的因素难以通过集中管辖得到根除。

（二）当前跨区划法院改革的成效与局限——以北京四中院为例

作为全国首批跨行政区划法院和整建制综合改革试点法院，北京四中院自2014年底挂牌履职两年多来，共受理以北京市各区政府为被告的行政一审案件4290件，初步探索形成了具有跨区法院特色符合行政审判规律的行政审判工作。主要做法与成效有：一是坚持改革为先，以创新审判机制方式统领行政审判各个环节。二是坚持质效为本，准确把握特点规律，努力实现行政审判优质高效。三是坚持创新为魂，整合运用各种资源力量推动行政争议实质性化解。四是坚持联动为要，积极延伸行政审判职能，促进行政机关依法行政。不过，当前该院也面临审级不完整、案件管辖范围狭窄、级别配置不到位等问题，由于北京的四个中级法院分散管辖相关行政案件，统一裁判尺度的难度也较大，也不利于与行政综合执法改革相协调。

（三）建议适时建立跨区划行政审判专门法院

从我国当前推进行政诉讼体制改革的现实需要和发展方向出发，基本思路可

以考虑建立在最高法院下设相关层次行政法院，其中可以在若干区、县区划基础上组建初审行政法院，在若干地市基础上组建上诉行政法院，在若干省、自治区、直辖市基础上组建高级行政法院，在最高法院内设最高行政法院。初审行政法院、上诉行政法院、高级行政法院根据人口分布、案件数量、经济发展、交通条件等因素，完全打破行政区划进行设置。各级行政法院的经费由中央财政拨付，最高行政法院、高级行政法院法官由全国人大常委会任命，初审行政法院、上诉行政法院法官由全国人大常委会授权法院所在地省级人大常委会任命。

第三部分 推动新《行政诉讼法》全面深入实施的总体建议

为进一步推动新《行政诉讼法》全面深入实施，本文在前两部分内容的基础上，提出以下建议：

第一，持续关注和评估新《行政诉讼法》实施状况与效果。截至目前，新《行政诉讼法》设立的许多新制度、新机制和新程序在实践中运用的还不多，既可能导致成效难以充分呈现，又可能导致问题难以充分暴露。因此，只有持续关注和评估新《行政诉讼法》的实施状况与效果，才能够发现新《行政诉讼法》实施中更多、更深层次的问题，才能在此基础上不断解决问题。同时，仅仅从行政审判的视角观察和评估新《行政诉讼法》实施状况与效果是不够的，还应当从作为被告的行政机关、作为原告的行政相对人以及社会公众的视角进行观察和评估。

第二，尽快出台新《行政诉讼法》适用的综合性司法解释。新《行政诉讼法》实施以来，人民法院的行政审判工作遇到层出不穷的新情况、新问题，由于法律规定较为原则，司法标准不明确、裁判尺度不统一的现象较为突出。为指导审判实践，最高法院应当尽快出台适用新《行政诉讼法》的综合性解释，并应当力求具体、明确、可操作。

第三，及时解决影响新《行政诉讼法》实施的瓶颈性问题。一方面，各级人民法院应当更加重视行政审判队伍建设，不断充实行政审判力量，不断提升行政审判队伍的专业化水平，以有效应对当前行政审判面临的压力与挑战。另一方面，行政审判体制改革仍应进一步深化推进，应当尽快设置行政审判专门法院，以提升行政审判的专业化水平，增强行政审判排除地方保护和行政干预的能力。

第四，建立健全促进新《行政诉讼法》深入实施配套制度。对于新《行政诉讼法》实施中出现的问题，需要及时建立健全相应的配套制度加以解决。

（本文课题组成员：陈良刚，北京市第四中级人民法院行政庭庭长，法学博士；武楠，北京市第四中级人民法院行政庭副庭长，法学硕士；霍振宇，北京市第四中级人民法院行政庭副庭长，法学硕士；向绪武，北京市第四中级人民法院行政庭法官，法律硕士；张立鹏，北京市第四中级人民法院行政庭法官，法学硕士；张岩，北京市第四中级人民法院行政庭法官，法学硕士；贾毅，北京市第四中级人民法院行政庭法官，法学硕士；张玮，北京市第四中级人民法院行政庭法官，法学硕士。）

北京市环境公益诉讼实证研究

宋 海[*]

一、北京市环境公益诉讼案件情况

（一）北京市检察机关提起环境民事公益诉讼情况

被告	违法行为	诉讼主体	诉讼结果
北京某股份有限公司	未按环评批复要求自建污水处理设施，将建设的住宅小区项目直接投入使用，产生的生活污水直排南沙河	昌平区人民检察院移送北京市人民检察院第一分院审查起诉	被告同意公益诉讼人的诉讼请求，双方签署调解协议，公益诉讼人撤回起诉
凌某某	未经环保部门审批，从事铝制品加工业务，向渗坑排放六价铬、总锌等重金属和PH值超标废水，所排废水经泄洪管道汇入大石河	房山区人民检察院移送北京市人民检察院第四分院审查起诉	刑事案件线索移送侦查，民事案件中止审理
北京某铝业有限公司	未按环评批复要求规范经营，向无防渗措施的渗坑排放六价铬超标废水	房山区人民检察院移送北京市人民检察院第四分院审查起诉	刑事案件线索移送侦查，民事案件中止审理
赵某某	无任何审批手续及污染防治设备擅自开设电镀厂进行除锈、电镀作业，重金属超标废水通过排水沟排入渗坑	通州区人民检察院移送北京市人民检察院第三分院审查起诉	已正式开庭，尚未作出一审判决

---

* 课题主持人：宋海，北京市人民检察院第三分院主任检察官。立项编号：BLS（2016）B017。结项等级：优秀。

被告	违法行为	诉讼主体	诉讼结果
北京某钢结构工程有限公司	喷漆工艺未在密闭空间内进行，喷漆场地未安装废气污染防治设施，喷漆产生的挥发性有机废气未经处理直接外排大气环境	大兴区人民检察院移送北京市人民检察院第四分院审查起诉	法院已经作出行为保全，裁定禁止多彩公司未经环境审批，在不符合环境保护标准情况下继续从事污染环境、破坏生态的生产行为
夏某某等七人	无资质收购、储存、销售废机油，遗洒造成承租院内土壤污染	朝阳区人民检察院移送北京市人民检察院第三分院审查起诉	刑事案件尚未诉至法院。民事公益诉讼案件仅进行一次庭前会议，尚未正式开庭

北京市检察机关提起的环境民事公益诉讼，呈现出以下特点：

（1）被告既有大型股份公司，也有自然人，以自然人或自然人开办的企业居多。已起诉的6起环境民事公益诉讼案件中，仅有1件涉及股份公司，其余均为自然人成立的公司或者是自然人。

（2）被告多未进行环评审批，行为的违法性明显。已起诉的6起环境民事公益诉讼案件中，除北京某股份有限公司进行环境影响评价外（但未依环评批复要求建设环保设施），其余被告均未进行环境影响评价。

（3）被告的行为多经过行政处罚或者刑事处理。已起诉的6起环境民事公益诉讼案件，环保局均介入并进行了相应的处理，其中有4起案件直接给予行政处罚，另有2件移送公安机关处理。

（4）污染类型多样化。已起诉的6起环境民事公益诉讼案件，包括了大气污染、土壤污染、地表水和地下水污染。污染物既包括重金属、废机油等危险废物，也包括生活污水、工业废气等。

（5）试点法院均提起环境民事公益诉讼。北京市检察机关第一分院、第三分院和第四分院系试点院，其中一分院提起环境民事公益诉讼1件，三分院提起2件，四分院提起3件。

（6）鉴定工作多由检察机关委托。环境民事公益诉讼确定损害赔偿数额，往往需要通过鉴定评估，检察机关作为公益诉讼人，多承担着委托鉴定评估责任。检察机关多在环保部推荐的环境损害鉴定评估机构中选择鉴定机构[1]。

(7) 鉴定费用比较高。环境损害鉴定评估，目前收费较高。

(8) 检法两院均需对案件进行公告。

(9) 环境民事公益诉讼多与刑事程序衔接。环境民事公益诉讼的一审管辖法院为中级法院，但刑事案件的管辖法院一般为基层法院，虽然无法通过刑事附带民事诉讼程序一并审理，但二者多互相衔接。已起诉的6起案件，有4件已经启动刑事程序。

（二）北京市检察机关提起环境行政公益诉讼情况

公益诉讼人	被告	基本案情	备注
石景山区人民检察院	北京市工商石景山分局	某些市场向购物者提供免费塑料袋，工商分局对"限塑令"执行不力，加大了塑料袋对环境的污染	起诉之后，工商分局加大处罚力度，并采取其他执法措施，改正了怠于履职的行为。检察机关申请撤诉
昌平区人民检察院	北京市规划和国土资源管理委员会	某公司非法占用昌平区某村基本农田经营旧电器市场，在该宗土地上私自搭建房屋、堆放旧家电，造成土地硬化，土壤耕作层严重破坏，种植条件难以恢复	尚未审结
平谷区人民检察院（3案，涉及3个行政行为）	北京市平谷区园林绿化局	某公司未办理林木采伐许可证，擅自砍伐林木，致使生态公益林遭受破坏，平谷区园林绿化局虽作出责令补种通知，但某公司未进行补种，园林绿化局亦未履行代为补种的法定职责	尚未审结

[1] 《环境损害鉴定评估推荐机构名录（第一批）》中共有12家机构，《环境损害鉴定评估推荐机构名录（第二批）》中共有17家机构。根据关于《环境损害鉴定评估推荐机构名录（第一批）》相关问题的说明，《环境损害鉴定评估推荐机构名录（第一批）》为推荐性质。各级环境保护主管部门在工作中遇到司法机关、行政机关或者其他单位和个人要求提供环境损害鉴定评估机构信息时，可以向其提供本名录，供需要鉴定评估机构有关信息的单位和个人参考。推荐机构名录不属于行政许可，不具备强制力。各级环境保护主管部门也可以向当事人推荐没有列入该名录的鉴定机构从事环境损害鉴定评估工作。

续表

公益诉讼人	被告	基本案情	备注
怀柔区人民检察院	北京市怀柔区园林绿化局	某公司在某纪念林项目中，未经批准擅自占地修建道路，损毁生态公益林木。园林局接到举报后未对违法主体进行行政处罚。	尚未审结
朝阳区人民检察院	北京市园林绿化局	朝阳区儿童主题公园管理用房建设过程中，擅自扩大建筑规模，建成商业办公楼对外出租经营。	尚未审结
密云区人民检察院	北京市密云区园林绿化局	某公司擅自损毁山场内树木，密云区园林局作出处罚，要求补种树木。但该公司未按要求补种。	尚未审结
海淀区人民检察院	北京市海淀区城市管理综合行政执法监察局	区城市管理综合行政执法监察局怠于履行对露天烧烤的查处职责。	尚未审结

北京市检察机关提起的环境行政公益诉讼，呈现出如下特点：

（1）作为被告的行政机关主体较多。北京市检察机关提起的环境行政公益诉讼中，国土部门、工商部门、城管部门均成为被告，尤其是园林绿化部门作为被告的情形较多。

（2）案件均由基层检察院诉至基层法院。

（3）检察建议前置于行政公益诉讼。检察机关提起环境行政公益诉讼的前置程序是发出检察建议督促行政机关履职，并且要求诉讼请求的内容与检察建议的内容实质一致。综观检察机关发出的检察建议，绝大多数行政机关均予以积极整改，检察机关仅对检察建议未达到预期效果的案件提出了行政公益诉讼[1]。以北京市检察机关提起的环境行政公益诉讼案件为例，北京市检察机关共发出检察建议 64 份，而提起行政诉讼仅 11 起。

（4）案件的审理期限均较长。检察机关提起行政公益诉讼，在受理、管辖、审理和判决等各个环节均存在争议与探索的地方，导致案件的审理期限较长。

（三）社会组织提起环境公益诉讼的情况

原告	被告	案由	审理情况
北京市朝阳区自然之友环境研究所	北京都市芳园房地产开发有限公司、北京九欣物业管理有限公司	固体废物污染责任纠纷（废渣填湖）	未审结
中华环境保护基金会 中国生物多样性保护与绿色发展基金会	重庆长安汽车股份有限公司	大气污染责任纠纷（尾气超标）	法院裁定合并审理。
中国生物多样性保护与绿色发展基金会	凯比（中国）制动系统有限公司、北京金隅红树林环保技术有限责任公司	土壤污染责任纠纷（向农地倾倒危险废物）	未审结

---

[1] 曹建明：关于《中华人民共和国行政诉讼法修正案（草案）》和《中华人民共和国民事诉讼法修正案（草案）》的说明——2017 年 6 月 22 日在第十二届全国人民代表大会常务委员会第二十八次会议上……（二）关于诉前程序。《授权决定》明确要求，提起公益诉讼前，人民检察院应当依法督促行政机关纠正违法行政行为、履行法定职责，或者督促、支持法律规定的机关和有关组织提起公益诉讼。试点中，超过 75% 的行政机关在收到检察建议后主动纠正了违法行为。《修正案（草案）》继续对此作出规定，检察机关在提起行政公益诉讼前，应当向行政机关提出检察建议，督促其依法履行职责。民事公益诉讼中，在没有法律规定的机关和有关组织或者法律规定的机关和有关组织不提起诉讼的情况下，检察机关可以向人民法院提起诉讼。法律规定的机关或者有关组织提起诉讼的，检察机关可以支持起诉。

原告	被告	案由	审理情况
中华环境保护基金会	北京张裕爱斐堡国际酒庄有限公司	大气污染责任纠纷（锅炉烟气排放超标）	调解结案。酒庄道歉，停止锅炉使用，并承诺通过植树的方式对造成的周边大气环境损害进行替代性修复
中国生物多样性保护与绿色发展基金会	北京市朝阳区刘诗昆万象新天幼儿园 北京百尚家和商贸有限公司（撤回起诉）	环境污染责任纠纷（"毒跑道"造成大气和土壤污染）	调解结案。幼儿园拆除塑胶跑道并铺上草坪，以保护生态环境为目的向中华社会救助基金会捐助10万元
北京市朝阳区自然之友环境研究所	现代汽车（中国）投资有限公司	大气污染责任纠纷（尾气超标）	尚待宣判
北京市朝阳区自然之友环境研究所	中国石油天然气股份有限公司 中国石油天然气股份有限公司吉林油田分公司	环境污染责任纠纷（利用渗坑偷排污水及未按规定处理含油废物，污染土壤和地下水）	未审结
重庆绿色志愿者联合会	北京小度信息科技有限公司	环境污染责任纠纷（外卖平台未提供是否使用一次性餐具的选项，默认配送一次性餐具）	受理
重庆绿色志愿者联合会	上海拉扎斯信息科技有限公司		
重庆绿色志愿者联合会	北京三快科技有限公司		

　　社会组织在北京市提起的环境民事公益诉讼，根据集中管辖原则，均由北京市第四中级人民法院管辖，其呈现出以下特点：

　　（1）具备提起公益诉讼意向和能力的公益组织不多。以北京市为例，目前北京市的社会组织提起环境民事公益诉讼的主体不多，主要是自然之友、绿发会、中华环保基金会等，与北京市庞大的社会组织数量相比，只是少数。

（2）外地社会组织亦可就外地环境事件或者外地被告在北京提起诉讼。环境民事公益诉讼的地域管辖标准包括被告住所地和侵权行为地，因此对于环境污染行为发生于外地但被告住所地在北京的，社会组织可以倾向于在北京提起公益诉讼，以保证审理的公正性和增加公益诉讼的影响力。

（3）社会组织提起环境公益诉讼具有一定的选案策略。社会组织在决定是否提起环境公益诉讼时，可能会考虑一系列因素，比如是否可以通过其他合法手段解决，是否能实现保护生态环境的目的，是否能推动环境法治的进程，是否对环保组织自身具有推动作用。[1] 从社会组织在北京市提起的环境民事公益诉讼看，明显可以看出该选案策略，比如说绿发会、自然之友起诉的长安汽车、现代汽车的尾气超标案，即反映了"大众尾气门"的舆论热点；再如重庆绿色志愿者联合会起诉三大外卖平台，从被告的选择、起诉的切入点等因素看，均可能形成较大的影响力。

（4）社会组织一般不参与检察机关提起的环境民事公益诉讼。这可能与社会组织提起公益诉讼的选案标准有关，即有其他职能部门（包括检察机关）负责的案件，社会组织一般不再参与。

二、北京市环境公益诉讼争议问题研究

（一）公共利益问题研究

1. 公共利益形态

环境资源类案件既涉及国家对自然资源的所有权，也涉及自然资源的生态服务功能，其中的公共利益具有多元性，公益诉讼人或原告的主体亦相应多元化。最高人民法院《关于充分发挥审判职能作用为推进生态文明建设与绿色发展提供司法服务和保障的意见》中，提出了三类主体和三类利益，其中省级人民政府作为赔偿权利人的基础定性为国家自然资源所有权，并且省级人民政府基于自然资源所有权提起的民事诉讼、社会组织提起的环境公益诉讼，以及自然人、法人、

---

〔1〕 刘湘：《环境民事公益诉讼选案标准》，载《环境公益诉讼观察报告（2015年卷）》，法律出版社2016年版，第308－309页。

其他组织提起的私益诉讼并立，形成环境诉讼三足鼎立的局面。[1] 下面就其中的法益进行具体分析：

（1）国家自然资源所有权。宪法、物权法、矿产资源法均规定，矿藏、矿产资源属于国家所有。本文拟以非法采矿为例，研究国家自然资源所有权的保护问题，同时分析检察机关在其中的地位。

非法采矿侵害了国家对矿产资源的所有权，根据我国刑法及相关司法解释，非法采矿罪以矿产资源破坏价值为重要的定罪和量刑依据，然而实践中代表国家对矿产资源损失提起附带民事诉讼的主体，却各不相同。笔者通过中国裁判文书网搜索非法采矿罪的刑事附带民事裁判文书，共找到94个结果[2]，关于附带民事诉讼的主体，摘其典型性案例归纳如下：

公诉机关	附带民事诉讼原告	被害单位	案号	矿产资源破坏价值
贵州省福泉市人民检察院	贵州省福泉市人民检察院	福泉市人民政府（在判决书列明被害单位，并赔偿被害单位）	（2015）福刑初字第93号	1204 300元
台山市人民检察院	台山市人民政府		（2014）江台法刑初字第238号	330 500元
泉州市泉港区人民检察院	泉州市国土资源局泉港分局	泉港分局先后11次发出《制止违反矿产资源法规行为通知书》	（2014）港刑初字第225号	210 000元

---

[1] 该意见第19条规定："积极探索省级政府提起生态环境损害赔偿诉讼案件的审理规则。按照《生态环境损害赔偿制度改革试点方案》，试点地方省级政府经国务院授权后，作为本行政区域内生态环境损害赔偿权利人，可以对违反法律法规造成生态环境损害的单位或者个人提起民事诉讼。认真研究此类基于国家自然资源所有权提起的生态环境损害赔偿诉讼案件的特点和规律，根据赔偿义务人主观过错、经营状况等因素试行分期赔付，探索多样化责任承担方式。试点地方省级政府提起生态环境损害赔偿诉讼，不影响社会组织依法提起环境民事公益诉讼，也不影响人身和财产权利受到损害的自然人、法人和其他组织提起私益诉讼。准确界定基于同一侵权行为发生的三类诉讼之间的关系，做好诉讼请求、事实认定、责任承担以及判决执行等方面的协调、对接。"

[2] 中国裁判文书网：wenshu. court. gov. cn，访问时间：2017年2月12日。

续表

公诉机关	附带民事诉讼原告	被害单位	案号	矿产资源破坏价值
乐山市五通桥区人民检察院	乐山市五通桥区国有资产管理委员会	刑诉解释第 139 条：被告人非法占有、处置被害人财产的，应当依法予以追缴或者责令退赔。被害人提起附带民事诉讼的，人民法院不予受理。	（2016）川 11 刑终 18 号	驳回起诉驳回上诉
河南省淮滨县人民检察院	詹某等四人	法院认为，非法采矿罪侵犯的客体是国家对矿产资源和矿业生产的管理制度以及国家对矿产资源的所有权。	（2015）淮刑初字第 104－1 号裁定	不予受理

案例表明，非法采矿罪侵害的法益是国家的矿业管理制度和国家对矿产资源的所有权，但是代表国家主张权利的主体却各不相同，包括检察机关、县级以上人民政府、国土部门、国有资产管理部门等，其亦各有其法律依据。检察机关作为附带民事诉讼原告，其法律依据在于刑事诉讼法第 99 条第 2 款的规定，即国家财产、集体财产遭受损失时，检察机关可以提起附带民事诉讼。刑诉法解释第 142 条更是明确规定，受损失的单位未提起附带民事诉讼，检察机关可以提起，法院应当受理。

本文认为，无论是检察机关，还是政府职能部门，就资源类案件提起的附带民事诉讼，均不宜认定为公益诉讼。其一，从实体上看，我国法律明确规定了自然资源的国家所有，实体法上具有明确的权利主体，并不属于不特定人的利益，不符合公共利益的概念，因此具有明确权利行使主体的国家利益并不属于公共利益。其二，从程序上看，附带民事诉讼的级别管辖多随刑事案件，由基层法院管辖，附带民事诉讼亦多由基层检察院提起；而民事公益诉讼由中级法院管辖，亦需由中级法院对应的检察院提起，亦存在特殊的诉前程序。如果将附带民事诉讼亦视为公益诉讼，则程序衔接上可能存在障碍。

（2）环境资源价值。环境资源价值包括使用价值和非使用价值，其中使用价值又分为直接使用价值、间接使用价值和选择价值，非使用价值主要指存在价值。以森林资源为例，其直接使用价值表现为为人类提供木材、粮油、药材、生物基因以及休闲娱乐等；其间接使用价值包括营养循环、水域保护、减少空气污染、小气候调节等，即生态服务功能。[1]

仍以采矿毁林案件为例，其一，采矿毁林可能损害林木所有权人的利益，如存在具体的林木所有权人，则因其不属于不特定人的利益，不属于公共利益。其二，林木具有固碳释氧等生态服务功能，无论该林木系属于国家所有还是集体所有，其生态服务功能均属于公共利益。在最高人民法院发布的 2015 年十大环境侵权典型案例中，"北京市朝阳区自然之友环境研究所、福建省绿家园环境友好中心诉谢知锦等四人破坏林地民事公益诉讼案"［（2015）南民初字第 38 号、（2015）闽民终字第 2060 号］，北京中林资产评估有限公司作出评估报告，认定价值损害即生态环境受到损害至恢复原状期间服务功能损失为 134 万元，其中损毁林木价值 5 万元，推迟林木正常成熟的损失价值 2 万元，植被破坏导致碳释放的生态损失价值、森林植被破坏期生态服务价值、森林恢复期生态服务价值 127 万元。法院认为，原告主张的损害价值 134 万元中的损毁林木价值 5 万元和推迟林木正常成熟的损失价值 2 万元属于林木所有者的权利，不属于对植被生态服务功能的损失，故原告无权主张，法院不予支持；其余植被破坏导致碳释放的生态损失价值、森林植被破坏期生态服务价值、森林恢复期生态服务价值合计 127 万元属于生态公共服务功能的损失价值，法院予以支持。

若自然资源系集体所有，例如集体土地上发生的污染行为，如何界定集体利益与公共利益，亦是实践中比较突出的问题。目前集体土地上常见小作坊违法排污或者养殖场违法排污的问题，如果污染并未影响地下水，而只是影响集体土地的生产经营，实践中对是否影响公共利益存在争议。本文认为，集体土地上发生的污染，固然会影响集体土地的生产经营，该生产经营属于集体经济组织及其成员遭受的直接财产损失，并不属于公共利益；但是该污染亦有可能造成生态环境损害，如果造成生态环境损害，则应认定为公共利益亦受到损害。关于生态环境

---

〔1〕 参见陈志凡、耿文才编：《环境经济学：价值评估与政策设计》，河南大学出版社 2014 年版，第 113－117 页。

损害的认定，可以参照《环境损害鉴定评估推荐方法（第 II 版）》第 6.4 条的规定。[1] 同时，亦可参照的规定《生态环境损害鉴定评估技术指南 总纲》第 5.2.3 条的规定。[2]《推荐方法》和《总纲》相关规定和要求不一致的，以《总纲》为准。[3] 财产损害和生态环境损害系两种不同的损害，基于集体产权和财产损害的救济与基于生态环境损害的救济亦为不同的救济，虽然二者均可以提出恢复原状或者损害赔偿的请求，但救济的广度和深度不可同日而语。

2. 生态损害赔偿权利人

目前环境民事公益诉讼的提起主体，主要有社会组织和检察机关两大类。之所以称为公益诉讼，系因社会组织和检察机关均非直接利害关系人，并非传统民事诉讼法之适格原告，而是基于法律的明确授权而获得起诉资格。理论上，检察机关和社会组织的起诉资格，可以基于诉讼信托或者诉讼代表等理论予以阐释，此系其区别于私益诉讼的方面，即起诉主体并非实体权利人。

关于生态损害赔偿权利人，国家政策层面亦有新的认识。中办和国办联合发布的《生态环境损害赔偿制度改革试点方案》提出，确定经国务院授权的省级人民政府为生态损害赔偿权利人。磋商未达成一致的，赔偿权利人应当及时提起生态环境损害赔偿民事诉讼；赔偿权利人也可以直接提起诉讼。实践中，江苏省人民政府亦以原告身份起诉环境污染企业，要求承担修复费用。[4] 山东省人民

---

〔1〕 第 6.4 条生态环境损害："生态环境损害的确认应满足下列任一条件：a. 评估区域内环境介质（地表水、地下水、空气、土壤等）中污染物浓度超过基线水平或国家及地方环境质量标准，且造成的影响在一年内难以恢复；b. 死亡率增加：受影响区域污染环境或破坏生态行为发生后，与基线状态相比，关键物种死亡率的差异有统计学意义；c. 种群数量的减少：受影响区域污染环境或破坏生态行为发生后，与基线状态相比，关键物种种群密度或生物量的差异有统计学意义；d. 生物物种组成发生变化：受影响区域污染环境或破坏生态行为发生后，与基线状态相比，动植物物种组成、生物多样性等的差异有统计学意义；e. 身体变形；受影响区域污染环境或破坏生态行为发生后，与基线状态相比，生物体外部畸形，骨骼变形或内部器官和软组织畸形，组织病理学水平的损害等发生率的差异有统计学意义；f. 造成生态环境损害的其他情形。"

〔2〕 第 5.2.3 条规定："生态环境损害确认应满足以下任一条件：a. 评估区域空气、地表水、沉积物、土壤、地下水等环境介质中特征污染物浓度超过基线 20% 以上；b. 评估区域指示物种种群数量或密度降低，且与基线相比存在统计学显著差异；c. 评估区域指示物种种群结构（性别比例、年龄组成等）改变，且与基线相比存在统计学显著差异；d. 评估区域植物群落组成和结构发生变化，且与基线相比存在统计学显著差异；e. 评估区域植被覆盖度降低，且与基线相比存在统计学显著差异；f. 评估区域生物物种丰度减少，且与基线相比存在统计学显著差异；g. 评估区域生物体外部畸形、骨骼变形、内部器官和软组织畸形、组织病理学水平损害等发生率增加，且与基线相比存在统计学显著差异；h. 造成生态环境损害的其他情形。"

〔3〕 参见张衍燊、於方、张天柱等：《生态环境损害鉴定评估技术指南 总纲》解读，载《中国环境报》2016 年 7 月 20 日。

〔4〕《江苏省政府首次提起环境公益诉讼 被告被判赔 2400 万元环境修复费》，载《人民法院报》2017 年 8 月 9 日，第 3 版。

政府亦授权省环保厅作为原告，提起生态环境损害赔偿诉讼。[1]

实践中行政机关往往承担了污染治理的责任，并支出了相应费用。以"自然之友、绿发会与常隆公司、常宇公司、华达公司环境污染公益诉讼案"（2016）苏04民初214号（以下简称常州毒地案）为例，该案在案发之前，相关部门于2013年8月即确定了"异位—资源化利用+局部区域隔离"的修复方法，至2015年11月已完成一期修复区域95%污染土壤的异位资源化利用。后因常州毒地案发，常州市政府又开展应急措施，将原污染土壤"异位—资源化利用+局部隔离"的修复方案，调整为整体覆土封盖的修复方案，完工并通过验收，后又由常州市新北区政府具体负责实施防控修复工作。

从常州毒地案一审判决结果来看，行政机关承担或正在承担修复责任，具有排除环保组织胜诉之可能。该案中一审法院认为，"在案涉地块环境污染损害修复工作已由常州市新北区政府依法组织开展，环境污染风险已得到有效控制，后续的环境污染监测、环境修复工作仍然正在实施的情况下，两原告提起本案公益诉讼维护社会环境公共利益的诉讼目的已在逐步实现"，因此判决驳回了自然之友与绿发会的诉讼请求。

如前所述，如国务院确已授权省级人民政府作为赔偿权利人，且政府职能部门已经开展或正在开展相关修复工作，此时环保组织的公益诉讼主体资格似应让位于省级政府的公益诉讼主体资格，尊重政府职能部门正在进行的修复工作，尊重政府作为赔偿权利人开展赔偿磋商或者提起诉讼的程序权利。当然，政府作为赔偿权利人，并不具有排除环保组织公益诉讼主体资格的效力，如果政府怠于提出赔偿请求，环保组织似可提起公益诉讼。

借鉴域外环境公益诉讼的立法和实践，公民诉讼或者环保组织提起的公益诉讼，往往只是政府提起公诉的补充。以美国《超级基金法》为例，该法第310条规定了公民诉讼，但该条明确规定了提起公民诉讼的限制，即如果政府机关已经采取或正在采取措施的，则不得提起公民诉讼；如果公民诉讼系针对政府官员，还规定了60天的通告期，即在通告政府官员60日内不得提起公民诉讼。其理由在于，公民诉讼制度的目的乃在弥补政府执法之不足；同时也是为了防止诉讼权利的滥用给法院造成过重的负担。[2]

然而，最高人民法院的文件似对省级政府作为赔偿权利人的资格作出了一定的限制。最高人民法院《关于充分发挥审判职能作用为推进生态文明建设与绿色

---

〔1〕 《我省法院首次受理省级政府提起生态环境损害赔偿诉讼案件》，载 www.sdcourt.gov.cn，访问时间：2017年10月1日。

〔2〕 参见贾峰等编：《美国超级基金法研究：历史遗留污染问题的美国解决之道》，中国环境出版社2015年版，第88页。

发展提供司法服务和保障的意见》中，将省级人民政府作为赔偿权利人的基础定性为国家自然资源所有权，并且省级人民政府基于自然资源所有权提起的民事诉讼、社会组织提起的环境公益诉讼，以及自然人、法人、其他组织提起的私益诉讼，系并列关系，并不存在主次先后的顺序。

最高法院的上述意见值得商榷。首先，政府作为赔偿权利人，其基础主要并不源于国家自然资源所有权，而是源于政府治理污染的责任。环境保护法律规定了"污染者责任"的原则，然而实践中不乏"企业污染、政府买单"的情况，而政府作为赔偿权利人，其意旨在于政府就修复方案和修复费用与责任主体进行磋商，包括提起诉讼要求赔偿。其次，国家并不是所有自然资源的所有权人。宪法和法律虽然规定矿藏、水流、海域等资源属于国家所有，同时也规定了森林、山岭、草原等资源可以由法律规定属于集体所有，土地亦分为国家所有和集体所有两种性质，在集体所有的自然资源上发生的污染行为，亦需政府进行管理，政府部门承担治理或者修复工作后，亦可提起赔偿诉讼。再次，关于大气，国家并没有规定属于国家所有或者集体所有，而是属于人民群众共享的公共产品，然而关于大气污染，政府作为赔偿权利人，显然系《生态环境损害赔偿制度改革试点方案》之应有之义。最后，按照最高法院的意见，"试点地方省级政府提起生态环境损害赔偿诉讼，不影响社会组织依法提起环境民事公益诉讼"，其意旨似有区分国家利益和社会公共利益之意，然而可能导致环境诉讼主体过多，程序上互相重复，法律效果并不理想。

如若省级政府成为生态损害赔偿权利人，则此时检察机关的地位如何定位，兹有两种思路。一是可借鉴英美法系，检察机关作为政府之律师，可由检察机关代理政府进行民事诉讼。然而此种思路与我国政治体系不符，未能彰显检察机关在宪法上的独立地位。二是检察机关可以充分发挥行政检察和行政公益诉讼的职能，督促政府及时履行磋商赔偿职责。此种思路与检察机关法律监督者的地位相符，亦可充分发挥政府的主动性和专业性。

3. 公共利益损害与违法性的关系

环境侵权是否以违法性为要件，理论上一直存在争议，但立法上似已有明确意见。从立法角度看，《侵权责任法》第 65 条之文义[1]并未规定违法性要件。立法机关的说明是"环境污染责任采用无过错责任，国家或者地方规定的污染物排放标准，是环境保护主管部门决定排污单位是否需要缴纳排污费和进行环境管理的依据，并不是确定排污者是否承担赔偿责任的界限。即使排污符合标准，给

─────────

[1] 第 65 条规定："因污染环境造成损害的，污染者应当承担侵权责任。"

他人造成损害的，也应当根据有损害就要赔偿的原则，承担赔偿责任"。[1] 原国家环境保护局亦持此观点，并专门对此有批复。[2] 最高人民法院司法解释更是明确规定符合排放标准亦应承担民事责任。[3] 此系传统的公私法两分论的观点，认为公法和私法分属于两个不同的法律部门，环境管制标准属于公法上的规则，而侵权法则属于私法，二者具有不同的行为评价体系，在公法上受到积极评价的合规行为，却可能在侵权法上受到否定性评价。[4]

司法实践存在对环境管制标准进行类型化区别，分别确定其抗辩效力的趋势。有学者通过查阅 1500 余件环境民事案件裁判文书发现，对于不同类型的污染案件，法院往往适用不同的归责原则：对于噪声、光等污染，往往在超过排放标准时才能被认定为侵权；而对于大气、水等污染类型，则基本上认定为无过错责任，即使达到排放标准，但如果造成他人人身、财产损失的，也认定为侵权。[5]

环境公益诉讼对于环境管制标准，不仅应进行类型化区分，还应进行利益衡量分析。就私益诉讼而言，考量环境管制标准与侵权责任之间的关系，其本质是平衡污染企业的生产经营权与受影响的人身权和财产权的关系。人身权和财产权系基本的人权，而企业的生产经营权系以营利为目的，因此，对人身权和财产权的保护优先于对企业生产经营权的保护，如果企业在生产经营中排放的污染物损害了人身权或者财产权，则无论企业是否符合法定排放标准，均应赔偿对人身权和财产权所造成的损害。就公益诉讼而言，则需要衡量环境公益与企业的生产经营权之间的关系。环境公共利益，其为公共政策的考量因素，尤其是政府部门在制定环境管制标准时，应当综合考虑环境容量与经济发展的关系，如果企业遵守

---

〔1〕 参见王胜明主编：《中华人民共和国侵权责任法释义》，法律出版社 2010 年版，第 330 页。

〔2〕 《国家环境保护局关于确定环境污染损害赔偿责任问题的复函》，〔91〕环法函字第 104 号："根据《中华人民共和国环境保护法》第 41 条第 1 款的规定：'造成环境污染危害的，有责任排除危害，并对直接受到损害的单位或者个人赔偿损失。'其他有关污染防治的法律法规，也有类似的规定。可见，承担污染赔偿责任的法定条件，就是排污单位造成环境污染危害，并使其他单位或者个人遭受损失。现有法律法规并未将有无过错以及污染物的排放是否超过标准，作为确定排污单位是否承担赔偿责任的条件。 至于国家或者地方规定的污染物排放标准，只是环保部门决定排污单位是否需要缴纳超标排污费和进行环境管理的依据，而不是确定排污单位是否承担赔偿责任的界限。《中华人民共和国水污染防治法实施细则》第 36 条还明确规定，缴纳排污费、超标排污费的单位或者个人，并不免除其赔偿损失的责任。"

〔3〕 《最高人民法院关于审理环境侵权责任纠纷案件适用法律若干问题的解释》第 1 条第 1 款规定："因污染环境造成损害，不论污染者有无过错，污染者应当承担侵权责任。污染者以排污符合国家或者地方污染物排放标准为由主张不承担责任的，人民法院不予支持。"

〔4〕 参见宋亚辉：《环境管制标准在侵权法上的效力解释》，载《法学研究》2013 年第 3 期。

〔5〕 参见张宝：《环境侵权归责原则之反思与重构——基于学说和实践的视角》，载《现代法学》2011 年第 4 期。

了环境管制标准，则不宜认定损害了环境公共利益。如果环境管制标准未能合理考虑环境容量，造成生态环境破坏的，首先考虑的是行政机关应当修改环境管制标准，而不是对排污主体提起环境公益诉讼。

本文梳理了 2015 至 2017 年以来社会组织和检察机关提起的环境民事公益诉讼，绝大多数案件均存在违法排放行为，受到过行政甚至刑事处罚；但是社会组织提起的破坏生态公益诉讼案件中，可能并不存在违法性问题。以"中国生物多样性保护与绿色发展基金会诉雅砻江流域水电开发有限公司破坏生态案"为例，该案系为保护五小叶槭而提起的预防性诉讼，起诉书中并未说明被告即将修建的牙根电站的违法性，而声称"被告建设牙根水电站以及配套的公路建设将直接威胁到五小叶槭这种珍贵濒危野生植物的生存，对社会公共利益构成直接威胁"。[1]

检察机关系法律监督机关，公益诉讼亦要"立足法律监督职能"，因此检察机关提起环境民事公益诉讼，宜以被告的行为具有违法性为宜，以达到保障法律权威和维护公共利益相统一的效果。至于社会组织针对不具有违法性的行为提起的公益诉讼，略有借诉讼手段促成公共政策形成的目的，对于以环保为宗旨的社会组织而言，该策略并无不当。因此，检察机关就公共利益提起环境公益诉讼时，应当与社会组织有所区别，应当坚持审慎原则，注重环境侵权的违法性认定。

（二）诉讼请求问题研究

无论是检察机关还是社会组织，提起环境公益诉讼，首要的问题是如何确定诉讼请求。关于诉讼请求的确定，实践中存在如下争议：一是环境民事公益诉讼中是否可以提出停止侵权的诉讼请求。否定说认为，行政机关具有责令停止违法行为的法定职权，因此环境民事公益诉讼中不应提出停止侵权的诉讼请求，否则将导致司法权和行政权的冲突。但是立法采用肯定说[2]，认可环境民事公益诉讼中可以提出停止侵权的诉讼请求，北京市检察机关提出的环境公益诉讼亦有提出停止侵权的诉讼请求，同时也有申请行为保全的先例[3]，故此争议现已解决。

二是关于修复费用的确定问题。实践中修复费用的确定，有如下四种方法：

---

〔1〕 参见李楯主编：《环境公益诉讼观察报告》，法律出版社 2016 年版，第 221 - 223 页。

〔2〕 《最高人民法院关于审理环境民事公益诉讼案件适用法律若干问题的解释》第 9 条："人民法院认为原告提出的诉讼请求不足以保护社会公共利益的，可以向其释明变更或者增加停止侵害、恢复原状等诉讼请求。"《人民检察院提起公益诉讼试点工作实施办法》第 16 条："人民检察院可以向人民法院提出要求被告停止侵害、排除妨碍、消除危险、恢复原状、赔偿损失、赔礼道歉等诉讼请求。"

〔3〕 参见《北京四中院首发大气污染"禁令"在环境民事公益诉讼中依职权裁定行为保全》，载 http://bj4zy.chinacourt.org，访问时间：2017 年 10 月 10 日。

（1）修复费用以实际支出费用为准。[1] 环境公益诉讼本质上仍为民事诉讼，民法上损害赔偿之请求应明确、具体、客观。如果环境侵权发生之后，相关主体已经进行了相应的处置，因修复已经实际发生，修复费用得以明确，此时相关主体向责任人追偿已经垫付的修复费用，最为符合损害赔偿之义。

（2）修复费用以修复方案报价为准。[2] 如果环境污染已经发生，但尚未进行修复，此时修复费用尚未实际发生，但并不意味着修复费用之赔偿条件尚未成熟。我国司法实践中，如侵权行为造成的损害事实已经存在，但损害数额暂无法确定的，法院可以运用自由裁量权，合理地确定赔偿数额。具体到环境公益诉讼领域，法院可以根据相关环境污染修复费用的报价，确定赔偿数额。

（3）修复费用以解决方案成本评估为准。[3] 对于环境污染所致损害，会导致一系列的应对行动，有的应对行动系以修复环境为目标，有的应对行为系以排除妨碍、消除危险为目标。二者虽均为环境侵权的赔偿范围，但性质宜分清。

（4）修复费用以鉴定评估意见为准。[4] 民事诉讼系为实现个案正义，如果系已经实际发生的修复费用，或者是根据确定的、可行的修复方案必然发生的修复费用，法院判决赔偿，赔偿金额用于本案修复行动，自然可以回复本案的公平正义。然而，实践中由于环境介质具有自净功能，存在并未实际支出修复费用的情形，或者已无必要制定实施修复方案的情形，此时实际案例中存在通过评估鉴

---

[1] 参见《上海市松江区叶榭镇人民政府诉蒋荣祥等水污染责任纠纷案》，载《最高人民法院公报》2014 年第 4 期。该案即以治理污染实际发生的费用作为损害赔偿依据。该案污染事故发生后，叶榭镇政府为治理污染，拨款并委托松江区叶榭水务管理站对污染河道进行治理；治理完毕后又委托了上海市云间建设工程咨询有限公司对治理污染的费用进行了审计，确认实际共支出 887 266 元。叶榭镇政府以此为诉讼请求，最终获得法院支持。

[2] 参见镇江市生态环境公益保护协会与唐长海环境污染责任纠纷案［（2015）镇民公初字第 00002 号］。该案原告提供委托函、报价函，证明环境修复费用为 53 400 元。法院认为，鉴于环境污染修复、治理所涉及的鉴定、评估、方案设计所需费用较大，结合本案实际，扬中市环境保护局固体废物管理中心委托镇江新区固废处理有限公司核算本案环境修复费用，镇江新区固废处置有限公司作为有资质的危险废物处置企业，核算认为对唐长海非法电镀产生废水污染的土壤进行无害化填埋处置需费用 53 400 元，被告唐长海对此费用金额亦无异议，该项核算报价函中涉及的清理方案、清理费用可以作为有效证据予以采信。

[3] 参见昆明市环境保护局与昆明三农农牧有限公司、昆明羊甫联合牧业有限公司水污染责任纠纷案［（2011）云高民一终字第 41 号］。该案污染事件发生后，昆明市环保局委托昆明环科院对被污染的大龙潭饮用水源治理成本进行核算，昆明环科院出具《治理成本评估报告》，结论是该饮用水源治理日供水量为 300 吨，工程投资 363.94 万元，年供水成本 53.27 万元。

[4] 参见泰州市环保联合会与江苏常隆农化有限公司、泰兴锦汇化工有限公司等环境污染责任纠纷案［（2014）苏环公民终字第 00001 号］。该案根据《评估技术报告》鉴定意见，认定常隆公司等六家公司在该污染事件中违法处置的危险废物在合法处置时应花费的成本（虚拟治理成本）合计 36 620 644 元，根据《环境污染损害数额计算推荐方法》第 4.5 条的规定，应当以虚拟治理成本为基数，按照 4.5 倍计算污染修复费用，共计 1.6 亿余元。

定确定修复费用的做法，其中常用的一种计算方法为虚拟治理成本法，即以虚拟治理成本为基数，按其一定倍数计算修复费用。

北京市环境民事公益诉讼，多涉及环境损害鉴定评估问题，以北京市检察机关提起的 6 起环境民事公益诉讼为例，均已做出鉴定评估或者正在进行鉴定评估，从北京市环境公益的实践来看，涉及大气污染和流动水体污染的，一般采用虚拟治理成本法进行鉴定评估，涉及土壤污染的，一般根据场地调查情况设计修复方案评估修复费用。这较符合虚拟治理成本法适用情形的规定。[1]

关于依虚拟治理成本法评估的生态环境损害的定性，实践中存在争议。一种观点是将其定性为期间损失。司法实践中将依虚拟治理成本法评估的生态环境损害数额定性为期间损失，似有一定的法律和学理依据。《最高人民法院关于审理环境民事公益诉讼案件适用法律若干问题的解释》第 21 条规定："原告请求被告赔偿生态环境受到损害至恢复原状期间服务功能损失的，人民法院可以依法予以支持。"而根据最高人民法院环境资源审判庭的解释，环境经济价值评估法是期间服务功能损失的计算方法，环境经济价值评估法一般包括四种：①直接市场价值法；②揭示偏好法；③效益转移法；④陈述偏好法，而虚拟治理成本法系揭示偏好法中的一种估价方法。[2] 因此，虚拟治理成本法所评估的损害数额，似可定性为期间损失。

另一种观点是将其定性为修复费用。司法实践中将虚拟治理成本法评估的生态环境损害数额定性为修复费用，亦似有一定的历史渊源和法理依据。《环境污染损害数额计算推荐方法（第 I 版）》中，虚拟治理成本法系污染修复费用的计算方法之一。[3] 同时根据《最高人民法院关于审理环境民事公益诉讼案件适用法律若干问题的解释》第 24 条的规定，无论是生态环境修复费用还是期间服务

---

[1] 环境保护部办公厅《关于生态环境损害鉴定评估虚拟治理成本法运用有关问题的复函》（环办政法函 [2017] 1488 号）……（一）符合下列情形之一的，可以适用虚拟治理成本法：1. 排放污染物的事实存在，由于生态环境损害观测或应急监测不及时等原因导致损害事实不明确或生态环境已自然恢复；2. 不能通过恢复工程完全恢复的生态环境损害；3. 实施恢复工程的成本远远大于其收益的情形。（二）符合下列情形之一的，不适用虚拟治理成本法：1. 实际发生的应急处置费用或治理、修复、恢复费用明确，通过调查和生态环境损害评估可以获得的，不适用虚拟治理成本法；2. 突发环境事件或排污行为造成的生态环境直接经济损失评估，不适用虚拟治理成本法。

[2] 最高人民法院环境资源审判庭编著：《最高人民法院关于环境民事公益诉讼司法解释理解与适用》，人民法院出版社 2015 年版，第 305 – 314 页。

[3] 《环境污染损害数额计算推荐方法（第 I 版）》第 4.5 条："污染修复费用 如果环境污染事故和事件发生后，制定了详细完整的污染修复方案，以实际修复工程费用作为污染修复费用。如果无法得到实际修复工程费用，本《方法》推荐采用虚拟治理成本法和/或修复费用法计算，并根据受污染影响区域的环境功能敏感程度分别乘以 1.5 – 10 以及 1.0 – 2.5 的倍数作为这部分费用的上、下限值，确定原则见表 1。"

功能损失款项，均应用于修复被损害的生态环境，因此无论虚拟治理成本法评估的是修复费用还是期间损失，笼统称为修复费用似亦无不妥。然而，《推荐方法（第Ⅰ版）》已为《推荐方法（第Ⅱ版）》所取代，且司法解释亦明确区分了修复费用和期间损失两个概念，故以修复费用笼统指代生态环境损害赔偿，似有失准确。

争议问题的根源在于司法解释规定的责任方式为修复和赔偿期间损失，而《推荐方法（第Ⅱ版）》规定的是恢复和生态环境损害；司法解释关于修复又细化为完全修复和替代性修复方式、承担修复费用等责任方式，而《推荐方法（第Ⅱ版）》关于恢复又细分为基本恢复、补偿性恢复和补充性恢复。

司法解释所规定的修复，是侵权责任方式恢复原状的体现。恢复原状是使被侵害客体恢复其形态或功能，就完全修复而言，是指使环境在原地原样获得恢复，就替代性修复而言，是指同地区异地点、同功能异种类、同质量异数量、同价值异等级等情形，使生态环境恢复到受损害之前的功能和质量。至于承担修复费用，实为一种替代履行方式，由专业第三人替代侵权人承担修复责任，但修复费用由侵权人承担。

司法解释所规定的赔偿期间损失，实为侵权责任方式赔偿损害的体现。根据司法解释的规定，期间损失是指生态环境受到损害至恢复原状期间服务功能的损失，类似于机动车损害赔偿中，赔偿机动车修理期间的停运损失甚至是贬值损失。赔偿期间损失，往往是依附于基本恢复方案，是对基本恢复方案的一种补充，但如果环境污染或生态破坏导致的生态环境损害持续时间不超过一年，则仅开展基本恢复，否则，需要同时开展基本恢复与补偿性恢复，即如果恢复原状所需期间不超过一年时，可以视为无需赔偿期间损失。

《推荐方案（第Ⅱ版）》所规定的恢复方案和生态环境损害，与司法解释所规定的修复和期间损失，并非对应关系。其中生态环境损害价值系上位概念，包括司法解释所规定修复费用和期间损失[1]，对应的是基本恢复方案的费用和补偿性恢复方案的费用，其中期间损害多用替代等值分析方法进行评估[2]。另外需说明一种特殊情况，即在永久性生态环境损害的情形中，采用环境价值评估方法直接进行价值评估，可能并不涉及基本恢复和补偿性恢复方案。

---

[1] 《生态环境损害鉴定评估技术指南 总纲》第8.1.1条规定："生态环境损害价值主要根据将生态环境恢复至基线需要开展的生态环境恢复工程措施的费用进行计算，同时，还应包括生态环境损害开始发生至恢复到基线水平的期间损害。"

[2] 《环境损害鉴定评估推荐方法（第Ⅱ版）》第8.3.2.2条规定："补偿性恢复方案的筛选和确定 补偿性恢复是在基本恢复方案的基础上，选择合适的替代等值分析方法，评估期间损害并提出补偿期间损害的恢复方案，估算实施恢复方案所需的费用。"

检察机关主张生态环境损害赔偿,采用虚拟治理成本法评估生态环境损害,此系生态环境鉴定评估相关基础数据不完善的背景下,一种较具可行性的选择。检察机关对于采用虚拟治理成本法的鉴定评估,首先,在委托鉴定时应注重鉴定材料在法庭上的质证,至少应当听取当事人的意见;其次,对于生态环境损害,应当加强生态环境损害的调查确认工作,说明检察机关提起环境公益诉讼的公益性;再次,对于采用虚拟治理成本法(环境价值评估方法)评估的生态环境损害,应当与采用替代等值分析方法评估的期间损失,在定性上有一定区分考虑;最后,对于采用虚拟治理成本法评估的生态环境损害,因无相应的基本恢复方案和补偿性恢复方案,应当注重该生态环境损害赔偿如何用于环境公益目的。

(三)环境公益诉讼的程序问题

1. 行政执法与司法审查的界线问题

关于行政权和司法权的界线问题,在环境行政公益诉讼中体现得尤为明显,以石景山院诉区工商分局为例,诉讼请求系要求工商分局针对某些市场执行"限塑令",该案检察机关最终撤诉。此处宜厘清行政执法、检察监督与司法审查的界线。

检察机关曾提出建立行政违法行为法律监督制度,[1] 但行政违法检察监督的提法一直存在争议之处,诸如检察监督是法律监督还是一般监督的争议,再如检察机关对行政违法行为的监督与监察机关对行政机关效能和纪律的监督的关系等。检察机关提起的行政公益诉讼,宜应处理好对行政行为个案法律监督与行政执法效能监督的关系。行政执法效能涉及行政执法资源的配置、执法效果考核等一系列问题,宜由立法机关或者监察机关进行考核,而不宜由检察机关进行监督。二者的简单区别在于,检察机关提起的行政公益诉讼,应根据行政诉讼法的规定针对具体的行政行为,即是从行为的角度进行考量;而监察机关进行的执法效能考核,主要是根据法律的目的和执法的目标,从结果的角度进行考量。

在行政违法行为系行政机关不作为时,如何把握检察监督和行政监察的界限,是检察机关提起行政公益诉讼应当考量的重要问题。行政机关的执法未能实现法律规定的目的或者设定的目标,如果其原因是行政执法资源和手段限制所致,则检察机关不应对之提起行政公益诉讼。

---

[1] 参见最高人民法院《关于深化检察改革的意见(2013-2017年工作规划)》:"探索建立健全行政违法行为法律监督制度。建立检察机关在履行职务犯罪侦查、批准或者决定逮捕、审查起诉、控告检察、诉讼监督等职责中发现行政机关违法行使职权或不行使职权行为的督促纠正制度。探索对行政违法行为实行法律监督的范围、方式、程序,明确监督的效力,建立行政机关纠正违法行为的反馈机制。"

2. 行政执法与司法程序的功能互补问题

关于环境行政执法和司法保护的功能互补问题，可以从以下三个方面考虑：首先，应充分发挥行政执法效率高的优势，及时修复治理污染，防止污染扩散转移。即实践中环境行政执法不仅仅是对现场进行应急处置，而应当承担环境修复的责任。其次，行政机关可以启动修复费用磋商机制，向污染者追索修复费用，如污染者为大型企业，应充分利用磋商机制。最后，如果磋商机制未能奏效，则可启动司法程序，向污染者追偿修复费用。如果污染者为自然人或者小企业，磋商或不能达到预期效果，此时可以考虑诉讼追偿，原告可以为社会组织、检察机关，也可以是省级政府授权的行政机关，无论何种主体提起诉讼，诉讼请求均宜包括行政机关已支付的应急处置费用和修复费用。

3. 民事公益诉讼与刑事程序的衔接问题

环境公益案件刑事诉讼和民事诉讼分别审理的情况下，应处理好二者的衔接问题。其一，要解决好刑事案卷中的证据在民事案件中的使用问题，如果民事诉讼先于刑事诉讼进行证据交换，刑事案卷中的口供和证言不宜直接用作民事诉讼中的证据，而是需要对当事人和证人再行询问。其二，刑事案件的开庭和判决宜先于民事诉讼进行，以保证证据采信和事实认定的一致性。

4. 其他程序问题

从北京市环境公益诉讼的实践看，还存在许多其他程序问题，包括行政公益诉讼在被告为市级政府部门时的地域管辖问题，例如在被告为市国土部门或者园林绿化部门时，可以由不动产所在地或者环境损害地的人民法院管辖，而不仅仅是由被告所在地人民政府管辖；再如目前行政公益诉讼要求检察建议内容与行政诉讼请求的一致，如果行政机关已经根据检察建议作出一定的具体行政行为，但检察机关认为行政机关尚未用尽法定行政措施，行政立法目的尚未实现，因而提起行政诉讼继续履行行政职责时，检察机关应当处理好行政机关实现行政目的之裁量权、行政相对人受"一事不再罚"保护的原则和检察机关法律监督原则三者之间的平衡关系；再如检察机关认为行政机关怠于执行行政处罚或者行政强制措施，而提起行政公益诉讼要求行政机关执行时，应当考虑行政机关是否具有强制执行权或者申请法院强制执行是否已过申请期的问题，同时还要考虑行政机关认为行政目的已经实现从而不必执行的问题；再如环境民事公益诉讼中检察机关和法院均需公告，通知适格主体提起诉讼或者参加诉讼，因检察机关公告的内容与法院公告的内容不同，尤其是法院需公告诉讼请求的内容，因此法院一般不会因检察院已经公告而不再公告，如果考虑避免重复公告导致司法资源浪费的问题，则检察机关公告时即宜明确公告被告及诉讼请求内容，法院受理后可以不再重复公告。关于诉讼程序中的诸多问题，均需在实践中以法律原则为指导，妥善处理好相关的程序问题。

（本文课题组成员：程建玲，北京市人民检察院第三分院检察官；鲁俊华，北京市人民检察院第三分院检察官。）

旅游消费者损害赔偿请求权研究

申海恩*

一、引言

从世界范围来看，关于旅游消费者损害赔偿请求权的保护立法，已经有了比较成熟的立法成果。对于这些成果的基本了解，构成本报告研究工作开展的基本前提，在此有必要予以简单介绍。

1979 年 10 月 1 日，《德国民法典》增加了第 651a 至第 651j 条，产生了独立意义的旅游法。此后于 1994 年根据欧盟指令进行了部分修改，其中关于旅游消费者损害赔偿的德民第 651f 条是德国法学界讨论旅游消费者损害赔偿制度的主要法律根据。德国法学界所撰写的各种评注，针对该条都有较为明确深入的阐述，部分大型评注还有专书对旅游法进行评注。德国法上关于旅游消费者损害赔偿总体认为可以分为违约的损害赔偿和侵权的损害赔偿，违约的损害赔偿既可以包括财产损害也可以赔偿非财产损害和时间浪费的损害；侵权损害赔偿除一般的加害责任外，还包括根据第 823 条的旅游经营者违背交易安全义务应承担的责任。另外，对于具体的服务提供者，旅游消费者通常依第 278 条负履行辅助人责任，而不能根据第 831 条承担事务辅助人责任。

《法国民法典》并无专门针对旅游合同及其相关损害赔偿制度进行规定，最早对旅行社责任进行规定，是在 1992 年 7 月 13 日的法律中，该法律于 2004 年 12 月 20 日被纳入旅游法典。其中第 L211 - 16 条和第 L211 - 17 条针对旅游经营者规定了一种极为严格的法定责任，引起了法国法学界的热烈讨论，有的学者认为应当以过错为前提承担责任，有些学者认为旅行社对旅游消费者承担的是结果安全责任，而法国最高法院坚持旅行社应该对旅游消费者承担无过错的法定责任。

从 1977 年将《布鲁塞尔公约》转化为国内法开始，意大利分别于 1995 年转

---

* 课题主持人：申海恩，男，陕西蒲城人，北京第二外国语学院国际法学院副教授，法学博士。主要研究领域为民法学、旅游法学。立项编号：BLS（2016）B019。结项等级：合格。

化欧盟指令、2011 年编撰旅游法典，形成较长时间的旅游立法和司法传统。当下意大利法上旅游消费者损害赔偿制度主要体现为旅游法典第 43 条至第 45 条的规定。意大利法学界总体上认为，旅游组织者原则上承担严格责任，既包括合同履行的严格责任也包括对旅游消费者造成人身损害时的严格责任。意大利法学界对此的解释是，旅游合同之债务，是一种结果之债，适用严格责任，而在方式之债中，如旅游中介合同，则承担的是过错责任。

英国法上的旅游消费者损害赔偿制度，在 1992 年《包价旅游条例》颁布前后，经历了由过错责任阶段过渡到严格责任阶段的演进。在 1992 年之前，英国最具代表性的案件是 Wall v. Silver Wings Surface Arrangements Ltd.，该案即确定了旅游经营者的过错责任原则，且其不对服务直接提供者的行为承担责任。这种情况对于旅游消费者的保护极为不利。受欧盟指令转化的要求，1992 年《包价旅游条例》第 15 条为旅游经营者设定了严格责任，并且其要对服务直接提供者负责。

美国法由于未受欧盟指令的影响，对于旅游经营者的责任，通常还是采取过错责任，而只有在包机旅游经营者场合才适用严格责任。旅游经营者原则上就其自己的过错向旅游消费者承担赔偿责任，除非其违反了安保担保、对导游有监管上的过失，或者他对于风险的来源有所有或控制的外观、选任服务提供者存在过失、设计旅游路线存在过失、构成美国商法典意义上的商人责任等。否则，旅游经营者仅就其自己的过错承担责任。

日本法上的情况较为特殊，日本法并未对旅游合同或旅游消费者损害赔偿制度做明确的规定，而主要通过官方公布的格式条款来对旅游合同和旅游消费者损害赔偿制度进行规范。在旅游合同上，日本主流学说认为，旅游业者仅负责安排，而对于旅游服务提供过程中所发生的损害，旅游业者并不负有损害赔偿责任，此外有特别补偿义务条款对旅游消费者提供保护。至于欧洲国家法律上所规定的为履行辅助人负责的法理，在日本则经历了我妻说、有力说和第三人行为说的学说演变史。当下，逐渐形成了如下局面，即以是否能纳入合同内容、是否可以用合同一般原则予以正当化的标准来决定是否对第三人行为承担自己的责任。

在我国《民法通则》和《侵权责任法》所规定的民事责任承担方式中，损害赔偿无疑是最重要的一种类型，在理论与实践中也都受到极大的重视，同时也涉及很多具有争议的问题。所有这些问题，在旅游法的理论与实践中都得到了充分的展现。旅游损害赔偿既涉及人身损害赔偿，也包括财产损害赔偿、非财产损害赔偿（主要包括精神损害和时间浪费的损害赔偿），既有基于合同上的损害赔偿，也有基于侵权行为的损害赔偿责任。因此欲在本报告中解决所有的旅游损害赔偿问题，实际上是无法完成的任务，在此仅能择其要者，做较为简单的阐述。

二、旅游消费者财产损害赔偿请求权

（一）旅游财产损害赔偿概述

旅游财产损害赔偿，是作为民事责任的损害赔偿责任投射在旅游纠纷中的一种特殊形态，应该遵守损害赔偿、财产损害赔偿的一般规则。损害赔偿作为民事责任的一种非常重要的形态，其主要的功能在于复原功能，即在发生损害之后，使受害人重新处于如同损害事故未曾发生时的处境，这也是损害赔偿的最高指导原则[1]。

从财产损害赔偿发生的原因来讲，旅游消费者与旅游经营者之间的旅游财产损害赔偿发生基础大致有三：一是违反合同约定而引发的损害赔偿责任，具体是指一方对二者之间所缔结的组织旅游合同的违反，此种损害赔偿称之为违约损害赔偿。违约损害赔偿是指，"违约方因不履行或不完全履行合同义务而给对方造成损失，依法或根据合同规定应承担赔偿对方当事人所受损失的责任"。[2] 二是因合同相关义务违反而造成的损害赔偿责任，此种损害赔偿责任虽然与合同的缔结等紧密相关，但不以合同有效成立为其前提，其中的典型即为缔约过失责任。所谓缔约过失责任是指，缔约当事人一方因过错违反通知、阐明、保护及照顾等先合同义务，致使相对人遭受损失而应承担的损害赔偿责任。[3] 通常认为，缔约过失责任所涉及的情形主要是合同不成立、无效、被撤销或不被追认而致相对人损失[4]，但在合同有效的情况下，如违反信息提供义务、可撤销合同被变更以及因撤销权的消灭而变为完全有效合同等情形下，还是有缔约过失责任存在的可能性的[5]。三是因侵害他人受《侵权责任法》第2条所保护的权益而应承担的损害赔偿责任，被称之为侵权损害赔偿责任，此种责任的承担不以当事人之间事先存在法律关系为前提，因此常被称为契约外责任。值得注意的是，侵权损害赔偿责任虽不以事先存在法律关系为要件前提，但并不排除当事人之间事先存在法律关系。[6]

（二）旅游财产损害赔偿的构成

纵观各种旅游纠纷民事责任的构成要件，不外乎如下四个构成要件：其一，对法律义务或合同义务的违反：其在缔约过失责任和侵权责任中为法律上的义务，在违约责任中为合同上的义务。其二，旅游消费者或旅游经营者遭受损害：

---

[1] 曾世雄：《损害赔偿法原理》，中国政法大学出版社2001年版，第7页。

[2] 马俊驹、余延满：《民法原论》，法律出版社2005年版，第638－639页。

[3] 参见韩世远：《合同法总论》，法律出版社2011年版，第134页。

[4] 参见崔建远主编：《合同法》，法律出版社2010年版，第122页。

[5] 参见韩世远：《合同法总论》，法律出版社2011年版，第129－130页。

[6] 杨佳元：《侵权行为损害赔偿责任研究：以过失责任为重心》，元照出版有限公司2007年版，第3页。

本报告所述主要是旅游消费者遭受损害，但实际中不乏旅游消费者造成旅游经营者损害的案例，只是此种案例并非本报告关注的焦点。所遭受的损害，既可能是财产上的损害，也可能是非财产上的损害，本节仅限于对财产损害的论述。其三，违反义务的行为与所造成的损害存在因果关系，即对法律义务或合同义务的违反，是导致损害发生的原因。其四，违反义务的行为是当事人基于自身原因所致，对于侵权责任和缔约过失责任大多要求是因当事人的过错所致，对于违约责任则通常不做这一要求。以下就旅游财产损害赔偿中，上述四项构成要件可能发生的疑问，分别予以阐述。

1. 违反义务的行为

旅游经营者存在违反义务的行为，是其承担旅游损害赔偿责任的基本事实前提。如前所述，旅游经营者违反义务的行为，既包括对其法定义务的违反，也包括对合同约定义务的违反。因而，旅游损害赔偿责任，既可能属于侵权责任，也可能属于合同责任。

首先，违反法定义务最典型的是违反"任何人不得侵害他人合法权益"的义务，违反此种义务者多应承担民事侵权责任，最典型的是侵权损害赔偿责任，例如旅游经营者的工作人员与旅游消费者发生口角而将旅游消费者打伤。其次，是违反法律规定的保护义务，以安全保障义务为此种义务的典型，我国《侵权责任法》第37条规定了公共场所管理人和群众性活动组织者的安全保障义务，《最高人民法院关于审理旅游纠纷案件适用法律若干问题的规定》第7条更是明确规定了旅游经营者对旅游消费者负有安全保障义务，此种义务的上位法渊源虽为《侵权责任法》，但在旅游纠纷中则并不能脱离旅游经营者和旅游消费者之间的旅游合同关系而独立存在。最后，有些义务属于法律规定的合同义务，无需双方当事人约定，当事人也不可协议排除，例如《最高人民法院关于审理旅游纠纷案件适用法律若干问题的规定》第8条规定的旅游经营者的警示告知义务即属于此。此项义务的发生是以双方存在旅游合同关系为前提的，因此违反此项义务而承担的责任也被认为是合同上的责任。

在违反法定义务之外，旅游经营者违反与旅游消费者协商一致承担的义务的，即属于违反约定义务。例如，旅游经营者违反约定，故意遗漏旅游景点、无正当理由未经旅游消费者同意改变旅游行程等，均属于违反约定的义务，因此承担的损害赔偿责任，则属于违约责任范畴。值得追问的是，约定义务的范围如何？是否仅限于旅游合同中明确写明的义务，抑或还包括类似旅游产品通常均包括的义务呢？例如，北京一日游产品中列明游览项目包括"八达岭长城"，但旅游经营者所提供的旅游服务并非"八达岭长城"而是位于八达岭的"八达岭水关长城"；三亚旅游五日游产品中写明游览项目包括"天涯海角"，但仅在大门外观看而不进入游览；等等。

部分不法旅游经营者经常玩弄的"文字游戏"，是对于合同解释规则的误解。合同条款文义不明、引起争议时，需要对合同进行解释，但合同解释并非仅有文义解释一种方法，除此之外尚有整体解释、目的解释、习惯解释和诚信解释等方法。而在利用文字多义性、旅游消费者知识欠缺侵害旅游消费者权益的情况下，整体解释、目的解释、习惯解释和诚信解释的合同解释方法，更处于重要地位。

所谓整体解释，是指将合同的全部条款和构成部分看作一个有机整体，从各个条款、构成部分的相互关联、所处地位和总体联系方面来阐明合同当事人所要表达的真实意思[1]。目的解释是指，在合同条款存在两种以上不同的意思时，应当采取最符合交易目的的解释。例如，三亚五日游的旅游产品，从其旅游消费者的合同目来看，是要游览全部的重要旅游景点，这可以通过其时间安排和旅游费用额度得到佐证，而非为节省门票在门外"远观"天涯海角。所谓习惯解释，是参照交易习惯解释合同的方法。交易习惯既有行业的习惯，也有特定当事人之间长期往来形成的习惯，从行业的交易习惯来看，"八达岭长城"游览，应指作为国家"AAAAA"级景区的八达岭长城，而非位于八达岭的"AAA"景区的水关长城。诚信解释，则是要求对合同进行解释的时候，奉行诚实信用原则。由此可见，违反约定的义务，并不能简单地等同于违反合同明文规定，文字背后的合同目的、交易习惯、诚实信用的正确认识，都将影响到对约定义务范围的确定结果。

2. 损害

损害赔偿法的基本原则是，无损害即无赔偿[2]。关于损害，大致可以定义为受害人领域可归责于加害人的必然发生的法律上之不利变化[3]。此种不利变化，既可包括财产利益的不利变化，也可包括人身利益的不利变化；既可包括既有利益的丧失，也可包括应得利益的无法取得。

在旅游活动中，由于旅游消费者必须亲自跟随旅游经营者前往旅游目的地接受旅游服务，参与到旅游合同的履行过程中，因此旅游消费者的人身和财产安全往往因为旅游合同的不适当履行而遭受侵害。这种在合同履行过程中因违反保护

---

[1] 韩世远：《合同法总论》，法律出版社2011年版，第703页。

[2] 王泽鉴：《侵权行为》，北京大学出版社2009年版，第176页。当然，现代损害赔偿法的发展，已经远远走在这一原则的前面。在例外情形下，即使没有损害，也可能基于特定的法政策而承认所谓的名义上的损害赔偿或惩罚性损害赔偿。

[3] ［德］U. 马格努斯：《侵权法的统一：损害与损害赔偿》，谢鸿飞译，法律出版社2009年版，第277页。

义务而侵害旅游消费者人身、财产权益的情况，理论上称之为加害给付，是合同不完全履行的一种类型[1]。由于旅游消费者人身、财产权益也属于侵权法的保护对象，因此会发生违约责任和侵权责任的竞合[2]，旅游消费者可以选择合同法或者侵权责任法要求旅游经营者承担责任。正是鉴于旅游消费者人身、财产权益亦属于旅游服务合同保护的范畴，造成此类损害也应承担违约责任的理由，《旅游法》在第五章旅游服务合同中对造成旅游消费者人身、财产损害的法律责任也做了明确的规定。就此来看，质疑《旅游法》第70条和第71条存在合同法中规定的侵权责任问题的观点，并不成立。

从损害赔偿的角度来看，可将损害区分为所受损害和所失利益。所谓所受损害，是指因损害事故的发生导致赔偿权利人现有财产所发生的减少[3]，如旅游消费者的人身伤亡、行李物品的丢失、应游览的景点而未游览等；所谓所失利益，是指因损害事故的发生导致赔偿权利人应增加而未增加的利益[4]，如旅游消费者人身伤害导致不能工作所发生的损害等。

3. 因果关系

义务违反与损害之间存在的因果关系，是将损害归责于义务违反人、联系二者之间的纽带。仅有义务违反、损害，而缺乏将二者联系在一起的因果关系纽带，则要求义务违反者承担损害赔偿责任，就没有正当性的基础。

所谓相当因果关系，是指在行为与损害之间存在着一定程度上的前因后果关系，按照王伯琦先生的表述，这种关系是指："无此行为，虽必不生此损害，有此行为，通常即足生此种损害者，是为有因果关系。无此行为，必不生此种损害，有此行为，通常亦不生此种损害者，即无因果关系。"[5] 换言之，相当因果关系由"条件关系"及"相当性"所构成，在适用时分两个阶段：在第一阶段判断是否构成条件上的因果关系，如构成，则在第二阶段进一步认定该条件的相当性[6]。

所谓条件关系，是指行为与权利受侵害之间具有不可或缺的条件关系（必要条件），在认定上采取"若无，则不（but-for）"的认定检验方法。例如，"如果没有旅行社将旅游消费者照片贴错的行为，则不会导致所办证照与旅游消费者不一致""如果没有导游人员的辱骂和殴打，则旅游消费者不会受到身体上的伤

---

〔1〕 参见崔建远：《合同法》，北京大学出版社2013年版，第332页。

〔2〕 参见韩世远：《合同法总论》，法律出版社2011年版，第431页。

〔3〕 曾世雄：《损害赔偿法原理》，中国政法大学出版社2001年版，第156页。

〔4〕 曾世雄：《损害赔偿法原理》，中国政法大学出版社2001年版，第157页。

〔5〕 王伯琦：《民法债编总论》，1956年版，第77页，转引自王泽鉴：《侵权行为》，北京大学出版社2009年版，第186页。

〔6〕 王泽鉴：《侵权行为》，北京大学出版社2009年版，第186页。

害"等。

在确定某事实是某种结果的条件之后，为避免因果循环、无限牵连，有必要对因果关系的链条予以限制。在相当因果关系理论中，则是通过所谓相当性来予以限制，即"有此行为，通常足生此种损害"即具备相当性；"有此行为，通常亦不生此种损害"即不具备相当性。

除此之外，鉴于相当因果关系说的内容抽象而不确定，德国学者 Rabel 提出了法规目的说。法规目的说强调，行为人对行为所产生的损害是否应当负责是法律问题，应当考察相关法规的目的来决定[1]。

4. 违反义务人自身的原因

违反义务人自身的原因包括两个方面：一是指违反义务人自身的过错，包括故意和过失；二是指应对其行为负责之人的原因所致，例如旅游经营者的工作人员、旅游辅助服务者的原因导致旅游消费者的损害。以下分述之。

违反义务人自身的过错，是指违反义务人的主观方面所存在的不正当或者不良的心理状态，这种心理状态不同于正常人在正常情况下的正常心理状态，这种心理状态包含着不正当的动机、目的或者引起他人损害的心理驱动力[2]。例如，旅游经营者自身并未开展相关旅游服务，而谎称可以提供相关服务以骗取旅游消费者与其签订旅游合同，此种心理状态并非正直、善良的旅游经营者在正常情况下的正常心理状态。

然而，旅游经营者通常情况下都是依照《旅行社条例》设立的企业法人，该企业法人并非如自然人那样存在心理活动，更无从谈起其心理状态了。这就引起了就旅游经营者这类企业法人是否存在故意或过失，应如何认定的问题。实际上，现在关于过错多采取客观化和类型化的标准[3]，即行为人应具有其所述职业、某种社会活动的成员或某年龄层通常所具有的智识能力，进而放弃了对于个人主观心理状态的考察。据此来讲，对于旅游经营者是否具有过失，应根据一般的旅行社在相同情形下所具有的注意程度进行衡量，达到者即无过失，未达到者则为抽象轻过失，如果明显违背通常的旅行社行为准则的，则构成重大过失。

应对其行为负责之人的原因，是指旅游经营者的代理人或者履行辅助人在履行债务的过程中存在故意或过失的，对此旅游经营者应承担与其自己的故意或过失一样的责任。之所以使旅游经营者对代理人或履行辅助人的故意、过失负责，其理由一方面在于，代理人、履行辅助人（如旅游经营者所雇佣之导游人员）往往资力欠佳，导致难以使其有效负责；另一方面在于，旅游经营者及代理人、

---

〔1〕 王泽鉴：《侵权行为》，北京大学出版社 2009 年版，第 210 页。

〔2〕 张新宝：《侵权责任构成要件研究》，法律出版社 2007 年版，第 434 页。

〔3〕 王泽鉴：《侵权行为》，北京大学出版社 2009 年版，第 242 页。

履行辅助人扩张了其活动范围、使其经营活动获得便利、增加了利润，因此而获有利益，故对相对人所增加的危险也应予以负责[1]。

在此应予特别强调的是，在旅游合同纠纷场合，或者旅游消费者选择旅游合同违约纠纷作为诉讼案由时，违反义务人自身的原因并非旅游财产损害赔偿的必备要件，特别是在证明责任方面，旅游消费者并不需要对旅游经营者及其代理人、履行辅助人的故意、过失承担举证责任。违反义务人自身的原因这一要件，主要目的在于排除那些属于"不可抗力或者旅行社、履行辅助人已尽合理注意义务仍不能避免的事件"。我国《旅游法》对包价旅游合同的违约责任，采取了无过错责任的归责原则。我们认为，对于旅游合同中的损害赔偿也应当适用无过错责任原则。相应地，其构成要件即为：①有违约行为的存在；②旅游合同当事人受有损害；③违约行为与损害事实之间有因果关系。

（三）旅游财产损害赔偿的范围

虽然我国法律确立了完全赔偿的违约赔偿责任原则，但是在实践当中，最终都需要采取一定的手段，来确定赔偿的范围，从而不可能存在不受任何限制的损害赔偿。加之为了公平地保护合同双方当事人的利益，减少交易风险，鼓励当事人从事交易行为，以提高效率等，也需要对完全赔偿原则作出适当的限制[2]。根据我国现行立法及司法实践，完全赔偿原则的限制规则主要有：可预见性规则、与有过失规则、减轻损失规则与损益相抵规则。

就我国《合同法》第113条后段但书确立的可预见性规则之构成而言，主要包括以下三个方面：其一，预见的主体应为违约方；其二，预见的时间为订立合同时；其三，预见的内容不仅为损害的类型而且亦包括预见到损害的程度、范围[3]。另外，判断违约方预见的标准应采取主客观相结合的标准。即在通常情况下，应当采取客观的可预见标准。在特殊情形下，如当事人主张可预见能力较之于常人为高或者为低，那么主张主观的可预见性判断标准者，应当对此种主张负举证责任。具体而言，如果受害人主张违约方的预见能力比与其同类型的社会一般人高，则受害人应对此负举证责任；如果违约方主张其预见能力较同类型的社会一般人低，则违约方对此应负举证责任，否则仍应以同类型的社会一般人的预见能力为标准。

---

[1] 史尚宽：《债法总论》，中国政法大学出版社2000年版，第362页。

[2] 马俊驹、余延满：《民法原论》，法律出版社2005年版，第640页。

[3] 韩世远教授认为，第113条第1款并未特别言明是否要求预见到损害的程度或数额，解释上应认为只要求预见损害的类型而无须预见到损害的程度。但笔者认为，从该款规定所采用的表述"不得超过"之字样来讲，似乎立法者内心所倾向的仍然是针对损害程度而言的，对于损害之类型，很难用"不得超过"来加以描述。参见韩世远：《合同法总论》，法律出版社2004年版，第739页。

我国《民法通则》第 113 条和《合同法》第 120 条确立了我国合同法上的与有过失的规则。所谓与有过失规则，又称过错相抵规则或混合过错规则，是指在受害人对损失的发生或扩大有过失时，可以减轻或免除赔偿责任的规则。与有过失规则之适用一般应具备两方面的条件：其一，受害人必须有过错。某些情况下，受害人的行为虽然也是发生损害的共同原因，但如果该受害人并无过失，则仍不能适用与有过失规则，减免违约方之赔偿责任，此即所谓的违约方不能以受害人无过错的行为作为减轻或免除责任的事由[1]。其二，受害人的过错行为需助成或者促进损失的发生或扩大，另外，受害人与有过失也应当包括助成损害原因事实的成立在内，而不仅仅局限于损害的发生或扩大。[2]

当事人一方违约后，对方应当采取适当的措施防止损失的扩大，如果因为其未采取适当措施致使损失扩大者，不得就扩大部分的损失请求赔偿，此即所谓的减轻损失规则，学说上亦有将其称为减轻损失义务者。

就减轻损失规则之适用而言，应当具备以下三方面的要件：其一，存在因一方违约而导致的损害；其二，受害人未及时采取合理或适当的措施防止因违约所造成的损失之扩大；其三，事实上确实造成了受害人自身损失的扩大。减轻损失规则通常要求的是受害人及时采取措施防止损失的扩大，然而如果受害人采取了措施，但由于措施不当而造成的损失扩大，似乎又与前述的与有过失规则有所牵连。在此笔者认为存在着与有过失与减损规则之竞合，并不能仅仅根据损失发生阶段和损失扩大阶段将二者截然区分，毕竟在与有过失与减损规则中，都包含了导致损害扩大的因素。

除以上三种规则外，另外一项对于完全赔偿责任原则的限制性规则为损益相抵规则。所谓损益相抵规则，又称损益同销规则，是指受益人基于损失发生的同一原因而获得利益时，则将所获利益从其应得的损害赔偿额中扣除的规则。损益相抵规则在我国现行立法中并无明文规定，但在司法实践中仍予以承认。

损益相抵规则的构成要件包括以下三个方面：其一，违约行为导致损害赔偿之债的成立；其二，受害人受有利益；其三，在损害事实与利益之间存在因果关系。在三个构成要件中，前两项为基本的事实前提，如果不具备此种事实前提，根本无从启动损益相抵规则。而损害事实与受有利益之间的因果关系问题则不仅仅是一项事实判断要件，而且存在一定程度的法律判断、价值判断。在德国和我国台湾地区，对因果关系的认识强调相当因果关系说。在英美法上，对于损益相抵问题的一个基本出发点，即为受害人所获得的利益，仅当如未曾发生违约即不

---

〔1〕 参见王泽鉴：《民法学说与判例研究（1）》，中国政法大学出版社 1998 年版，第 74 页。
〔2〕 韩世远：《履行障碍法的体系》，法律出版社 2006 年版，第 266 页。

可能获得此项利益时，始于计算损害赔偿时加以扣除。[1]

（四）旅游财产损害赔偿的方法与计算

就损害赔偿的计算方法来讲，理论上有关于客观计算和主观计算两种计算方法的区分，客观计算方法，仅考虑不因受害人而异的普通的、客观的损害构成因素；反之，主观计算方法，则在普通、客观的损害构成因素之外，尚考虑因被害人之不同而导致损害有所不同的主观的、特殊的损害构成因素[2]。关于人身损害，原则上只能就每个受害者主观的、特殊的损害构成要素进行计算，所以人身损害以主观计算为原则[3]。在我国司法实务中，对人身损害的赔偿，采取了相对的客观计算标准与主观因素相结合的计算方法。例如对于人身损害的医疗费即完全按照主观计算，根据医疗机构出具的医药费、住院费等收款凭证，结合病历和诊断证明等相关证据确定［《最高人民法院关于审理人身损害赔偿案件适用法律若干问题的解释》（以下简称《人身损害赔偿司法解释》）第 19 条第 1 款前段］；对于丧葬费则完全按照客观计算方法，按照受诉法院所在地上一年度职工月平均工资标准，以六个月总额计算（《人身损害赔偿司法解释》第 27 条）；被扶养人生活费则在考虑抚养人丧失劳动能力程度（主观因素）的基础上，按照受诉法院所在地上一年度城镇居民人均消费性支出和农村居民人均年生活消费支出（客观标准）标准计算。

而财产损害则因其既可能考虑不同人的主观因素（例如存储有全家巴黎旅游照片的存储卡被毁损、装有衣物的旧行李箱的丢失等），也有可能不考虑主观因素（例如丢失人民币若干），因此在财产损害的赔偿方面，既可能采取主观计算方法，也可能采取客观计算方法。

三、旅游消费者非财产损害赔偿请求权

（一）旅游合同与精神损害赔偿

旅游合同伴随着旅游业的兴起而进入私法领域，此前，合同法是财产法、交易法，是规范商品交换关系的基本法律，是与商品交换及商品经济的发展相伴而生的，可以说，近代以来的合同，始终充当着商品经济发展先锋的角色。根源于此，合同法所关注之赔偿也仅仅限于财产上损害之救济，那些损及当事人非财产上利益所招致的损害则通过侵权责任法予以救济。旅游合同的诞生，打破了合同法纯粹财产法、交易法的属性，将非财产上的利益纳入合同法领域，宣告了违约责任与非财产损害赔偿之间融合的开始。

---

[1] See G. H. Treitel, Remedies for Breach of Contract, 185 (1988).
[2] 曾世雄：《损害赔偿法原理》，中国政法大学出版社 2001 年版，第 162、164 页。
[3] 曾世雄：《损害赔偿法原理》，中国政法大学出版社 2001 年版，第 169 页。

1. 违约责任与精神损害赔偿

违约责任与侵权责任二分的民事救济体系（损害赔偿体系）中，形成这样的一个基本的定式，即：违约责任用以救济财产上本应增加而未增加之正值，侵权责任则负责填补不应受损而受损的固有利益。按照美国学者贝勒斯的说法，则同样可以表述为，合同法的功能在于保护"正值"的交易，侵权法的功能在于保护"负值"的交易。[1] 因此，通说将非财产损害等同于人格权、身份权遭受侵害进而由侵权责任法予以救济，违约责任则与之绝缘。

之所以在违约责任体系中排斥对于非财产损害的救济，理论上提出各种各样的理由予以解释。有学者认为非财产性损害（特别是精神损害）是无形的、主观的，因而缺乏客观的证据加以证明、无法进行精确的计算，从而为避免非财产性损害赔偿的滥用，应当禁止对违约的非财产上损害予以赔偿。另有学者认为，精神伤害或者焦虑几乎是基于合同许诺所产生期望的必然伴随物，对此缔约方必须予以承受。如果允许对精神伤害等进行赔偿，就会导致违约方责任的不确定性，从而增加缔约成本并使合同权利分配面临新的风险，商品经济因此受到严重的阻碍。[2]

事实上，这些阻碍非财产上损害之合同救济的理由之说服力都并不足以妨碍违约责任与非财产上损害赔偿之间的融合。就证据障碍的理由来讲，众多的例外案例事实本身就足以使法官确信受害人确实受到严重的精神损害。证据障碍和计算困难同样都属于技术问题，不应当影响到是否赔偿这一原则性问题的解答，更何况这些问题并不仅仅存在于因违约而造成的非财产损害上，侵权法上的非财产损害也同样存在这些问题，难道我们要因此而废除侵权法对于非财产损害的救济吗？答案显然是否定的。至于增加缔约成本、阻碍经济发展的说法也仅仅是看到了问题的一面而已，如果当事人了解法律会对违约所导致的非财产损害加以救济的话，合同的缔结与履行将有可能得到严格的遵守，信用危机、违约泛滥的情形也可能得到遏制。这种遏制也同样是建立在可预见的基础之上的。对于一个正常人来讲，精神遭受损害的可能并非无从捉摸的，而是客观存在的、完全可以预见的。

笔者以为，从民事责任的二分体系构成来讲，也并不能得出违约责任排斥非财产损害赔偿的结论。诚如我国台湾地区学者曾世雄所论，"某种权利或法益，依法律应受保护，侵害之应负侵权责任时，如将该权利或法益易置于契约下，当违反契约之结果侵害及该权利或法益时，理论上，应肯定其违约责任"。[3] 可

〔1〕 迈克尔·D. 贝勒斯：《法律的原则》，蒋兆康等译，中国大百科全书出版社 1996 年版，第 169 页。
〔2〕 李永军：《合同法》，法律出版社 2005 年版，第 766 - 767 页。
〔3〕 曾世雄：《损害赔偿法原理》，中国政法大学出版社 2001 年版，第 363 页。

见，违约责任乃是于合同场合救济权利、法益之手段，本身并未对可能救济之对象究为财产权利、法益或非财产权利、法益区别对待。易言之，特定权利、法益能否得到合同法上的救济，不能以此种权利、法益是否为财产性权利、法益为判定标准，而应当取决于该权利、法益之侵害是否基于违反合同上之义务而生，是则应予合同法上的救济，反之亦然。

合同法的基本目标在于保护合理、正当的交易，进而达到私人参与社会交往的目的。[1] 就此而言，合同作为典型的法律行为，乃是当事人私法自治的基本工具。从利益衡量的角度来看，当事人进入合同这一特殊的结合关系中，必然以追求特定的利益为根本目标，此种利益即为所谓的履行利益。从遭受损害的角度来看，履行利益，是指"法律行为（尤其是合同）有效成立，但因债务不履行而发生的损失，又称为积极利益或积极的合同利益"。[2] 合同权益的救济中最为重要的是履行利益的救济，只要存在履行利益损失，即应当由违约方承担违约责任，至于此种利益为财产上的利益抑或非财产上的利益，则在所不问。故此，倘若当事人订立合同所期望获得之履行利益为精神上之惬意与愉悦，当债务不履行时，此种非财产上的履行利益损失自应获得相应的赔偿。在合同责任体系内决然排斥非财产损害赔偿的主张，或者是未注意到非财产上履行利益之存在，或者是忽略了此种履行利益的可赔偿性。前者未能以发展的眼光看待合同在现代社会的发展，后者则如上文所述，多属于因技术性考虑而干扰原则性问题的主张。

此外，从比较法的角度考察，违约责任与精神损害赔偿也不再是互不相容的概念了。在法国法上，最初对于认定基于精神损害的违约责任甚为消极，不过在20世纪上半期已逐渐开始考虑精神损害的合同救济。当今法国法上对于基于精神损害的违约责任的范围认可相当广泛，甚至因违约致马死亡而给人造成的悲痛也被纳入到违约责任之中。[3] 在德国法上，虽然《德国民法典》第253条规定非财产上之损害，仅于法律有特别规定的情形，始得请求金钱赔偿。但后来的判例通过"商品化理论"将凡交易上得以金钱支付方式购得的利益（例如享受愉快、舒适、方便）等界定为财产利益，进而在实质上实现了对于非财产性权益的违约责任保护。[4] 在英国判例上，给予因违约造成的非财产性损害赔偿主要有三种类型，其一，为合同的目的就是提供安宁和快乐的享受；其二，为合同的目的是为了摆脱痛苦与烦恼；其三，为违反合同导致生活上的不便并直接造成了精

---

〔1〕 李永军：《合同法》，法律出版社2005年版，第25页。

〔2〕 韩世远：《合同法总论》，法律出版社2004年版，第724页。

〔3〕 参见韩世远：《合同法总论》，法律出版社2004年版，第721页。

〔4〕 参见王泽鉴：《民法学说与判例研究》（第7册），中国政法大学出版社1997年版，第134页。

神上的苦痛。[1] 美国法院起初认为对于因违约所致的精神痛苦不能赔偿，学者也认为"作为一般规则，感情痛苦（emotional distress）与其他的非财产损害不能在合同诉讼中获得赔偿"[2]。但对于这一基本规则，美国很多法院也认为存在着诸多的例外，只要合同涉及非财产价值，就应当给予非财产损害赔偿之救济。可见，当前关于违约责任与非财产损害赔偿之融合已经达成了基本的共识，各国法律或判例都未将违约责任与非财产损害赔偿相互对立，违约责任中也可以对精神损害等非财产损害加以赔偿。

2. 旅游合同中的精神损害

就旅游合同中精神损害赔偿的发生领域而言，旅游合同履行过程中涉及的精神损害主要有两方面的来源：其一，为因不适当履行导致的对于固有人格、身份权利的侵害，此为当事人固有利益或者维持利益的侵害；其二，为旅游合同所追求的精神愉悦目的之不达，此为履行利益或者履行期待利益的损害。

在传统德国民法上，对于固有利益或维持利益的侵害导致的是侵权损害赔偿。这一原则适用于旅游合同也是合乎法律逻辑的，在司法实践中，当事人也完全可以采取侵权之诉的路径寻求财产上或非财产上的损害赔偿。在侵权责任法上，除危险责任等特殊侵权领域适用过错推定或无过错责任原则外，过错责任原则依然处于统治地位。而在旅游合同履行过程中所经常发生的对于当事人固有人格、身份权益的侵害，加害人之主观过错的证明，往往存在着不同类型的困难。

面对种种主观过错证明的困难，通过适用严格责任原则或无过错责任原则的违约责任对固有利益或维持利益侵害加以救济，成为可能的替代路径之一。结合学界以及国外司法实践对于违约精神损害赔偿的认可，对于违反旅游合同所导致的人格利益、身份利益的损害，契约法上的救济就成为非常有利于受害人利益保护的途径。当然，如果在侵权责任法中能够对旅游过程中的侵权实行无过错责任原则，同样能够实现相同的效果，但对于过错责任原则的突破必须有特别重大的理由。而在旅游过程中涉及的交易领域繁多、法律关系复杂，相关当事人的权利义务的分配不同，从而扩展这一过程中当事人的注意义务，在当前来讲可行性并不如违约责任救济精神损害那么容易。在具有相同效果的两种可能路径之间选择，违反旅游合同导致精神损害承担精神损害违约责任成为必然的选择。

此种违约精神损害赔偿责任的构成要件为：①当事人之间的旅游合同成立有

---

[1] 程啸：《违约与非财产损害赔偿》，载杨立新主编：《民商法理论争议问题——精神损害赔偿》，中国人民大学出版社 2004 年版，第 251 页。

[2] Amy Hilsman, Deborah Waire Post, Scharon Kang Hom, Contracting Law, Crolina Academic Press（1996）1025. 转引自程啸：《违约与非财产损害赔偿》，载杨立新主编：《民商法理论争议问题——精神损害赔偿》，中国人民大学出版社 2004 年版，第 251 页。

效。这里的旅游合同，并不限于包价旅游合同。因为即使在代办旅游合同中，也可能发生侵害当事人之固有人格利益等非财产性法益的违约行为。那种认为只有在包价旅游合同中才能发生违约精神损害赔偿的观点[1]，是对于旅游合同中违约精神损害赔偿范围认识不全面所导致的结论。②有侵害旅游消费者人格法益的违约行为的存在。通常情况下，在旅游合同违约精神损害赔偿责任中，受害人必须是旅游消费者，而不包括旅游组织者。这里的人格法益主要是指旅游消费者的隐私权、名誉权以及人格尊严等传统上由侵权责任法予以保护的人格法益，而不包括基于旅游合同而追求的精神享受、物质性的便利与生活上的舒适等非财产性利益。后者属于后文所述的基于旅游目的不达的精神损害赔偿范围。③旅游消费者受到精神方面的损害。所谓精神方面的损害，则主要是指对上述人格法益之侵害。④违约行为与损害事实之间有因果关系。这里的因果关系是指违约行为与旅游消费者所受的非财产上损失的因果关系，只要这种损害结果确系违约行为造成，它们之间就具有因果关系。当然，在不可抗力、旅游部门管理政策变更、第三人的行为等外来因素介入或影响的情况下，如果这些因素导致了违约行为，进而造成了当事人固有法益的损失，那么该因素应为旅游消费者精神损害的导因，从而不成立因果关系。

旅游合同所特有的违约精神损害赔偿，是基于旅游合同所追求的精神愉悦目的之不达而发生的，此为履行利益或者履行期待利益的损害。所谓履行利益是指，法律行为（尤其是合同）有效成立，但因债务不履行而发生的损失，又称为积极利益或积极的合同利益。[2] 对于旅游消费者而言，根本的履行利益在于通过旅游合同的适当履行，而获得精神上的愉悦，身心的放松，对惬意生活的享受等。违约责任的基本范围即为对于履行利益的赔偿，对于旅游合同而言，自然就是对于旅游消费者的精神上愉悦方面的赔偿。对于这些精神上愉悦的赔偿，即构成旅游合同中典型的违约精神损害赔偿。正因为旅游合同的履行利益在于精神愉悦，旅游合同中确定违约精神损害赔偿才具有了强大的说服力。

旅游合同中履行利益侵害所致的违约精神损害赔偿，其构成要件为：①当事人之间的旅游合同成立有效。这里的旅游合同，则限于包价旅游合同。因为只有包价旅游合同才以旅游乐趣为缔约目的，对于代办旅游合同则不能要求违约的精神损害赔偿。[3] 代办旅游合同是明确旅游消费者与旅行社之间委托代理关系的协议，旅行社接受旅游消费者的委托为其代订一项或者多项旅游服务的合同。其中的履行利益在于旅游服务合同的订立，主要是一种财产性利益，对此种履行利

〔1〕　牛立夫:《旅游合同中的精神损害赔偿问题探讨》，载《旅游学刊》2006年第8期。
〔2〕　崔建远主编:《合同法》，法律出版社2003年版，第260页。
〔3〕　牛立夫:《旅游合同中的精神损害赔偿问题探讨》，载《旅游学刊》2006年第8期。

益的赔偿，应当是一种财产损害赔偿。②有侵害履行利益的违约行为的存在。在旅游合同违约精神损害赔偿责任中，受害人必须是旅游消费者，而不包括旅游组织者，这与前述对于旅游合同中固有利益侵害的违约精神损害赔偿相同。基于旅游合同而追求的精神享受、物质性的便利与生活上的舒适等非财产性利益是违约行为所侵害的对象。另外，需要明确的是，必须存在违反旅游合同的行为，此种行为或者是旅游组织者自身的作为或者不作为，也包括作为旅游组织者使用人的司机、导游等的作为或不作为。③旅游消费者所追求的精神上愉悦严重不达。此种因为旅游合同履行方面的瑕疵而导致的精神损失，有学者认为属于违反以提供欢娱、享受为目的的合同而引发的"失去的满足（loss of amenities）"[1]。从损害的程度来讲，"失去的满足"属于界之于"身体上的不便与不适"与痛苦、悲痛以及心灵伤痛之间的损害。另外，由于旅游活动本身所具有的特殊性，旅游过程中遭受不便等影响旅游消费者旅游享受心理的因素，只有严重影响精神上愉悦目的的实现才应该承担违约责任。之所以对侵害履行利益而引发的违约精神损害赔偿有严重性的要求，主要基于精神损害所带有的主观性，这种要求能够有效防止对精神损害赔偿诉讼的泛滥，防止精神损害赔偿范围的任意扩大。[2] ④违约行为与合同目的未实现之间有因果关系。

3. 我国旅游违约精神损害赔偿的趋势与障碍

旅游合同中的违约精神损害赔偿逐渐得到理论界与国外司法实务界的认可，甚至在有些国家地区的法律中得以确立。在这样的理论背景与国际法制背景下，我国旅游违约精神损害赔偿的确立在将来的立法中也应该能够得到立法部门的认可，甚至有可能通过对现行法律条文的解释得以实现。在现行法上关于违约责任的一般规则中所涉及的"损失"均未被限定为物质性损失或财产损失，因此可解释为包括精神损害在内的一切损失。[3] 就此而言，似乎现行法律对于旅游违约精神损害赔偿留下了可能获得法院支持的空间。但是最高人民法院 2001 年 3 月 8 日发布的《最高人民法院关于确定民事侵权精神损害赔偿责任若干问题的解释》，虽然进一步规定公民因身体健康遭受侵害而产生的精神上的和肉体上的痛苦都得用慰抚金加以救济，但也明确、具体规定："精神损害赔偿只适用于侵权责任中。"面对最高人民法院明确禁止违约精神损害赔偿的司法解释，很难想象

---

〔1〕 程啸：《违约与非财产损害赔偿》，载杨立新主编：《民商法理论争议问题——精神损害赔偿》，中国人民大学出版社 2004 年版，第 251 页。

〔2〕 参见叶金强：《论违约导致的精神损害赔偿》，载杨立新主编：《民商法理论争议问题——精神损害赔偿》，中国人民大学出版社 2004 年版，第 298 页。

〔3〕 叶金强：《论违约导致的精神损害赔偿》，载杨立新主编：《民商法理论争议问题——精神损害赔偿》，中国人民大学出版社 2004 年版，第 296 - 297 页。

有法官敢于通过自己的法律解释来支持旅游消费者关于违约精神损害赔偿的诉讼请求。

通过上述分析，我们认为，在我国当前的法制环境中，旅游合同违约精神损害赔偿还无法得到实务界的支持。但是在法律对人的关怀从物质世界扩展到精神世界的趋势面前，在旅游合同违约确实造成精神损害的事实面前，对于违约精神损害赔偿的拒绝将很难再立足于违约责任法中。面对我国当前的法制状况，旅游合同违约精神损害赔偿的法律确认，有待于在民法典债编中明确违约责任对于精神损害的救济，或者对旅游合同有名化中明确之。

（二）时间损失赔偿

1. 时间在法律上的意义与时间损失赔偿

民法上的时间规范，主要由两个方面构成，其一，是立法者基于立法政策将特定事件或状态下的时间，设计为法律事实之构成，如取得时效；其二，为基于当事人利益的稳定，针对某些特殊事实状态的存在，规定时间的经过具备确定特定法律关系起始、消灭或存续的法律标志，如除斥期间等。[1] 由此可见，当前民法理论对于时间的法律意义之认可，依然是以法律行为这一中心展开，以时间作为法律行为的过程性标志角度设计时间规范的。

时间是每个人最宝贵的财富，因此个人时间的利用，应当基于个人自己意思之自主决定，任何他人都不得干扰该个人对于自己时间的支配，并应当对于此种意思决定予以充分的尊重，这种不干扰他人时间支配、尊重他人意思决定的要求，不仅仅是伦理道德的诉求，也是私法自治基本原则的题中之意。私法自治的基本要义在于，民事主体能够以自己之意思安排自己的私法生活，其中自然包括对自己时间的规划，而不仅仅限于对其所有物的占有、使用、收益与处分，也不仅仅限于与他人达成合意而互通有无。时间的规划与支配，乃是民事主体自由意志的重要体现，只要人类社会还需要私法的存在，就必然要求对于规划、支配时间的自由意志予以法律上的保护。

既然时间应该得到保护，那么对于时间的法律救济途径是什么呢？私法上的救济路径有二，其一，为恢复原状的救济方式，使得救济的实现如同损害并未发生一样；其二，为金钱赔偿的救济方式，尽最大可能抚慰受害人因损害而遭受的损失。时间一旦浪费即无从恢复原状，因此第一种救济路径则无法实行，从而对于时间浪费的救济方式即为时间损害赔偿。然而，在当前的损害赔偿法体系中，时间浪费损害赔偿究竟属于何种法律性质的损害赔偿，是关于时间浪费损害赔偿的首要问题。

---

〔1〕 龙卫球：《民法总论》，中国法制出版社 2002 年版，第 601 页。

2. 时间损失赔偿的法律属性

旅游过程中的时间浪费损害赔偿最典型的立法表现是《德国民法典》第651f条第2款（以下简称§651f Abs. 2 BGB）的规定，关于该规定的理论争论最值得刚刚涉及时间损失赔偿问题的我国法学界参考。§651f Abs. 2 BGB 在 1979 年进入德国民法典，有部分理论认为是对德国此前将度假乐趣（Urlaubsgenuß）视为财物的判例之确立，其他观点则认为属于《德国民法典》第 253 条意义上无形损害赔偿之例外规定。[1] 度假时间浪费损害的性质之争不仅仅存在于理论界，而且在司法界也存在着不同的理解，德国普通最高法院（BGH）在其判决中即主张§651f Abs. 2 BGB 为无形损害（ein immaterieller Schaden），而法兰克福地方法院（LG Frankfurt）则始终坚持认为这是一种财产损害（ein Vermögensschaden）。[2]

1956 年著名的海上旅游案（Seereise – Fall）[3] 是联邦法院关于旅游损害赔偿判例的起点，在该案中，德国普通高等法院（BGH）认为在度假乐趣障碍中存在一项财产损害，原因在于此种度假乐趣通常仅能通过财产的耗费方能获得。相反在 1973 年的杰拉德判决（Grado – Entscheidung）中，法院否认了因为在交通事故中汽车损坏而无法按计划前往威尼斯海湾，从而浪费了其在本国野营地的度假而产生财产损害的请求权。[4] 在该案中，德国普通最高法院以当事人并未支付费用仅仅是其计划被破坏为由，拒绝做出和海上旅行案相同的判决，因为在海上旅行案中，由于行李箱未能及时到达，原告所支付的费用与旅游所得并不相称，而该案中原告并未发生金钱方面的浪费。1974 年的罗马尼亚判决（Rumänien – Entscheidung）[5] 具有开创性意义，并成为 1979 年 §651f Abs. 2 BGB 的奠基者。在该案中，联邦最高普通法院以商业化思想（Kommerzialisierungsgedanken）为出发点，承认了度假的财产价值。作为损害估算的正当大小（Richtgröße für die Schadensbemessung）额外度假购得之浪费，即雇员的收入减少和自由职业者在受赔偿假期时间中所能实现者，得到法院的承认。基于此种损害估算的类型，对于浪费的度假时间之损害赔偿请求权仅能由职业工作者（Erwerbstätige）所主张，个中例外是联邦普通最高法院承认家庭主妇享有相应的请求权，因为她通过其家庭劳动与其丈夫共同赚得家庭收入。[6]

随着 §651f Abs. 2 BGB 的生效，相应地产生了关于该条仅仅是确立了一项

---

〔1〕 Lange, Hermann：Schadensersatz, 2., Aufl., Tübingen：Mohr 1990, S. 431.

〔2〕 Münch Komm – Tonner, §651f RdNr. 35.

〔3〕 BGH NJW 1956, 1234. 关于该案的中文资料，可参见王泽鉴：《民法学说与判例研究》（七），中国政法大学出版社 1998 年版，第 140 – 141 页。

〔4〕 BGHZ 60, 214 = NJW 1973, 747 = JZ 1973, 425 mit Anm. Grunsky.

〔5〕 BGHZ 63, 68 = NJW 1975, 40 = JZ 1975, 249 mit Anm. Stoll.

〔6〕 BGHZ 77, 116 = NJW 1980, 1947., Münch Komm – Tonner, §651f RdNr. 37.

财产损害赔偿请求权抑或构成了一项无形损害赔偿请求权的问题。如果依然为财产损害赔偿请求权，则应当坚持将请求权主体范围限制于职业工作者，否则即应当承认无职业者亦可有效主张此种损害赔偿请求权。虽然，德国联邦普通最高法院并未明确回答这一问题，但该法院强调，在适用§651f Abs. 2 BGB 的规定时，法官较之以前更为自由，甚至可以突破关于职业工作者（Erwerbstätige）的主体范围限制。其引用立法理由指出，无形因素（immaterielle Momente）也是有意义的，因此有必要就个案情形加以考虑。[1]

由此可见，德国联邦普通最高法院并不再坚持所谓的商业化思想，而是更侧重于根据个案情况将无形因素考虑进来。度假时间浪费的损害赔偿因此更多地倾向于非财产上损害赔偿，并突破了根据商业化理论所确立的对于请求权主体范围的限制。在我国旅游法学理论上，学者并未注意到采用商业化理论对于损害赔偿请求权的限制性影响，也并未阐明何以不采用商业化理论之理由，甚至有学者将因时间浪费之损害赔偿归结为对于因此所致的精神上的痛苦，其中确有其值得商榷的余地。

3. 时间损失赔偿的基本构成

根据§651f Abs. 2 BGB 的规定，对于浪费度假时间的请求权（der Anspruch wegen nutzlos aufgewendeter Urlaubszeit）的主张，必须具备三个前提条件：其一，旅游或者挫败（vereitelt）或者遭受重大障碍（erheblich beeinträchtigt）；其二，旅游消费者必须已经浪费了时间；其三，必须因此而遭受损失。[2] 根据德国法院的相关判例，还需注意旅游消费者必须在旅游期间根据《德国民法典》第651d 第 2 款的规定已经将发生的瑕疵向对方进行了通知，另外应当注意根据第651g 第 1 款规定在相应的诉讼时效期间内主张其请求权。

作为构成要件，旅游的挫败是指，当旅游消费者根本未能出发或者在到达度假地点后立即返回时的情况。例如，在旅游开始前，旅游组织者告知旅游无法进行；或者飞行因为罢工或者航空公司破产而不可替代地落空；或者旅游消费者在目的地得知没有给他预订酒店或者酒店已经订满；或者酒店因为地震而毁坏等。

就重大障碍而言，一方面，学界认为根据度假类型的要求，所有情形下的总体预期都完全不能实现或者部分不能实现时，即构成重大障碍。[3] 例如具体旅游给付的完全缺失、持续不断的建筑噪音、参观旅游没有参观、运动旅游缺乏运动可能性、酒店安排极其低劣等。在著名的法兰克福表格（Frankfurt Tabelle）

---

[1] Münch Komm – Tonner，§651f RdNr. 39.

[2] Münch Komm – Tonner，§651f RdNr. 29.

[3] Staudinger – Schwerdtner RdNr. 38.

中，重大性被确定为，旅游瑕疵使得整体旅游价值至少缩水 50%。[1] 就法兰克福表格中的这种取向被批评是一种错误确定，学界认为，对于旅游的重大障碍应当是从质的规定性方面的综合评价，而非数量上的简单累计，德国著名的 Staudinger 民法典注释书也采取这样的质的界限的观点。[2] 另一方面，这种对于重大性的简单化的确有着法律安定性最低限度确保的意义，这一点是理论界概念性描述所无法实现的功能。正是基于此，德国另一部重要的民法典评注书慕尼黑评注即认为在原则上可以采纳法兰克福表格的主张。但令人难以理解的是，法兰克福表格在第 651e 条中对重大障碍的评价标准是至少 20%，而此处却为 50%，而事实上这两处应当对重大障碍做统一的处理。因此，托纳尔（Tonner）建议采取一个折衷路线，即以 33% 为确定重大障碍的量的标准。[3]

所谓浪费度假时间，或者徒过的度假时间（nutzlos aufgewendete Urlaubszeit）是指，旅游消费者耗费了其依旅游合同本为了度假目的而安排的时间，而因为旅游挫败或者旅游的重大障碍未能遵循其合同目的地利用该时间。[4] 此处关注的是时间的徒过，至于旅游消费者是否因此而遭受损害，则是损害要件要关注的问题。旅游消费者是否仍然能够利用发生障碍之时间进行休养（Erholung），经常不是那么能够清晰判断。被迫待在家中所耗费的时间尚可以被用于休养，此即德国民法学上所谓的阳台假日（Balkonurlaub），同样一项尽管收到重大障碍的度假也存在这种可能。德国判例法上将此称为"剩余休养价值（Resterholungswerte）"，并将其作为损害减少要素以免责的形式予以考虑。[5] 在此即有必要区分是因为挫败而住家徒过的旅游（zu Hause verbrachtem Urlaub）与仅仅涉及在度假地的重大障碍之旅游。

在住家徒过的旅游中，根据德国联邦最高普通法院的意见，必须根据具体的个案情况查明剩余休养价值。这就涉及旅游消费者在家中可能对度假做出安排的可能性，根据德国联邦最高普通法院的见解，可以考虑的因素包括房屋的大小和层数以及季节等。对于必须照顾家务者，剩余休养价值要确定得更少一些；而对于要照顾未成年人之家庭主妇而言，此次度假是其一年中唯一可能的时候，剩余休养价值即不再存在。[6] 与此相反，法兰克福地方法院则认为，在没有其他具体情形的支持下，应当考虑进行 50% 的减免。也就是说，因在家度过旅游时间

---

〔1〕 NJW 1985, 113.

〔2〕 Staudinger – Schwerdtner RdNr. 38.

〔3〕 Münch Komm – Tonner, §651f RdNr. 31.

〔4〕 Münch Komm – Tonner, §651f RdNr. 32.

〔5〕 BGHZ 77, 116 = NJW 1980, 1947；BGH LM Nr. 2 = NJW 1983, 35 und NJW 1983, 218.

〔6〕 BGHZ 77, 116 = NJW 1980, 1947.

而产生的剩余休养价值,只要没有其他事由,损害赔偿请求权将被折半。

对于在度假地度过的、遭受严重障碍的度假,德国联邦最高普通法院同样考虑剩余休养价值理论。在一桩预订酒店因地震毁坏的案件判决中,由于旅客被安排在另一地点而且旅馆的等级要低一级,因此该法院采纳了尚存 50% 的剩余休养价值的观点。[1]

4. 我国旅游合同制度中时间损失赔偿的构想

由于立法原因,我国现行《合同法》并未将旅游合同纳入规范之中。因此,在现行司法体系中,关于旅游合同纠纷基本上还是适用合同法的一般规则,并参照承揽合同的相关规定操作。至于时间损失赔偿,在笔者所涉范围内,尚未见有相关的判决出台。当前民法典草案建议稿也没有对时间损害赔偿做较为细致的规定,因此有必要参照《德国民法典》的相关规定建立我国旅游合同中的时间损失赔偿制度,对于旅游时间损失赔偿的法律性质,应当坚持是对于时间浪费的赔偿,而不是对于时间浪费而导致的精神痛苦之赔偿;另外,在时间损失赔偿的构成上,应当确立对于旅游挫败和重大旅游障碍赔偿的基本立场。

(本文课题组成员:谢鸿飞,中国社会科学院法学研究所教授;韩玉灵,北京第二外国语学院教授;贾莉蔷,陕西警官职业学院副教授;郑晶,北京联合大学旅游学院副教授;阎晓蓉,上海通力律师事务所律师。)

---

[1] NJW 1983,35.

论北京市台胞（投资）权益保障的
立法可行性

冯　霞*

一、北京市台胞（投资）权益保障立法法律位阶的确定

2014 年 10 月，中国共产党第十八届中央委员会第四次全体会议审议通过了《中共中央关于全面推进依法治国若干重大问题的决定》。对于两岸关系和台湾同胞权益保护的问题，该决定强调："运用法治方式巩固和深化两岸关系和平发展，完善涉台法律法规，依法规范和保障两岸人民关系、推进两岸交流合作。运用法律手段捍卫一个中国原则、反对'台独'，增进维护一个中国框架的共同认知，推进祖国和平统一。""依法保护港澳同胞、台湾同胞权益。加强内地同香港和澳门、大陆同台湾地区的执法司法协作，共同打击跨境违法犯罪活动。"

全面依法治国的推开也标志着两岸工作的法治化进程的全面展开。

正如海峡两岸关系协会前会长汪道涵先生所言，"所有的台湾问题、两岸问题，最后都是法律问题"。运用法治手段解决两岸问题，是由两岸问题的基本属性所决定的，是依法治国的根本要求，是两岸和平发展的根本要求，也是两岸人民群众权益保护的根本诉求。

运用法治手段解决两岸问题的前提是，两岸关系的法制化、两岸人民相关权益保障的法制化。对于大陆而言，首先是台商大陆投资及相关权益保护的法制化。这就要求在立法进程中克服两岸对台商大陆投资实施保护过程中的行政化倾向和政治化倾向，必须运用法律的武器，将由政府行政部门主导，或受到行政干预的实际规范活动纳入到法律的硬性框架体系之中。以法律的稳定代替政策的反复，以对立法行为的尊重代替对行政行为的妥协。

自改革开放打开引进台湾地区投资的大门之后，相较于台湾当局的阻挠和限制，中央政府和地方各级政府对台湾地区投资的整体态度保持了较好的稳定性，

---

*　课题主持人：冯霞，法学博士，中国政法大学教授，台湾法研究中心执行主任，美国纽约大学访问学者，中国文化大学（台湾）客座教授，北京市商泰律师事务所律师。立项编号：BLS（2016）B020。结项等级：合格。

多年来坚持对台商投资鼓励、引导和保护相结合的原则。这一基本立场和态度贯彻于大陆对台法律规范制定的始终，不仅体现在全国人大、国务院及各部委等适用于全国范围的立法工作中，地方性法规、行政规章、规范性文件也始终坚持了这一原则。这种稳定性和一致性为多年来台商在大陆投资权益的保护提供了一个稳固的前提和基础。

大陆对台胞（投资）权益保障立法自改革开放至今，也形成为较为完整的法律保护体系。从法律的位阶来看，主要分为五个层次。

第一个层次，是宪法的保护。《中华人民共和国宪法》（以下简称《宪法》）第 18 条规定："中华人民共和国允许外国的企业和其他经济组织或者个人依照中华人民共和国法律的规定在中国投资，同中国的企业或者其他经济组织进行各种形式的经济合作。在中国境内的外国企业和其他外国经济组织以及中外合资经营的企业，都必须遵守中华人民共和国的法律。它们的合法的权利和利益受中华人民共和国法律的保护。"为了鼓励台湾同胞到大陆投资就业，祖国大陆给予了台湾同胞享受外商投资的优惠待遇，《宪法》的该条规定也被认为是台商在大陆投资的最高保护。但随着祖国大陆多年来的发展和经济结构的变化，外资在中国享受的优惠待遇逐渐减少，近年来无论是大陆还是台湾同胞，均在呼吁取消台商的外资待遇。《宪法》第 18 条是否能作为台商投资的最高保护出现了争议。但台湾地区作为中华人民共和国不可分割的一部分，台湾地区人民根据《宪法》的规定，其因在大陆地区投资而享有"合法的私有财产不受侵犯"。《宪法》对中国国民人身、财产权利的保护也当然适用于台湾地区人民。

第二个层次，是全国人大及常委会制定的法律保护。为了保护和鼓励台湾同胞投资，促进海峡两岸的经济发展，1994 年 3 月 5 日第八届全国人民代表大会常务委员会第六次会议通过了《中华人民共和国台湾同胞投资保护法》（以下简称《台胞投资保护法》），明确规定"国家依法保护台湾同胞投资者的投资、投资收益和其他合法权益"，对我国台湾地区的公司、企业、其他经济组织或者个人作为投资者在其他省、自治区和直辖市投资的合法行为及相关权益予以保护。

第三个层次，是行政法规的保护。国务院以《宪法》和《台胞投资保护法》为依据，为规范地领导和管理国家对台湾同胞投资权益保障的各项行政工作，先后颁布了一些行政法规，为各部委、地方人民政府依法开展对台湾同胞投资权益保障的行政工作提供了更为具体的指导和依据。在台湾同胞投资权益保障方面，现行有效的行政法规具体包括：1983 年《国务院关于台湾同胞到经济特区投资的特别优惠办法》、1988 年《国务院关于鼓励台湾同胞投资的规定》和 1999 年《中华人民共和国台湾同胞投资保护法实施细则》。

第四个层次，是国务院各部委颁布的行政规章和规范性法律文件。国务院各部委依据《宪法》、《台胞投资保护法》以及国务院制定的保护台湾同胞投资权益的行政法规，从投资主体、出资形式、投资形式、投资领域、投资待遇、优惠政策、国有化和征收、利润汇出、台资协会、争议纠纷解决机制、出入境手续、子女教育等多个方面，为台湾同胞投资权益保障的行政执法工作和台湾同胞权益的保护制定了更为细致、更具操作的规定。

第五个层次，是地方人大和地方政府颁布的地方性法规、规章和规范性法律文件的保护。自两岸恢复交流交往以来，以江苏、福建、上海、天津等台商较多的省市为代表，就陆续出台了一些鼓励性或引导性的规范性文件，至今众多的省、市、区都对地方涉台立法进行了许多有益的探索。通过地方立法、出台相关规范性文件等方式，地方政府将对台的优惠政策以立法的形式确定下来，为台商投资及相关权益的保护提供了最有力的保障。

（一）北京市台胞（投资）权益保障立法沿革

1.《北京市委统战部、财政局、民政局关于对生活困难的在京台湾同胞给予补助的通知》

1986 年 1 月 2 日，北京市委统战部、财政局、民政局根据国务院《关于落实居住在祖国大陆台湾同胞政策的指示》，中"对生活困难的台湾同胞，要采取各种办法给予补助，使之不低于当地中等生活水平。对鳏寡孤独、老幼病残、生活无依无靠的，要切实照顾，使老有所养，幼有所教，能工作的分配适当工作，丧失劳动能力的由国家养起来"的规定，决定对在北京市各单位工作的台湾同胞，每月实际收入（包括奖金和补贴在内）按家庭人口平均达不到五十元者，差额部分由所在单位给予补助。对生活无依靠的鳏寡孤独无业居民，由所在区、县民政部门发给补助。

《北京市委统战部、财政局、民政局关于对生活困难的在京台湾同胞给予补助的通知》是北京市颁布的第一部鼓励台湾同胞在京就业的规范性法律文件，至今仍然在发挥着积极的鼓励和引导作用。

2.《北京市鼓励台湾同胞投资的若干规定》

1994 年 10 月 24 日，北京市人民政府为促进本市与台湾地区的经济技术交流，鼓励台湾地区的企业和个人（以下统称台湾地区投资者）在本市投资，根据《国务院关于鼓励台湾同胞投资的规定》，按照"同等优先、适当放宽"的原则，结合北京市的具体情况，制定了《北京市鼓励台湾同胞投资的若干规定》。作为北京市第一部鼓励和保护台湾同胞在京投资的地方行政规章，该规定对于在京投资经营的台湾同胞有开创性的意义。

《北京市鼓励台湾同胞投资的若干规定》以《国务院关于鼓励台湾同胞投资的规定》为制定的依据，虽然紧跟《台胞投资保护法》之后颁布，但程序上和时间上的原因，未能依据《台胞投资保护法》作出调整和修正。随着国家政治经济状况的不断变化发展，特别是 2001 年中国加入 WTO 前后，《北京市鼓励台湾同胞投资的若干规定》已经很难适应国际及海峡两岸政治经济形势。

2001 年 11 月 16 日，中共北京市委员会、北京市人民代表大会常务委员会、北京市人民政府和中国人民政治协商会议北京市委员会联合制定并颁布了《北京市人民政府关于废止部分政府规章和政策措施的决定》，为了适应改革开放和建立社会主义市场经济体制及我国加入世界贸易组织的形势需要，根据《中共中央办公厅、国务院办公厅关于适应我国加入世界贸易组织进程清理地方性法规、地方政府规章和其他政策措施的意见》要求，宣布《北京市鼓励台湾同胞投资的若干规定》失效。

3.《北京市鼓励台湾同胞投资补充规定》的通知

1997 年 9 月 2 日，北京市人民政府为进一步鼓励台湾同胞来京投资，促进京台经济交流与合作，根据国家有关规定，结合北京市的实际情况，特制定并颁发《北京市鼓励台湾同胞投资补充规定》。相对于《北京市鼓励台湾同胞投资的若干规定》而言，《北京市鼓励台湾同胞投资补充规定》的颁布和实施充分考虑了《台胞投资保护法》的相关规定，更加能够适应当时两岸交流交往的特征，至今仍然是京台两地经贸与投资交流、台湾同胞在京投资权益保护的重要依据。

4.《北京市实施〈台湾香港澳门居民在内地就业管理规定〉办法》

2005 年 10 月 1 日，北京市劳动和社会保障局根据劳动和社会保障部《台湾香港澳门居民在内地就业管理规定》（劳动和社会保障部令［2005］第 26 号），结合北京市的实际情况，制定并颁布了《北京市实施〈台湾香港澳门居民在内地就业管理规定〉办法》，对港澳台居民在北京市就业享受的优惠政策和措施进行了梳理和规定。

（二）北京市台胞（投资）权益保障立法法律位阶的确定

由于首都北京特有的政治经济地位，以及北京市立法工作实践的特殊情况，北京市对台湾同胞投资行为进行引导、规范和保护的相关规定一直局限在上述四个办法中，且颁布至今尚未修订，已经难以适应海峡两岸和京台两地投资及与投资相关的交流交往实践的实际情况，急需根据京台两地交流交往的现有形式，结合京台两地投资等交往过程中出现的问题，制定符合京台两地新形势需要的新规范。

北京市台胞（投资）权益保障的立法阶位的规划，应当采用北京市人大及常委会制定地方性法规的方式，为在北京市进行投资、经营和生活的台湾同胞提供健全、完善的保障。

第一，地方性法规的制定是台胞在大陆投资权益保护法治化的根本要求。依法治国的全面推开，决定了运用法治手段解决两岸问题的基本原则和趋势，这必须以两岸台胞及相关权益保障法制化为基本前提。在北京市的现有立法中，仅有行政规章、规范性文件两种形式的立法。因此，在北京市通过北京市人大制定地方性法规实现台胞权益保障的法制化，是运用法治手段解决两岸问题的基本要求，是完善北京市涉台立法体系的基本要求。

第二，制定地方性法规保护台湾同胞合法权益，是台湾同胞的急切诉求。从我国现有的地方性法规立法情况来看，截至 2017 年 6 月底，在我国 34 个省级行政区域、49 个拥有立法权的设区的市中，已经有浙江省、广西壮族自治区、安徽省、江苏省、汕头经济特区、福建省、厦门经济特区、湖北省、广东省、四川省、湖南省、黑龙江省、江西省、天津市、上海市、重庆市、武汉市、宁波市、福州市、南京市等共计 21 个省市均颁布了地方性法规，其中以福建省的地方性法规数量最多，至今已颁布了三部地方性法规。北京作为祖国首都，对于两岸而言有十分特殊的政治意义和引导意义。台湾同胞迫切希望通过北京市保护台湾同胞合法权益的地方性法规的建立，为两岸关系的进一步发展创造示范性的作用和价值，为实现京台两地甚至两岸交流交往的法制化和法治化铺平道路。

第三，制定地方性法规保护台湾同胞的合法权益，是解决台湾同胞在京投资实践中各类问题的根本要求。对于台湾同胞而言，想要通过立法得以保障的合法权益往往不是单一的，而是多元化的。现行的北京市涉台立法均是行政规章或规范性法律文件，主要调整范围是对台商投资及相关权益进行保护的行政行为，而台湾同胞许多在此之外的行为和合法权益，没有相关的法律规定予以保障。例如，随着外商在中国享受的优惠待遇逐渐减少，台商作为外商享受的优惠待遇也逐渐减少，越来越多的台商开始呼吁在大陆能够享受"居民待遇"。"居民待遇"的权利保护诉求，往往并不局限于投资的利益保护诉求，反而表现为与投资相关的权益内容，如国有化与征收、子女就学就业、买房置业、争端解决，甚至一部分台商也提出了选举权与被选举权等政治权利的"居民待遇"，这仅仅依靠地方行政规章是无法妥善规范的。鉴于此，只有通过地方性法规的制定，才能更全面且合法地将台商在京投资、就业、就学、居住、就医等相关权益的保障通过立法的形式予以解决。

二、北京市台胞（投资）权益保障立法必要性分析

（一）顺应对台工作的客观需要

1. 国家高度重视对台工作

十八大以来，以习近平同志为核心的党中央团结带领全国各族人民，紧紧围绕实现"两个一百年"奋斗目标和中华民族伟大复兴的中国梦，开辟了治国理政新境界，开创了中国特色社会主义事业发展新局面。而对台工作关乎党和国家工作的全局，国家一直予以高度重视，始终把台湾问题放在党和国家工作全局中进行谋划，向台湾同胞发出"共圆中国梦"的神圣号召。实现中华民族伟大复兴的中国梦，是在党和国家工作全局中居于引领地位的宏伟奋斗目标，凝聚着13亿多中国人民的共同梦想，也为两岸同胞描绘了共同的美好愿景。2016年11月，习近平总书记在孙中山先生诞辰150周年纪念大会上发表讲话指出，"两岸同胞前途命运同中华民族伟大复兴密不可分。两岸同胞以及海内外全体中华儿女要携起手来，共同反对'台独'分裂势力，共同为两岸关系和平发展、实现祖国完全统一而努力，共同创造所有中国人的幸福生活和美好未来"[1]。同时，对台工作继续秉持"九二共识"，将其作为两岸关系和平发展的重要政治基础以及稳定台海局势的"定海神针"，不断推进两岸的政治、经济、文化等多方面的交流。

台胞权益保护工作是对台工作的重要内容，是团结台湾同胞的基础性工作。在法律层面上国家先后颁布了一系列涉台投资权益法律和法规。国务院于1988年通过了《国务院关于鼓励台湾同胞投资的规定》。进入90年代后，第八届全国人民代表大会通过了《中华人民共和国台湾同胞投资保护法》（以下简称《台湾同胞投资保护法》），专门保护台胞的投资权益，与《中华人民共和国中外合资经营企业法》《中华人民共和国中外合作经营企业法》《中华人民共和国外资企业法》等基本法律一起形成高位阶的法律保护层。1999年，国务院出台了《台湾同胞投资保护法实施细则》（以下简称《实施细则》），在《台湾同胞投资保护法》的基础上，对相关内容进行了丰富、充实，对台商投资企业的法律地位及其申请设立程序、台商投资形式、优惠政策与投资待遇等台商关心的问题都做出了规定，做到有法可依。2014年，十八届四中全会审议通过了《中共中央关于全面推进依法治国若干重大问题的决定》，特别提出了依法保护台胞的权益，作为依法保障"一国两制"实践和推进祖国统一的目标要求。在行政方面，国务院台湾事务办公室积极倡导转变思路，加强法制化建设，通过设立投资争端协调机制等途径依法处理台胞权益纠纷争议，在保护台胞权益方面取得很大的进展：受案量保持下降，改变了过去长期存在的案件越办越多的情况；2015年结案率提高了6个百分点；2015年大案、积案调处结案量比2014年增长25%[2]。

---

〔1〕《习近平：在纪念孙中山先生诞辰150周年大会上的讲话》，载新华网，http：//news. xinhuanet. com/politics/2016-11/11/c_1119897047. htm，访问时间：2017年7月17日。

〔2〕《国台办投诉协调局局长王刚畅谈台胞权益保护工作》，中共中央台湾事务办公室、国务院台湾事务办公司官方网站，http：//www. gwytb. gov. cn/tbqy/zongshu/201602/t20160201_11379929. htm，访问时间：2017年7月17日。

2. 北京市自身发展需求

北京市作为国家首都，是全国政治中心、文化中心、国际交往中心以及科技创新中心。近五年来，北京面临着新的变化和发展机遇。在城市规划方面，城市推进转型，疏解非首都功能，不断优化城市空间布局，将雄安新区与城市副中心共同形成北京新的两翼，推动京津冀协同发展。在这一过程中，将会有一大批一般性制造业企业、区域性专业市场等与首都功能不相符合的企业、机构从北京疏散，落户新址。在经济方面，北京市将把握经济发展新常态，扎实推进供给侧结构性改革作为基本发展纲要，推进新兴产业和服务业的发展，构建"高精尖"经济结构。在科技创新方面，北京力图建设具有全球影响力的科技创新中心，与中关村科学城、怀柔科学城、未来科学城结合，实施创新驱动发展战略。

由此来看，未来几年，北京在城市规划、经济发展、科技创新方面将取得较大突破，这些突破需要台商台胞的参与。截至 2014 年 10 月，台湾在京企业已达到 2461 家，总投资额超过 3.7 亿美元，涉及食品餐饮、医疗医药、生物科技、商业流通、资产管理、文化教育等诸多领域。随着北京新一轮的发展，这一数字将会持续增加，越来越多的台企、台胞选择在北京落户，尤其是在服务业与科技产业领域，台企具有很大的优势，对北京推进新兴产业和服务业发展、建设具有全球影响力的科技创新中心具有重要作用。

3. "一带一路"倡议的发展要求

"一带一路"倡议是国家主席习近平于 2013 年提出的国际合作规划，包括共建"丝绸之路经济带"以及共建"21 世纪海上丝绸之路"的倡议。这一倡议借用古丝绸之路的历史符号，融入了新的时代内涵，既是维护开放型世界经济体系，实现多元、自主、平衡和可持续发展的中国方案；也是深化区域合作，加强文明交流互鉴，维护世界和平稳定的中国主张；更体现了中国作为最大的发展中国家和全球第二大经济体，对推动国际经济治理体系朝着公平、公正、合理方向发展的责任担当。自提出以来，"一带一路"倡议得到了国际社会的高度关注和有关国家的积极响应。"一带一路"倡议力求在以下领域实现发展：一是政策沟通。"一带一路"建设旨在实现战略对接、优势互补。目前我国已同 40 多个国家和国际组织签署了合作协议，同 30 多个国家开展了机制化产能合作。二是加强设施联通。从地域分布来看，以中巴、中蒙俄、新亚欧大陆桥等经济走廊为引领，以陆海空通道和信息高速路为骨架，以铁路、港口、管网等重大工程为依托，一个复合型的基础设施网络正在形成。三是提升贸易畅通。2014 年至 2016 年，中国同"一带一路"沿线国家贸易总额超过 3 万亿美元。中国对"一带一路"沿线国家投资累计超过 500 亿美元。中国企业已经在 20 多个国家建设 56 个经贸合作区，为有关国家创造近 11 亿美元税收和 18 万个就业岗位。四是扩大资金融通。中国同参与国和组织开展多种形式的金融合作，这些新型金融机制同世界银行等传统多边金融机构各有侧重、互为补充，已形成一个层次清晰、初具规模的"一带一路"金融合作网络。从以上四方面来看，"一带一路"倡议将为参与的60多个国家和地区，占全球六成多的人口带来经济、文化方面的发展，对参与的国家和地区来说都蕴含着巨大商机。

"一带一路"倡议对我国台湾地区来说意味着新的发展机遇。在"海上丝绸之路"的建设中，台湾地区与核心区的福建省仅一水之隔，闽台具有"五缘"优势，双方经贸交流合作已有深厚基础。同时，"海上丝绸之路"沿线的东南亚地区，祖籍闽南的华人达一千多万，台湾地区与东南亚地区的经济交流也比较密切。从产业上看，台湾地区本身在海洋运输、港口管理等方面具有优势，可以积极参与海上丝绸之路的基础设施与交通建设，在港口、航运等产业上找到发展契机[1]。在台湾地区，台湾各界人士筹组的台湾"一带一路"经贸促进协会也已成立，协助参与"一带一路"建设，分享"一带一路"商机。台胞与大陆各地区的广泛合作大势所趋。越来越多台商、台胞将会参与到"一带一路"的发展之中，选择与大陆地区企业合作，进行对外投资，在大陆地区投资经营、生活的台胞在数量和规模上也会不断提高。而北京市基于首都城市的战略定位，打造四大平台（对外交往平台、人文交流平台、科技支撑平台、服务支撑平台）参与"一带一路"建设，也将会吸引更多的台商、台胞落户北京。因此，用立法方式加强对台胞权益的保障是"一带一路"建设的法制要求。

（二）解决在京台胞需求的必然要求

虽然《中华人民共和国台湾同胞投资保护法》及《实施细则》中已经对台湾同胞在大陆投资生活的问题予以规定。但是随着两岸关系的进一步发展，大陆与台湾地区之间的交流日渐密切，台商、台胞在各地投资与生活都会遇到具有地方特色的问题，《台湾同胞投资保护法》是不能完全涉及和覆盖的，因此需要地方立法机关结合本地台胞的权益保护工作予以特别规定。对于北京市的台胞来说，虽然北京市出台了《北京市鼓励台湾同胞投资的补充规定》、《〈补充规定〉实施细则》以及相关的部门法规政策，但在京台胞仍在投资、经营、就学、就医、就业、购房、争端解决方面存在着一些问题，需要立法予以明确，解决生活中的实际需求，本文将在第四部分进行详细阐述。同时，台湾同胞一般法律意识比较高，规则意识比较强。而目前北京解决台胞投资经营及生活中问题的措施很多以政策形式表现出来，台胞对此的认同感不强，需要在法律中予以明确，增强

---

〔1〕 《台学者：台湾应顺势而为参与大陆"一带一路"建设》，载中国新闻网，http://www.chinanews.com/tw/2015/07 – 15/7405920. shtml，访问时间：2017 年 7 月 17 日。

可操作性和稳定性，更能得到台胞的认同。

（三）促进在京台胞合法权益保护的有效保障

涉台法律规范的重要内容之一就是厘定两岸人民在经贸、人员往来以及文化等交流合作中的权利与义务，并通过相关的法律规范和制度机制，充分保障台湾同胞的人身权、财产权等正当权利[1]。在待遇方面，给予台湾同胞居民待遇；在经济方面，涉台投资经贸立法占有最重要的地位，主要通过各种措施鼓励保护台湾同胞投资；在生活权益方面，主要在子女就学、就业、就医、购房、社会保障等方面给予便利。在法律中对台湾同胞的合法权益予以明确落实，从而通过法律手段保障台胞的合法权益。

然而，《北京市鼓励台湾同胞投资的补充规定》及《实施细则》颁布至今已有19年，从颁布机关来看，《北京市鼓励台湾同胞投资的补充规定》是由北京市政府制定颁布的，属于地方政府规章，层级低于地方性法规，不能体现对台胞权益保护的重视性；从立法目的来看，规定更倾向于从鼓励投资角度，促进京台经济交流与合作，忽略了台胞权益保护的重要性；在内容方面，条文规定较为原则，不够具体，在实践中操作性不强，内容更多涉及台胞在京的投资保护，权利保护的范围较窄，内容比较单一，对其他的权益保护涉及较少，不能适应目前台胞在京生活的多元化需求；在落实上位法方面，实践中没有与两岸两会签订的协议进行衔接，也没有体现出北京市的发展政策。因此，目前的立法需要修改，才能保证实现保障在京台胞的合法权益的作用。

三、北京市台胞（投资）权益保障立法可行性分析

（一）北京市现行法规为立法奠定了基础

北京市政府根据1988年出台的《国务院关于鼓励台湾同胞投资的规定》制定了《北京市鼓励台湾同胞投资的若干规定》（已废止）[2]，并于1997年根据《中华人民共和国台湾同胞投资保护法》颁布了《北京市鼓励台湾同胞投资的补充规定》（以下简称《补充规定》），1998年制定了《〈补充规定〉实施细则》。内容涉及鼓励台胞投资的行业及项目土地政策在农业开发、基础设施系统项目投资的优惠政策居留证件办理子女入学医疗保障等方面。除这两部专门性立法之外，北京市政府发布的一般性立法还存在涉及台湾同胞的条款的，包括：《北京市鼓励外商在亦庄工业开发区投资若干政策暂行规定》《北京市外商投资企业清算办法》《北京市征收外商投资企业土地使用费规定》《北京市人民政府关于外商投资开发经营房地产的若干规定》《北京市实施〈中华人民共和国城镇国有土

---

[1] 程维荣等：《海峡两岸投保协议框架下完善保护和促进两岸投资法规问题研究》，中国民主法制出版社2016年版。

[2] 已由《北京市人民政府关于废止部分政府规章和政策措施的决定》在2011年11月26日宣布失效。

地使用权出让和转让暂行条例〉办法》《中关村科技园区企业登记注册管理办法》等。

总体来看，北京市关于台胞（投资）权益保障立法的基本特征表现在以下三个方面：①立法属于实施性立法。《补充规定》与《实施细则》均是为实施上位法《中华人民共和国台湾同胞投资保护法》而制定的法律。针对上位法规定的内容，北京市结合本地区的实际情况，对如何促进和保护台湾同胞权益进行了细化。相比创制性立法来说，实施性立法更加具有稳定性，体现了对台胞权益保护工作的谨慎态度。通过在具体立法情境中解决实际问题，体现了北京市的地方特色，推动了两岸关系和平发展。②从调整范围来看，法律规范体系涉及的法律事务种类繁多。既有因两岸长期隔绝的历史原因而形成的法律问题，如去台人员的婚姻、继承问题以及革命年代看来不是问题但现在却必须解决的财产问题等；又有两岸现实交往中产生的法律问题，如投资、贸易、社会保障、纠纷的处理等。这些问题有些属于政治问题，大部分涉及的是法律问题。在涉及法律问题的部分涵盖的范围也日益扩大，既有关于实体方面的法律事务，也有关于程序方面的法律事务。③从内容来看，以维护台胞的合法权益为主要内容。北京市涉台法律法规坚持将保护台湾同胞的合法权益作为涉台立法的主要内容和基点。通过在投资领域、程序、优惠措施、政府服务等方面设置保障台胞的规范，保障台胞的投资经济权益。通过出台积极的措施，为台湾地区学生在北京就学、就业提供法律上的保障，便利台胞在京的生活。

北京市涉台立法一直从本市的实际情况、服务于京台交流和促进国家统一大业的现实需要出发，围绕京台关系开展涉台立法工作。比较全面的立法体系将为进一步保障台胞权益的立法工作奠定基础。

（二）北京市各行政部门为立法提供实践经验

北京市目前共有 43 个行政部门，经过检索，有 11 个部门颁布涉台政策法规，包括市政府办公厅、市发展和改革委员会、市公安局、市人力资源和社会保障局、市旅游发展委员会、市卫生计生委、市教委、市地税局、市安全监管局、市新闻出版广电局，共计 15 个现行有效的政策规定：《北京市人民政府转发国务院关于加强华侨、港澳台同胞捐赠进口物资管理的若干规定的通知》《北京市发展和改革委员会、北京市财政局关于电子往来台湾通行证收费标准的函》《北京市发展和改革委员会、北京市财政局关于台湾居民来往大陆签注、居留签注收费标准的函》《签发〈大陆居民往来台湾通行证〉及签注》《补换发 5 年有效台湾居民来往大陆通行证》《北京市劳动局通告——外国人和台港澳人员办理就业证的有关事项通告》《北京市劳动和社会保障局关于印发〈北京市实施〈台湾香港澳门居民在内地就业管理规定〉办法〉的通知》《台湾人员办理就业证有关事宜》《关于修改〈大陆居民赴台湾地区旅游管理办法〉的决定》《港澳台医师来京短期行医须知》《北京市卫生和计划生育委员会关于再生育行政确认工作的通知》《北京市卫生和计划生育委员会关于两孩以内生育登记服务工作的通知》《北京市教育委员会关于下放北京地区高等学校接收香港特别行政区、澳门特别行政区、台湾省和华侨学生（含留学回国人员）审批权限的通知》《关于台胞、台属赴台湾地区定居有关待遇等问题的规定》《关于北京地区注册安全工程师执业资格考试有关问题的通知》。以上政策规定涉及了台湾居民通行证、就业、行医职业、生育、就学、居民待遇、职业资格证等方面，在一定程度上解决了台湾同胞来往北京、在京生活遇到的问题，便利了台湾同胞的生活。同时，这些政策规定在实践中实施多年，为立法提供了一定的实践经验。

（三）其他地方立法可以提供参考和借鉴

在地方层面上，在 34 个省、自治区、直辖市中 29 个有地方立法权，目前已有 14 个省、自治区、直辖市和 7 个城市等 21 个地方人大制定了台湾同胞投资权益保护的地方性法规。从分布上看，主要集中在长三角、珠三角等台商投资比较集中的区域，2010 年以来，福建省、厦门市、汕头市对台胞权益保护立法进行了修正，体现了地方涉台立法的与时俱进。江苏省在 2012 年颁布了《江苏省保护和促进台湾同胞投资条例》，2015 年，上海市颁布了《上海市台湾同胞投资权益保护规定》，无论从名称上还是内容上都体现了对台胞权益保护的新成果。

福建省对台立法起步较早，而且比较全面系统。2010 年福建省人大颁布修订了《福建省实施〈中华人民共和国台湾同胞投资保护法〉办法》，对规范台商在闽投资及其相关问题做出了比较全面的规定，在很多方面具有先行性，例如，将第三地转投资的台湾同胞投资者也纳入到权益保护对象的范围。另外，一些专门性规定对特定领域做出细化的规定，例如《福建省促进闽台农业合作条例》《福建省招收台湾学生若干规定》，避免了《实施办法》在具体领域操作性不强所产生的问题[1]。江苏省《江苏省保护和促进台湾同胞投资条例》在 2012 年正式实施，是 2012 年 8 月两岸签署《海峡两岸投资保护和促进协议》后大陆出台的第一个地方性法规，体现了《海峡两岸投资保护和促进协议》的最新协商成果。上海市人大常委于 2015 年通过了《上海市台湾同胞投资权益保护规定》，作为上海的第一部涉台的地方性法规，对台湾同胞在上海的投资权益保护以及其他相关权益保护做出规定，将对台胞的"投资保护"升级为"权益保护"[2]。

---

[1] 福建省人大常委会法制工作委员会：《福建省实施〈中华人民共和国台湾同胞投资保护法〉办法释义》，海峡文艺出版社 2012 年版。

[2] 程维荣等：《海峡两岸投保协议框架下完善保护和促进两岸投资法规问题研究》，中国民主法制出版社 2016 年版。

在立法原则上，强调了"平等保护、同等待遇、公正透明"，回应了台胞和台商的实际需求，对于台胞投资企业在上海设立地区总部的，将在资金管理、出入境管理、就业许可、人才引进等方面给予便利。同时，该规定结合了上海的地方政策，鼓励台胞、台资企业积极参与金融机构的设立、参与上海自贸区和科创中心的建设，并给予相关的政策扶持。在知识产权、征收征用、支持台湾地区青年创业方面也进行了规定，同时注重保障台湾同胞的生活权益，对子女就学、就医等方面做出了规定。

综合来看，福建、江苏、上海的台胞权益保障立法，从时间来看，分别制定于2011年、2012年、2015年，根据最新的发展需求制定，体现了目前台湾同胞对权益保护的新要求。从颁布机关来看，三地立法都由地方人大常委会颁布实施，属于地方性法规，层级较高，体现了地方对台胞权益保护的重视，并且政府及各个部门会出台地方规章对地方性法规进行细化和补充，使台胞权益保障立法更加具有操作性。从内容来看，三地的立法都不仅涉及投资方面的权益保障，也包含台胞在生活方面的权益保障，内容比较全面，特别是《上海市台湾同胞投资权益保护规定》注重与上海市的政策、战略的结合，对吸引台资企业、台胞具有重要的作用，在实践中取得了很好的效果。因此，以福建省、江苏省、上海市为代表的地方立法实践为北京市台胞权益保护立法的修改提供了参考和借鉴。

四、北京市台胞（投资）权益保障立法需要解决的问题

（一）投资权益纷争

投资权益是台商的基本权益之一。这一方面的权益保护是台商在投资选择时颇为关注的领域，例如隐名投资保护、征收保护、知识产权保护等。

1. 隐名投资争议

台湾岛内早年对台胞西进祖国大陆做生意采取"戒急用忍"的限制政策，不少台商遂经过第三地"曲折登陆"，或委托他人代理来大陆投资。而《台湾同胞投资保护法》和《实施细则》所规定的台胞投资范围偏窄，一定程度上造成台商隐名投资现象泛滥。隐名投资而引发的各类商事纠纷，已经成为台商在大陆投资产生法律争议的重要组成部分。[1] 由于大陆与台湾地区对隐名投资的法律制度不同。因此在实践中，对于实际出资人与公司显名股东不一致的情况，政府部门无法识别台资企业，不能及时给予鼓励政策，并且隐名投资效力的确认无法判断，隐名投资者确认公司股东的要求不能得到及时处理，其权益极易受到损害。在纠纷发生后，审理及调解的难度也比较大，周期较长，更加不利于权益的保护。

---

[1] 姚若贤：《台商隐名投资权益的法律保护》，载《福建法学》2009年第3期。

两岸两会签订《海峡两岸投资保护和促进协议》后，明确将台商经第三地转投资确认为"投资"的一种，让间接投资的台商一样受到保护。为落实该协议，商务部于2013年2月还专门出台了《台湾投资者经第三地转投资认定暂行办法》，从而扩大了"台湾地区投资者"的范围。但目前对台商转投资的承认仍然仅限于部门规章，《台湾同胞投资保护法》和《实施细则》的现行规定明显偏窄，有必要根据新情况做出调整。

2. 征收争议

国有化与征收的问题一直是台湾同胞投资大陆关心的核心问题之一。1994年的《台湾同胞投资保护法》规定，"国家对台湾同胞投资者的投资不实行国有化和征收；在特殊情况下，根据社会公共利益的需要，对台湾同胞投资者的投资可以依照法律程序实行征收，并给予相应的补偿。"《实施细则》进一步补充规定了相应的补偿标准：补偿相当于该投资在征收决定前一刻的价值，包括从征收之日起至支付之日止按合理利率计算的利息，并可以依法兑换外汇、汇回台湾地区或者汇往境外。虽然法律对征收和征收补偿做出了规定，但这一规定比较原则，对于征收的程序、被征收物价值的具体确定、补偿款的支付、补偿的内容等问题缺乏进一步的明确规定，导致台商对政府给予的补偿数目常有争议，相当部分台商认为祖国大陆对其补偿达不到其损失的金额，并因此引发纠纷。

在北京市的《补充规定》中，没有对征收做出进一步的具体规定。北京市的台胞征收及相应补偿适用《台湾同胞投资保护法》及《实施细则》的规定，相应的适用弊端仍然存在。在调研中发现很多在京台商对于征收程序与信息公开存在质疑，并且反映《实施细则》中规定的补偿标准偏低。另外，有关补偿款的支付期限、审批部门在立法中没有体现，易造成拖欠补偿款情形的风险。

3. 知识产权保护争议

在知识产权保护方面，知识产权是一个企业乃至国家提高核心竞争力的战略资源，需要将其置于保护的重要地位。特别是台湾地区文化创意产业、电子科技产业非常发达，其创新能力的优势非常明显，能否有效保护台资企业知识产权，直接影响地方对台资创意产业、高新技术企业的吸引力。

北京市在《补充规定》中将高新技术产业列为鼓励投资的行业，并规定：经市科委确认为高新技术企业，并颁发高新技术企业证书的台湾同胞投资企业，可享受北京市《关于鼓励外商投资高新技术产业的若干规定》中规定的各项服务和优惠，以鼓励其发展。但是对于知识产权的保护没有专门的规定。在实践中，在京的台企或者台湾同胞对于知识产权的申请、转让、被侵犯知识产权后的救济措施比较模糊，权益无法得到及时的保障。

（二）台胞经营活动面临一些困难

1. 台企经营范围限制

目前，台湾同胞在祖国大陆的投资是参照外商投资来管理，主要依据的是国家《外商投资产业指导目录》[1]，分为鼓励类、限制类、禁止类。因此，台湾同胞在大陆的投资领域是受到限制的，例如邮政公司、信件的国内快递业务、义务教育机构、出版业务、矿产的勘探和开发、武器弹药制造等行业。在实践中，这种经营范围的限制往往又会导致隐名投资纠纷的出现。台湾同胞投资者为了参与限制、禁止领域的投资经营，以隐名股东的身份参与，不可避免地引起确认隐名投资效力的纠纷。

2. 台资中小企业融资困难

在调研中发现，一些在京台资中小企业面临大陆中小企业同样的融资困难问题。台资中小企业的土地、厂房大多是租用的，没有固定的经营场所，无法提供相应的抵押担保，因此这些企业在申请贷款时往往不能得到足够的贷款。另外，银行在面对台资企业贷款时，一般比较谨慎，手续比较复杂，周期较长，不利于台资企业的资金运转，影响企业的正常经营。

3. 台胞对大陆政策、法律规范不能及时了解

由于台湾地区的规定与大陆的法律规范存在差异，在实践中一些来大陆投资经营的投资者对大陆的法律规范了解不够，并且很多投资者不能及时关注到有关产业导向、市场准入、土地规划政策调整及交易审批程序的变化，没有及时了解和应对，难以有效预防和化解由此衍生的风险。

（三）台胞的合理民生诉求

1. 台胞子女就学问题

台胞子女就学问题直接关系到台胞在地区的长远发展。《北京市鼓励台湾同胞投资的补充规定》规定，"经市人民政府台湾事务主管部门核准并出具证明，经市教委批准，台湾同胞投资者本人和台湾同胞雇员的子女可在本市的中小学、幼儿园就近入学、入托，并按本市学生、幼儿的收费标准缴纳学杂费、托幼费等费用，各校（园）不得超标准收费。"通过规定可以看出，"台生"指的是台湾同胞投资者本人和台湾同胞雇员的子女。这一范围具有局限性，在北京定居的其他台湾同胞的子女能否按照这一规定入学、入托，《规定》未予以明确。在缴纳费用方面，台胞子女与当地居民子女享有同等待遇。但是，《规定》中对于"就近"并没有具体规定，标准也未明确，是按照购买的房屋来判断就近，还是按照

---

〔1〕 在2017年修订的《外商投资产业指导目录》中，共有28个产业为禁止外商投资，包括邮储、教育、新闻机构等产业。

租赁的房屋判断就近。由于没有具体规定，在实践中，市台办在处理此类台胞异议时无法掌握灵活性与原则性，经常出现争议。另外，对于台胞子女的升学问题也未予以规定。

2. 台胞就业、创业问题

在就业方面，北京市台胞权益保护立法中没有对台胞的就业保护作出相关规定，仅存 2005 年颁布的《北京市实施〈台湾香港澳门居民在内地就业管理规定〉办法》，该《办法》更倾向于管理就业者，而不是促进就业、保护就业者的权益。因此在实践中，对需要就业保护的台胞范围无法确定，同时一些在大陆高等院校就读毕业的台生无法享有与大陆学生同等的在京就业的机会。例如，调研中发现，在大陆学习医学专业的台生虽然获得了医学学历，但在进入北京三甲医院就业时，却有重重限制。另外，大陆的招聘网站并没有开放对台生的身份认证，因此获取信息和反馈信息的渠道不畅通，影响台生的择业就业。由于缺乏原则性的规定，很多外资企业也将台湾同胞就业者看作外国人对待。

在创业方面，北京市有很多创业项目和产业园以及创业基金等创业政策，鼓励青年创业。同时，北京的"三城一区"规划[1]体现了北京对高新科技产业、自主创新产业的高度重视，对台湾地区青年自主创新创业具有很大的吸引力，但由于目前立法没有涉及台湾地区青年创新创业待遇的规定，这些鼓励创业政策在适用台湾地区青年时存在一定的困难，无法激发台湾地区青年参与创新创业的热情活力。

3. 台胞就医问题

台湾同胞在大陆就医一般会遇到两个方面的问题，一是居民待遇问题，二是医保核销问题。在居民待遇方面，《补充规定》中指出，台湾同胞投资者本人、直系亲属和台湾同胞雇员在本市医疗机构就诊，按本市市民标准收费。北京市将享有就医保护的台湾同胞的范围限定在台湾同胞投资者、直系亲属和雇员，仅在收费方面赋予了台湾同胞享受与北京市居民同等的待遇。在享受医疗服务方面，没有规定同等待遇原则。在医保核销方面，通过调研发现，北京与台湾地区两地的医院书写的医疗文书存在很大差异，两地互相不认可对方医院书写的医疗文书，因此台湾地区同胞在北京就医后，回台湾进行医保核销存在很大的困难。因此，除了为台湾同胞提供与北京市居民同等的医疗卫生服务待遇之外，还应当为其提供符合台湾地区健保机构核退费用要求的医疗文书。

4. 台胞在京购房问题

《补充规定》第 11 条规定，"经市人民政府台湾事务主管部门核准并出具证

---

〔1〕 "三城一区"分别指：中关村科学城、怀柔科学城、未来科学城、中关村国家自主创新示范区。

明，台湾同胞投资者可以根据有关规定购买本市各房地产开发公司有销售许可证的商品房，购房价格与本市居民购置商品房价格相同。"这条规定给予了台湾同胞投资者与本地居民同等的购房标准，并且仅有台湾同胞投资者可以在京购买商品房，因此，其他台湾同胞的购房标准无法可依，实践中操作存在困难。另外，在实践中，北京市购房资格的取得标准非常高：在本市没拥有住房且连续 5 年（含）以上在本市缴纳社会保险或个人所得税的非本市户籍居民家庭，限购 1 套住房（含新建商品住房和二手住房）。[1] 因此，台湾同胞在北京购房十分困难，不利于吸引台湾同胞落户北京。

（四）台胞在京投资争端解决机制问题

台湾同胞在地方的投资纠纷或投诉能否得到有效的处理和解决，是衡量一个地方的法治环境的重要标准。目前在大陆主要有投诉协调、调解、仲裁和诉讼四种争端解决制度。

1. 投诉协调机制

投诉协调方式是在京的台湾同胞倾向于选择的争端解决方式。1999 年《台湾同胞投资保护法实施细则》中规定"各级人民政府应当对台湾同胞投资提供优质、规范、方便的服务。各级人民政府台湾事务办事机构应当做好台湾同胞投资的法律宣传与咨询、投诉受理和纠纷解决等工作"。由此可知，各级台办职能包括两方面，一是法律宣传与咨询，另一个是投诉受理和纠纷解决。《北京市鼓励台湾同胞投资的补充规定》也在第 1 条规定，"市人民政府台湾事务主管部门负责组织协调台湾同胞来京投资的相关事务，受理台湾同胞投资者的投诉，依法维护台湾同胞投资者的合法权益。"因此，北京市人民政府台湾事务办公室（以下简称北京市台办）承担了受理台胞投诉、协调投资相关事务的职责。虽然北京市立法中给予了原则性规定，但是规定并不细致，在实践中市台办很难明确工作权限、工作程序，不利于纠纷的高效解决。

2. 调解制度

1994 年《台湾同胞投资保护法》中规定，"台湾同胞投资者与其他省、自治区和直辖市的公司、企业、其他经济组织或者个人之间发生的与投资有关的争议，当事人可以通过协商或者调解解决。"北京市的《补充规定》尚未对调解、协商进行明确规定，但是条文中设置了市、区（县）两级台办台商接待日制度，每半年一次，由主管领导和有关部门负责人听取台湾同胞投资者的意见和要求，协调解决涉及投资项目审批、建设及企业运营过程中保护台湾同胞合法权益的问

---

[1] 《北京市人民政府办公厅关于贯彻落实国务院办公厅文件精神进一步加强本市房地产市场调控工作的通知》第 6 条。

题。因此，在京台胞采用调解制度一般较少，更多是通过北京市台办作为调解第三方进行调解工作，与投诉受理方式的区别较小，调解制度尚未发挥出其独特的优势。

3. 仲裁制度

仲裁是解决平等主体之间民事法律纠纷的一种重要途径。其具有的灵活性、专业性、保密性等特征有利于公正、有效率地解决纠纷，并且更加突出了对意思自治价值的尊重。因此，仲裁方法是国际上公认的解决争端的理想手段。

我国在解决台胞的权益纠纷时，也引入了仲裁机制。1994 年《台湾同胞投资保护法》规定"当事人不愿协商、调解的，或者经协商、调解不成的，可以依据合同中的仲裁条款或者事后达成的书面仲裁协议，提交仲裁机构仲裁"。北京市颁布的《补充规定》与《〈补充规定〉实施细则》并未明确规定争议解决的方式，并且在实践中，台胞对在仲裁庭均为大陆人士构成的情况下产生的仲裁结果信任度并不高。1999 年的《实施细则》又进一步规定仲裁需提交中国的仲裁机构仲裁，大陆的仲裁机构可以按照国家有关规定聘请台湾同胞担任仲裁员。该条款将《台湾同胞投资保护法》中的"仲裁机构"具体解释为"中国的仲裁机构"，由当事人进行选择。但《实施细则》对能否选择台湾地区及其仲裁机构进行仲裁并不明确，加上两岸在相互认可仲裁裁决效力方面还存在一些问题，实践中仲裁方式并非台商解决两岸经贸纠纷的首选[1]。此外，两岸尚缺乏共同认可的商务协调机构，两岸间商事纠纷难以实现调解，以致大量台商投资纠纷还是通过诉讼解决。

4. 诉讼制度

《台湾同胞投资保护法》规定"当事人未在合同中订立仲裁条款，事后又未达成书面仲裁协议的，可以向人民法院提起诉讼"。也就是说，诉讼这一解决纠纷的机制是在没有选择仲裁的情况下采用的。但是，在实践中，很多台湾同胞对大陆法律、法院职能和工作程序不够了解，并且对大陆的司法不信任，存在诉讼信心不足或不愿意诉讼的心理，影响涉台纠纷的及时有效解决。

（本文课题组成员：朱维究，国务院参事、教授，中国政法大学台湾法研究中心主任；冯永涛，北京市人民政府台湾办公室研究员；谢心乐，北京市合川律师事务所律师；康桥，中国政法大学国际法学院硕士研究生。）

---

[1] 宋锡祥：《论涉台投资法律保护的现状、问题及其相关思考》，载《台湾研究集刊》2012 年第 4 期。

第三编

青年课题

加强人大与政府在北京市立法工作中的分工与协调

赵　真[*]

随着依法治国的全面推进，地方立法在国家治理体系中的作用越来越重要。然而，在地方立法的实践中，人大（包括常委会）与政府的角色有时候还存在错位、混淆或不协调的情况。究其原因，一方面是因为《立法法》等法律对立法事权的规定比较原则，不够具体，另一方面是因为人大与政府的关系并没有完全理顺。因此，从《宪法》《立法法》等法律确立的基本框架出发，建构人大和政府在地方立法中的分工规则，并强化二者之间的协调，是地方实现科学立法和民主立法的关键。

一、人大与政府在地方立法中分工的法律基础

在地方立法中，人大主要负责制定地方性法规，政府主要负责制定规章。人大与政府在地方立法中的分工的关键在于厘清地方性法规和地方政府规章的立法事权。

根据《立法法》的规定，地方性法规可以规定三类事项：第一类是为执行法律、行政法规的规定，需要根据本行政区域的实际情况作具体规定的事项（执行性法规）。第二类是属于地方性事务需要制定地方性法规的事项（自主性法规）。第三类是中央专属立法权之外，尚未制定法律、行政法规的事项（先行性法规）。《立法法》承认了地方性事务和非地方性事务（如全国性事务）的区分。我们认为，《宪法》《立法法》建立的立法事权体系是"一分为三"的：中央专属的事项、地方专属的事项以及中央和地方共享的事项。如果某个事项在央地之间的归属发生争议，由全国人大常委会裁决。地方专属的事项也不能绝对排除中央立法，这是我国单一制的结构形式决定的。但是，基于效率和功能的考虑，中央通常会尊重地方的立法权，不主动介入地方性事务的管辖。地方如果无法确定某个事项是否属于地方性事务，可以向全国人大常委会询问，由后者予以答复。

根据《立法法》的规定，地方政府规章可以规定的事项也包括三类：第一

＊　课题主持人：赵真，中央财经大学法学院讲师。立项编号：BLS（2016）C001。结项等级：合格。

类是为执行法律、行政法规、地方性法规的规定需要制定规章的事项。第二类属于本行政区域的具体行政管理事项。第三类事项属于先行性规章，即本来应当制定地方性法规但条件不成熟，因为行政管理的迫切需要而先制定地方政府规章。这实际上是规章制定的一种特殊情况。不能简单地用"是否涉及公民、法人或其他的权利义务"来界定"具体行政管理事项"。其一，这些事项是"具体的"，而不是一般的或抽象的，是特定领域的事项。其二，"行政管理事项"可以从反面来界定，即凡属于人大自身活动或具有高度政治性的事项，以及凡属于司法机关自身活动或具有高度司法性的事项，不属于行政管理事项。

从《立法法》的规定可以推导出，地方的立法事项也是一分为三的：地方人大专属的事项、地方政府专属的事项以及地方人大和政府共享的事项。

二、加强北京市人大与政府在立法中的分工

法律、行政法规如果已经对地方立法所应采取的立法形式作出明确规定的，地方人大和政府应该严格遵守法律、行政法规的规定。如果法律、行政法规没有明确规定，则需要从地方立法调整对象、拟形成的法律关系、调整手段等方面区分人大专属的立法事项和政府专属的立法事项。

首先，调整对象是首要的区分标准。从是否重大事项、是否属于行政的内部事项、是否属于公用事业的管理等角度考虑制定地方性法规还是地方政府规章。其一，重大事项以法规定之。"重大事项"的判断可以从三方面入手：①影响重要权利实现的事项属于重大事项，而权利的重要程度取决于它与人权的核心（人的尊严）的距离。例如，计划生育涉及生育权的实现，生育权属于重要权利，应以法规定之。②在本行政区域具有根本性或全局性的事项属于重大事项，如《北京市城乡规划条例》涉及的城乡规划。③在本行政区域需要民主正当化的事项属于重大事项。这类事项涉及多数人民群众的切身利益，为社会普遍关注，需要代表机关议决，以赋予其民主正当性，如《北京市控制吸烟条例》。其二，行政的内部事项以规章定之。行政的内部事项主要包括：①行政机关内部的组织、事务的分配、业务处理方式、人事管理等规定，如有些地方政府通过颁布规章（通常是"三定方案"）来设置政府工作部门。再如，《北京市行政问责本法》涉及行政机关追究其行政人员的责任。②为协助下级机关或所属工作人员统一解释法令、认定事实以及行使裁量权而制定的解释性规定以及裁量基准。例如，《北京市实施〈中华人民共和国耕地占用税暂行条例〉办法》对于各区的占用耕地占用税的税额作了进一步解释。其三，公用事业的管理以规章定之。借鉴德国法的"公营造物"理论，对于公用事业的管理，尤其是公用事业的使用规则，可以由政府以规章定之。我国有以下类型的公用事业：①服务性的，如邮局、电信局等；②文教性的，如博物馆、图书馆、文化中心等；③保育性的，如疗养院等；

④营业性的，如特许经营公司等。因此，诸如公园、博物院、燃气等管理事项可以规章定之，尽管北京市已经分别制定了地方性法规。

其次，可以根据地方立法所要形成的法律关系的复杂程度来区分。对某个事项的规范，如果牵涉多种主体，形成多种权利义务关系，则应该由具有广泛代表性或民主正当性的机关来制定法规。相反，规章调整形成的法律关系往往是单一的行政管理法律关系。例如，居家养老牵涉老年人、老年人的赡养人或扶养人、政府、基层群众性自治组织、企业、社会组织等主体，包含它们之间复杂的权利、义务关系，应以法规定之。

最后，调整手段的选取也与立法形式相关联。根据《行政处罚法》《行政许可法》《行政强制法》《北京市规章设定罚款限额规定》的规定，地方性法规和地方政府规章创设这些行政手段的权限是不同的。在调整手段的选取上不得逾越这些法律、法规的明确规定。

三、加强北京市人大与政府在立法中的协调

先行性地方政府规章在实施 2 年后可能需要转化为地方性法规，因此，北京市政府在制定先行性规章时需要注意与人大的协调。对此，《北京市人民政府规章制定办法》已经作了一些规定。在立法过程中，市人大与市政府应该按照其要求，做好协调工作。另外，还可以进一步作如下完善。在审查阶段，市政府法制办可以将规章草案送审稿正文和说明，以书面形式征求市人大常委会有关工作机构的意见。在距离 2 年实施期满还有 6 个月时开始对先行性规章展开评估比较适宜。这既不会影响实施效果的查明，也不会耽误规章向法规的转化。

在常规的立法工作中，市政府和市人大也应该加强立法工作的沟通和协调。其一，市人大常委会有关工作机构与市法制办可以建立法规、规章立项的联动机制，以提高立法资源的利用率，保证法律调整的效果。其二，市人大常委会可以提前介入法规案的起草。市人大常委会有关工作机构可以派员参与市政府的调研起草工作，加强信息沟通和意见交流。市政府法制办也可以将规章草案送审稿正文和说明，以书面形式征求市人大常委会有关工作机构的意见。其三，在审议由市政府提出的法规草案时，市政府法制办的负责人可以到会向市人大或市人大常委会作说明。其四，市人大常委会在备案中如果发现规章存在不适当的情况，应当及时与市政府沟通，对有关情况充分说明，要求市政府尽快修改规章，纠正规章的不法状态。必要时，市人大常委会可以动用对规章的撤销权。其五，在对规章进行立法后评估时，不仅要关注实施效果，还要关注立法质量，紧紧围绕合法性、合理性、协调性、规范性、可操作性、实效性等进行评估，并可以邀请市人大常委会有关工作机构参与到规章的评估中。其六，规章的清理可以和规章的评估紧密结合起来。在清理过程中，不仅审查规章的合法性和体系性，而且注意规章在立法技术上是否规范，所采取的执法体制、机制、措施是否具体可行、有针对性，规章是否得到普遍遵守与执行，是否已达到预期目标等。在具体处理结果上，不仅仅是废止、宣布无效和修改，有些规章需要上升为地方性法规或合并上升为地方性法规，有些规章需要地方性法规的授权。因此，在地方政府规章的清理中，地方人大常委会有关工作机构也可以参与其中。而且，市人大常委会也负有定期进行法规清理的任务。为了及时高效地对法规、规章进行清理，市人大常委会有关工作机构和市政府法制办可以联合进行法规、规章的清理工作。

（本文课题组成员：郑毅，中央民族大学法学院副教授；李松锋，中国政法大学法学院讲师；郭文姝，北京市政府法制办干部。）

网约车平台责任研究

朱　巍*

按照 G20 领导人在杭州峰会上提出的《二十国集团数字经济发展与合作倡议》，将"数字经济"定性为网络信息技术为重要内容的经济活动。数字经济产生于信息社会，以互联网技术为代表，通过物联网、人工智能、大数据、云计算等科技应用，以互联网平台经济为核心，将传统经济与互联网相结合，逐渐形成了数字经济这一新经济形态。

（一）分享经济平台责任

分享经济是"互联网＋"的典型代表，是以互联网平台为中心的经济构成形态，相对于传统经济而言，分享经济平台的平台责任出现了异化，现有法律规定很难将其涵盖在内。

第一，分享经济平台性质不同于电商平台。不论是 B2C 或是 C2C 电子商务平台的相关责任，都可以扩展适用避风港规则和红旗规则来衡量。不过，分享经济平台本身不提供产品和服务，所有用户既可能是消费者，也可能是商品或服务的提供者。平台通过大数据整合和提供交易机会达到商业目的，既存在有抽成的有偿服务，也存在没有抽成的无偿服务。在分享经济平台承担主体责任方面，缺乏具体明确的法律规定，包括保险责任、先行赔付、责任分担、举证责任、过错认定、技术中立性等方面，现行法律没有给出成文法规定，这就给实践中同案不同判的情况埋下了隐患。

第二，平台对服务提供者的主体资格核查服务与新经济形态中的"消费者意愿经济"模式存在理念上的差异。传统电商平台对提供服务者的主体资格审核制度已经比较完善，不过，"互联网＋"是典型的意愿经济时代，消费者的意愿成为交易的核心。平台对服务提供者的审核责任在意愿经济背景下，逐渐演化为充分调查和保障消费者知情权，对传统商业时代的商事主体资格门槛限制则少了很

* 课题主持人：朱巍，中国政法大学光明新闻传播学院传播法研究中心副主任。立项编号：BLS（2016）C002。结项等级：合格。

多。例如，一个自然人做饭比较好吃，他就可以通过平台信息服务和物流平台，将自己加工的食品投入市场。平台需要做到的就是将提供做饭服务的自然人主体身份备案并公开，充分告知消费者其没有商业资质的事实，而不在于验证相关资质方面。

第三，平台与提供服务者之间的新型劳动关系与传统雇佣关系不同。分享经济最大的优势在于解决了大量就业问题，其中绝大部分的从业者都是兼职性质服务。我国《劳动合同法》对分享经济形态的新型劳动关系并没有直接规定，过于僵硬的法定劳动关系不利于分享经济模式下创造新的就业和再就业机会。

（二）大数据与隐私权的博弈关系

大数据是数字经济的重要基础，既构成了互联网个性化服务和精准广告服务的技术基础，也构成了数字城市、新型统计学和人工智能的前提性条件。目前我国法律对大数据的范围界定并不明确，仅限定于个人信息的界限范围，例如《网络安全法》对个人信息做出了明确界定。不过，除了个人信息之外，由用户行为产生的数据、个人信息脱敏后的数据、从政府部门统计出来的数据等，都没有做出具体规范。

1. 数据性质不明

个人信息源自隐私权，是人格权的一种，其性质权属当然是用户本人。不过，通过用户使用网络服务前网络服务提供者所提供的网民协议，以格式条款约定用户信息的归属权是否有效就成为关键性问题。目前我国因缺乏统一的《个人信息保护法》，用户个人信息通过约定方式转让的效力问题仍属待定。《网络安全法》仅以用户对数据的控制权做出了限定，没有明确数据性质问题，这就给实践操作造成巨大麻烦。最近一段时间，华为与微信、今日头条与新浪微博等的数据之争，或多或少都是因为数据权属不清造成的。

大数据则属于不能直接或间接"可识别"到用户身份的数据信息，在本质上属于知识产权性质。我国《民法总则》曾在修订案中出现过数据信息权属于知识产权的版本，但后来因巨大争议，最终未能写进总则。《民法总则》草案对数据信息权在没做出性质界定的情况下，一并将其纳入到知识产权客体确实值得商榷。然而，大数据属于知识产权的认知却是中外皆一，若不能确定大数据的权属性质，就会如同现实经济社会产权不明一样，必定会造成巨大权属纠纷隐患。

2. 大数据标准缺乏法律规定

如果按照通说，大数据属于知识产权的话，大数据标准就应该在法律上确定下来。实践中，个别互联网数据公司以大数据的名义，实则是对公民个人信息的非法使用或处分。判断数据信息是否为大数据信息，是确定大数据知识产权性质的前提。一些企业在数据信息商业化使用前，大都将个人信息进行脱敏化处理。

所谓脱敏处理，就是用人工或程序的方式隐去数据信息中个人信息可识别的部分。这个过程必须要有法定标准，不然极容易出现"挂羊头卖狗肉"的假脱敏，或者是"可逆化"的假大数据。这样做最终伤害到的就是广大用户的合法权益和国家的网络安全。

3. 精准营销缺乏立法认可

精准营销就是利用互联网 cookies 技术数据，判断出用户的基本画像，包括行为习惯、购物偏好、浏览喜好、位置信息等数据，然后网络服务提供者再根据这些画像进行精准的商业性广告推送。

精准营销是目前世界范围内互联网免费时代的基础，若没有精准营销的广告，用户就需要向网络服务提供者特别付费。例如，在精准营销模式下的视频网站，一般用户无需付费，只需要看完视频前的广告，就可以免费观看视频。若是不想看这些广告，那就必须特别缴费去掉广告。从这个角度讲，精准营销已经成为数字经济的重要营销基础，一切均建立在大数据和免费的基础上，通过用户画像和广告联盟等方式达到平台与用户双赢的结果。

不过，现阶段作为数字经济基础的精准营销领域，尚未有法律直接规定。司法实践中已经出现"朱烨诉百度"等相关案例，一审二审判决出现过逆转。美国司法对精准营销是通过一系列判例做出认可的，相比之下，我国作为成文法国家仅依靠判例还不足以确立精准营销的法律边界和合法性地位。

（三）人工智能对数字经济在法律上的影响

人工智能（AI）在很多领域已经出现在数字经济之中，在无人车驾驶、工业制造、新闻传播、商品交易、导航位置、人脸和语音识别等多个领域已较为成熟。欧盟和美国也先后对无人驾驶技术的法律性质定位做出了明确规定，即人工智能系统被视为是机动车的驾驶员。

我国法律对人工智能领域尚未有任何回应，立法在法律责任、市场门槛、主体地位、公众知情权、商业保险等相关领域都属空白。过于滞后的立法，很可能会反作用于我国本来蒸蒸日上的技术革命，导致商业机会和技术开发的落后。以无人车为例，美国从各个州到联邦政府都已经准备好了各种促进法案，从保险到主体责任，从上路监测到安全义务都规定得非常明确。然而，我国无人车在技术上已经达到上路标准，却因法律空白导致无法取得上路实验资质，地图测绘也受到旧有法律的一定限制。

人工智能是机器学习和模仿大量数据的结果，是下一代"互联网＋"与工业4.0产业革命的关键所在。人工智能的商业化运用将给我国法律带来前所未有的挑战，产品责任将进一步区分软件责任和硬件责任，伦理责任与道德责任也将空前获得法律关注，商业保险责任更将普及化。在这次工业革命中，人与人之间的劳务关系、机器与人之间的伦理责任、系统与机器之间的产品责任、商家对用户的告知义务等多个方面将产生翻天覆地的巨大变化。

（四）商业保险应该全面进入到网约车等数字经济中

商业保险一直是经济社会的重要减震器，在消费者权益保护领域能起到及时的补救效果。长期以来，我国的商业保险机制是在自由市场中运作，缺乏强制足额的保险制度。分享经济模式下，平台责任很多时候处于不确定性。一方面，平台性质从经营者转变成了信息服务提供者，法律意义上的责任承担存在技术中立的抗辩；另一方面，现有《消费者权益保护法》第44条的狭义性，让平台责任经常处于豁免状态，不利于消费者权益保护。

正是因为分享经济平台模式下的责任不确定，商业保险就显得特别重要。以互联网专车为例，不论是交通运输部的专车新政，还是各地方的落地新政，都将平台为乘客购买足额的商业保险作为平台法定义务之一。最近，各地的互联网单车新政也都将平台为消费者购买保险作为平台义务之一。这些针对分享经济平台的保险责任，都旨在降低新经济业态对消费者权益产生的不利冲击，保证消费者在遭遇损害后的赔偿权益。

必须强调的是，商业保险与平台的先行赔付责任并非一回事。平台的先行赔付指，在消费者权益受到侵害后，不问过错，平台先行向消费者足额赔付，然后平台取得向最终责任主体的追偿权。可见，先行赔付责任是在赔偿分担开始之后的责任。商业保险则不同，在赔偿顺位上，保险责任是第一顺位责任。以网约车平台责任为例，消费者权益受到损害后，首先由车辆强制险承担责任，然后是商业保险承担赔偿，此后若有不足，有先行赔付承诺的平台，则由平台先行赔付向消费者赔偿所有损害，最后，进行先行赔付的平台取得向最终责任人的追偿权。在理想化的赔偿过程中，消费者仅需要面对保险公司和平台，无需考虑实际加害人，这就减少了消费者的维权麻烦，增加了消费的安全保障。

（五）司法实践的趋势应该更加开放

习近平总书记明确指出，要"以信息化培育新动能，用新动能推动新发展，做大做强数字经济"。数字经济是法治经济，司法先行要将促进发展与底线约束相结合，在发展中规范，在规范中发展。数字时代的法治工作重点应该是破除遵循守旧的司法思路，以鼓励促进司法思维迎接新时代。

我国近年来几乎所有的法律修缮工作都或多或少地存在针对互联网的特别立法，这也是法治互联网时代的重要标志。但在这些法律性文件落实到司法实践时，却经常被打折扣，立法的新精神和新思路没有完全体现在司法中。再加上各级法院对新法的理解和新事物的接受程度存在差异，往往导致同案不同判的情况经常出现。

　　为应对数字经济带来的司法变化，最高法院和各地高院应加快更新指导性案例的发布工作，更倾向于数字时代新判例，倾向于新法适用的新方向。在数字经济某一方面发展比较成熟，相关案例司法实践较为统一或争议较大的情况下，最高法院应适时出台新的司法解释或指导判例，以开放包容的思维拥抱数字时代的法治挑战。

　　数字时代司法工作的难点更多的在于各级法院对新技术的掌握和理解，在于将新事物灵活适用现行法律框架。对于数字经济的新型案例，往往需要专业知识技术人员、相关领域专家和专业研究人员的专业司法建议。相对独立的第三方智库出具的专业法律意见或示范法，不仅在立法上和司法上，而且还能从技术角度和经济发展角度对新事物作出较好判断，能够更有利于法院处理相对复杂和新型的案例。

　　司法智库建设和示范法作为应对数字经济对法治建设挑战的重要抓手，依靠智库促进法院转换新思路，依靠智库完善新判例，依靠智库完成知识更新，依靠智库协助司法工作促进经济社会发展的重要工作。

　　（六）加快对新事物的示范法制定工作

　　大数据、人工智能、云计算、物联网等新技术在数字经济时代越来越影响到经济社会的发展。相对于这些新技术新应用，落后的立法不仅导致无法可依，甚至也可能导致误判。以避风港规则在云存储的适用为例，云存储平台属于网络服务提供者，当权利人向平台发出侵权通知后，平台就有义务采取必要措施。不过，云计算的性质就大不相同，虽然也属于网络服务提供者，但云计算提供的服务是运行服务，云存储则提供的是存储服务。避风港规则适用的前提是平台能够轻易依靠权利人提供的材料和理由，判断出是否存在侵权情况。这一点在云存储中比较好判断，但云计算提供的是运算服务，平台无法也不可能通过运算处理程序判断出行为人是否侵权。因此，从技术角度讲，云计算作为网络服务提供者是避风港规则适用的例外。所以，类似于云计算等新事物适用旧法律出现矛盾时，最高法院应及早出台指导判例或司法解释。

　　再比如，无人驾驶汽车的驾驶员责任问题，因为司机并不实际控制汽车，车辆运行都是由系统人工智能完成的，一旦出了交通事故，系统运营者就成为法律上认定的"驾驶员"，实际的驾驶员反倒变成了乘客。这种情况在我国《道路交通安全法》是没有特别规定的，国外已经出现多起此类案例。

　　网约车是集合大数据、人工智能、云计算和物联网的新技术平台，我国现有的相关立法也多集中在网约车、平台和司机资质问题方面，缺乏新时代的相关具体规范。本课题就是以网约车平台责任为切入点，在总结相关判例和现有法律规定的基础上，完成了学者意见稿，并尝试运用于现有判例中去。目前课题成果仅限于网约车平台责任方面，关于人工智能、大数据等其他问题，将在课题后续工作中继续完成。

[本文课题组成员：张贝，滴滴（中国）科技有限公司研究院博士；李颖，海淀法院中关村法庭法官；凌巍，朝阳区人民法院法官；沙宇航、谭冲、赵佳琪，中国政法大学硕士研究生。]

应对在京外国人犯罪问题的建议

王　佳[*]

在国际化大都市的建设过程中，北京吸引了大量的外籍人口和资本。目前，在我国各大城市中，北京市外籍人口数量居首位。然而，大量涌入的外国公民也给北京的治安和社会稳定带来了一定的影响，有些事件还造成了极其恶劣的后果和社会影响。因此，如何预防和惩治在京外国人犯罪是北京市必须积极应对的一大问题。

一、在京外国人犯罪基本特征

结合北京市司法机关近年来应对外国人犯罪的实践经验和相关数据可发现，在京外国人犯罪存在比较鲜明的特点。

第一，在京外国人聚居地逐渐形成，聚居地周边发生的外国人犯罪案件较为集中。朝阳区是北京市对外交往的窗口，日均流动外国人 7 万人左右，年均涉外案（事）件 1100 起，占全市涉外案件总量的 2/3。

第二，涉案外国人个体情况与违法、犯罪的类型有一定关系。从统计数据来看，在京犯罪的外国人主要来自于发展中国家以及周边邻国。此外，外国男性犯罪率比例较高，从 2010 年底到 2012 年底，外国男性犯罪人 141 人，占外国人犯罪总人数的 82.46%。从年龄来看，在京犯罪的外国人的年龄集中于 20 - 40 岁。从学历来看，初中与高中的占犯罪人总数的 55%。

第三，有组织犯罪案件多发，境内外勾结的情况多见。在京外国人的有组织犯罪主要体现在毒品犯罪和信用卡犯罪、金融衍生品犯罪等方面，而这三种犯罪都体现出了极其明显的境内外勾结的特点。

二、当前应对在京外国人犯罪中存在的问题

目前，北京市在应对外国人治安、刑事案件时，虽然取得了一定成果，但是仍然存在种种问题，从而牵制了案件的预防和侦破。具体而言，北京市目前存在

* 课题主持人：王佳，外交学院国际法系教研室主任，讲师。立项编号：BLS（2016）C003。结项等级：合格。

的问题表现为以下四个方面。

第一，主管部门间缺乏合作机制，导致协调不畅。这种协调不畅不仅体现于公安机关内部，如出入境管理、边防管理刑事侦查、治安和派出所等各警种之间缺乏协调合作机制，还体现于公安局和检察机关及其他政府部门间的协调不足。公安机关内部的协调不足是导致外国人治安、犯罪案件难以预防的重要因素之一。以非法居留的情况为例，只有在出入境管理部门和派出所之间形成合力，才能有效预防与化解。比如，派出所只有掌握了本辖区内外国人的基本情况，才能有效地对外国人进行管理，从而才能及时发现非法居留的情况，并及时处理。所以这就需要出入境管理部门和派出所在信息交流上进行合作、互相配合。

公安机关与检察院在外国人案件方面的合作也亟待加强。以公安机关与检察院间对外国人案件的处置关系为例，检察院的侦查监督部门对于重大、疑难案件，提前介入侦查、引导侦查取证的不多，对于案件捕后缺乏后续跟踪。一般而言，公安机关的刑侦部门在取得部分证据后，将案件提请检察院批准逮捕，进一步的侦查取证则留给预审部门，使得有些重要证据因为时过境迁而流失，最终导致案件退查。

第二，外国人在司法程序方面享有一定的超国民待遇。在日常生活中，受长期形成的理念的影响，外国人在我国被当作特殊人群对待，享有一定的特别待遇。除了理念的影响外，司法机关工作人员还存在着担心外国人案件会影响外交关系的考虑，从而在案件处置工作中束手束脚，在是否构成犯罪的标准上和刑罚的具体适用上，都存在着内外有别的情况。在刑罚的适用方面，外国人案件的处理上往往偏轻。个别涉外案件的处置采取"教育为主，调解处理，从轻处理"的方法，出现大量以罚代刑的现象，往往不能够做到严格依法办理，以致在法律适用中未能体现法律的严肃性。在犯罪构成标准和刑事责任追究方面存在双重标准，显然有悖于法律面前人人平等的原则和我国公民的利益，同时也有损于我国司法机关的公信力，从长远角度来说，也放纵了外国人犯罪案件的出现。

第三，语言翻译障碍影响案件处理与外国犯罪嫌疑人的权利保障。语言的障碍主要存在于三个方面：其一，缺乏高水平的法律翻译人才，特别是小语种的翻译人才；其二，缺乏对翻译人员的聘用程序规定和统一管理机制；其三，某些犯罪嫌疑人借翻译问题大做文章，否定司法程序的公正性。因而，语言翻译问题不仅影响着个案的侦破和处理工作，还挑战着司法机关的应对能力，更有可能给犯罪嫌疑人以口实，影响正确的定罪与量刑。

第四，外国人的国籍、身份确定困难。一般来说，合法有效的护照是确认公民国籍的首要依据。近些年，有些国家为了本国的政治、经济、外交、科技等方面的需要，也给外国人颁发护照，有的还颁发一种"投资护照"。这样，便出现了外国人持两本甚至多本护照的情况，这种情况影响了对外国人国籍的认定，从而导致无法有效地联系犯罪嫌疑人的领事馆，使其取得领事保护，以致引发外交纠纷。还存在着外国嫌疑人拒绝出示护照，不承认自己国籍的情况，以达到无法被驱逐出境的目的，这也造成了司法工作中的极大困难。

三、应对外国人犯罪问题的建议

第一，转变执法理念。长期以来，由于中国与各国之间经济发展水平差异的凸显，无论是政府部门，还是普通群众，普遍存在将外国人礼为上宾的观念，再兼之对破坏外交关系之忌惮，这种观念逐渐演变为对外国人普遍存有更多优待与宽容。在执法过程中，执法人员应转变对外国人案件畏首畏尾的执法理念。执法人员在涉外案件中，往往存在着四种错误倾向：一是不愿管，从观念里就视外国人案件为神秘案件，且语言不通，侦破、审理工作都面临着比较大的障碍；二是不敢管，担心外国人案件涉及敏感问题，担心其身份特殊，担心案件会引发连锁的外交事件，从而畏首畏尾，放纵了外国犯罪嫌疑人；三是不会管，即盲目地处理外国人案件，不查清其国籍与身份，不顾其特殊性，从而引发外交干涉；四是不按程序管，即只管侦破案件，重实体不重程序，特别是不按照涉外案件的特殊程序办事，从而影响了外国犯罪嫌疑人的正当程序权利的实现。

在今后的工作中，以上的执法理念务必要得到扭转。执法人员应摒弃将外国人案件神秘化的观念，以正常的心态面对这类案件。既要做到法律面前人人平等，不能纵容外国犯罪嫌疑人；又要注意外国人案件的特殊性，按照涉外案件的特殊程序处理案件，保障外国犯罪嫌疑人诉讼权利的实现。从而做到在保证司法公正的同时，实现当事人诉讼权利的保障。

第二，完善合作机制。外国人治安、刑事案件的多发，与主管各部门间未建立有效的协调合作机制以及未构建信息互通渠道有一定的关系。对此，公安机关内部首先要做到协调合作，特别是刑事侦查部门与出入境管理部门间、派出所与出入境管理部门间应明确分工，并互相配合，从而有效预防与打击不法案件的发生。就公安机关和检察院之间的关系来讲，对于重大疑难案件，检察院的侦查部门应提前介入；对于已经批准逮捕的案件，检察院应引导公安机关适时补充证据；在法庭审理阶段，检察院可邀请公安机关侦查人员到庭旁听。通过一系列的互动，达到坚决打击外国人犯罪的共同目标。由于我国对外国人的管理工作属多头管理，外交部、教育部、民政部、卫生部等部门都各司其职，他们掌握的情况可能各不相同。为此，在遇有外国人犯罪案件发生的情况下，各主管部门应与司法机关配合，积极提供所掌握的信息，以实现相互配合。

第三，建立翻译机制。目前，北京市司法机关一般没有专业法律翻译人员储备，一旦发生外国人案件，都要个案个办，到社会上去聘请翻译人员。由于普通翻译人员的法律知识比较欠缺，且收费不统一，再加上某些小语种翻译人才过于稀缺，给司法机关造成了很大的麻烦。为此，可以效仿日本等国的做法，建立法律翻译人员团队。我们可以在全市范围内建立翻译人员名册，建立档案，特别加强与稀缺小语种翻译人员的联系，并向其提供法律基本知识的培训，以保证翻译质量。对于外籍犯罪嫌疑人借翻译障碍的问题否定司法裁判的问题，要及时对翻译过程进行证据固定。在检察机关承办人对外国犯罪嫌疑人进行第一次权利告知和讯问时，就及时向犯罪嫌疑人询问对于翻译的意见，无异议时记录在卷并让其签字确认。

（本文课题组成员：何田田，中国社会科学院助理研究员；王新，北京市顺义区人民检察院检察员。）

北京市绿色发展刑法保障研究

姜文秀[*]

随着人类文明的不断进步，尤其是工业化和城市化的快速发展，人类改造自然的能力越来越强，对自然的影响越来越大，对自然的破坏也越来越严重，甚至到了严重影响人类自己生存发展的地步。目前，北京地区的环境状况不容乐观，大气污染、水污染尤为严重。资源枯竭，环境恶化，对现有人类文明提出严峻挑战。人类长久依赖、不可或缺的基本条件有可能很快丧失，保护环境越来越成为现代社会的首要任务。自古以来，人类就有与破坏环境行为做斗争的传统，近百年来，人类采取了前所未有的全面手段向破坏环境的行为做斗争。世界各国无一例外地制定各种环境法律，对环境犯罪给予有效打击。环境犯罪越发复杂、越发隐蔽，不断地给环境法律提出新的课题。研究环境犯罪、研究环境法律已经成为保护环境、打击环境犯罪的重要环节。改革开放以来，我国经济迅速发展、环境问题越发突出，适时总结经验教训、研究环境犯罪、完善环境法律，是目前我国法治建设中的关键、更是北京地区绿色发展的关键。保护环境是我国的基本国策，是可持续发展战略的重要内容。党的十八大以来，习近平总书记多次强调"绿水青山就是金山银山""像保护眼睛一样保护生态环境，像对待生命一样对待生态环境"，形成了一系列重要论述，为今后一个时期解决环境问题指明了方向。党的十八届五中全会提出创新、协调、绿色、开放、共享的新发展理念，十二届全国人大四次会议审议通过的"十三五"规划通篇贯穿绿色发展理念，提出了生态环境质量总体改善的奋斗目标。继最严格的耕地保护制度、最严格的水资源保护制度之后，实行最严格的环境保护制度已被提出并成为社会共识。

笔者前期对于污染环境罪的研究始终贯彻刑法客观主义的方法论，按照从客观违法到主观责任的进路思考问题。通过详细论证污染环境罪与重大环境污染事故罪的表面差别和实质差别分析得出污染环境罪对比重大环境污染事故罪之优

---

* 课题主持人：姜文秀，中国社会科学院大学法学院，讲师。立项编号：BLS（2016）C004。结项等级：合格。

势。通过污染环境罪的过失心态观点和混合心态观点的破与污染环境罪的故意心态观点的立，得出污染环境罪无论在立法上还是在司法上都是故意犯罪的结论。修改后的污染环境罪比修改前的重大环境污染事故罪在罪名上扩大了适用范围、解决了不处罚故意犯罪却处罚过失犯罪的悖论、改变了无法处理共同犯罪的状况、加大了该罪的打击力度、从实质上加重了法定刑、顺应了生态中心的时代要求。现有框架下的回溯式犯罪追究机制在无法确定结果的污染行为面前是无能为力的，风险社会中环境法益保护前置化和刑法规范目的的实现需要在现行刑法污染环境罪实害犯的基础上设置污染环境罪的抽象危险犯。设置污染环境罪的抽象危险犯是污染环境罪刑事立法科学化的需要、是建立社会风险法律防控体系的需要、是北京市绿色发展刑法保障的需要。顺利设置污染环境罪的抽象危险犯的前提在于厘清污染环境行为的刑罚和行政处罚之间的衔接关系，协调好污染环境行为的刑罚和行政处罚之间的关系同时也是解决在现行刑法中设置污染环境罪抽象危险犯的关键。尽管在刑法解释论具有绝对话语权的当今刑法学界，刑法立法论仍然是刑法的根本。我们不该从一个极端走向另一个极端，遇到问题就呼吁修改立法的弊病早已显现，但不加区分地想用刑法解释来解决一切刑法问题则更会走向无尽深渊，甚至会与贯穿刑法始终的罪刑法定刑法基本原则渐行渐远。因此，可以用解释来解决的刑法问题自然不用大动干戈地去修改立法。但是，当刑法解释无力之时，当现实生活需要之时，立法修改就应该被放到主角的位置。设置污染环境罪的抽象危险犯已然应该成为治理现实生活中纷繁复杂的污染环境行为的有益尝试。设置污染环境罪的抽象危险犯是污染环境罪刑事立法科学化的需要、是建立社会风险法律防控体系的需要。

污染环境罪中设置抽象危险犯之后，直接面临的问题就是如何处理污染环境罪的抽象危险犯与行政处罚之间的关系。有学者提出如果设置污染环境罪的抽象危险犯，将定型化的污染环境行为规定为犯罪，那么是否有关污染环境罪的行政处罚将被架空或没有存在的空间？事实上，大可不必担心这个问题。以刑法中的危险驾驶罪为例，现行刑法将危险驾驶罪规定为抽象危险犯，但是有关危险驾驶行为的行政处罚仍然在发挥作用。危险驾驶罪作为抽象危险犯并没有将危险驾驶行为的行政处罚架空，这足以说明设置污染环境罪的抽象危险犯不必担心有关污染环境行为的行政处罚无处可放的问题。那么在危险驾驶行为中，是如何处理危险驾驶的抽象危险犯与危险驾驶的行政处罚之间的关系的呢？这的确是需要我们认真研究的关键。《刑法修正案（九）》出台前，危险驾驶行为有两种，在道路上驾驶机动车追逐竞驶和在道路上醉酒驾驶机动车。那么，具体来说如何判断什么是追逐竞驶、醉酒驾驶呢？追逐竞驶需要情节恶劣才可构罪。醉酒驾驶，是驾驶人在血液中酒精含量大于或者等于80mg/100ml 的状态下驾驶机动车。因此醉酒驾驶要求驾驶人员血液中的酒精含量大于或者等于 80mg/100ml。可见，无论追逐竞驶还是醉酒驾驶，都是有程度要求的，这其实也就是我们之前所讨论的抽象危险犯中的定型化行为。如何判断什么行为是抽象危险犯中的定型化行为，什么行为不是定型化行为，在危险驾驶罪中其实就是由程度来决定的。这其实可以给予我们在设置污染环境罪的抽象危险犯时巨大的启示。污染环境罪的抽象危险犯中，并不是所有污染环境的行为都可以成为作为抽象危险犯的污染环境罪中的定型化行为，达到法律所规定的程度的可以成立定型化行为，由刑法来规制，未达到法律所规定的程度的不可以成立定型化行为，由行政处罚来规制。可见，我们完全可以用程度来解决污染环境罪的抽象危险犯与污染环境行政处罚的区分管辖问题。

全面整理刑法分则罪名法条中抽象危险犯刑罚的规定与同一行为相对应的行政处罚的规定，包括但不限于危险驾驶罪的刑罚与危险驾驶行政违法行为的行政处罚、非法搜查罪的刑罚与非法搜查行政违法行为的行政处罚、非法侵入住宅罪的刑罚与非法侵入住宅行政违法行为的行政处罚，分析探究污染环境罪的抽象危险犯与污染环境行政违法行为之间衔接问题的解决思路。研究的关键在于从已存在的相关违法行为的刑罚与行政处罚中抽离出刑罚与行政处罚的界限点与衔接点，提取探索污染环境罪抽象危险犯的刑罚与污染环境行政违法行为的行政处罚的设置依据与衔接依据。《刑法》第 245 条第 1 款规定："非法搜查他人身体、住宅，或者非法侵入他人住宅的，处三年以下有期徒刑或者拘役。"《治安管理处罚法》第 40 条规定：对"非法侵入他人住宅或者非法搜查他人身体的"，处拘留与罚款。显然，并不是任何非法侵犯他人住宅或者非法搜查他人身体的行为，都值得科处刑罚。所以，应当根据实质的合理性解释《刑法》第 245 条规定的构成要件，将不值得科处刑罚的非法侵入住宅与非法搜查行为排除在《刑法》第 245 条的构成要件之外。事实上，《刑法》中的危险驾驶罪、非法搜查罪、非法侵入住宅罪等罪名都存在作为抽象危险犯的刑罚处罚与同一行为的行政处罚之间的衔接问题。因此，污染环境罪抽象危险犯的设置并不会导致污染环境行为行政处罚的架空，正像危险驾驶罪、非法搜查罪、非法侵入住宅罪等罪名一样，并不是任何污染环境行为都值得科处刑罚，只有污染环境行为的违法性达到值得科处刑罚的程度才可以作为污染环境罪的抽象危险犯进行刑罚处罚，污染环境罪的行政处罚仍有不可或缺的存在空间。北京地区环境协同发展的刑法保障研究、北京市绿色发展刑法保障研究，具有重大的理论意义与实际应用价值，符合现阶段国内外污染环境罪的研究趋势。

（本文课题组成员：郑毅，中央民族大学法学院副教授；李松锋，中国政法大学法学院讲师；郭文姝，北京市政府法制办干部；彭之宇，中国海洋石油总公司办公厅秘书；吴飞飞，最高人民检察院政策研究室副处；郭竹梅，最高人民检察院公诉厅副处。)

鉴定意见证据的理性表述与逻辑评价

李 冰*

一、问题提出的背景

中国共产党第十八届中央委员会通过了中央关于推动法制建设若干重大问题的决定，特别是在证据判断理论中重视证据的重要性。决定明确指出，以审判为诉讼制度改革的中心，确保侦查人员和检察机关妥善履行职责，包括但不限于：了解证据的重要性，收集和保存证据，审查证据；鼓励目击者和司法鉴定人到审判室审理事实调查结果，使参与者能够证明证据，保护诉讼权利和公正定罪。有人指出，我们应该把审判视为整个诉讼的中心部分。在这个过程中，法官对证据的使用和审查越来越重要。在当前科技发达的情况下，提交给法庭的证据或多或少受到"鉴定意见"或"法庭科学专业知识"的影响。但是，对于"基于形态学同一认定的鉴定意见"，例如签名鉴定和鞋印鉴定，这些鉴定意见传达的牢固性和可靠性的依据仍然存在争议。

例如，近年来受到广泛关注的"鉴定意见"一直是法庭科学家、法学家、法律执业者和刑事诉讼中其他利益相关方关心的热门话题。自20世纪90年代以来，这个主题逐渐演变成热门话题，引起越来越多的关注。关于这一主题的辩论在2009年美国国家科学院发表的"加强美国法庭科学：迈向前进"的报告之后，呈现出更为狂热的趋势。在此基础上，报告对法庭科学的辩论产生了一系列相应的冲击波。其中，关于法庭科学证据的科学性及可靠性的争议一直是热门话题。从法庭科学家的角度看，法庭调查结果和鉴定意见（例如同一认定意见）在法庭上的有效和明确的交流无疑是他们最重要的任务。同样，从法官、律师和其他参与者的角度来看，对提交给他们的鉴定意见（法庭科学证据）的准确和恰当

* 李冰，2011司法文明协同创新中心（Collaborative Innovation Center of Judicial Civilization）、证据科学教育部重点实验室（Key Laboratory of Evidence Law and Forensic Science, Ministry of Education, China）、中国政法大学证据科学研究院讲师，高级工程师，硕士研究生导师；文件检验鉴定公安部重点实验室（中国刑事警察学院）客座研究员；北京市海淀区人民法院专家咨询委员会委员。立项编号：BLS（2016）C005。结项等级：优秀。

的理解是非常重要的。因此，基于似然比的鉴定意见评价显然越来越受法庭科学家的尊重。不可否认的是，在法庭科学领域使用逻辑理论，协助评价复杂案件中的证据应该是一个理性选择。然而，从目前西方国家的经验来看，似然率应用于鉴定意见在某种程度上仍然处于自由选择的状态，并未被提升为国际标准。

二、研究的可行性及必要性

鉴定意见的理性表达和逻辑评价显然有助于诉讼的展开和推进。例如，律师需要有相关知识才能证明使用统计学或概率证据来证明这种类型证据所暴露的缺陷。然而，对于法官来说，了解法庭科学的统计资料或概率是至关重要的。同样，法庭科学专家需要有适当的知识和经验，以确保他们能够提供"真正的"鉴定意见。

要应用一种逻辑模型尝试解决多个专业观众的问题。只有在法官、律师、法庭科学家和其他与会者有知识、技能和实证推理的共同基础的情况下，才会使在这一相对平等的水平进行辩论更有意义。在这方面，所有合法参与者将能够更好地了解其他与会者的意见和疑问。例如，律师可能会试图通过指导法庭科学家来反驳概率统计推理思维过程中的缺陷。至于法庭科学家，可能通过律师的问题和他们对专家意见的期望，特别是涉及行使其"专家"能力出现在法庭技能中的可能性，并且更精通各种条件的过程。

结合我们国内司法实践的具体做法，我们需要思考如何提供一个连贯一致的知识框架和相关的实践计划，以促进具体的个案工作。例如，应根据实际情况的具体情况推断决策类型。此外，它还应在报告法庭专业知识方面发挥主导作用，如何有效和适当地表达法庭调查结果。鉴于此，开展法官、律师、专家等司法从业者了解法庭科学证据概率与统计学的基础知识的培训，更具体而言是针对鉴定意见正确评价的培训。这在司法公正方面也将发挥积极的作用。

三、内容要点

针对实践中的现实问题，由于缺乏统一的术语、概念或方法，法庭科学证据的形式常常被质疑其科学基础的牢固性和可靠性的程度。从根本上说，在法庭或诉讼程序中，专家证人（法庭科学专家）在提供专业知识之前必须符合法律规定的相关能力要求。围绕"法庭科学证据"的问题，法官、律师和法庭科学家之间的可靠而有效的沟通应该是证据证明的合理方法。然而，"鉴定意见有缺陷"或"鉴定意见"可能是由于现有科技的局限性，法庭检验结果缺乏合理的解释，理解法庭科学鉴定意见的障碍专家、律师和法官，等等。最后一点在司法实践中通常是一个普遍的例子。

我们要知道，鉴定意见有助于事实判断和发现新的证据。因此，司法鉴定人的首要任务是就检测或检验结果与法庭的参与者进行沟通，无论是在法庭上提交还是撰写报告。因此，司法鉴定人应该对其提交的鉴定意见报告中的结果进行适当的解释，例如假定一方主张的事实是，这个签名是从一些已知的参考文献中模仿出来的，而另一方主张的事实是这一签名是真实的。经过检验后，司法鉴定人可能会发现在被鉴定的检材签名和比对样本之间有着极为相似的轮廓外形，并且在样本笔画周边有与笔画自身形态一致的书写压痕。然后，司法鉴定人还可能在检材上找到与比对样品处于相同的位置的，具有相同形态的墨迹。那么这些检验发现意味着什么？我们可能会说这是一个模仿签名！如果是这个简单的回答，笔者希望再多给读者一点思考时间，提供更多的一些场景：例如，如果书写者的手受伤了，他日常签名通常在一堆衬垫纸上进行签字。在这种情况下，您又会怎么想？显然，您将降低判断其为摹仿签名的信心。在这种情况下，笔者的意见是，通常在实际的个案工作中，从司法鉴定中人们无法得到足够的相关信息。因此，我们应该意识到绝对性意见表述所暗含的高风险。

科学是一个概率性的过程，科学家应该说统计学的语言。在法庭上提出的鉴定意见问题的主要解决方案是思考这些意见的理性表达和逻辑评价与解释，并鼓励司法从业人员了解法庭科学证据，使法庭各方平等，准确地相互理解。

应用逻辑理论分析鉴定意见决策论的三大要素——主张及其相关的概率、意见、偏好的结果——三要素构建了一个严谨的逻辑框架，通过此理论，司法鉴定语境中的同一认定问题得以在可控的方式下解决。特别是，正如斯托尼指出的那样，这三个要素让我们看到，司法鉴定中解决同一认定问题的传统方法已超出了科学的本质范畴。

对于结果的偏好选择判断，同一认定意见决策的问题占据了核心位置。然而，这些偏好表达式的本质、应该如何进行分配以及他们应该如何与同一认定所定义的特征联系起来，仍然是一个热议的话题。从意见决策理论的角度来看，如何回答这些问题似乎成为了一个被普遍认同的主要障碍。

更一般地说，认定同一的意见也可以理解为对主要主张（即是犯罪嫌疑人还是其他人是犯罪现场痕迹的来源）的相对支持和不良结果的相对损失之间的比较。往往意见决策者在这一过程中已经非正式地设想（或预期）了各种不良后果的损失。因此，意见决策理论框架提供了一种方法，使这些元素更清晰、明确。更重要的是，对于"似然率"，即在司法鉴定的实践应用中证据权重这一已确立的概念，在同一认定语境下的意见决策理论框架中具有明确的作用：针对不良结果的相对损失与先验概率进行比较。

以上的观点并不是为了给司法鉴定人提供具体实践的实施指南；同样，我们也不建议意见决策者依赖该意见决策理论来转移自己所应承担的责任。该理论框架仅仅是打算为司法实践中的意见决策者提供一个强大的逻辑分析工具，以帮助他们应对所面临的各种可能影响意见决策问题的因素。但是，如果一个人认为，"……只有法院的效用函数才是适当的……"，那么，鉴定意见决策理论框架提供了一个对效用的逻辑严谨的解释，从而此理论可以恰当地应用到法律程序中。

从出具鉴定意见——司法鉴定人本职工作的描述，以及专业术语的最新变化两方面来看，同一认定的意见决策论可能没有什么新意。但是，正如斯通尼的论述，同一认定，这一需借助科学方法的司法实践冲突已经超出了目前指南的范围。目前，逻辑框架理论应用下的鉴定意见决策理论这一现代方法，以一种规范的视角，使我们清楚了证明价值与严谨的意见判断实践之间的区别，从而能够合理地、逻辑清晰地进行表达。同样，这也是专业协会和司法鉴定人所关心和考虑的问题，即通过规范来重新审视鉴定人的角色和反思鉴定意见报告的范围以提高实践的可信性。这一理论符合当前实践的需要，有利地回应了文中最初提到的"司法鉴定领域中同一认定的变化仅仅是形式上的变更，而不是根本实践性的改变"这一批判的观点。

（本文课题组成员：罗芳芳，公安部道路交通安全研究中心助理研究员；Alex. Biedermann，瑞士洛桑大学副教授、高级研究员；王元凤，中国政法大学副教授。）

《民事诉讼法》修改前后北京市民事诉讼法律监督制度运行实证对比分析课题要报

刘京蒙*

自 1991 年《民事诉讼法》规定检察机关民事抗诉权以来，由于理论与实践争议不断、立法严重滞后等问题的困扰，检察机关对民事审判活动进行监督的工作效果十分有限。但随着理论与实务界对诉讼监督认识的不断深化，2012 年《民事诉讼法》的修改，全面肯定了检察机关对民事诉讼的法律监督，在制度的完善方面具有历史性突破，意义深远。此次修法，民事诉讼监督制度的完善在立法层面主要希望能够达到两个目标，一是将民事诉讼全部纳入检察机关的监督范围，从以往对诉讼结果的监督转变为对诉讼过程、诉讼结果、执行活动的监督。二是运用多种监督方式强化监督效果。检察机关可以运用具有"刚性"的抗诉及具有"柔性"的检察建议两种方式相互补充，对人民法院的民事诉讼活动开展监督。

本课题对新修改《民事诉讼法》实施前后，北京市民事诉讼法律监督制度的运行情况进行了实证对比分析，分别对生效裁判、调解书的监督、审判人员程序违法行为监督及执行活动监督的开展情况及变化原因进行了较为客观、详尽的分析，对检察机关办案程序的变化也进行了对比。总体来说《民事诉讼法》立法的预期在实践中在以下层面得到了实现。

一、扩大监督范围的目的更多的是在立法层面得以实现

北京市检察机关在修改后《民事诉讼法》实施四年来，办理案件数量大幅下降。新纳入监督范围的调解书、审判程序违法行为以及执行活动案件数量极少，案件仍主要集中在生效裁判结果的监督上。因此，从目前来看扩大监督范围的目的更多的是在立法层面得以实现。但认为监督范围扩大更多的是在立法层面，并不能得出监督范围不应扩大的结论。对调解活动、执行活动及审判程序违法行为的监督是检察机关对民事诉讼活动进行监督的应有之意。扩大诉讼监督范

---

* 课题主持人：刘京蒙，北京市石景山区人民检察院民事行政检察处处长。立项编号：BLS（2016）C006。结项等级：合格。

围是对当事人选择性救济权利的赋予，是检察机关对人民法院民事诉讼活动的监督这一公权力的监督，其在立法层面实现的意义也更为重大。

二、多种监督方式在实践中发挥了一定作用

北京市检察机关不论是旧有的抗诉方式，还是新增的检察建议方式虽然在绝对数量上均大幅下降，但在各自的领域发挥着相应的作用。监督案件数量的下降主要是由于人民法院再审在先的条件设置，使大部分实体或程序存在问题的案件在人民法院内部得以纠正。

三、基层检察机关离实现以同级监督为主的理想尚有差距

《民事诉讼法》的修改除期望达到上述两个目的外，还期望的是改变基层检察机关案件能够发挥其对同级人民法院审判程序违法行为及执行活动监督的职能。但《民事诉讼法》实施后的四年，北京市基层检察机关原本可监督的案件变得更少，新增加的监督案件并未如期增加。这是由我国当前二审终审制度及当事人程序意识较为薄弱的现状决定的。诉讼活动的最大特点之一就是裁判过程最终均体现为裁判结果。当事人往往是对裁判结果不服时才会围绕如何推翻裁判对审判人员行为及执行活动提出种种质疑。在实践中，极少有当事人认为裁判结果正确，仅申请对审判人员违法行为及执行活动监督。因此，即便规定了审判人员违法行为和执行活动是基层检察机关监督的重点，基层检察机关也难以从上级检察机关那里分得一杯羹。基层检察机关要实现以同级监督为主的目标不容乐观。

针对上述北京市检察机关民事诉讼法律监督制度运行的实际状况及呈现的问题，课题提出了以下制度完善建议：

（一）尝试建立同级抗诉制度

针对民事诉讼监督制度中"上级抗""上级审"的立法初衷已被"同级抗""同级审"的司法实践取代。那么从尊重司法实践现状的角度出发，可以尝试改变"上级抗"的模式，而采用"同级抗"的模式。在"同级抗"模式下，各级检察机关对同级人民法院作出的生效判决、裁定、调解书发现确有错误的可以直接提出抗诉，而不需要上级检察机关进行二次审查。上级检察机关对下级检察机关的领导和监督可以通过备案制度予以实现，即各级检察机关在向人民法院提出抗诉后向上级检察机关备案，上级检察机关如发现下级检察机关抗诉不当，可通知下级检察机关撤回抗诉。接受抗诉的同级人民法院在再审时，抗诉的同级检察机关可派员出庭，而无需上级检察机关再参与出庭工作。

（二）调整检察机关对民事调解书监督的理由

鉴于《民事诉讼法》对民事调解书监督的理由与检察实践的重大差异，建议将检察机关对民事调解书的监督理由由调解书违反国家及社会公共利益修改为调解书违反自愿原则和内容违反法律规定。双方当事人的调解书是对自身利益的

处分，很难上升到国家利益和社会公共利益的层面。如将监督理由定为损害国家及社会公共利益，则看似给了检察机关监督民事调解一个很崇高的利器，但终因利器过于崇高而被束之高阁。将对调解书进行监督的理由简化为调解书违反自愿原则和调解协议内容违反法律规定，既与检察实践相吻合，又不会导致检察机关对违反国家及社会公共利益的调解书监督的缺失。

（三）在人民法院设立派驻检察室，以保障当事人程序救济权的及时实现

《民事诉讼法》的修改，将审判程序违法行为纳入到检察机关的对民事诉讼监督的范围，重要原因之一是目前我国立法对诉讼过程中，尤其是审判过程中，审判人员违反程序义务的责任规定方面存在较为严重的缺失，当事人在程序权利受到侵害时，其程序救济权无法实现。目前，在立法对当事人的程序救济权缺失、当事人程序意识不强、检察机关外部监督不便利的情况下，效仿检察机关在看守所设立驻所检察室对看守所的执法活动开展监督的做法，在人民法院设立检察室，对在诉讼过程中出现的审判人员程序违法行为及执行活动进行即时监督是一个较为有效的方法。设立派驻检察室一方面可以便利当事人及时申请监督，同时消除当事人对人民法院的忌惮心理，另一方面，便利检察机关开展案件调查，并及时做出处理决定，有利于诉讼程序的进行。

（四）人民法院应当向当事人告知检察机关有权对民事诉讼活动进行法律监督

当事人在民事诉讼过程中知晓检察机关有权对民事诉讼活动进行法律监督并能够顺利地申请检察机关进行监督，是当事人知情权的一部分。在民事诉讼中，当事人知情权是公民知情权这一宪法基本权利在民事诉讼领域当中的延伸和体现，人民法院是当事人知情权当然的义务主体。为了当事人此项权利的实现，人民法院应当通过实施一定的行为来保证当事人知晓、获取充分的诉讼信息，从而使其正当的诉讼利益得到有效保障。《民事诉讼法》规定了再审、诉讼监督程序，就是赋予了当事人选择适用程序的权利，人民法院对此便有义务告知当事人，保证当事人知晓这一权利并顺利行使权利。对于生效裁判和调解书，人民法院应当在再审审查程序，或再审审理终结时，向当事人告知，如不服再审裁判可以向检察机关申请诉讼监督；对于审判人员程序违法行为和执行活动，依据《民事诉讼法》第26条规定，人民法院应当在决定受理民事案件和执行案件后，以书面或口头方式，告知当事人在诉讼过程中有权向检察机关申请审判人员程序违法行为和执行活动监督。

（五）检察机关应努力提高民事诉讼监督职能社会认知度

检察机关民事诉讼法律监督职能目前未能充分行使，重要原因之一是诉讼监督职能仍未得到社会的广泛认知。因此，除人民法院在诉讼程序中履行向当事人

的告知义务外，要想让老百姓像知道检察机关的公诉职能一样，了解民事诉讼监督职能，让当事人像知道法院是审判机关一样，知道检察机关是法律监督机关，检察机关应从上至下、通过主流媒体以喜闻乐见的形式将检察机关民事诉讼职能广为宣传，唯此才能真正提高检察机关民事诉讼监督职能的社会认知度。

（本文课题组成员：张云波，石景山检察院检察官。）

法律如何规制共享经济

——基于体系性的视角

王首杰 *

共享经济是消费者以网络平台为依托，对闲置财产进行"随需"短租（短期出让使用权）获益的商业模式。鉴于兼具营利性和个人性的平台对既有规制体系冲击最大，本成果以该类型中的典型代表之"车辆共享"和"房屋共享"为例展开。

各国（各地）政府对共享经济的态度不尽相同，允许者有之，禁止者有之，约束者有之，但共享经济目前仍同时面临着"不当规制"和"不足规制"，对其进行妥当规制，要去除不当规制，弥补针对性规制之不足。共享经济属商业模式创新，其能提升社会福利，故应对其奉行世界通行的"创新友好"规制理念。对其在市场准入上对既有经济产生的冲击，秉持"友好"理念，应以"激励性规制"为原则；因其呈现出迥异于传统经济的新特点，针对其自身特性，应展开"新型规制"；不同类型的共享经济特性各异，针对不同类型，应展开"差异规制"；其与人们生活密切相关，便于承担公共职能，应引导其实施公共服务，展开"公共性规制"，依循以上四原则设计具体规制方法。共享经济不仅在商业模式上具有创新属性，还具备新的法律属性，在交易结构、交易主体和交易客体等方面所呈现出的全新的法律特性，使其法律规制需建立全新的架构和体系。

鉴于社会关系之相对恒定性，法律关系也是社会规制之基础。因此，本文以法律关系类型化之逻辑，挖掘平台与买家及卖家、政府与平台、平台与既有企业、平台与非共享经济的参与者间法律关系的规制重点——基于平台对交易达成、交易价格、交易履行以及违约责任的控制力，应将其视为交易主体；在多方主体参与的交易中，不宜将卖家视为纯粹的供应商或纯粹的雇员，应该将共享经济"卖家"视为新的劳动者类型；信息和信用规制在共享经济中展现出新特点，信息方面，存在着信息失真、信息吸收等问题；信用方面，则存在着评分偏高、

---

* 课题主持人：王首杰，北京大学法学院 2014 级博士研究生。立项编号：BLS（2016）C007。结项等级：优秀。

失真的情形，有必要进行针对性规制；税收规制方面，应加强对既有税收规则的解释，将共享经济纳入征税范围；竞争规制方面，除了关注平台与传统企业的竞争，还应该关注平台之间的竞争；在反不正当竞争和反垄断方面，前者应注重对"规制战争"和"市场战争"的双重规制，后者应注重"相关市场"的新标准等问题；外部性规制方面，不同的共享经济类型外部性表现各异，例如，"车辆共享"的外部性主要为保险问题，"房屋共享"的外部性更为突出，除了直接对邻居、社区的影响，还挑战了用地规划，故应针对各自的特点展开规制。此外，针对共享经济的特点，平台在参与者监管、信息信用监管等方面，具有一定的"内部规制"能力，应充分发挥"内部规制"以提升规制效率，但要设定"内部规制"的标准和平台责任以应对"内部规制"失灵。

法律规制共享经济的目的，旨在实现鼓励创新、保护消费者及追求市场效率等多重规制目标之间的平衡，其核心是政府权力和市场权力的博弈。[1] 因其全面突破了传统法律关系，共享经济面临法律规制困境，参与者面临较大的不确定性风险。因此，对共享经济进行规制创新，不仅是保护消费者和公共利益的需要，也是保护平台、消除政策不确定性风险的需要。遵从差异性规制原则，不同类型共享经济各有其突出问题，规制重点也应有所差异：例如，车辆共享最关键的规制点是劳动关系的认定；房屋共享最关键的规制点是税收和外部性问题；共享单车最关键的规制点则是押金是否构成非法集资以及如何保障共享单车不被破坏；等等。因此，针对我国当下多元的共享经济形式，也应按照差异性原则，对共享车辆、房屋、单车等分别进行规制。

将上述规制落实到法律层面，涉及合同法、税法、劳动法、竞争法、消费者保护法、保险法、公司法、证券法、商品房屋租赁管理办法、土地管理法等一系列法律法规的调整。具体来说，在合同法方面，目前没有针对电子交易做出特别规制，也没有对三方交易主体的权利义务设置模板，有必要针对"三方主体模式"设计权利义务分配规则；在组织法方面，鉴于某些类型的共享经济构建的组织，打破了既有"私人—商人—慈善"的规制架构，有必要在法人主体方面进行多元设计，突破"营利主体"与"非营利主体"的界分、"营业主体"与"非营业主体"的界分，针对共享经济，设计新的组织形式；在证券法和金融法方面，需明确一些涉金钱的共享经济形式与证券的界限，明确何种行为属合法的共享经济，何种行为属借助共享经济外观的"非法集资"；在消费者保护方面，除了锁定经营者义务外，还应注意到共享经济交易模式下侵害消费者权益的新问

---

〔1〕 Vaheesan Sandeep, "What Iron Pipe Fittings Can Teach Us About Public and Private Power in the Market" (March 2, 2015), 91 *Indiana Law Journal Supplement* 15 (2015), http：//ssrn. com/abstract =2572522, September 27, 2015.

题，例如"挑客"等歧视服务等，针对新问题展开针对性规制。鉴于本文旨在讨论体系性规制方法，针对共享经济自身的法律特性及存在的具体问题，故仅讨论法律规范的修改、解释的问题点和应对策略，暂不对具体规则的设计——展开。关于共享经济对法律造成的冲击以及法律应给予的回应，参见下表：

共享经济法律规制措施简表			
影响法域	影响程度	举措	重点问题
合同法	强	解释	平台设置的格式条款之效力，网页、app 点击"同意"的法律性质等。
税法	强	修改/解释	向谁征税，如何计税、征收，逃税的责任等。非涉金钱交易如何征税。
劳动法	强	修改	打破二元划分，增设三方交易结构下的新型劳动关系。
竞争法	强	修改	明确相关市场的范围，新设平台间竞争规则。
消费者保护法	强	修改	修改经营者定义，明晰三方交易结构下的经营者责任归属。
土地管理法	强	修改	增加用地类型，即混合性用地。
知识产权法	强	修改	某些智力成果共享的定性。
保险法	强	修改/解释	调整保险覆盖范围或增设险种。
商品房屋租赁管理办法	强	修改	增设年度短租总时限，避免黑旅馆。加强防火、食品安全措施。
行业市场准入及营业的限制	强	修改	降低传统行业成本，避免不公平竞争。放松对共享经济的市场准入。
共享经济平台管理规范	强	新设	确定平台法律地位，厘清平台责任，加强平台自我规制等。
隐私保护规范	强	新设	网上隐私保护，数据运用的商业化与非商业化区分。
其他专门性规范	强	新设	遵循鼓励创新的理念，针对各种不同的共享经济类型进行专门立法。
公司法	弱	修改	增设企业类型，例如福利公司、微利公司等。
证券法、金融法	弱	解释	某些合作消费的集资行为的定性。

综上，共享经济法律规制的目的，旨在鼓励创新、保护消费者及追求市场效率等多重规制目标之间寻求平衡，其间存在政府权力和市场权力的博弈。[1] 因突破了传统法律关系，共享经济面临法律规制困境，参与者面临不确定性的风险。因此，对共享经济进行规制上的创新，不仅是保护消费者和公共利益的需要，也是保护平台避免落入政策不确定风险的需要。遵从差异性规制原则，除了平台法律地位、税收规制等共性问题外，不同类型共享经济有着各自突出的问题，规制重点也应有所差异——"车辆共享"最为关键的规制点是劳动关系认定；"房屋共享"最为关键的规制点是税收问题，其外部性问题也最为突出；"共享单车"最为关键的规制点则是押金是否构成非法集资。共享经济涉及多重法律关系，对既有市场、规制结构甚至法律本身都会造成冲击，对其规制，涉及立法机关、司法机关与行政机关的联合行动，属复杂的系统工程。共享经济的规制立法，既要鼓励创新、追求效率，又要适时解决其衍生的问题，力争实现妥当规制。规制共享经济还会受到文化、法系等差异的影响，也涉及大陆法系和英美法系的差异，虽然两法系同时面临既有法律依据的实施解释，但从长远规制来看，大陆法系需从立法、修法推动，英美法系大多用判例推动。可见共享经济的规制，是一个牵涉主体多、涉及领域广、影响范围大的问题，其已经对既有法律体系造成巨大冲击，完全执行既有法律会扼杀共享经济，放松执法也是权宜之计，最终的妥当规制有赖于建立全新的法律规制结构，从诸多部门法着手，进行体系性回应。

（本文课题组成员：沈朝晖，清华大学法学院讲师；邢梅，上交所博士后；佘倩影，北京大学法学院博士生；董学智，北京大学法学院博士生。）

---

[1] Vaheesan Sandeep, "What Iron Pipe Fittings Can Teach Us About Public and Private Power in the Market" (March 2, 2015), 91 *Indiana Law Journal Supplement* 15 (2015), http: //ssrn. com/abstract = 2572522. September 27, 2015.

多方合力构建北京市社区软法
治理机制

陈寒非*

立足于北京市社区软法治理实践及存在的问题，从宏观层面顶层设计、中观层面结构优化及微观层面机制构建三个层面合理构建北京市社区软法治理机制，以指导北京市社区软法治理实践。

一、宏观层面顶层设计

第一，做好顶层设计，从立法上为社区软法治理留出合理空间，设定社区软法治理范围及制度框架。当前社区治理主要的硬法依据包括《宪法》关于基层群众自治制度的规定、《城市居民委员会组织法》、《城市街道办事处组织条例》及其他行政法规。北京市自1991年以来先后制定了7份地方政府规章，这些地方政府规章是北京市社区软法治理的主要硬法依据。然而，这些法律法规及地方政府规章都制定得比较简略，远远滞后于社区治理的需要，亦无法支撑回应当前社区软法治理的现实需求。因此，需要从立法上进一步完善社区软法治理的相关规定，做好顶层设计，为社区软法治理留出合理空间。

第二，当务之急是整理涉及社区软法治理的规范性文件，主要包括整理国家立法中关于社区软法的指导、号召及宣示性规范性文件以及行政机关制定的关于社区治理的规范性文件，处理其中相互冲突的内容，为社区软法的运行提供良好的制度环境。当前社区软法治理的相关法律法规及规范性文件内容庞杂、数量繁多。如果从效力层级方面来区分，当前涉及社区软法治理的规范主要包括宪法、法律、行政法规、地方政府规章、部门规章以及其他各种政策意见、指导方针等规范性文件。梳理这些涉及社区软法治理的规范性文件不难发现，由于时间久远及社会变迁，其中大量规范性文件内容不合时宜甚至相互冲突，法出多门，适用困难。因此，在立法顶层设计之前，应该做好涉及社区软法治理的规范性文件清理工作，一方面可以为当下社区软法治理提供制度基础，另一方面也可为立法顶

---

* 课题主持人：陈寒非，法学博士，首都经济贸易大学法学院讲师。立项编号：BLS（2016）C008。结项等级：合格。

层设计做好制度准备。

二、中观层面结构优化

第一，整合优化社区软法资源结构。从调研情况来看，当前北京市社区治理的五类软法资源结构，基本上是以"上级党政红头文件"为中心，以"社区管理规定"及"社区管理机构制度规范"为支柱，以"居民公约及其他自治性规范"及"社区居民会议特定事项决议"两类软法规范为羽翼（"一个中心，两个支柱，两侧羽翼"社区软法资源结构）。当前这种软法资源结构是以突出行政权为中心的，显然不利于扩大公民参与及激发社区活力。课题组认为，当前软法资源结构应该转型为以"居民公约及其他自治性规范"为中心，以"上级党政红头文件"为重心，以"社区管理规定""社区管理机构制度规范"及"社区居民会议特定事项决议"为支柱（"一个中心，一个重心，三个支柱"社区软法资源结构）。

第二，软法与硬法关系结构的优化整合。调整改善北京市社区软法治理中软、硬法关系结构有两条途径。其一，明确社区治理中软法与硬法的分工与合作。硬法为社区软法设定制度框架及规则依据，社区软法为硬法提供正当性支持，社区软法主要调整自治事项。当然，硬法与社区软法在调整具体事项时并不是孤立的体系，当社区软法解决不了的时候，硬法介入解决；如果是能够用社区软法解决的事项，硬法则不宜过多介入。社区软法处理完毕的事项，硬法应该为其效力的实现提供保障。其二，做好社区软法与硬法的衔接。具体而言，一是软法与硬法设定的价值目标保持一致；二是软法在制定修改时应遵守有关硬法规范，而硬法也应认真对待并积极吸收软法规范；三是对具体社区治理事项实行软硬法合力共治，形成有效的软硬法互补转化机制。

三、微观层面机制构建

结合实证调查中社区软法在制定与实施方面存在的问题，从制定、实施两个方面入手构建北京市社区软法治理具体机制。

第一，规范软法创制机制。具体而言包括四个方面。其一，规范制定程序，界分各类主体创制权限，尤其突出自治组织及社区居民的作用。社区建设是当前中国城市最普遍的居民再组织方式，由于它通过自上而下的政府主导，导致社区软法在创制过程中居民参与程度不高。因此，社区软法治理应该明确社区居民、居委会、社区其他组织及基层党政部门等各类主体的创制权限，不能越俎代庖代为制定或者过度干预，社区软法真正发挥作用必须要扩大居民参与，扩大居民参与必然要求国家在基层社区实行真自治，而不是假自治。其二，创制程序公开透明，通过协商与听证、第三方评估等方式扩大民众参与。社区软法在制定过程中应该保证公开透明，多方主体民主协商，发展商谈理性，构建社区软法创制的商谈机制。在涉及居民重大利益的软法，则应该启动社区听证程序，同时也可委托第三方评估，听证与评估委托的具体工作可由居委会组织。其三，完善合法性审查机制，明确审查主体、标准及程序等。尽管国家权力不应该过度干预社区软法的创制和实施，应该保证社区自治，但是这并不意味着基层自治就是绝对的自治，自治也应该在法治的框架之下运行。因此，行政权应该对社区软法的创制进行监督和审查，这主要表现在社区软法内容的合法性审查方面。目前除了《城市居委会组织法》第15条对居民公约的备案审查规定之外，并无其他法律法规明确规定社区软法的合法性审查机制。即使是第15条，规定的也是十分的粗糙。其四，增加具有社会强制力的规范，提高软法的可执行力。针对"社区软法主要属于倡导性规范和任意性规范，具有约束力规范较少"这一问题，课题组认为社区软法创制过程中应该适当增加一些具有社会强制力的规范，这类规范主要表现为柔性约束力。

第二，完善软法实施机制。具体而言包括四个方面。其一，因地制宜、结合社情构建"利益诱导—柔性惩罚"机制。社会规范之所以能够发挥作用是因为其能够影响公民自身的利益，而影响公民利益的方式不仅是国家法律所采取的"规范命令—刚性惩罚"方式，同时还包括软法等非国家法采取的"利益诱导—柔性惩罚"方式，前者为硬约束，后者为软约束。随着公共治理的兴起，"利益诱导—柔性惩罚"机制是社区软法实施的基础。当前应该结合社情民意，在社区内构建以居民面子、荣誉、名誉、信用及舆论等为主的精神利益和社区内以公共利益为主的物质利益柔性引导机制；同时也要对社区软法违反者施以柔性惩罚，惩处方式是柔性多元的，包括教育、宣导、奖惩、舆论谴责等多个方面，提高社区软法的软约束力。其二，扩大软法在社区纠纷解决、秩序维持等方面的功能。社区是基层治理的重要阵地，如果能够有效化解纠纷，这将有利于维护基层社会秩序稳定，促进社区治理的法治化。社区应该通过居民公约等软法规范明确其在纠纷解决和秩序维护方面的功能，尤其是注意提升居委会在纠纷解决中的作用和地位，使矛盾化解在基层社区。其三，构建软法监督机制。当前软法监督机制基本上是匮乏的，需要进一步明确社区软法监督主体及职能，尤其要发挥社区自治组织、中介组织及居民的监督作用；需要进一步明确涉及居民权益的监督事项，对于涉及居民重大利益的事项尤其要加强监督，构建重大事项特别监督程序；健全各监督主体之间相互监督制约的监督网络，探索构建以社区居民监督为中心，其他社区主体监督为辅助的监督网络。其四，完善救济机制。当前涉及社区软法侵权的救济机制也是不十分健全的，需要进一步明确社区软法与硬法救济边界，严格遵循相对人法定权益的保护标准及软法自治体系维系两个标准；进一步拓展社区软法多元救济途径，主要包括协商、民间调解、申诉、上访以及仲裁等救济途径，同时应该促进软硬法救济体系的衔接，适当引入诉讼救济机制。对于居民公约侵权问题，不仅需要赋予社区居民通过社区居民会议的协商改正权，同时也要进一步明确基层党政组织的备案审查权、责令改正权及撤销权，更应该赋予司法机关的建议撤销权及裁判权，使社区软法救济与硬法救济体系相衔接。

　　（本文课题组成员：郑毅，中央民族大学法学院副教授；李松锋，中国政法大学法学院讲师；郭文姝，北京市政府法制办干部；魏小强，清华大学副教授；白中林，商务印书馆；杨海超，远洋地产控股有限公司；屈向东，首都经济贸易大学法学院。）

"一带一路"视阈下反腐败国际合作

李晓欧[*]

跨境腐败问题一直备受社会的关注，尤其是严重腐败犯罪呈现出国际化的趋势，更是加大了公众对跨境腐败问题的关注程度。据中国央行发布的一份报告称，中国官员中的腐败分子在 15 年期间将估计达 8000 亿元人民币的不义之财转移到境外，而由此产生的间接损失更加巨大。《联合国打击跨国有组织犯罪公约》（UNTOC）和《联合国反腐败公约》等国际条约为打击跨境腐败案件设立了新的标准，提供了预防与遏制跨境腐败的新的依据。国际社会对打击跨境腐败也进行了不懈努力，如经济合作与发展组织（OECD）推出的《禁止在国际商业交易中贿赂外国公职人员公约》、美洲国家组织和非洲国家组织都推出他们的反腐败公约，金融行动特别工作组（FTAF）推出了包括反洗钱交易在内的 40 条等都对跨境腐败问题进行了规制。跨境腐败问题已成为世界关注的焦点，也引起了学术界的广泛关注。在经济全球化、科技现代化特别是"一带一路"倡议背景下，中国政府该如何应对跨境腐败呈现出的新特点、新问题，如何应对国际公约带来的机遇与挑战，趋利避害，制定有效预防与遏制跨境腐败的战略，成为急需研究的问题。

本项目力图针对跨境腐败的预防与遏制建立追逃、追赃、追诉的全方位国际合作反腐败战略。

一、跨境反腐败的立法完善

我国跨境反腐败的立法需要从以下六方面完善：其一，合理扩大洗钱上游犯罪类型。中国的反洗钱法规定的内容范围较狭窄，"一带一路"沿线打击腐败犯罪效果好的国家，如新加坡、俄罗斯等国的反洗钱法对洗钱罪的上游犯罪规定得很宽，理论上任何犯罪均可能构成洗钱罪的上游犯罪，而我国《刑法修正案（八）》颁布后洗钱罪的上游犯罪才七种。应扩大洗钱上游犯罪种类，扩大《刑

[*] 课题主持人：李晓欧，对外经济贸易大学法学院副教授。立项编号：BLS（2016）C009。结项等级：合格。

法》第191条的适用范围。建议借鉴其他国家关于洗钱上游犯罪的确定方式，如采用列举法，将税务犯罪、偷渡犯罪等纳入上游犯罪范围，或将《刑法》第191条与第312条、第349条归并，将一定刑期，如1年以上犯罪全部纳入洗钱上游罪。将自洗钱纳入洗钱范围。洗钱犯罪与上游犯罪的行为意图、侵害的权益均明显不同，具有独立的社会危害性，建议将上游犯罪分子纳入洗钱定罪主体范围，堵塞"自洗钱非犯罪化"漏洞，提高对洗钱分子的威慑力。还要明确规定上游犯罪不可覆盖洗钱行为。对于参与了部分上游犯罪，但洗钱金额明显超过实施上游犯罪所得及其收益的行为，建议法律明确规定追究清洗超出部分资金行为的洗钱罪。要进一步明确"明知"范畴。建议将间接故意洗钱和过失性洗钱均归为"明知"洗钱范围。追究通谋犯罪中的洗钱犯罪的行为。建议规定同时构成通谋上游犯罪和洗钱犯罪的，按处罚较重的罪名定罪处罚。其二，制定《官员财产公开法》。借鉴俄罗斯有关财产公开立法制度对预防和打击跨国洗钱犯罪具有重要意义。其三，制定《刑事犯罪证人保护法》。首先，制定《揭发奖励法》。对那些检举、举报、揭露严重跨国洗钱犯罪的人，应予重奖。其次，制定《告密法》。在开展打击洗钱国际合作当中，尤其在打击跨国洗钱有组织犯罪过程中，必须通过证据、证人查办案件。因此，对重大跨国洗钱刑事案件的证人保护非常重要。中国目前的法律对证人的保护并无具体罚则的规定，没有有效地保护证人，缺乏保护机制。制定一部《告密法》，鼓励知道跨国洗钱案件线索的人向政府或主管调查机关告发。在中国，跨国洗钱案件一般均涉及政府高官，这类案件有圈子小、犯罪诡秘、知道的人少的特点，因此，对知情人举报应受到应有的保护甚至奖励，比如对涉案的知情人给予从轻或减轻处罚。目前我国法律这方面的规定并不具体，可操作性差，作用不明显。美国有这方面的法律规定，如企业内部人士举报该企业犯罪，则政府将罚没这家企业收入的25%给举报人或对举报人给予从轻或减轻的处罚。我国应除了对提供犯罪线索、协助调查、出庭作证的证人，包括污点证人给予奖励外，还应规定一系列严密、安全的保护措施，使指控犯罪的人受到保护，使犯罪人和组织受到打击。其四，制定《打击地下钱庄法》。根据中国国情，特别是中国跨境和跨国洗钱犯罪制定专门针对地下钱庄的法律。它应当授权刑事调查机关提供污点证人、线人和开设地下钱庄作为打击此类犯罪的有力手段，包括允许调查机关对地下钱庄组织领导人实施特侦和派员潜伏，侦查犯罪，打击犯罪。其五，制定《民事财产没收法》。目前刑事诉讼法的特别程序并不能替代民事财产没收制度，建立健全我国的民事财产没收法有利于更好地打击跨境腐败犯罪。其六，制定《犯罪资产没收分享法》，打击跨境腐败犯罪需要各国在执法中配合协作，因此制定我国的犯罪资产没收分享法有利于促进打击跨国犯罪国际合作，更好地遏制打击跨境腐败行为。

二、跨境反腐败的制度完善

其一，法院单设洗钱案件审判庭；检察院单设洗钱案件公诉厅；反洗钱刑事调查机关应当从公安机关分离出来；设立由海关、公安、反洗钱情报机关共同组成的国家反洗钱局，统领反洗钱刑事调查工作。其二，赋予中纪委监察部特殊的侦查职权，以监听、监控腐败分子的通信、邮件、电话。目前的腐败案件大多针对官员调查，由中纪委管辖。但中纪委作为国务院序列下的监察机关，其调查权有限。跨境腐败案件具有复杂性、跨国性等特征，因此应把腐败案件的调查权、执法权赋予中纪委，从刑事诉讼程序上更符合中国法律。目前，纪检部门所做调查从法理上不能作为法庭上采用的证据材料，因为纪检部门作为党内调查机关不能出席法庭，如果把跨境腐败的贪污腐败案件的刑事调查权移交纪检部门，那么纪检部门所掌握的证据材料就可以呈交法庭。改革党的纪律检查体制，加强反腐败工作体制机制创新，完善纪委派驻机构统一管理，改进中央和省区市巡视制度。腐败现象呈"多元化"发展态势，应整合现行反腐败机构。将现行政府审计部门、检察院的反贪反渎与党的纪委和行政监察系统整合到一个称之为"大部制"的机构中。

三、跨境反腐败的人员完善

其一，设立专门的司法会计岗位。这一岗位的人为会计出身，同时深谙司法程序，能从查看账目中发现问题并及时固定证据。跨境腐败案件的查办工作涉及怎么讯问、怎么搜集证据、怎么调查资产，因此需要既懂会计又懂法律的专门人员。其二，办案人员为国际合作专业干部。必须具备懂外语，精通中国法、国际法甚至外国法律的专业素质。将宣传教育、预防和打击腐败犯罪多策并举。首先，加强跨国反腐败执法人员的情报交流与合作。要出台《反洗钱执法人员培训纲要》，定期开设专门培训班，定期与境外反洗钱同行交流合作。要提高跨境反腐败执法装备水平。提高以反洗钱侦诉审和刑罚执行为内容的执法和司法能力建设。办案人员为国际司法合作专业干部。必须具备懂外语，精通中国法、国际法、外国法律的专业素质。其三，积极履行 FATF 任务。金融行动特别工作组（FATF）成立于 1989 年，是由成员国（地区）部长发起设立的政府间组织。FATF 的主要任务是制定国际标准，促进有关法律、监管、行政措施的有效实施，以打击洗钱、恐怖融资、扩散融资等危害国际金融体系的活动。我国已经加入FATF，是其成员国之一。根据修订后的 FATF 建议，我国要做到，银行业机构要严格客户身份识别，提高可疑交易报告能力且建立相关部门或机构的信息共享机制，以有力打击跨国腐败犯罪。其四，将反贪腐工作前移，设立驻外法务参赞制度。筛选纪检监察、司法等系统的专业干部派驻与我国合作需求多的国家。

本项目使党中央和政府各级部门更加重视跨境腐败问题。在后危机时代，在公众对跨境腐败遏制的有效性不断提出质疑的情况下，研究符合我国国情的预防跨境腐败的制度，为各级决策提供新的思路和理论基础，具有很强的现实意义。为公众提供有益的、多方面的视角去理解跨境腐败问题的现状、影响因素及对策，为深入探讨"一带一路"倡议下如何预防与遏制中国跨境腐败问题开拓了一条新路径和新思路。

（本文课题组成员：李海滢，吉林大学法学院教授；王勇，吉林大学法学院副教授。）

外国判决在中国的承认与执行：
若干关键问题的考察与反思

张文亮*

一、问题的提出

外国判决的承认与执行已成为跨国民商事争议解决及国家间司法合作的重要事项，其价值的日益凸显与持续推进的国际民商事交往之需求有着极为密切的关联，坚持"私权本位"的立场及"开放、协作"的姿态是当前国际社会在外国判决的承认与执行领域得以不断实现突破的重要基石。然而，在我国现行的立法及司法环境下，外国判决在我国的承认与执行遭遇了挑战，正面临着一系列的僵局，适时地反思与探讨外国判决在中国的承认与执行成为重要的时代课题。

我国的国际民商事交往已有长足发展，随之而来的跨国民商事纠纷解决及外国判决的承认和执行等问题日益突出。从目前来说，外国判决在中国的承认和执行主要是依托《中华人民共和国民事诉讼法》（以下简称"《民事诉讼法》"）的有限条款及最高人民法院的零星司法解释而进行的。从 1991 年《民事诉讼法》颁布以来，有关外国判决承认和执行的法律依据并没有任何实质性的改变，相对滞后的法律设计与粗陋的零散条文使得外国判决在中国的承认和执行缺乏牢靠、有效的法律保障，在根本上造成了外国判决在中国的承认与执行中踟蹰不前；不仅如此，我国法院长期以来在处理外国判决的承认和执行过程中秉持保守的立场亦严重桎梏了外国判决在中国的承认和执行，造成了中国在外国判决的承认与执行领域的不良名声。

我国是一个立法先行的国家，外国判决在我国的承认与执行须以我国立法机关的相关立法为根本依据和基本出发点，立法环境是外国判决在我国承认与执行的核心要素。以我国最高人民法院为代表的司法机关被界定为适用法律的主体，其无权制定法律。不过，最高人民法院依据其适用及解释相关法律之权限已就外国判决在中国的承认与执行以司法解释的形式阐述了若干重要立场，尽管其应有

---

* 课题主持人：张文亮，中国人民大学法学院讲师。立项编号：BLS（2016）C010。结项等级：合格。

的法律地位远不及立法机关制定的法律，但其已产生了极为重要、深远的影响，并一直主导着外国判决在我国的承认与执行实践。从目前来看，我国各级法院在适用我国有关外国判决的承认与执行的相关立法时所抱持的立场、方式及姿态深刻影响着外国判决在我国的承认与执行，构成外国判决在我国承认与执行的重要司法环境。

二、立法架构与司法完善的路径

在我国现行的立法和司法大环境下，外国判决在我国的承认与执行正面临着深刻的困境，这一重要性日益显著的国际司法协作领域在我国因此面临的僵局与其在国际范围内目睹的不断进展形成鲜明的对比，其亦在根本上背离于我国日益推进的国际交往政策。从目前的形势来说，对承认与执行僵局的认识及其破解之路的探索成为十分迫切的问题。

第一，外国判决在我国的承认与执行在很大程度上受制于"无法可依"的窘境，合理、健全的法律体系尚不存在，这在根本上制约着外国判决在我国承认与执行制度的发展、完善，立法机关怠于立法的现实导致外国判决在我国承认与执行法律依据的严重缺失。

第二，在欠缺有效、完善或合理的立法依据的情况下，我国法院在外国判决的承认与执行实践中表现出的"司法保守"成为促成外国判决在我国承认与执行遭遇僵局的另一重要因素，这突出体现在我国法院在司法实践中对民事诉讼法等确立的外国判决承认与执行法律体系的保守适用或解释。

第三，我国同各主要国家的司法合作，无论是双边的还是多边的司法合作机制，均远未成型，这成为制约外国判决在我国承认与执行的另一大障碍，是外国判决在我国承认与执行遭遇僵局的重要因素。

囿于上述三个方面的现实，外国判决在中国的承认与执行正处于严重的困境之中。从目前来说，突破这些困境是国际民商事交往深入发展与司法合作持续拓展的必然要求。大致来说，与外国判决在中国的承认与执行所遭遇的僵局相对应，破解这些僵局的路径主要从以下三个方面去着手。

第一，立法上的突破是最根本的要求，是破解外国判决在我国承认与执行僵局之症结的最有效和最核心路径。

第二，从外国判决在中国承认与执行的立法沿革及司法实践之现实来说，司法机关在外国判决的承认与执行中立场及司法方式的转变是突破外国判决在中国承认与执行僵局的最具时效性路径。其中，互惠问题是司法实践须直接面对且应着力解决的关键问题，是我国法院适用最为广泛的拒绝承认与执行外国判决的理由。由"事实上的"互惠转变到"法律上的"互惠的解读在逻辑和现实上是合理的，并不会减损法律的确定性和可预见性，其反而是一种积极的、有利于法律发展的解释和适用法律的方式。法院解释和适用互惠原则的立场及方式的转变是可行的，且是当前司法实践的迫切要求。

第三，除了前述立法及司法上的应策之外，我国应在双边及多边性的司法合作安排上寻求构架有利于外国判决承认与执行的国际法律体系。

三、送达抗辩的凸现及应策

当前外国判决在中国的承认与执行领域存在若干关键问题，这些关键问题长期得不到有效解决的事实已成为破解外国判决在中国的承认与执行难题或困境的瓶颈，而这些关键问题的解决则是突破当前外国判决在中国的承认与执行中重大障碍的基本路径。其中，"送达"作为原审国诉讼程序的关键环节，已成为被请求国审查原审国裁判中所考虑的最核心的程序因素。

送达不仅需要形式上的合理性，确保应受送达的当事人得到合理的通知，其同时需要关注于基于送达而实现的答辩机会，这是送达的实质问题或质量问题。送达的最终目的在于赋予受送达人以恰当的答辩机会，能够行使其诉讼权利，维护其合法利益，这应是送达的至高目的。通过送达，受送达人应知晓基本的案件事实以及核心的争议点，能够据此送达有针对性地、有质量地准备答辩，这已成为送达抗辩适用中的重要关注点。

其中，缺席判决是一类较为特殊的裁判类型，其建立在仅有一方当事人出庭陈述的基础之上，该类判决的承认与执行是当前送达抗辩适用中的聚焦点。从送达角度来看，缺席判决与对席判决之间存在重要的区别：送达仅仅是造成缺席裁判的可能缘由，而缺席裁判本身并不能纠正或吸收送达中的瑕疵；送达是促成对席裁判的重要条件，但并非必要条件，更为重要的是，对席裁判可以形成对送达瑕疵的有效弥补。送达与缺席裁判之间的关系问题可以分为两个层面：其一，"送达与否"与缺席判决的承认与执行；其二，"送达是否适当"与外国判决的承认与执行。从目前国际社会的普遍实践来看，这两个层面的问题蕴含着极为不同的含义。

从外国判决承认与执行的发展趋势来说，送达宜被设定为抗辩事由，而非申请人应予证明的前提条件，以更好地实现举证责任的合理分担与促进判决的跨国承认与执行；把送达限定为缺席裁判的情形是合理的，缺席裁判是送达抗辩适用的最合理情形，因为出庭应诉可以有效地吸收送达中的瑕疵，这也是国际社会的通行做法；从送达抗辩的实质要素来看，民诉法解释将其限定为"合法传唤"，而对于何为合法，以及送达的客体、质量等关键要素均未提及，这是该司法解释重要的不足之处。尽管如此，以民诉法解释为起点，丰富送达抗辩的内涵及适用条件应是将来国内立法的基本方向。具体来说，我国未来有关送达抗辩的立法应在宏观上将其设定为被告或被申请人可予适用的拒绝承认与执行理由，而非申请人或原告需证明的前提条件；从微观上来说，除非存在有关的条约，在送达抗辩的具体设计上应强调送达方式的适当性而非合法性，保障答辩机会的实现而非纠缠于被告是否实际参与了诉讼，并尽可能地将送达抗辩设定为唯一的或主要的程序性抗辩，厘清送达抗辩与公共政策适用之间的界限。鉴于我国法院在适用送达抗辩中的司法实践较为混乱，随意性过大，无论是否存在双边司法协助安排，我国法院对送达抗辩的理解与适用并不严谨、一致；建立在国际社会主流做法基础上进行的有关送达抗辩的立法完善以及不断推进司法上合理适用送达抗辩的方式是最佳的路径。